MARKETING ESTRATEGICO
Tercera edición

MARKETING ESTRATEGICO

Tercera edición

Jean-Jacques Lambin
Universidad Católica de Lovaina

Traducción

Salvador Miquel
Antonio Carlos Cuenca
Universidad de Valencia

Revisión técnica

Jaime Rivera
Nora Lado
Universidad Carlos III de Madrid

McGraw-Hill

MADRID • BUENOS AIRES • CARACAS • GUATEMALA • LISBOA • MEXICO • NUEVA YORK
PANAMA • SAN JUAN • SANTAFE DE BOGOTA • SANTIAGO • SAO PAULO
AUCKLAND • HAMBURGO • LONDRES • MILAN • MONTREAL • NUEVA DELHI • PARIS
SAN FRANCISCO • SIDNEY • SINGAPUR • ST. LOUIS • TOKIO • TORONTO

MARKETING ESTRATEGICO. Tercera edición

No está permitida la reproducción total o parcial de este libro, ni su tratamiento informático, ni la transmisión de ninguna forma o por cualquier medio, ya sea electrónico, mecánico, por fotocopia, por registro u otros métodos, sin el permiso previo y por escrito de los titulares del Copyright.

DERECHOS RESERVADOS © 1995, respecto a la tercera edición en español, por McGRAW-HILL/INTERAMERICANA DE ESPAÑA, S. A. U.
Edificio Valrealty, 1.ª planta
Basauri, 17
28023 Aravaca (Madrid)

Traducido de la tercera edición en francés de
LE MARKETING STRATEGIQUE

Copyright © MCMXCIV por Ediscience International, París

ISBN: 2-84074-103-2

ISBN: 84-481-1611-9

Editor de la edición en español: Mariano J. Norte
Diseño cubierta: Estudio F. Piñuela
Compuesto: en MonoComp, S. A.

Se imprimieron 2100 ejemplares en el mes de noviembre de 2002
Impreso por Editorial Nomos S.A
Impreso en Colombia   Printed in Colombia

Contenido

Prólogo a la tercera edición XXIII

Sobre el autor XXXIII

1. **EL MARKETING EN LA EMPRESA Y EN LA ECONOMIA** 1

   1.1. Los fundamentos ideológicos del marketing 1
             El principio de la soberanía del comprador 2
             Los campos de acción del marketing 4
             Las dos caras del marketing 4

   1.2. Las funciones del marketing en la empresa 5
         1.2.1. El marketing operativo 5
         1.2.2. El marketing estratégico 8
         1.2.3. El programa de marketing 8
         1.2.4. El nuevo papel del marketing estratégico 10
         1.2.5. La orientación-mercado como filosofía de gestión . 11

   1.3. La función del marketing en la economía 12
         1.3.1. La organización del intercambio 13
         1.3.2. La organización de la comunicación 14
         1.3.3. El marketing estratégico, factor de democracia económica 15

   1.4. La evolución de la función prioritaria del marketing 16
         1.4.1. El marketing pasivo 17
         1.4.2. El marketing de organización 18
             La óptica de venta 19
             El riesgo del marketing de manipulación o del marketing salvaje 21

	1.4.3.	El marketing activo	22
		El progreso tecnológico	22
		La saturación del núcleo básico del mercado	24
		La internacionalización de los mercados	26
		La orientación al mercado	26
	1.4.4.	La óptica marketing y sus límites	27
Cuestiones y problemas			29
Bibliografía			29

2. EL MARKETING EN PERIODO DE CRISIS Y DE TURBULENCIA ... 31

2.1.	El nuevo entorno macromarketing		31
	2.1.1.	Las nuevas tecnologías	32
		Las oleadas de invenciones y de innovaciones	32
		Retorno al ciclo largo de Kondratieff	34
	2.1.2.	La nueva economía europea	35
		El Mercado Unico Europeo	36
		Europa del Este: la nueva frontera	39
		Fabricar aquí y vender allá	40
		Fabricar y vender allá	41
		Fabricar allá y vender aquí	41
	2.1.3.	El nuevo entorno competitivo	41
		Los nuevos competidores	42
		La revolución en la distribución alimentaria	42
		La competencia global	43
		El marketing de guerra	44
2.2.	El nuevo consumidor		46
	2.2.1.	El fin del marketing de masas	46
	2.2.2.	El consumerismo	47
	2.2.3.	La ecología	49
	2.2.4.	El marketing verde	51
2.3.	Implicaciones sobre el marketing		53
	2.3.1.	Por un marketing responsable	53
		La ética del marketing	54
		Tipos de comportamiento ético	55
		Reglas de evaluación ética	56
	2.3.2.	Del marketing internacional al marketing global	57
		El dilema «estandarización-adaptación»	57
		¿Un falso dilema?	58
		Los diferentes entornos internacionales	60
		La óptica de marketing trasnacional	61
	2.3.3.	Las nuevas prioridades del marketing	62
Cuestiones y problemas			63
Bibliografía			64

3. EL MARKETING Y LA SATISFACCION DE LAS NECESIDADES 67

3.1. La noción de necesidad en la Teoría Económica 67
    3.1.1. Necesidad, deseo y demanda 69
    3.1.2. Necesidades verdaderas y falsas 70
    3.1.3. Necesidades absolutas y necesidades relativas 71
    3.1.4. Necesidad genérica y necesidad derivada 73

3.2. Los objetos de la motivación humana 75
    3.2.1. La teoría «estímulo-respuesta» 75
    3.2.2. La noción de despertar 76
    3.2.3. El bienestar y el nivel óptimo de despertar 77
    3.2.4. La necesidad de estímulo 78
    3.2.5. La necesidad de placer 80
    3.2.6. Los determinantes del bienestar 81

3.3. Hacia una teoría integrada del consumo 83
    3.3.1. Tipologías de las necesidades 84
            El inventario de necesidades de Murray 84
            La jerarquía de las necesidades según Maslow.. 85
            La lista de valores de Rokeach 86
    3.3.2. La teoría de los valores de Sheth, Newman y Gross 87

3.4. Las motivaciones del cliente industrial 88
    3.4.1. Estructura de la demanda de los clientes industriales 89
    3.4.2. Composición y papel del centro de compra 93
    3.4.3. Las necesidades del centro de compra 94
    3.4.4. El proceso de compra del cliente industrial 95

Cuestiones y problemas 97

Bibliografía 97

4. EL COMPORTAMIENTO DE ELECCION DEL COMPRADOR 99

4.1. El comprador, agente activo de decisión 99
    4.1.1. Importancia del riesgo percibido 100
            Las diferentes conductas resolutorias 100
            El grado de implicación del comprador 101
    4.1.2. Conducta resolutoria racional 102
    4.1.3. El comportamiento de compra en una perspectiva macroeconómica 103
            Hipótesis de la renta permanente 103
            El comprador visto como un agente de decisión activo 105

4.2. El comprador, productor de satisfacciones 106
    4.2.1. El concepto de producto multiatributos 106

	4.2.2.	El dilema «productividad-diversidad»	109
	4.2.3.	La función de producción doméstica	110
4.3.	Modelización del concepto producto multiatributo		114
	4.3.1.	El servicio de base	114
	4.3.2.	Los servicios suplementarios	115
	4.3.3.	Modelización de la marca, «conjunto de atributos»	116
		La noción de atributo	117
		Las características objetivas	118
		La importancia de los atributos	119
		El grado de presencia percibido de un atributo	120
	4.3.4.	Valor o utilidad parcial de un atributo	121
	4.3.5.	Métodos de medida del concepto de producto multiatributo	121
4.4.	El consumidor y la información		122
	4.4.1.	La noción de conjunto evocado	123
	4.4.2.	Los costes de información	123
	4.4.3.	Las fuentes de información	125
	4.4.4.	Papel de la información publicitaria	127
	4.4.5.	Valor de la información publicitaria	129

Cuestiones y problemas 130

Bibliografía 131

5. LOS COMPORTAMIENTOS DE RESPUESTA DEL COMPRADOR 135

5.1.	Los niveles de respuesta del mercado		135
	5.1.1.	El modelo jerárquico de respuesta	136
	5.1.2.	El modelo de implicación de Foote, Cone y Belding (FCB)	137
5.2.	La medida de la respuesta cognitiva		139
	5.2.1.	Las medidas de la notoriedad	139
	5.2.2.	Las medidads de la memorización publicitaria	141
	5.2.3.	Análisis dinámico de la memorización	143
	5.2.4.	El análisis de las percepciones de similitud	145
5.3.	La actitud y la medida de la respuesta afectiva		148
	5.3.1.	El conjunto de consideración	149
	5.3.2.	Definición de la actitud	149
	5.3.3.	Medida de la actitud por el enfoque de composición	150
		La relevancia de un atributo	152
		La matriz «importancia-resultado»	153
		Los mapas perceptuales explicitados	154
		Los modelos de actitud no compensatorios	156
		Las estrategias de cambios de la actitud	157

	5.3.4.	Medida de la actitud por el método de descomposición	158
	5.3.5.	Ejemplo de aplicación del análisis conjunto	158
5.4.	Medida de la respuesta comportamental		161
	5.4.1.	El análisis de los hábitos de compra	161
		La familia como centro de decisión de compra	162
	5.4.2.	Análisis de la cuota de mercado	163
	5.4.3.	Análisis de los cambios en la cuota de mercado	165
	5.4.4.	Las funciones de respuesta comportamental	167
	5.4.5.	El comportamiento postcompra	169
	5.4.6.	El análisis de la fidelidad de marca	170
5.5.	Las medidas de satisfacción/insatisfacción		173
	5.5.1.	El comportamiento de los compradores insatisfechos	174
	5.5.2.	Métodos de medida de la satisfacción/insatisfacción	175
	5.5.3.	El análisis de la satisfacción de los clientes	176
	5.5.4.	El análisis de las relaciones satisfacción/importancia	177

Cuestiones y problemas 178

Bibliografía 179

Anexo 5.1. Definición de la noción de elasticidad 182

6. EL ANALISIS DE LAS NECESIDADES A TRAVES DE LA SEGMENTACION **183**

6.1.	El análisis de macrosegmentación		183
	6.1.1.	Definir el mercado de referencia en términos de «solución»	184
	6.1.2.	Conceptualización del mercado de referencia	185
		Las funciones o combinaciones de funciones	186
		Los grupos de compradores	186
		Las tecnologías	187
	6.1.3.	Estructuras del mercado de referencia	187
	6.1.4.	Construcción de una matriz de segmentación	189
		El análisis de pertinencia	190
		Test de la matriz de segmentación	191
	6.1.5.	Búsqueda de nuevos segmentos	191
	6.1.6.	Las estrategias de cobertura del mercado de referencia	192
		Evoluciones del mercado de referencia	193
6.2.	El análisis de microsegmentación		193
	6.2.1.	Segmentación y diferenciación	194
	6.2.2.	Las etapas del proceso de microsegmentación	195

- 6.2.3. La segmentación sociodemográfica o descriptiva .. 195
  - Utilidad de la segmentación sociodemográfica ... 197
  - Límites de los criterios sociodemográficos 198
- 6.2.4. La segmentación por ventajas buscadas 198
  - Las informaciones necesarias 200
  - Límites de la segmentación por ventajas buscadas 201
  - El recurso al análisis conjunto 202
- 6.2.5. La segmentación comportamental 204
- 6.2.6. La segmentación sociocultural o segmentación por estilos de vida 205
  - El método de análisis utilizado 206
  - Utilidad de los análisis de estilos de vida 207
  - Problemas metodológicos de los análisis de estilos de vida 210

6.3. La segmentación de los mercados industriales 212
- 6.3.1. Segmentación por ventajas buscadas 212
- 6.3.2. Segmentación descriptiva 213
- 6.3.3. Segmentación según el comportamiento 213

6.4. La puesta en práctica de una estrategia de segmentación .. 214
- 6.4.1. Las condiciones de eficacia de una segmentación .. 214
  - Respuesta diferenciada 215
  - Tamaño suficiente 215
  - Mensurabilidad 216
  - Accesibilidad 216
- 6.4.2. La selección de los mercados objetivo 216
  - Hipersegmentación y contrasegmentación 218
- 6.4.3. Las estrategias de posicionamiento 219
  - Las bases de un posicionamiento 219
  - Procedimiento de selección de un posicionamiento 220
  - Las cartas perceptuales explicitadas 220

6.5. Las segmentación internacional 222
- 6.5.1. La identificación de los segmentos supranacionales 223
  - Segmentar el mercado internacional por grupos de países 223
  - Vender a los segmentos supranacionales o universales 225
  - Dirigirse a segmentos diferentes en cada país 225
- 6.5.2. La tesis del marketing global o trasnacional 226
  - Búsqueda de un compromiso entre estandarización y adaptación 227
  - El potencial de la globalización de los productos y de las marcas 228

Cuestiones y problemas 229

Bibliografía 230

7. EL ANALISIS DEL ATRACTIVO DEL MERCADO DE REFERENCIA 233

7.1. Conceptos básicos en el análisis de la demanda 233
    7.1.1. La demanda total como función de respuesta 234
    7.1.2. Demanda primaria expansible y no expansible 236
    7.1.3. Mercado potencial actual y absoluto 236
    7.1.4. Los determinantes de la demanda 238

7.2. Estructura de la demanda global 239
    7.2.1. Estructura de la demanda de consumo 239
           La demanda de un bien de consumo perecedero 240
           La demanda de un bien de consumo duradero .. 241
    7.2.2. La demanda de servicios de consumo 242
           Intangibilidad de los servicios 243
           Carácter perecedero de los servicios 243
           Inseparabilidad de los servicios 243
    7.2.3. La demanda de los bienes industriales 244
           La demanda de bienes industriales consumibles . 244
           La demanda de componentes industriales 245
           La demanda de bienes de equipo industriales ... 245
           El concepto de acelerador 246
           Implicaciones para el marketing operativo 246
    7.2.4. Búsqueda de oportunidades de crecimiento 248
           Debilidades de la red de distribución 249
           Debilidad de la tasa de ocupación o de penetración 249
           Inadaptación de los productos 249

7.3. El modelo del ciclo de vida del producto 250
    7.3.1. Los determinantes del ciclo de vida de un producto 251
           El ciclo de vida de un producto mercado 252
           El ciclo de vida de una marca 253
    7.3.2. Implicaciones estratégicas del ciclo de vida 254
           La fase de introducción 254
           La fase de crecimiento 256
           La fase de turbulencia 257
           La fase de madurez 258
           La fase de declive 259
    7.3.3. Límites del modelo del ciclo de vida 260
           Razonamiento circular 260
           Carácter determinista del modelo 262
           Diversidad de los perfiles observados 262
           El modelo de CVP como marco conceptual 264

7.4. Los métodos de previsión de la demanda 266
    7.4.1. Tipología de los métodos de previsión 266
    7.4.2. El criterio de los expertos 267
             El criterio de los directivos 268
             La estimación de los vendedores 268
             Las medidas de intención de los compradores ... 269
    7.4.3. Los métodos heurísticos y de extrapolación 270
             El método de las relaciones en cadena 270
             Los indicadores de poder de compra y deseo de compra (PDC) 271
             Análisis y descomposición de tendencias 273
             Los métodos de alisado exponencial 274
    7.4.4. Los modelos explicativos 276
             Identificación de la estructura causal 276
             Los modelos multiecuaciones 276
             La modelización dinámica 278
             Límites de los modelos explicativos cuantitativos 279
    7.4.5. Necesidad de un enfoque integrado: el método de los escenarios 281

Cuestiones y problemas 282

Bibliografía 283

8. EL ANALISIS DE LA COMPETITIVIDAD DE LA EMPRESA 285

8.1. Noción de la ventaja competitiva 285
8.2. Noción de «rivalidad ampliada» 287
    8.2.1. La amenaza de los nuevos competidores 288
    8.2.2. La amenaza de los productos sustitutivos 289
    8.2.3. El poder de negociación de los clientes 290
    8.2.4. El poder de negociación de los proveedores 291
8.3. El análisis de las situaciones competitivas 292
    8.3.1. La competencia pura o perfecta 293
    8.3.2. El oligopolio 294
             El mecanismo de una guerra de precios 294
             Tipos de comportamientos competitivos 296
             El marketing de guerra 297
             Análisis de las reacciones competitivas 298
             Necesidad de un sistema de vigilancia de la competencia 299
    8.3.3. La competencia monopolística o imperfecta 300
             Condiciones de éxito de una estrategia de diferenciación 301
             Medida del poder del mercado 302

	8.3.4.	El monopolio	304
		La dinámica competitiva	304
8.4.	La ventaja en coste y el efecto de experiencia		305
	8.4.1.	Enunciado de la ley de experiencia	306
		Causas del efecto de experiencia	307
		Formulación matemática de la ley de experiencia	308
		Estimulación estadística de una curva de experiencia	310
	8.4.2.	Implicaciones estratégicas de la ley de experiencia	311
		Evaluación de las disparidades del coste	312
		La curva de experiencia como indicador de previsión	313
	8.4.3.	Límites de la ley de experiencia	315
	8.4.4.	La matriz de la ventaja competitiva	316

Cuestiones y problemas 318

Anexo 8.1. El precio óptimo de venta en la teoría económica ... 319

Bibliografía 319

9. LA ELECCION DE UNA ESTRATEGIA DE MARKETING 321

9.1.	Análisis de la cartera de actividades		321
	9.1.1.	La matriz «crecimiento-cuota de mercado relativa»	322
		Hipótesis básicas de la matriz BCG	323
		Tipología de los productos mercados	324
		Diagnóstico de cartera de productos	325
		Los límites de la matriz «crecimiento-cuota de mercado relativa»	327
	9.1.2.	La matriz «atractivo-competitividad»	329
		Desarrollo de una matriz multicriterios	329
		Interpretación de la matriz multicriterios	331
		Elección de una estrategia	332
		Evaluación de la matriz multicriterios	333
	9.1.3.	La utilidad del análisis de la cartera de actividades	334
		El análisis de carteras y la práctica industrial	335
9.2.	Las estrategias básicas de desarrollo		336
	9.2.1.	La estrategia del liderazgo en costes	338
	9.2.2.	Las estrategias de diferenciación	338
	9.2.3.	Las estrategias del especialista	339
	9.2.4.	Riesgos de las estrategias básicas	339
9.3.	Las estrategias de crecimiento		340
	9.3.1.	Crecimiento intensivo	341
		Las estrategias de penetración de mercados	341

                    Estrategias de desarrollo para los mercados..... 343
                    Las estrategias de desarrollo por los productos.. 343
            9.3.2. Estrategia de integración.......................... 344
                    Estrategias de integración hacia arriba.......... 345
                    Estrategias de integración hacia abajo........... 345
                    Estrategias de integración horizontal............ 346
            9.3.3. Estrategia de crecimiento por diversificación...... 347
                    Estrategia de diversificación concéntrica......... 347
                    Estrategia de diversificación pura................ 347
                    Las lógicas de una estrategia de diversificación.. 348
    9.4. Las estrategias competitivas................................. 349
            9.4.1. Las estrategias del líder.......................... 349
                    Desarrollo de la demanda primaria................. 350
                    Estrategia defensiva.............................. 350
                    Estrategia ofensiva............................... 350
                    Estrategia de desmarketing........................ 351
            9.4.2. Las estrategias del retador........................ 351
            9.4.3. Las estrategias del seguidor...................... 353
            9.4.4. Las estrategias del especialista.................. 354
    9.5. Las estrategias de desarrollo internacional................. 355
            9.5.1. Los objetivos de desarrollo internacional.......... 355
            9.5.2. Las modalidades del desarrollo internacional...... 356
                    Las etapas del desarrollo internacional........... 356

Cuestiones y problemas... 357

Bibliografía... 358

10. EL DESARROLLO POR EL LANZAMIENTO DE NUEVOS PRODUCTOS............................... 361

10.1. Evaluación del riesgo de una innovación.................. 361
        10.1.1. Los componentes de una innovación............... 362
        10.1.2. Grado de novedad para la empresa................ 363
        10.1.3. Naturaleza y origen de la innovación............ 364
                Innovación tecnológica o comercial.............. 364
                Las innovaciones procedentes del laboratorio o
                del mercado..................................... 365
                Investigación fundamental o investigación aplicada... 366
        10.1.4. Intensidad de la innovación..................... 366
        10.1.5. El marketing de los productos de alta tecnología.. 367
        10.1.6. Importancia estratégica de la innovación........ 368
10.2. Análisis de los factores de éxito de las innovaciones....... 369
        10.2.1. Eficacia del proceso de gestación de una innovación 370
        10.2.2. Análisis de los factores explicativos del éxito...... 372

		Los estudios norteamericanos de Cooper........	372
		El estudio francés de la CNME................	373
		El estudio de Booz, Allen y Hamilton en Estados Unidos...	374
		El estudio británico de Edgett, Shipley y Forbes	375
10.3.	Organización del proceso de desarrollo....................		375
	10.3.1.	Necesidad de una organización específica.........	376
		Las estructuras de organización interfuncionales	377
		El proceso de desarrollo secuencial..............	378
		El proceso de desarrollo en paralelo.............	378
	10.3.2.	La búsqueda de ideas de nuevos productos.......	379
		Los métodos de análisis funcional...............	380
		La búsqueda de ideas con la ayuda de los grupos de creatividad..................................	381
		Utilizar los clientes como fuente de ideas........	382
	10.3.3.	El tamizado de ideas............................	383
	10.3.4.	El desarrollo del concepto de producto...........	385
	10.3.5.	Desarrollo de un concepto de producto «verde»...	386
	10.3.6.	Los tests del concepto de producto................	387
		Organización de un test de concepto............	388
		Valor predictivo de las puntuaciones de intención	389
	10.3.7.	El recurso al análisis conjunto....................	390
		Ejemplo de tet de concepto por el análisis conjunto...	391
10.4.	El proceso de lanzamiento de un nuevo producto.........		393
	10.4.1.	La prevision de ventas de un nuevo producto.....	393
		Perfiles de las curvas de penetración............	394
		Utilización de datos de un panel de consumidores	394
	10.4.2.	Elaboración del plan de marketing de lanzamiento	396
		El análisis del riesgo............................	397
		Los planes de marketing alternativos............	399
	10.4.3.	Análisis dinámico del resultado...................	400
		La estructura de los flujos financieros...........	400
		Análisis dinámico del proceso de lanzamiento...	401
	10.4.4.	Criterios de elección de los proyectos prioritarios.	403
10.5.	La estrategia de la calidad..............................		405
	10.5.1.	La calidad, desde el punto de vista del comprador	405
	10.5.2.	Los componentes de la calidad para el comprador	406
		Los componentes de la calidad de un producto.	406
		Los componentes de la calidad de un servicio...	407
Cuestiones y problemas..			409
Bibliografía...			410

11. LAS DECISIONES ESTRATEGICAS DE DISTRIBUCION — 413

11.1. El papel económico de la distribución — 413
    11.1.1. Las funciones de la distribución — 414
    11.1.2. Los flujos de distribución — 415
    11.1.3. Razones de ser de los intermediarios — 416
        Reducción de los contactos — 416
        Economías de escala — 416
        Reducción de las disparidades de funcionamiento — 416
        Mejor surtido de oferta — 417
        Mejor servicio — 418

11.2. Estructura vertical de un canal de distribución — 418
    11.2.1. Diferentes tipos de intermediarios — 418
        Los mayoristas — 419
        Los detallistas independientes — 419
        La distribución integrada — 420
        Los agentes y los corredores — 421
        Las sociedades de servicios — 421
    11.2.2. Configuraciones de un canal de distribución — 421
        Los tipos de competencia entre distribuidores — 422
    11.2.3. Criterios de elección de una red de distribución — 423
        Características del mercado — 423
        Características de los productos distribuidos — 425
        Características de la empresa — 425
    11.2.4. Las estructuras verticales coordinadas — 426
        Los sistemas de marketing verticales integrados — 427
        Los sistemas de marketing verticales contractuales — 427
        Los sistemas de marketing verticales controlados — 427

11.3. Las estrategias de cobertura del mercado — 428
    11.3.1. Tipología de los productos de consumo — 428
        Productos de compra corrientes — 428
        Productos de compra reflexiva — 429
        Productos de especialidad — 429
        Productos no buscados — 430
    11.3.2. La distribución intensiva — 430
    11.3.3. La distribución selectiva — 431
    11.3.4. La distribución exclusiva y la franquicia — 432
        Tipos de franquicias — 433
        Características de una buena franquicia — 433
        Ventajas para el franquiciador — 434
        Ventajas para el franquiciado — 435

11.4. Las estrategias de comunicación frente a los intermediarios — 436
    11.4.1. Las estrategias de presión — 437
    11.4.2. Las estrategias de aspiración — 437

11.5.	Análisis de los costes de distribución........................	439
	11.5.1. Los márgenes de distribución......................	439
	11.5.2. Comparación de los costes de distribución.........	440
11.6.	El marketing estratégico del distribuidor....................	444
	11.6.1. Los cambios del entorno del distribuidor..........	444
	Las intervenciones del Estado.....................	444
	Los cambios en el entorno sociodemográfico....	445
	Las mutaciones de la distribución................	446
	Los cambios en los comportamientos de compra	447
	11.6.2. Las estrategias de diferenciación del distribuidor..	448
	Concepto de almacén multiatributos.............	448
	Las estrategias de posicionamiento de un punto de venta...	449
	El desarrollo de las marcas de los distribuidores	451
	El *trade* marketing................................	453
11.7.	El marketing interactivo o directo...........................	454
	11.7.1. Razones de ser del marketing sin almacenes.......	455
	11.7.2. La puesta en marcha de un sistema de marketing interactivo...	456
	Los límites de un sistema de marketing interactivo	459
	El marketing relacional...........................	460
11.8.	Las estrategias de entrada en los mercados extranjeros....	460
	11.8.1. La exportación indirecta...........................	460
	11.8.2. La exportación directa.............................	462
	11.8.3. La producción en los mercados extranjeros........	463
	Fábrica de ensamblaje............................	463
	Los contratos de fabricación.....................	463
	Los acuerdos de licencia.........................	464
	Las empresas conjuntas (*joint venture*)...........	464
	La inversión directa..............................	464
Cuestiones y problemas...		465
Bibliografía..		465
12.	**LAS DECISIONES ESTRATEGICAS DE PRECIO**........	**467**
12.1.	Función del precio en la estrategia de marketing..........	467
	12.1.1. La percepción del precio por el comprador.......	468
	El valor total de un producto....................	468
	El coste total de adquisición de un producto....	470
	12.1.2. La importancia de las decisiones de precio........	471
	12.1.3. Los objetivos de las estrategias de precios.........	472
	Los objetivos de beneficio........................	472
	Los objetivos de volumen........................	473
	Los objetivos centrados en la competencia......	473

12.2. El precio desde el punto de vista de los costes 474
     12.2.1. Los precios internos 474
              Precio umbral 475
              Precio técnico 475
              Precio objetivo 475
              Riesgo de razonamiento circular 477
     12.2.2. Utilidad de los precios internos 478
12.3. El precio desde el punto de vista de la demanda 479
     12.3.1. Los determinantes de la sensibilidad al precio 479
     12.3.2. La sensibilidad a los precios del comprador organizativo 480
     12.3.3. Los estudios de elasticidad 482
              Utilidad de los estudios de elasticidad 483
              Límites de las medidas de elasticidad 484
     12.3.4. La noción de «valor percibido» del producto 485
              El precio máximo aceptable 485
              Ejemplo de medida del valor percibido 487
              Las aportaciones del análisis conjunto 488
     12.3.5. Las estrategias de los precios flexibles 488
              Flexibilidad de los precios según las marcas 489
              Flexibilidad de los precios en función de la estacionalidad 489
              Las reducciones de precios «sorpresa» 489
              La administración de los precios 490
12.4. El precio desde el punto de vista de la competencia 490
     12.4.1. La anticipación de los comportamientos competitivos 492
     12.4.2. Las estrategias de reducción de precios 494
              Evaluación del coste de una reducción de precio 495
              Cálculo de la elasticidad-precio implícita 495
              Los precios en función de la curva de experiencia 496
     12.4.3. Las estrategias de subida de precios 497
              El precio en período de inflación 498
     12.4.4. La práctica del liderazgo 498
12.5. Las estrategias de precios de lanzamiento de un nuevo producto 499
     12.5.1. La estrategia de precio de selección 499
     12.5.2. La estrategia de precio de penetración 500
12.6. La determinación de precios de una gama de productos ... 501
     12.6.1. El riesgo de canibalismo 501
               La noción de elasticidad cruzada 503
     12.6.2. El análisis de rentabilidad de una gama de productos 503

	12.6.3.	Las estrategias de precio de la gama.............	505
		Los precios ligados.............................	505
		Los precios de arriba y abajo de la gama.......	507
		Los precios de imagen..........................	508
		Los precios de productos complementarios......	508
12.7.	El precio en el marketing internacional....................		509
	12.7.1.	Los precios de transferencia.....................	510
		El precio de transferencia interna................	510
		Los precios de transferencia aplicados a las filiales comerciales.......................................	510
	12.7.2.	Los costes de la exportación.....................	512

Cuestiones y problemas... 515
Bibliografía.. 516

13. LAS DECISIONES ESTRATEGICAS DE COMUNICACION................................... **519**

13.1.	Naturaleza y función de la comunicación de marketing....		519
	13.1.1.	Los medios de comunicación marketing...........	520
	13.1.2.	El proceso de comunicación.....................	521
	13.1.3.	Las estrategias de comunicación personal y masiva	522
	13.1.4.	El coste de las actividades de comunicación.......	524
	13.1.5.	Las nuevas tecnologías de comunicación..........	525
13.2.	La comunicación personal................................		527
	13.2.1.	Tareas y misiones ejercidas por los vendedores....	527
	13.2.2.	El papel de los vendedores en la estrategia de marketing..	528
	13.2.3.	Las estrategias de despliegue de la fuerza de ventas	529
	13.2.4.	La venta multinivel..............................	530
13.3.	El proceso de la comunicación publicitaria................		531
	13.3.1.	Las funciones de la publicidad-medios.............	531
		La publicidad de imagen.......................	532
		La publicidad promocional.....................	532
		La publicidad interactiva......................	532
		La publicidad institucional....................	533
		El patrocinio y el mecenazgo..................	533
	13.3.2.	Los preámbulos de la publicidad de imagen.......	534
	13.3.3.	Los objetivos de la comunicación publicitaria.....	535
		Promover la demanda primaria.................	536
		Crear o mantener la notoriedad de la marca....	536
		Crear y mantener una actitud favorable frente a la marca...	537
		Estimular la intención de compra..............	538
		Facilitar la compra de la marca................	539

	13.3.4.	Los enfoques creativos en la publicidad de imagen	539
		La estrategia estrella (star-estrategia)	540
		La matriz de Maloney	540
		El dilema cantidad o calidad	541
	13.3.5.	Los niveles de eficacia de la comunicación publicitaria	541
		La eficacia perceptiva	542
		La eficacia al nivel de las actitudes	543
		La eficacia comportamental	545
		Las medidas de la relación publicidad-ventas	546
	13.3.6.	La planificación de los soportes publicitarios	547
	13.3.7.	Los criterios de elección de los medios	550
13.4.	La determinación del presupuesto de comunicación		551
	13.4.1.	Las características de las funciones de respuesta	551
	13.4.2.	Los presupuestos internos	553
		El presupuesto residual	553
		El presupuesto técnico	553
		El presupuesto porcentaje de la cifra de ventas	554
	13.4.3.	Los presupuestos con objetivos comunicativos	555
		El prespuesto de contacto	555
		El presupuesto de impacto perceptual	556
	13.4.4.	Los presupuestos con objetivos de venta o de cuota de mercado	557
		La determinación del presupuesto óptimo	558
		El modelo de Vidale y Wolfe	560
		El modelo ADBUDG de Little	561
	13.4.5.	La determinación del presupuesto de la fuerza de ventas	564

Cuestiones y problemas ... 565

Bibliografía ... 566

14. EL PLAN ESTRATEGICO DE MARKETING ... 569

14.1.	Razones de ser de un plan estratégico de marketing		569
	14.1.1.	Estructura general del plan estratégico de marketing	570
	14.1.2.	Importancia de un plan estratégico	571
	14.1.3.	Las objeciones a la planificación formal	572
		La falta de información	572
		La futilidad de la previsión	572
		La rigidez del plan	573
14.2.	Descripción del contenido de una auditoría de marketing estratégico		573
	14.2.1.	Definición de la misión estratégica	573

		Historia de la empresa.........................	574
		Definición del ámbito de actividad.............	574
		Objetivos prioritarios y restricciones...........	574
		Las opciones estratégicas básicas...............	575
	14.2.2.	La auditoría externa: el análisis del atractivo del entorno..	576
		El análisis de las tendencias del mercado........	577
		El análisis del comportamiento de los compradores..	577
		El análisis de la distribución....................	578
		El análisis de la estructura competitiva..........	579
		El análisis del entorno económico, social y político..	580
	14.2.3.	La auditoría interna: análisis de la competitividad	582
		Análisis de la situación de la empresa...........	583
		Análisis de los competidores prioritarios........	584
		El análisis de la penetración en la distribución..	585
		El análisis de la fuerza y de la calidad de la comunicación...	587
14.3.	La elección de los objetivos y del camino estratégico......	587
	14.3.1.	Definición de los objetivos.....................	587
		Los objetivos de venta.........................	588
		Los objetivos de beneficio......................	589
		Los objetivos sobre consumidores...............	589
		Integración de objetivos........................	590
		Características de buenos objetivos..............	590
	14.3.2.	La elección del camino estratégico...............	591
		El enunciado de la estrategia seleccionada.......	592
		Criterios de elección de un camino estratégico..	592
	14.3.3.	El presupuesto de marketing....................	593
		Negociación del presupuesto de marketing......	593
		Análisis de las desviaciones....................	595
14.4.	El análisis del riesgo y la planificación de lo imprevisto...	596
	14.4.1.	El test de robustez de un plan estratégico.........	596
	14.4.2.	El análisis de la vulnerabilidad....................	598
	14.4.3.	La planificación de urgencia.....................	599

Cuestiones y problemas.. 600

Anexo: Búsqueda de la ventaja competitiva..................... 601

Bibliografía... 602

Indice... **605**

Prólogo a la tercera edición

El marketing es, al mismo tiempo, un sistema de pensamiento y un sistema de acción, y con demasiada frecuencia, sólo se percibe y se desarrolla la dimensión acción en las obras que tratan del marketing. Como sistema de pensamiento, la función de marketing no es, en realidad, más que la traducción operativa en herramientas y procedimientos de gestión, del principio de la soberanía del comprador que está en el centro de la economía de mercado. La ausencia de una referencia sistemática a un cuerpo teórico conduce a menudo a percibir el marketing bajo una perspectiva muy diferente, es decir, como un conjunto inconexo de medios de venta utilizados para someter la demanda a las exigencias de la oferta. Este malentendido referido al marketing está muy extendido y perjudica a la coherencia de su acción en la medida en que la finalidad del marketing es mal comprendida y aceptada.

La preocupación central de esta obra sigue siendo la de su primera edición: esto es, evidenciar mejor los **fundamentos ideológicos de la gestión marketing** y mostrar cómo la orientación al mercado es una condición determinante del rendimiento económico y social de las alternativas efectuadas por la empresa.

En este contexto, la obra propone una distinción entre el marketing estratégico y el marketing operativo.

El **marketing estratégico** es esencialmente una gestión de análisis sistemático y permanente de las necesidades del mercado que desemboca en el desarrollo de conceptos de productos rentables, destinados a grupos de compradores específicos y que presentan cualidades distintivas que les diferencian de los competidores inmediatos, asegurando así al productor una ventaja competitiva defendible.

El **marketing operativo** corresponde, por si mismo, a la dimensión «acción» de la gestión marketing; es el brazo comercial de la empresa sin el cual el mejor plan estratégico no puede tener éxito. Se basa en los programas de distribución, de precio, de venta y de comunicación cuyo objetivo es dar a conocer a un público-objetivo elegido, haciéndole valorar las cualidades distintivas y el posicionamiento reivindicado por los productos ofrecidos.

Estas dos caras del marketing son, evidentemente, muy complementarias, que ponen en funcionamiento aptitudes y modos de reflexión muy diferentes. El objetivo de este libro es **proponer un marco de reflexión y un conjunto de métodos de análisis que permitan la aplicación del marketing estratégico**, que determina en definitiva la eficacia del marketing operativo.

CARACTERISTICAS DE LA TERCERA EDICION

Los cambios realizados en la tercera edición de esta obra son los siguientes:

- Un **capítulo nuevo**, el Capítulo 2, extraído del antiguo primer capítulo que versa sobre el análisis del entorno macro-marketing.
- Dos **nuevas secciones** que tratan de los siguientes temas: los determinantes de una orientación al mercado, el impacto del mercado único europeo, el declive del marketing de masas, el impacto de la ecología y el marketing verde, la ética en marketing y el concepto del marketing responsable, el concepto del producto solución y el modelo del producto multiatributos, la medida de la satisfacción y de la insatisfacción de los compradores, una revisión mas amplia de los principales métodos de estimación y previsión de la demanda y de las estrategias de crecimiento, un análisis de los estudios recientes sobre los factores de éxito de los productos nuevos, la presentación de un método de seguimiento del lanzamiento de un nuevo producto, un método de análisis portafolio de proyectos, el funcionamiento de la distribución integrada y las estrategias de marcas de los distribuidores, las estrategias de entrada en los mercados extranjeros, las prácticas de precios flexibles y las estrategias de precios de gama, los precios de transferencia y los problemas de determinación del precio a nivel internacional, la venta multinivel, la determinación del presupuesto de publicidad y la planificación de emergencia.
- Esta nueva edición de una forma general, trata de manera más completa el ámbito del **marketing internacional** que no es abordado como un tema a parte, sino que está integrado en cada capítulo.
- El **uso de los ejemplos** e ilustraciones que nos llevan a nuevos campos y una puesta al día de los datos estadísticos sobre los mercados europeos.
- La formulación de **cuestiones y problemas** después de cada capítulo, que deberían permitir al lector verificar el grado de comprensión de los conceptos y métodos propuestos.
- Un **Indice** de los temas tratados.
- Finalmente, un último elemento novedoso que merece ser subrayado, la **presentación editorial** que ha sido mejorada por medio del uso sistemático de los subtítulos, que deberían facilitar la lectura rápida.

Es por estas nuevas incorporaciones que esta nueva edición alcanza 610 páginas en lugar de las 512 de la segunda edición.

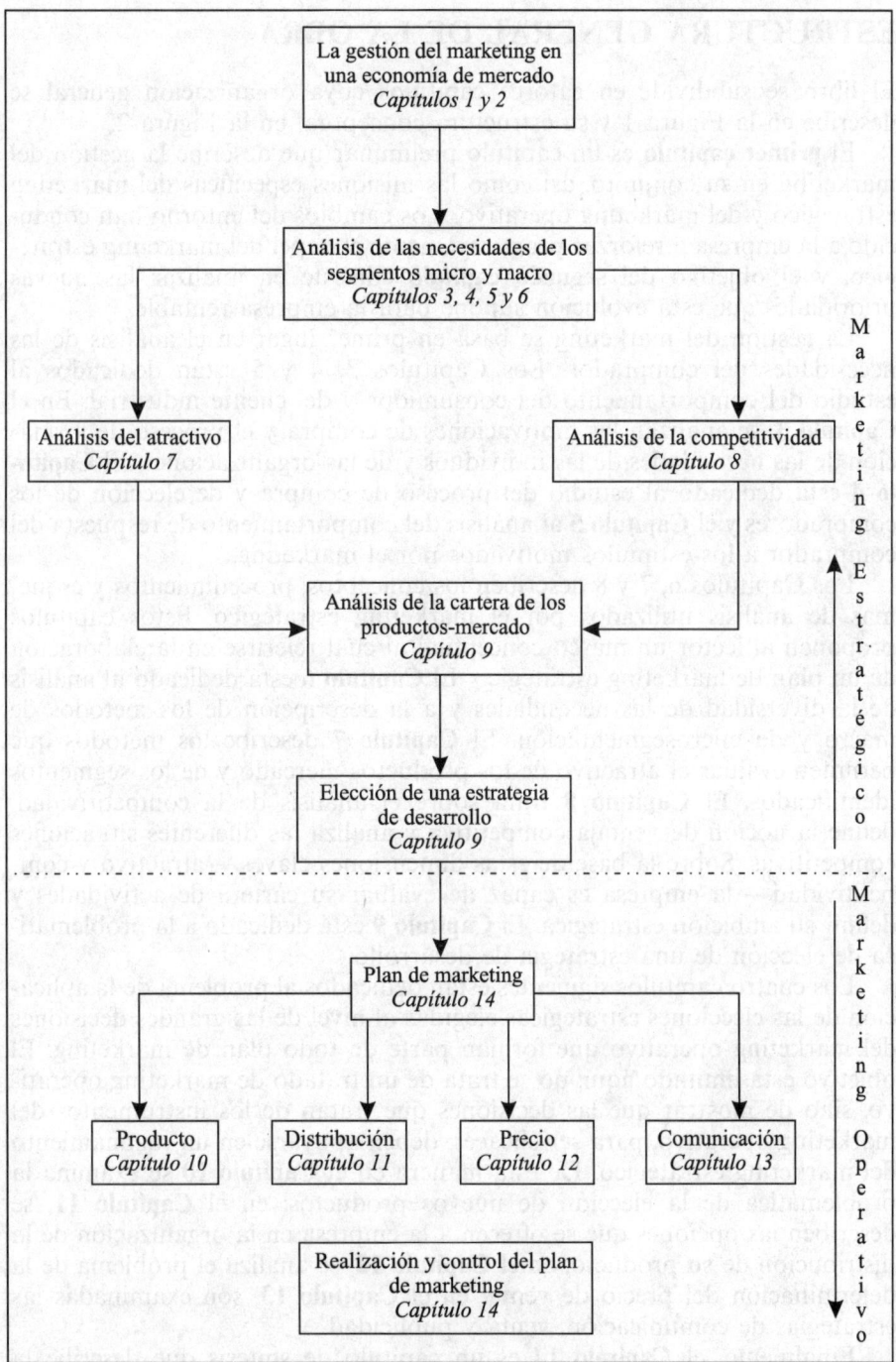

Figura 1. Estructura de la obra.

ESTRUCTURA GENERAL DE LA OBRA

El libro se subdivide en catorce capítulos cuya organización general se describe en la Figura 1 y su estructura conceptual en la Figura 2.

El **primer capítulo** es un capítulo preliminar que describe la gestión del marketing en su conjunto, así como las misiones específicas del marketing estratégico y del marketing operativo. Los cambios del entorno han conducido a la empresa a reforzar progresivamente el papel del marketing estratégico, y el objetivo del **segundo capítulo** consiste en analizar las nuevas prioridades que esta evolución supone para la empresa rentable.

La gestión del marketing se basa en primer lugar en el análisis de las necesidades del comprador. Los Capítulos 3, 4 y 5 están dedicados al estudio del comportamiento del consumidor y del cliente industrial. En el **Capítulo 3**, se analizan las motivaciones de compra y el proceso de formación de las necesidades de las individuos y de las organizaciones. El **Capítulo 4** está dedicado al estudio del proceso de compra y de elección de los compradores y el **Capítulo 5** al análisis del comportamiento de respuesta del comprador a los estímulos motivados por el marketing.

Los Capítulos 6, 7 y 8 describen los conceptos, procedimientos y esquemas de análisis utilizados por el marketing estratégico. Estos capítulos proponen al lector un marco conceptual al cual referirse en la elaboración de un plan de marketing estratégico. El **Capítulo 6** está dedicado al análisis de la diversidad de las necesidades y a la descripción de los métodos de macro y de microsegmentación. El **Capítulo 7** describe los métodos que permiten evaluar el atractivo de los productos mercado y de los segmentos identificados. El **Capítulo 8** trata sobre el análisis de la competitividad, define la noción de ventaja competitiva y analiza las diferentes situaciones competitivas. Sobre la base de estas dimensiones claves —atractivo y competitividad— la empresa es capaz de evaluar su cartera de actividades y definir su ambición estratégica. El **Capítulo 9** está dedicado a la problemática de elección de una estrategia de desarrollo.

Los cuatro capítulos siguientes están dedicados al problema de la aplicación de las elecciones estratégicas elegidas al nivel de las grandes decisiones del marketing operativo que forman parte de todo plan de marketing. El objetivo está limitado aquí: no se trata de un tratado de marketing operativo, sino de mostrar que las decisiones que tratan de los instrumentos del marketing operativo, para ser eficaces, deben apoyarse en un razonamiento del marketing estratégico. De esta manera en el **Capítulo 10** se examina la problemática de la elección de nuevos productos; en el **Capítulo 11**, se describen las opciones que se ofrecen a la empresa en la organización de la distribución de su producto; en el **Capítulo 12**, se analiza el problema de la determinación del precio de venta; en el **Capítulo 13**, son examinadas las estrategias de comunicación, venta y publicidad.

Finalmente, el **Capítulo 14** es un capítulo de síntesis que describe la estructura y el contenido de un plan de marketing estratégico, precisando el tipo de informaciones necesarias para su realización.

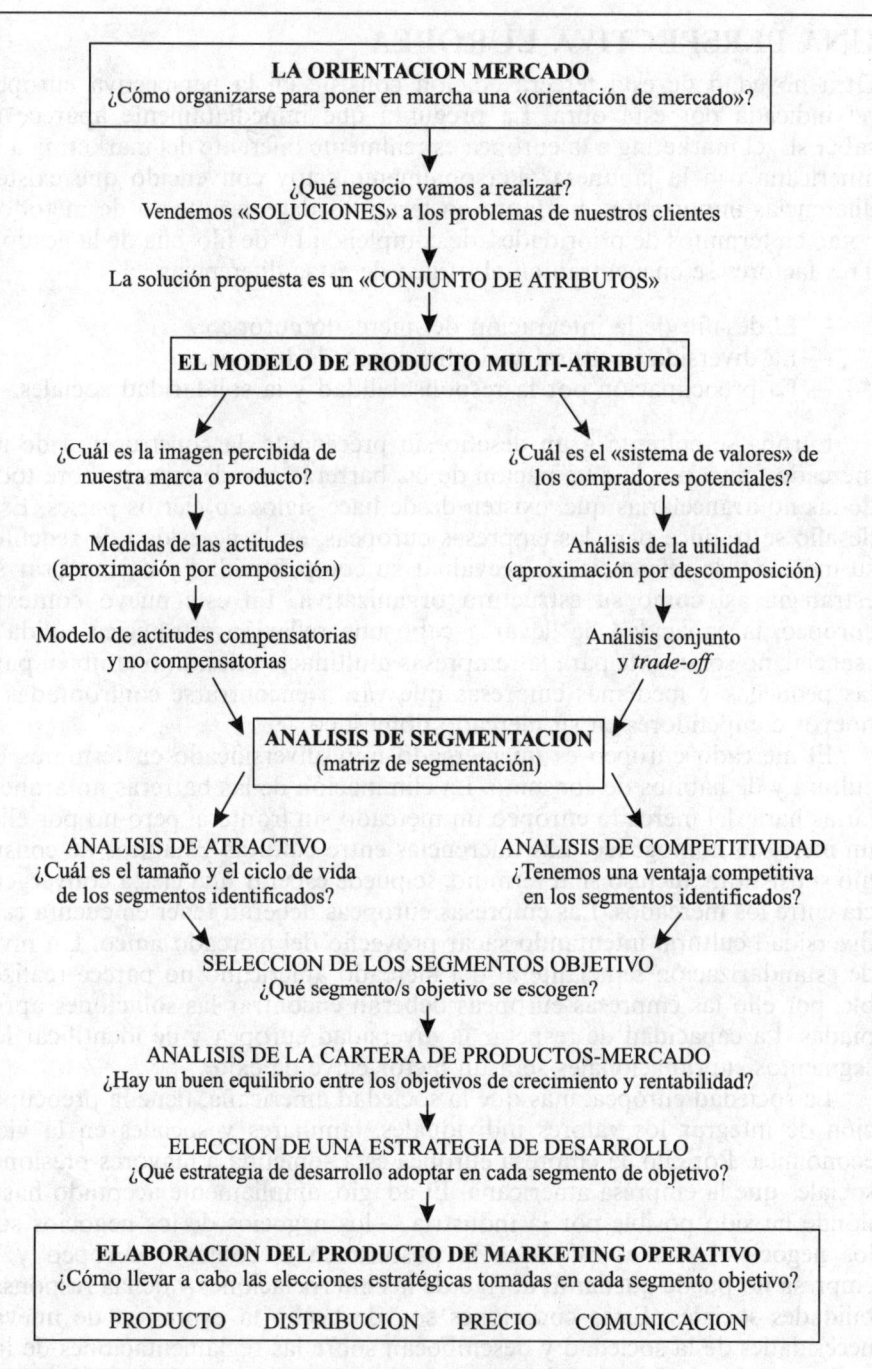

Figura 2. El proceso del marketing estratégico.

UNA PERSPECTIVA EUROPEA

Otra novedad de esta tercera edición consiste en la perspectiva europea reivindicada por esta obra. La pregunta que inmediatamente aparece es saber si, ¿el marketing a la europea es realmente diferente del marketing a la americana o a la japonesa? Personalmente estoy convencido que existen diferencias importantes, no tanto en términos de conceptos o de métodos, como en términos de prioridades, de complejidad y de filosofía de la gestión. Tres factores se encuentran en el origen de estas diferencias.

— El desafío de la integración del mercado europeo.
— La diversidad cultural y el pluralismo de Europa.
— La preocupación por la responsabilidad y la solidaridad sociales.

Europa se enfrenta a un desafío sin precedente: la construcción de un mercado único por la eliminación de las barreras arancelarias y sobre todo de las no arancelarias que, existen desde hace siglos en ciertos países. Este desafío se traduce para las empresas europeas, en la necesidad de redefinir su mercado de referencia, de reevaluar su competitividad y de repensar su estrategia así como su estructura organizativa. En este nuevo contexto europeo, la capacidad de llevar a cabo una reflexión estratégica sólida y esencial, no solamente para las empresas multinacionales, sino también para las pequeñas y medianas empresas que van a encontrarse confrontadas a nuevos competidores en su mercado doméstico.

El mercado europeo es un mercado muy diversificado en términos de cultura y de hábitos de consumo. La eliminación de las barreras no arancelarias hará del mercado europeo un mercado sin frontera, pero no por ello, un mercado homogéneo. Las diferencias entre culturas y hábitos de consumo subsistirán, incluso si al término, se puede esperar una cierta convergencia entre los mercados. Las empresas europeas deberán tener en cuenta esta diversidad cultural intentando sacar provecho del mercado único. Un nivel de estandarización semejante al del mercado americano no parece realizable, por ello las empresas europeas deberán encontrar las soluciones apropiadas. La capacidad de respetar la diversidad europea y de identificar los segmentos supranacionales será un factor clave de éxito.

La sociedad europea, más que la sociedad americana, tiene la preocupación de integrar los valores individuales, familiares y sociales en la vida económica. Por ello, la empresa europea está sometida a mayores presiones sociales que la empresa americana. El adagio, ampliamente aceptado hasta donde ha sido posible por la industria —los negocios de los negocios son los negocios— no es más que la postura en el contexto europeo y la empresa no puede quedar al abrigo de las interpelaciones y de las responsabilidades sociales. Estas coacciones son de hecho la expresión de nuevas necesidades de la sociedad y desembocan sobre las reglamentaciones de los poderes públicos, las directivas europeas, las presiones de los ecologistas y los consumeristas. Ellas conducen a la empresa a ampliar el concepto de marketing tradicional y a tomar conciencia de las recaídas socioculturales de su acción económica y en particular del marketing. Desde esta perspectiva es necesario comprender el concepto de «marketing responsable» invocado en este libro.

Finalmente, este trabajo ofrece igualmente una perspectiva europea en razón del gran número de ejemplos y datos numéricos referidos a los mercados de la Unión Europea.

CARACTERISTICAS DISTINTIVAS DE LA OBRA

Este libro propone un tratamiento completo a la vez de los principios del marketing estratégico y de las decisiones-clave que intervienen en un plan de marketing. El capítulo de conclusión muestra la estructura de un plan de marketing presentando un conjunto de cuestionarios y de formularios que permitan repasar de manera exhaustiva y sistemática las diferentes cuestiones que deben ser examinadas en un ejercicio de reflexión estratégica en el ámbito del marketing.

Además este trabajo presenta las características siguientes:

— Analiza los fundamentos ideológicos de la gestión del marketing así como su papel en una economía de mercado en período de turbulencia y de reestructuración.
— Se interesa a la vez en el análisis de las necesidades del individuo consumidor y del cliente institucional (industrial) remarcando las similaridades y sus diferencias.
— Integra en el análisis contribuciones teóricas importantes tales como la teoría de la utilidad, la teoría de los comportamientos de compra, los modelos de actitudes, la teoría de la información... y destaca el alcance práctico de estas teorías en marketing.
— Trata el marketing de consumo y de los bienes industriales de una manera integrada.
— Cubre el ámbito de la macro y de la microsegmentación con la ayuda de numerosos ejemplos concretos.
— Da una idea general de las principales medidas de la respuesta del mercado propuestas por la investigación del marketing evitando cualquier desarrollo técnico.
— Integra el marketing internacional en la gestión del marketing a lo largo de toda la obra.
— Comprende una sección dedicada al marketing estratégico del distribuidor, un aspecto raramente abordado hasta hace poco.
— Está profusamente ilustrado con ejemplos y datos orientados a los mercados de la Unión Europea.

PUBLICO OBJETIVO

La obra ha sido concebida como un texto de introducción al marketing destinado a los estudiantes de gestión así como a los profesionales de la gestión que buscan una mayor comprensión de los fundamentos, conceptos, métodos y aplicaciones del marketing en los mercados de consumo o en los mercados industriales.

El uso de las ediciones precedentes por los **profesionales de la gestión** ha sido particularmente eficaz en los siguientes casos:

— Responsables de marketing encargados de la elaboración de un plan de marketing estratégico.
— Directivos, principalmente ingenieros, que reciben el encargo de crear o desarrollar la utilización del marketing en las actividades de alta tecnología donde la función de marketing ha sido tradicionalmente inexistente o subdesarrollada.
— Comerciantes o responsables de ventas que tienen una extensa experiencia en el ámbito comercial o publicitario y que deben evolucionar hacia la utilización del marketing estratégico en su empresa.
— Consultores en gestión estratégica que tienen por trabajo proceder a una auditoría del marketing de sus clientes y de formular las recomendaciones sobre la estrategia de desarrollo a seguir.
— Dirigentes de empresas de Europa central o de Rusia que participan en seminarios de formación en gestión y que son responsables de la reestructuración de su empresa en un contexto de reciclaje hacia una economía de mercado.
— Responsables experimentados en marketing que desean estructurar sus experiencias pasadas y comprender mejor los métodos y conceptos que están en la gestión del marketing estratégico.

En lo que concierne a los **estudiantes de gestión**, el trabajo ha sido utilizado con éxito en programas dirigidos a:

— Estudiantes que seguían un programa de ingeniero comercial o de licenciado en ciencias económicas aplicadas.
— Estudiantes que tienen un diploma de ingeniero, licenciado en derecho, en sociología, y siguen un año complementario de formación en gestión.
— Estudiantes que siguen un programa de post-grado, post-experiencia y que se inician en el marketing.

AGRADECIMIENTOS

Mi agradecimiento va igualmente a los que me han alentado con sus críticas, comentarios y consejos durante la aparición de las primeras ediciones, lo que me ha dado el deseo de emprender esta obra. En particular, mis estudiantes, lectores cautivos pero, no obstante, atentos y exigentes; los de la Unidad de Marketing del IAG, en particular Chantal de Moerloose, quien ha revisado varios capítulos y a Dominique Delforge que ha realizado numerosos gráficos. Igualmente me he beneficiado de los ánimos de numerosos colegas que han utilizado la obra, en particular Paul Pellemans. Mis agradecimientos van igualmente a Danielle Roque de Ediscience International que ha revisado el manuscrito con una gran profesionalidad.

Bousval, junio 1994

Sobre el autor

Jean-Jacques Lambin es Doctor en Derecho (Lovaina), C.R.B. *Graduate fellow* (Universidad de California, Berkeley), Licenciado y Doctor en Ciencias Económicas Aplicadas (Lovaina). Profesor visitante en varias universidades europeas, norteamericanas y del sudeste asiático. Es profesor de marketing en la Universidad Católica de Lovaina (Lovaina la nueva). Ha sido Presidente del Instituto de Administración y de Gestión (IAG) en Lovaina la nueva. Actualmente es Decano del «Lovainum International Management Center» en Hulpe (Bruselas), un instituto creado conjuntamente por la Universidad de Lovaina y por la Universidad Católica de Lovaina. Es autor de varias obras sobre marketing y publicidad editadas en francés, inglés, español, italiano, japonés y alemán. Ha publicado numerosos artículos en diversas revistas europeas y norteamericanas. Posee igualmente una gran experiencia como consultor principalmente en el campo del marketing estratégico a nivel internacional.

CAPITULO 1

El marketing en la empresa y en la economía

El marketing es un sistema de pensamiento y un sistema de acción. El objetivo de este primer capítulo consiste en describir el **sistema de pensamiento**, precisar los fundamentos ideológicos de la óptica del marketing y analizar las principales implicaciones en el funcionamiento y en la organización de la empresa. En tanto que como **sistema de acción**, el marketing realiza un cierto número de tareas necesarias para el funcionamiento de una economía de mercado basada en el intercambio voluntario y competitivo. Un segundo objetivo del capítulo es describir estas tareas, cuya importancia y complejidad han evolucionado con los cambios del entorno tecnológico, económico, competitivo e internacional. Desde esta perspectiva se examinarán las implicaciones de estas modificaciones del entorno en la gestión de la empresa y, particularmente, en la gestión del marketing.

1.1. LOS FUNDAMENTOS IDEOLOGICOS DEL MARKETING

La introducción en el lenguaje cotidiano del término marketing no supone que su significado sea uniforme, más bien es una palabra deteriorada y a menudo mal entendida, no sólo por sus detractores, sino también por algunos de sus adeptos. Tres acepciones populares se encuentran usualmente.

— El marketing es la publicidad, la promoción y la venta a presión, es decir, un conjunto de **medios de venta** particularmente agresivos, utilizados para conquistar los mercados existentes. En esta primera acepción, muy mercantilista, el marketing se aplicaría principalmente en los mercados de consumo masivo y mucho menos en los sectores más nobles de productos de alta tecnología, de la administración pública, de los servicios sociales y culturales.

— El marketing es un conjunto de **herramientas de análisis**, de métodos de previsión y de estudios de mercado, utilizados con el fin de desarrollar un enfoque prospectivo de las necesidades y de la demanda. Estos métodos, a menudo complejos, reservados a las grandes empresas, son inaccesibles para las pequeñas y medianas empresas. Consiste, frecuentemente en un discurso hecho de palabras americanas, cuyo coste es elevado y su valor práctico poco evidente.
— El marketing es el gran corruptor, **el arquitecto de la sociedad de consumo**, es decir, de un sistema de mercado en el cual los individuos son objeto de explotación comercial por el vendedor. Para poder vender cada vez más, sería necesario fabricar continuamente nuevas necesidades. A la alienación de los individuos, en calidad de trabajadores, por parte del empleador se sumaría la alienación de los individuos, en calidad de consumidores, por parte del vendedor.

Tras estas visiones esquemáticas se encuentran tres dimensiones características del concepto de marketing. Una dimensión **«acción»** (la conquista de los mercados), una dimensión **«análisis»** (la comprensión de los mercados) y una dimensión **«ideología»** (una actitud). La tendencia más frecuente es la de reducir el marketing a la dimensión acción, es decir, a un conjunto de métodos de venta (el marketing operativo), y de subestimar la dimensión análisis (el marketing estratégico).

Implícita en esta visión del papel del marketing se encuentra la idea de la omnipotencia del marketing y de la publicidad que serían capaces de hacer aceptar todo por el mercado, gracias a las poderosas acciones de comunicación que se resumen en el **«hacer saber»** y en el **«hacer valer»**, y que serían concebidas independientemente de todo deseo de satisfacción de las necesidades reales de los compradores. Este mito de la omnipotencia del marketing es un rumor persistente, a pesar de que las pruebas en contra abundan, como por ejemplo, las elevadas tasas de fracasos de marcas y productos nuevos (más del 50 por 100) que testimonian la capacidad de resistencia del mercado a los intentos de seducción de los productores.

El principio de la soberanía del comprador

En realidad, el malentendido es profundo y la «teoría» o la ideología que sustenta la gestión del marketing es muy diferente. El sistema de pensamiento que sustenta el marketing —lo que se denomina el concepto o la óptica de marketing— se apoya en realidad sobre una **teoría de las elecciones individuales la cual se fundamenta en el principio de la soberanía del comprador**. Visto desde esta perspectiva, el marketing no es más que la expresión social y la traducción en reglas operativas de gestión de los principios enunciados por los economistas clásicos a finales del siglo XVIII y que son la base de la economía de mercado. Estos principios enunciados por Adam Smith (1776), pueden resumirse como sigue:

> «...el bienestar social no depende en definitiva de las intenciones altruistas sino que más bien resulta de la conjunción, por el intercambio voluntario y competitivo, de los móviles interesados entre productores y consumidores.»

Partiendo del principio que la búsqueda del interés personal es una tendencia indefectible en la mayoría de los seres humanos —lo cual se puede lamentar en el plano moral, pero que es una realidad—, Adam Smith sugiere dejar a las personas ser lo que son, pero desarrollar un sistema que procure que los individuos egocéntricos contribuyan, sin querer, al bien común. Este sistema es el del intercambio competitivo y voluntario dirigido por la mano invisible, la de la búsqueda egoísta de intereses personales que sirven a fin de cuentas al interés general.

En las economías modernas, este principio básico ha tenido algunas enmiendas, de consideraciones sociales (solidaridad), y societarias (efectos externos, bienes colectivos, Estado-árbitro...), pero queda, sin embargo, el principio director que orienta la actividad económica de una empresa rentable que opera en un mercado de libre competencia. Además, ha quedado más claro que nunca, que los países que han negado las ideas de Adam Smith descubren ahora a sus expensas que han retrocedido en el plan económico.

En la base de la economía de mercado se encuentran cuatro ideas centrales, inocentes en apariencia, pero cargadas de implicaciones en el terreno de la filosofía del enfoque sobre los mercados.

— Lo que los individuos persiguen, son **experiencias gratificantes para ellos**; es la búsqueda de un interés personal lo que incita a los individuos a producir y a trabajar. Esta búsqueda es el motor del crecimiento, del desarrollo individual y, en definitiva, determina el bienestar general.
— Lo que es gratificante responde a las **elecciones individuales**, las cuales varían según los gustos, las culturas, los sistemas de valores, etc. Bajo el respeto a las reglas éticas, morales y sociales que una sociedad se fija, ningún juicio debe hacerse sobre el valor o la frivolidad de las elecciones, o sobre lo que podría ser considerado como verdaderas o falsas necesidades. El sistema es **pluralista** y respetuoso con la diversidad de gustos y preferencias (Friedman, 1980).
— Por **el intercambio voluntario y competitivo** los individuos y sus organizaciones alcanzarán el mejor de sus objetivos. Si el intercambio es voluntario, únicamente tendrá lugar si los términos del intercambio son generadores de utilidad para las dos partes; si el intercambio es competitivo, los riesgos de abuso de poder de mercado de los productores estarán limitados.
— Los mecanismos de la economía de mercado se apoyan en el principio de la libertad individual y más particularmente en el **principio de la soberanía del comprador**. El fundamento moral del sistema reside

en el reconocimiento del hecho de que los individuos son responsables de sus actos y capaces de decidir lo que es bueno y lo que es malo para ellos.

Tal es la ideología que sustenta la gestión del marketing. Se sabe que la diferencia puede ser grande entre lo que el marketing pretende ser en teoría y lo que en realidad lleva a la práctica. Las imperfecciones se presentan en la interpretación de cada uno. Lo cual no quiere decir que el concepto de marketing no sea el ideal a seguir por la empresa rentable. Puede ser un mito, pero se trata de un **mito director** que debe orientar permanentemente las acciones de la empresa.

Los campos de acción del marketing

La gestión del marketing encuentra sus fundamentos en estos cuatro principios que desembocan en **una filosofía de acción válida para toda organización al servicio de los clientes**. Los campos de acción del marketing pueden ser reagrupados en tres grandes ámbitos:

— El marketing de los bienes y servicios de consumo que se encarga de los intercambios entre una empresa y los individuos o cuidados del consumidor.
— El marketing organizativo, o marketing de negocios, en el que los colaboradores en el proceso de intercambio son las organizaciones.
— El marketing social que corresponde a las organizaciones sin ánimo de lucro, como museos, universidades, etc.

En cada uno de estos ámbitos, la gestión implica que la satisfacción de las necesidades de los clientes debe ser el objetivo principal de toda la actividad de la organización, no por altruismo, sino por interés bien entendido, porque es el mejor medio de lograr sus propios objetivos de crecimiento y de rentabilidad.

Las dos caras del marketing

La puesta en práctica de esta filosofía de acción supone una doble gestión por parte de la empresa:

— Un análisis sistemático y permanente de las necesidades del mercado y el desarrollo de conceptos de productos rentables destinados a unos grupos de compradores específicos y que presentan cualidades distintivas que les diferencien de los competidores inmediatos, asegurando así al productor una ventaja competitiva duradera y defendible; son los objetivos asignados al **marketing estratégico**.
— La organización de estrategias de venta y de comunicación cuyo objetivo es dar a conocer y valorar a los compradores potenciales las

cualidades distintivas reivindicadas por los productos ofrecidos, reducen los costes de prospección de los compradores; esto es el papel del **marketing operativo**.

Estas dos maneras de gestión son muy complementarias y se concretan en la empresa a través de la elaboración de políticas de marcas que aparecen como el instrumento de aplicación operativo del concepto de marketing. La definición de la gestión de marketing que proponemos es la siguiente:

> «**El marketing es el proceso social, orientado hacia la satisfacción de las necesidades y deseos de individuos y organizaciones, por la creación y el intercambio voluntario y competitivo de productos y servicios generadores de utilidades.**»

Los tres conceptos clave de esta definición son: necesidad, producto e intercambio. La noción de **necesidad** pone en juego las motivaciones y comportamientos del comprador, individuo consumidor o cliente organizacional; el concepto de **producto** remite a los modos de acción, de producción y de organización de los productores; el **intercambio** pone en juego el mercado y los mecanismos de equilibrio entre la oferta y la demanda.

1.2. LAS FUNCIONES DEL MARKETING EN LA EMPRESA

El término «marketing» —literalmente, el proceso de puesta en el mercado— expresa mal la dualidad de la gestión de marketing y privilegia la dimensión «acción» en detrimento de la dimensión «análisis». En cambio, los términos **«mercadeo»** y **«mercática»**, recordados por la Academia francesa, ponen en evidencia estas dos caras del marketing. En la práctica, es necesario reconocer que estos términos son poco utilizados y, en adelante, conservaremos, pues, el término «marketing», manteniendo la distinción entre el marketing operativo y el marketing estratégico.

1.2.1. El marketing operativo

El marketing operativo es una **gestión voluntarista** de conquista de los mercados existentes, cuyo horizonte de acción se sitúa en el corto y medio plazo. Es la clásica gestión comercial, centrada en la realización de un objetivo de cifra de ventas y que se apoya en los **medios tácticos** basados en la política de producto, de distribución, de precio y de comunicación. La acción del marketing operativo se concreta en objetivos de cuotas de mercado a alcanzar y en presupuestos de marketing autorizados para realizar dichos objetivos.

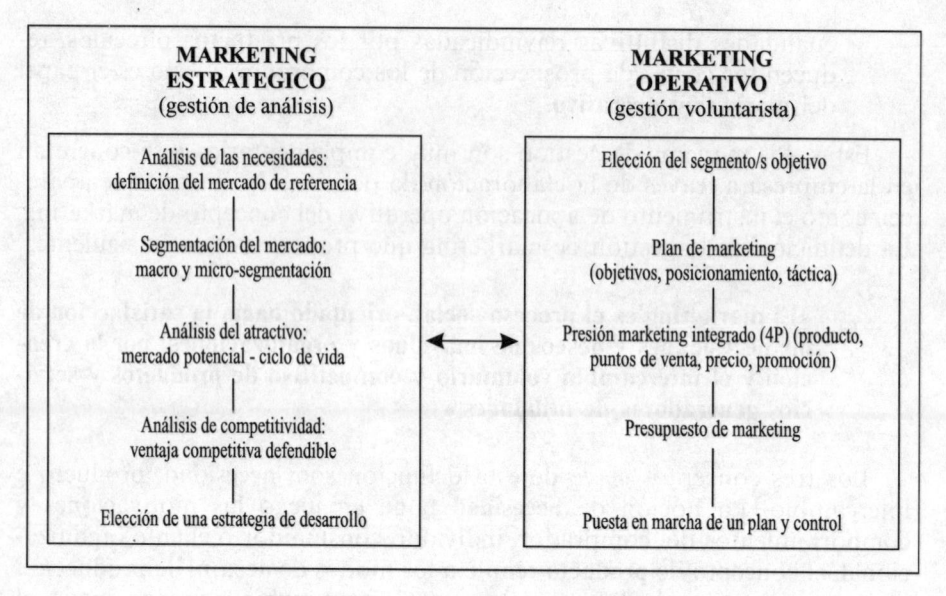

MARKETING ESTRATEGICO (gestión de análisis)	MARKETING OPERATIVO (gestión voluntarista)
Análisis de las necesidades: definición del mercado de referencia	Elección del segmento/s objetivo
Segmentación del mercado: macro y micro-segmentación	Plan de marketing (objetivos, posicionamiento, táctica)
Análisis del atractivo: mercado potencial - ciclo de vida	Presión marketing integrado (4P) (producto, puntos de venta, precio, promoción)
Análisis de competitividad: ventaja competitiva defendible	Presupuesto de marketing
Elección de una estrategia de desarrollo	Puesta en marcha de un plan y control

Figura 1.1. Las dos caras del marketing.

El papel ejercido por el marketing en el funcionamiento económico de la empresa se describe en la Figura 1.2, donde están representados los principales flujos financieros que alimentan, en definitiva, el balance de la empresa.

La función esencial del marketing operativo es «crear» el volumen de negocios, es decir, «vender» y utilizar para este efecto los medios de venta más eficaces, minimizando los costes de venta. El objetivo de cifra de ventas a realizar, se traduce por la función «producción» en un programa de fabricación y en un programa de almacenaje y de distribución física por los servicios comerciales. El marketing operativo es, pues, un elemento determinante que incide directamente en la rentabilidad a corto plazo de la empresa.

El vigor del marketing operativo es un factor decisivo del rendimiento de la empresa, muy particularmente en los mercados donde la competencia es intensiva. Todo producto, aun cuando de calidad muy superior, debe tener un precio aceptable por el mercado, estar disponible en los circuitos de distribución adaptados a los hábitos de compra de la clientela objetivo, es sostenido por las acciones publicitarias destinadas a dar a conocer su existencia y a enfatizar sus cualidades distintivas. Raras son las situaciones de mercado, donde la demanda es superior a la oferta, la empresa perfectamente conocida por los usuarios potenciales y la competencia inexistente.

Los ejemplos de «buenos productos» que no han sabido imponerse a su mercado, porque comercialmente no penetran lo suficiente, son numerosos, particularmente en las empresas *high tech*, dominadas por la mentalidad de «ingeniero» que piensa que un producto de calidad puede imponerse por sí mismo y que a menudo le falta humildad para adaptarse a las necesidades de la clientela.

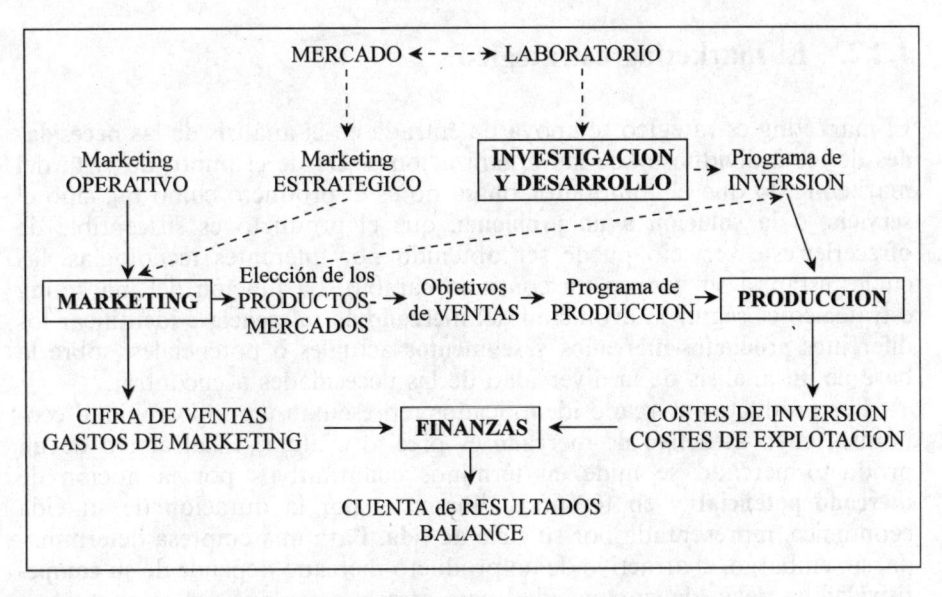

```
                    MERCADO ◄----► LABORATORIO
                         ▼               ▼
     Marketing        Marketing    ┌─────────────────┐   Programa de
     OPERATIVO       ESTRATEGICO   │  INVESTIGACION  │-► INVERSION
                                   │  Y DESARROLLO   │
                                   └─────────────────┘
                                                              │
   ┌──────────┐   Elección de los   Objetivos  Programa de    ▼
   │MARKETING │─► PRODUCTOS-──────► de VENTAS ─► PRODUCCION ─►┌──────────┐
   └──────────┘    MERCADOS                                   │PRODUCCION│
        │                                                     └──────────┘
        ▼                                                           │
   CIFRA DE VENTAS            ┌─────────┐        COSTES DE INVERSION ▼
   GASTOS DE MARKETING ──────►│FINANZAS │◄─────  COSTES DE EXPLOTACION
                              └─────────┘
                                   ▼
                          CUENTA de RESULTADOS
                                BALANCE
```

Figura 1.2. El papel del marketing en la empresa.

Es necesario reconocer que la cultura latina no facilita las cosas en este terreno: Mercurio era a la vez el dios de los comerciantes y de los ladrones, Cristo expulsó a los mercaderes del templo y, en consecuencia, venta y publicidad todavía a veces se perciben como una enfermedad vergonzosa (Pirot, 1987, pág. 87).

El marketing operativo es el aspecto más espectacular y el más visible de la gestión de marketing, debido especialmente a que la publicidad y la promoción ocupan un lugar importante. Cierto número de empresas —como los bancos, por ejemplo (Kotler, 1991, págs. 26-27)—, de hecho se han acercado al marketing a través de la publicidad. Por el contrario, otras —como muchas empresas de bienes industriales— han tenido tendencia durante mucho tiempo a considerar que el marketing no se aplicaba a sus actividades, asimilando implícitamente marketing a publicidad.

El marketing operativo es, pues, el **brazo comercial** de la empresa, sin el cual el mejor plan estratégico no puede desembocar en unos resultados notables. Es evidente, sin embargo, que a veces no se sabrá llevar a cabo un marketing operativo rentable al fin, sin una opción estratégica sólida. Un dinamismo sin reflexión no es más que un riesgo inútil. Un marketing operativo por muy fuerte que sea, no puede crear una demanda donde la necesidad no exista, ya que no puede mantener vivas actividades condenadas a la desaparición. Para ser rentable, el marketing operativo debe, pues, apoyarse en una reflexión estratégica basada en las necesidades del mercado y en su evolución.

1.2.2. El marketing estratégico

El marketing estratégico se apoya de entrada en el análisis de las **necesidades** de los individuos y de las organizaciones. Desde el punto de vista del marketing, lo que el comprador busca no es el producto como tal, sino el **servicio**, o la **solución a un problema**, que el producto es susceptible de ofrecerle; este servicio puede ser obtenido por diferentes tecnologías, las cuales están, a su vez, en un continuo cambio. La función del marketing estratégico es seguir la evolución del **mercado de referencia** e identificar los diferentes **productos-mercados y segmentos** actuales o potenciales, sobre la base de un análisis de la diversidad de las necesidades a encontrar.

Los productos-mercado identificados representan una oportunidad económica cuyo **atractivo de mercado** es preciso evaluar. El atractivo de un producto-mercado se mide en términos cuantitativos por la noción de **mercado potencial** y en términos dinámicos por la duración de su vida económica, representada por su **ciclo de vida**. Para una empresa determinada, sin embargo, el atractivo de un producto-mercado depende de su **competitividad**, es decir, de su capacidad para atraer mejor que sus competidores la demanda de los compradores. Esta competitividad existirá en la medida en que la empresa detente una **ventaja competitiva**, ya sea por la presencia de cualidades distintivas que la diferencien de sus rivales, ya sea por una productividad superior que le da una ventaja en costes.

La Figura 1.2 describe las etapas de la gestión del marketing estratégico en sus relaciones con las demás funciones de la empresa. Ya sea el concepto de producto empujado por el laboratorio o aspirado por el mercado, él está obligado a pasar por el marketing estratégico que debe apreciar su viabilidad económica y comercial. La relación entre el departamento de investigación y desarrollo, la función producción y el marketing estratégico es decisivo a este respecto. La elección del producto-mercado que resultará de esta confrontación tiene una incidencia capital en la calibración de la capacidad de producción y en la decisión de invertir, y consecuentemente sobre el equilibrio de la estructura financiera de la empresa.

La función del marketing estratégico es, pues, orientar la empresa hacia las oportunidades económicas atractivas para ella, es decir, completamente adaptadas a sus recursos y a su saber hacer, y que ofrecen un **potencial de crecimiento y de rentabilidad**. La gestión del marketing en este aspecto se sitúa en el medio-largo plazo; su función es precisar la **misión de la empresa**, definir sus objetivos, elaborar una estrategia de desarrollo y velar por mantener una estructura equilibrada de la cartera de productos.

1.2.3. El programa de marketing

Esta función de reflexión y de planificación estratégica es muy diferente de la del marketing operativo e implica otros tipos de habilidades en los individuos que ejercen estas funciones. Las dos funciones son, sin embargo, totalmente complementarias, en el sentido de que la elaboración de un plan estratégico debe hacerse en estrecha relación con el marketing operativo.

Los medios de acción del marketing operativo son principalmente las variables precio, publicidad, potencial de venta y dinamización de la red de distribución, de esta manera el marketing estratégico desemboca en la **elección de productos-mercados** en los que la empresa detenta una ventaja competitiva y sobre una **previsión de la demanda global**, en cada uno de los productos-mercados considerados. El marketing operativo se propone un **objetivo de cuota de mercado** a alcanzar en cada producto-mercado, así como los **presupuestos de marketing** necesarios para la realización de estos objetivos.

```
┌─────────────────────────────┐   ┌─────────────────────────────┐
│   MARKETING ESTRATEGICO     │   │    MARKETING OPERATIVO      │
│                             │   │                             │
│      NECESIDADES            │   │         MERCADOS            │
│   PRODUCTOS-MERCADOS        │   │        EXISTENTES           │
│                             │   │                             │
│      ATRACTIVIDAD           │   │                             │
│     COMPETITIVIDAD          │   │    MEDIOS DE MARKETING      │
│                             │   │                             │
│       PREVISION             │   │       OBJETIVOS DE          │
│    DEMANDA GLOBAL           │   │     CUOTA DE MERCADO        │
└─────────────────────────────┘   └─────────────────────────────┘
                    ↘           ↙
                 OBJETIVO DE VENTA
                    (en volumen)
                         ↓
              PROGRAMA DE MARKETING
            (producto, distribución, precio,
              publicidad, equipo de venta)
                    ↙           ↘
          Objetivo de              GASTOS DE
        CIFRA DE VENTAS            MARKETING
                    ↘           ↙
                   objetivo de
             CONTRIBUCION AL BENEFICIO
```

Figura 1.3. El proceso de planificación del marketing.

La comparación para cada producto-mercado del objetivo de la cuota de mercado y de la previsión de la demanda global permite en primer lugar despejar un **objetivo de venta** en volumen, y seguidamente en unidades monetarias, teniendo en cuenta la política de precios adoptada (Figura 1.3). El **beneficio bruto esperado** se obtiene después de la deducción de los costes directos de producción, de las cargas de estructura propias eventuales y de los gastos de marketing destinados a la fuerza de venta, a la publicidad y a la promoción, según se expresa en el presupuesto de marketing. Este beneficio bruto es la contribución aportada por el producto-mercado a la empresa; destinada a asegurar la cobertura de los gastos generales de explotación y también el beneficio neto. El conjunto de este análisis se concreta en el programa de marketing.

1.2.4. El nuevo papel del marketing estratégico

Algunas empresas han tenido tendencia a aislar la reflexión estratégica en los *staffs* establecidos como apoyo a la dirección general, muy alejados de la realidad. Ahora bien, para ser eficaz, una estrategia debe apoyarse en un conocimiento profundo del mercado y su puesta en acción supone planes coherentes de penetración al mercado, así como políticas de distribución, precio y promoción sin las cuales el mejor plan tiene poca posibilidad de éxito. La organización de marketing adoptada deberá inspirarse en esta necesidad y velar para que las preocupaciones del marketing estratégico sean asumidas por los diferentes niveles de la organización. En las grandes empresas, las estructuras de organización por producto-mercado (*product management*) han demostrado su gran eficacia a este respecto; en las pequeñas y medianas empresas, los mismos resultados pueden ser obtenidos por estructuras temporales y periódicas, como un comité de reflexión estratégica compuesto por los principales responsables de la empresa.

Esta función de reflexión estratégica existe, de una forma o de otra, en la mayor parte de las empresas rentables. Se concibe que esta función toma una importancia nueva frente a los cambios tecnológicos, económicos, competitivos y socioculturales que caracterizan el entorno de los años noventa, particularmente en la perspectiva de la Unión Europea, que fuerza a las empresas a replantearse su posicionamiento estratégico.

Estos cambios reclaman, en particular, una consolidación del marketing estratégico en la empresa con el objeto de *a*) fundamentar su actividad en **opciones estratégicas** sólidas y claramente definidas, *b*) desarrollar **sistemas de vigilancia** del entorno y de **análisis de la competencia**, *c*) reforzar la **capacidad de adaptación** a los cambios del entorno, y *d*) prever regularmente la **renovación de la cartera** de productos-mercados.

La eficacia del marketing estratégico ha sido puesta en evidencia en numerosos estudios empíricos realizados tanto en Europa como en Estados Unidos. Cooper (1979) principalmente ha analizado las causas del éxito de más de doscientos nuevos productos industriales. Su análisis ha evidenciado que dos de los tres factores clave del éxito dependen directamente de la calidad del marketing estratégico: *a*) la superioridad del producto para el comprador y la presencia de cualidades distintivas; *b*) el conocimiento del mercado y el saber hacer en marketing. Hay que destacar que Booz, Allen y Hamilton (1982) han llegado a la misma conclusión en un estudio efectuado a más de 13.000 nuevos productos. Recientemente, Narver y Slater (1990), Jaworski y Kohli (1990, 1993) han demostrado experimentalmente la existencia de una estrecha relación entre orientación al mercado y rentabilidad económica.

1.2.5. La orientación-mercado como filosofía de gestión

El concepto marketing, tal como se presenta aquí, puede parecer una evidencia al observador exterior, y de hecho, ninguna empresa cuestiona la validez de este principio. Muy al contrario, sería probablemente difícil de contestar la idea de que la única manera razonable de gestionar eficazmente un negocio consiste en encontrar las necesidades de los usuarios. A pesar de este acuerdo aparente, muchas empresas de hoy día se limitan a practicar el marketing operativo (la venta) y tienen la tendencia a postergar el marketing estratégico en el conjunto de las buenas intenciones. Comprender el concepto marketing es una cosa, ponerlo en práctica es otra.

Una empresa que adopta esta filosofía de gestión debe ponerse en el lugar de una organización con orientación-mercado en la que el comportamiento y las acciones sean coherentes con el concepto de marketing. Crear, con provecho, un producto o servicio que representa, para el comprador, un valor superior a las ofertas de la competencia es la responsabilidad de la gestión del marketing. Se trata del objetivo de toda organización y no solamente de la función de marketing. En otras palabras, el mensaje del marketing estratégico, es demasiado importante como para ser dejado únicamente a los comerciales.

```
┌─────────────────────────────────────────────────────────────────┐
│          Rendimiento superior a la media de los competidores    │
│                              ↑                                   │
│                   Ventaja competitiva defendible                 │
│  Creación de valor para el comprador  │  Valor superior al de la competencia │
│                              ↑                                   │
│                Determinación de la orientación - mercado         │
│  Orientación   Orientación    Orientación   Vigilancia   Coordinación │
│  cliente final cliente intermedio competencia del entorno interfuncional │
└─────────────────────────────────────────────────────────────────┘
```

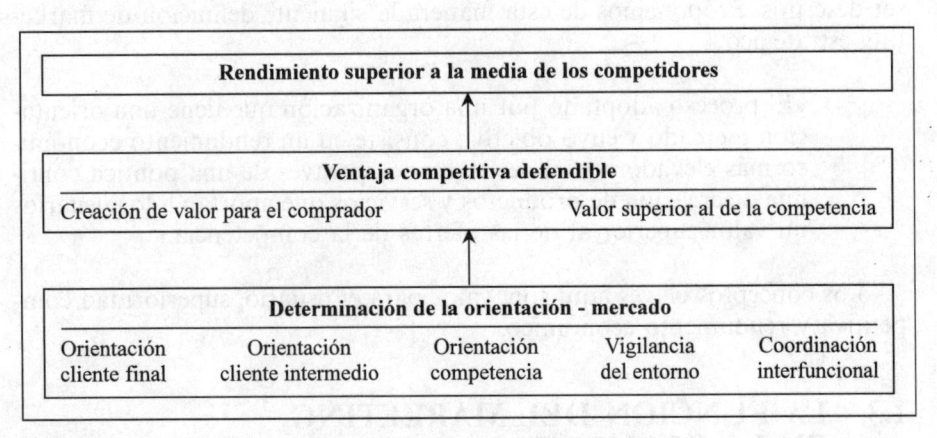

Figura 1.4. Los determinantes de la orientación-mercado. Adaptado de: Narver J. C. y Slater S. F. (1989).

Como demuestran Narver y Slater (1990) e ilustra la Figura 1.4, realizar una gestión cuyo resultado sea superior a la media del mercado, implica la existencia de una ventaja competitiva defendible que resulta de la creación de un valor superior para el comprador. Los factores claves que caracterizan una orientación-mercado son pues: orientación-cliente, orientación competencia y coordinación interfuncional.

- La **orientación-cliente final** implica la voluntad, a todos los niveles de una organización, de crear los productos o servicios generadores de utilidades para los usuarios, lo que supone una buena capacidad de comprensión y de anticipación de sus necesidades.
- La **orientación-cliente intermediario** implica la voluntad de tratar a los distribuidores como clientes, y no simplemente como colaboradores e intentar identificar sus necesidades específicas.
- La **orientación-competidores** implica el conocimiento de los puntos fuertes y débiles de los competidores, la capacidad de anticipar sus acciones y de reaccionar rápidamente a sus ataques.
- Una **coordinadora interfuncional** implica la difusión de informaciones sobre el mercado a todos los niveles de la empresa, el examen en común de las grandes opciones estratégicas y la participación activa de las otras funciones en el análisis de las necesidades y problemas de los consumidores y usuarios.

Un quinto factor importante es la orientación al mercado: la vigilancia o una **vigilia del entorno** tecnológico, social, político, de cara a detectar en tiempo útil las oportunidades y amenazas para la empresa.

El marketing estratégico cubre pues un ámbito que supera ampliamente la gestión del marketing tal y como es habitualmente entendida (las 4 P), ya que su puesta en marcha demanda una cultura y un ambiente de empresa que permita la adopción de los comportamientos y actitudes que acaban de ser descritos. Proponemos de esta manera la siguiente definición de marketing estratégico:

> «El proceso adoptado por una organización que tiene una orientación-mercado y cuyo objetivo consiste en un rendimiento económico más elevado que el del mercado, a través de una política continua de creación de productos y servicios que aportan a los usuarios un valor superior al de las ofertas de la competencia.»

Los conceptos-claves aquí son: valor para el usuario, superioridad competitiva y rendimiento económico.

1.3. LA FUNCION DEL MARKETING EN LA ECONOMIA

La función del marketing en una economía de mercado es **organizar el intercambio voluntario y competitivo** de manera que asegure un encuentro eficiente entre la oferta y la demanda de productos y servicios. Este encuentro no es espontáneo, pero exige la organización de **actividades de unión** de dos tipos:

— La organización material del **intercambio**, es decir, de los flujos físicos de bienes desde el lugar de producción hasta el lugar de consumo.
— La organización de la **comunicación**, es decir, de los flujos de información que deben preceder, acompañar y seguir al intercambio, con el fin de asegurar un encuentro eficiente entre la oferta y la demanda.

La función del marketing en la economía es, pues, **organizar el intercambio y la comunicación entre productores y compradores**. La definición propuesta aquí se centra en las tareas y funciones del marketing, cualquiera que sea el objeto del proceso de intercambio. Como tal, esta definición se aplica tanto a las actividades comerciales como a las actividades sin ánimo de lucro, de una manera general a toda situación donde hay intercambio voluntario entre una organización y un público usuario de los servicios ofrecidos por esta organización.

1.3.1. La organización del intercambio

La organización del intercambio de bienes y servicios es responsabilidad de la distribución, que tiene como función hacer pasar los bienes de la situación distributiva de producción a la situación distributiva de consumo. El paso a la situación distributiva de consumo implica la producción por la distribución de tres tipos de utilidades, las cuales constituyen el **valor añadido** de la distribución.

— Las **utilidades de estado**, es decir, el conjunto de transformaciones materiales destinadas a poner los bienes en condiciones de consumo; estas son las operaciones de fraccionamiento, acondicionamiento, surtido, etc.
— Las **utilidades de lugar**, o transformaciones espaciales, tales como el transporte, la distribución geográfica, etc., que contribuyen a situar los bienes a disposición de los usuarios en los lugares de utilización, de transformación o de consumo.
— Las **utilidades de tiempo**, o transformaciones temporales, como el almacenaje, que permite la disponibilidad de los bienes en el momento deseado por el comprador.

Son estas diferentes funciones las que hacen que los bienes fabricados estén «disponibles» y «accesibles» a la clientela objetivo y permiten así el encuentro material entre la oferta y la demanda.

Históricamente, estas tareas de la distribución han sido ejercidas principalmente por intermediarios autónomos, como los agentes de ventas, los mayoristas, los detallistas y los distribuidores industriales, es decir, por lo que se denomina el **sector de la distribución**. En las economías industriales avanzadas, ciertas funciones de la distribución, han sido asumidas por parte de la producción (el marketing directo), bien por parte del consumo (las cooperativas de consumo), o bien por parte de la distribución (cadenas de supermercados, etc.).

Además, los sistemas verticales de marketing se están desarrollando, agrupando a empresas independientes que intervienen en diferentes niveles del sistema de producción y/o de distribución, teniendo como objetivo coordinar sus acciones comerciales, realizar economías de escala y reforzar así su impacto en el mercado. Se trata principalmente de las cadenas voluntarias, de cooperativas de detallistas y de organizaciones de franquicia. En numerosos sectores, los sistemas verticales de marketing tienden a suplantar los circuitos de distribución tradicionales muy fragmentados. Ellos constituyen uno de los desarrollos más significativos del sector terciario, que ha contribuido a intensificar la lucha competitiva entre modos de distribución y a mejorar sensiblemente la productividad de la distribución.

El valor añadido de la distribución se mide por el **margen de distribución**, es decir, por la diferencia entre el precio pagado al productor por el primer comprador y el precio pagado por el usuario o el consumidor final del producto. El margen de distribución puede, pues, incluir, los márgenes de uno o varios distribuidores; por ejemplo, del mayorista y del minorista. El margen de distribución remunera, pues, las funciones ejercidas por los diferentes intermediarios. En el sector de bienes de consumo, se estima que el coste del intercambio, que cubre el conjunto de funciones ejercidas por la distribución, está alrededor del 40 por 100 de las ventas al por menor. En todos los sectores de actividad, el coste de la distribución representa una parte significativa del precio pagado por el comprador.

1.3.2. La organización de la comunicación

La reunión de las condiciones materiales del intercambio no es suficiente para asegurar un ajuste eficaz entre la oferta y la demanda. Para que pueda ejercerse, el intercambio de bienes, supone que los compradores potenciales sean conscientes y estén alertados de la existencia de los bienes, es decir, de las combinaciones alternativas de atributos susceptibles de satisfacer sus necesidades. Las actividades de comunicación tienen como objetivo «producir» el conocimiento para los productores, los distribuidores y los compradores. Se pueden distinguir diferentes flujos de comunicación en un mercado, como se refleja en la Figura 1.5.

1. Antes de la producción, una recogida de información a iniciativa del productor, con el fin de identificar las necesidades y funciones de los compradores, que constituyen una oportunidad atractiva para él. Es la función de los **estudios de mercado** y del marketing estratégico.
2. A iniciativa del comprador potencial, el estudio de las posibilidades ofrecidas por los proveedores y la organización de los **anuncios de estímulos de ofertas**.

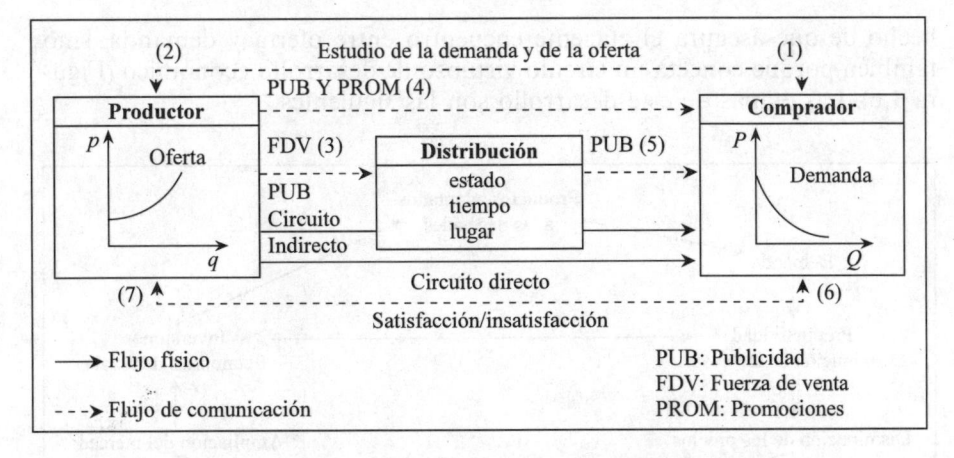

```
              (2)        Estudio de la demanda y de la oferta        (1)
           ┌────────┐    PUB Y PROM (4)              ┌────────────┐
           │Productor│─ ─ ─ ─ ─ ─ ─ ─ ─ ─ ─ ─ ─ ─ ─ ─▶│ Comprador  │
        p ▲│        │ FDV (3) ┌──────────┐ PUB (5)  P▲│            │
           │ Oferta │─ ─ ─ ─ ─▶│Distribución│─ ─ ─ ─ ─▶│   Demanda  │
           │        │  PUB     │  estado  │          │            │
           │        │ Circuito │  tiempo  │          │            │
           │     → q│ Indirecto│   lugar  │─────────▶│         → Q│
           └────────┘          └──────────┘          └────────────┘
          (7) ▲           Circuito directo              ▲ (6)
              └─ ─ ─ ─ ─ ─ ─ ─ ─ ─ ─ ─ ─ ─ ─ ─ ─ ─ ─ ─ ─┘
                       Satisfacción/insatisfacción

     ──▶ Flujo físico                          PUB: Publicidad
                                               FDV: Fuerza de venta
     ─ ─▶ Flujo de comunicación                PROM: Promociones
```

Figura 1.5. El papel del marketing en una economía de mercado.
Fuente: Adaptado de Lambin, J. J., y Peeters, R. (1977).

3. Después de la producción, las acciones de comunicación del fabricante **orientadas hacia la distribución** y cuyo objetivo es obtener la información del producto y la cooperación de los distribuidores en materia de espacio de venta, promoción y precio.
4. A iniciativa del fabricante, las actividades de promoción a través de la **publicidad o la fuerza de ventas** destinadas a dar a conocer a los compradores la existencia de los bienes y sus cualidades distintivas reivindicadas por el productor.
5. A iniciativa de los distribuidores, **las actividades de promoción y de comunicación** orientadas hacia el comprador y destinadas a dar a conocer el surtido ofrecido y las condiciones de venta y a crear fidelidad en la clientela.
6. Después de la utilización o consumo de los bienes, las medidas de **satisfacción o insatisfacción** recogidas por el productor para permitir ajustar su oferta a las reacciones de los compradores.
7. Después de la utilización o consumo de los bienes, las **evaluaciones y/o las reivindicaciones** transmitidas espontáneamente por los compradores, tratadas aisladamente o en grupos organizados (consumerismo).

En los mercados de pequeña dimensión, estas comunicaciones se llevan a cabo espontáneamente entre los agentes del proceso de intercambio. En los mercados de gran tamaño, el alejamiento físico y psicológico es importante entre las partes y estas actividades de comunicación deben estar expresamente organizadas.

1.3.3. El marketing estratégico, factor de democracia económica

El marketing, y en particular el marketing estratégico, tiene una función económica importante en una economía de mercado, no solamente por el hecho de que asegura el eficiente encuentro entre oferta y demanda, sino también porque conecta un círculo virtuoso de desarrollo económico (Figura 1.6). Las etapas de este desarrollo son las siguientes:

```
                    Productos adaptados
                     a las necesides
        Demanda

   Productividad  ←─────────────────  Inversiones
 Disminución de los costes              Economías de escala
         ↓                                    ↑
 Disminución de los precios         Ampliación del mercado
                  ↘         Nuevos grupos     ↗
                           de compradores
```

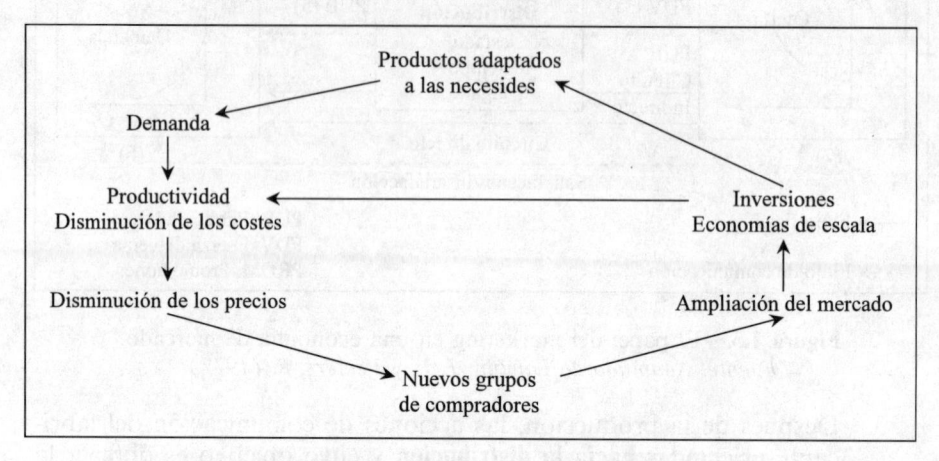

Figura 1.6. El círculo virtuoso del marketing estratégico.

— El marketing estratégico identifica las necesidades insatisfechas o mal identificadas y desarrolla nuevos productos adaptados a aquéllas.
— El marketing operativo organiza un plan de acción de marketing que crea y desarrolla la demanda para aquellos productos nuevos.
— Esta demanda creciente genera disminución en los costes que permiten disminuciones de precio gracias a las cuales nuevos grupos de compradores entran en el mercado.
— Esta ampliación del mercado suscita nuevas inversiones que generan economías de escala y que permiten el desarrollo de productos mejorados o nuevos.

El marketing estratégico es un factor de democracia económica esencialmente porque organiza un sistema que, *a*) da la palabra a los compradores, *b*) orienta las inversiones y la producción en función de necesidades detectadas, *c*) respeta la diversidad de las necesidades a través de la segmentación de mercados, *d*) estimula la innovación y las actividades emprendedoras.

Como ya se ha indicado anteriormente, la realidad y la teoría no siempre coinciden y la puesta en funcionamiento de la orientación-mercado en la gestión sólo se hace progresivamente.

1.4. LA EVOLUCION DE LA FUNCION PRIORITARIA DEL MARKETING

Considerado desde el punto de vista de la organización de la comunicación y del intercambio en la economía, está claro que, a pesar de su actualidad, el marketing no es una actividad nueva, puesto que cubre tareas que de hecho han existido siempre y que han sido siempre asumidas, de una forma u otra, en cualquier sistema basado en el intercambio voluntario. Incluso en un sistema autárquico, basado en la forma más rudimentaria de intercambio —el trueque—, los flujos de intercambio y de comunicación existen, aunque su manifestación sea espontánea y no exija la asignación de recursos específicos, ni de las formas de organización para asegurar su funcionamiento.

La complejidad del entorno tecnológico, económico y competitivo es lo que ha conducido progresivamente a la empresa a crear en primer lugar, y a reforzar seguidamente, la función marketing. Es interesante contar la historia de esta evolución, con el fin de comprender mejor la función actual del marketing. Se pueden distinguir tres fases, caracterizadas cada una por un objetivo de marketing prioritario: el marketing pasivo, el marketing de organización y el marketing activo.

1.4.1. El marketing pasivo

Una organización de «marketing pasivo» es una forma de organización que prevalece en un entorno económico caracterizado por la existencia de un mercado potencial importante, pero donde hay **escasez de oferta**, siendo insuficientes las capacidades de producción disponibles para las necesidades del mercado. La demanda es, pues, superior a la oferta. La existencia de necesidades conocidas y establecidas, así como un débil ritmo de innovación tecnológica son los factores que incitan igualmente a la adopción de este estilo de gestión marketing. Este tipo de situación económica ha sido observada, especialmente, a principios de siglo y a lo largo de la revolución industrial, y más tarde tras la posguerra; este entorno existe actualmente en varios países en vías de industrialización, y muy particularmente en Europa del Este.

Está claro que en un entorno caracterizado por la escasez de oferta, el marketing tiene un papel limitado y pasivo: el marketing estratégico se ejerce naturalmente, ya que las necesidades son conocidas; el marketing operativo se reduce a la organización de la salida de los productos fabricados, siendo superfluas las acciones promocionales, ya que la empresa no puede alimentar el mercado como ella desearía. Los contactos con el mercado se limitan muy a menudo al primer escalón, es decir, al primer comprador del producto, el cual es frecuentemente un intermediario, mayorista o distribuidor industrial. Hay, por consiguiente, pocos contactos con la demanda final y los estudios de mercado no son frecuentes. Este estado de cosas aparece en la organización de la empresa que está dominada por la función de producción, siendo la preocupación prioritaria desarrollar la capacidad de dicha producción y mejorar la productividad de la maquinaria. El marketing es para vender lo que se ha producido.

La estructura de la organización de una empresa con la «óptica de producción» tiene en general las características descritas a continuación.

— Un **desequilibrio de las funciones**: el marketing no está representado al mismo nivel jerárquico que las funciones de producción, financiera, administración y recursos humanos.
— El primer nivel del marketing es un **departamento comercial**, encargado de las relaciones con la clientela y de la administración de las ventas.
— La elección de productos depende de la función de producción; los precios de venta y las previsiones están bajo la responsabilidad de la función financiera. Generalmente, hay **dispersión de responsabilidades** para todo lo que concierne a los recursos de marketing (las 4 P).

Esta forma de organización favorece el desarrollo de una **óptica de producción**, que se apoya en la hipótesis implícita de que la empresa sabe lo que es bueno para el comprador, el cual comparte esta convicción. Los dirigentes de estas empresas están además convencidos de que ellos fabrican un producto superior y tienen tendencia a considerar por experiencia que los compradores continuarán demandando sus productos. Esta actitud, típicamente burocrática, conduce a privilegiar las preocupaciones internas de funcionamiento y no a la satisfacción de los compradores. La óptica de producción está, pues, en completa oposición con la óptica del comprador, que ve un producto como una solución y no como una entidad técnica.

Este planteamiento es concebible en un entorno en el que la demanda es superior a la oferta, los compradores están dispuestos a comprar no importa qué modelo del producto, si pueden encontrarlo. En realidad, estas condiciones de mercado son excepcionales y cuando prevalecen, son temporales. El peligro que constituye la óptica de producción es volver a la empresa miope, y no favorecer un cambio de mentalidad a tiempo, es decir, **antes** de que el entorno se modifique.

El marketing pasivo es una forma de organización de marketing que no conviene en el entorno al cual se enfrentan hoy la mayor parte de las empresas de los países industrializados. La óptica de producción persiste, sin embargo, en algunas empresas, principalmente de productos industriales, y es el origen de la desaparición de muchas de ellas que no han sabido adaptarse a las nuevas condiciones de funcionamiento de los mercados.

En los países en vías de desarrollo, la óptica de «producción» es dominante. Pero allí también el marketing puede jugar un papel activo y contribuir al desarrollo económico, en la medida en que sus métodos se adapten inteligentemente a las condiciones muy diferentes de las de los países industrializados. Ver a este respecto el excelente artículo de R. de Maricourt (1987, págs. 5-17).

1.4.2. El marketing de organización

El marketing de organización pone el acento en la **óptica de venta**. Esta orientación de la gestión ha sido progresivamente adoptada en las economías occidentales a lo largo de los años cincuenta por las empresas de bienes de consumo, cuando la demanda estaba en fuerte expansión y las capacidades de producción disponibles. En cambio, en estos mercados, en pleno crecimiento, la organización material del intercambio era a menudo deficiente y poco productiva.

Los cambios observados en el entorno, responsables de esta nueva orientación de la gestión de marketing, son los siguientes:

— La aparición de **nuevas formas de distribución**, principalmente el autoservicio, ha contribuido a modificar la estructura de las redes de distribución tradicionales poco adaptadas a las exigencias de la distribución en masa.
— La **extensión geográfica de los mercados** y el alejamiento físico y psicológico que se da entre productores y consumidores, ha hecho necesario el uso creciente de los medios de comunicación, como la fuerza de ventas, y sobre todo, la publicidad en los medios de comunicación.
— El desarrollo generalizado de la **política de marca** exigida por la venta en autoservicio y utilizada por la empresa como medio de control de su propia demanda.

El objetivo prioritario del marketing en esta fase es crear una organización comercial eficaz. El papel del marketing se vuelve menos pasivo. Se trata ahora de **buscar y de organizar las salidas para los productos fabricados**. En esta fase, la mayor parte de las empresas se concentran en las necesidades del núcleo central del mercado con productos que responden a las necesidades de la mayoría de los compradores. Los mercados están, pues, escasamente segmentados y las decisiones estratégicas referentes a la política de producto quedan bajo la responsabilidad de la función de producción. El marketing tiene por misión organizar la comercialización de los productos y gestionar el conjunto de tareas que se inscriben en el proceso de comercialización.

En el organigrama, estas modificaciones de las preocupaciones prioritarias se traducen en la creación de una **dirección de ventas o de una dirección comercial** y se observa un cierto reequilibrio de las funciones. Estas direcciones comerciales están encargadas de la puesta en funcionamiento de la red de ventas, de la organización de la distribución física, de la publicidad y de la promoción. Gestionan también los estudios de mercado cuya importancia comienza a manifestarse, especialmente por el análisis de los hábitos de compra, de la eficacia de la publicidad, del impacto de las marcas y de los condicionamientos, etc.

La óptica de venta

La óptica de venta es una característica a menudo muy presente en el marketing operativo. Las hipótesis implícitas en la óptica de venta son las siguientes:

— Los consumidores tienen, por naturaleza, tendencia a resistirse a la compra de productos que no son esenciales.
— Los consumidores pueden ser motivados a comprar más si se utilizan diferentes medios de estímulo de ventas.
— La empresa debe crear un departamento de ventas potente y utilizar medios promocionales importantes para atraer y mantener a la clientela (Kotler, 1991, pág. 15).

Algunas industrias fabricantes de productos que no son buscados de forma natural por los compradores, como los seguros de fallecimiento y las enciclopedias, han desarrollado técnicas de venta bajo presión *(hard selling)* que han sido popularizadas por numerosas obras sobre «el arte de la venta». Además, cuando hay exceso de capacidad en un sector, no es raro observar el uso de estas técnicas de venta por empresas que suelen liquidar sus stocks utilizando agresivamente las promociones, la publicidad, el mailing o buzoneo, etc. No es extraño entonces el constatar que el gran público, así como por otra parte algunas empresas, tienden a equiparar el marketing a la venta bajo presión, incluso a la venta forzada.

En las empresas de orientación al mercado, la concepción del papel del vendedor ha evolucionado mucho a lo largo de estos últimos años (véase al respecto Miller y Heiman, 1987). El concepto de marketing en la venta reemplaza e invierte la lógica de la óptica de venta. Como formuló la General Electric poco después de la segunda guerra mundial.

«Fabricad lo que podáis vender, antes que intentar vender lo que podáis fabricar.» (General Electric.)

En esta óptica, el papel del vendedor es menos el de «procurar vender» y más el de **«ayudar a comprar»**. La gestión de la venta arranca de las necesidades del comprador. Este tipo de gestión comercial no es, evidentemente, practicable más que en una organización donde la orientación al marketing es dominante.

«Se puede admitir que una cierta forma de venta será necesaria siempre. Pero el objetivo del marketing es convertir en superflua la venta. El fin del marketing es conocer y comprender tan bien al cliente, que el producto o el servicio esté naturalmente adaptado a sus necesidades y se venda por sí mismo. Idealmente, la gestión del marketing debe conducir a un cliente que esté dispuesto a comprar. Todo lo que hay que hacer es que el producto esté disponible.» (Drucker, 1973, pág. 86.)

Probablemente esta situación ideal raramente será alcanzada, pero es importante recordar que es el objetivo que recomienda la teoría del marketing mencionada anteriormente.

El riesgo del marketing de manipulación o del marketing salvaje

El marketing de organización ha favorecido el desarrollo de la **óptica de venta** que implica una cierta agresividad comercial, con la hipótesis implícita de que el mercado es capaz de absorberlo todo, si se le somete a la presión suficiente. Esta política de venta se ha revelado eficaz a juzgar por las tasas elevadas de crecimiento del consumo privado y por los niveles alcanzados en el equipamiento de los hogares a lo largo de este período.

- La oferta de productos defectuosos o peligrosos en su uso.
- La exageración del contenido aparente del producto por un diseño adulador del acondicionamiento.
- El recurso a prácticas fraudulentas en materias de precios y de política de descuentos.
- El recurso abusivo a los medios promocionales que explotan la impulsividad de los comportamientos de compra.
- La exageración por la publicidad de los atributos de un producto y de la promesa que representa.
- La explotación por la publicidad de los sufrimientos y ansiedades de los individuos.
- La incitación al sobre-consumo por el recurso a la venta forzada o la venta bajo presión.

Al final, el marketing salvaje es autodestructor para el producto o para la marca y va por consiguiente en contra del interés bien entendido de la empresa.

Figura 1.7. Algunos ejemplos de prácticas del «marketing salvaje».

La eficacia de la óptica de venta se debe valorar, pero sin olvidar las características del entorno del momento: un mercado principalmente en expansión, productos débilmente diferenciados y consumidores poco experimentados como compradores. El riesgo de la óptica de venta es el considerar este enfoque comercial como válido en todas las circunstancias y confundirlo con la óptica de marketing. Levitt ha contrastado como sigue las dos ópticas:

> «La venta está orientada hacia las necesidades del vendedor, el marketing hacia las del comprador. La venta está preocupada por la necesidad de convertir su producto en dinero líquido; el marketing está preocupado por la satisfacción de las necesidades del cliente a través del producto y de todo lo que esté asociado a su creación, su entrega y, finalmente, su consumo.» (Levitt, 1960.)

El recurrir con demasiado entusiasmo a la publicidad y a la venta puede desembocar de alguna manera en un **marketing de manipulación o un marketing salvaje**, cuyo objetivo es someter la demanda a las exigencias de la oferta, en vez de adaptar la oferta a las expectativas de la demanda. Algunos ejemplos de prácticas comerciales que provienen del marketing salvaje son descritas en la Figura 1.7. Los excesos del marketing salvaje han suscitado el nacimiento de un poder compensador, a iniciativa de los consumidores (bajo la forma de asociaciones de consumidores), a iniciativa de los poderes públicos (bajo la forma de legislaciones que van progresivamente reforzando la protección de los derechos de los consumidores) e incluso a iniciativa de las propias empresas (a través de la adopción de reglas de autodisciplina). Sobre los problemas de la ética en el marketing, véase Smith y Quelch (1993), Lacziak y Murphy (1993).

1.4.3. El marketing activo

La fase del marketing activo se caracteriza por el desarrollo y/o el reforzamiento del papel del marketing estratégico en la empresa. Tres factores son los que originan esta evolución:

— La aceleración de la difusión y de la penetración del **progreso tecnológico**.
— La madurez de los mercados y la **saturación** progresiva de las necesidades correspondientes al núcleo central del mercado.
— La **internacionalización** creciente de los mercados debida a la desaparición progresiva de los obstáculos para el comercio internacional.

Se examinarán sucesivamente estos tres factores de cambio y sus implicaciones en la función de marketing en la empresa.

El progreso tecnológico

Una de las características significativas del período transcurrido entre el plan Marshall (1947) y la constitución de la OPEP (1973) ha sido la extraordinaria difusión del progreso tecnológico, que en unos años, ha penetrado e influido la mayor parte de los sectores industriales. En consecuencia, se observa, a lo largo de estos veinticinco años de crecimiento continuo, una verdadera explosión cuantitativa y cualitativa de nuevos productos y de nuevas industrias. Un gran número de productos que utilizamos hoy cotidianamente no existían hace poco. En las empresas rentables, es frecuente observar que del 40 al 60 por 100 de la cifra de negocios están realizadas por productos que no existían hace cinco años.

> Hewlett-Packard, por ejemplo, más del 50 por 100 del volumen de negocios se realiza a través de productos introducidos en los mercados en los últimos tres años y más de 500 proyectos de desarrollo de productos nuevos se encuentran en fase de estudio permanente (House y Price, 1991).

En materia de progreso tecnológico, este período ha sido sobre todo un período de innovaciones más que un período de invenciones. La distinción entre innovación e invención es importante. **La invención** es el acto creador al inicio de una innovación; **la innovación** es la aplicación original y lograda de un concepto, de un descubrimiento, de una invención portadora de progreso. Así, la innovación es el resultado de una voluntad explícita de cambio y no la simple consecuencia de una feliz casualidad. Si la penetración de la tecnología se aceleró mucho durante los veinticinco años de la posguerra, la misma tecnología ha seguido unas vías que habían sido trazadas anteriormente. Las nuevas tecnologías de los años cincuenta a setenta estaban en su mayoría basadas en una ciencia y en unos conocimientos que habían sido producidos desde la primera guerra mundial, salvo dos excepciones: el ordenador y los antibióticos. A lo largo de este período, cuando se habla de progreso tecnológico, se trata esencialmente de extensión, de explotación y de modificación tecnológica, y no de cambio tecnológico estructural, como es el caso en el período actual.

Esta difusión del progreso tecnológico es el resultado de una aceleración, de una generalización y de una sistematización de la investigación científica.

— La difusión del **progreso tecnológico se acelera**, en el sentido en que se observa un crecimiento del ritmo de innovaciones y una reducción en el tiempo requerido, para pasar del desarrollo a la explotación comercial a gran escala.

Esta evolución entraña una reducción en la duración de la vida tecnológica de los productos y, por consiguiente, del tiempo disponible para rentabilizar los esfuerzos de investigación y desarrollo (I+D). Los datos de la Figura 1.8 ilustran este fenómeno en el sector de la informática.

Fase de desarrollo	Duración media en meses			
	1981	1984	1988	1991
I + D	24	20	18	8
Estudio de mercado	9	7	4	2
Duración del producto	88	48	24	12

Figura 1.8. Reducción del ciclo de vida: el mercado de ordenadores.
Fuente: Dataquest, abril 1992 SCM 25.

— La difusión del **progreso tecnológico se generaliza** a través de los sectores, las empresas y los países. Pocos sectores han quedado fuera del alcance de las innovaciones tecnológicas, de las cuales, algunas son «destructivas», en el sentido de Schumpeter (1949), es decir, amenazando o haciendo desaparecer las industrias existentes.

Sectores básicos como el acero, cuero, textil, papel... se encuentran frente a productos sustitutivos provenientes de industrias a menudo muy alejadas tecnológicamente. Esta evolución exige, por consiguiente, una vigilancia esforzada del entorno tecnológico y competitivo.

— La difusión del **progreso tecnológico se sistematiza**, en el sentido que la actividad de investigación científica, en otro tiempo fenómeno de individuos más o menos aislados, se institucionaliza en las empresas, las universidades y en los organismos especializados, tanto privados como públicos. Los estados juegan un papel nada despreciable en este campo, concediendo recursos importantes, como ayuda para la investigación científica e industrial.

La innovación tecnológica ya no depende del azar de las invenciones. Es la resultante de un esfuerzo concertado y planificado, que a su vez depende de representaciones teóricas. Existe continuidad entre la elaboración de las herramientas teóricas, tema que depende de la «investigación fundamental», y la puesta a punto de métodos directamente utilizados en la producción de bienes y servicios. La misma investigación está organizada con arreglo a unos métodos experimentados y en función de los objetivos fijados de antemano.

Esta evolución de la tecnología tiene una incidencia directa en la política de producto y esto conduce a la empresa a replantear la estructura de su cartera de productos a un ritmo mucho más rápido que antes. Esta dependencia creciente respecto al entorno tecnológico exige, pues, un reforzamiento de las funciones de análisis y de vigilancia de los mercados.

La saturación del núcleo básico del mercado

La expansión rápida de la economía a lo largo de los años cincuenta ha conducido a una saturación de la demanda de productos correspondiente a las necesidades básicas del mercado y esta evolución es un segundo cambio significativo, que ha contribuido a modificar de nuevo el papel de la función del marketing en la empresa. Este cambio se ha manifestado por la aparición de una demanda potencial para productos más específicamente adaptados a las necesidades de los grupos distintos de consumidores y de compradores. Esta evolución, que se ha manifestado en diferentes momentos según los sectores, provoca una **fragmentación** de los mercados y unas estrategias de **segmentación**. A modo de ilustración, examinemos el caso ficticio presentado a continuación.

> Una empresa considera la comercialización de un nuevo aperitivo en el mercado y se pregunta sobre las preferencias de los consumidores potenciales, en cuanto al grado de amargura de este aperitivo. Se organizan varios tests ciegos que detectan que la mayoría de los consumidores prefieren un grado de amargura media.

Los tests ponen igualmente en evidencia que algunos consumidores, menos numerosos, tienen unas preferencias por un grado de amargura elevado y otros por un escaso grado de amargura. Una situación de **preferencias difusas** es típica de un mercado latente y la empresa debe decidir cómo posicionar su producto en relación a esta característica determinante (Kuehn y Day, 1962).

La tendencia natural consistirá en seguir la **«ley de la mayoría»** y de desarrollar un producto medio con esta característica, correspondiente a las preferencias del núcleo central del mercado como muestra la Figura 1.9, y susceptible del hecho de minimizar la insatisfacción total y de convenir a las expectativas de la mayoría. Es aquí, en efecto, donde la empresa innovadora dispone del mercado potencial más importante y se beneficia igualmente de las economías de escala en producción y distribución. En esta situación, las empresas practicarán un marketing operativo intensivo con el objeto de ocupar el mercado tan rápidamente como les sea posible.

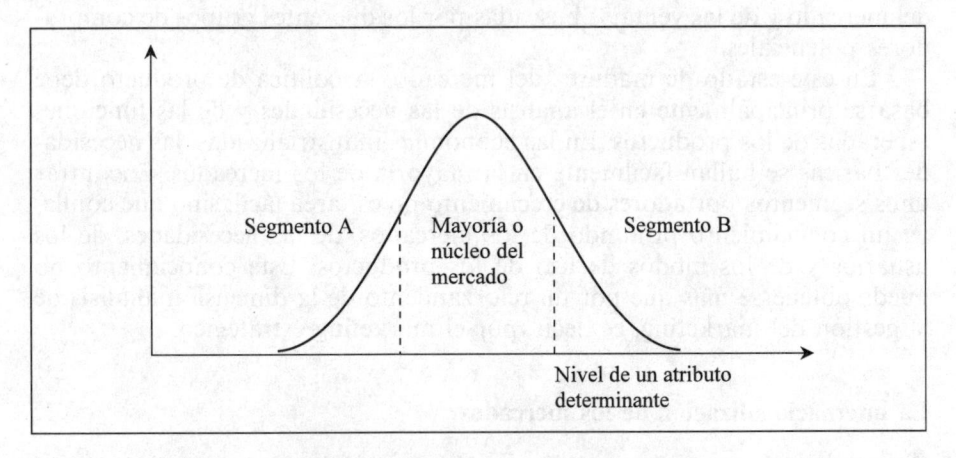

Figura 1.9. La «mayoría falaz».

Las elecciones del mercado van a cristalizarse en un producto medio; las preferencias periféricas no serán satisfechas y estos grupos de consumidores deberán contentarse con un compromiso. En caso de éxito, la empresa innovadora será rápidamente seguida por numerosos imitadores que contribuirán a la expansión del mercado aunque su reagrupación será en base a la calidad.

La fase del **marketing activo** aparece cuando hay una saturación de las necesidades correspondientes al núcleo central del mercado, debido, especialmente, al número elevado de competidores haciendo ofertas similares. Es interesante redescubrir las diferencias en las preferencias y el interesarse por los segmentos periféricos, desarrollando unos productos concebidos especialmente para satisfacer sus necesidades.

> En el ejemplo presentado, la empresa que llega tardíamente a este mercado y que analiza las preferencias de los consumidores, hace exactamente las mismas observaciones que la primera empresa. No obstante, proponiendo un aperitivo amargo y simultáneamente un

aperitivo muy dulce, la empresa puede esperar alcanzar una cuota de mercado total muy superior a la que ella pueda alcanzar si desarrolla un producto similar (un *me too*) a los productos ya existentes.

Estos segmentos son más pequeños, ciertamente, pero constituyen, sin embargo, un potencial sin explotar, ya que estos consumidores no han encontrado nunca en el mercado un producto que corresponda a sus preferencias. La empresa va, pues, a practicar una **estrategia de segmentación** (aquí basada en el gusto) y el mercado va a subdividirse en segmentos a los cuales corresponden productos diferenciados. Esta fase, llamada **fase de fragmentación**, exige por parte de la empresa un conocimiento más exacto del mercado y de las ventajas buscadas por los diferentes grupos de compradores potenciales.

En este estado de madurez del mercado, la política de producto debe basarse principalmente en el análisis de las necesidades y de las funciones esperadas de los productos. En las economías industrializadas, las necesidades básicas se hallan fácilmente en la mayoría de los mercados. Encontrar unos segmentos portadores de crecimiento no es tarea fácil, sino que conlleva un conocimiento profundo de los mercados, de las necesidades, de los usuarios y de los modos de uso de los productos. Este conocimiento no puede obtenerse más que por un reforzamiento de la dimensión análisis de la gestión del marketing, es decir, por el marketing estratégico.

La internacionalización de los mercados

El período, al que ahora se llama *golden sixties*, ha correspondido con el inicio de la fase de internacionalización de los mercados, que continuará hasta los años noventa. A nivel europeo, en primer lugar, esta internacionalización se ha manifestado por la creación del Mercado Común; a nivel mundial, por los acuerdos del GATT y la liberalización progresiva de los intercambios como consecuencia lógica, por el final de la guerra fría y por el desarrollo de los intercambios Este-Oeste. Todos estos factores han contribuido a la ampliación de los mercados y de una manera general a la intensificación de la competencia y a cuestionar las posiciones competitivas detentadas.

La orientación al mercado

Los tres grupos de cambios que se han examinado implican todo un reforzamiento en la empresa del marketing estratégico. En el plano de la organización de una empresa de orientación «marketing activo», el cambio importante se manifestará al nivel de las **decisiones sobre «productos»** que, en lo sucesivo, estarán situadas bajo la responsabilidad de la función marketing, en estrecha relación con el departamento de I+D y la función de producción. Concretamente, esto significa que el marketing estratégico orienta la política de producto y decide la viabilidad económica de los productos. El origen de la idea de nuevos productos puede ser cualquiera: producción, I+D, o cualquier otra fuente, pero hay un paso obligado y prioritario por el test del marketing estratégico, antes de la adopción y puesta en producción, como se muestra en la Figura 1.10.

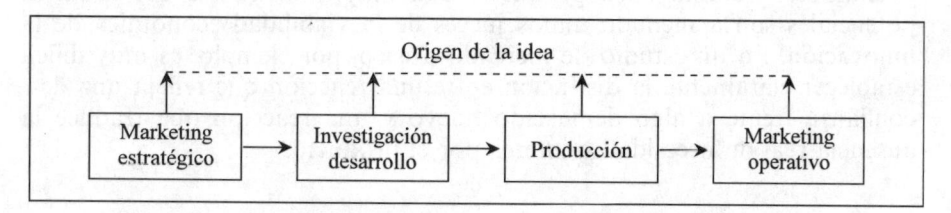

Figura 1.10. El interfaz I + D-marketing estratégico-producción.

En las empresas que hayan adoptado la óptica de marketing, existe una dirección de marketing, que tiene bajo su responsabilidad el conjunto de tareas que cubre el marketing operativo y el marketing estratégico, incluida la elección de los productos-mercados.

1.4.4. La óptica marketing y sus límites

La hipótesis implícita que conlleva la óptica marketing es, por consiguiente, que la **satisfacción de las necesidades del comprador** es el objetivo primordial de la empresa, no por altruismo, sino porque es el mejor medio para alcanzar sus propios objetivos de rentabilidad y/o de crecimiento.

Al igual que la óptica de producción y la óptica de venta, se debe ser consciente de que la óptica de marketing tiene sus límites. El riesgo que puede representar una adopción demasiado entusiasta de la óptica marketing es el incitar a la empresa a poner un acento exagerado en los productos **demandados por el mercado** en detrimento de los productos, desconocidos por el mismo, pero **impulsados por la tecnología**. Una estrategia de marketing exclusivamente guiada por las voces del mercado tiende fatalmente a favorecer innovaciones menores y menos revolucionarias que aquellas propuestas en laboratorio. Estas innovaciones, que responden a las necesidades experimentadas y expresadas por el mercado, son de hecho menos arriesgadas y, por tanto, percibidas como atrayentes para la empresa. En cambio, una estrategia basada en el avance tecnológico tiene más probabilidades de desembocar en una **innovación de ruptura** y de asegurar así a la empresa una ventaja competitiva a plazo más difícilmente alcanzable por la competencia (Bennett y Cooper, 1981). Se constata, en efecto, que la mayoría de las innovaciones de ruptura surgen del laboratorio y no del mercado. Es, pues, importante el guardar un equilibrio entre estas dos estrategias de desarrollo: el desarrollo por el mercado o por la tecnología.

No obstante, sea cual fuere el origen del nuevo producto, el test del marketing estratégico es indispensable y debe realizarse cuanto antes en el proceso de desarrollo de la innovación. Las elevadas tasas de fracaso de productos *high tech* son convincentes a este respecto (Urban, Hauser y Dholakia, 1987, pág. 41).

La aplicación práctica de la óptica marketing conlleva a veces algunas dificultades. Cuando unos productos son muy innovadores, los usuarios potenciales son a menudo malos jueces de la viabilidad económica de la innovación. En un estudio de mercado clásico, por ejemplo, es muy difícil establecer claramente la distinción entre una reacción que refleja una desconfianza frente a algo demasiado nuevo y una reacción que traduce la ausencia real de necesidad e interés por el producto.

> El presidente de la sociedad Polaroid, E. Land, tenía la costumbre de decir que, teniendo en cuenta el carácter muy innovador de los productos Polaroid, los métodos clásicos de estudios de mercado eran ineficaces.

El marketing estratégico no supone necesariamente la aprobación inmediata de los usuarios. Es el **conocimiento y la comprensión de las necesidades y de los usos** del comprador potencial lo que debe guiar la decisión; existen diversas maneras de conseguir esta comprensión, y no únicamente la que consiste en interrogar a los usuarios potenciales.

Este aspecto es particularmente importante en el campo de la comercialización de los productos de alta tecnología. Si en el estado fundamental, la investigación puede ser conducida fuera de toda preocupación marketing y de rendimiento inmediato, en el estado de la investigación aplicada en cambio, y con preferencia inicial en el proceso de desarrollo, el punto de vista de la demanda de los usuarios debe necesariamente ser tenido en cuenta.

> Se puede establecer el mismo tipo de distinción en el campo del marketing cultural. Es evidente que el verdadero artista no está interesado por la problemática del marketing; crea sin preocuparse de saber si su obra gustará o no y esta es su función social. En cambio, el director artístico de una organización cultural tiene como misión detectar y presentar las creaciones que satisfacen las expectativas del público objetivo que ha elegido para alcanzar, sea cual fuere este público (Searles, 1980).

Contrariamente a ciertas interpretaciones, aplicar el concepto de marketing no significa necesariamente estar conducido sólo por la demanda expresada del mercado y de los compradores, la cual a menudo está orientada hacia unas necesidades inmediatas y muy reconocidas. Admitir esta visión de las cosas conduciría a evitar toda innovación de ruptura en la empresa, cuando son precisamente estas innovaciones las más portadoras de crecimiento y de rentabilidad.

En la práctica, la óptica marketing se aplica de diversas formas en las empresas, aun cuando la mayor parte pretenden inspirarse en ella. En realidad, como se ha señalado anteriormente, la óptica marketing es un **ideal** a alcanzar, raramente logrado por completo, pero que debe, no obstante, guiar toda la actividad de la empresa.

CUESTIONES Y PROBLEMAS

1. «El marketing es el sistema de pensamiento y de acción válido para toda organización al servicio de un público de usuarios». Escoja una actividad no comercial (universidad, hospital, museo) y desarrolle esta propuesta en relación a las Figuras 1.2 y 1.5.
2. ¿Es aplicable el marketing en los países en vías de desarrollo? ¿Cuál sería la función prioritaria del marketing estratégico en este tipo de entorno? ¿Cuál sería la importancia relativa de los diferentes instrumentos (las 4 P) del marketing operativo?
3. Contraste la orientación mercado, la orientación venta y la orientación producto, destacando las implicaciones de cada orientación en la organización y las responsabilidades de la función marketing en la empresa.
4. Basándose en su propia experiencia de consumidor, indique tres ejemplos de práctica del marketing salvaje o del marketing de manipulación. ¿Qué solución/es aplicaría para estimular a las empresas que evitaran la utilización de estas prácticas?
5. Usted está encargado de formular un diagnóstico sobre el estado de la función marketing en una empresa de bienes industriales. Describa, en forma de guía-interviú, las diferentes preguntas a examinar conjuntamente con los dirigentes de la empresa a fin de establecer su diagnóstico.
6. ¿Cómo organizaría el marketing estratégico en una pequeña o mediana empresa que dispone de pocos recursos humanos y financieros?

BIBLIOGRAFIA

Ames B.C. and Hlavecek J.D. (1989), *Market Driven Management*, Homewood, Ill.: Dow Jones-Irwin.

Bennett R.C. and Cooper R.G. (1981), The Misuse of Marketing: An American Tragedy, *Business Horizons*, November-December, págs. 51-60.

Booz, Allen and Hamilton (1982), *New Product Management for the 1980's.*, New York, Booz Allen and Hamilton.

Cooper R.G. (1979), The Dimensions of Industrial Product Success and Failure, *Journal of Marketing*, Vol. 43, Summer, págs. 93-103.

Drucker P. (1973), *Management, Task, Responsabilities and Practices*, New York, Harper & Row.
Friedman R. et M. (1980), *Free to Choose*, New York, Avon Brooks Science Institute.
House C.H. and Price R.L. (1991), The Return Map; Tracking Product Teams, *Harvard Business Review*, Vol. 69, January-February, págs. 92-100.
Jaworski B.J. and Kohli A.K. (1993), Market Orientation; Antecedents and Consequences, *Journal of Marketing*, Vol. 57, July, págs. 53-70.
Kohli A.K. and Jaworski B.J. (1990), Market Orientation: The Construct, Research Propositions and Managerial Implications, *Journal of Marketing*, Vol. 54, April, págs. 1-18.
Kotler P. (1991), *Marketing Management*, New Jersey, Englewood Cliffs, Prentice-Hall Inc., 7th Edition.
Kuehn A.A. and Day R.L. (1962), Strategy of Product Quality, *Harvard Business Review*, Vol. 40, November-December, págs. 100-110.
Laczniak G.R. and Murphy P.E. (1993), *Ethical Marketing Decisons*, Boston, Allyn and Bacon.
Lambin J.J. et Peeters R. (1977), *La gestion marketing des entreprises*, Paris, Press Universitaires de France.
Levitt TH. (1960), Marketing Myopia, *Harvard Business Review*, Vol. 38, July-August, págs. 24-47.
Maricourt de R. (1987), «Les principes et les techniques du marketing sont-ils applicables aux pays en voie de développement», *Revue Française du Marketing*, mars-avril, págs. 5-17.
Miller R.B. and Heiman S.E. (1987), *Conceptual Selling*, Berkeley, California, Heiman-Miller Inc.
Naver J.C. and Slater S.F. (1990), The Effects of Market Orientation on Business profitability, Journal of Marketing, Vol. 54, October, págs. 20-35.
Pirot R. (1987), «Plaute, ancetre du marketing», *Revue Française du Marketing*, núm. 114, págs. 83-88.
Schumpeter J.A. (1949): *The Theory of Economic Development*, Cambridge, Mass Harvard University Press.
Searles P.D. (1980), Marketing Principles and the Arts, in: *Marketing the Arts*, ed. Mokwa M.P. and others, New York, Praeger.
Smith A. (1776), *The Wealth of Nations*, London, Methuen Co.
Smith C.N. and Quelch J.A. (1993), *Ethics in Marketing*, Homewood, Ill, Irwin.
Urban G.L., Hauser J.R. and Dholakia N. (1987), *Essentials of New Product Management*, New Jersey, Englewood Cliffs, Prentice Hall Inc.

CAPITULO 2

El marketing en período de crisis y de turbulencia

Desde la primera crisis del petróleo de octubre de 1973, las empresas operan en un entorno perentorio altamente competitivo, en turbulencia económica y social, dentro del cual el cambio ha dejado de ser un accidente del trayecto, volviéndose discontinuo y en gran parte imprevisible. Lo que, desde 1974, se denomina «la crisis» y lo que Drucker llama el «cambio discontinuo» (Drucker, 1980), revela ser cada vez más, en Europa por lo menos, una transformación estructural del entorno económico, competitivo y sociocultural. Estas modificaciones profundas fuerzan a la empresa a revisar sus opciones estratégicas y a redefinir sus prioridades. El marketing, que se ha desarrollado a lo largo del período de crecimiento continuo de los veinticinco últimos años, no escapa a este replanteamiento. Se describirán brevemente en este capítulo, los principales cambios del entorno y sus implicaciones en la gestión del marketing de los años noventa.

2.1. EL NUEVO ENTORNO MACROMARKETING

Las principales causas de los nuevos desafíos de los años noventa en Europa occidental son debidas a cambios tecnológicos, económicos y competitivos lo cual provoca una revisión de las prioridades sociales y culturales. Hoy día, en los años noventa, los cambios sobrevienen a un ritmo tal que permite pensar que la turbulencia se mantendrá en los años siguientes. Los acontecimientos de cada día confirman este sentimiento. Las sucesivas crisis del petróleo, la reunificación de las dos Alemanias, la revolución de la Europa central, la segunda revolución rusa, la creación del Mercado Unico Europeo seguido de su crisis de crecimiento en Maastricht, constituyen otros tantos ejemplos de modificaciones profundas del entorno macromarketing de la empresa. En esta sección, describiremos brevemente el alcance de los cambios tecnológicos, económicos y competitivos.

2.1.1. Las nuevas tecnologías

Las empresas deben cada vez más hacer frente a la competencia tecnológica que se basa en el progreso tecnológico utilizado principalmente como arma competitiva que le permita la conquista de los mercados. Este efecto de **«destrucción creadora»**, según la expresión de Schumpeter (1949) es bien conocido hoy día. Lo que es realmente nuevo, es la aceleración de la verificación de este principio y de su generalización a nivel geográfico.

La tasa de crecimiento de una economía está estrechamente ligada al número de nuevas tecnologías y al número de industrias que estas tecnologías nuevas permiten crear. Desgraciadamente, las nuevas tecnologías no aparecen a intervalos regulares. En ausencia de innovaciones importantes, una economía puede estancarse. Es el caso actual de las economías occidentales y particularmente en Europa. Las industrias destinadas a satisfacer las necesidades básicas operan en mercados saturados. Estas industrias no están necesariamente en declive, pero sus tasas de crecimiento se han ralentizado considerablemente. Aparecen nuevas industrias orientadas al consumidor, ofreciéndole productos de lujo, de ocio, viajes, esparcimiento y placer. Por otra parte, los sectores de alta tecnología han hecho también su aparición y constituyen los caminos reales de la expansión económica de los años venideros. Es en estos mercados, donde se juegan los desafíos competitivos del año 2000.

Las oleadas de invenciones y de innovaciones

Hemos visto en el capítulo precedente, que el crecimiento de los veinticinco últimos años era, de hecho, imputable al desarrollo de las innovaciones cuya base había sido desarrollada anteriormente, a lo largo de los años que han precedido a la primera guerra mundial. El análisis histórico del ritmo de aparición de invenciones y de innovaciones muestra que éstas tienen tendencia a aparecer por oleadas, de una configuración y frecuencia precisas, las oleadas de innovaciones que suceden a las oleadas de invenciones con una distancia en el tiempo.

Marchetti (1982) ha analizado las diferentes innovaciones sobrevenidas en la industria mundial a lo largo de los doscientos últimos años. Los resultados de sus trabajos están representados de forma gráfica en la Figura 2.1. Las abscisas representan el número acumulado de invenciones e innovaciones en función del tiempo. Las ordenadas (logarítmicas) han sido elegidas de tal manera que la curva logística función del tiempo pueda estar representada por una recta, lo que facilita la comparación visual. Marchetti ha identificado tres olas sucesivas: la oleada 1802, de 1775 a 1828, que se apoya en 21 invenciones e innovaciones; la oleada 1857 (1833-1880) que cubre 40 observaciones y la oleada 1920 (1905-1937) que se basa en 51 datos.

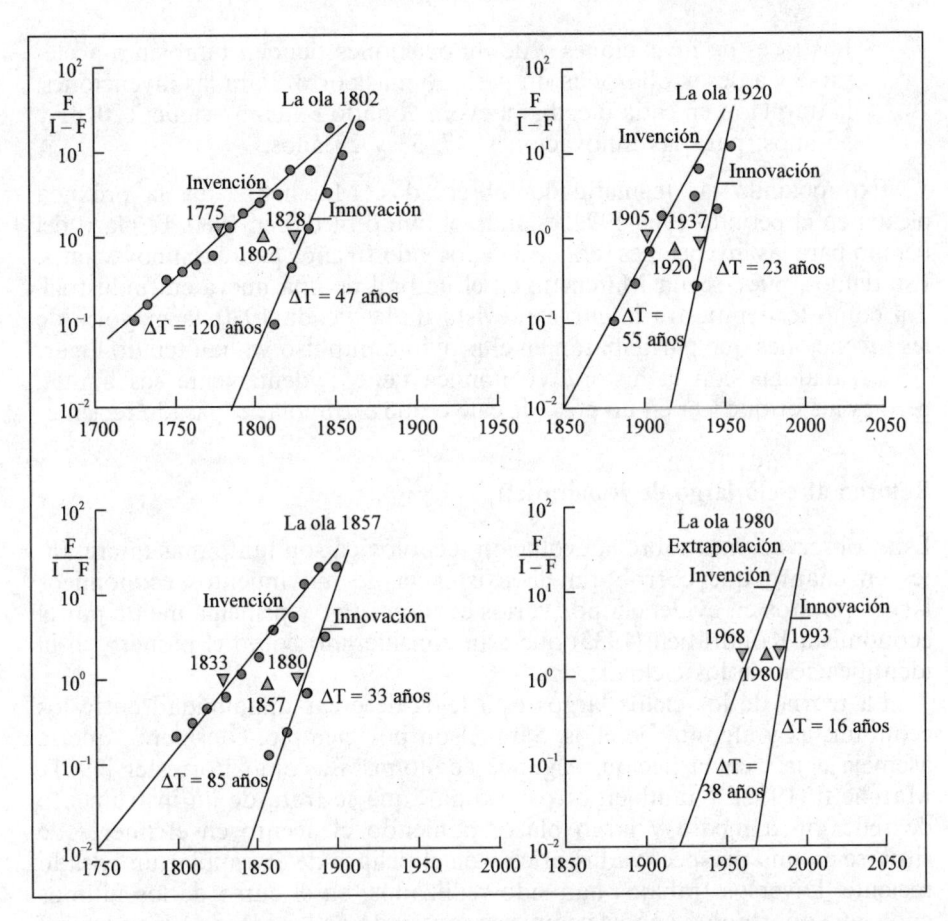

Figura 2.1. Las oleadas de invenciones y de innovaciones.
Fuente: Marchetti, C. (1992).

La comparación y el análisis de estas tres oleadas evidencian los hechos siguientes:

— Los dos conjuntos de invenciones e innovaciones son similares, es decir, ordenados; en cada oleada, las invenciones se hacen innovaciones, según la regla «primero llegado, primero atendido».
— La separación entre oleadas, medida por la distancia tiempo entre los puntos centrales de cada oleada, es constante y del orden de 55 años para las innovaciones y de 63 años para las invenciones, lo que corresponde a la periodicidad de los ciclos largos observados por el economista ruso Kondratieff (1935).
— La diferencia de tiempo entre los puntos centrales de invenciones y de innovaciones en cada oleada tiende a reducirse: es respectivamente de 52 años, 47 años y de 33 años, lo que revela una aceleración entre el paso del laboratorio a la industrialización.

— Las fases de invenciones y de innovaciones tienden también a acelerarse y a desarrollarse en un período más corto. Para las invenciones, la duración en cada oleada ha evolucionado tal como sigue: 120, 85 y 55 años; para las innovaciones: 47, 33 y 23 años.

Extrapolando las regularidades observadas, Marchetti sitúa la próxima oleada en el período 1968-1992, estando el punto medio en 1980. El plazo del tiempo para las invenciones será de 38 años y de 16 años para las innovaciones. Estaríamos, pues, según Marchetti, en el umbral de una nueva era industrial. Tal como lo demuestra la curva prevista de la oleada 1980, la mayoría de las invenciones que participarán en el próximo impulso ya han tenido lugar.

La analogía con la historia económica tiene evidentemente sus límites, pero es mejor que leer en un poso de café o que extrapolar el pasado reciente.

Retorno al ciclo largo de Kondratieff

Estas observaciones sobre la evolución tecnológica son tanto más interesantes en cuanto que corroboran la existencia de movimientos económicos largos puestos en evidencia por varios economistas, y principalmente por el economista Kondratieff (1935) que está considerado como el pionero en la identificación de los ciclos largos.

La teoría de los ciclos largos está lejos de crear unanimidad entre los economistas y algunos de ellos, Samuelson por ejemplo, consideran que se asemeja a la ciencia ficción. Algunos economistas, como Forrester (1961), Marchetti (1982), y también otros, estiman que se trata de un instrumento de reflexión a medio y largo plazo, poniendo el acento en el interés de situarse en una perspectiva histórica y en el peligro de extrapolar un pasado reciente. Diversos trabajos han sido realizados, en el curso de los últimos años, que aportan un soporte empírico matizado de las ideas de Kondratieff (ver, entre otros, Bossier y Hugé, 1981).

Independientemente de las cronologías observadas por Kondratieff y Marchetti, la mayor parte de los intentos de interpretación de la crisis económica actual asocian a las modificaciones del ritmo y de las formas del cambio tecnológico, la mayoría de las dificultades encontradas por las economías occidentales desde el último decenio (Schmeder, 1984).

> Vivimos en los años ochenta el final de un ciclo de crecimiento a causa de la llegada a la madurez de las innovaciones más importantes que habían provocado su nacimiento; tras la era de la siderurgia, de la máquina a vapor y de los ferrocarriles, tras la era de la electricidad, de la química y de los motores a explosión, he aquí la era del silicio, de las materias sintéticas, de la productica, de la informática, de la astronáutica, de la biotecnología, etc. Este paso de un ciclo a otro es discontinuo y se traduce por un período transitorio de crisis, pudiendo ser fatal a todas las empresas que no hayan sabido adaptarse (Maïsseu, 1984, pág. 45).

> - En 1926, un economista soviético llamado Kondratieff, publicaba un artículo cuya traducción inglesa aparecería nueve años más tarde en la *Review of Economics and Statistics* (Nov. 1935) acompañada de un prólogo elogioso.
> - En este artículo, Kondratieff ponía en evidencia la existencia de movimientos largos, en base a series estadísticas, remontándose a veces hasta finales del siglo XVIII en Gran Bretaña, Francia, Alemania y Estados Unidos, sobre los precios, los salarios, los tipos de interés, el comercio exterior, la producción, el consumo de carbón, la producción de minerales de hierro y de plomo.
> - Extrapolando la cronología para el cuarto, los ciclos puestos en evidencia por Kondratieff son los siguientes:
>
> | | Subida | Bajada | Duración |
> |--------------|---------------|---------------|------------|
> | Primer ciclo | 1785-1815 | 1815-1845 | 60 años |
> | Segundo ciclo| 1845-1870 | 1870-1895 | 50 años |
> | Tercer ciclo | 1895-1915 | 1915-(1945) | (60 años) |
> | Cuarto ciclo | (1945-1975) | (1975-2005) | (60 años) |
>
> - En su análisis, Kondratieff (1936, pág. 111) subraya los hechos siguientes:
>   a) Los años de prosperidad son más numerosos en la fase alcista del ciclo, mientras que los años de depresión dominan en la fase descendente.
>   b) En la fase bajista, un número elevado de descubrimientos y de innovaciones importantes tienen lugar, los cuales no son aplicados a gran escala hasta el principio de la fase alcista siguiente.
>   c) Al principio de la fase alcista, la producción de oro aumenta generalmente, mientras que el mercado mundial se extiende debido a la entrada de nuevos países.
>   d) Es durante la fase ascendente del ciclo, cuando hay altas tensiones, cuando se producen las guerras o las revoluciones.
> - En conjunto, la evolución económica de la posguerra presenta concordancias suficientes para que se tome en consideración la hipótesis, según la cual nos encontramos actualmente en la fase descendente de un cuarto ciclo Kondratieff.

Figura 2.2. Los ciclos largos de Kondratieff.

La situación económica que vivimos corresponde a un fenómeno profundo provocado, esencialmente, por el **agotamiento de los efectos de las tecnologías tradicionales**. Para la mayoría de los analistas de la economía, las conclusiones concernientes a la salida de la crisis es que la solución se encuentra en la generación de una nueva ola de innovaciones susceptible de constituir el motor a largo plazo de una nueva expansión (Schmeder, 1984).

2.1.2. La nueva economía europea

Los efectos de la crisis en el mundo industrial aparecen claramente a la luz de los hechos siguientes, referidos a los países de la Comunidad Europea (OCDE, 1988).

— Un **crecimiento ralentizado**, apenas superior a un 2 por 100 por año desde 1973 a 1991, junto a más de un 4,5 por 100 de media antes de 1973; crecimiento reducido a menos del 1 por 100 en 1992 y en 1993.

- La **tasa de paro**, que había traspasado la barrera del 3 por 100 de la población activa en 1973, alcanzó, en 1983, la del 10 por 100 en los siete países industriales más grandes. En 1992 y 1993, ha sido siempre superior al 10 por 100 en Europa occidental.
- La **inflación** de dos cifras, superior al 10 por 100 se instala de 1974 a 1982 en la Unión Europea y vuelve a caer por debajo del 6 por 100 en 1992.
- Los **déficits presupuestarios** alcanzan una amplitud que parece prohibir cualquier nuevo crecimiento de los gastos públicos, especialmente en Estados Unidos, en Italia, en Reino Unido y en Bélgica.
- El **resplandor comercial** de los países de la Comunidad Europea se ha debilitado, ya que la tasa de crecimiento de las exportaciones, superior al 10 por 100 antes de 1973, cae a menos del 4 por 100 después, mientras que la balanza de pagos de la CE conoce importantes déficits frente al resto del mundo, con un nivel récord alcanzado en 1980 (OCDE, 1988, págs. 170-191).
- De ello se deduce que la **cuota de mercado de la Europa del oeste** en el mundo está en declive; en 1986, excluyendo los intercambios intrazonas, no representó más que el 20,4 por 100 del comercio mundial frente al 23,1 por 100 en 1960.

Las previsiones de la OCDE para 1994 no son más optimistas como lo muestran los datos expresados en la Figura 2.3.

País	Tasa de crecimiento del PNB			Tasa de paro en %		
	1992	1993	1994	1992	1993	1994
Estados Unidos	2,1	2,6 (2,0)	3,1 (3,1)	7,4	7,0	6,5
Japón	1,13	1,0 (2,3)	3,3 (3,1)	2,2	2,5	2,6
Alemania	2,0	−1,9 (1,2)	1,4 (2,9)	7,7	10,1	11,3
OCDE Europa	1,0	−0,3 (1,9)	1,8 (2,5)	9,9	11,4	11,9
Total OCDE	1,5	1,2 (1,9)	2,7 (2,9)	7,9	8,5	8,6

Figura 2.3. Previsiones económicas de la OCDE.
Fuente: OCDE, 1993.

Es en este entorno económico tan difícil en el que la empresa debe en lo sucesivo operar. Estas mutaciones profundas en la economía tienen como consecuencia una sanción más rápida y más severa de los errores de gestión, como lo demuestra el incremento espectacular del número de empresas desaparecidas.

El Mercado Unico Europeo

A estas fuertes tendencias de la economía mundial se añade, en Europa occidental, un hecho político de importancia mayor, el acuerdo de los doce países de la Unión Europea para la creación del **mercado único** y sobre la creación de una moneda única europea. El Acta Unica Europea, adoptada por los Jefes de Estado en diciembre de 1985 y el tratado de Maastricht ratificado por los Parlamentos nacionales, fundamentan la creación de un verdadero mercado único interior de las dimensiones de la Unión Europea.

La creación de este gran mercado interior deberá permitir no solamente eliminar, toda una seria de tensiones que hoy día afectan a los resultados de las empresas; sino que también dará un latigazo al intensificar la competencia. Según las estimaciones de un grupo de expertos de la Comunidad, la eliminación de barreras y el aumento de la competencia que le seguirá, debería engendrar cuatro consecuencias importantes (Cecchini y otros, 1988, pág. 168):

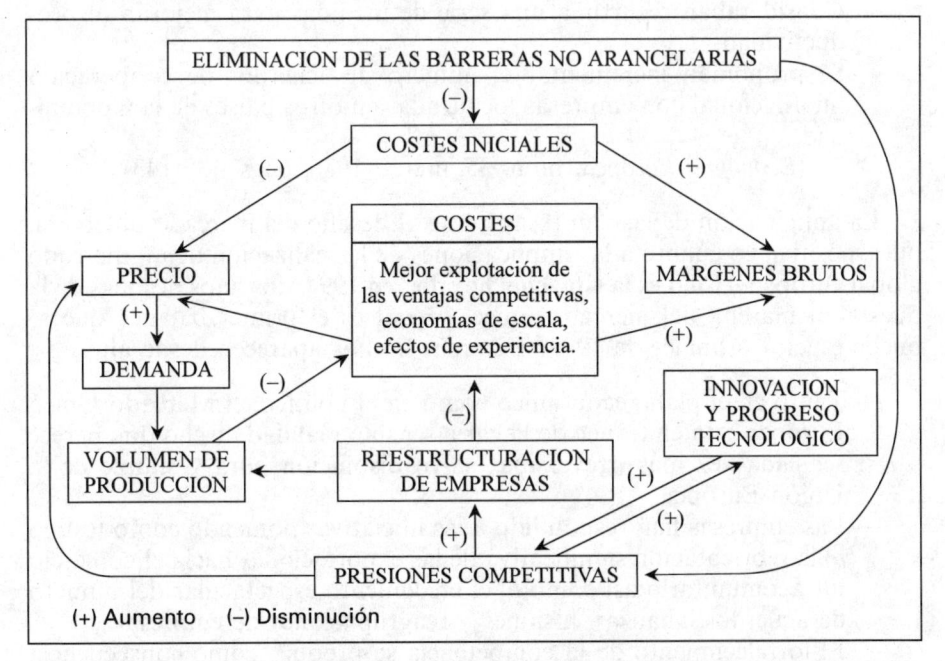

Figura 2.4. Los efectos microeconómicos del Mercado Unico Europeo.
Fuente: Catinat y Jacquemin (1990), pág. 231.

— Una reducción significativa de los costes debido a la supresión de las barreras no arancelarias y a una mejor explotación de las economías de escala.
— Una eficacia creciente en el seno de las empresas y los precios que, bajo los efectos de la competencia, evolucionarán a la baja.
— Los ajustes entre industrias, las ventajas comparativas de unas respecto a las otras actuando plenamente en un mercado integrado.
— Un flujo de innovaciones, de nuevos procesos y productos, generados por la dinámica del mercado interior.

La Figura 2.4 describe el mecanismo de funcionamiento en el Mercado Unico Europeo y los efectos esperados que deben manifestarse esencialmente por el lado de la oferta de las empresas y de su competitividad.

El análisis de percepción por las empresas europeas de las perspectivas ofertadas por la culminación del mercado interior, están basados en una amplia encuesta organizada por la Comunidad en 1988, es decir, varios años antes de la puesta en marcha del mercado unificado, se mostraba que las empresas:

— Creían en la realidad de la disminución de los costes por el hecho de la supresión de las barreras.
— Esperaban un crecimiento de sus ventas en otros países de la Comunidad.
— Consideraban recurrir a una serie de medidas para mejorar su productividad.
— Se proponían incrementar el número de acuerdos de cooperación internacional con empresas localizadas en otros países de la Comunidad.

(*Economía Europea*, núm. 35, marzo 1988, págs. 139-143).

La anticipación de las empresas frente al desafío del mercado único era, pues, positiva en cuanto a las implicaciones de la realización de un mercado global europeo. **¿Cuál es la situación hoy día, en 1994**, dos años después de la puesta en marcha del mercado único, y cuál es el primer balance que se puede esperar a finales de 1993? Diversos hechos aparecen desde ahora.

— Tanto en el plano económico como en el político, el Mercado Unico Europeo está en trance de llegar a ser una realidad, hecho que parece ser cada vez más irreversible, salvo disolución pura y simple de la Unión Europea.
— Las empresas han respondido a las iniciativas poniendo como testigo *a*) la reorientación significativa de las exportaciones hacia el comercio intracomunitario así como *b*) el crecimiento espectacular del número de acuerdos, alianzas, fusiones y reagrupaciones de empresas.
— El fortalecimiento de la competencia se produce como consecuencia de la desregulación introducida progresivamente en los sectores clave como los transportes aéreos y las telecomunicaciones.
— Las ganancias de productividad derivadas de las reestructuraciones y reducciones de precios debidas a la intensificación de la competencia se observan ya en numerosos sectores.

Hay que señalar, sin embargo, que un buen número de directrices concernientes a la creación del Gran Mercado, no han sido todavía integradas en el derecho nacional de todos los Estados miembros. Este retraso puede explicarse por el hecho de que esta importante reestructuración europea coincidió con un período de profunda recesión económica cuyas implicaciones sociales se sumaron a aquellas suscitadas por la creación del mercado único. Como lo indica la Figura 2.5, la cuota de popularidad del Gran Mercado ha bajado sensiblemente a lo largo de los últimos dos años.

Antes de 1991, el Mercado único europeo fue acogido con mucha esperanza por la mayoría de europeos (66 por 100). Más tarde, ciertos temores habían asaltado a algunos de ellos, sobre todo en lo que concierne a la competencia económica, el desempleo, la libre circulación de personas, la pérdida de identidad nacional y la dimensión social que acompañaba el proyecto. Las personas que veían el advenimiento del Gran Mercado europeo con esperanza no sobrepasaban el 51 por 100 en otoño del 1992 (53 por 100 a principios de 1993), y los temores alcanzaron al 37 por 100 de ellos (Eurobaromètre, núm. 39, junio 1993, pág. 47).

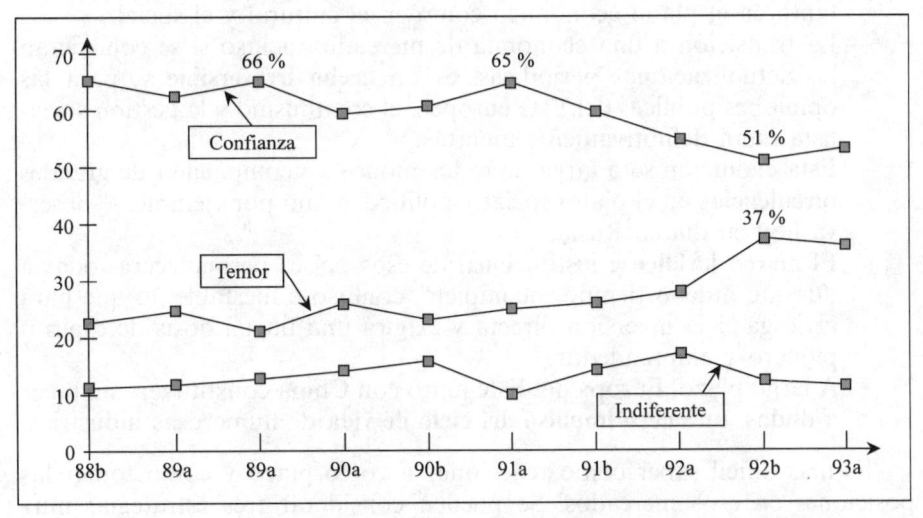

Figura 2.5. Popularidad del Mercado Unico Europeo 1988-1993.
Fuente: Eurobaromètre, 1993.

Cualesquiera que sean las dificultades políticas, económicas y sociales que acompañan inevitablemente una reestructuración tan ambiciosa, el Gran Mercado se convierte cada día en una realidad que constituye una oportunidad y un mayor desafío para las empresas europeas. La aptitud para dominar esta nueva realidad depende evidentemente de la capacidad de las empresas de **«pensar globalmente» a nivel europeo** y en consecuencia de adaptar sus métodos de gestión, particularmente en el campo del marketing.

Europa del Este: la nueva frontera

La caída del telón de acero, la reunificación de las dos Alemanias, la fragmentación de la antigua Unión Soviética, la autonomía de las repúblicas, son otras tantas e importantes conmociones, de las que siempre se están dando y cuyas consecuencias todavía hoy son imprevisibles. Cualquiera que sea la causa, el hecho significante para la economía mundial es que un nuevo mercado de 430 millones de habitantes se abre a la economía de mercado. Se trata de una oportunidad importante a largo plazo, particularmente para las empresas europeas, muchas de las cuales, tienen importantes afinidades históricas con esos países.

Evidentemente es difícil hoy en día, en 1994, decir con precisión cómo evolucionarán las cosas en los años próximos, incluso si comienzan a aparecer tendencias claras. Los hechos significativos a destacar son los siguientes:

— Ante todo es importante ser consciente de la **enorme diversidad** de los países de la Europa del Este que, como entidad económica, no puede compararse con la Europa del Oeste. Estos países son muy diferentes tanto en el plano económico como en el cultural y el social.
— La transición a una economía de mercado, incluso si se conocieran las actualizaciones periódicas, es un **hecho irreversible** y, para las opiniones públicas del Este europeo, el comunismo y la gestión socialista están definitivamente muertas.
— Esta evolución será larga de todos modos y acompañada de grandes **turbulencias** en el plano social y político, como por ejemplo se observa hoy en día en Rusia.
— El **marco jurídico e institucional** de esos países permanecerá todavía durante mucho tiempo incompleto, confuso e inestable, lo que hará arriesgada la inversión directa y exigirá una buena dosis de espíritu pionero y emprendedor.
— A largo plazo, Europa del Este junto con China constituyen, sin lugar a dudas, un **nuevo impulso del ciclo de vida** de numerosas industrias.

Es más difícil saber cómo reaccionar a corto plazo y cómo tomar las posiciones en esos mercados. Se pueden considerar tres estrategias muy contrastadas.

Fabricar aquí y vender allá

Es la estrategia que aparece de una manera espontánea dado que hay penuria en esos países. Algunas empresas como Coca-Cola, Philip Morris, Volvo, Tetrapak, Sony, Philips, Crédit Lyonnais, American Express, están desde ahora presentes en la Europa del Este, y sobre todo en Rusia. El problema más complicado con al que se enfrentan consiste en saber cómo repatriar el dinero en moneda fuerte. Algunas empresas como Volvo en San Petersburgo, resolvieron este problema exigiendo el pago en dólares. Falta saber si esta práctica será durante mucho tiempo tolerada por las autoridades públicas. Otras como Tetrapak, recurrieron al trueque, lo que no siempre es una solución afortunada, porque los productos ofrecidos en contrapartida no encuentran necesariamente compradores en el mercado mundial.

Hay que señalar que en 1993 un número creciente de empresas internacionales decidieron realizar inversiones directas en la Europa del Este, incluida Rusia. Entre éstas citamos: IBM, Honeywell, Baskin Robbins y muchas otras.

Fabricar y vender allá

Las empresas que invierten directamente en la Europa del Este se plantean las mismas preguntas. Con la excepción de Rusia y de Ucrania, las distintas repúblicas son de hecho pequeños mercados y las barreras entre esos países, al contrario de lo que pasa en el Oeste, tienden a ser reforzadas hoy en día bajo las presiones nacionalistas y/o de rechazo de la tutela del gran hermano ruso. Además, hay que saber que los problemas operativos y logísticos son considerables: penuria regular de materias primas, torpeza y complejidad burocrática, debilidad de las redes de distribución, ausencia total de orientación-mercado, dificultades transporte y almacenaje, etc.

Fabricar allá y vender aquí

Ya que es más difícil vender que producir, la opción que subsiste es la de utilizar la mano de obra local y el saber hacer (real) de esta mano de obra para producir en condiciones ventajosas en la Europa del Este y para vender esos productos a continuación en el Oeste por medio de las redes de distribución existentes. El éxito de Lada en algunos países del Mercado Común, especialmente en Bélgica, es un ejemplo de aplicación acertada de esta estrategia.

La consecuencia más directa de la apertura de la Europa del Este al mercado mundial podría pues ser, al menos a corto plazo, el desarrollo *in situ* de industrias competitivas que, como ocurre hoy en día con los países de reciente industrialización, irían compitiendo con las empresas de la Europa del Oeste. Se empiezan a producir ya en el seno de la Unión Europea reacciones proteccionistas.

2.1.3. El nuevo entorno competitivo

A los cambios económicos profundos que acabamos de evocar, es preciso igualmente añadir los cambios competitivos que resultan de la **mundialización de los mercados de referencia** en un número creciente de sectores industriales. Esta evolución, una vez más, ha sido posible por el progreso tecnológico aplicado en este caso a los medios de transporte y de comunicación. La eliminación de las distancias, o al menos la eliminación del coste del tiempo o del transporte provocado por el alejamiento geográfico, ha llevado al mundo a una fase de competencia planetaria a nivel de mercados, productos, costes de mano de obra y precios.

Los nuevos competidores

Esta evolución tiene como consecuencia el conmover la distribución de las ventajas comparativas entre regiones del mundo, entre países industrializados y países en vías de desarrollo, entre economías capitalistas y economías socialistas. Dicha evolución ha suscitado la aparición de **nuevos competidores** para las empresas de los países industrializados.

— Los **nuevos países industrializados** (NPI) que desde ahora detentan posiciones importantes en los sectores básicos (siderurgia, química, textil, etc.) en otro tiempo dominados por los países industrializados.
— Los **países del Este** que, basándose en la práctica del trueque y de las compras compensatorias para paliar la falta de divisas fuertes, compiten activamente con las empresas de Europa occidental en los mercados de productos industriales básicos (Lambin, 1984).
— Las **empresas japonesas** como Sony, Toyota, Canon, Seiko, Nikon y muchas más que han adquirido en todo el mundo cuotas de mercado elevadas en sectores de fuerte demanda y que practican a menudo políticas comerciales agresivas (Kotler, Fahey y Jatusripitak, 1985).
— A nivel nacional e internacional, los **grandes distribuidores**, como Ikea, GIB, Aldi, descubren el marketing estratégico y adoptan estrategias propias (marcas de enseña, marcas de distribución, marcas de primer precio) que compiten directamente con las marcas de los fabricantes.

En un número importante de sectores de actividades, estos competidores nuevos están desde ahora mejor situados en productos que tradicionalmente formaban parte de la cartera de actividades de empresas de los países industrializados.

En este contexto competitivo en profunda mutación, las empresas deben reposicionarse y buscar segmentos de mercado nuevos con mayor valor añadido, mejor adaptados a sus recursos y a su saber hacer distintivo y donde puedan aprovecharse de una ventaja competitiva defendible.

La revolución en la distribución alimentaria

En el ejercicio de las funciones de intercambio y de comunicación descritas en la Figura 1.4, la iniciativa estaba hasta hace poco en las manos de los fabricantes que, en los mercados de los bienes de consumo, desarrollaron las agresivas **estrategias de marca** sostenidas por importantes esfuerzos de comunicación centrados en el consumidor final. El desarrollo de la marca ha sido y sigue siendo un elemento esencial del marketing estratégico de los fabricantes.

El nuevo hecho de los últimos años, tanto en Europa como en los Estados Unidos, es la consolidación de los nombres de distribuidores que, de intermediarios pasivos se han transformado en emprendedores al mismo nivel que los fabricantes, al desarrollar las **estrategias de marca propia**, junto a las marcas de los fabricantes. Diferentes factores explican el éxito de las estrategias de marca propia.

- La **concentración** de la gran distribución que controla una parte muy importante del poder de compra de los hogares.
- La creación, a nivel europeo, de poderosas **centrales de compra** que otorgan a los distribuidores un considerable poder de negociación.
- El desarrollo de los sistemas de **lectura óptica** (código de barras) en las cajas registradoras que dan a los distribuidores un acceso privilegiado, casi exclusivo, a la información de marketing.
- La adopción por la gran distribución de estrategias de **segmentación al detall**, a menudo descuidadas por los fabricantes.
- La pérdida de eficacia de la publicidad de los medios de comunicación y el aumento de la **profesionalidad** de los consumidores capaces de llevar a cabo el arbitraje entre los servicios aportados por la marca y los aportados por la empresa.
- La aparición en el mercado de una **nueva raza de distribuidores**, los *deep discounters*, que, en los establecimientos depósito ofrecen precios muy bajos en sus propias marcas y excluyen las marcas de fabricantes.

Estos desarrollos, que serán reexaminados más profundamente en el Capítulo 11, provocan una metamórfosis de los mercados de consumo y requieren un refuerzo de reflexión estratégica tanto por parte de los fabricantes como los distribuidores.

La competencia global

Para toda una serie de actividades, la competencia es ya global. Es muy evidente para los productos con «vocación» global como los bienes de equipo o alta tecnología (aeroespacial, aviación, telecomunicaciones) o como los *«commodities»* (materias primas, productos de base); lo es menos para los productos de consumo «universales», duraderos o no duraderos (alta fidelidad, vídeo, cámaras, bebidas, hamburguesas, pantalones, etc.); lo es menos todavía para los servicios: tarjetas de crédito, turismo, alquileres, banco de datos, asesorías, contratación (de Woot 1990, pág. 16).

El mercado de referencia natural para las empresas que operan en los sectores globales está constituido por el conjunto de países industrializados, particularmente Europa, América del Norte y Japón, es lo que se llama «la Triada», un mercado de 700 millones de habitantes. Este conjunto representa el 15 por 100 de la población mundial, dos tercios de la producción mundial bruta y entorno al 85 por 100 del poder de compra discrecional mundial (Ohmae 1987, pág. 10).

Es a este nivel triádico en el que debe definirse la ventaja competitiva. No es suficiente ser solvente en su casa; si no que es necesario serlo en casa

> **Población**
> Oeste de Europa: 340 millones
> Estados Unidos: 250 millones
> Japón: 120 millones
> Total: 710 millones
>
> **Los países de la Triada representan:**
> — 15 % de la población mundial
> — 66 % de la producción mundial
> — 85 % del poder de compra mundial
> — 90 % de la producción de productos de alta tecnología

Figura 2.6. Los países de la Triada y su peso económico.
Fuente: Ohmae, 1987.

de los demás, de manera que se consiga un efecto palanca por el hecho de su posición internacional. Se pueden evocar diversas razones de esta globalización de la competencia (de Woot 1990, pág. 16-17 y Ohmae 1987, pág. 10-14).

— Bajo la influencia de la comunicación, de los transportes y de los viajes, los 700 millones de consumidores comienzan a formar un **mercado más homogéneo**. Esta uniformidad progresiva de necesidades y deseos favorece el desarrollo de un mercado potencial para los «productos globales», muy atractivos para las empresas, en razón de las economías de escala que consiguen en la producción, la distribución, la publicidad, etc.
— La **difusión del progreso técnico** ha llegado a ser tan rápida que es necesario introducir una innovación simultánea sobre los tres grandes mercados de la Triada. Un retraso sobre uno u otro de estos mercados expone a la empresa a ser abatida por un competidor capaz de lanzar un producto similar sobre los tres mercados y beneficiarse de esta manera de una posición de dominio sin límites.
— El **coste del desarrollo** de ciertos bienes de equipo es tan elevado que no puede ser amortizado más que a nivel mundial.
— El **tejido industrial** llega a ser más homogéneo, en el sentido que para muchos bienes y servicios, del 70 al 80 por 100 de la producción y del consumo se efectúa en los países de la Triada.

La globalización de la economía europea se realiza activamente desde la creación del mercado único en que las concentraciones de empresas son numerosas como lo muestran los datos de la Figura 2.7.

El marketing de guerra

La aparición de estos nuevos competidores ha tenido también como consecuencia un reforzamiento de la dureza de la lucha competitiva y la necesidad de un análisis más sistemático y profundo de las fuerzas competitivas

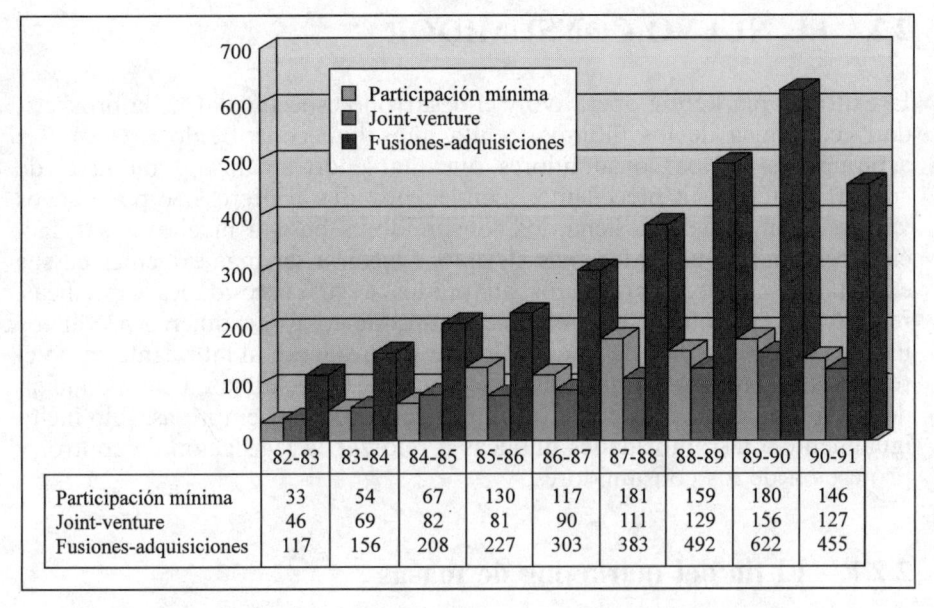

	82-83	83-84	84-85	85-86	86-87	87-88	88-89	89-90	90-91
Participación mínima	33	54	67	130	117	181	159	180	146
Joint-venture	46	69	82	81	90	111	129	156	127
Fusiones-adquisiciones	117	156	208	227	303	383	492	622	455

Figura 2.7. Las concentraciones de empresas en Europa.
Fuente: Comisión Europea.

presentes. En consecuencia **el análisis de la competitividad** se convierte en una preocupación central del marketing estratégico (Porter, 1982); de ahí el origen de la expresión **«marketing de guerra»**, debida a Ries y Trout (1990) que ponen el acento en la idea de que hacer fracasar a la competencia es el objetivo prioritario del marketing estratégico. Varios factores explican esta evolución.

— En las economías industrializadas, las empresas se enfrentan cada vez más, como se ha visto, en unos mercados saturados y estancados.
— En estos mercados, la óptica de marketing clásica está cada vez mejor integrada en las empresas y el conocimiento de las necesidades de los compradores ya no es una ventaja suficiente.
— Los productos ofrecidos a menudo son de calidad similar y las diferencias poco perceptibles.
— Por esto, contrarrestar las maniobras de la competencia llega a ser un factor clave para el éxito.

El marketing de combate preconiza un reforzamiento de la reflexión estratégica, una sistematización del análisis de las fuerzas competitivas y el desarrollo de estrategias de ataque, de defensa, de ataque de flanco o de guerrilla que se inspiran en la estrategia militar. La creación y la explotación sistemática de una ventaja competitiva defendible se han convertido en condiciones necesarias que se añaden a la del conocimiento de las necesidades de los compradores.

2.2. EL NUEVO CONSUMIDOR

El éxito del marketing operativo y el desarrollo espectacular de la prosperidad económica de los últimos treinta años han contribuido a elevar las aspiraciones de los consumidores que, habiendo alcanzado un nivel de confort material sin precedentes, tienden hoy día a interesarse por nuevos valores. Con la barriga llena, los consumidores buscan niveles de satisfacción personal de un orden más elevado. Llegan a ser más exigentes en sus expectativas, buscan productos adaptados a sus necesidades específicas, reivindican una información completa antes de comprar, quieren productos limpios desde el punto de vista ecológico y consideran al fabricante como el responsable en caso de no satisfacción de sus expectativas. Esta evolución de los comportamientos constituye un desafío para las empresas. Ello incita igualmente a las autoridades públicas a reforzar la legislación de control y protección de los consumidores.

2.2.1. El fin del marketing de masas

En este nuevo entorno las prácticas tradicionales del marketing operativo de masas tienden a perder su eficacia. Los principales cambios observados son los siguientes:

— Una **demografía cambiante** con más mono-hogares, mujeres que trabajan, hogares con doble ingreso, con individuos de longevidad creciente, etc.
— Un valor más grande atribuido al **tiempo personal** por los consumidores más educados.
— La **proliferación de marcas** más y más débilmente diferenciadas.
— Una caída en la eficacia comunicacional de la publicidad en los medios de comunicación.
— Una **disminución de fidelidad** a las marcas y a las empresas.
— El coste creciente de la comunicación personal.
— Aumento de las prácticas de ventas promocionales autodestructivas.
— Un número creciente de las tiendas y de los supermercados.

Estos cambios han contribuido a debilitar las bases mismas del marketing operativo de masas que, de hecho, funciona peor o no funciona ya. Rapp y Collins (1990) sugieren que el marketing debe evolucionar del marketing de masas hacia un marketing individualizado, o un **marketing a medida** *(customized marketing)*. Esta evolución necesaria implica que el monólogo de la publicidad sea reemplazado por un verdadero **diálogo con los consumidores**. Esto es, que el marketing directo, la comunicación interactiva y la publicidad respondan adecuadamente. Estos desarrollos en las prácticas del marketing operativo serán analizados en los Capítulos 10 y 12 de esta obra.

Los cambios económicos y competitivos indicados fueron acompañados de cambios socioculturales que han conducido a **poner en entredicho la óptica del marketing clásico**, a la vista de las repercusiones socioeconómicas, culturales y sociales de algunas prácticas del marketing. Esta evolución, que se inicia en Europa en los años setenta, se plasma en torno a dos tomas de conciencia que se han expresado en el movimiento consumerista y en el movimiento ecológico.

2.2.2. El consumerismo

El «**consumerismo**» nació de la toma de conciencia de los excesos del marketing operativo, es decir, de las prácticas del marketing salvaje (véase Figura 1.7) que tienden a doblegar la demanda a las exigencias de la oferta, más que adaptar la oferta a las expectativas de la demanda. El consumerismo es la consecuencia de un fracaso relativo de la óptica de marketing. Como subraya Drucker (1980, pág. 85): «El consumerismo es la vergüenza del marketing». Los principales argumentos de la crítica consumerista son los siguientes:

— El marketing busca la satisfacción de las necesidades inmediatas de los consumidores, en detrimento de su **bienestar** a más largo plazo.
— Los productos son concebidos de manera que **privilegian el objetivo de beneficio** de la empresa sobre el objetivo de satisfacción de las necesidades.
— El marketing privilegia el **valor de signo** de los productos (utilidad simbólica, afectiva, emocional) en detrimento de su valor de uso (utilidad funcional).
— Existe un **desequilibrio** fundamental entre los derechos del comprador y los derechos del vendedor.

Es importante subrayar que el movimiento consumerista fundamentalmente no cuestiona la óptica de marketing, sino al contrario, reivindica su aplicación integral.

En realidad, el movimiento consumerista es revelador de un fenómeno de «socialización» o de «sindicalización» de la demanda, un poco parecido al movimiento obrero de principios de siglo. Este hecho es importante para la empresa que se encuentra cada vez más a menudo enfrentada a un consumidor consciente, que reacciona de manera organizada a sus acciones y que dispone de otras informaciones a las suministradas por esta empresa, gracias especialmente a las asociaciones de consumidores (véase Figura 2.8).

Gracias al contrapoder que constituye, el consumerismo ha contribuido irrevocablemente a «**moralizar**» **la práctica del marketing**; forman un grupo de presión que las empresas difícilmente pueden ignorar. Sin embargo, los objetivos del consumerismo han evolucionado bajo la presión de la evolución de la situación económica general. Para saber más sobre el tema del consumerismo, ver Aaker y Day (1982).

48 *Marketing estratégico*

- Sobre el gráfico presentado más abajo, el *rendimiento marginal de la búsqueda de información* por el consumidor, se presenta como una función decreciente del nivel de exigencia del consumidor por el conocimiento de las características de los productos más determinantes en su elección. Sea la curva R.
- De la misma forma, el *coste marginal de esta búsqueda* es normal que sea una función proporcional a la del nivel de exigencia. Sea la recta C.
- El punto A representa el *punto de parada óptimo* del consumidor: prolongar su búsqueda más allá de este umbral costaría más que los beneficios que le reportaría.

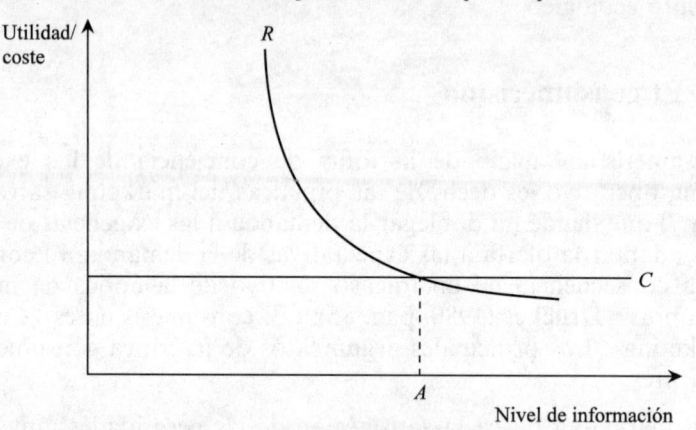

El crecimiento económico aporta las siguientes modificaciones:
— El coste del tiempo personal de búsqueda ha aumentado;
— El número de productos con calidades internas difícilmente comparables ha aumentado
— El número de marcas débilmente diferenciadas también ha aumentado.

- Estas evoluciones entrañan por un lado *un aumento del coste* de búsqueda de información (C se desplaza a C′) y por otro lado un aumento de la dificultad de elección personal y, por ello, *un descenso del rendimiento marginal* de la consecución de la información (R se desplaza a R′).

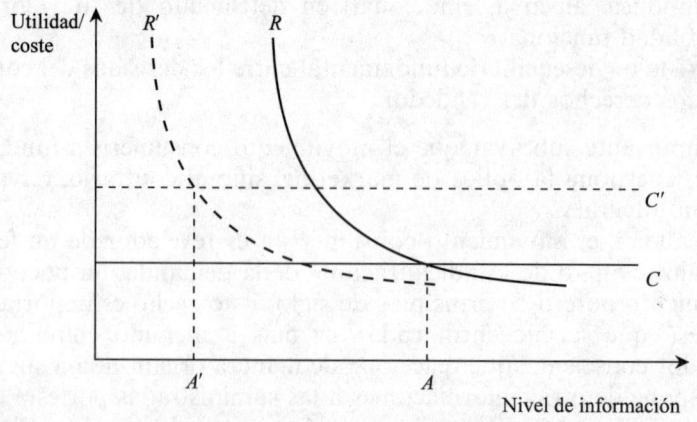

- El punto de parada del consumidor se desplaza de A hacia A′, que corresponde a un *nivel de exigencia inferior* al que prevalecía anteriormente.
- El crecimiento económico conduce pues a una cierta pérdida de soberanía del consumidor dejándole más cautivo de las informaciones de mercado dadas por los proveedores.
- El individuo tiene pues interés en sindicarse y en completar la información del fabricante, con la información aportada por las organizaciones de consumidores, distribuidas con un bajo coste para él. El consumidor puede así llegar a un nivel de información más elevado.

Figura 2.8. Análisis económico del movimiento consumerista. *Fuente: Lepage, 1982.*

2.2.3. La ecología

El **movimiento ecológico** traduce la toma de conciencia de la escasez de los recursos naturales y es revelador de un cambio de óptica en la visión del consumo. Los ecologistas cuestionan el impacto del consumo y del marketing en el entorno. El razonamiento es el siguiente.

> Todo consumo tiene utilidades positivas y negativas. El marketing, con su insistencia en el crecimiento cuantitativo del consumo ha contribuido al olvido de las repercusiones negativas; estas repercusiones negativas tienen un coste elevado que también es un coste olvidado. Frente a la escasez de los recursos, es necesario tomar explícitamente en consideración el coste social del consumo.

Tipo de transporte de personas	Cánones			Total	Rel.
	Accidentes	Ruido	Polución		
Autos de gasolina	1017,0	55	213	1285,0	36,4
Autos diesel	1017,0	55	75	1147,0	32,5
Autobús	95,0	11	148	254,0	7,2
Tren eléctrico	2,3	33	0	35,3	1,0
Tren diesel	2,3	33	44	79,3	2,2

Si se estableciera un día un canon para reembolsar los costes indirectos de los diferentes medios de transporte, se puede ver lo que se pagaría en cada medio de transporte. No se han incluido los precios de atascos. Se han calculado los cánones, en francos belgas, por 1.000 viajeros-kilómetro (un viajero en 1000 kilómetros o 50 viajeros en 20 kilómetros). La última columna muestra la relación entre los cánones de cada medio de transporte, cuando el tren eléctrico paga 1 franco de canon, el automóvil de gasolina debe pagar 36,4.

Figura 2.9. Coste socio-ecológico de los desplazamientos individuales.
Fuente: Le Soir, Bruselas, miércoles 16 de diciembre de 1987.

Los datos expresados en el cuadro de la Figura 2.9 ilustran lo oportuno del razonamiento ecológico en el sector del automóvil.

Al contrario de los consumeristas, los ecologistas no aceptan el principio de la soberanía del consumidor, en la medida en que la aplicación de este principio conduce a la destrucción del entorno. Consideran que el objetivo del sistema económico no debe ser la satisfacción del consumidor como tal, sino más bien el mejorar la calidad de vida y no solamente la calidad de los bienes y servicios destinados al consumidor.

El movimiento ecológico tuvo un impacto importante en numerosas industrias y constituye irrevocablemente un dato que va a afectar profundamente la vida económica e industrial. Hace algunos años, la idea de pagar un canon por la recogida, el tratamiento y el reciclaje de residuos y desechos y embalajes era impensable. Hoy día se da por hecho en Alemania y en Francia con un **sistema de ecotasas** que gravan al productor con una pequeña tasa por fabricar embalajes considerados como no ecológicos. Esta cantidad debe financiar la gestión de los residuos, especialmente la selección y el reciclaje. El **sistema de ecotasas** instituido en Bélgica responde a una óptica de prevención y carga al consumidor final que de esta manera se le incentiva a utilizar los embalajes ecológicos.

- Fue en 1972 cuando el informe Meadow del Club de Roma llamó la atención del mundo económico y social sobre los límites del crecimiento económico, el riesgo de agotamiento de los recursos no renovables, la degradación del entorno y el crecimiento incontrolado del volumen de desechos. Esta toma de conciencia ha llevado a las autoridades públicas y a los movimientos políticos a tomar en consideración las recomendaciones de los economistas.
- Para los economistas, el entorno forma parte del funcionamiento de la economía y si es necesario intervenir para protegerlo, el medio más eficaz de actuar es darle un precio, en lugar de considerarlo como un bien público gratuito, al contrario que ocurre con los otros bienes que forman parte de una economía de mercado.
- En la ausencia de precio, los consumidores y productores tienen la intención de utilizar las «reservas gratuitas» que son el entorno en sí mismo, aun cuando los costes sociales de los comportamientos de los contaminadores son altos, porque estos costes no son evaluados por el mercado. El que los genera nunca los paga, es decir, cubrir el coste que ocasionaría su eliminación del mercado.
- La solución adelantada por los economistas es pues la de **fijar un precio al entorno**. Este precio podría ser igual a la suma de los costes sociales evaluados por los mismos contaminados (sociedad). Partiendo de este precio, los contaminadores, no utilizarían las reservas del entorno más que en la medida en que los beneficios a obtener sean mayores que las compensaciones a satisfacer. Los contaminadores tendrían así en cuenta los costes sociales de la polución. Esta es la base del **principio del contaminador responsable**.
- Los instrumentos económicos utilizados para fijar un precio al entorno se traducen generalmente en una intervención directa sobre los precios de las actividades contaminantes, bien bajo una óptica de prevención (ecotasas), bien bajo una óptica de reparación (ecocánones). Para un análisis comparado de las legislaciones en vigor en Europa, ver Laurent (1994).

Figura 2.10. Análisis económico del movimiento ecológico.

La ecología es un factor de entorno que refleja la aparición de nuevas necesidades de la sociedad. La satisfacción de estas necesidades se traducirá por nuevas obligaciones para numerosas empresas; para otras, estas necesidades representan nuevas oportunidades, tomando la forma de productos antipolución, productos ecológicamente limpios, productos más económicos en energía, productos reciclados, etc.

Ciertas empresas no han esperado a los poderes públicos para tomar en consideración el entorno. Rank Xerox, por ejemplo, desarrolla desde hace cuatro años un ambicioso programa titulado Renacimiento, de reutilización de las piezas de las máquinas. Se trata de fotocopiadoras compuestas en un 80 por 100 de piezas recicladas y de reventa 20 por 100 más baratas que los productos nuevos. Hoy día, el 40 por 100 de las ventas de la sociedad son productos Renacimiento, lo que hace decir al señor verde de Rank Xerox que «...en diez años, no habrá más productos nuevos». (*La Libre Entreprise*, 20/11/93, pág. 27.)

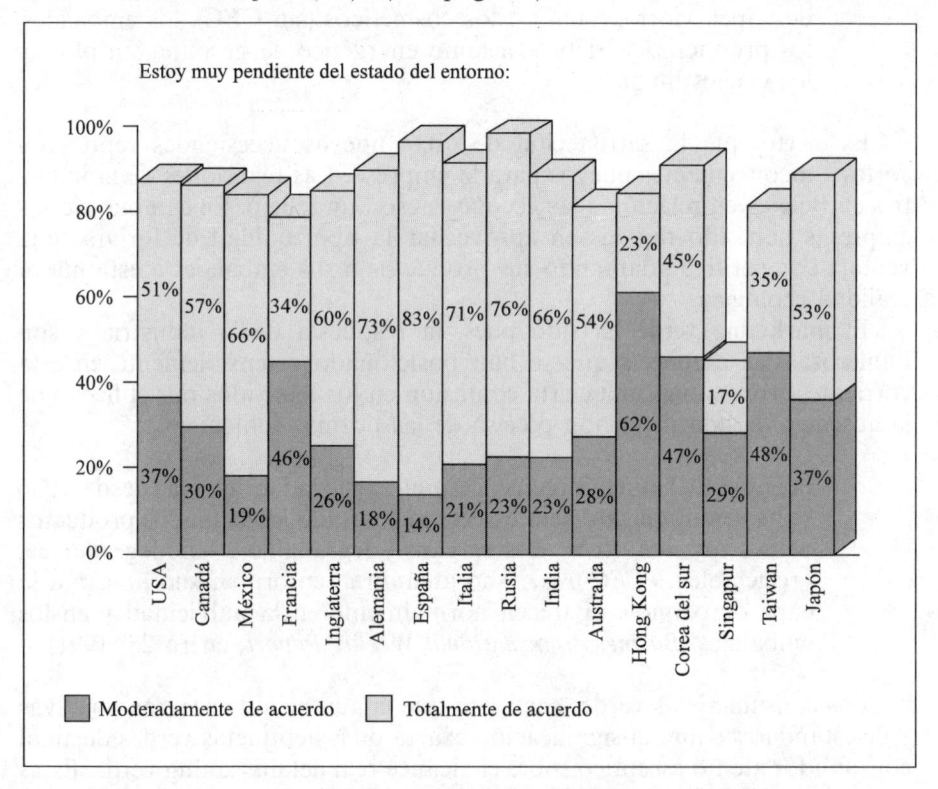

Figura 2.11. Importancia de la preocupación ecológica en el mundo.
Fuente: Citado por Ottman, 1993.

Es en este difícil entorno económico en el que la empresa debe desde ahora operar. Estas mutaciones profundas de la economía tienen especialmente como consecuencia una sanción más rápida y más severa de los errores de gestión, como testimonia el espectacular aumento del número de quiebras de empresas.

2.2.4. El marketing verde

Uno de los efectos del movimiento ecológico ha sido el de provocar el nacimiento de una nueva raza de consumidores, «los verdes», que han intentado en la medida de lo posible el consumir compatibilizando las necesidades de los individuos y la protección del entorno. Su acción consiste en incitar a productores y distribuidores a desarrollar o a distribuir productos que sean más sanos y ecológicamente limpios. Los ámbitos donde las modificaciones que pueden aportarse a los productos son numerosas.

> Los productos de higiene personal, los productos de limpieza (sin fosfato), los productos alimentarios (cultivo orgánico), el reciclaje de papel, vidrio, estaño, ...los cosméticos (sin CFC), los embalajes, los productos de débil consumo energético, la gasolina sin plomo, los coches limpios.

Es cierto que la satisfacción de estas nuevas necesidades representa costes e inconvenientes nuevos para la empresa. Las reacciones de la industria en Bélgica en relación a las «ecotasas» son un reflejo. En cambio, ciertas empresas han sido rápidas en aprovechar la oportunidad de forjarse una ventaja competitiva adaptando sus productos o sus embalajes a esta nueva realidad ecológica.

El **marketing verde** ha sido pues, la respuesta de la industria y son numerosas las empresas que se han posicionado ostensiblemente en esta corriente, provocando una cierta confusión en los mercados por el hecho de la ausencia de una definición precisa de las normas ecológicas.

> Según Marketing Intelligence, una sociedad británica, desde 1986 se han multiplicado veinte veces más rápido los llamados productos verdes que los otros. Los slogans «degradable», «biodegradable», «reciclable», *«CFC-free»*, «no atentan al entorno», «no atacan a la capa de ozono», aparecen normalmente en la publicidad y en los embalajes (*Business International Weekly Report*, enero 28, 1991).

Los consumeristas verdes sostienen que la ausencia de normas objetivas y de estándares sobre la significación exacta de las etiquetas verdes dejan al consumidor atento escéptico sobre el alcance real del marketing verde. Estas acciones son más bien percibidas como los medios de atraer la atención por parte de empresas poco escrupulosas que toman el tren verde en marcha. Está claro que el marketing verde no puede limitarse a la publicidad y al etiquetado, sino que debe debutar en el propio estadio de la producción.

Para clarificar la situación, la Comisión europea ha revelado estas preocupaciones decidiendo instaurar una **«Ecoetiqueta»** europea basada en criterios científicos, que permita a los usuarios identificar fácilmente los productos inofensivos en el plano ecológico y destinados a incitar a los fabricantes a respetar las normas establecidas. La República Federal ha sido el primer país en introducir, desde 1978, una ecoetiqueta similar llamada *«Angel Azul»*. Esta etiqueta es puesta en duda hoy día, porque no se apoya en el ciclo de vida completo de los productos, es lo que se llama un **ecobalance**. Todo esto lleva a creer hoy día que la ecoetiqueta europea va progresivamente a reemplazar las etiquetas nacionales allá donde existan. En junio de 1993, los criterios para la concesión de la ecoetiqueta europea habían sido identificados para seis categorías de productos.

	Pañales de algodón	Pañales desechables
Materias primas	3,6	25,3
Consumo de agua	144	23,6
Consumo de energía	78.890	23.920
Emisiones a la atmósfera	0,860	0,093
Polución del agua	0,117	0,012
Desechos sólidos	0,24	22,18

Figura 2.12. Ejemplo de ecobalance: pañales desechables o pañales de algodón.
Fuente: Ottman, 1993, pág. 105.

El ecobalance ha llegado a ser desde hace poco el instrumento de base del marketing verde. Se trata del análisis del impacto de un producto sobre el entorno, a lo largo de su vida, **«del nacimiento a la tumba»**. Un ecobalance mide el impacto ecológico desde la adquisición de materias primas, su transformación, la producción, el embalaje, la distribución, las condiciones de utilización y la eliminación después de su utilización. En la Figura 2.12 se encontrará un ejemplo de ecobalance realizado a solicitud de Procter & Gamble para comparar el impacto ecológico de los pañales desechables en relación a los pañales de algodón.

2.3. IMPLICACIONES SOBRE EL MARKETING

Una vez que la prosperidad ha sido adquirida (y solamente entonces), los individuos se preguntan sobre la capacidad del crecimiento económico de contribuir verdaderamente al progreso social. En Europa occidental como en Estados Unidos, las aspiraciones sociales de la **calidad de vida** han sido progresivamente sustituidas por objetivos más cuantitativos del nivel de vida. Las empresas están considerando asumir hoy día una responsabilidad social, en lugar del objetivo general de creación de riqueza. El slogan según el cual «los negocios de las empresas son los negocios» *(the business of business is business)* está hoy día cuestionado y las empresas interpeladas en la medida de su función social.

2.3.1. Por un marketing responsable

Los movimientos consumerista y ecológico y sus reivindicaciones han conducido a algunos teóricos del marketing a ampliar la óptica de marketing clásica, en un sentido que lleva a poner el acento en la necesidad de desarrollar en la empresa una toma de conciencia creciente por las consecuencias socioculturales de su acción económica, y particularmente de su acción de marketing. Así es como Kotler (1991) propone a la empresa adoptar la **óptica del marketing social**.

«La óptica del marketing social es una orientación de gestión que reconoce que la tarea prioritaria de la organización es estudiar las necesidades y deseos de los mercados objetivos y satisfacerlos de una manera más eficaz que la competencia, pero también de una forma que mantenga o mejore el bienestar de los consumidores y de la colectividad.» (Kotler, 1991, pág. 25).

Esta óptica descansa en **tres hipótesis** implícitas:

— Los deseos de los consumidores no coinciden forzosamente con sus intereses a largo plazo ni con los de la colectividad.
— Los consumidores otorgan su preferencia a las organizaciones que dan prueba de una preocupación real por su satisfacción y su bienestar, así como por el bienestar colectivo.
— La tarea primordial de la organización es adaptarse a los mercados objetivo de una forma que no sólo procure la satisfacción, sino también el bienestar individual y colectivo, con el fin de atraer y crear fidelidad en la clientela (Kotler 1991, págs. 26-27).

Dos ideas clave distinguen la óptica de marketing responsable de la del marketing clásico: *a)* el marketing debe prestar atención a las **necesidades e intereses** de los compradores; *b)* debe poner el acento en el **bienestar a largo plazo** del consumidor y del público. Es adoptando esta óptica ampliada como la empresa alcanzará mejor sus propios objetivos de crecimiento y de rentabilidad.

La ética del marketing

La empresa que se aviene a practicar un marketing responsable debe definir claramente las reglas éticas que se compromete a respetar en sus relaciones con el mercado. Si se observa hoy día una cierta moralización de las prácticas del marketing es el resultado de poderes compensadores fuertes como el consumerismo y la ecología. Nada como el miedo al policía para favorecer la adopción de comportamientos de «buenos ciudadanos».

La empresa responsable debe ir más lejos y expresar públicamente su voluntad de adoptar un comportamiento ético, particularmente en el dominio del marketing cuya misión específica es la administración de las relaciones entre la empresa y el mercado. El marketing comunica con los consumidores y los distribuidores, vigila la competencia, organiza la venta y la publicidad, se encuentra muy cerca de la opinión pública y, de hecho, sometido a una vigilancia particular. Más que otros dirigentes de empresa los responsables de marketing son susceptibles de enfrentarse a problemas éticos en su práctica profesional. Es desde entonces importante que la organización como tal enuncie claramente las reglas de conducta que se compromete a respetar.

Existe un **problema ético** cuando un dirigente se enfrenta a una decisión que implica un arbitraje entre el no respeto de los valores de cambio de una ganancia personal, o de un beneficio para la empresa. Los dirigentes se sienten obligados a tomar ciertas decisiones que, desde su punto de vista, no deberían ser tomadas y esto bajo la presión de objetivos organizativos, tales como reducir costes, aumentar ventas o mejorar la rentabilidad a corto plazo.

Una empresa tiene un conjunto de intereses en adoptar un comportamiento ético, no solamente por sugerencias morales, sino porque no comportándose éticamente, le puede suponer costes personales, organizativos y externos muy elevados.

- **Costes personales**. Un dirigente convencido públicamente de haber violado las reglas éticas será penalizado por la empresa incluso si ella ejerce presiones para que él se mueva en este sentido, aspecto que, evidentemente, aquella no reconocerá jamás.
- **Costes organizativos**. Una empresa convencida públicamente de un comportamiento no ético puede sufrir por este hecho fuertes pérdidas de segmentos de mercado y en todo momento una perdida de credibilidad y de *goodwill*. Este ha sido el caso de Nestlé en el negocio de la leche en polvo para bebé vendido en los países del tercer mundo o de Drexel-Burnham en el negocio de los *«junk bonds»*.
- **Costes externos**. Aunque más difícil de evaluar, pueden ser considerables. Se trata de costes de polución, gastos excesivos, despilfarros, etc. engendrados por comportamientos no éticos y que deben a menudo ser soportados por el Estado o por la fiscalidad.

De manera general, los comportamientos no éticos tienen igualmente por consecuencia perjudicar el funcionamiento propio del sistema económico y reducir la confianza de los ciudadanos en el papel del marketing en la economía de mercado. El riesgo consiste entonces en ver aparecer medidas burocráticas autoritarias mal adaptadas a la realidad de los mercados.

Tipos de comportamiento ético

¿Cuáles son los comportamientos éticos encontrados en las empresas? Reidenbach y Robin (1991) han identificado cinco tipos de comportamientos que están jerarquizados y, en este sentido reflejan una toma de conciencia creciente en la necesidad de mantener un equilibrio entre beneficio y ética.

- **Fase 1: los amorales**. Es el nivel más bajo. El objetivo consiste en realizar el máximo beneficio a cualquier precio. El interés de los propietarios y de los dirigentes de la empresa son las únicas partes a tener en consideración.
- **Fase 2: los legalistas**. Lo que es legal es ético. La única obligación de la empresa es respetar la ley al pie de la letra.

— **Fase 3: los simpatizantes**. Las empresas que forman parte de este grupo reconocen que mantener un buen entendimiento con la comunidad social es un factor importante y que es del interés directo de la empresa.
— **Fase 4: los convertidos**. En este grupo se encuentran las empresas que reconocían que quizás fuera necesario hacer compensaciones entre beneficio y ética. En la descripción de la misión de la empresa, se hace referencia a los valores y a las reglas éticas a respetar.
— **Fase 5: los convencidos**. Se trata de las empresas que han llevado la reflexión muy lejos y que tienen un código ético difundido, conocido y respetado por los miembros de la organización.

Los dos niveles extremos son probablemente los más escasos, la mayor parte de las empresas se sitúan en los niveles intermedios.

Reglas de evaluación ética

¿Cómo decidir si una acción a tomar es respetuosa con las reglas éticas? Laczniak y Murphy (1993, pág. 49) sugieren ocho cuestiones o test que pueden ser utilizados para verificar si una acción a tomar tiene o puede tener implicaciones en el plano ético. Estas cuestiones son detalladas a continuación:

1. ¿La acción a tomar es un conflicto con las leyes en vigor?
2. ¿La acción a tomar es un conflicto con las reglas morales comúnmente aceptadas (fidelidad, gratitud, justicia, ausencia de mala voluntad, beneficencia)?
3. ¿La acción a tomar viola las obligaciones específicas propias de la actividad considerada?
4. ¿La intención de la acción a tomar es nociva?
5. ¿La acción a tomar supone riesgo de perjuicios a personas o a organizaciones?
6. ¿Existe una acción alternativa que desembocaría en ventajas iguales o mejores para las partes implicadas?
7. ¿La acción a tomar atenta contra los derechos de propiedad, de protección de la vida privada, o a los derechos inalienables del consumidor (información, escucha, elección, remedio)?
8. ¿La acción a tomar tiene como efecto la disminución del bienestar material de una persona o grupo de personas?

En la práctica, la dificultad principal es a menudo la resolución de conflictos de intereses que puedan existir entre diferentes partes implicadas. Consideremos, por ejemplo, la decisión de cerrar un departamento de la empresa. La respuesta a la pregunta 5 puede poner en evidencia la existencia de consecuencias financieras favorables para el grupo de accionistas y consecuencias muy desfavorables para el grupo de trabajadores de este departamento. ¿Cómo decidir qué grupo debe tener la preferencia?

La óptica del marketing responsable avanza rápidamente entre las empresas. Como muestra el código de deontología adoptado en Francia por la Unión de Anunciantes y en el que se prohibe desde ahora la explotación, en la publicidad de automóviles, de los atractivos de la velocidad y todo estímulo a la velocidad, «...en la preocupación de adaptar su política de comunicación y sus acciones publicitarias a los imperativos de la seguridad vial» (UDA Informations, núm. 341, diciembre 1988). Para ir más lejos en los problemas de la ética en marketing, ver Laczniack y Murphy (1993) así como Smith y Quelch (1993).

2.3.2. Del marketing internacional al marketing global

Los años noventa se caracterizan por la finalización del proceso de internacionalización de la economía mundial, por su «globalización». En un número creciente de actividades, el mercado de referencia geográfico ya no es el país o el continente, sino el conjunto de grandes países industrializados. De ahora en adelante es a este nivel al que debe situarse la ventaja competitiva.

La internacionalización no es un hecho nuevo para el marketing; tiene lugar desde el final de la segunda guerra mundial. Lo que es nuevo es la **interdependencia entre los mercados** creada por la globalización. Cada vez más, los mercados no pueden ser considerados como separados y diferentes, sino como un todo. Se examinarán en esta sección las implicaciones de la globalización de la competencia en la gestión del marketing de la empresa, independientemente de la vocación internacional o no que tenga ésta.

El dilema «estandarización-adaptación»

Cualquier empresa se enfrenta a la cuestión de saber cómo organizarse para afrontar el mercado global, de forma que cree una ventaja competitiva defendible. En el enfoque de este problema, dos actitudes bien distintas pueden adoptarse: la que estimula a la **estandarización** de las actividades del marketing a través de todos los mercados, dando así prioridad a los objetivos de rendimiento interno; la que, al contrario, establece la prioridad en la **adaptación** de los productos y acciones de marketing a las necesidades específicas de los diferentes mercados.

Una estrategia de **adaptación** pone el acento en las diferencias que existen entre los mercados, y eso en el espíritu mismo del concepto de marketing. Tres grupos de factores contribuyen a diferenciar los mercados:

— Las diferencias de **comportamientos de los compradores**, no únicamente en términos socio demográficos, de renta, de hábitat..., sino en términos de hábitos de consumo, de costumbres, de cultura, etc.

- Las diferencias en la **organización de los mercados**; la estructura de las redes de distribución, la disponibilidad de los medios de comunicación, las reglamentaciones, las condiciones climáticas los medios de transporte, etc.
- Las diferencias en el **entorno competitivo**, el grado de concentración de la competencia, la presencia de competidores nacionales, el clima competitivo, etc.

Está claro que existen diferencias importantes entre los mercados y que estas diferencias tienen implicaciones en la estrategia de marketing a adoptar.

Los partidarios de una **estrategia de estandarización** subrayan, en cuanto a ellos, las ventajas que pueden resultar de una estrategia que se apoyará en lo que hay de similar en los mercados, antes que en lo que les diferencie. La tesis de la estandarización, defendida por Levitt (1983) y Ohmae (1987), descansa en tres hipótesis:

- Las necesidades mundiales van a homogeneizarse por la presión de la tecnología, de los transportes, de la comunicación.
- Los consumidores están dispuestos a sacrificar unas preferencias específicas para beneficiarse de productos de precio más bajo con una buena calidad.
- La estandarización que permite la homogeneización de los mercados mundiales conduce a unas economías de escala, factor de reducción de los precios de coste.

Como apoyo de su tesis, Levitt cita como ejemplos, además de los productos de alta tecnología que naturalmente están mundializados, productos «gran consumo» de fuerte personalidad como: McDonald's, Coca-Cola, Pepsi, Revlon, Kodak, Sony, Levis, etc.

¿Un falso dilema?

Si la tendencia a la homogeneización de las necesidades es efectivamente real, eso no significa, por tanto, que la estandarización es la única alternativa que se ofrece a la empresa con vocación global. Levitt reduce el marketing global sólo a la estrategia de estandarización. Varios contra-argumentos pueden evocarse que conducen a matizar sensiblemente las hipótesis avanzadas por Levitt.

- Si es verdad que existe homogeneización de las necesidades en el mundo, no se trata aquí más que de «segmentos» que se encuentran, con ligeros matices, en todos los países de la Tríada con las mismas expectativas. Junto a estos segmentos mundiales, se observa también una «desmasificación», incluso una «personalización del consumo», que desemboca en unas segmentaciones cada vez más agudas y muy

diferentes según los países, en razón de la importancia creciente de los valores culturales y regionales.
— No existe ninguna evidencia que demuestre que los consumidores sean de manera universal más sensibles al precio. Productos como los relojes Cartier, los bolsos Louis Vuitton, los pañuelos Hermes o las máquinas fotográficas Canon, reconocidos como productos globales, son grandes éxitos comerciales; ahora bien, estos productos no se distinguen particularmente por su bajo precio.
— Economía de escala no rima necesariamente con estandarización imperiosa. Las nuevas tecnologías de producción han sacado a la industria de la era taylorista de las grandes cadenas de fabricación que producían un producto único a un ritmo elevado. Los nuevos talleres flexibles y los conceptos de diferenciación retardada permiten actualmente mantener los beneficios de la estandarización y facilitan adaptaciones a las exigencias personalizadas.

En cambio, el problema de las normas técnicas es todavía un *handicap* importante para la estandarización. En Europa, cada país tiene aún unas exigencias normativas particulares que obligan a numerosas variantes de construcción.

> Europa no es capaz aún de tener enchufes eléctricos idénticos para todos los países. Los italianos, los franceses, los países del Norte de Europa tienen enchufes de forma diferente; en cuanto a los ingleses, hay que entregar los aparatos sin enchufe, pues en el interior de Inglaterra existen sistemas diferentes, por lo que el consumidor debe poseer su propio enchufe. En cuanto a las normas americanas y japonesas, rayan en el proteccionismo; es preciso homologar no sólo el aparato, sino también todas las materias que lo constituyen (Picardi, 1987, pág. 115).

La tesis de la estandarización pura y dura es, pues, muy discutible y varios autores, desde hace mucho tiempo, han puesto en evidencia los límites de esta visión de las cosas (Buzzell, 1968).
En realidad, el dilema que opone estandarización a adaptación es un falso dilema, en el sentido de que se plantea el problema de la internacionalización en términos de «todo o nada». La verdadera cuestión es saber cómo conciliar las dos posturas. Centrarse en las similitudes que existen entre los mercados, y que probablemente cada vez serán más, no debe hacernos olvidar, las diferencias existentes y consecuentemente la necesidad de adaptación a dichos mercados. La mayoría de las equivocaciones internacionales son el resultado de una ausencia de sensibilidad cultural, de reconocimiento de los valores y actitudes, que hacen que una estrategia de éxito en un país, sea mala en otro (Takeuchi y Porter, 1986).

Los diferentes entornos internacionales

La necesidad para una empresa de adoptar una visión global varía de hecho según las condiciones del entorno. Goshal y Nohria (1993) sugieren analizar el entorno internacional refiriéndose a dos dimensiones:

— Las **fuerzas globales** que impulsan a la estandarización y que pueden provenir de múltiples orígenes: comportamientos de compra, potencial de las economías de escala, competencia, etc.
— Las **fuerzas locales** que militan a favor de la adaptación a las características locales: la diversidad cultural o las reglamentaciones locales, las especificidades de las redes de distribución, etc.

Para cada una de estas dimensiones, Goshal y Nohria seleccionan dos niveles: un nivel débil y un nivel elevado, lo que permite construir la matriz de dos dimensiones presentada en la Figura 2.13. Donde pueden distinguirse cuatro entornos internacionales cada uno de los cuales demandan modos de organización específicos.

	Elevado *Fuerzas globales en favor de la estandarización*	
	Entorno global	**Entorno trasnacional**
Débil		Elevado
		Fuerzas locales en favor de la adaptación
	Entorno internacional tranquilo	**Entorno multidoméstico**
	Débil	

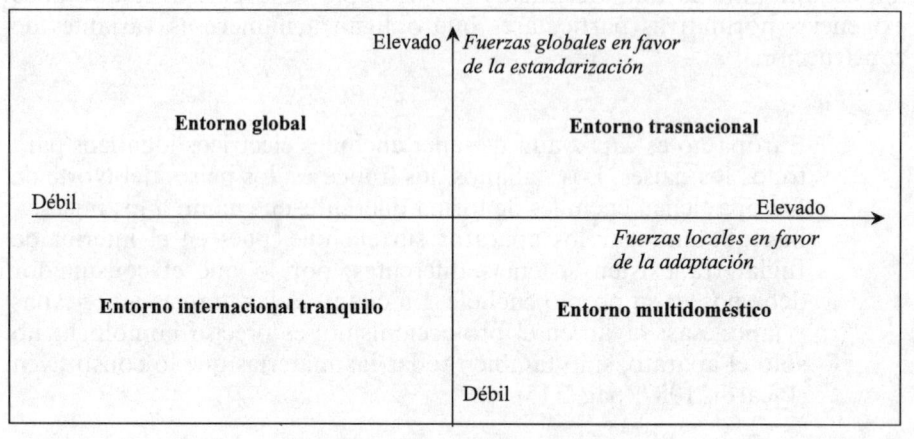

Figura 2.13. Análisis del entorno internacional.
Fuente: Goshal y Nohia (1993).

El **entorno global** es aquel donde las fuerzas que impulsan a la estandarización son poderosas y no están compensadas por fuerzas locales muy fuertes. En estos mercados, una organización global se impone con bastante naturalidad. Es el entorno el que caracteriza muchos de los sectores industriales, en particular los sectores de alta tecnología, donde las particularidades locales son inexistentes o, en todo caso, poco operativas. La tendencia aquí, irá pues en el sentido de una centralización de las responsabilidades.

El **entorno multidoméstico** en el otro extremo es contrariamente dominado por las particularidades locales, gustos, comportamientos o reglamentaciones propias de cada país. Es el entorno propio de la industria alimentaria, por ejemplo, donde los gustos, los hábitos culinarios pesan fuertemente en las preferencias y los comportamientos de compra. En este entorno, la empresa tiene interés en adaptarse mejor y la organización internacional estará muy descentralizada.

El **entorno internacional tranquilo** en el cual las fuerzas globales y las fuerzas locales son débiles, como en los sectores del cemento o la siderurgia. En este tipo de entorno, no existe un modo de organización dominante.

En el **entorno trasnacional** se encuentran fuertes presiones en favor de la estandarización, pero donde las fuerzas locales se encuentran igualmente muy presentes. Es probablemente la más compleja situación, que demanda, a la vez, un cierto grado de centralización o de coordinación así como el mantenimiento de organizaciones locales fuertes.

> Es el caso, por ejemplo, de una marca como Carlsberg. Esta marca tiene todas las características de una marca global. Presente en 130 países del mundo, su gusto, su logotipo, son idénticos incluso el mismo formato de la botella. Contrasta con la cultura de la cerveza que es muy fuerte y diferente de un país a otro. Por esta razón, lo que más le conviene es una estructura trasnacional que deja una cierta autonomía a las regiones.

Otro ejemplo es el de Volvo Truck. Los productos son concebidos para el mundo entero y son idénticos con algunas variantes menores. Pero el elemento local decisivo es el papel del *dealer* que asegura especialmente el servicio postventa y el ejercicio de la garantía. Una organización global fuertemente centralizada sería inadecuada a este entorno.

La óptica de marketing trasnacional

Por mucho tiempo se ha considerado que el slogan que resume bastante bien la estrategia trasnacional es: *think global, act local*. En otras palabras, la empresa global o trasnacional debería:

— Pensar el marketing estratégico de una manera global.
— Actuar con el marketing operativo de una manera local.

El marketing trasnacional implica, pues, una reflexión a dos niveles. Una reflexión global que consiste en buscar en un mercado geográfico amplio segmentos de clientes que tengan unas expectativas muy específicas incluso en un hueco muy estrecho. Estos segmentos, localmente poco grandes, se acumulan a escala regional o mundial a través de países heterogéneos y pueden constituir así un volumen importante, generador de efectos de escala para la empresa.

La globalización se refiere esencialmente a la concepción del producto, pero no necesariamente a los demás medios de acción del marketing (la comunicación, el precio, la distribución) que estarán adaptados a las características locales. La adaptación se hará, pues, en una segunda etapa de la reflexión.

Esta manera de concebir el marketing trasnacional no es unánime entre todas las empresas ya que el slogan «*think global, act local*» sugiere que una organización es capaz de concebir productos independientemente del análisis de necesidades locales y de imponerlos al resto del mundo. Esta es la razón por la que Procter & Gamble (Cerfontaine, 1994) basa su acción internacional sobre el tema «*think global and local*», deseando subrayar que es necesario a la vez pensar la política del producto a nivel local y a nivel global. El procedimiento implica entonces cuatro etapas:

— El análisis de las necesidades locales propias de un país determinado.
— La globalización del concepto de producto desarrollado localmente.
— La adaptación del producto a cada entorno particular.
— La organización de la estrategia por un marketing operativo adaptado.

Para la gestión de marketing, la implicación más importante de la globalización es la necesidad de definir el mercado de referencia geográfico al nivel de los países de la Tríada y elaborar opciones estratégicas, activas o defensivas, que tengan en cuenta la interdependencia de los mercados. Pensar globalmente, pero a partir de una realidad local. Para un interesante análisis de las implicaciones de la globalización de la economía mundial, ver los trabajos del grupo de Lisboa (1994).

2.3.3. Las nuevas prioridades del marketing

A nivel de gestión, los cambios del entorno implican todo un reforzamiento del marketing estratégico en la empresa. Para poder hacer frente a los nuevos desafíos del entorno económico, competitivo y sociocultural, las empresas deben renovar sus opciones estratégicas básicas. Este reforzamiento del marketing estratégico en la empresa implica, especialmente, la adopción de las **nuevas prioridades** siguientes:

— **Reestructuración de la estructura de la cartera de actividades**. Para hacer frente a los desafíos de nuevos competidores, las empresas de Europa occidental deberían reorientarse hacia actividades de más alto valor añadido basados, tanto en los avances tecnológicos como en el saber hacer organizativo.
— **Marketing a medida o adaptado**. En las sociedades opulentas que conocemos, los consumidores buscan soluciones adaptadas a sus problemas específicos y no a soluciones estandarizadas. Corresponde a la empresa encontrar estas expectativas por las segmentaciones ajustadas y por una comunicación interactiva.
— **Orientación a la competencia**. En los mercados estancados, la capacidad de anticipar las acciones y reacciones de la competencia se convierten en un factor clave de éxito. Esta capacidad implica la existencia de un sistema de análisis y de seguimiento de la competencia.

— **Desarrollo de sistemas de previsión**. En un entorno turbulento, los métodos clásicos de previsión se convierten en inoperantes. La empresa debe estar «dispuesta a todo» y debe, por ello, reforzar su capacidad de adaptación y desarrollar escenarios alternativos.
— **Marketing global**. La interdependencia entre los países de la Tríada y de la Unión Europea en particular va ampliándose, al mismo tiempo que el tejido industrial y social de estos mismos países tiende a homogenizarse. Aparecen segmentos supranacionales que constituyen oportunidades importantes para la empresa que tiene una orientación de marketing global.
— **Marketing responsable**. Surgen nuevas necesidades en la sociedad que desea proteger su entorno y que espera que las empresas se preocupen del bienestar de los individuos y de la sociedad, y no solamente de la satisfacción a corto plazo de las necesidades individuales.
— **Orientación mercado**. La aplicación del concepto marketing es una tarea compleja, que requiere la participación de todas las funciones de la empresa y no solamente de la función marketing.

Los capítulos siguientes están dedicados al análisis de los medios a articular para dar cuerpo a estas nuevas prioridades de la gestión del marketing.

CUESTIONES Y PROBLEMAS

1. ¿Cuáles son las principales causas que explican el desarrollo del marketing global?
2. ¿Cuáles son las medidas que pueden adoptar las empresas que operan exclusivamente sobre su mercado nacional, para hacer frente al mercado único europeo y para reforzar su competitividad?
3. ¿El aumento de la presencia de la ecología representa una amenaza o una oportunidad para mi empresa? ¿Cómo procedería a responder a esta cuestión?
4. ¿Está personalmente a favor de la puesta en marcha de la aplicación legal del principio del que contamina paga? Compare el impacto, desde la perspectiva del marketing, de las ecotasas y de los ecocánones.
5. Usted es un adepto al concepto de «marketing responsable». ¿En qué éste estado de espíritu, nuevo para su empresa, va a modificar su concepción del marketing estratégico y sus prácticas en materia de política de producto, de distribución, de precio y de comunicación?
6. ¿Es el marketing verde una buena respuesta de la empresa a las preocupaciones de los ciudadanos preocupados por la degradación creciente del medio ambiente?

BIBLIOGRAFIA

Aaker D.A. and Day G.S. (1982), *Consumerism: Search for the Consumer Interest;* New York, The Free Press, Fourth Edition.

Bossier R.C. et Hugé P., (1981), Une vérification empirique de l'existence de cycles longs à partir de donnés belges, *Cahiers économiques de Bruxelles*, núm. 2.º trimestre.

Buzzell R.D. (1968), Can you Standardize Multinational Marketing?, *Harvard Business Review*, Vol. 46, November-December.

Cecchini P. et autres (1988), 1992: The Benefits of a single Market, Wildwood House

Cerfontaine B. (1994), Le marketing global chez Procter & Gamble, Conference donnée à l'IAG, Louvain-la-Neuve, mars.

Drucker P. (1980), *Managing in Turbulent Times*, New York, Harper & Row.

Eurobaromètre, *L'opinion publique dans la Communauté Européenne*, núm. 39, juin 1993.

Forrester J. (1961) *Industrial Dynamics*, Cambridge, Mass., the MIT Press.

Friedman R. et M. (1980), La liberté du choix, Paris, Pierre Belfond, chapitre 1, págs. 21-52.

Goshal S. and Nohria N. (1993), Horses of Courses: Organizational Forms for Multinational Corporations, *Sloan Management Review*, Winter, págs. 23-35.

Group of Lisbon, (1994), Limits to Competition, Gulbenkian Foundation, manuscrito no publicado.

Kondratieff N. D. (1935), The Long Waves in Economic Life, *Review of Economics and Statistics*, Vol. 27, november, págs. 105-115.

Kotler P. (1991), *Marketing Management*, New Jersey, Englewood Cliffs, Prentice-Hall Inc, Seventh Edition.

Kotler P., Fahey L. and Jatusripitak S. (1985), *The New Competition*, New Jersey, Englewood Cliffs, Prentice-Hall Inc.

Laczniak G.R. and Murphy P.E. (1993) *Ethical Marketing Decisions*, Boston Allyn and Bacon.

Laurent J.L. (1994), *La problématique des écotaxes dans le secteur des eaux minérales et des eaux de source*, IAG, Louvain-la-Neuve, mémoria no publicada.

Levitt Th. (1983), The Globalization of Markets, *Harvard Business Review*, Vol. 61, may-june, págs. 92-102.

Maïsseu A. (1984), Une issue à la crise: le redéploiement des entreprises, *Futuribles*, Novembre, págs. 44-54.

Marchetti C. (1982), Invention et innovation: les cycles revisités; *Futuribles*, núm. 53, mars, págs. 43-58.

Ohmae K. (1987), The Triad World View, *The Journal of Business Strategy*, Vol. 7, núm. 4, págs. 8-19.

Ottman J.A., (1993), *Green Marketing: Challenges & Opportunities for the New Marketing Age*, Lincolnwood, Ill., NTC Business Books.

Picardi M. (.1987), Globalisation: théorie et pratique, *Revue Française du Marketing*, págs. 83-88.

Pitt-Watson D. and Scott Frazer (1991), Eastern Europe: Commercial Opportunity or Illusion?, *Long Range Planning*, Vol. 24, págs. 17-22.

Potter M.E. (1992), *Competitive Strategy*, New York, The Free Press.

Potargent G. (1991), *Le marketing des produits verts: recommandations pour l'annonceur*, Louvain-la-Neuve, IAG.

Pruden H.O. (1978), The Kondratieff Wave, *Journal of Marketing*, April, págs. 63-70.

Quelch J.A. and Hoff E.J. (1986), Customizing Global Marketing, *Harvard Business Review*, May-June, págs. 59-68.
Quelch J.A., Buzzell R.D. and Salama E.R. (1991), *The Marketing Challenge of Europe 1992*, Reading, Mass. Addison-Wesley Publishing Company.
Rapp S. and Collins T. (1990), *The Great Marketing Turnaround*, New Jersey, Englewood Cliffs, Pretince-Hall Inc.
Reidenbach R.E. and Robin P. (1991), A Conceptual Model of Corporate Moral Development, *Journal of Business Ethics*, April.
Ries A. et Trout J. (1990), *Le marketing guerrier*, Paris, Ediscence International.
Schmeder G. (1984), Les interprétations économiques de la crise, Critiques de l'économie politique, janvier-juin.
Schumpeter J.A. (1949), The Theory of Economic Development, Cambirdge, MA.: Harvard University Press.
Smith C.N. and Quelch J.A. (1993), *Ethics in Marketing*, Homewood, Ill. Irwin.
Takeuchi H. and Porter M.E. (1986), Three Roles of International Marketing in Global Strategy, in: *Competition in Global Industries*, Boston, Harvard Business School Press.
Woot de P. (1991), *High Technology Europe*, Oxford, Basil and Blackwell.

CAPITULO 3

El marketing y la satisfacción de las necesidades

La satisfacción de las necesidades del comprador está en el centro de la economía de mercado y de la gestión marketing que de ella se deduce. Sin embargo, la crítica más frecuentemente formulada con respecto al marketing moderno, es la de haber hecho del mercado un mecanismo de creación de necesidades, en lugar de ser un mecanismo de satisfacción de las necesidades. La cuestión es importante y no puede ser eludida. Se opone diametralmente al análisis clásico de la soberanía del comprador, pilar de la economía de mercado. Como subraya Rosa (1977, pág. 157) no se puede, en efecto, defender el papel social de las empresas en la satisfacción de las necesidades, si son las mismas empresas las que han contribuido a crearlas. El objetivo de este capítulo es intentar responder a esta interpelación fundamental. En una primera etapa, se examinarán las principales tomas de posición de los teóricos de la economía y del marketing, para dirigirnos después hacia la psicología y más concretamente hacia las contribuciones de la psicología experimental al estudio de la motivación humana. Finalmente, en una tercera etapa, se analizarán las motivaciones del cliente organizacional que se sitúan evidentemente en una perspectiva muy diferente de la de los individuos consumidores.

3.1. LA NOCION DE NECESIDAD EN LA TEORIA ECONOMICA

La noción de necesidad es un término que levanta polémicas sin fin, porque contiene elementos de apreciación subjetivos, basados a veces en la moral o en la ideología. Más allá del mínimo vital que obtiene la unanimidad —pero que nos apresuramos en no definir—, ¿es necesario variar su alimentación para satisfacer sus gustos, desplazarse por curiosidad, tener actividades variadas en su tiempo libre...? Debemos admitir que, en los mercados de consumo al menos, estas cuestiones no dejan de ser pertinentes especialmente a la vista de los siguientes hechos: *a*) la aparición incesante de productos y de marcas nuevas en el mercado; *b*) la presencia espectacular y continua de la publicidad bajo formas cada vez más variadas; *c*) la relativa estabilidad de las medidas de satisfacción de los consumidores, a pesar de la indiscutible mejora de los niveles de vida. Las interpelaciones que estos hechos suscitan son las siguientes:

— ¿Todos estos productos y marcas nuevas corresponden realmente a necesidades preexistentes?
— ¿Los productores consentirían gastos publicitarios tan importantes si los consumidores no se dejasen influir?
— ¿El crecimiento y el desarrollo económico que el marketing pretende favorecer en definitiva, son útiles?

La teoría económica no nos ayuda a responder a estas preguntas. Los economistas consideran que su disciplina no ha de preocuparse de los móviles de acción, ni exponerse a una introspección siempre difícil, y todavía menos a formular juicios de valor. No hace falta decir que el hombre busca el placer y evita la pena, es suficiente constatar que tal bien provoca el «deseo de empleo» para justificar su utilidad. Los móviles, económicos o no, que pueden inducir al individuo a realizar un acto económico están fuera del campo de la economía; no se tiene en cuenta más que sus resultados. El deseo de estar satisfecho es la única causa reconocida del comportamiento.

La necesidad debe ser sentida antes de la elección a ejercer, lo que quiere decir que la escala de preferencia es lógicamente anterior a las elecciones efectivas. Siendo el individuo intelectualmente adulto y razonable, se puede, pues, prever su comportamiento, el cual resulta de cálculos racionales.

> «Las elecciones de consumo de un individuo, expresión de sus necesidades, pueden ser descritas a priori de forma completa sin pasar por la experimentación, a condición de suponer su comportamiento racional, describiéndose éste con cinco axiomas, llamados axiomas de racionalidad.» (Jacquemin y Tulkens, 1988, pág. 50).

La teoría económica del comportamiento de los consumidores se limita, por tanto, a analizar las implicaciones lógicas que se deducen de la hipótesis de racionalidad del hombre. El problema de la motivación está totalmente escamoteado, ya que los economistas consideran que **el comportamiento real del consumidor es el reflejo de sus preferencias, e inversamente, que sus preferencias están reveladas por su comportamiento**.

La falta de solidez de las hipótesis de partida de la gestión económica han sido subrayadas en múltiples ocasiones. En la teoría, la noción de **racionalidad** es definida por equivalencia a la noción de **coherencia**. Ahora bien, el valor predictivo de las condiciones de coherencia depende esencialmente de la existencia de preferencias conocidas y estables en el espíritu del decisor, condición que está lejos de ser cumplida si las motivaciones iniciales son ignoradas, poco conocidas o simplificadas en extremo, como es el caso en el modelo económico. ¿Cómo sorprenderse entonces de la diferencia observada entre «el hombre económico» y «el hombre real»? Señalamos, sin embargo, que numerosos intentos han sido hechos a lo largo de los últimos años para enriquecer la psicología abstracta del hombre económico y acercarla más al hombre real. Los trabajos de Katona (1951), Abbott (1955), Becker (1965), Lancaster (1966), etc., son representativos al respecto.

3.1.1. Necesidad, deseo y demanda

Esta toma de posición de neutralidad de los economistas frente a la noción de necesidad se encuentra de nuevo en las tomas de posición del marketing. Kotler (1991, pág. 5) define la necesidad como **«un sentimiento de privación respecto a una satisfacción general ligada a la condición humana»**. Esta definición cubre, en efecto, la noción de necesidad genérica. Se puede suponer que existe una necesidad genérica correspondiente a cada una de las tendencias que administran la vida de los individuos, estando necesariamente limitadas en número. La necesidad genérica está ligada a la naturaleza humana y, por tanto, no es creada por la sociedad y el marketing; preexiste a la demanda, ya sea en estado latente o expreso.

Kotler (1991, pág. 4) establece además una distinción entre necesidad, deseo y demanda. El **deseo** sería un medio privilegiado de satisfacer una necesidad. En tanto en cuanto las necesidades genéricas son estables y limitadas en número, los deseos son múltiples, cambiantes y continuamente influidos por todas las fuerzas sociales. Los deseos se traducen en **demanda potencial** de productos específicos, cuando se acompañan de un poder y de una voluntad de compra. Según Kotler, el marketing se contenta con influenciar los deseos y la demanda, haciendo atractivo el producto, disponible y accesible, pero no las necesidades, las cuales preexisten a la demanda.

> «El marketing sugiere al consumidor que un cierto modelo de coche puede servir para satisfacer una necesidad de estima. No crea una necesidad de estima, pero propone un medio de satisfacerla.» (Kotler, 1991, pág. 5.)

La distinción entre necesidad, deseo y demanda es importante y demasiadas veces se confunden estas tres nociones. Sin embargo, no es suficiente para cerrar el debate sobre la función social del marketing. Es evidente que el marketing, por su acción, puede exacerbar unas necesidades, incluso si éstas preexisten. Además, crear ansia o crear unos deseos que no pueden traducirse en demanda por falta de poder adquisitivo, puede ser al menos una causa grave de frustración y de disfunción en la economía. La responsabilidad del marketing está aquí directamente comprometida, y es lo que explica la existencia en su ejercicio de un **deber de reserva**. Este deber encuentra su expresión en los diferentes movimientos de autodisciplina que han visto la luz tanto en Estados Unidos como en Europa.

3.1.2. Necesidades verdaderas y falsas

Attali y Guillaume (1974) rechazan esta distinción entre necesidad y deseo. Según estos autores, **la necesidad es la adquisición del deseo**, lo que está normalizado; cubre lo que ya no produce placer, pero cuya no satisfacción sería inaceptable, porque es el campo de lo normal (Attali y Guillaume, 1974, pág. 144). Es la dinámica del deseo la que explica la acumulación de las necesidades. Esta dinámica del deseo sería explotada por los productores que encuentran así las salidas que les permiten conservar su poder económico. En conclusión:

> «¿Si la demanda social que resulta dialécticamente de las necesidades, de los deseos, de la oferta social es así prisionera de todas las restricciones del sistema productivo, el control político de la creación de las necesidades no debe lógicamente preceder al de su producción?» (Attali y Guillaume. 1974. pág. 146.)

Este enfoque está evidentemente en oposición con el de los economistas ortodoxos. Como señala Rosa (1977), en este análisis se encuentra implícita la idea de que hay «verdaderas» y «falsas» necesidades, y que las falsas necesidades son creadas por la sociedad y el productor.

> «Para esta escuela de pensamiento, la relación de intercambio es profundamente desigual entre un consumidor dominado y un productor dominante; es la sociedad quien pervierte al individuo creándole deseos artificiales, para dominarlo y alienarlo mejor. La conclusión que se deduce es sencilla; basta con hacer una buena elección política para obtener unas buenas estructuras que engendrarán necesariamente la expansión y la expresión de las verdaderas necesidades.» (Rosa, 1977, pág. 176.)

Este análisis, durante un tiempo muy difundido en Europa, presenta un punto débil importante, en el sentido de que no indica cómo distinguir las verdaderas de las falsas necesidades. ¿Puesto que la gran mayoría de nuestras necesidades actuales son efectivamente de origen cultural, dónde se debe establecer la línea de demarcación y, sobre todo, quién será el dictador ilustrado del consumo? Está claro que es imposible dar una respuesta objetiva a estas preguntas.

> «La sustitución, de la discutida soberanía del consumidor, por la discutible del burócrata o del intelectual, plantea más problemas de los que puede pretender resolver.» (Rosa, 1977, pág. 159).

Añadamos además que la hipótesis de impotencia del consumidor está cotidianamente desmentida por los hechos, como testifican las cifras disponibles sobre las tasas de fracaso de los nuevos productos; más de un producto entre dos fracasa en su entrada en el mercado. El poder discrecional del consumidor es, pues, una realidad y las empresas lo saben bien. Por consiguiente, es preciso reconocer que el debate sobre las «verdaderas» o «falsas» necesidades no puede ser más que un debate ideológico que el economista rechaza porque es inconciliable con un planteamiento científico. En este tipo de análisis, según la opinión que se tenga, todo se puede decir y todo se puede contradecir. Ahora bien, la ciencia busca la objetividad y la inteligibilidad.

3.1.3. Necesidades absolutas y necesidades relativas

El interés del análisis anterior está, quizás, en haber puesto de manifiesto el origen cultural y social de nuestras necesidades. Según el diccionario Robert (1974), **la necesidad es una exigencia de la naturaleza o de la vida social**. Esta definición permite distinguir dos clases de necesidades: unas **necesidades innatas**, naturales, genéricas que son inherentes a la naturaleza o al organismo, y unas **necesidades adquiridas**, culturales y sociales que dependen de la experiencia, de las condiciones del entorno y de la evolución de la sociedad.

Keynes estableció una distinción bastante similar entre necesidades absolutas y necesidades relativas. Según Keynes, las **necesidades absolutas** son aquellas que experimentamos, sea cual fuere la situación de los demás, y las **necesidades relativas** aquellas «... cuya satisfacción nos eleva por encima de los demás y nos dan un sentimiento de superioridad frente a ellos» (Keynes, 1936, pág. 365). Las necesidades absolutas son saturables, las necesidades relativas no. En efecto, las necesidades relativas son insaciables porque cuanto más se eleva el nivel general, más buscan superarlo. En estas condiciones, producir para satisfacer las necesidades relativas implica desarrollarlas aún más. Es así como los individuos tienen a menudo tendencia a considerar que su situación se ha deteriorado, aun cuando en términos absolutos su nivel de vida haya progresado mucho, si aquellos que sirven habitualmente de punto de comparación han progresado relativamente más. Como escribe Cotta (1980, pág. 17), «...El lujo de los demás llega a ser para cada uno su propia necesidad». La diferencia entre la realidad y el nivel de aspiración tiende a desplazarse continuamente con un crecimiento de la insatisfacción.

Es en esta línea de pensamiento donde se sitúa el análisis de Galbraith (1961). Para este autor, si la necesidad es efectivamente experimentada, la producción de un bien destinado a satisfacerla es útil incluso si la necesidad es totalmente ridícula. Incluso si hay creación de necesidades «a priori», antes de producir, está probado que la necesidad es artificial y que la satisfacción marginal que aporta es ínfima. Galbraith sostiene que la saturación de las necesidades es efectiva y que es la publicidad la responsable de la creación de esas necesidades llamadas «artificiales». Galbraith ilustra su pensamiento de la manera siguiente:

«El individuo que aumenta la importancia de la producción para satisfacer esas necesidades, se encuentra exactamente en la situación de un hombre que se esforzaría en alcanzar la velocidad de una rueda a la que imprimiría él mismo, un movimiento de rotación.» (Galbraith, 1961).

En realidad, Galbraith confunde en su razonamiento necesidad y demanda. La publicidad puede hacer descubrir una necesidad que ya existía, pero que no podía ser el objeto de una demanda porque el bien destinado a satisfacerla no existía aún. Se puede admitir, en efecto, que una necesidad existe sin que haya un bien destinado a satisfacerla. Este es el caso del **mercado latente** que se ha expresado en el capítulo anterior. La publicidad, dando a conocer la necesidad, crea una demanda, pero no crea la necesidad. En otras palabras, la publicidad puede crear una demanda para una necesidad preexistente, pero desconocida.

De la misma manera, la noción de **necesidad «artificial»**, utilizada por Galbraith, desemboca en un juicio a lo sumo, sobre el grado de utilidad marginal de las necesidades. La necesidad de adquirir unos productos superiores en una búsqueda de efecto de ostentación, está animada de vida propia por el hecho del efecto de encadenamiento y de contagio que caracteriza este tipo de necesidad. En estas condiciones, desembocamos, no en una hipótesis de saturación, sino en una hipótesis de **imposibilidad de saturación de las necesidades**. Todo lo que queda entonces del análisis de Galbraith es un juicio sobre el grado de utilidad marginal de las nuevas necesidades artificiales, el cual puede ser débil pero no nulo. Si se quiere evitar el juicio de valor —que nos remite a la distinción entre necesidades verdaderas y falsas— la aparición de nuevas necesidades será siempre defendible.

La distinción entre necesidades absolutas y necesidades relativas, en realidad, está lejos de estar tan clara como pueda parecer a primera vista. Se podría decir, por ejemplo, que todo lo que es indispensable para la supervivencia es infinitamente más importante que cualquier otro consumo. Esta idea es inexacta.

«Vivir es ciertamente un objetivo importante para cada uno de nosotros, pero el suicidio existe. Los actos heroicos también. Más corrientemente, todo consumidor acepta cotidianamente los riesgos que corresponden a la búsqueda de las diversas satisfacciones, pero poniendo, inmediatamente o al final, su vida en peligro. Fumar, comer demasiado, conducir, trabajar excesivamente o no cuidarse regularmente, viajar y otros tantos actos que convendría evitar, si se antepone la supervivencia por encima de todo.» (Rosa. 1977, pág. 161.)

Necesidades de origen psico-sociológico pueden ser sentidas de igual modo que las necesidades más elementales. A nivel social, por ejemplo, la privación de intimidad o de atención puede provocar, en los casos extremos, la muerte o el debilitamiento grave del funcionamiento psíquico y social.

A pesar de su falta de nitidez, la distinción entre necesidades absolutas y necesidades relativas es interesante por dos consideraciones. Por una parte, expone el carácter igualmente **exigente** de las necesidades relativas en relación a las necesidades absolutas, y por otra parte, pone de manifiesto la existencia de una dialéctica de las necesidades relativas, que desemboca en una constatación de **imposibilidad de saturación** general. Asimismo la tendencia hacia el confort material casi no logra el estado de la satisfacción objetivamente defendible. El hecho de alcanzar un nivel inicialmente planteado como meta, hace entrever una nueva etapa de mejora posible.

3.1.4. Necesidad genérica y necesidad derivada

Abbott y Planchon han propuesto una distinción interesante entre necesidad genérica por un lado, y necesidad derivada (Abbott, 1936, pág. 40) o subnecesidad (Planchon, 1974, pág. 133) por otro lado. La **necesidad derivada** es la respuesta tecnológica concreta (el bien) aportada a la necesidad genérica y es también el objeto del deseo. El automóvil, por ejemplo, es una necesidad derivada en relación a la necesidad genérica de transporte individual autónomo; del mismo modo, el ordenador personal en relación a la necesidad de tratamiento de la información. La saturación no se dirige a la necesidad genérica, sino solamente a la necesidad derivada, es decir, a la respuesta tecnológica dominante del momento. Una tendencia a la saturación de la necesidad derivada puede ser descubierta en un momento dado, por el hecho del aumento del consumo de este bien, para una cierta etapa del desarrollo de su **ciclo de vida**. La utilidad marginal de la necesidad derivada tiende, pues, a disminuir. Pero con el impulso del progreso tecnológico, la necesidad genérica no es saturable, ya que evoluciona hacia niveles superiores por el hecho de la aparición de productos mejorados y, por consiguiente, de nuevas necesidades derivadas.

La producción de bienes destinados a satisfacer la necesidad genérica estará, pues, sometida continuamente al estímulo de su evolución. Bajo la influencia de esta última, un nuevo bien más apto para satisfacer el nuevo nivel alcanzado por la necesidad tendrá tendencia a aparecer en el mercado. Estas necesidades derivadas serán a su vez saturadas y reemplazadas por nuevos bienes más evolucionados. Este fenómeno de saturación relativa provocada por el progreso tecnológico, que está en la base del modelo de ciclo de vida del producto analizado más adelante en este libro, se observa para la mayoría de los bienes, y esto a dos niveles: primero, a un nivel de mejora del rendimiento tecnológico de los mismos productos (un coche más económico, un ordenador más potente...); después, al nivel de la sustitución pura y simple de una respuesta tecnológica concreta por otra parte más eficientemente (la fotocopia reemplaza al papel carbón). Esta última forma de innovación, la innovación destructiva, adquiere una importancia creciente, como se ha visto, debido a la generalización del progreso tecnológico a través de los sectores.

Parece, además, que el paso a un bien jerárquicamente superior tiende a aumentar de nuevo la utilidad marginal, que ve así su decrecimiento entrecortado por bruscas subidas. Los bienes son deseados a menudo por sus características de novedad y por el privilegio de poseerlos, aun cuando éstas aportan poco a su rendimiento.

La distinción entre necesidad genérica y necesidad derivada pone de manifiesto el hecho de que, si no puede haber saturación general, es perfectamente posible detectar saturaciones sectoriales. Una función importante del **marketing estratégico** será, pues, favorecer la adaptación de la empresa a esta evolución observada en la satisfacción de las necesidades. Desde esta perspectiva, la empresa tiene, por consiguiente, interés en definir su misión con referencia a la necesidad genérica, antes que en relación a la necesidad derivada, ya que la segunda es saturable mientras que la primera no. Volveremos a encontrar aquí los fundamentos mismos del **enfoque de marketing**, descrito en el capítulo anterior.

A modo de conclusión de esta rápida ojeada desde el punto de vista de los economistas y de los teóricos del marketing, se tendrán en cuenta las proposiciones siguientes:

— Para el economista, el problema de la motivación no se plantea. Solamente hay deseos y preferencias. La verdadera cuestión para el economista es saber si el consumidor tiene, o no, una **autonomía de acción y de decisión** y si sus preferencias presentan una cierta estabilidad o, al contrario, son maleables (Rosa, 1977, pág. 162).
— El problema no es saber si hay verdaderas o falsas necesidades, por una parte, porque es imposible establecer objetivamente esta distinción, y por la otra, porque el economista se niega a formular un juicio sobre la frivolidad de la elección. Considera la **estructura de las preferencias como dato**.
— Es verdad que la gran mayoría de nuestras necesidades son de origen cultural. Por tanto, existe una **dialéctica de las necesidades**, causada por el entorno social y cultural y por la evolución tecnológica. El marketing, como todas las demás fuerzas sociales, contribuye a esta evolución.
— Debido al carácter relativo de numerosas necesidades, el deseo de adquirir unos productos superiores tiene vida propia. **No puede existir pues una saturación general**. Está en la misma naturaleza de las necesidades relativas el no conocer la saturación. Su objeto es casi ilimitado. Al satisfacerlas, se las activa más que se sacian.
— El **progreso tecnológico** y la renovación constante de los productos que genera conduce igualmente a una hipótesis de imposibilidad de saturación de las necesidades genéricas, en la medida en que las innovaciones permiten satisfacer continuamente estas necesidades de forma más efectiva.

En definitiva, el economista no aporta más que una respuesta incompleta a la pregunta: ¿la sociedad y el marketing, en particular, crean necesidades? Se conforma con suponer que **lo que el consumidor elige le conviene**, y no es capaz de explicar la verdadera naturaleza de los fenómenos de consumo. Para distinguir las necesidades necesarias de las necesidades superfluas, sería preciso, en efecto, definir lo que debería ser la vida orgánica y social del individuo y conocer el objeto de su motivación. Para progresar, es preciso adentrarnos en las teorías de la motivación humana.

3.2. LOS OBJETOS DE LA MOTIVACION HUMANA

El economista, como se ha visto, no hace ninguna distinción entre lo que el consumidor elige y lo que le conviene, sin interrogarse sobre el proceso de formación de las necesidades. ¿Qué persiguen los individuos en su búsqueda de bienestar y cómo se forma este estado de bienestar? Dos cuestiones que no son abordadas por la teoría económica. Ahora bien, está claro que un examen más profundo del comportamiento de los consumidores y del objeto de sus motivaciones permitiría comprender mejor el sentido real de la armonía que el economista y el marketing intentan establecer entre la oferta y la demanda. Las contribuciones de la psicología experimental, son clarificantes a este respecto y nos ayudan a descubrir un cierto número de orientaciones motivacionales generales que determinan la variedad de los comportamientos individuales. Esta sección se apoya en los trabajos de Hebb (1955), Duffy (1957), Berlyne (1960), Scitovsky (1978) y Nuttin (1980).

3.2.1. La teoría «estímulo-respuesta»

La preocupación central de la teoría de la motivación ha sido estudiar por qué el organismo pasa a un estado de actividad en general. Se habla entonces de motivación en términos de **movilización de energía**. La psicología experimental en un primer momento se ha interesado sobre todo por las necesidades e impulsos (*drives*) de base claramente fisiológica, tales como el hambre, la sed, la sexualidad, etc. En este esquema, llamado **teoría estímulo-respuesta** (o teoría E-R), el excitante (estímulo) está considerado como el punto de partida activo de la reacción del organismo. Se habla entonces de **homeóstasis**, es decir, de un mecanismo por el cual un trastorno crea un impulso gracias al cual la actividad resultante restablece el equilibrio y suprime así el impulso. Desde esta óptica, el organismo es considerado como esencialmente reactivo, en cuanto que responde de manera específica a los excitantes que se le han aplicado, lo que en cierto modo consiste en negar el problema de la motivación. El estado natural del individuo sería la inactividad.

Sin embargo, se constata que el organismo no reacciona siempre a la excitación que el medio le propone. Además, es corriente observar cómo los individuos se lanzan a unas actividades que rompen el equilibrio alcanzado y construyen estados de tensión difíciles de explicar si nos quedamos con la teoría E-R. En esta teoría, el mecanismo motivacional se reduce a un proceso de reducción de tensión, y la **fase ascendente de la motivación**, es decir, el proceso por el cual las nuevas tensiones o discordancias se establecen, es prácticamente ignorado. Ahora bien, está claro que este tipo de comportamiento se observa frecuentemente, en las economías avanzadas, en particular donde las necesidades de base están resueltas ampliamente. La necesidad, vista como necesidad homeostática, no puede ser suficiente para explicar el comportamiento individual.

> «Más misterioso que el proceso de **descarga** es aquel que puede llamarse la **recarga**; más central también que la reducción de las tensiones es el acto por el cual el hombre busca responsabilidades incrementadas, asume riesgos mayores y se adjudica tareas nuevas.» (Nuttin, 1980, pág. 201).

La psicología experimental pone hoy, cada vez más, el acento en la actividad espontánea del sistema nervioso y considera, por otra parte, la actividad comportamental como unida a la vida misma del organismo, de igual modo que la actividad fisiológica.

3.2.2. La noción de despertar

Los teóricos de la motivación tienden actualmente a explicar los comportamientos de una manera nueva, debido especialmente a que los neurofisiólogos han mejorado sensiblemente sus conocimientos sobre el funcionamiento del cerebro y han cambiado totalmente su enfoque. Hebb (1955, pág. 8), en particular, ha formulado una hipótesis basada, no en la reactividad, sino en la actividad natural del sistema nervioso. Contrariamente a lo que se pensaba hasta entonces, el cerebro no tiene necesidad para estar activo de una excitación proveniente del exterior; no es fisiológicamente inerte y su actividad natural constituiría un sistema de automotivación. Hebb (1955, pág. 248) ha expresado la idea según la cual conviene identificar el estado general de motivación con la función de despertar *(arousal)* o de activación procedente de la formación reticular del tronco cerebral.

Los niveles de comportamiento dependerían del grado de energía orgánica movilizada, es decir, de la variación del nivel de despertar o de vigilancia. El nivel de despertar se mide por las variaciones de corriente eléctrica que se controlan por medio de un electroencefalógrafo (EEG); estas variaciones se traducen sobre el EEG por ondas; cuanto más rápidas sean las descargas eléctricas de las neuronas, más elevado es el nivel de despertar y la frecuencia de las oscilaciones del EEG —medidas en período por segundo— es alta.

Como subraya Scitovsky (1978), el concepto de despertar es esencial si se quieren comprender las razones de un cierto comportamiento.

> «Una fuerte activación es asociada a una atención sostenida por parte del organismo y entraña una respuesta rápida. Aumenta la receptividad de los sentidos a los estímulos, acrecienta la aptitud del cerebro a tratar la información, prepara los músculos para la acción y acorta así el tiempo que transcurre entre la percepción de una sensación y la acción resultante. Está en el origen de la excitación, de la emoción, de la angustia sentida por el organismo. Por otra parte, cuando uno se siente lánguido, poco atento, sin fuerzas, sonnoliento, se encuentra en un estado de débil activación.» (Scitovsky, 1978, pág. 30).

La elevación del nivel de despertar aumenta el estado de alerta del organismo y proporciona así un terreno favorable para el funcionamiento rápido y directo del mecanismo cerebral estímulo-respuesta. Las medidas fisiológicas del nivel de despertar nos dan, por consiguiente, una medida directa de la **fuerza motivacional o emocional** de una situación dada por el individuo (Duffy, 1957, pág. 273). Este concepto de despertar, así descrito, sugiere igualmente la existencia de un *continuum* en el nivel de activación del individuo.

3.2.3. El bienestar y el nivel óptimo de despertar

Se concibe que el nivel de despertar tiene una gran influencia sobre el sentimiento de bienestar o de malestar que el hombre experimenta en general y, en consecuencia, determina su comportamiento. Una estimulación excesiva provoca tensión, ansiedad, nerviosismo, inquietud, frenesí, y hasta pánico; en cambio, una estimulación demasiado débil, o nula, entraña el aburrimiento, un cierto descontento, dando lugar al ansia de una estimulación mayor. Un trabajo demasiado sencillo o muy monótono, puede llegar a ser penoso si estamos obligados a realizarlo mucho tiempo sin interrupción. En efecto, los psicólogos admiten la existencia de un **nivel óptimo de despertar** y de estimulación, óptimo en el sentido que da lugar a un sentimiento de confort y de bienestar (Duffy, 1957, pág. 273). Las desviaciones en relación al óptimo, cuando se efectúan a la baja, provocan una sensación de aburrimiento, cuando se efectúan hacia arriba, una sensación de fatiga o de ansiedad. De una manera general, las observaciones experimentales demuestran que los individuos se esfuerzan en mantener un nivel intermedio de activación (Berlyne, 1960, pág. 200).

Se puede identificar aquí una primera orientación motivacional general de los individuos: **asegurar el confort o prevenir la incomodidad**. Esta motivación implica, por una parte, un comportamiento de **reducción de tensiones** que satisface diversas necesidades corporales o mentales y rebaja un nivel de despertar demasiado elevado; por otra parte, un comportamiento de **lucha contra el aburrimiento**, que busca una estimulación y eleva así un nivel de despertar demasiado débil. Estos dos tipos de comportamiento tienen, un punto común; los dos tienen por objetivo, colmar una carencia y **asegurar un «bien negativo»**, la detención del sufrimiento, del disgusto y de la incomodidad (Scitovsky, 1978, pág. 69).

Para el economista, la reducción del despertar y de la tensión es particularmente importante porque, para él, casi todas las actividades humanas, incluso el consumo, dependen de este proceso. Volvemos a encontrar aquí la noción de necesidad de los economistas, considerada como un simple estado de carencia. En cambio, el otro tipo de comportamiento, aquel que trata de la elevación de un nivel de despertar demasiado débil, es ignorado por los economistas. Es, sin embargo, corriente observar en las economías opulentas donde la prosperidad elimina ampliamente la incomodidad debida a las tensiones, pero donde por contra la búsqueda de estimulación, de novedad, de cambio, adquiere una importancia creciente.

> «El nuevo consumidor es también un soñador. Compra un producto, ciertamente para su uso, pero más todavía por la magia que le ofrece como prima.» (Séguéla, 1982, pág. 50).

Encontrar un estímulo suficiente para combatir el aburrimiento puede ser una cuestión de vida o muerte en algunas situaciones; por ejemplo, en el caso de las personas de edad. Igualmente, es bien conocido que la longevidad está fuertemente unida al hecho de haber podido conservar hasta una edad avanzada un trabajo satisfactorio en la vida.

3.2.4. La necesidad de estímulo

Los trabajos de Berlyne son interesantes a este respecto, y más porque se apoyan en bases experimentales sólidas. Berlyne ha demostrado que toda novedad, en el sentido de sorprendente, de diferente de los hechos pasados, de aquello que se esperaba, atrae la atención y posee un efecto estimulante.

> «La novedad estimula y complace, sobre todo cuando engendra sorpresa, contradicción, el absurdo, una disonancia cognitiva o también una diferencia o divergencia entre lo que se esperaba y lo que llega.» (Berlyne, 1960, pág. 170).

Precisemos, sin embargo, que lo nuevo y lo inusual, si bien estimulan siempre, no atraen más que hasta un cierto grado, más allá del cual se vuelven molestos, e incluso atemorizantes. Esta relación se traduce en una curva en forma de U invertida, conocida con el nombre de curva de **Wundt** (1874), representada en la Figura 3.1.

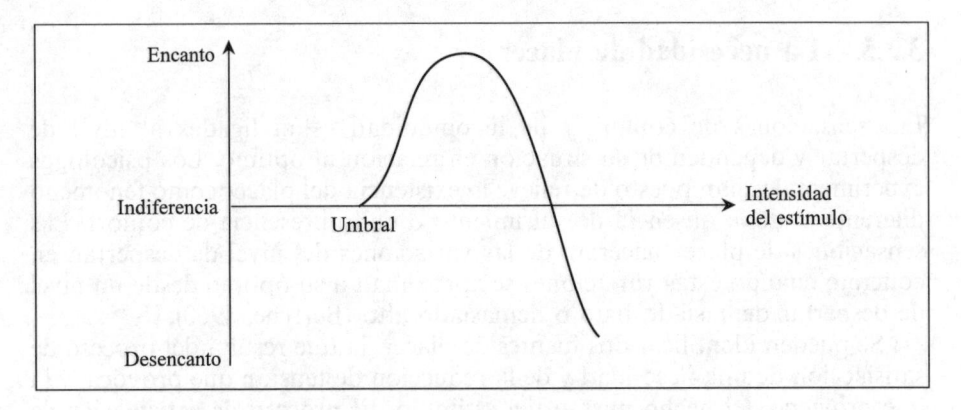

Figura 3.1. La curva de Wundt (1874).
Fuente: Citada por Berlyne D. E. (1960).

Lo que no es suficientemente nuevo ni sorprendente aburre, lo que lo es en demasía, desconcierta. Un grado intermedio de novedad parece ser lo más atractivo Todo ocurre como si la incongruencia del hecho nuevo produjera un efecto dinámico y desencadenara unos actos exploratorios.

Los estímulos provocados por las propiedades atractivas (enganchadoras) de los bienes constituyen, pues, una fuente importante de satisfacción para los individuos. La preocupación de descubrir esta expectativa de estímulo está en la base de numerosas acciones del marketing, sobre todo en las políticas de nuevos productos, de segmentación y de posicionamiento, de comunicación y de promoción. Para bien, como para mal, los bienes funcionan como estimulantes sobre el sistema nervioso, un poco como los juguetes para los niños. A falta de juguetes, la inteligencia de un niño podría caer en el estancamiento. Paralelamente, el adulto, privado de los estímulos que (especialmente) la sociedad de consumo le da, puede dejarse llevar por el aburrimiento, la depresión o la alienación.

> «Un buen número de hombres se sienten rejuvenecidos cuando compran un automóvil nuevo, y asocian el envejecimiento de la máquina con el de su cuerpo. Así, la compra de un automóvil nuevo alcanza unas proporciones simbólicas al representar el rejuvenecimiento físico.» (Valaskakis et al., 1978, pág. 167).

El organismo necesita, pues, de una corriente continua de estímulos y de experiencias diferenciadas, como tiene necesidad de aire y de alimento. **El hombre necesita tener necesidad**. Esta motivación de base, que se añade a la más evidente de la reducción de tensiones, explica una amplia variedad de comportamientos individuales que no pueden más que escapar a las deducciones de los economistas.

3.2.5. La necesidad de placer

Las sensaciones de confort y de incomodidad están ligadas al nivel de despertar y dependen de su situación en relación al óptimo. Los psicólogos experimentales han puesto de relieve la existencia del placer como fenómeno diferente al de la ausencia de sufrimiento o de la presencia de confort. Las sensaciones de placer nacerían de las variaciones del nivel de despertar, en concreto cuando estas variaciones se aproximan a su óptimo desde un nivel de despertar demasiado bajo o demasiado alto (Berlyne, 1960).

Se pueden identificar dos fuentes de placer: la que resulta del proceso de satisfacción de una necesidad y de la reducción de tensión que provoca, y la que proviene del hecho mismo del estímulo. El proceso de **satisfacción de una necesidad** es agradable en sí mismo e impulsa al organismo a continuar la actividad a la que se ha lanzado hasta la saciedad e incluso más allá.

> «En las comunidades muy pobres, las familias se endeudan a menudo para poder organizar un banquete de funerales o un convite de boda. Tal comportamiento causa horror en los economistas de los países más desarrollados. (...) Sin embargo, la costumbre universalmente extendida que acepta que todas las personas pobres de cualquier cultura o de cualquier civilización festejen de cuando en cuando, demuestra que los placeres de la buena comida son importantes, sobre todo para los que excepcionalmente tienen la ocasión de probarla y que cuentan casi tanto más que las necesidades biológicas impuestas por la supervivencia.» (Scitovsky, 1978, págs. 75-76).

La teoría económica sobre el comportamiento racional del consumidor implica un equilibrio juicioso entre diferentes necesidades y no tiene en cuenta el placer que pueda conducir al individuo a una asignación diferente de la prevista por la teoría económica. En efecto, es frecuente observar que las personas procuran obtener plena satisfacción de forma intermitente y espaciando convenientemente los momentos y los períodos durante los cuales realizan totalmente sus deseos. En los países industrializados este tipo de comportamiento se observa frecuentemente, por ejemplo, en la industria del ocio y en particular para los gastos dedicados a las vacaciones.

Es de destacar que el placer inherente a la satisfacción de una necesidad implica que la incomodidad precede al placer, como sugiere **la ley del contraste hedónico**. De ello se deduce que un confort muy grande podría excluir todo placer (un niño que picotea comida todo el día no está en condición de apreciar una buena comida). Este hecho puede explicar el malestar algunas veces observado en las sociedades opulentas, donde la satisfacción de las necesidades no entraña ya ningún placer. Un confort excesivo, al eliminar los gustos sencillos, nos obliga a buscar sensaciones fuertes.

Es entonces cuando la segunda fuente de placer alcanza toda su importancia, la que **resulta del estímulo por sí mismo**. Aquí el objeto de la necesidad no es el de cubrir un déficit, sino el desarrollo como tal del individuo. Según la expresión de Nuttin (1980), es la **fase ascendente de la motivación**, es decir, el proceso por el cual se establecen nuevas tensiones o discordancias, y que traduce en el individuo una **voluntad de progreso y de superación**. Se encuentra aquí la necesidad de realización puesta de manifiesto por Maslow. Es con la propia excitación con lo que el hombre halla placer. Obtiene más satisfacción luchando por alcanzar un objetivo que al conseguirlo. Una vez el triunfo tiene lugar, el individuo está casi decepcionado por haber alcanzado su meta. La mayoría de las personas se asignan, entonces, una meta todavía más lejana, probablemente porque prefieren actuar y luchar, antes que asistir pasivamente a su éxito (Nuttin, 1980, págs. 201-202). El individuo fuerza así su entorno a estimularlo o a seguir estimulándolo.

El placer de este tipo de estímulo resulta, por tanto, de la tensión temporal que provoca. El placer procedente de estos estímulos será más constante y sobrevivirá más a la competencia del confort, porque dejan más sitio a la imaginación y a la creatividad del individuo.

> «El objeto de estos estímulos es casi ilimitado. Al encontrarlos, la tensión está realzada en vez de relajada. Esto implica que la tendencia persiste más allá del objetivo alcanzado.» (Nuttin, 1980, pág. 202).

Aquí nos situamos, pues, en el campo de las **necesidades insaciables**. Está en la misma naturaleza de las **necesidades de autodesarrollo** el no conocer ni la saturación, ni la periodicidad de las necesidades homeostáticas.

> «Se ve entonces lo que es el placer y su relación con el confort: en ello está la variación. La felicidad, si sólo es confort, depende de la intensidad de los deseos satisfechos. El placer existe por completo en el momento en que el deseo es satisfecho un poco o mucho más de lo que estaba. Si la felicidad no es el confort, sino el placer, está condenado a no vivir más que instantes privilegiados, prolongados a golpe de recuerdos.» (Cotta, 1980, págs. 11-12).

Para el psicólogo, la búsqueda del placer es un factor determinante del comportamiento humano y es una fuerza motivacional fundamental a tomar en consideración en todo intento de interpretación de los comportamientos individuales.

3.2.6. Los determinantes del bienestar

Este repaso a las principales contribuciones de la psicología experimental al estudio de la motivación humana, desemboca finalmente en una concepción sensiblemente ampliada de la noción de necesidad. Habíamos partido del punto de vista de los economistas para los que la necesidad es esencialmente un estado de escasez revelado por el comportamiento de compra, sin precisar el origen y la naturaleza de las motivaciones en la base a este estado de carencia. Esta ausencia de hipótesis sobre las motivaciones llevan al economista a unas recomendaciones de tipo normativo, que valen lo que valen las hipótesis de partida, pero que difícilmente pueden explicar los comportamientos reales observados.

Los trabajos de los psicólogos nos permiten retener tres orientaciones motivacionales generales, susceptibles de dar cuenta de una gran diversidad de comportamientos y que aparecen como factores explicativos del bienestar general del individuo. Estos determinantes pueden estar reagrupados bajo los tres vocablos: **confort, placer y estimulación**. Las relaciones existentes entre estos tres determinantes, por una parte, y las relaciones que los unen al bienestar individual, por otra, están representadas bajo la forma de un diagrama causal en la Figura 3.2.

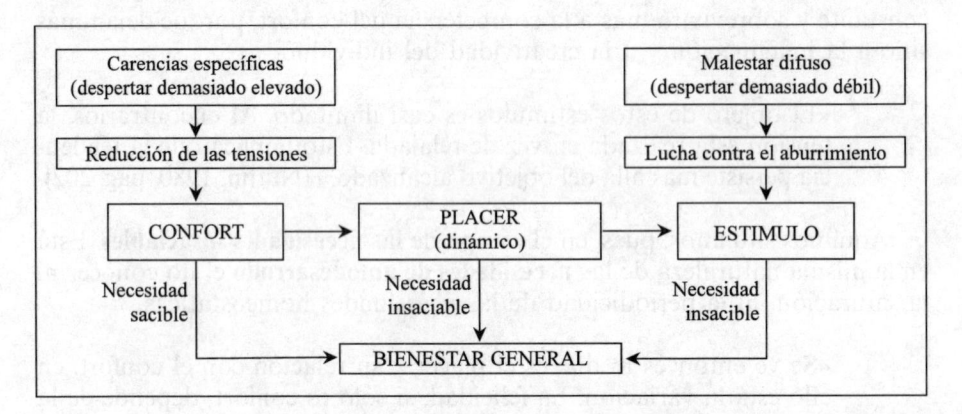

Figura 3.2. Los determinantes del bienestar.

Se pueden describir tal como sigue, las **tres fuerzas motivacionales** que determinan el bienestar individual.

— La búsqueda del **confort**, que resulta de dos tipos de comportamiento: el que reduce las tensiones para la satisfacción de las necesidades homeostáticas; el que lucha contra el aburrimiento, con la ayuda de los estímulos, tales como la novedad, el cambio, la incongruencia, la incertidumbre, el riesgo, etc.
— La búsqueda del **placer**, que resulta igualmente de dos fuentes: el placer inherente a la reducción de las tensiones y el placer provocado por la estimulación.
— La búsqueda de **estimulación** no sólo como medio de combatir el aburrimiento, sino como fin mismo, que no tiene otro objeto más que él mismo, la tensión que suscita, generadora de placer y ocasión de superación y de realización para el individuo.

La búsqueda de confort tiene como fin el colmar una carencia y asegurar así un **bien negativo**; el placer y el estímulo tienen como fin el asegurar un **bien positivo**.

Apoyándonos en esta descripción de las principales fuerzas motivacionales, estamos en mejores condiciones de responder a las interpelaciones dirigidas al marketing y evocadas al principio de este capítulo. La escalada del marketing tomando la forma de productos renovados sin cesar, de diferenciaciones cada vez más sutiles, de sofisticado posicionamiento perceptual, de acciones publicitarias sugiriendo estilos de vida elaborados, etc., no hacen en realidad más que responder a la escalada de las necesidades de placer y de estímulo que se observa en las sociedades opulentas, donde las necesidades de base están bien resueltas, pero donde en cambio las necesidades de novedad, de sorpresa, de complejidad, de riesgo, llegan a ser necesidades vitales.

La necesidad de intentar experiencias variadas, de vivir modos de vida distintos, la posibilidad de probar nuevos productos y de conocer nuevas fuentes de satisfacción constituyen, en este tipo de sociedad, un tema de importancia. Y esta búsqueda es sin fin, puesto que no hay saturación posible, de este tipo de necesidad. El hombre necesita tener necesidad.

Algunos filósofos han preconizado elevarse por encima de todo deseo para escapar a esta escalada que, lejos de procurar la paz interior, establece las preocupaciones, engendra un ciclo infernal, porque no tiene fin. El sabio hindú Sarna Lakshman escribe:

> «El deseo nos dice: obtén esto, y serás feliz en seguida. Nos lo creemos y nos esforzamos en adquirir el objeto en cuestión. Si no lo obtenemos, o si no obtenemos lo suficiente sufrimos. Si lo obtenemos, el deseo nos propone de inmediato otro objetivo, y ni siquiera vemos que hemos sido burlados.» (Citado por Boirel, 1977).

Estos filósofos preconizan un **ideal de ataraxia**, es decir, una ausencia de turbación lograda por extinción del deseo. La alternativa a esta solución extrema es el **consumo creativo**, es decir, el que favorece las motivaciones ascendentes de progreso, de realización de sí mismo y de superación. Si es cierto, como ha escrito Pascal, que el hombre prefiere la caza a la presa, el deseo, motor de la acción, puede ser la causa primera de las satisfacciones que un consumo creativo puede aportar.

3.3. HACIA UNA TEORIA INTEGRADA DEL CONSUMO

Los trabajos de los teóricos de la motivación nos ayudan a identificar en el hombre las **orientaciones motivacionales** de base que dirigen una gran variedad de comportamientos. La utilidad de estos trabajos para el marketing es esencialmente el prolongar la noción de necesidad y poner en evidencia la estructura multidimensional de las motivaciones básicas de los comportamientos. Este análisis es todavía demasiado general para nuestros propósitos, porque no está relacionado directamente con los comportamientos de consumo. Por otro lado, estas contribuciones tienen a menudo tendencia a privilegiar un enfoque disciplinar —lo económico, lo social, lo psicológico— y no propone una perspectiva que integre las contribuciones de cada disciplina. Diversas tentativas se han hecho para proponer un análisis multidisciplinar de los comportamientos.

3.3.1. Tipologías de las necesidades

El bienestar sería tener un bien para satisfacer cada necesidad. Un procedimiento natural, adoptado por varios psicólogos, ha sido el establecer una lista de necesidades a confrontar con los bienes disponibles. La palabra bien debe entenderse aquí en sentido amplio, los bienes no son únicamente entidades físicas o servicios, sino también entidades abstractas, sociales o psicológicas, tales como el amor, el prestigio. Los trabajos de Murray (1938), Maslow (1943), Rokeach (1973) y más recientemente de Sheth, Newman y Gross (1991) son representativos de este enfoque.

El inventario de necesidades de Murray

Un inventario bastante sistemático se hizo en este sentido por Murray (1938), quien clasifica las necesidades del individuo según cuatro dimensiones: necesidades **primarias y secundarias**, según su origen fisiológico o no; necesidades **positivas o negativas**, según que el individuo sea atraído o rechazado por el objeto; **manifiestas o latentes**, según que la necesidad conduzca a un comportamiento real o imaginativo; **conscientes o inconscientes**, según que el individuo se entregue deliberadamente a un proceso introspectivo o no. Murray da una lista de treinta y siete necesidades repartidas en estas diferentes categorías.

Murray considera que todos los individuos poseen las mismas necesidades, pero que la expresión de estas necesidades puede diferir de unos a otros, en razón de las diferencias de personalidad o de entorno. Las necesidades pueden estar provocadas por estímulos internos o externos y pueden variar en intensidad según los momentos. Podemos distinguir tres tipos de estados: *a)* refractario, en el cual ningún estímulo puede despertar la necesidad; *b)* inducible, en el cual la necesidad está inactiva, pero puede ser despertada; *c)* activo, en el cual la necesidad determina el comportamiento (Murray, 1938, págs. 85-86). Según Murray el marketing, podría pues tener un impacto directo sobre las necesidades inducidas.

La jerarquía de las necesidades según Maslow

Un planteamiento similar ha sido adoptado por Maslow (1943), quien reagrupa las necesidades fundamentales en cinco categorías: **las necesidades fisiológicas, de seguridad, sociales, de estima y de realización**. Estas necesidades son descritas en la Figura 3.3. El análisis de Maslow va más allá, sin embargo, y no se limita a una simple clasificación. Maslow postula la existencia de una **jerarquía de las necesidades**, función del desarrollo del individuo.

Según él, habría un orden prioritario en las necesidades, en el sentido de que empezamos por buscar la satisfacción de las necesidades dominantes antes de pasar a la categoría siguiente. Estas necesidades de orden inferior, una vez satisfechas, dejan aparecer las necesidades de clase superior que van a influir nuestro comportamiento. Habría, pues, atenuación progresiva de la intensidad de las necesidades satisfechas, e intensidad creciente de las necesidades de orden superior todavía no satisfechas. Se observaría una evolución de la estructura de las necesidades, en función del desarrollo del individuo que, pasando de un objetivo general de supervivencia o de estándar de vida, iría hacia unos objetivos más cualitativos de estilo de vida o de calidades de vida.

- **Necesidades fisiológicas**
  Son fundamentales: una vez satisfechas dejan de ser unos factores importantes de motivación y no influyen ya en el comportamiento
- **Necesidades de seguridad**
  La seguridad física, la preservación de la estructura física del organismo, la seguridad psicológica, la conservación de la estructura psíquica o de la personalidad. Necesidad de identidad propia, de sentirse dueño de su destino.
- **Necesidades sociales**
  El hombre es un animal social y experimenta la necesidad de integrarse en un grupo, de asociarse a sus semejantes, la necesidad de amar y de ser amado. La ayuda, la pertenencia, el sentido comunitario.
- **Necesidades de estima**
  La estima de sí mismo, la dignidad personal, la confianza en sí y en su capacidad. Sentir que sus objetivos son válidos. La estima que los otros tienen por nosotros. La necesidad de consideración, de ser respetado, de tener un rango social
- **Necesidades de realización**
  Estas necesidades figuran en la cumbre de la escala de las necesidades humanas. La autorrealización, la evolución personal. La necesidad que el hombre tiene de superarse, de utilizar todas sus capacidades y de ampliar sus límites. Dar un sentido a las cosas, encontrar su razón de ser.

Figura 3.3. La jerarquía de las necesidades según Maslow.
Fuente: Maslow, 1943.

El análisis de Maslow es interesante porque pone de relieve la **estructura multidimensional** de las necesidades y el hecho de que las necesidades no existen en el mismo grado para todos los individuos. En realidad, hay siempre coexistencia de estas categorías de necesidades, la una y la otra, pudiendo adquirir mayor importancia según los individuos, o según las circunstancias para un mismo individuo.

Los bienes a desarrollar y destinados a satisfacer las necesidades deberán, pues, ser concebidos en consecuencia. Un bien, o un producto, puede tener otros papeles o funciones además de la función básica. El individuo no hace uso de los bienes solamente por razones prácticas, sino también para comunicar con su entorno, para demostrar quién es, para manifestar sus sentimientos. Esta toma de conciencia del papel jugado por los bienes y de su valor como signo (Baudrillard, 1968), y no sólo de su valor de uso, es importante para el marketing, particularmente para dar orientación a las políticas de producto. Veremos más adelante que la estructura multidimensional de las necesidades, es una noción que se encuentra igualmente en el cliente organizacional.

La lista de valores de Rokeach

Los trabajos de investigación sobre los valores humanos hacen hincapié sobre los objetivos que los individuos esperan alcanzar. Los valores están estrechamente ligados a las necesidades humanas, pero se expresan a un nivel más próximo a nosotros. Los valores son las representaciones mentales de las necesidades subyacentes, no sólo de las necesidades individuales, sino incluso de las necesidades sociales e institucionales. En otras palabras, los valores son las ideas que nos hacemos sobre lo que es deseable.

> «Un **valor** es la convicción duradera de que una forma específica de conducta o de existencia es preferible en el plano personal y social a las formas de conducta o de existencia opuestas. Un **sistema de valores** es un conjunto organizado de convicciones duraderas concernientes a las formas de conducta o existencia.» (Rokeach, 1973, pág. 5.)

Existen dos tipos de valores: a) los **valores finales** y b) los **valores instrumentales**. Los valores terminales son las convicciones que tenemos en lo que concierne a los objetivos que intentamos alcanzar (la felicidad, la sabiduría). Los valores instrumentales señalan las convicciones que guardamos en cuanto a las formas de comportarse para ayudarnos a alcanzar los valores finales (comportarse honestamente, tomar responsabilidades, etc.).

Dando por hecho que los valores se adquieren por la cultura, la mayor parte de las personas de una misma sociedad poseen los mismos valores, pero con unos niveles diferentes. La importancia relativa de cada valor será pues diferente de un individuo a otro, y estas diferencias pueden ser utilizadas como criterio de segmentación (véase el Capítulo 6 de esta obra). El predominio de ciertos valores cambia igualmente con el tiempo, de ello el interés y la importancia de los análisis socio-culturales —llamados estilos de vida— que permiten seguir la evolución de los valores. Rokeach considera que el número de valores que posee un individuo es relativamente bajo. En sus trabajos, Rokeach ha identificado 18 valores finales e instrumentales. Para una descripción de estos valores, ver Rokeach (1973, pág. 28).

Más recientemente, los investigadores se han esforzado en identificar una corta lista de valores susceptibles de ser medidos de manera fiable. Kahle (1983), por ejemplo, ha mantenido los ocho valores básicos siguientes:

— respeto de sí mismo,
— seguridad,
— relaciones afectuosas,
— sentimiento de realización,
— auto-realización,
— suscitar respeto,
— sentimiento de dependencia,
— felicidad/placer/estímulo.

Las investigaciones han mostrado que estos valores están estrechamente asociados a ciertos aspectos del comportamiento de los consumidores.

> Por ejemplo, aquellos que dan importancia a los valores de placer pueden apreciar una taza de café por la riqueza de su sabor, mientras que aquellos que ponen el acento en el sentimiento de realización percibirán el café como un medio de tomar un estimulante suave para mejorar la productividad; otros que dan importancia a las relaciones afectuosas, percibirán, el hecho de tomar café con otros, como un rito social. (Kahle et al., 1988).

La lógica de esta metodología de análisis puede resumirse como sigue; para comprender las motivaciones individuales, empezaremos por conocer y comprender los valores por los que los individuos se sienten atraídos. Para el analista de mercado y para el psicólogo estos valores son observables y su importancia relativa medible. La comprensión de los cambios en los valores en el seno de la sociedad debe facilitar el desarrollo de estrategias que tienen explícitamente en cuenta el cambio social y su dinámica.

3.3.2. La teoría de los valores de Sheth, Newman y Gross

Aplicando el concepto de «valor» al comportamiento de compra, Sheth, Newman y Gross (1991) describen la decisión de compra como un fenómeno multidimensional que pone en juego múltiples valores: funcional, social, emocional, epistemológico y circunstancial. Ellos definen estos valores de la siguiente forma.

— **Valor funcional**: La utilidad percibida de un bien que resulta de su capacidad para cumplir su papel utilitario o físico. Un bien tiene un valor funcional por el hecho de la presencia de atributos funcionales o físicos.

— **Valor social**: La utilidad percibida de un bien que resulta del hecho de su asociación con uno o varios grupos sociales. Un bien tiene un valor social por el hecho de su asociación positiva o negativa con grupos demográficos, socioeconómicos o culturales.
— **Valor emocional**: La utilidad percibida de un bien que resulta de su capacidad de provocar sentimientos o reacciones afectivas. Un bien tiene un valor emocional por el hecho de su asociación a estados afectivos específicos.
— **Valor epistemológico**: La utilidad percibida de un bien que resulta de su capacidad para provocar la curiosidad, aportar la novedad o satisfacer un deseo de conocimiento. Un bien tiene un valor epistemológico por el hecho de aportar alguna cosa nueva o diferente.
— **Valor circunstancial**: La utilidad percibida de un bien que resulta de una situación o de un contexto específico al cual el decisor se enfrenta. Un bien tiene un valor circunstancial en presencia de contingencias físicas o sociales que apoyan su valor funcional o social.

Estos cinco valores aportan contribuciones diferentes en una situación de elección, en el sentido que ciertos valores pueden tener una importancia más grande que otros. Estos valores son igualmente independientes el uno del otro.

3.4. LAS MOTIVACIONES DEL CLIENTE INDUSTRIAL

El análisis al cual hemos procedido hasta ahora, versaba únicamente sobre las necesidades y motivaciones del individuo como comprador. Ahora bien, una parte muy importante de la actividad comercial, en cualquier economía, se apoya en unas **transacciones entre organizaciones**. Se trata, sobre todo, de empresas que venden bienes de equipo, productos intermedios, materias primas, etc., y que se dirigen a otras empresas usuarias de estos productos en su propio sistema de producción. Si es evidente que los principios que están en la base de la gestión de marketing tienen la misma validez para las empresas de bienes industriales que para las empresas de bienes de consumo, las modalidades concretas de puesta en funcionamiento de estos principios pueden parecer muy diferentes.

Se han reproducido en la Figura 3.4 las principales características del **marketing organizacional**, o del marketing industrial, que se han clasificado en tres grupos, según que ellas se refieran a la naturaleza de la demanda, del producto o del cliente industrial. La característica más significativa, al menos desde el punto de vista de la motivación, reside en el hecho de que el «**cliente industrial**», es decir, aquel al que el proveedor debe satisfacer sus necesidades, está representado por un grupo de personas a las que se denomina el centro de compra. Por otra parte, esta estructura colegiada del cliente industrial se encuentra en cada uno de los niveles de la cadena industrial en la cual está inserto el cliente industrial; esta es una segunda característica importante propia del marketing industrial. La empresa de bienes industriales está, pues, enfrentada a una doble diversidad de necesidades, las propias del centro de compra y las propias de cada uno de los niveles de la cadena industrial.

La demanda de bienes industriales

- La demanda industrial es una **demanda derivada**, es decir, expresada por una organización que utiliza los productos comprados en su propio sistema de producción para atender a la demanda, bien de otras organizaciones, bien de los compradores finales.
- La demanda industrial, y particularmente la demanda de bienes de equipo, es muy **fluctuante** y reacciona fuertemente, aunque con retraso, a cualquier débil variación de la demanda final.
- La demanda industrial es a menudo **inelástica al precio**, en la medida en que el producto representa una parte poco importante del precio de coste del cliente (efecto de gasto total) y de que el mismo no puede modificar fácilmente su proceso de fabricación.

El cliente industrial u organización

- La empresa industrial está enfrentada a **múltiples clientes**, sus clientes directos y los clientes de sus clientes directos que forman parte de la cadena industrial.
- En cada nivel de la cadena, el cliente industrial tiene una **estructura colegiada**; un grupo de personas, la central de compras, ejercen funciones diferentes, teniendo competencias y motivaciones distintas.
- El cliente es un **profesional**, técnicamente competente, por lo que el acto de la compra es principalmente objetivo

El producto industrial

- El producto buscado está generalmente **bien definido** por el cliente que sabe lo que quiere; los pliegos de condiciones están claramente establecidos y el margen de maniobra para el proveedor es reducido.
- Los productos comprados entran en el sistema productivo del cliente industrial, y por ello tienen una **importancia estratégica** para él.
- Los productos industriales tienen a menudo una enorme **cantidad de usos**, al contrario que los bienes de consumo que tienen un uso casi específico.

Figura 3.4. Especificidades del marketing organizativo.

3.4.1. Estructura de la demanda de los clientes industriales

La demanda de bienes industriales tiene como particularidad ser una **demanda derivada**, es decir, expresada por una organización que utiliza los productos adquiridos en su propio sistema de producción, para poder ella misma responder a la demanda ya de otras organizaciones, ya del consumidor final. La demanda que ella expresa es, pues, dependiente de una o de varias demandas situadas por debajo de su actividad.

La empresa Polypal fabrica y comercializa sistemas metálicos de estanterías industriales. Estas instalaciones son adquiridas por empresas que invierten en capacidad de producción nueva o en la ampliación de las capacidades existentes para poder responder a la demanda de los sectores a los cuales ellas se dirigen. Polypal tiene, pues, interés en identificar primeramente estos sectores en desarrollo, para dirigirse a continuación a las empresas que los surten y que son por este hecho susceptibles de invertir en equipamiento de almacenaje.

El análisis de la demanda de un bien industrial es tanto más complejo cuanto más se sitúe el producto, al principio de una cadena de transformaciones, lejos de la demanda final de la cual él depende, y se encuentra por este hecho enfrentado a varios escalones de demandas sucesivas, cuya estructura de necesidades está diferenciada.

Una demanda industrial se inserta, pues, en una cadena. La noción de **cadena industrial** desborda las nomenclaturas por rama o por sector y deja anticuada la clasificación tradicional de la economía en primaria, secundaria y terciaria. Una cadena industrial está constituida por el conjunto de los estadíos del proceso de producción que va desde las materias primas a la satisfacción de la necesidad final del consumidor, se dirija esta necesidad final a un bien material o a un servicio (Stoffaès, 1980, pág. 9). Una cadena se caracteriza pues, por una jerarquía de industrias, que tienen el *estatus* de clientes o proveedores, según su situación más arriba o más abajo de la empresa considerada. La fuerza estratégica del cliente industrial depende sobre todo de su aptitud para anticipar y controlar el mercado final de la cadena en la cual participa.

La descripción de una estructura de demanda industrial tipo, se presenta en la Figura 3.5. Es evidente que en algunos casos la cadena de demandas puede ser bastante más larga y compleja. Sin pretender ser exhaustivos, se pueden establecer las distinciones siguientes:

— **Primera transformación**. La demanda de las materias que son transformadas en productos brutos. Se trataría, por ejemplo, de la siderurgia de base o de una empresa que procede a la primera transformación del mineral de cobre.
— **Transformación final**. La demanda de los productos brutos que serán transformados en productos tratados, más elaborados. Por ejemplo, Phoenix-Works transforma las planchas de acero bruto, en planchas de acero inoxidable, revestidas o prepintadas. Bekaert transforma el acero bruto en hilos de diferente calibre.
— **Primera incorporación**. La demanda de los productos transformados que son utilizados para fabricar productos terminados, que a su vez son componentes de otros productos. Por ejemplo, las planchas prepintadas son utilizadas para la fabricación de radiadores, los hilos son utilizados para la producción de neumáticos radiales.

— **Incorporación final**. La demanda de los productos acabados que son incorporados a los productos terminados destinados a la demanda final. Por ejemplo, los neumáticos y las baterías se incorporan a los coches, los motores eléctricos a los refrigeradores, y a los ordenadores.
— **Ensambladores**. La demanda de una gran variedad de productos, que serán montados por un instalador para constituir sistemas o grandes conjuntos. Por ejemplo, los radiadores se colocan con otros productos para constituir una instalación de calefacción. De la misma forma, un sistema de transporte colectivo, como el metro, reúne una variedad considerable de productos diferentes.

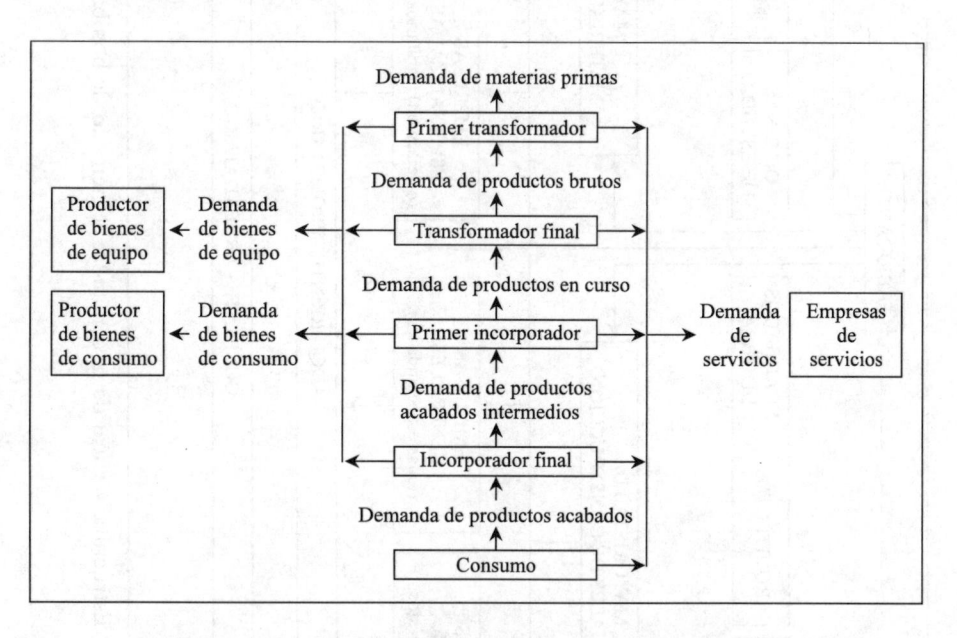

Figura 3.5. Estructura típica de una cadena industrial.

A estas demandas sucesivas, que se siguen las unas a las otras, es preciso añadir las demandas laterales que se dan en los bienes de equipo, los bienes consumibles y los servicios.

La empresa industrial situada al principio de una cadena, está enfrentada a una secuencia de demandas interdependientes que determinan en definitiva su demanda propia. Se enfrenta a dos categorías de clientes: **sus clientes directos y los clientes de sus clientes**. Aplicar el marketing activo implica entonces la toma en consideración de las necesidades específicas de los clientes directos, de los clientes intermediarios y de aquellos que al final de la cadena expresan la demanda final. En la Figura 3.6 se encuentra un ejemplo de cadena, aquella a la que se enfrenta el fabricante de bombas de calor.

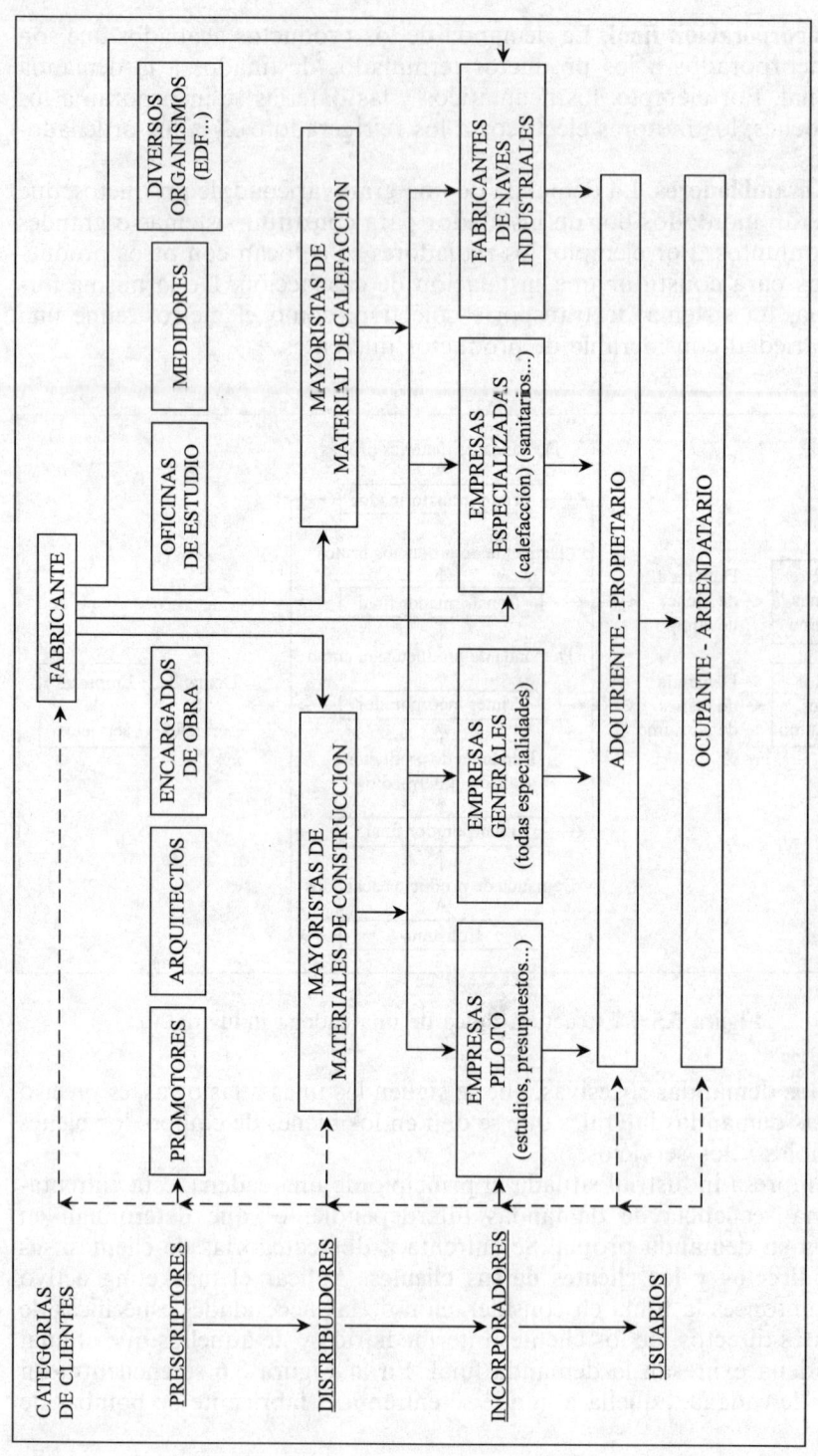

Figura 3.6. Estructura vertical de la demanda: el mercado de bombas de calor.

3.4.2. Composición y papel del centro de compra

En una empresa industrial, las decisiones de compra, y en particular las más importantes, son tomadas muy a menudo por un grupo de personas, denominado **grupo de compra o centro de compra** (Webster y Wind, 1972). El centro de compra engloba, además del comprador propiamente dicho, una serie de personas implicadas a diversos niveles en el mismo acto de compra, o afectadas por posibles consecuencias en la actividad de la empresa, y que por ello intervienen de una manera o de otra en la decisión de compra. Es importante comprender, como muestra la Figura 3.6, que el centro de compra está compuesto por personas dedicadas a funciones diferentes y que en consecuencia tienen objetivos, motivaciones y comportamientos diferentes. Numerosas decisiones de compra son por ello conflictivas y surgen de un proceso complejo de negociación interna.

La composición del centro de compra varía según la importancia de la decisión a tomar. De manera general, el centro de compra está compuesto de las cinco funciones siguientes:

— **El comprador**, es decir, aquel que en la organización tiene de manera formal la obligación de definir las condiciones de compra, de seleccionar los proveedores y de negociar los contratos. Se trata en general de los departamentos de compra y de aprovisionamiento.
— **El usuario**, aquel o aquellos que utilizan el producto. Será, por ejemplo, el ingeniero de producción o el responsable del departamento informático. Es generalmente el usuario quien está mejor situado para evaluar el rendimiento de los productos.
— **El prescriptor**, quien en el interior (despacho de estudio, I+D, etc.) o en el exterior (consejero, experto...) de la organización recomienda unos productos, define las especificaciones y los criterios de elección de dichos productos.
— **El decisor**, o la persona que tiene el poder de comprometer a la empresa frente a un proveedor. Cuando se trata de compras importantes, los directores de la empresa son a menudo los decisores.
— **Los filtros**, es decir, el conjunto de fuentes de influencia informales que pueden actuar sobre el centro de compra.

Es la complejidad de la decisión y su grado de novedad para la empresa, los que influirán en la composición del centro de compra. Se pueden distinguir tres tipos de situaciones:

— **La nueva tarea**: Una compra de un producto nuevo en una clase nueva de producto para la organización del cliente.
— **La recompra modificada**: Problema y producto conocidos, pero algunos elementos de la situación de compra han sido modificados.
— **La recompra idéntica**: Compra de un producto conocido no modificado en el cual la empresa tiene una gran experiencia.

El centro de compra intervendrá al completo en los casos correspondientes a las dos primeras situaciones. Consideramos que, para el proveedor, es vital identificar el conjunto de personas que intervienen en el proceso de compra, pues se trata para él de identificar los objetivos de su política de comunicación. Es también importante comprender cómo los que intervienen interactúan entre ellos y sobre todo conocer sus motivaciones particulares (Valla, 1980, pág. 28).

3.4.3. Las necesidades del centro de compra

El cliente industrial se identifica, por tanto, con el «centro de compra», el cual está compuesto por personas que ejercen funciones diferentes en la organización que tienen a raíz de eso unas motivaciones organizativas y personales distintas. La noción de necesidad en el medio industrial supera, pues, la idea tradicional de la elección racional basada en el único criterio de la relación calidad-precio. Al igual que para el individuo consumidor, las elecciones son racionales en la medida en que se tiene en cuenta el conjunto de motivaciones y restricciones que actúan sobre la decisión de compra: las motivaciones personales, las relaciones interpersonales, las restricciones económicas y organizativas, las presiones del entorno, etc. Al igual que para el consumidor, la necesidad tiene una estructura multidimensional. Lo que podría llamarse la **necesidad total del cliente industrial** debe describirse aludiendo por lo menos a cinco dimensiones:

— **Dimensión técnica**: Adecuación del producto a la función-calidad del producto y constancia de la calidad.
— **Dimensión financiera**: Coste de la compra —condiciones y plazos de pago puntualidad de las entregas— respeto a las cantidades.
— **Dimensión asistencia**: Servicio postventa —ayuda a la puesta en funcionamiento y en la utilización.
— **Dimensión información**: Acceso prioritario a la innovación —seguridad y estabilidad de los aprovisionamientos— información sobre los mercados.
— **Dimensión psicosociológica**: Relación de dependencia —compatibilidad de los modos de organización— reputación, etc.

Para ilustrar el carácter multidimensional de la necesidad del cliente industrial, el escenario siguiente tomado de Valla (1980, pág. 25) es interesante:

> Esta frase del director de aprovisionamiento: «No, nosotros no trabajaremos más con este proveedor, no es serio», puede tener varios sentidos: sus productos no tienen una calidad constante (dimensión técnica); sus precios son caprichosos (dimensión financiera); hace dos meses que debe repararnos una máquina averiada (dimensión asistencial); nos ha prometido que nos enviará uno de sus ingenieros para hablarnos de los nuevos productos en desarro-

llo; le hemos insistido en varias ocasiones y aún no lo ha hecho (dimensión información); nos trata de una forma despreciable (dimensión psicosociológica).

Estas son algunas de las explicaciones posibles de la actitud del director de compras de una empresa mediana, que ilustran de la variedad de necesidades del comprador industrial.

Constatamos, pues, que los **determinantes del bienestar del cliente industrial** son de naturaleza muy distinta a los que presiden el bienestar del individuo consumidor. La estructura de las motivaciones del cliente industrial es a la vez más compleja y más sencilla. Más compleja, porque pone en juego una organización y diferentes personas que operan en esta organización; más sencilla, porque las motivaciones principales son más objetivas y por eso más fáciles de identificar. A pesar de las diferencias reales que existen entre los dos campos, las ideas básicas de la gestión de marketing tienen, sin embargo, la misma importancia en un medio industrial que en un mercado de consumo: **ajustar la oferta a la necesidad total del cliente**. La sanción de la no puesta en funcionamiento de este principio es probablemente más rápida en un mercado industrial, debido al hecho de la profesionalidad del comprador y del carácter mejor definido de las necesidades a satisfacer

3.4.4. El proceso de compra del cliente industrial

El análisis del proceso de compra consiste esencialmente en identificar el papel específico de cada miembro del centro de compra en las diferentes etapas del proceso de decisión, sus criterios de elección, sus percepciones de los resultados de los productos o empresas presentes en el mercado, la ponderación concedida a cada punto de vista, etc.

Al igual que para la decisión de compra del individuo consumidor, el proceso de compra industrial se puede descomponer en un cierto número de etapas. Webster y Wind (1972) sugieren descomponer este proceso en seis fases:

— Anticipación y reconocimiento de un problema.
— Determinación de las especificaciones y de las cantidades necesarias.
— Búsqueda de los proveedores potenciales.
— Recogida y análisis de las ofertas y condiciones.
— Elección del proveedor.
— Control y evaluación de los resultados.

Se entiende que todas las decisiones de un cliente industrial no siguen necesariamente este proceso. Es la complejidad de la decisión y su grado de riesgo o de novedad para el cliente industrial lo que decidirá el grado de formalización del proceso de compra. Además, los procesos de decisión y de organización pueden igualmente variar según las empresas, su tamaño, el sector, etc.

Etapa del proceso de compra	Composición del centro de compra				
	Usuario	Prescriptor	Comprador	Decisor	Filtros
Reconocimiento de un problema	×				×
Determinación de las especificaciones	×	×			×
Búsqueda de proveedores potenciales			×		×
Evaluación de las ofertas	×	×	×	×	×
Elección de los proveedores			×	×	×
Evaluación de los rendimientos	×				

Figura 3.7. Funciones de los miembros del centro decisional de compra.
Fuente: Adaptado de Webster, F. E. y Wind, Y. (1972).

Se observa que **los papeles de los miembros del centro de compra** son distintos para cada fase del proceso de decisión. Un análisis del proceso de compra consiste en buscar respuesta a las preguntas siguientes:

— ¿Quién decide en el proceso de compra del producto industrial considerado?
— ¿Quiénes son los prescriptores que intervienen en este proceso?
— ¿Cuáles son los pesos respectivos de estos diferentes participantes?
— ¿Cuáles son los criterios de evaluación propios para cada participante?
— ¿Cuáles son los pesos respectivos de estos diferentes criterios?
— Etc.

Estas informaciones se recogen a través de encuesta. El cuadro de la Figura 3.7 permite guiar la reflexión en este sentido. Se trata de un análisis puramente descriptivo, pero que puede ser útil especialmente para la formación de los vendedores, ayudándoles a comprender mejor los mecanismos de la compra industrial.

Como subraya Valla (1980, pág. 27), la **formación de los vendedores** en estos esquemas de análisis, les permite sobre todo:

— Comprender mejor el papel del comprador y el sistema de motivaciones y de restricciones en los que ejerce su función.
— Superar el contacto con el comprador identificando los demás objetivos posibles de comunicación en el cliente industrial.
— Definir mejor en qué momento es oportuno actuar directamente y frente a los objetivos adecuados para aumentar la eficacia de los contactos.

— Estar en mejores condiciones de aprovechar las oportunidades en el momento en que se presentan, gracias a las relaciones amplias con el conjunto de los miembros del centro de compra.

Como se verá en el Capítulo 6, el modo de funcionamiento del centro de compra es un criterio de segmentación importante en los mercados industriales.

CUESTIONES Y PROBLEMAS

1. ¿Cuál es el alcance de la crítica de Galbraith que acusa al marketing de crear necesidades artificiales? Analice esta noción apoyándose en un ejemplo concreto que surja de su experiencia como consumidor.
2. Refiriéndose bien a la tipología de Maslow, bien a la de Sheth o de Newman y Gross, ¿cómo podría explicar el éxito de productos o servicios tales como Coca-Cola, el Club Med, los relojes Swatch? Elija un producto para ilustrar su respuesta.
3. Describa, contrastando las diferencias entre la estructura de las necesidades de un individuo consumidor y las de un cliente industrial. ¿Cuáles son los puntos comunes y las principales diferencias?
4. Describa la estructura de las necesidades de cada miembro del centro de decisión de compra en una empresa de productos de alta tecnología.
5. ¿Se puede prever una situación de saturación completa de consumo?

BIBLIOGRAFIA

Aaker D.A. and Day G.S. eds. (1982), *Consumerism: Search for the Consumer Interest*, New York, The Free Press.
Abbott L. (1955), *Quality and Competition*, New York, John Wiley and Sons.
Attali J. et Guillaume M. (1974), *L'anti-économique*, Paris, Presses Universitaires de France.
Baudrillard J. (1968), *Le système des objets*, Paris, Gallimard.
Becker G.S. (1965), A Theory of the Allocation of Time, *The Economic Journal*, september, págs. 494-517.
Berlyne D.E. (1960), *Conflict, Arousal and Curiosity*, New York, McGraw-Hill Book Company.
Berlyne D.E. (1968), The Motivational Significance of Collative Variables and Conflict, in Abelson R.P. and others (ed.), *Theories of Cognitive Consistency: A Source Book*, Chicago, Rand McNally and Co.
Boirel M. (1977), *Comment vivre sans tension?*, Bruxelles, Marabout.
Cotta A. (1980), *La société ludique*, Paris, Grasset.
Duffy E. (1957), The psychological Significance of the Concept of Arousal of Activation, *The Psychological Review*, Vol. 64, september, págs. 265-275.
Jacquemin A. et Tulkens H. (1988), *Fondements d'économie politique*, Bruxelles, De Boeck-Weesmael, 2e. édition.

Hebb D.O. (1955), Drives and the C.N.S. (Conceptual Nervous System), *The Psychological Review*, Vol. 62, july, págs. 243-254.
Kahle L.R. (de.), 1983, *Social Values and Social Change: Adaptation to Life in America*, New York, Praeger.
Kahle L.R., Poulos B. and Sukhdial A., (1988), Changes in social values in the United States during the past decade, *Journal of Advertising Research*, Feb-March, págs. 35-41.
Katona G. (1951), *Psychological Analysis of Economic Behavior*, New York, McGraw-Hill.
Keynes J.M. (1936), Essays in Persuasion—Economic Possibilities for our Grandchildren, *The Collected Writings of J.M. Keynes*, Vol. 9, London, The MacMillan Press Ltd.
Kotler P. (1991), *Marketing Management*, New Jersey, Englewood Cliffs, Prentice-Hall Inc., 7th Edition.
Galbraith J.K. (1961), *L'ère de l'opulence*, Paris Calman Lévy.
Lancaster K.J. (1966), A New Approach to Consumer Theory, *The Journal of Political Economy*, Vol 74, april, págs. 132-157.
Maslow H. (1943), A Theory of Human Motivation, *The Psychological Review*, Vol. 50, págs. 370-396.
Murray H.A. (1938), *Explorations in Personnality*, New York, Oxford University Press Inc.
Nuttin J. (1980), *Théorie de la motivation humaine*, Paris, Presses Universitaires de France.
Planchon A. (1974), *Saturation de la consommation*, Paris, Mame, Collection Repères-Economie.
Rokeach M.O. (1973), *The Nature of Human Values*, New York, The Free Press.
Rosa J. J. (1977), Vrais et faux besoins, dans: Rosa J. J et Aftalion F. (Eds.), *L'économique retrouvé*, Paris Economica.
Scitovsky T. (1978), *L'économie sans joie*, Paris, Calmann-Lévy.
Séguéla J. (1982), *Hollywood lave plus blanc*, Paris, Flammarion.
Sheth J.N., Newman B.I. and Gross B.L. (1991) *Consumption Values and Market Choices: Theory and Applications*, Cincinnati,: South Western Publishing Company.
Stoffaès C. (1980), Filières et stratégies industrielles, *Annales des mines*, janvier, págs. 9-20.
Valaskakis K. et autres (1978), *La société de conservation*, Montréal, Les éditions Quinze.
Valla J.P. (1980), Le comportement des groupes d'achat, dans: *L'action marketing* des entreprises industrielles, Paris, Collection Adetem, págs. 22-38.
Webster F.E. and Wind Y. (1972), *Organizational Buying Behavior*, Englewood Cliffs, New-Jersey, Prentice-Hall Inc.
Wundt O. (1874), dans : Berlyne D.E. (1960), *Conflict, Arousal and Curiosity*, New York, McGraw-Hill.

CAPITULO 4

El comportamiento de elección del comprador

Después de haber identificado las principales fuerzas motivacionales que orientan el comportamiento individual del consumidor, así como la estructura multidimensional de las necesidades del cliente industrial, nuestro propósito es analizar ahora la concepción que el marketing tiene del comportamiento de los compradores a los cuales se dirige. Los estudios experimentales sobre las motivaciones y comportamientos de compra se han multiplicado a lo largo de la última década, y el analista de mercado dispone por ello de un conjunto importante de informaciones, recogidas habitualmente por iniciativa de la empresa, algunas con el único fin de vender, pero también con el de «comprender para vender». Sin embargo, la acumulación de datos empíricos, sin marco de referencia, no favorece la inteligibilidad. Describir no es suficiente, es necesario sistematizar. El objetivo de este capítulo es proceder a un intento de este tipo, presentando un marco conceptual de análisis del comportamiento de elección del comprador, aplicable tanto para las decisiones individuales, como para las decisiones de las organizaciones y a su vez descriptivo del proceso de comportamiento de compra del comprador.

4.1. EL COMPRADOR, AGENTE ACTIVO DE DECISION

Para el marketing, el comportamiento de compra abarca el conjunto de actividades que preceden, acompañan y siguen a las decisiones de compra y en las que el individuo o la organización interviene activamente con objeto de efectuar sus elecciones con conocimiento de causa. El comprador está continuamente enfrentado a una multitud de decisiones a tomar, cuya complejidad varía según el tipo de producto y de la situación de compra. Howard y Sheth (1969) han sugerido considerar el acto de compra como una **actividad dirigida a resolver un problema**. Intervienen entonces en el proceso de compra el conjunto de actuaciones que permiten al comprador encontrar una solución a su problema. Se pueden distinguir cinco etapas:

— Reconocimiento del problema.
— Búsqueda de la información.
— Evaluación de las soluciones posibles.
— Decisión de compra.
— Comportamiento después de compra.

Esta visión del comprador activo se opone completamente a la del comprador pasivo, dominado por su inconsciente y desarmado frente a las acciones de la empresa y de los publicitarios. La complejidad de los procesos de decisión varía, sin embargo, en función de la importancia del riesgo y del grado de implicación del comprador.

4.1.1. Importancia del riesgo percibido

Si hay deliberación previa está claro, sin embargo, que todos los actos de compra no exigen una búsqueda sistemática de informaciones. La complejidad de la conducta resolutoria dependerá de la importancia del **riesgo percibido** asociado al acto de compra, es decir, de la incertidumbre sobre el alcance de las consecuencias de la elección a efectuar. Se identifican habitualmente cuatro tipos de riesgo o de consecuencias desfavorables percibidas por el comprador (Bauer, 1960).

— Una **pérdida financiera**, en caso de reemplazamiento o de reparación a efectuar a su cargo si el producto comprado es defectuoso.
— Una **pérdida de tiempo**, debida a las horas dedicadas a las reclamaciones, devoluciones al distribuidor, reparaciones, etc.
— Un **riesgo físico**, provocado por productos cuyo consumo o utilización pudiera presentar peligros para la salud, el entorno.
— Un riesgo **psicológico**, que refleja una pérdida de amor propio o una insatisfacción general en el caso de una mala compra.

La única manera para el comprador de reducir el riesgo percibido ante la decisión de compra, es recurrir a la información bajo diversas formas, tales como las fuentes personales (familia, vecinos, amigos), las fuentes comerciales (publicidad, vendedores, catálogos), las fuentes públicas (test comparativos, publicaciones oficiales) y las fuentes relacionadas con la experiencia (prueba, manipulación, examen del producto). Este recurso a las fuentes de información será tanto más importante cuanto más elevado sea el riesgo percibido.

Las diferentes conductas resolutorias

Enfrentados a un problema, el comprador puede adoptar tres tipos de conducta resolutoria: las conductas resolutorias limitadas, las extensivas y el comportamiento de rutina (Howard y Sheth, 1969).

— Una **conducta resolutoria extensiva** será adoptada allí donde el valor de la información y/o el riesgo percibido sean elevados. Se tratará, por ejemplo, de situaciones donde el comprador se esté enfrentando a marcas nuevas en una clase de producto nuevo para él; en este tipo de situación, los criterios de elección están a menudo mal definidos y una búsqueda profunda de información es necesaria para identificarlos.
— Una **conducta resolutoria limitada** se observará —siempre que haya riesgo percibido— cuando se trate de una o varias marcas nuevas en una clase de producto conocido, cuyos criterios de elección estén ya definidos. Se trata simplemente de verificar la presencia de los criterios en las marcas nuevas, lo que exige una búsqueda de información menos activa.
— Por último, el **comportamiento de rutina** se observará cuando el consumidor ha acumulado suficiente experiencia e información y tiene preferencias determinadas hacia una o varias marcas. Hay simplificación del proceso de elección que se vuelve rutinario y repetitivo sin búsqueda de información, hasta el momento en que una innovación o una modificación de los criterios de elección relanza el problema y provoca un proceso de complicación.

Hay que destacar que un comportamiento rutinario, sin toma de información, se observará igualmente para los productos banales, de coste unitario poco elevado y de compra repetitiva. Para estas categorías de productos, la mejor información será obtenida por la compra del producto mismo, ya que el coste de experiencia es escaso. Si el producto no da satisfacción, el consumidor tendrá cuidado de no volverlo a comprar la próxima ocasión. Siendo el coste del error poco elevado, no se justifica una búsqueda de información.

El grado de implicación del comprador

Después de algunos años, el concepto de implicación gana popularidad en la literatura del marketing. La implicación puede definirse como sigue:

«Una situación de despertar experimentada por una persona enfrentada a una decisión de consumo». (Wilkie, 1990, pág. 220.)

La implicación supone un grado de atención particular a un acto de compra en razón de su importancia o de riesgo percibido, que le está asociado. Una fuerte implicación supone un nivel elevado de deliberación anterior y una fuerte reacción afectiva, mientras que un nivel bajo de implicación se observará cuando los consumidores dediquen poca atención en el plano de la toma de información y en el plano afectivo. El concepto de implicación que recoge las clasificaciones de Howard y Sheth sobre los tipos de conducta resolutorias, es útil para analizar los comportamientos de compras, habiendo grados de implicación diferentes y para identificar el tipo de estrategias de comunicación a adoptar. Nos encontraremos el concepto de implicación en el capitulo siguiente (véase Figura 5.1).

4.1.2. Conducta resolutoria racional

Para el analista del mercado, los comportamientos de compra no son erráticos ni están condicionados por el entorno, sino que son racionales según el **principio de la racionalidad limitada**, es decir, racionales en los límites de las capacidades cognitivas y de aprendizaje de los individuos. Las hipótesis implícitas son las siguientes.

— Las elecciones por parte de los consumidores tienen lugar después de una **deliberación previa**, más o menos extensa según la importancia del riesgo percibido.
— Las elecciones se efectúan en base a la **anticipación de datos futuros** y no solamente en base a observaciones de período corto.
— Las elecciones están guiadas por el **principio de escasez generalizada**, según el cual todo acto humano, toda decisión, entraña un coste de oportunidad.

Vivimos en un entorno donde todo es escaso, no sólo el dinero y los bienes, sino también la información y sobre todo el tiempo.

Esta actuación se denomina «**conducta resolutoria racional**». El término «racional» no es utilizado aquí en oposición al término «emocional», el cual incluye implícitamente un juicio de valor sobre la calidad de la elección efectuada. Las actuaciones emprendidas serán consideradas como racionales en la medida en que haya coherencia en relación a los objetivos preestablecidos, cualesquiera que sean estos objetivos.

> El individuo que atribuye importancia al efecto de la ostentación y que está dispuesto a pagar más caro un producto de calidad equivalente, pero que le proporciona el efecto buscado, será considerado como racional por ser coherente con su comportamiento.

En otros términos, en la medida en que hay búsqueda de informaciones orientadas hacia el fin perseguido, análisis crítico y tratamiento de esta información, hay comportamiento racional, dentro de los límites de la información detentada y de la habilidad cognitiva del individuo. Lo que no excluye la existencia de otra elección «mejor».

Aquí se encuentra la noción de coherencia deseada por los economistas, con una diferencia fundamental. El consumidor es **coherente en relación a sus propios axiomas de partida**, y no en relación a un conjunto de axiomas definidos a priori, sin referencia a las situaciones concretas de información y de definición de las preferencias. El comportamiento racional no excluye, pues, cualquier forma de **comportamiento impulsivo**, si éste es adoptado de forma deliberada, ya sea por el único placer de actuar impulsivamente, ya sea por la excitación de estar enfrentado a las consecuencias de lo que no ha evaluado cuidadosamente. De hecho, la racionalidad, en el sentido en que es entendida aquí, no implica más que el recurso a una forma de método. Se podría definir como la utilización coherente de un conjunto de principios en base a los cuales son efectuadas las elecciones. Cuando una elección se realiza sin método, el comportamiento es imprevisible, errático y cualquier análisis es imposible. El marketing no niega la existencia de este último tipo de comportamiento, pero considera que es poco representativo de los comportamientos realmente observados y que, en todo caso, no constituye una base sobre la cual construir a largo plazo.

El concepto de coherencia en el comportamiento permite conciliar diferentes tratamientos disciplinares (económico, psicológico, sociológico) en el estudio del comportamiento de compra. **El marketing se interesa en el hombre real**, es decir, en el individuo con toda su complejidad, con su sistema de valores tal como se describió en el capítulo anterior. Las elecciones efectuadas en la vida real están determinadas por diversos valores. En una situación dada, un comprador puede perfectamente efectuar una elección que, por ejemplo, subestime el valor funcional para privilegiar el valor epistémico o social del bien comprado. Esta decisión será considerada como racional, porque es coherente con el sistema de valores del individuo en la situación particular (valor circunstancial).

4.1.3. El comportamiento de compra en una perspectiva macroeconómica

Los economistas han considerado durante mucho tiempo que el consumidor ajustaba su comportamiento de consumo en función de los factores inscritos en un corto período, sin referencia explícita al tiempo. Ahora bien, la observación de los comportamientos revela, contrariamente, que el consumo es por excelencia el dominio del hábito, de cierta inercia, pero también de las expectativas, predisposiciones y anticipaciones formuladas con referencia a horizontes más largos. En otras palabras, existe una **dinámica de los comportamientos**, que es importante tener en cuenta en los análisis y en las previsiones de evolución de los mercados.

Hipótesis de la renta permanente

A este respecto, es revelador el cambio de enfoque observado en la teoría macroeconómica del consumo y del ahorro, dominada hasta después de la posguerra por la teoría keynesiana. Para Keynes, el consumo total tiende a incrementarse con el aumento de la renta, pero cada incremento de renta entraña un aumento más débil del consumo. Inversamente, toda disminución de la renta suscita una disminución menor del consumo. En una economía caracterizada por un crecimiento continuo de las rentas, la **propensión media a consumir**, es decir, la parte de la renta dedicada al consumo, crece cada vez más lentamente. Una tendencia a la saturación debe lógicamente perfilarse. Esta evolución transcurrirá en un corto período debido a la pasividad de los consumidores que tendrían tendencia a conservar sus viejos hábitos de consumo (Keynes, 1936, págs. 96-97). Frente a una economía en crecimiento, la demanda tendría tendencia a estancarse en los niveles de consumo anteriormente alcanzados, en lo que concierne a los productos tradicionales, y a rechazar el consumo de nuevos bienes. Keynes estima que esta función de consumo es igualmente válida en un período largo, lo que le induce a formular una **hipótesis de estancamiento secular** ampliamente aceptada en los años cuarenta y a sugerir el apoyo del crecimiento económico por la vía del gasto público.

Las verificaciones econométricas relativas a esta función de consumo, y principalmente los trabajos de Kuznet (1946) en Estados Unidos, han contradicho la teoría keynesiana y han demostrado que en un período largo la propensión a consumir era constante. La no verificación de la hipótesis de saturación general ha conducido a ciertos economistas a cuestionar las hipótesis básicas de la función keynesiana de consumo. El resultado de estos esfuerzos es esencialmente la **teoría de la renta permanente**, debida a Friedman (1957), que sitúa los comportamientos de consumo en otra perspectiva.

Friedman admite como Keynes que el nivel de consumo va unido al nivel de renta. Establece, sin embargo, una doble separación entre la renta permanente y transitoria, por una parte, y el consumo permanente y transitorio, por otra. Para Friedman, la renta y el consumo observados no son dos magnitudes homogéneas más que en apariencia. Estas magnitudes deben ser divididas conforme al esquema siguiente:

Renta observada = Renta permanente + Renta transitoria

Consumo observado = Consumo permanente + Consumo transitorio

La renta permanente es la renta considerada como normal para el individuo. Se define de la manera siguiente:

> «El flujo de rentas constante que tendría exactamente el mismo valor actualizado que el flujo variable de los recursos esperados por el individuo a lo largo de su horizonte de planificación» (citado por Planchon, 1974, pág. 66).

Se puede pensar que la renta permanente está constantemente creciendo. La renta transitoria se deduce de las variaciones ocasionales de la renta (coyuntura, regalo, herencia, dividendos, etc.). La renta permanente está basada, no en datos pasados, sino en una anticipación de la renta para un cierto período de tiempo. La renta transitoria, por su parte, no juega más que en un período corto. A largo plazo, en efecto, los elementos susceptibles de acrecentarla juegan un sentido inverso y deben anularse.

Friedman estima que no habrá una relación entre renta y consumo más que en el caso preciso en que el aumento de la renta resulte de un aumento de la renta permanente. No habrá, en cambio, ninguna relación entre las dos variables si el aumento de renta es debido a un aumento de la renta transitoria. Las verificaciones econométricas realizadas en diversos países han confirmado esta hipótesis y han demostrado que el aumento del consumo es proporcional al aumento de la renta permanente y que, por tanto, se puede admitir la hipótesis de estabilidad de la propensión media a consumir, al menos a largo plazo.

En los 13 principales países europeos de la OCDE, por ejemplo, la tasa de ahorro de las familias expresada en porcentaje de la renta neta disponible (BIS, 1990, 60 gésimo Informe pág. 36) ha evolucionado como sigue:

1960-74: 8,6 % 1975-79: 9,8 % 1980-89: 8,8 %

Hay que subrayar que el paralelismo de evolución ha subsistido a pesar de los cambios importantes en el crecimiento del poder de compra, ya que, antes de 1973, se tenía una tasa de crecimiento de la renta o del consumo del orden del 5 al 6 por 100 por año, mientras que, a partir de 1974, ha caído a valores del orden del 3 por 100 por año o incluso menores. Hace falta, además añadir que en los años ochenta una tendencia decreciente ha sido observada para las tasas de ahorro de las familias en los principales países industrializados (BBL, Bulletin financier, septiembre-octubre 1989).

El comprador visto como un agente de decisión activo

La teoría de la renta permanente es interesante desde el punto de vista que nos ocupa, debido a las hipótesis de comportamiento de consumo en las cuales se apoya la teoría. En efecto, está demostrado que no son las variaciones de la renta corriente, registradas a corto plazo, las que afectan de forma significativa la manera en que los individuos rigen la asignación de sus recursos. En realidad, todo ocurre como si los consumidores ajustaran sus comportamientos de consumo y de ahorro no en función de azares inmediatos, sino más bien en función de su estrategia de carrera personal, de los acontecimientos familiares que se anticipan (boda, nacimiento, independización de los hijos, jubilaciones) y de la forma en que perciben la evolución probable de su patrimonio.

> «Por primera vez en la teoría económica neoclásica, el consumidor no está representado como un ser relativamente pasivo, en el que la actividad se limita a una serie de arbitrajes puntuales y fuera del tiempo entre elecciones esencialmente materiales, sino como un individuo cuya racionalidad también integra decisiones intertemporales, fundadas en anticipaciones de datos futuros. El consumidor

está asimilado a un agente económico enteramente, capaz de elección y de arbitrajes racionales superando la esfera reducida de las elecciones estrictamente comerciales y monetarias» (Lepage, 1982, pág. 15).

Es interesante subrayar la convergencia de puntos de vista entre el análisis del proceso de compra individual por los teóricos del comportamiento, por una parte, y el análisis macroeconómico de los comportamientos conjuntos de consumo, por otra. Las dos vías conducen a la misma visión del consumidor: **un agente de decisión activo**, que efectúa sus elecciones de consumo en base a una deliberación previa y en base a anticipaciones cuyo horizonte se extiende a varios períodos.

4.2. EL COMPRADOR, PRODUCTOR DE SATISFACCIONES

Hemos visto en el Capítulo 3 que el individuo utiliza los bienes para satisfacer sus necesidades y deseos, los cuales son la expresión de sus orientaciones motivacionales básicas. Recordemos que es importante no limitar aquí la noción de bien o de producto sólo a los objetos físicos. Toda entidad que pueda proporcionar una satisfacción puede ser denominada un bien. Esto incluye personas, ideas, organizaciones, servicios, y no solamente objetos.

En su búsqueda del bienestar, el consumidor se comporta como un individuo confrontado a un problema de decisión e interviene activamente para resolverlo. La nueva teoría económica del comportamiento del consumidor, debida principalmente a Abbott (1955), Becker (1965) y Lancaster (1966), constituye el marco conceptual sobre el que se apoya el marketing estratégico. Esta teoría describe el consumo como una actividad en la que los bienes, seleccionados por el individuo, son utilizados, solos o en combinación, con el fin de «producir» servicios a partir de los cuales se deriva la utilidad. Desde esta perspectiva, los bienes son considerados como conjuntos de características, o **conjuntos de atributos**, y el consumidor como un productor de satisfacciones finales.

Esta noción de producto considerado como un conjunto de atributos es completamente básico en el planteamiento del marketing estratégico. Las ideas fundamentales de este modelo multiatributo son simples, pero particularmente fecundas; constituyen el fondo teórico sobre el cual reposan el proceso de segmentación por ventajas buscadas (Haley, 1968) y de posicionamiento, así como las políticas de producto que resultan (Ratchford, 1975).

4.2.1. El concepto de producto multiatributos

En su comportamiento de compra, el consumidor está motivado por la búsqueda de experiencias gratificantes, de satisfacciones. La idea central de la gestión marketing está en considerar que **lo que el comprador busca no es**

el bien, sino el servicio que el bien es susceptible de prestar. Esta idea simple, que está en la base del enfoque de marketing, tiene implicaciones en la política de producto. El alcance práctico de la noción de producto-solución aparecerá más claramente a la luz de las proposiciones siguientes:

Proposición 1. Las elecciones del comprador descansan, no sobre el producto, sino sobre el servicio que el consumidor o comprador espera de su uso.

Es evidente que un consumidor no compra un automóvil en sí mismo, sino por el servicio o la función básica que ejerce, a saber, el transporte individual autónomo. Encontramos aquí la distinción entre necesidad genérica y necesidad derivada vista en el capítulo precedente; una no es saturable, la otra lo es debido principalmente al progreso tecnológico. En la definición de su misión, la empresa tiene interés en delimitar su mercado de referencia en relación a la necesidad o a la función buscada, antes que en relación a una tecnología concreta.

> La regla de cálculo ha desaparecido prácticamente del mercado, pero la necesidad de cálculo está inalterada; actualmente está mejor resuelta por las calculadoras. Igualmente, los circuitos integrados ejercen hoy, de una forma más eficiente, las mismas funciones que las ejercidas no hace tanto tiempo por las válvulas y los transistores.

Esta primera proposición milita, pues, en favor de una **orientación «mercado»**, antes que en una orientación «producto» u «oficio», con el riesgo de miopía que esta última implica, como se ha visto en el capítulo primero de esta obra.

Proposición 2. Productos diferentes pueden responder a una misma necesidad.

Para satisfacer una necesidad o ejercer una función, el comprador tiene generalmente la posibilidad de acudir a productos diferentes.

Por ejemplo, la función básica buscada, decoración interior de la vivienda, puede ser desempeñada por al menos tres tipos de producto: el papel pintado, la pintura y el mural textil.

Los productos sustitutivos forman parte del mercado de referencia y pueden, a veces, provenir de horizontes tecnológicos muy alejados entre ellos. Es el análisis de los usos el que permitirá identificar la gama de productos susceptibles de ser utilizados por el comprador para desempeñar una función. La vigilancia del entorno tecnológico es, por tanto, esencial.

Proposición 3. Todo producto es un conjunto de atributos o de características.

Cada bien, ya se trate de un producto o de un servicio, tiene una utilidad funcional de base —**el servicio básico**— a la cual pueden añadirse **servicios suplementarios** o utilidades secundarias de naturaleza variada, estéticas, sociales, culturales, etc., que mejoran o completan el servicio básico.

Así, un dentífrico tiene como función básica la respuesta a la necesidad de higiene dental, pero puede también aportar una o varias utilidades suplementarias tales como la prevención de las caries, un gusto agradable, etc. De la misma forma, un modelo de coche puede tener una característica de flexibilidad de uso que, por ejemplo, favorece la utilización del vehículo tanto para fines profesionales como para tiempo libre.

Estas utilidades suplementarias, o **servicios añadidos**, pueden ser objetivos o incluso simplemente perceptuales; en este último caso, resultan de una imagen de marca o de posicionamiento publicitario que crea, por ejemplo, un efecto de ostentación o de estima. Algunos grupos de compradores pueden preferir una marca por el solo hecho de la presencia de estas características distintivas apreciadas como importantes por ellos, y tanto más cuanto, en la mayoría de los casos, la función básica aparece también en la de todos los competidores. En este tipo de situación, son entonces las características secundarias las que pueden jugar un papel decisivo en la formación de las preferencias. Una empresa puede, pues, elegir posicionarse en relación a una u otra de estas características buscadas, y dirigirse así a un grupo concreto de compradores.

Proposición 4. Un mismo producto puede responder a necesidades diferentes.

Debido a la existencia de atributos múltiples en un producto, se deduce que en un mismo bien pueden aparecer las necesidades diferentes de grupos distintos de compradores, y desempeñar así diferentes funciones básicas. Este hecho es observado frecuentemente en los productos industriales que, al contrario de los productos de consumo, tienen a menudo un gran número de usos diferentes. Es el caso, por ejemplo, del acero inoxidable, motores eléctricos, productos derivados del petróleo, etc. En un campo más próximo a los bienes de consumo, los microordenadores satisfacen las necesidades diferentes de varios grupos de usuarios: el cálculo científico, el tratamiento de texto, los juegos de vídeo, la gestión de una P.Y.M.E, etc. A cada grupo de usuarios corresponde entonces una función principal diferente y, por tanto, un producto mercado diferente.

Levitt (1985, págs. 85-90) ha establecido una distinción entre las nociones de producto genérico, producto esperado, producto aumentado y producto potencial, que se aproxima a las ideas expresadas aquí.

— El **producto genérico** es la ventaja esencial aportada por el producto, es decir, el servicio básico o el valor funcional.
— El **producto esperado** se compone de todo lo que acompaña normalmente al producto genérico (plazos de entrega, servicios, imagen).
— El **producto aumentado** es lo que se ofrece además por el vendedor y que constituye una cualidad distintiva en relación a la competencia.
— El **producto potencial** se compone de todo lo que es potencialmente realizable para atraer y mantener al cliente.

Encontramos aquí la noción de producto, vista como un grupo de atributos. Las estrategias de **segmentación funcional** —o *benefit segmentation* (Haley, 1968)— consisten entonces en buscar sistemáticamente conjuntos nuevos de atributos para los cuales no existe oferta competitiva en el mercado, pero que satisfacen las expectativas de un grupo específico de compradores, suficientemente importante para justificar el lanzamiento de un producto o de una marca adaptadas a sus necesidades. Una estrategia de segmentación se apoya inicialmente en la identificación de las ventajas buscadas por los diferentes grupos de compradores, continuando después con la elaboración y el desarrollo de conceptos de productos destinados a solucionar las expectativas específicas del grupo de compradores elegido como objetivo.

Varias metodologías de análisis han sido desarrolladas, teniendo por objetivo, hacer operativa la noción de producto considerado como un «conjunto de atributos». En el ámbito de los bienes de consumo, el método más utilizado es el **método del análisis conjunto** (Green y Wind, 1975) que permite medir el valor o la utilidad que asocia el comprador potencial a cada una de las características o atributos del producto interviniendo en diferentes niveles. En base a estas informaciones, la empresa puede así determinar qué combinación de características dar al producto de forma que maximice su mercado potencial. Estos métodos serán examinados más detenidamente en los Capítulos 5 y 10.

4.2.2. El dilema «productividad-diversidad»

La noción de producto multiatributo es, pues, importante para comprender las estrategias de segmentación y la proliferación de productos y de marcas que de ello resultan. En las economías industrializadas, la **lógica del marketing** se apoya en la intensificación de las necesidades de novedad y de cambio y en la personalización creciente de los comportamientos. En el límite, la lógica del marketing conduce a una diversidad de productos comparable a la diversidad de las necesidades del mercado, sugiriendo el desarrollo de productos hechos a medida, en función de las preferencias personales.

Hay, sin embargo, un límite evidente a este fenómeno de segmentación, que está impuesto por la **lógica de la producción**. Multiplicar los modelos de un mismo producto con el fin de satisfacer la diversidad de las necesidades compromete la productividad del sistema de producción, reduciendo las economías de escala provocadas por la producción en masa. Este **dilema «productividad-diversidad»** puede encontrar su solución en las nuevas tecnologías de fabricación, tales como los sistemas de producción flexible, la producción asistida por ordenador, la robótica, las concepciones nuevas de productos... (Tarondeau, 1982), que permiten de forma creciente conciliar estas dos exigencias de una gestión eficiente. Es por este tipo de problema por lo que la gestión de la interacción «marketing I+D producción» adquiere toda su importancia.

4.2.3. La función de producción doméstica

La noción de producto-servicio pone de manifiesto el hecho de que las preferencias de los compradores descansan directamente en las satisfacciones procuradas por los bienes; estas satisfacciones proporcionan un nivel global de utilidad. Escrito formalmente, la función de utilidad del comprador j, denominada U_j, se presenta como sigue:

$$U_j = U_j[S_{1j}, S_{2j}, ..., S_{ij}, ..., S_{nj}] \qquad (1)$$

donde las S_{ij} representan las cantidades de satisfacción i. La teoría económica no precisa, como se ha visto, la naturaleza de estas satisfacciones; para el economista, son simplemente reveladas por las elecciones efectuadas. El examen de las aportaciones de las teorías de la motivación humana nos ha permitido identificar en el capítulo precedente tres orientaciones motivacionales generales que dan cuenta de una gran diversidad de los comportamientos. Son, por tanto, estas satisfacciones buscadas por los individuos las que el marketing considera, cuando se refiere a la función de utilidad del consumidor. Se tendrá, pues,

$$U_j = U_j \text{ (confort, placer, estimulación)} \qquad (2)$$

El consumidor busca en el mercado bienes, defensivos y positivos, que le permitan maximizar esta función de utilidad. Del mismo modo, la empresa se esforzará en desarrollar en su política de producto bienes generadores de satisfacciones buscadas por el mercado, lo que le permitirá alcanzar de la mejor manera posible sus propios objetivos.

Son los servicios procurados por los bienes los que constituyen el objeto de las satisfacciones buscadas por el individuo consumidor, y éste interviene activamente en esta búsqueda, guiado por sus motivaciones básicas. La teoría de la producción doméstica, debida esencialmente a los trabajos de Becker (1965) y de Lancaster (1966), se apoya en estas dos ideas y propone una conceptualización del comportamiento de compra, en la que el consumidor es asimilado a un agente económico que produce él mismo sus propias satisfacciones finales, combinando el tiempo y los bienes comprados. La originalidad de la teoría es haber integrado en el análisis de la elección individual la consideración del tiempo (t) como factor escaso al mismo nivel que los otros inputs de la función de producción.

Hemos visto que las preferencias descansan en las satisfacciones que proporcionan un nivel general de utilidad. Retomemos la expresión (1),

$$U_j = U_j[S_{1j}, S_{2j}, ..., S_{ij}, ..., S_{nj}]$$

Las satisfacciones buscadas son propias del individuo j y son múltiples. Estas satisfacciones son producidas por el propio consumidor, a partir de una serie de actividades personales de producción —el comportamiento de compra— que implican la utilización de bienes comprados (x), pero también del tiempo personal (t). La eficacia productiva de esta actividad de producción doméstica depende de factores personales y de situación (E), tales como la competencia del individuo, sus capacidades cognitivas, la función de producción doméstica correspondiente a la satisfacción particular buscada S_i por el individuo j, denominada S_{ji}, será, pues,

$$S_{ij} = S_{ij}[x_1, x_2, ..., t, E] \tag{3}$$

donde:

x = bien comprado
t = tiempo personal
E = factores de situación

En esta expresión, los bienes y el tiempo personal no son más que datos de entrada, «inputs», es decir, medios de producción al mismo nivel que las materias primas en una función de producción industrial.

> Así, la producción de una comida tendrá por objeto la obtención de una satisfacción culinaria y necesitará la utilización de productos alimenticios en cantidades diversas (las x) y del tiempo, a la vez para las compras, la preparación, el consumo propiamente dicho de la comida, la limpieza, etc. Las variables E pueden representar principalmente el capital de competencia culinaria de la cocinera, la presencia de amigos que comparten la comida y aumentan por ello la satisfacción del consumidor, la modificación eventual de la tecnología culinaria» (Rosa, 1977, pág. 164).

Es de destacar en este ejemplo que esta comida puede engendrar, además de la satisfacción culinaria, otros tipos de satisfacciones: una satisfacción intelectual, por ejemplo, por el hecho de la calidad de la conversación mantenida con ocasión de la comida. Algunos participantes pueden, por otra parte, ser mucho más sensibles a esta satisfacción que a la satisfacción culinaria. Encontramos aquí la idea de que un mismo bien puede satisfacer necesidades diferentes y que los individuos buscan satisfacciones diferentes en un mismo bien.

Según la teoría, el consumidor buscará maximizar la función de utilidad, bajo las restricciones de su presupuesto monetario y de su presupuesto de tiempo. La restricción del presupuesto monetario del individuo j se presenta como sigue,

$$R = \sum_{i=1}^{n} p_i \cdot x_i \tag{4}$$

donde R es la renta monetaria y p el precio del bien i en el mercado. La restricción exige que el conjunto de gastos monetarios implicados con la compra de los bienes i no debe sobrepasar la cantidad de la renta monetaria individual global adquirida bajo la forma de salario o de otros ingresos.

La consideración del factor tiempo se apoya en la idea de que el **tiempo es el más escaso de nuestros recursos**, porque es perfectamente inextensible. Por esto, el tiempo no es gratuito, en el sentido de que el tiempo inmovilizado por las actividades de producción doméstica no está disponible para otras actividades, ya se trate de actividades de ocio o de trabajo. Hay un **coste de opción**. Cuando el consumidor dedica el tiempo al consumo, él se costea la posibilidad de hacer otra cosa. Los economistas miden este coste de opción, o **coste de oportunidad**, por la renta sacrificada por unidad de tiempo consumido, es decir, por el salario al cual el individuo podría aspirar en el mercado de trabajo, teniendo en cuenta sus competencias.

Sea T el tiempo total disponible (24 horas al día), la restricción del presupuesto tiempo puede describirse como sigue:

$$T = t(w) + \sum_{i=1}^{n} t_i \qquad (5)$$

donde $t(w)$ es el tiempo de trabajo fuera del hogar e (i) los diferentes tiempos de «no trabajo» dedicados al ocio y a la producción doméstica. El total del tiempo dedicado a cada una de estas actividades no puede sobrepasar el conjunto del presupuesto tiempo. El consumidor j buscará, pues, maximizar la función de utilidad siguiente,

$$U_j = U_j[S_{1j}(x, t, E), S_{2j}(x, t, E)] \qquad (6)$$

bajo las restricciones (4) y (5) anteriores.

Las satisfacciones introducidas en la función de utilidad pueden ser muy variadas; dependen de las motivaciones del individuo, pero también del valor del tiempo para él y de su capacidad de generar más o menos eficazmente las satisfacciones buscadas. Ningún juicio de valor se efectúa sobre la naturaleza de las satisfacciones buscadas. El **marketing es pluralista** en su enfoque, en el sentido de que es respetuoso con la diversidad de gustos y preferencias, con la única reserva de su respeto a algunas restricciones impuestas por el entorno social, político, moral, y que resultan de las elecciones hechas por la sociedad.

La introducción del factor tiempo en la función de producción doméstica facilita la interpretación de los comportamientos de consumo observados, principalmente en las sociedades opulentas.

«Cuando en una economía la renta *per cápita* aumenta en relación al volumen disponible de bienes (debido a la productividad creciente del trabajo), el valor del tiempo aumenta también en relación al valor de estos bienes. El aumento del valor relativo del tiempo entraña entonces efectos de sustitución en la función de producción doméstica, en el sentido de que el consumidor es incitado a mostrarse más economizador de su tiempo» (Rosa, 1977, pág. 165).

Si continuamos la analogía con la producción, es en efecto racional, para un productor, economizar un recurso más costoso y modificar el proceso de fabricación, de manera que obtenga el mismo producto final utilizando menos el recurso cuyo coste relativo ha aumentado. De la misma manera, el consumidor buscará establecer sus preferencias por medios que necesiten menos inversión en tiempo.

«Se explica así la demanda de medios de transporte cada vez más rápidos en los países ricos. Numerosos servicios, como los de los expertos fiscales, médicos, profesores, mecánicos, libros de cocina, alimentos congelados, aspiradores y televisión, permiten ganar tiempo. De manera general, como el precio de los bienes disminuye en relación al tiempo, el consumidor moderno utiliza más bienes por unidad de tiempo» (Rosa, 1977, pág. 166).

Contrariamente a lo que algunos sugieren, esta tendencia a la acumulación de objetos, sin embargo, no es inevitable, en el sentido de que se trata siempre de elecciones individuales y que otros modos de consumo son posibles. En el límite, el individuo que elige vivir en estado de ataraxia, sin recurrir a los objetos, dándose a la meditación y a la contemplación, tendrá una función de producción doméstica, donde sólo figurarán los factores de situación (E) y el factor tiempo (t).

El marco conceptual propuesto es, pues, de una gran generalidad y constituye el **fundamento de una teoría de las elecciones individuales**, susceptible de dar cuenta de un gran abanico de comportamientos, yendo del materialismo más acusado a la frugalidad extrema. Las diferencias observadas en los comportamientos reales de los individuos reflejan simplemente la diferencia en las motivaciones y en las escalas de valor personales. A título de conclusión de esta sección, tomaremos de Abbott (1955) el texto siguiente:

«Lo que los individuos buscan, en definitiva, son experiencias gratificantes. Lo que es considerado como gratificante es una cuestión de elección individual. Esto varía según los gustos, las normas, las creencias y los objetivos, y éstos varían mucho según las personalidades individuales y el entorno cultural. Tenemos aquí la base de una teoría de la elección suficientemente general para adaptarse tanto a las culturas asiáticas como a las culturas occidentales, a los no conformistas como a los esclavos de las convenciones, a los epicúreos, a los estoicos, a los cínicos, a los juerguistas, a los fanáticos religiosos, al «bueno-para-nada» como al gigante intelectual.» (Abbott, 1955, pág. 41).

El individuo consumidor es considerado como un ser que tiene sus propios objetivos y su propia escala de valores, lo que no significa que no esté influido por las informaciones procedentes de su entorno cultural, social y político.

4.3. MODELIZACION DEL CONCEPTO PRODUCTO MULTIATRIBUTO

Se ha visto anteriormente que un producto, o una marca, visto desde el punto de vista del comprador, puede definirse como un conjunto específico de atributos que aporta al comprador, no únicamente el servicio básico propio de la clase de producto, sino también un conjunto de servicios secundarios, necesarios o añadidos, que constituyen elementos distintivos entre marcas, susceptibles de influir las preferencias de los compradores. El conjunto de estos servicios aportados constituye un conjunto de atributos del cual se describirán aquí los componentes para desembocar después en una conceptualización formal (un modelo) de esta noción.

4.3.1. El servicio de base

El servicio de base aportado por una marca se corresponde **con la utilidad funcional de la clase de producto**; es la ventaja básica o genérica aportada por cada una de las marcas que forman parte de la categoría de producto.

Para un compresor, el servicio de base es la producción de aire comprimido; para un dentífrico, la higiene dental; para un reloj, será la medida del tiempo; para una compañía aérea, el transporte de París a Nueva York; para el papel pintado, la decoración interior de la vivienda, etc.

Esta noción es importante porque incita a la empresa a estudiar su mercado con la mirada del comprador y no desde el punto de vista del experto o del técnico con el riesgo de miopía que implica.

Como se ha señalado anteriormente, el servicio de base define el mercado de referencia al cual se dirige la empresa en razón a los siguientes hechos:

— Lo que el comprador busca no es el producto como tal, sino el servicio de base procurado por el bien.
— Productos tecnológicamente muy diferentes pueden aportar el mismo servicio de base al comprador.
— Las tecnologías son movedizas y sufren cambios rápidos y profundos, mientras que las necesidades a las que responde el servicio de base permanecen estables.

La empresa tiene, pues, interés en definir su **mercado de referencia** en relación al servicio de base aportado, antes que en relación a una tecnología concreta, con objeto de delimitar con precisión el conjunto de soluciones evocadas por los compradores cuando se enfrentan a un problema de elección.

Todas las marcas que pertenezcan a un mismo mercado de referencia aportan al comprador el servicio de base buscado de manera que tienden a uniformarse en la medida que los rendimientos tecnológicos se equilibren bajo el efecto de la competencia y de la difusión del progreso tecnológico. Por esto, en un número importante de mercados, el servicio de base es frecuentemente en sí un criterio de elección poco determinante; más discriminante será la manera en que es producido el servicio de base.

4.3.2. Los servicios suplementarios

Además de la utilidad funcional de base, una marca aporta un conjunto de otras **utilidades o servicios suplementarios**, secundarios en relación al servicio de base, pero cuya importancia puede ser decisiva cuando los resultados entre marcas competidoras se equilibran. Estos servicios suplementarios pueden ser de dos tipos: servicios «necesarios» y servicios «añadidos».

Los **servicios necesarios** se identifican con las modalidades de producción del servicio de base (confort, economía, ausencia de ruido) y a todo lo que acompaña normalmente al servicio de base (embalaje, entrega, modalidades de pago, servicio post-venta).

> Los compresores Atlas-Copco *oil-free* que producen el aire comprimido, libre de toda partícula de aceite; las marcas de automóviles japoneses son conocidas por su elevada fiabilidad; la facilidad de uso de los micro-ordenadores Apple es muy grande; el diseño de los productos Bang y Olufsen es extraordinario; los relojes Swatch, por la variedad de sus diseños, creando un atributo nuevo, el reloj objeto de moda, etc.

Los **servicios añadidos** son utilidades no ligadas al servicio de base, ofrecidas además por marca y que, de hecho, representan un elemento distintivo importante.

> Singapur Airlines ofrece la gratuidad del cine y de las bebidas a bordo en clase *Economy*; algunas marcas de automóviles que incluyen el equipo de radio en su precio de base; tarjetas de crédito que dan derecho a condiciones favorables en hoteles; etc.

Estos servicios suplementarios, necesarios o añadidos, constituyen los atributos que, **generadores de satisfacciones para el comprador**, pueden ser muy diferentes según las marcas y así ser utilizados como criterios de elección. Se observa, además, que diferentes compradores pueden atribuir grados de importancia diferentes a la presencia de algunos atributos.

Un producto o una marca puede, pues, definirse como siendo un conjunto de atributos que generan, de manera específica, el servicio de base y los servicios suplementarios, necesarios o añadidos, cuya importancia y grado de presencia pueden ser percibidos de maneras diferenciadas por los compradores. Hay que destacar que toda marca posee al menos una característica única (generalmente más de una) simplemente el nombre de la marca. La percepción global de una marca por el comprador constituye entonces lo que se denomina comúnmente **«la imagen de marca»**.

4.3.3. Modelización de la marca, «conjunto de atributos»

En base a las consideraciones generales que preceden, se puede modelizar esta noción de marca, conjunto de atributos, de manera que pueda dársele un contenido empírico y verificar a continuación en qué medida esta representación de las percepciones de los compradores refleja fielmente la realidad y constituye, desde ese momento, un indicador de antemano fiable de los comportamientos de compra reales.

Características objetivas	Atributos	Evaluación de los atributos		Utilidades parciales	Utilidad total
		Importancia	Presencia		
...C_{1i}... ...C_{2i}... ... ...C_{ni}...	A_1 A_2 ... A_n	W_1 W_2 ... W_n	X_1 X_2 ... X_n	u_1 u_2 ... u_n	U
Realidad	Conjunto de atributos	Prioridades	Percepciones	Valores	
Ficha técnica	Estudio exploratorio	Escala proporción	Escala intervalos	Modelo de integración	

Figura 4.1. Modelización del concepto del producto multiatributo.

Los diferentes elementos constitutivos del modelo de percepción de una marca están reproducidos en la Figura 4.1. La integración de estos elementos desemboca en una medida de la utilidad global percibida de una marca por un comprador determinado. Esta utilidad global puede interpretarse como un determinante de la probabilidad de compra de la marca por el comprador.

Retomemos sistemáticamente los diferentes elementos constitutivos de la percepción global de una marca o de un producto por un individuo. Los desarrollos que siguen se apoyan esencialmente en los trabajos teóricos de Rosenberg (1956) y de Fishbein (1967).

La noción de atributo

Por «atributo» se entiende la ventaja buscada por el comprador; es el atributo que «genera» el servicio, la satisfacción y que, como tal, es utilizado como un criterio de elección.

> Refiriéndose a los ejemplos precedentes, serían el «diseño» de un reloj, la «fiabilidad» de un automóvil, el «diseño» de un televisor, «el efecto de prestigio» de un producto de confección, la «pureza del aire comprimido» producido por un compresor, etc.

Como se ha indicado anteriormente, los atributos tenidos en cuenta por el comprador son generalmente múltiples. La evaluación global de la marca se apoya en un proceso de integración de las evaluaciones de cada atributo. Estos atributos pueden ser atributos funcionales (potencia, confort), pero también atributos perceptuales, afectivos, estéticos.

Se denominan **atributos «determinantes»**, los atributos que permiten discriminar entre las marcas. Un atributo presente también en las marcas comparadas no permite diferenciarlas y desde ese momento no puede ser determinante en la elección (Myers y Alpert, 1976).

> El precio es siempre un criterio importante, pero no necesariamente determinante cuando, por ejemplo, todas las marcas se venden exactamente al mismo precio.

Es necesario evitar definir los atributos de manera demasiado general, la ventaja buscada puede tener varias dimensiones. El atributo «economía», por ejemplo, es un atributo a menudo citado por los compradores potenciales, pero este criterio es demasiado vago y puede combinar en realidad otros atributos.

> Para un automóvil, la ventaja economía puede resultar de al menos tres microatributos: el bajo precio de compra, la economía de uso y la economía de mantenimiento.

Las marcas pueden ser evaluadas de manera diferente para cada uno de estos microatributos, importa, pues, considerarlos separadamente.

Sucede lo mismo con el atributo «calidad», un **macroatributo** que cubre un gran número de dimensiones. Un atributo es en realidad una variable discreta, es decir, que es susceptible de tomar valores distintos que reflejan el grado de presencia del atributo en la marca evaluada. Se habla entonces del **nivel de un atributo**. Cada marca constituye un conjunto específico de atributos, cuya especificidad se basa en que los atributos están presentes a unos niveles determinados.

Las características objetivas

Es el antecedente del atributo. Son las características, principalmente técnicas, las que producen el atributo o la ventaja buscada. Constituyen la ficha técnica de una marca. Generalmente, varias características objetivas intervienen para producir la ventaja o el atributo.

> El atributo «confort» de un automóvil resulta de la presencia de diversas características: la suspensión independiente «cuatro ruedas», la amplitud del interior, la estructura de los asientos, etc. Asimismo, lo que constituye la «conveniencia» de un supermercado, no es únicamente su localización, sino también su facilidad de acceso, la capacidad del aparcamiento, el tiempo de espera en las cajas, etc.

Si la evaluación tiene por objeto las **características objetivas**, interesa evitar las redundancias, estando algunas características unidas entre ellas.

> La «potencia» de un automóvil se debe a la cilindrada, lo que contribuye a aumentar su peso y su tamaño; estas características están, pues, intercorrelacionadas y un juicio emitido sobre una característica permite evaluar otra.

En general, el comprador potencial se interesa poco por las características objetivas, salvo cuando contribuyen a reforzar el rendimiento de la marca en la producción de una de las ventajas buscadas o a aumentar la credibilidad de la realización de este rendimiento. Según el método utilizado, las evaluaciones de los entrevistados pueden, no obstante, referirse a los atributos o a las características.

> La pantalla de plasma de un micro-ordenador portátil es una característica técnica que contribuye al confort del usuario; la presencia del flúor en un dentífrico contribuye a reforzar la credibilidad de la función «prevención de la caries»; la presencia del logotipo de un gran modisto es suficiente para crear un efecto de prestigio o de ostentación buscados por algunos grupos de compradores.

El conocimiento de las necesidades de los compradores es entonces un estímulo importante para investigación y desarrollo (I + D). Su función es investigar las características técnicas que permitan encontrar las expectativas del mercado aún no satisfechas o mejorar el rendimiento de los productos existentes, dando así una ventaja competitiva a la marca innovadora.

> El ejemplo de Gore-Tex es llamativo a este respecto. Se trata de una membrana microporosa de PTFE expandido, utilizada princi-

palmente en la confección de ropa deportiva. Es un tejido permeable a la transpiración que no deja pasar ni la lluvia ni el viento y que asegura por esto al usuario un nivel de confort superior al de otra materia. El tema publicitario utilizado por las marcas es: «ropa impermeable y que respira como vuestra piel».

Principalmente es en la etapa de la concepción del producto y en la búsqueda de cualidades distintivas para la marca donde será importante la interrelación entre la Investigación y el Desarrollo y el marketing estratégico.

La evaluación por los compradores de los atributos o de las características se apoya en dos tipos de consideraciones: la importancia experimentada de los atributos y su grado de presencia percibida en la marca evaluada.

La importancia de los atributos

No todos los atributos tienen la misma importancia a los ojos del comprador. **La importancia de un atributo** para un individuo refleja los valores o las prioridades que este individuo reserva a cada una de las ventajas aportadas por la marca, considerando que está dirigido necesariamente a efectuar arbitrajes entre las ventajas buscadas.

Toda persona razonable desea obtener lo máximo por lo mínimo: el mejor servicio, el mejor rendimiento, pero también el precio más ventajoso, el mínimo de desplazamiento, una información completa, etc. Considerando que estos objetivos son generalmente inconciliables, el individuo es llevado a tener que hacer elecciones y a decidir lo que, en definitiva, es lo más importante para él y teniendo en cuenta que la información detentada es siempre imperfecta.

El conocimiento de las prioridades detentadas por algunos grupos de compradores permite a las empresas desarrollar marcas que constituyen conjuntos de atributos concebidos para coincidir con las expectativas específicas de estos compradores.

— Bang y Olufsen ofrece productos destinados a compradores particularmente sensibles a la estética y dispuestos a pagar el precio.
— La marca de dentífrico Fluocaril pone el acento en la función de prevención de las caries y se dirige a los consumidores sensibles a los argumentos de la prevención sanitaria.
— Los compresores Atlas-Copco «*oil-free*» están particularmente bien adaptados a las actividades de producción en las que la pureza del aire producido es importante (productos farmacéuticos, textiles finos).
— El diseño de los relojes Swatch es apreciado por los compradores sensibles a la moda.

Las medidas de importancia de los atributos permiten, pues, a las empresas practicar **estrategias de segmentación**, cuyo objetivo es reflejar lo mejor posible la diversidad de necesidades y evitar de esta forma a los compradores tener que contentarse con productos de rendimiento medio en cada uno de los atributos.

Los compradores son capaces de conceptualizar la importancia que ellos conceden a los atributos y comunicar esta convicción en las encuestas. Idealmente, el grado de importancia de un atributo se mide en una «escala de proporción» (un número comprendido entre 0 y 100); cuando el número de atributos es muy elevado, la tarea llega a ser difícil para el entrevistado y se recurrirá más bien a una «escala de importancia» de 10 puntos, con o sin soportes semánticos.

El grado de presencia percibido de un atributo

Un atributo puede ser considerado como muy importante por un comprador, pero también no ser percibido como muy bien representado en una marca determinada. Las medidas de importancia deben, pues, ser completadas por medidas del grado de presencia percibido de los atributos.

Las percepciones de los individuos son selectivas y relativas. **Selectivas**, porque la atención es selectiva, los individuos tienen tendencia a filtrar las informaciones a las cuales están expuestos; algunos elementos son retenidos porque responden bien a las convicciones del momento; otros son deformados cuando están en contradicción con el marco de referencia establecido, otros, en fin, son rechazados por inquietantes o simplemente molestos (Pinson, et al. 1988). Las percepciones son **relativas** además, porque las experiencias y las expectativas de los individuos son variadas y que, consecuentemente, el grado de presencia de los atributos se percibe distintamente.

Los individuos tienen, pues, las percepciones sobre la presencia de los atributos en las marcas. Estas percepciones pueden apoyarse en la experiencia, las informaciones recogidas, las opiniones de amigos o vecinos, la publicidad, las impresiones puramente personales. En definitiva, poco importa. Estas percepciones que pueden no corresponderse con la realidad de la marca son, no obstante, los componentes de la imagen de marca y, por tanto, una realidad para la empresa. Los estudios de mercado demuestran que los entrevistados son capaces de expresarse respecto a las marcas que conocen y que sus «impresiones» son medibles.

Para «reconocer» una marca, el consumidor utiliza no únicamente el nombre de la marca, sino también otras características observables, como el envase, el diseño, el logotipo, los códigos de colores, etc. Estas características externas visibles forman integralmente parte del capital de una marca ya que son utilizadas por los compradores para identificar el grado de presencia de un atributo y para clasificar las marcas en función del tipo de promesa que representan.

Toda política de imitación sistemática de estas características observables que buscaría maximizar las semejanzas para hacer creer que el conjunto de atributos y de ventajas aportadas es idéntica a la de la marca imitada cuando no es así en realidad, es una forma de intoxicación del mercado tan reprochable desde un punto de vista de la sociedad como la publicidad falaz o la imitación fraudulenta. Estas prácticas, a veces adoptadas por marcas privadas, engendran la confusión en el mercado y hacen más complejo el proceso de elección deseado por el comprador.

4.3.4. Valor o utilidad parcial de un atributo

El valor de un atributo para un individuo depende de la conjunción de dos dimensiones evaluativas: la importancia del atributo y su grado de presencia percibida. Se denomina a este valor, **utilidad parcial** del atributo; son los valores subjetivos asociados a cada uno de los atributos. Estos valores son, pues, el producto del grado de presencia percibido de un atributo y de su importancia.

La **utilidad total** de una marca para un comprador determinado es considerado como igual, bien la suma, bien el producto, de las utilidades parciales asociadas por el comprador a cada atributo. Sea:

$$U = u_1(x_1) + u_2(x_2) + \cdots + u_i(x_i) + \cdots + u_n(x_n)$$

donde:

U = utilidad total de la marca para el comprador
u_i = utilidad parcial del atributo i para el comprador
x_i = nivel percibido por el comprador del atributo i

La determinación de la utilidad total supone el recurso a un modelo de integración de las utilidades parciales. La mayoría de las veces se recurre a un modelo de integración compensatorio y aditivo:

— **Compensatorio**, porque una puntuación muy baja en un atributo puede ser compensada por una puntuación elevada en otro atributo.
— **Aditivo**, porque se supone la ausencia de interacción entre los atributos.

Como se verá en el Capítulo 5, otros modelos de integración de las utilidades parciales pueden ser adoptados. Es el caso concretamente de los **modelos no compensatorios** que se aplican cuando el comprador tiende a privilegiar uno o varios atributos (modelo disyuntivo) o también cuando fija valores mínimos en el grado de presencia de los atributos (modelo conjuntivo).

4.3.5. Métodos de medida del concepto de producto multiatributo

Para medir la utilidad total de una marca, se puede proceder de dos maneras, según un enfoque de «composición» o de «descomposición».

En el enfoque de **«composición»**, se construye el valor de la utilidad total, a partir de las medidas de importancia y del grado de presencia percibido de los atributos determinantes de la elección. Combinando estas medidas en un modelo de integración compensatorio, se obtiene un valor de la utilidad total que sintetiza las evaluaciones parciales de los individuos y que es por esto revelador de sus preferencias.

En el enfoque de **«descomposición»**, los entrevistados reaccionan frente a un conjunto de conceptos globales de productos, descritos habitualmente en términos de características y no de atributos. La información a recoger se limita a una clasificación de las preferencias para los diferentes conceptos de productos propuestos. Es al analista a quien incumbe a continuación derivar las utilidades parciales de cada nivel de las características. Partiendo de la clasificación preferencial de los diferentes conjuntos de atributos, se busca por inferencia estadística las utilidades parciales subyacentes que permitan reconstruir lo mejor posible la clasificación global del entrevistado.

En este enfoque, se estiman, pues, directamente las utilidades parciales que combinan importancia de la característica y nivel de presencia percibido, sin que se les pueda identificar separadamente. Una utilidad de un atributo elevada puede resultar bien de una importancia muy elevada y de un nivel de presencia percibido bajo, bien de una importancia reducida del atributo compensada por un nivel de presencia percibido elevado. Existen distintos métodos de estimación. El más corriente y el más fiable es la estimación econométrica con variables binarias (0,1). Estos métodos serán examinados de modo más detallado en el capítulo siguiente.

Las estimaciones de las funciones de utilidad permiten formular previsiones sobre las elecciones efectuadas por los individuos cuando éstos se enfrentan a las marcas, que constituyen conjuntos de atributos diferentes. Sea cual fuere el enfoque adoptado es importante destacar el hecho de que las preferencias de los compradores son observables y medibles y que los tests de sus valores predictivos se han revelado concluyentes en su conjunto (Wittink y Walsh, 1988).

4.4. EL CONSUMIDOR Y LA INFORMACION

La teoría de la producción doméstica sugiere, pues, que el consumidor compra, no un producto, sino un conjunto de atributos generadores de satisfacciones y además participa activamente en la producción de las satisfacciones buscadas. Todavía es preciso, sin embargo, que el consumidor conozca las posibilidades existentes para resolver el problema al que se enfrenta. Ahora bien, debido al aumento constante de los productos y marcas disponibles en el mercado, la relación de la información recordada por un individuo medio con el total de la información disponible no cesa de decrecer. El consumidor debe, pues, en la mayoría de los casos, tomar sus decisiones en base a conocimientos necesariamente incompletos y por lo tanto sobre un número limitado de opciones que es capaz de percibir.

4.4.1. La noción de conjunto evocado

Se denomina así, **conjunto evocado**, al conjunto de posibilidades que el individuo considera o puede considerar en el momento del acto de compra (Howard y Sheth, 1969, pág. 26). Como muestra la Figura 4.2, este conjunto evocado puede ser sensiblemente diferente del conjunto total, el cual incluye todas las alternativas disponibles. La amplitud del conjunto evocado variará según el riesgo percibido, asociado a la decisión de compra y según las capacidades cognitivas del individuo.

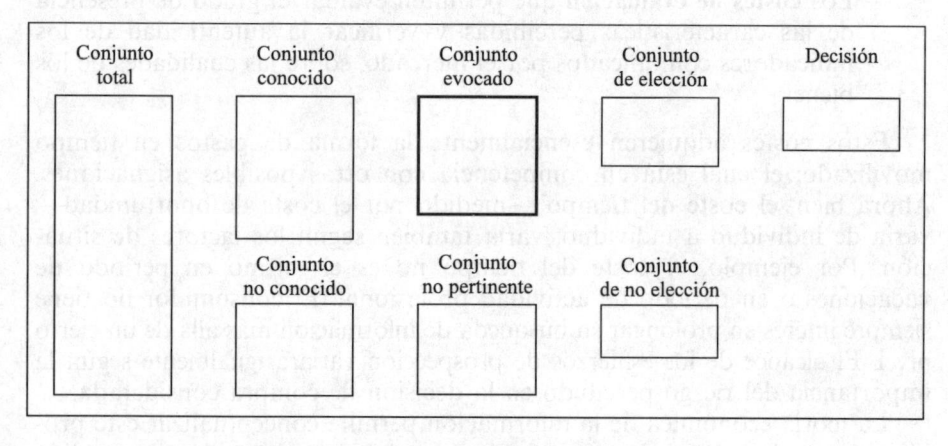

Figura 4.2. La noción de conjunto evocado.

Sabiendo que las elecciones del consumidor no pueden ejercerse más que sobre un número limitado de alternativas que está en condiciones de percibir, se demuestra que la estructura de las preferencias se transforma necesariamente a medida que la experiencia de la vida económica revela nuevas características y nuevas posibilidades de elección, de las cuales el individuo no tenía conocimiento anteriormente. Sin embargo, esta percepción mejorada de los productos y de sus atributos distintivos no es gratuita, implica actividades de búsqueda que requieren tiempo y que implican costes de información. Se examinarán en esta sección los tipos de información buscados por el consumidor y la manera en que éste utiliza la información publicitaria.

4.4.2. Los costes de información

Las actividades de búsqueda de información emprendidas por un individuo confrontado a un problema de elección tienen por objeto esencialmente reducir la incertidumbre que existe en las alternativas disponibles, en el valor relativo de cada una de ellas y en los términos y condiciones de la compra. Se pueden reagrupar los costes en que se incurre por esta búsqueda de informaciones en tres categorías (Lévy-Garboua, 1976).

- Los **costes de prospección**, incurridos por visitar los mercados, circunscribir el conjunto de oportunidades (productos sustitutivos incluso) que el comprador puede introducir en el conjunto considerado.
- Los **costes de percepción**, soportados con objeto de identificar las características pertinentes de los bienes introducidos en el conjunto considerado, así como los términos del intercambio (lugar de compra, precio, garantía).
- Los **costes de evaluación** que permiten evaluar el grado de presencia de las características percibidas y verificar la autenticidad de los indicadores comunicados por el mercado, sobre las cualidades de los bienes.

Estos costes adquieren esencialmente la forma de gastos en tiempo movilizado, el cual está en competencia con otras posibles asignaciones. Ahora bien, el coste del tiempo —medido por el coste de oportunidad— varía de individuo a individuo; varía también según los factores de situación. Por ejemplo, el coste del tiempo no es el mismo en período de vacaciones o en período de actividad profesional. El consumidor no tiene siempre interés en prolongar su búsqueda de información más allá de un cierto nivel. El alcance de los esfuerzos de prospección variará igualmente según la importancia del riesgo percibido en la decisión de compra considerada.

La teoría económica de la información permite conceptualizar este problema, por ejemplo, en las situaciones en que sólo se considera la pérdida financiera debida a una compra a un precio demasiado elevado. Llamemos ΔI a la toma de información suplementaria, Δp al descenso del precio que dicha información suplementaria permitiese suscitar, q a la importancia de la compra en volumen y Δc a la variación del coste dedicado en esta toma de información. Una información nueva estará justificada en tanto que la siguiente condición persista,

$$q \cdot \frac{\Delta q}{\Delta I} \geqslant \Delta c \qquad (7)$$

es decir, siempre y cuando la ganancia que se espera obtener supere al coste que esta toma de información entraña. A partir de esta relación se pueden deducir las siguientes proposiciones (Farley, 1964):

- Cuanto más importante es la compra considerada, en cantidad o en valor, más rentable será la información aportada.
- Se tenderá a observar una menor inercia en los grandes compradores (q elevada) que en los pequeños compradores.
- Se observará sin duda un menor recurso a la información entre los consumidores que atribuyen un valor elevado a su tiempo y que, por ello, asignan un coste elevado a la toma de información.

Estas proposiciones no son más que la traducción del razonamiento marginalista por el cual el individuo procede a un análisis del tipo «coste-beneficio» y se reserva la solución más satisfactoria para él. Este comportamiento ha sido observado experimentalmente, entre otros por Farley (1964) y por Roselius (1971).

Categorías de productos	Porcentaje de compradores por número de tiendas visitadas		
	1 tienda	2 tiendas	3 tienas o más
Juguetes	87,4	6,1	6,5
Pequeños aparatos electrodomésticos	60,0	16,0	22,0
Frigoríficos	42,0	16,0	42,0
Muebles de sala de estar	22,0	13,4	62,1
Coches y grandes aparatos electrodomésticos	49,0	26,0	23,0

Figura 4.3. Intensidad de la búsqueda de información por categorías de productos. *Fuente: Loudon, D. L. y Della Bitta, A. J. (1984).*

Los datos de la Figura 4.3 están extractados de diversas encuestas realizadas en Estados Unidos. Se describe el número de puntos de venta visitados antes de la compra en función del tipo de producto buscado. Se constata que, para productos de escaso valor unitario, la mayor parte de los compradores se contentan con visitar un único punto de venta; para productos de valor más alto, el número de puntos visitados aumenta (Loudon y Della Bitta, 1984, pág. 620).

4.4.3. Las fuentes de información

Los costes de percepción de las características varían según el carácter observado de los productos. Nelson (1970) establece una distinción entre los bienes con cualidades externas *(search goods)* y los bienes con cualidades internas *(experience goods)*. Para los primeros, las características de los productos pueden ser fácilmente controladas antes de la compra, por simple inspección; se trata de productos tales como los vestidos, muebles, juguetes, etc., para los cuales los criterios de elección son cómodamente verificables a bajo coste. Para los productos de cualidades internas, en cambio, las características más importantes no se revelan más que por el uso, después de la compra; ejemplos de este tipo de productos serían los libros, medicamentos, coches, ordenadores... Para este tipo de productos, los costes de percepción pueden ser muy elevados para un individuo aislado, quien podrá, sin embargo, mejorar la productividad de su actividad de prospección recurriendo a diversas fuentes de información, cuya fiabilidad es variable.

— Las fuentes de información **dominadas por el productor**, es decir, la publicidad, la opinión y los consejos de los vendedores y distribuidores, los muestrarios y prospectos. Las ventajas de este tipo de información son la gratuidad y la facilidad de acceso. Sin embargo, no se trata más que de informaciones incompletas y orientadas, en el sentido de que valoran únicamente las características positivas del producto y tienden a ocultar las demás.
— Las fuentes de información personales, **dominadas por los consumidores**; son las comunicadas por los amigos, los vecinos, los líderes de opinión, etc., lo que se llama la transmisión oral. Este tipo de información está a menudo muy adaptada a las necesidades del futuro comprador. Su fiabilidad dependerá evidentemente del emisor de la información.
— Las fuentes de información **neutras**, tales como los artículos en los periódicos y en las revistas especializadas relacionadas con la vivienda, el mobiliario, la caza, el audio-visual, el automóvil... Estas publicaciones permiten tener acceso a un gran número de informaciones a un coste relativamente pequeño. También forman parte de esta categoría los informes oficiales y de agencias especializadas, los tests de laboratorios y los tests comparativos publicados por iniciativa de las asociaciones de consumidores. Las ventajas de esta fuente de información son la objetividad, el carácter concreto y la competencia de las opiniones formuladas.

La función específica de las **asociaciones de consumidores** merece ser subrayada. Allí donde el coste de percepción de las características distintivas de un producto es particularmente elevado, es interesante para el individuo agruparse con otros consumidores para proceder a evaluaciones profundas que serían irrealizables por un consumidor aislado. Asistimos, entonces, a una forma de sindicalización de los consumidores, que constituye un contrapoder frente a la empresa, pero cuya razón de ser principal, es reducir el coste de la toma de información por el consumidor (véase Figura 2.8).

La limitación más importante de la información consumerista proviene del hecho de que los tests comparativos tienden generalmente a privilegiar sólo los criterios que determinan la función básica de un producto, sin hacer intervenir criterios secundarios, tales como la estética, el encanto, la facilidad del uso, etc. La idea implícita en los análisis consumeristas es que sólo importa el servicio básico y no las demás características que lo acompañan. Se trata en realidad de un juicio de valor que descuida el hecho de que los objetos puedan generar satisfacciones múltiples y variadas y, principalmente, procurar «placer y estimulación» a sus adquiridores.

> «¿...y qué decir de un jarrón decorativo que embellece una sala de estar incluso cuando no está lleno de flores? ¿Podemos decir que la forma misma del jarrón que le da su belleza no añade nada al uso que de él se hace? La idea de que la eficiencia está determinada

únicamente por consideraciones prácticas y no por criterios estéticos es en sí un juicio de valor.» (Abbott, 1955, pág. 45.)

A pesar de este límite, el recurrir a la información consumerista en las sociedades opulentas tiende a convertirse en la segunda mejor elección para un número creciente de consumidores, principalmente, en razón al aumento continuo del coste del tiempo y de la multiplicación de productos a menudo escasamente diferenciados.

4.4.4. Papel de la información publicitaria

En 1989, en Europa, los gastos publicitarios han alcanzado el 0,78 por 100 del producto interior bruto (PIB). Se trata de tasas medias calculadas en 16 países europeos. Esta tasa varía, evidentemente, según los países (véase Figura 4.4.). En 1989, las tasas más elevadas se observan en Dinamarca (1,57 por 100) y en los Estados Unidos (1,41 por 100); las más bajas, en Bélgica (0,61 por 100) y en Italia (0,62 por 100). (Waterson, 1992.)

España	1,89	Austria	0,91
Gran Bretaña	1,29	Francia	0,76
Dinamarca	1,57	Suecia	0,85
Suiza	1,08	Grecia	0,78
Finlandia	1,01	Portugal	0,75
Países Bajos	0,98	Bélgica	0,61
Irlanda	1,02	Italia	0,62
Noruega	0,77	USA	1,41
Alemania	0,86	Japón	0,90

Figura 4.4. Intensidad publicitaria por países en porcentaje del PIB.
Fuente: Waterson, 1992.

La evolución de los gastos publicitarios, en conjunto, ha seguido la del PIB y este aumento regular de los gastos suscita una presunción de eficacia de la publicidad para el productor. En efecto, es difícil admitir que las empresas consentirían unos gastos de esta importancia para períodos grandes, si no fueran rentables para ellas. Como consecuencia, se está obligado a formular una presunción de utilidad de la publicidad para los consumidores, ya que, manifiestamente, utilizan, de una manera o de otra, la información publicitaria en su proceso de compra.

Evidentemente, se podría decir, como algunos lo hacen, que la publicidad incita al despilfarro y puede hacer comprar cualquier cosa. Si verdaderamente fuera así, la participación de la publicidad en el PIB debería ser mucho más importante, ya que sería suficiente aumentar la publicidad para vender. Las empresas que utilizan intensivamente la publicidad están convencidas del carácter ilusorio de este argumento, el cual está, por otra parte, rechazado por los estudios empíricos sobre la medida de la eficacia económica de la publicidad. (Ver, entre otros, Lambin, 1976.) Por otra parte, la tesis de la incitación al despilfarro está igualmente en contradicción con las conclusiones de los estudios macroeconómicos, que muestran que, a largo plazo, la propensión al ahorro ha dado prueba de una gran estabilidad en las economías industriales, a pesar del crecimiento de la intensidad publicitaria absoluta.

La utilidad de la publicidad para el consumidor aparece más claramente cuando se analizan los objetivos de comunicación perseguidos por los productores que han recurrido a la publicidad, o a cualquier otra forma de comunicación con el mercado, como la fuerza de venta. Para el productor, la publicidad es un factor de producción, del mismo modo que los gastos en materias primas o de transporte. Tiene razón de ser porque hacen conscientes y alertan a los consumidores de la existencia de soluciones alternativas a su problema de elección, que constituyen conjuntos diferentes de atributos o de características distintivas. Como ha puesto de manifiesto Kirzner (1973, pág. 155), la publicidad, y los costes de venta en general, tienen por objeto **producir conocimientos para los consumidores, con el fin de crear la demanda para el producto**. Hablar de la demanda de un producto del cual los consumidores ignoran la existencia misma no tiene sentido. No es suficiente, pues, para el productor desarrollar un nuevo producto; este producto no existirá realmente hasta que los consumidores hayan sido informados de su existencia. Sin la información publicitaria, el producto continuaría sin existir, igual que durante siglos el continente americano no existía para los pueblos del hemisferio occidental, simplemente porque su realidad no era conocida.

La información es, por tanto, inseparable del producto mismo. Sin embargo, informar no es suficiente, además es necesario comunicar. Una información, incluso completa, no existe para el consumidor en tanto que no ha sido percibida, comprendida y memorizada por él. Esta evidencia explica por qué la publicidad debe ser atractiva. Si un mensaje publicitario debe ser percibido, comprendido y memorizado, en un medio donde el individuo está expuesto a informaciones múltiples y es constantemente bombardeado por mensajes publicitarios variados y a menudo contradictorios, se comprende que el anunciante recurra a medios cada vez más agresivos, a la imaginación, al humor, al sueño... que utilice slongans o imágenes de fuerte contenido psicológico, o también que recurra a estrellas del espectáculo o del deporte para difundir su mensaje. Todos estos medios, que frecuentemente contrarían al observador, tienen por objetivo hacer pasar el mensaje, atravesar el muro de indiferencia del público y hacer así la información más productiva. Como lo subraya Kirzner:

> «...El problema para obtener una comunicación eficaz no es tanto el ser persuasiva, sino más bien llamar la atención, llegar a sorprender y estar reforzada por constantes repeticiones.» (Kirzner, 1973, pág. 162).

En otros términos, las modalidades específicas adoptadas por la información publicitaria no deben perder de vista la naturaleza de su función, la cual es reducir, para los consumidores, los costes de percepción de las oportunidades disponibles en el mercado.

4.4.5. Valor de la información publicitaria

Siendo una fuente de información dominada por el productor, la información publicitaria no tiene para el consumidor el mismo valor que las demás fuentes de información. Se trata efectivamente de un **incentivo de venta**, que aporta una información concebida para valorar únicamente las características positivas del producto. No obstante, la utilidad para el consumidor de este tipo de información es doble:

— Por una parte, le permite **conocer las cualidades distintivas reivindicadas** por el productor y saber de este modo si la promesa del producto corresponde o no a lo que él busca.
— Por otra parte, es fuente de **economía de tiempo personal**, ya que a esta información la alcanza sin que haya habido necesidad de recogerla por vía de prospección.

Como subraya Lepage (1982, pág. 53), lo que cuenta para el consumidor es que la eficiencia del mensaje publicitario que se le destina sea más grande que lo que le costaría a él recoger la misma información por otros medios, por ejemplo, desplazándose él mismo. Estos servicios prestados por la publicidad tienen por efecto ayudar al consumidor a percibir con un menor coste las situaciones de elección y de nuevas formas de satisfacción.

No obstante, surge una pregunta: ¿qué confianza hay que dar a la información publicitaria? La credibilidad que el consumidor otorgará a la información del productor será probablemente diferente según el tipo de producto. Hemos visto, anteriormente, la distinción que se establece entre los bienes con cualidades externas e internas (Nelson, 1970).

Para los **productos con cualidades externas**, la publicidad puede aportar una información creíble para el consumidor, porque éste sabe que esta información es objetivamente verificable antes de la compra. Para este tipo de producto, el consumidor como el anunciante saben que no hay lugar para la publicidad engañosa o incluso simplemente falaz, siendo prácticamente inmediata la sanción del mercado. El mismo razonamiento puede, por otra parte, hacerse para los productos de compras repetidas y de bajo precio; siendo pequeño el coste del error de una compra de prueba; es lo mismo que dar un voto de confianza a la publicidad y seguir su consejo. Si el producto no cumple lo que se promete, no habrá recompra del producto; la sanción es inmediata.

Las cosas son menos evidentes para los **productos con cualidades internas**, particularmente los productos duraderos que tienen una larga vida económica y para los cuales existe realmente la posibilidad de engañar al consumidor. La cuestión es saber si existe impunidad para el productor en caso de publicidad engañosa. En realidad, como explica Nelson, el arma es de doble filo. Un producto muy conocido, si se revela malo, resulta también muy conocido como producto malo. Los contratiempos sobrevenidos a ciertas marcas inscritas en las listas negras de asociaciones de consumidores muestran lo difícil que es recuperar la confianza de los consumidores que han tenido malas experiencias con una marca dada.

La función de la publicidad, para los productos con cualidades internas, es vincular correctamente la marca a la función y aportar así una información indirecta, centrándose, por ejemplo, en la reputación de la empresa. Para el consumidor, la información interesante es saber que tal empresa hace publicidad y que, de esta forma, reivindica públicamente la sanción del mercado para sus productos comprometiéndose, por su propio interés, a ofrecer un nivel de calidad suficiente y estable. Nelson sugiere que una regla de decisión racional consiste en efectuar su elección prioritariamente sobre las marcas existentes que son objeto del esfuerzo publicitario más importante.

> «Independientemente de su contenido, el hecho de que una marca sea objeto de una abundante publicidad es en sí, una información "indirecta" importante para el consumidor, en la medida en que, para los bienes en que la proporción de características no directamente inspeccionables es elevada, las reglas del mercado conducen a que los productos que son objeto de gastos publicitarios más importantes, son también aquellos que tienen todas las posibilidades de ofrecer a los compradores la relación calidad/precio más eficiente.» (Nelson, 1974.)

A priori, parece lógico considerar que la marca que ofrece más garantías es aquella que ha invertido más en publicidad, particularmente si se trata de un bien de compra repetida para el cual una tasa de fidelidad elevada es crucial. Este comportamiento, que contradice el dicho de «a buen vino no ha menester pregonero», no es el único posible, sin embargo, para el consumidor. Se observa así que, para bienes con cualidades internas, los consumidores tienen tendencia a recurrir a varias fuentes de información (Bucklin, 1965; Newman, 1979). Igualmente, es para este tipo de bienes para los que la información consumerista encuentra sus principales justificaciones.

CUESTIONES Y PROBLEMAS

1. El marketing describe el comportamiento de compra de los consumidores como un proceso de resolución racional de un problema. Desarrolle esta proposición describiendo el proceso de elección de los consumidores en situaciones de complejidad y riesgo variadas.

2. Esta noche invita a su amigo/a al restaurante y duda entre cinco restaurantes que conoce y que están dentro de la misma categoría de precio. Reflexione algunos instantes y efectúe se elección instintiva, que anotará cuidadosamente. Inmediatamente, y recurriendo al modelo multiatributos, compare los cinco restaurantes y calcule un índice de utilidad total, para cada uno de ellos. Verifique si el restaurante que tenga los índices mas elevados es también el que ha elegido. ¿Cómo habría procedido si los cinco restaurantes no perteneciesen a la misma categoría de precio?
3. Haga referencia a la compra de un bien duradero (TV, máquina fotográfica, ordenador,...) la cual habrá realizado recientemente y trate de reconstruir el proceso de decisión, que ha seguido, de identificar las fuentes de información consultadas y el tipo de conducta resolutoria que ha adoptado.
4. Identifique en la prensa dos anuncios publicitarios, uno sobre un producto con cualidades externas, y otro sobre un producto con cualidades internas. Compare el contenido del mensaje de cada anuncio, así como la cantidad de información que contienen. ¿Cuál es desde su punto de vista, el objetivo perseguido por estos anuncios?
5. Elija un producto o un servicio que conozca particularmente bien, como usuario y para el cual estime tener un buen nivel de conocimiento. Identifique las características o los atributos que le parezcan mas importantes y comparelos con los atributos valorados por la publicidad, para este tipo de producto. ¿Qué consejos daría a un posible comprador de este producto?
6. Considere los productos y servicios siguientes: un viaje aéreo, un lavavajillas, una cadena HI-FI, un camión de 16 toneladas. Para cada uno de estos productos identifique el servicio básico y los servicios periféricos necesarios y añadidos.

BIBLIOGRAFIA

Abbott L. (1955), *Quality and Competition*, New York, Columbia Press.
Bank for International Settlements (BIS), 1990, *Sixthieth Annual Report*, Basle.
Bauer R.A. (1960), Consumer Behavior as Risk Taking, in: Hancock A.S. (ed.), Proceedings, *Fall Conference of the American Marketing Association*, june, págs. 389-398.
Becker G.S. (1965), A Theory of the Allocation of Time, *The Economic Journal*, september.
Bucklin L.P. (1965), The Informative Role of Advertising, *Journal of Advertising Research*, Vol. 5.
Choffray J.M. and Lilien G. (1982), DESIGNOR: Decision Support for New Industrial Products Design, *Journal of Business Research*, Vol. 10.
David P.A. and Scadding J.L. (1974), Private Savings: Ultra Rationality Aggregation and Denison Law, *The Journal of Political Economy*, march-april.

Farley J.V. (1964), Brand Loyalty and the Economics of Information, *Journal of Business*, Vol. 37, october, págs. 370-381.
Fishbein M. (1967), Attitudes and Prediction of Behavior, in: Fishbein M. (ed.), *Readings in Attitude Theory and Measurement*, New York, John Wiley and Sons.
Friedman M. (1957), *A Theory of the Consumption Function*, Princeton, Princeton University Press.
Green P.E. and Wind Y. (1975), New Ways to Measure Consumers' Judgments, *Harvard Business Review*, july-august, págs. 107-117.
Haley R.I. (1968), Benefit Segmentation: A Decision-Oriented Research Tool, *Journal of Marketing*, july, págs. 30-35.
Howard J. A. and Sheth J. N. (1969), *The Theory of Buyer Behavior*, New York, John Wiley and Sons .
Keynes J.M. (1936), *The General Theory of Employment, Interest and Money*, London, MacMillan & Co. Ltd.
Kirzner I.M. (1973), *Competition and Entrepreneurship*, Chicago, The Chicago University Press.
Kuznets S. (1946), *National Product Since 1869*, New York, National Bureau of Economic Research.
Lambin J.J. (1976), *Advertising, Competition and Market Conduct in Oligopoly Over Time*, Amsterdam, North Holland Publishing Company.
Lambin J.J. (1989), La marque et le comportement de choix de l'acheteur, dans: Kapferer J.N. et Thoenig J.C. (1989), *La marque*, Paris, McGraw-Hill.
Lancaster K.J. (1966), A New Approach to Consumer Theory, *The Journal of Political Economy*, Vol . 74, april, págs. 132-157.
Lepage H. (1982), *Vive le commerce*, Paris, Dunod, Collection L'oeil économique.
Levitt Th. (1985), *L'imagination au service du marketing*, Paris, Economica.
Lévy-Garboua L. (1976), La nouvelle théorie des consommateurs et la formation des choix, *Consommation*, núm. 3.
Loudon D.L. and Della Bitta A.J. (1984), *Consumer Behavior: Concepts and Applications*, New York, McGraw-Hill Book Company, Second Edition.
Myers J.H. and Alpert M.L. (1976, Semanctic Confusion in Attitude Research: Salience versus Importance versus Determinance, dans: *Advances in Consumer Research*, Proceeding of the 7th Annual Conference of the Association of Consumer Research. Ed. W.D. Perreault, Oct., págs. 106-110.
Nelson D. (1970), Information and Consumer Behavior, *The Journal of Political Economy*, Vol. 78, march-april, págs. 311-329.
Nelson D. (1974), Advertising as Information, *The Journal of Political Economy*, Vol. 82, july-august, págs. 729-754.
Newman J.W. (1979), Consumer External Research: Amounts and Determinants, in: Bettman R. (ed.), *An Information Processing Theory of Consumer Choice*, Reading, Ma. Addison Wesley.
OECD (1988), *OECD Economic Outlook*, Paris, OECD, june.
Pinson C., Malhotra N.K. and Jain A.K. (1988), Les styles cognitifs des consommateurs, *Recherche et applications en marketing*, Vol.3, núm. 1, págs. 53-73.
Planchon A. (1974), *Saturation de la consommation*, Paris, Mame, Collection Repères-Economie.
Ratchford B.T. (1975), The New Economic Theory of Consumer Behavior, *Journal of Consumer Research*, Vol. 2, september, págs. 65-78.
Rosa J.J. (1977), Vrais et faux besoins, dans: Rosa J.J. et Aftalion F. (éds.), *L'économique retrouvé*, Paris, Economica, págs. 155-192.

Roselius T. (1971), Consumer Rankings of Risk Reduction Methods, *Journal of Marketing*, Vol. 35, january, págs. 56-61.
Rosenberg M.J. (1956), Cognitive Structure and Attitudinal Affect, *Journal of Abnormal and Social Psychology*, Vol. 53, págs. 367-372.
Tarondeau J.C. (1982), Sortir du dilemme flexibilité-productivité, *Harvard-L'Expansion*, Printemps, págs. 25-35.
Waterson M.J. (1988), European Advertising Statistics, *International Journal of Advertising*, Vol. 7, págs. 17-93.
Wilkie W.L. (1990), *Consumer Behavior*, 2nd Edition, New York, J. Wiley and Sons.
Wittink D.R. and Walsh J.W. (1988), *Conjoint Analysis: Its Reliability, Validity and Usefulness*, Sawtooth Conference Proceedings, april.

CAPITULO 5

Los comportamientos de respuesta del comprador

El objetivo de este capitulo es analizar el comportamiento de elección de los compradores potenciales y examinar la manera en que reaccionan a los estímulos de marketing puestos en funcionamiento por el productor en el marco de su política de venta y comunicación. Las informaciones que el comprador recoge o recibe a lo largo de su proceso de compra le ayudan a identificar y a precisar qué características de los bienes son pertinentes para él, y a evaluar los diferentes productos que forman parte de su conjunto evocado. Esta fase de evaluación conduce al comprador a ordenar sus preferencias y a elaborar una intención de compra que se concretará en un acto de compra, siempre que los factores de situación no lleguen a perturbar esta secuencia. Después de haber probado los productos comprados, el comprador experimenta sentimientos de satisfacción o de insatisfacción que van a determinar su comportamiento después de la compra. Es el conjunto de este proceso de formación de las preferencias el que es analizado por la empresa y el que le permite adaptar su oferta para satisfacer mejor a las necesidades del mercado y alcanzar así sus propios objetivos de crecimiento y de rentabilidad.

5.1. LOS NIVELES DE RESPUESTA DEL MERCADO

Se pueden identificar diferentes niveles de respuesta del comprador potencial a la información percibida y a los estímulos utilizados por el productor. Entendemos por «respuesta», **toda actividad mental o física del comprador suscitada por un estímulo**. Una respuesta no es por tanto necesariamente observable desde el exterior, ya que puede ser únicamente mental.

La teoría económica sólo se interesa por la respuesta de comportamiento propiamente dicha, es decir, el acto de compra y no por el proceso del comportamiento en su conjunto, que conduce al acto de compra. Para el economista, como se ha visto anteriormente, al estar reveladas las preferencias por el comportamiento, la respuesta del consumidor se identifica con la demanda expresada en el mercado y se mide en términos de cantidades vendidas. En realidad, la demanda así definida es una observación «a posteriori», a menudo difícil de entender para el analista de mercado. Este desea en efecto poder **seguir el rastro y comprender la trayectoria seguida por el comprador**, para intervenir con mejor conocimiento de causa en dicha trayectoria y poder medir la eficacia de sus intervenciones. Para el marketing, el comportamiento de respuesta es pues una noción mucho más amplia que para el economista.

5.1.1. El modelo jerárquico de respuesta

Los diferentes niveles de respuesta del comprador pueden agruparse en tres categorías: la **respuesta cognitiva** que pone de relieve las informaciones asimiladas y el conocimiento, la **respuesta afectiva** que corresponde a la actitud y al sistema de evaluación y la **respuesta de comportamiento** que describe la acción, es decir, no solamente el acto de compra, sino también el comportamiento después de la compra. Las principales medidas de cada nivel de respuesta están descritas en el cuadro de la Figura 5.1.

Habitualmente se considera que estos tres niveles de respuesta están jerarquizados y que el individuo, al igual que la organización, atraviesa sucesivamente y en este orden estos tres estados: cognitivo (*learn*)-afectivo (*feel*)-de comportamiento (*do*). Se habla entonces de **proceso de aprendizaje**, el cual se observaría principalmente cuando el comprador estuviera muy involucrado en su decisión de compra; por ejemplo, en el caso de una fuerte sensibilidad a la marca (Kapferer y Laurent, 1983), o en el caso de alto riesgo percibido (Bauer, 1960).

- **La respuesta cognitiva**
  Importancia - Notoriedad (asistida, cualificada) - Reconocimiento - Atribución - Memorización - Similitud percibida.

- **La respuesta afectiva**
  Conjunto evocado - Importancia - Determinancia - Evaluación - Preferencia (global y explícita) - Intención.

- **La respuesta comportamental**
  Necesidad de información - Prueba - Compra - Cuota de mercado - Fidelidad - Satisfacción/insatisfacción.

Figura 5.1. Las medidas de la respuesta de los compradores.

Este modelo de respuesta, desarrollado inicialmente con el fin de medir la eficacia publicitaria (Lavidge y Steiner, 1961) y extendido posteriormente al proceso de adopción de nuevos productos (Rogers, 1962), no es siempre aplicable, y Palda (1966) ha demostrado que en algunos casos había unas etapas que se saltaban. El proceso de aprendizaje implica, en efecto, un proceso de compra reflexivo que no siempre se da y existen otras evoluciones que se observarán, por ejemplo, cuando la **implicación es mínima** (Krugman, 1965), o donde hay **disonancia cognitiva** (Festinger, 1957).

5.1.2. El modelo de implicación de Foote, Cone y Belding (FCB)

Las diferentes evoluciones del proceso de respuesta pueden estar situadas en un marco más general (Vaughn, 1986) donde interviene, no solamente el grado de implicación, sino también el modo de aprehensión de lo real; el modo intelectual y el modo afectivo o sensorial.

— El **modo intelectual** de aprehensión de lo real se apoya esencialmente en la razón, la lógica, el razonamiento, las informaciones objetivas.
— El **modo afectivo**, en cambio, se apoya en las emociones, la intuición, la afectividad, los sentidos, lo no verbal.

Estas dos aproximaciones a la realidad no son completamente diferentes sino que a menudo son complementarias. Algunos tipos de productos están, no obstante, más sometidos a uno u otro modo de aprehensión.

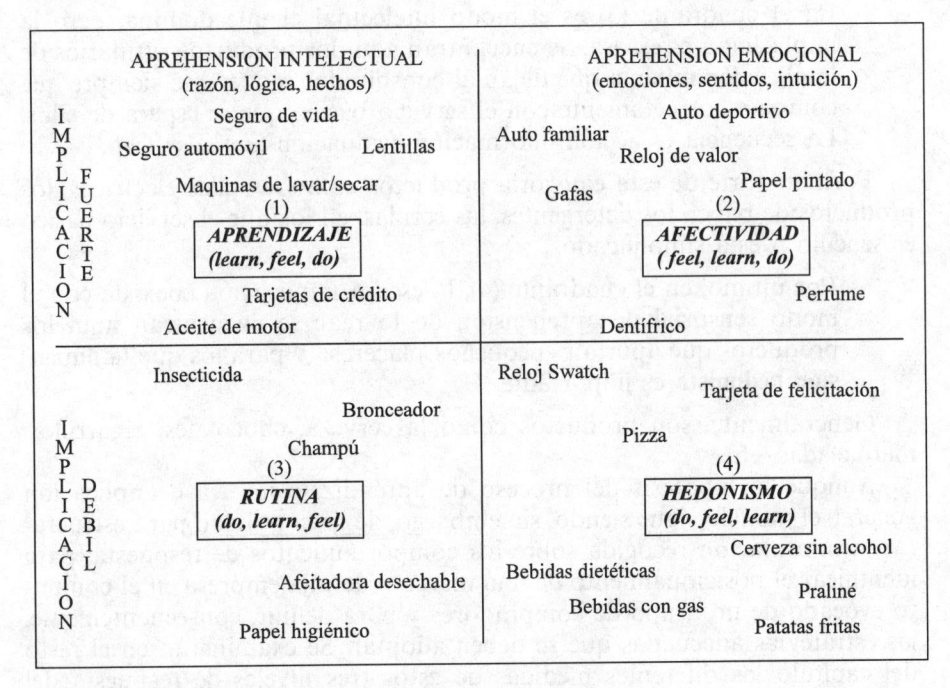

	APREHENSION INTELECTUAL (razón, lógica, hechos)	APREHENSION EMOCIONAL (emociones, sentidos, intuición)
IMPLICACION FUERTE	Seguro de vida Seguro automóvil Lentillas Maquinas de lavar/secar (1) **APRENDIZAJE** *(learn, feel, do)* Tarjetas de crédito Aceite de motor	Auto deportivo Auto familiar Reloj de valor Gafas Papel pintado (2) **AFECTIVIDAD** *(feel, learn, do)* Perfume Dentífrico
IMPLICACION DEBIL	Insecticida Bronceador Champú (3) **RUTINA** *(do, learn, feel)* Afeitadora desechable Papel higiénico	Reloj Swatch Tarjeta de felicitación Pizza (4) **HEDONISMO** *(do, feel, learn)* Cerveza sin alcohol Bebidas dietéticas Praliné Bebidas con gas Patatas fritas

Figura 5.2. El modelo de implicación de Foote, Cone y Belding.
Fuente: Adaptado de Brain T. Ratchford, (1987).

El cruce entre el grado de implicación y el modo de aprehensión de lo real nos lleva a la matriz de la Figura 5.2, en la que se pueden identificar cuatro trayectorias diferentes del proceso de respuesta.

— El cuadrante (1) corresponde a una situación de compra donde la implicación es fuerte y el modo de aprehensión de lo real es esencialmente intelectual. Esta situación corresponde al **proceso de aprendizaje descrito** anteriormente, donde la secuencia seguida es: información-evaluación-acción (*learn-feel-do*).

Es el proceso seguido en la compra de productos de precio elevado, en los que las características objetivas y funcionales son importantes, tales como los automóviles, los electrodomésticos, los seguros.

— El cuadrante (2) describe las situaciones de compra donde la implicación es igualmente elevada, pero donde la **afectividad** es dominante en la aprehensión de lo real, porque la elección de los productos o de las marcas desvela el sistema de valores o la personalidad del comprador. La secuencia seguida es evaluación-información-acción (*feel-learn-do*) o evaluación-acción-información (*feel-do-learn*).

En esta categoría se encuentran productos como los cosméticos, la ropa, las joyas, los artículos de moda, todos los productos por los cuales el valor de signo es importante.

— En el cuadrante (3) es el modo intelectual el que domina, pero la implicación es escasa. Se encuentran aquí los productos rutinarios de **implicación mínima** que dejan al consumidor indiferente siempre que cumplan correctamente con el servicio básico que se espera de ellos. La secuencia es acción-información-evaluación (*do-learn-feel*).

Forman parte de esta categoría productos como las pilas eléctricas, los productos de papel, los detergentes, las cerillas, en los que el servicio básico es sencillo o está simplificado.

— Por último, en el cuadrante (4), la escasa implicación coexiste con el modo sensorial de aprehensión de lo real; se encuentran aquí los productos que aportan «pequeños placeres» y para los que la **dimensión hedonista** es importante.

Generalmente, son productos como la cerveza, chocolates, cigarrillos, mermeladas, etc.

Aunque la hipótesis del proceso de aprendizaje no sea de aplicación general, el modelo sigue siendo, sin embargo, de gran utilidad para estructurar la información recogida sobre los comportamientos de respuesta, para identificar el posicionamiento de una marca o de una empresa en el conjunto evocado de un grupo de compradores y para definir, consecuentemente, las estrategias adecuadas que se deben adoptar. Se examinarán en el resto del capítulo las diferentes medidas de estos tres niveles de respuesta del mercado. Para un análisis crítico del modelo FCB véase el dossier Rossiter, Percy y Donovan (1991).

5.2. LA MEDIDA DE LA RESPUESTA COGNITIVA

La respuesta cognitiva remite al área del conocimiento, es decir, al conjunto de informaciones y creencias que puede tener un individuo o un grupo de personas, tales como el centro de compra en una organización. Estas informaciones son almacenadas en la memoria e influyen en la interpretación de los estímulos a los que el individuo está expuesto. La cantidad y la naturaleza de estas informaciones varían según los estilos cognitivos (Pinson, 1978) y las capacidades perceptuales. Se puede definir la **percepción** como:

> «...El proceso por el cual un individuo selecciona e interpreta la información a la que está expuesto.»

Los individuos tendrán, pues, en general, percepciones distintas de una misma situación, porque la atención es selectiva. La percepción tiene una función reguladora, en el sentido de que filtra la información. Algunos elementos de información son retenidos porque responden correctamente a las necesidades del momento o simplemente porque sorprenden: hay **percepción selectiva**. Otros son deformados cuando están en contradicción con el marco de referencia específico del sujeto: hay **sesgo perceptual**. Otros, finalmente, son rechazados por inquietantes o molestos: hay **defensa perceptual**.

> Un estudio realizado en Estados Unidos revela, por ejemplo, que sólo un 32 por 100 de fumadores lee los artículos de revista que relacionan el tabaco con el desarrollo del cáncer de laringe, contra un 60 por 100 de no fumadores.

Queda claro que el primer objetivo que debe alcanzar el productor es vencer esta resistencia perceptual y dar a conocer la existencia de su producto. Esta primera etapa condiciona la existencia misma de cualquier demanda. Se distinguen habitualmente tres tipos de medidas de la respuesta cognitiva: las medidas de notoriedad, el análisis dinámico de la memorización y el análisis de las percepciones de similitud.

5.2.1. Las medidas de la notoriedad

El nivel más simple de la respuesta cognitiva es la toma de conciencia de la existencia de un producto o de una marca. Esta información sobre el nivel de conocimiento alcanzado por el grupo de consumidores estudiado se obtiene muy fácilmente preguntando a los encuestados sobre las marcas que conocen en la clase de productos estudiados. Se definirá la notoriedad de la manera siguiente:

> «La capacidad de identificar una marca por un comprador potencial de manera suficientemente detallada como para proponer, elegir o utilizar dicha marca.»

La notoriedad establece, pues, un vínculo entre la marca y la categoría de producto a la que esta pertenece. Esta información sobre la notoriedad puede obtenerse de forma relativamente simple preguntando a los compradores potenciales sobre las marcas que conocen dentro de la categoría de productos estudiados. Se pueden distinguir tres tipos de notoriedad:

— La **«notoriedad-reconocimiento»** donde **la marca precede y conduce a la necesidad** (reconozco la marca A y me doy cuenta que tengo necesidad de esa categoría de producto). El reconocimiento es el nivel mínimo de notoriedad que resulta particularmente importante en el lugar de venta, en el momento de elegir una marca.
— La **«notoriedad-recuerdo»** que implica que **la necesidad precede y conduce a la marca** (tengo necesidad de tal categoría de producto, voy a comprar la marca A); se trata de un test de notoriedad mucho más exigente y que a menudo resulta ser el fruto de muchos años de presencia activa en el mercado.
— La notoriedad *top-of-the-mind*, notoriedad recuerdo, se refiere a la primera marca citada. Es la que va en cabeza en la mente del consumidor.

Se habla de **«notoriedad espontánea»**, o de «destacamiento», cuando la pregunta hecha no hace referencia a ninguna marca; si se da una lista de marcas y se le pide al encuestado señalar la que conoce, se trata de **«notoriedad asistida»** llamada también «notoriedad total». En este segundo caso, se puede además hacer precisar el nivel de conocimiento o de familiarización utilizando una escala de tres o cinco posiciones. Tendremos entonces, además de la notoriedad total, una medida de la **notoriedad cualificada**.

Las informaciones que se pueden extraer de las respuestas a estas preguntas son numerosas e importantes, porque permiten apreciar el **«capital de notoriedad (*goodwill*)»** (Nerlove y Arrow 1962, y Aaker 1991) del que goza la marca o la empresa. Las informaciones obtenidas sobre la notoriedad se prestan entonces a los análisis siguientes:

— Medir la parte mental (*share of mind*) de cada marca, es decir, el porcentaje de compradores que cita la marca o la empresa, en primera posición
— Determinar el número de veces que una marca es citada espontáneamente en primera, en segunda y en tercera posición. Se establece así un «trío» de las marcas más conocidas y que son, pues, las marcas en competencia más directa en la mente de los encuestados.
— Comparar los cambios observados en la clasificación de las frecuencias de citación en notoriedad espontánea y asistida; algunas marcas o firmas tienen poco poder de recuerdo; aunque fácilmente reconocidas, tienen una tasa de citación espontánea anormalmente débil.
— Comparar la relación entre notoriedad y cuotas de mercado de cada marca con la media del mercado; algunas marcas hacen valer mejor que otras su notoriedad y se sitúan por encima de la media del mercado.

— Construir escalas unidimensionales de intervalos, basadas en la ley de juicios categóricos (Thurstone, 1959) con el fin de obtener, no solamente una medida de clasificación, sino también una medida de distancia entre marcas, por nivel de notoriedad.
— Comparar las tasas de notoriedad entre diferentes grupos de compradores e identificar así las eventuales zonas de notoriedad más débil.

Es bueno recordar que una tasa elevada de notoriedad, constituye para la empresa, un activo importante que a menudo se logra a lo largo de años y que exige de todas formas unas inversiones publicitarias importantes y regulares. Estas medidas de notoriedad, a pesar de su simplicidad, son medidas muy adecuadas de este «capital» que constituye una marca. Véase sobre este tema Aaker (1991) sobre la noción de *brand equity*.

Añadamos que las medidas del conocimiento pueden versar, no solamente sobre la identificación de la marca, sino también, sobre la identificación de algunas características propias de ésta, por ejemplo, los lugares de venta habituales, el tema publicitario adoptado, los niveles de precios practicados.

5.2.2. Las medidas de la memorización publicitaria

Las medidas del recuerdo son utilizadas principalmente en el marco de estudios sobre la eficacia comunicativa de la publicidad. También se recurre a ello, siguiendo diferentes variantes, con motivo del lanzamiento de nuevos productos. Las medidas más populares son las diferentes puntuaciones de impacto, que tienen por objetivo medir, después de una campaña publicitaria, el porcentaje de compradores potenciales que identifican correctamente el anuncio o el mensaje. Existe un gran número de variantes en las puntuaciones de impacto. Habitualmente se encuentran recogidas en una entrevista las tres medidas siguientes:

— La puntuación **«espontánea total»**: Se trata del porcentaje de individuos que recuerdan espontáneamente el anuncio cuando se habla del producto en cuestión.
— La puntuación **«descrito-probado»**: El porcentaje de individuos que, además de lo anterior, son capaces de describir correctamente el anuncio en cuestión; aportando, pues, la prueba de que su recuerdo es real.
— La puntuación de **«reconocimiento»**: Se trata del porcentaje de individuos que reconocen el anuncio cuando se les enseña.

Estas puntuaciones de impacto son medidas tomadas después de varias exposiciones; son puntuaciones acumuladas. Más reveladora es probablemente la puntuación útil de un anuncio, denominada **«factor Beta»** (Morgensztern, 1983) que se define como:

«El porcentaje de personas que, expuestas por **primera vez** a un mensaje nuevo, memorizan la marca y al menos uno de los elementos visuales o textuales del anuncio.»

La comparación de los factores β muestra enormes fluctuaciones entre diferentes campañas de la misma intensidad y entre medios publicitarios (véase Figura 5.3). Las empresas de estudios especializados en este tipo de análisis, dan también unas normas, como son las puntuaciones medias observadas por categoría de productos, lo que permite al anunciante situarse en relación a los anuncios de la competencia. La más conocida en Estados Unidos es Daniel Starch.

Medio	Valor útil: factor Beta		
	Valor medio %	Mínimo observado %	Máximo observado %
Televisión (30 segundos)	27	9	70
Periódico (1/4 página)	35	0	75
Periódico (1/2 página)	27	3	69
Revista (página color)	19	6	46
Revista (dos páginas color)	275	6	46

Figura 5.3. Comparación de los valores del impacto de los medios de comunicación.
Fuente: Carat Bélgica (1992).

La comparación de las medidas de impacto recogidas en base a un gran número de anuncios permite obtener algunas observaciones interesantes. Se puede destacar lo siguiente:

— El nivel de notoriedad de la marca actúa de manera sensible sobre las puntuaciones de memorización de los mensajes publicitarios; cuanto mayor es la notoriedad de la marca, más elevado resulta el impacto de los mensajes que transmita al mercado.
— Algunas categorías de productos gozan de una memorización superior a la media.
— La memorización activa, medida en términos de puntuaciones descrito-probado, es mejor entre los estratos sociales altos.
— El factor creativo, el formato del anuncio, el uso del color y la visualización del producto en el anuncio son otros tantos factores que explican la dispersión de las puntuaciones observadas (Delta 2000, 1988).

No se habla aquí más que de medidas de la eficacia comunicadora de la publicidad, y estas medidas no permiten prejuzgar su eficacia última, que se evaluará de forma más idónea por su contribución al comportamiento de compra.

No obstante, estas medidas intermedias son útiles, ya que permiten al anunciante verificar si efectivamente ha conseguido atravesar el muro de indiferencia del grupo de compradores que forman parte de su mercado objetivo. Ciertamente, es el atractivo del mensaje, junto a los efectos de sorpresa, de incongruencia, de originalidad que suscita, lo que puede explicar las diferencias observadas en las puntuaciones de memorización. De ahí la importancia de la calidad publicitaria, en lo que se refiere tanto al tema elegido como a la ejecución. La comparación de puntuaciones cualitativas (agrado, credibilidad, originalidad...) muestra que los consumidores perciben diferencias entre anuncios por categorías de productos. Estas diferencias existen igualmente entre marcas en el seno de una misma clase de productos.

5.2.3. Análisis dinámico de la memorización

El análisis dinámico de las puntuaciones de memorización permite conocer la evolución del recuerdo en función del tiempo, y determinar sobre esta base el mejor calendario de inserciones publicitarias que se adoptará teniendo en cuenta el objetivo de comunicación perseguido.

Los trabajos experimentales realizados en este campo (Morgensztern, 1983) han permitido establecer que, de manera general, la desmemorización evoluciona en función del tiempo según una progresión geométrica decreciente. Sin embargo, las tasas de depreciación del recuerdo, varían mucho según el contenido a memorizar. El gráfico de la Figura 5.4 ilustra este respecto.

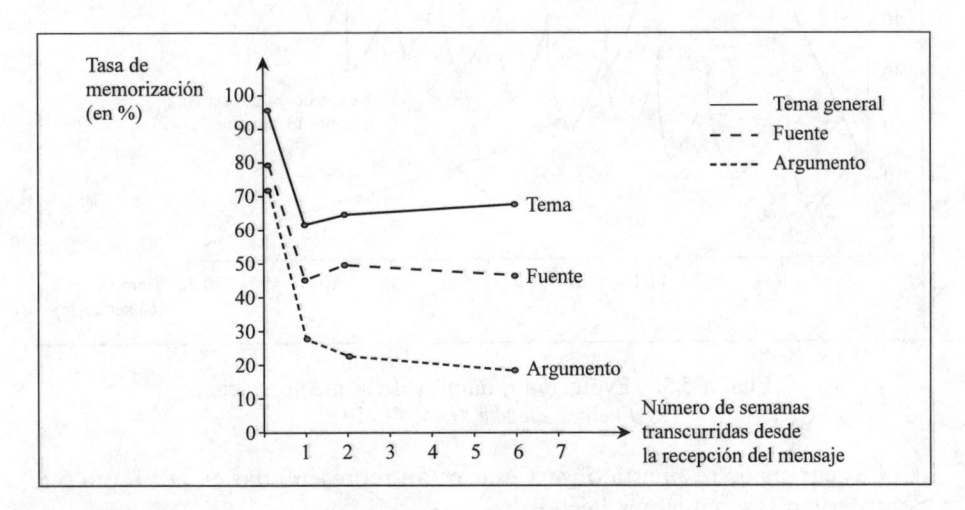

Figura 5.4. Depreciación del recuerdo publicitario en función del tiempo.
Fuente: Watts, W. A., y McGuire, W. J. (1964).

En él observamos que el recuerdo del tema general del mensaje disminuye bruscamente después de una semana (del 95 por 100 al 60 por 100), pero se mantiene la continuidad en este nivel; en cambio, el recuerdo de los argumentos evocados en el mensaje sufre una caída mucho más fuerte la primera semana (del 72 por 100 al 28 por 100) y continúa decreciendo después, hasta alcanzar más o menos un 20 por 100 en la sexta semana. La disminución es, pues, más importante. Se observa una evolución similar, pero menos brusca en la tasa de memorización de la fuente del mensaje. El anunciante dispone de poco tiempo para valorar su inversión en la comunicación que ha realizado.

La repetición del mensaje tiene, evidentemente, un efecto sobre el comportamiento del recuerdo en el tiempo. Se han llevado a cabo varios experimentos, especialmente por Zielske (1958 y 1980), que han puesto claramente de manifiesto la relación entre la evolución de la tasa de memorización y los diferentes calendarios de inserciones publicitarias. En su estudio de 1958, Zielske pudo medir el impacto sobre la memorización de dos campañas publicitarias que constaban cada una de trece anuncios en revistas, repartidos de la siguiente manera, uno difundido una vez por semana, durante trece semanas consecutivas (**acción intensiva**), el otro difundido una vez por mes durante trece meses (**acción extendida**).

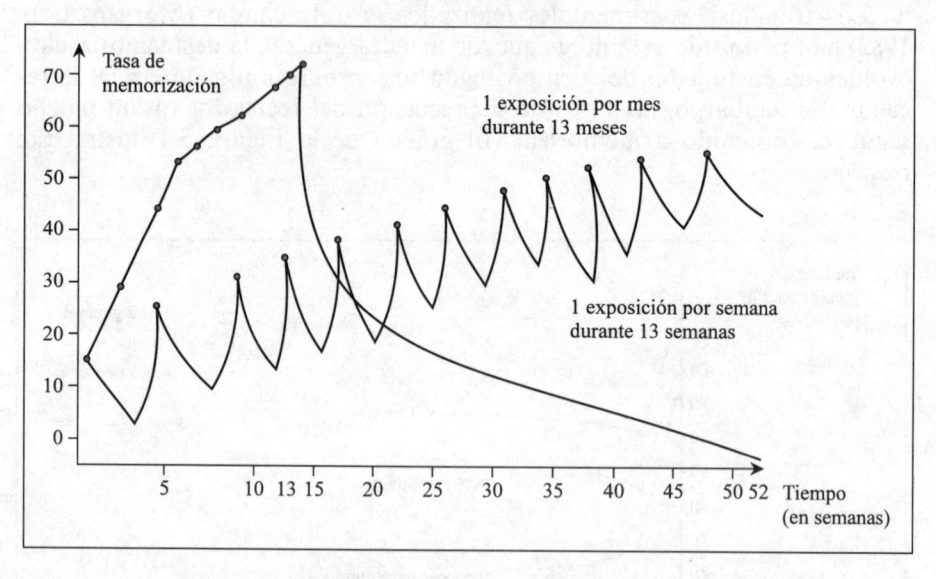

Figura 5.5. Evolución dinámica de la memorización.
Fuente: Zielske H. A. (1959).

Las curvas de respuesta observadas están representadas en la Figura 5.5. Se observan los siguientes hechos:

Después de trece exposiciones semanales (acción intensiva), la tasa de memorización obtenida de entre las amas de casa interrogadas era del 63 por 100; tras trece exposiciones mensuales, esta no era más que del 48 por 100 en el otro grupo sometido a la acción extendida.

— Sin embargo, a lo largo del período de 52 semanas, el porcentaje medio de amas de casa que podían acordarse de la publicidad fue del 29 por 100 en el caso de la acción extendida contra sólo el 21 por 100 para el otro grupo.
— En el caso de exposiciones semanales, la tasa de memorización cae un 50 por 100 cuatro semanas después de finalizar la campaña y dos tercios después de seis semanas.
— La tasa de olvido disminuye con el aumento del número de repeticiones; tres semanas después de una exposición del mensaje, la tasa de memorización desciende del 14 al 3 por 100, es decir, una tasa de depreciación del 79 por 100; después de trece exposiciones, la tasa de memorización desciende del 48 al 37 por 100 en tres semanas, lo que no representa más que una tasa de depreciación del 23 por 100.

Una experimentación similar llevada a cabo por Zielske y Henry, (1980) sobre acciones publicitarias en televisión de igual intensidad, pero con fechas diferentes, ha conducido a resultados similares. Los mecanismos de olvido son, pues, muy poderosos y la pérdida de la memoria es muy rápida, lo que implica un número suficiente de repeticiones de los mensajes.

> Una campaña de televisión con seis repeticiones a lo largo de la primera oleada y que ha engendrado un 60 por 100 de memorización, no debe ser interrumpida más de tres meses si no se desea situarse por debajo de un 20 por 100 de memorización (Morgensztern, 1983, pág. 210).

De nuevo no se trata más que de una puntuación media. Se observan fuertes fluctuaciones de una campaña a otra según la pertinencia y el valor creativo del mensaje. Se ha observado el mismo fenómeno de desmemorización rápida para los demás medios, en particular para la prensa diaria.

Vencer el muro de indiferencia o de defensa perceptual de los compradores potenciales no resulta, pues, evidente. Ahora bien, si esta condición no se da, está claro que nada puede ocurrir en el plano de la actitud o del comportamiento. Una información no existe para el comprador potencial, mientras no haya sido percibida, comprendida y memorizada por él. Informar no es suficiente, además es necesario comunicar.

5.2.4. El análisis de las percepciones de similitud

El análisis multidimensional de las percepciones de similitud global es un método particularmente potente en la descripción de los conjuntos conocidos de marcas (Green y Rao, 1972). El objetivo del método es identificar las semejanzas percibidas entre las marcas que forman parte del conjunto conocido de un grupo de compradores potenciales, a partir de una representación visual de las similitudes percibidas entre marcas, y todo esto **sin formular a priori ninguna hipótesis en cuanto a las causas de similitud o de desigualdades percibidas**. Es por ello por lo que todavía se puede considerar este tipo de medida, como una forma de respuesta cognitiva, incluso si hay inevitablemente una evaluación subyacente en las informaciones proporcionadas por los entrevistados.

Las hipótesis que están en la base del análisis multidimensional de similitud son las siguientes:

— Todo producto o marca (todo objeto) es percibido por el individuo como una combinación de características o atributos, que corresponden a las ventajas buscadas por el comprador. Volvemos a ver aquí la noción de producto visto como un «conjunto de atributos» descrito en el capítulo precedente.
— Estas características sirven mentalmente como criterios de comparación de las marcas que forman parte del conjunto conocido.
— Si cada una de las K características es representada geométricamente por un eje, es decir, por una dimensión de un espacio de K dimensiones, cada marca u objeto puede ser representado en este espacio por un punto cuyas coordenadas serán las evaluaciones de este producto según cada característica.

- El análisis obtiene por entrevista una clasificación de las similitudes percibidas entre todas las marcas que forman parte del conjunto conocido por los entrevistados. Se obtiene una matriz triangular en la que cada elemento es una simple medida ordinal (no métrica) que permite clasificar los pares de marcas por orden de similitud decreciente. Para comparar N marcas, se obtienen $N(N - 1)/2$ clasificaciones diferentes de similitud percibida.
- El análisis consiste en buscar una representación geométrica de los datos de clasificación, tal que el número de dimensiones sea tan reducido como se pueda, y tal que la cantidad de las distancias calculadas en este espacio respete lo mejor que pueda las distancias originales observadas (criterio de monotonicidad).
- Habitualmente se parte de una configuración arbitraria en $N - 1$ dimensiones, en la que se mide la falta de monotonicidad, es decir, la diferencia entre los rangos observados y los rangos calculados. Esta diferencia se mide por el coeficiente de «stress».
- Para mejorar el ajuste, se utiliza una aproximación heurística. Por prueba y error, se intenta reconstruir la clasificación inicial y obtener el mejor ajuste. Se reducen sucesivamente el número de dimensiones, repitiendo en cada etapa el proceso heurístico. Se retiene al final la configuración con el número de dimensiones deseado teniendo el mejor ajuste a los datos originales.
- Una vez identificada la mejor configuración, sólo queda interpretar las dimensiones obtenidas, es decir, descubrir las macrocaracterísticas subyacentes que estructuran las percepciones globales.

Para una buena descripción de estos métodos, ver: Hair, J. F., et al (1993).

Figura 5.6. Análisis multidimensional de similitudes.
Principio general del método.

En la práctica, se constata que los compradores potenciales perciben las marcas o los productos según un pequeño número de dimensiones, generalmente dos o tres, casi nunca más. Estas dimensiones privilegiadas llevan el nombre de **«macrocaracterísticas»**.

Entonces el análisis multidimensional de similitud desemboca en unos **mapas perceptuales**, donde cada marca está representada por un punto, y donde la distancia entre puntos mide el grado más o menos grande de similitud percibida por los entrevistados. El procedimiento seguido en este análisis es descrito sucintamente en la Figura 5.6.

Un ejemplo de mapa perceptual no interpretado está representado en la Figura 5.7. Se trata del mercado de la mermelada en Bélgica en 1978. El análisis pone de manifiesto la existencia de dos dimensiones en las percepciones de similitud de los entrevistados ($N = 400$).

— La primera dimensión (horizontal) contrapone las mermeladas industriales a las mermeladas presentadas como artesanales, estando asimilada la marca Hero más bien a este grupo que al de las mermeladas industriales. Hay que destacar que las diferencias de precio son significativas entre estos dos tipos de productos.
— La segunda dimensión contrapone las marcas de distribuidores (Sarma, GB y Delhaize) a las marcas de fabricantes. Es destacable que estos dos grupos de marcas tienen aproximadamente la misma clasificación en la primera dimensión, lo que significa que los entrevistados las perciben como similares en esta característica.

Tenemos aquí una representación visual de las similitudes percibidas entre estas marcas según las dos dimensiones privilegiadas por los entrevistados.

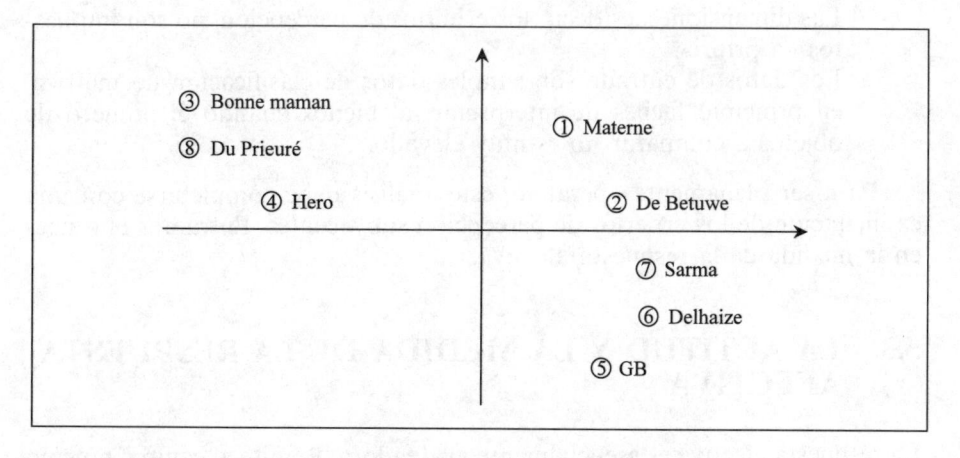

Figura 5.7. Mapa perceptual de similitud.
Fuente: M. D. A. Consulting Group. (Reproducido con autorización.)

Estos resultados pueden parecer triviales, en el sentido de que no aportan información realmente nueva para el fabricante. Sin embargo, su interés es real y reside en los siguientes hechos:

— El análisis ha permitido identificar las dos dimensiones privilegiadas por los consumidores cuando desarrollan mentalmente comparaciones entre marcas; en el ejemplo, la percepción del posicionamiento artesanal y la oposición «marcas de distribuidores-marcas de fabricantes».
— El análisis pone de manifiesto en cada subgrupo la estructura del mercado identificando las marcas que se perciben o no como sustitutas directas. El posicionamiento de la marca Hero es interesante a este respecto.
— El análisis permite a cada marca confrontar el posicionamiento percibido por el mercado con el posicionamiento buscado por la empresa.

El método del análisis multidimensional presenta, no obstante, un cierto número de problemas que es importante subrayar.

— Cuando el número de marcas que se van a evaluar es grande, la tarea de los entrevistados es muy pesada; si hay siete marcas a comparar, es necesario clasificar 21 pares de marcas, lo que puede superar las capacidades cognitivas de los entrevistados.
— La interpretación de los ejes no siempre es evidente y exige generalmente informaciones complementarias.

A pesar de estas dificultades, este método de estructuración del mercado presenta las ventajas siguientes:

— El método de análisis conserva el carácter multidimensional de las percepciones del mercado.
— Las dimensiones, es decir, los criterios de percepción, no son impuestos «a priori».
— Los datos de entrada son simples datos de clasificación no métrica, en principio fáciles de interpretar, al menos cuando el número de objetos a comparar no es muy elevado.

Para ser plenamente operativo, este análisis debe completarse con una explicitación de los criterios de percepción subyacentes. Entramos entonces en la medida de la respuesta afectiva.

5.3. LA ACTITUD Y LA MEDIDA DE LA RESPUESTA AFECTIVA

La respuesta afectiva es esencialmente evaluadora. Remite al campo, no sólo del conocimiento, sino de los sentimientos, de las preferencias, de las intenciones, de los juicios favorables o desfavorables sobre una marca o una organización. Existen varias medidas operativas de la respuesta afectiva corrientemente utilizadas por el analista de mercados.

5.3.1. El conjunto de consideración

Las marcas identificadas dentro de la categoría de productos por los compradores potenciales constituyen lo que se ha denominado en el Capítulo 4 conjunto evocado. El conjunto de consideración es una noción más restrictiva, puesto que comprende las marcas que, para el consumidor, tienen una probabilidad no nula de ser compradas. La distinción es importante: un comprador puede conocer muy bien una marca sin tener nunca por ello intención de comprarla. Para conocer el conjunto de consideración, habría pues que identificar las marcas que el comprador estaría dispuesto a adquirir en una próxima compra.

En el sector de bienes de consumo, se considera que el número medio de marcas conocidas puede variar entre 10 y 20, según la clase de productos, mientras la dimensión media del conjunto de consideración es de tres a cinco marcas como máximo (Jarvis y Wilcox, 1977). Para un productor, evidentemente resulta importante conocer qué marcas figuran en el conjunto de consideración, puesto que éste será su competencia más directa.

5.3.2. Definición de la actitud

Una noción del todo central en la respuesta afectiva es el **concepto de actitud**. Una definición clásica de la actitud es la propuesta por Allport (1935):

> «El estado mental de un individuo, constituido por la experiencia y las informaciones adquiridas que le permiten estructurar sus percepciones del entorno y sus preferencias, y orientar la manera de responder.»

Volvemos a ver en esta definición los tres componentes de la respuesta del mercado, descritos en la primera sección de este capítulo.

— La actitud se apoya en un **conjunto de informaciones** sobre el objeto evaluado y progresivamente acumuladas por el individuo (componente cognitivo).
— La actitud es orientada, en el sentido de que expresa una **evaluación** positiva o negativa del objeto (componente afectivo).
— La actitud es dinámica y es una **predisposición a la acción**; como tal, es predictiva del comportamiento (componente de comportamiento).

Añadamos, además, que los psicosociólogos (Fishbein, 1967) consideran que la actitud es **persistente**, aunque susceptible de modificarse; que está

estructurada, en el sentido de que tiene una coherencia y que se apoya en dimensiones evaluadoras; que su **intensidad** puede variar ampliamente o guardar un estado de neutralidad.

Los trabajos experimentales realizados en este campo han demostrado que las medidas de actitud, aun no siendo infalibles, predicen razonablemente bien los comportamientos reales. De una manera más precisa, los hechos siguientes son generalmente aceptados.

— Cuando las actitudes de los compradores se vuelven más favorables a una marca, su uso tiende a desarrollarse e, inversamente, una actitud desfavorable es anunciadora de su declive.
— Las actitudes de sus consumidores permiten explicar las cuotas de mercado de cada marca (Assael y Day, 1968).
— Cuanto más aumenta el número de productos y de marcas competidoras, más debe la empresa intervenir para mantener y reforzar las actitudes favorables.

Las medidas de actitud, puesto que son susceptibles de ser tomadas antes del comportamiento de compra, son de un gran interés para el analista de mercado, a la vez en el plano del diagnóstico, del control y de la previsión.

— **Diagnóstico**: El conocimiento de las actitudes ayuda a identificar las oportunidades y/o los problemas con los que se encuentra una marca.
— **Control**: Una medida de las actitudes tomada «antes» y «después» permite evaluar la eficacia de las estrategias que buscan modificar la actitud respecto de la marca.
— **Previsión**: El conocimiento de la actitud permite prever la acogida del mercado a un producto nuevo o modificado, sin tener que apoyarse en observaciones «a posteriori».

A la vista de la importancia de este concepto no es sorprendente constatar que el problema de la operatividad y de la medida de la noción de actitud haya sido objeto de trabajos importantes, no solamente en psicosociología (Rosenberg, 1956, y Fishbein, 1967), sino también en el campo de la investigación de marketing (Wilkie y Pessemier, 1973).

Como se ha visto en el capítulo precedente, el modelo de producto multiatributos es la base conceptual utilizada para medir la actitud. Se pueden utilizar dos enfoques para medir la actitud: el de «composición» o el de «descomposición». Estos dos enfoques se describirán más adelante.

5.3.3. Medida de la actitud por el enfoque de composición

Recordemos brevemente las ideas básicas del modelo multiatributos cuyos elementos constitutivos están recogidos en la Figura 4.2.

— Los individuos perciben los productos como un conjunto o combinación de atributos.
— Cada individuo no concede necesariamente el mismo peso relativo a los atributos que determinan la elección.
— Los individuos tienen un conjunto de creencias sobre el grado de presencia de los atributos en cada marca evaluada.
— Los individuos tienen una función de utilidad para cada atributo, que asocia el grado de satisfacción o de utilidad esperado, con el grado de presencia del atributo en el objeto.
— La actitud de los individuos está estructurada, es decir, que se apoya en un proceso de tratamiento de la información obtenida.

El modelo de actitud más utilizado es el modelo desarrollado por Fishbein (1963 y 1967) y hecho operativo por Bass y Tarlarzyck (1969 y 1972). Para Fishbein, la actitud respecto a un objeto está en función del conocimiento que tenga el individuo de los atributos de este objeto y de la importancia que otorgue a los objetivos representados por los atributos que posee el objeto. Algebráicamente, el modelo ampliado de Fishbein puede escribirse como sigue:

$$A_{ij} = \sum_{k=1}^{n} w_{jk} x_{ijk}$$

donde:

A_{ij} = actitud hacia la marca i del individuo j
w_{jk} = importancia relativa para el individuo j del atributo k (ponderación)
x_{ijk} = grado de presencia del atributo k percibido por el individuo j en la marca i (puntuación)
n = número de atributos determinantes ($k = 1, ..., n$)

Se trata, pues, de una simple media ponderada de las puntuaciones de evaluación. La estimación de este modelo necesita, como información, una puntuación de evaluación del grado de presencia de cada atributo para cada marca. Esta evaluación debe hacerse en una escala de intervalos. La importancia relativa de los atributos, en cambio, debe medirse sobre una escala de proporciones. Para hacer esto, se pide al entrevistado que reparta 100 puntos entre los atributos determinantes a prorrateo, según la importancia que les otorgue.

Un ejemplo numérico queda representado en la Figura 5.8, donde se evalúan cinco marcas de ordenadores personales respecto de cinco atributos:

— Tamaño: nivel de estorbo.
— Autonomía: número de horas sin recargar.
— Potencia: en megas.
— Teclado: teclado más o menos agradable.
— Pantalla: legibilidad y tamaño de la pantalla.

| Marcas | Atributos | | | | | Puntuaciones | |
de ordenadores	Tamaño	Autonomía	Potencia	Teclado	Pantalla	Medias	Ajuste
Marca A	6	8	9	8	7	7,50	7,68
Marca B	7	8	7	8	9	7,60	7,58
Marca C	5	9	9	8	8	7,55	7,86
Marca D	7	8	9	7	9	7,85	7,95
Marca E	8	8	5	6	7	7,00	7,08
Marca F	9	2	5	6	7	5,80	5,07
Importancia	0,30	0,25	0,20	0,15	0,10	1,00	1,00
Diferenciación*	1,41	2,56	1,97	0,98	0,98	—	—
Determinancia**	0,25	0,38	0,23	0,09	0,06	1,00	1,00

* La diferenciación de un atributo es medida por la desviación tipo de la distribución de las puntuaciones de evaluación sobre ese atributo.

** La determinancia normal de un atributo se obtiene multiplicando la puntuación de importancia por la diferenciación y normalizando a continuación los productos, de forma que se tiene un total igual a la unidad.

Figura 5.8. Ejemplo de modelo de actitudes multiatributo
(enfoque de composición).

Si el comprador potencial evalúa las marcas según un modelo lineal aditivo, el ordenador seleccionado no será necesariamente el menos caro, ni el que tenga la mejor opción gráfica, ni más programas compatibles o mayor capacidad de memoria, sino el ordenador que «globalmente» sea el mejor para este comprador, teniendo en cuenta el conjunto de los atributos considerados y su importancia relativa. La previsión sugerida por el modelo es pues que el individuo j preferirá el ordenador D.

Se verifica a la luz de este ejemplo que el modelo de Fishbein es compensatorio, es decir, que las notas bajas de un atributo están compensadas por las notas elevadas obtenidas en otros atributos. Es así como, en el ejemplo de los ordenadores, la marca A es preferida a pesar de su precio elevado. Esta forma de evaluar las marcas no es necesariamente la más adecuada y se puede imaginar que un individuo tenga como restricción absoluta no superar un determinado precio. En este tipo de situación, la evaluación ya no es compensatoria, puesto que domina un criterio.

La relevancia de un atributo

Para medir empíricamente el modelo de actitud, habría que, en una primera etapa, identificar los atributos del producto adecuados al grupo de individuos que forman parte de la población objetivo y que se utilicen como criterios de elección. Sin embargo, está claro que los compradores potenciales no atribuyen necesariamente la misma importancia a cada atributo. Se debe establecer una distinción entre **notoriedad**, **importancia**, **relevancia** y **redundancia** de los criterios de elección (Myers y Alpert, 1976).

- El destacamiento corresponde al hecho de que el atributo esté presente en la mente del entrevistado en un momento dado.
- La importancia de un atributo refleja el sistema de valores de un individuo
- La relevancia de un atributo hace referencia a los atributos importantes, en virtud de los cuales se pueden diferenciar los objetos evaluados.

Si un atributo importante está representado también en todas las marcas de la competencia, es evidente que este atributo no permite discriminar entre las marcas y, por tanto, no será determinante en la elección. Medir la relevancia implica pues, no solamente una medida de la importancia, sino también una puntuación de diferenciación, es decir, una medida de la diferencia percibida entre las marcas y esto, respecto de cada uno de los atributos considerados.

La relevancia se obtiene multiplicando las puntuaciones de importancia y la puntuación de diferenciación. La medida de diferenciación puede obtenerse por medio de una pregunta directa sobre la diferencia percibida entre las marcas para cada atributo, por ejemplo, utilizando una escala que vaya de 1 (ninguna diferencia) a 5 (gran diferencia). Más simplemente, se puede utilizar una medida de la dispersión (por ejemplo, la desviación típica) de las puntuaciones de evaluación como puntuaciones de diferenciación, lo que evita dificultar la tarea del entrevistado.

Es este último método el que ha sido utilizado en el ejemplo de la Figura 5.8. La comparación de las puntuaciones medias obtenidas sucesivamente con la medida de la importancia y después con la medida de la relevancia puede cambiar la clasificación de preferencia.

En relación a los atributos determinantes, es evidente que resulta interesante situar las diferentes marcas en competencia en ese mercado.

La matriz «importancia-resultado»

Un comprador puede considerar un atributo muy importante, pero no percibirlo como muy presente dentro de una marca. El problema consiste entonces, o bien en reforzar la presencia del atributo o bien en recurrir a la comunicación para hacer valer el atributo particularmente presente en la comunicación.

Contraponiendo la importancia de los criterios de elección y el nivel percibido de presencia, se puede construir una matriz «importancia/resultado» en la que cada atributo se sitúa en función de su grado de importancia y de su nivel de presencia percibido.

Este cuadro permite identificar cuatro zonas a las que corresponden, para una marca determinada, diferentes problemas y acciones correctivas.

```
                            Rendimiento
        FALSAS FUERZAS  |   IMAGEN FUERTE
                        |           Importancia
        ────────────────┼──────────────────────►
                        |
        FALSOS PROBLEMAS|   DEBILIDADES
```

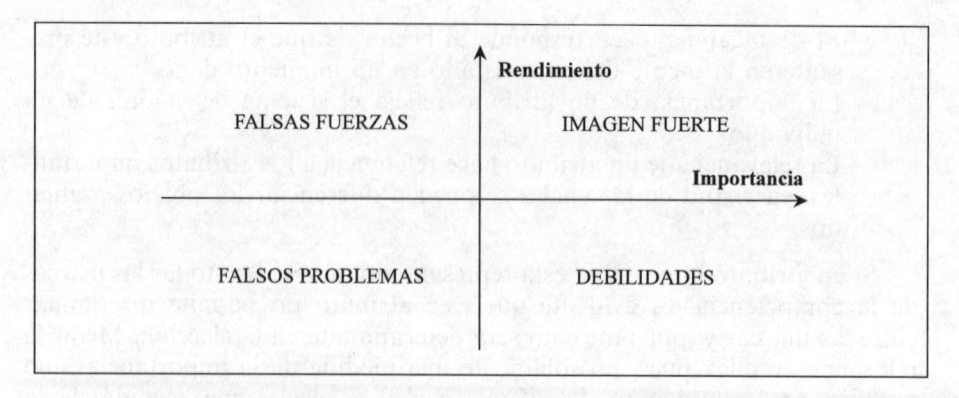

Figura 5.9. Matriz «importancia/resultado».

— En el cuadrante superior derecho, se encontrarán los atributos importantes, que se perciben como bien representados dentro de la marca estudiada. La marca tiene una imagen fuerte respecto de esos criterios y se deben poner en evidencia en la comunicación.
— El cuadrante inferior derecho reagrupa las debilidades de la marca, es decir, aquellos atributos importantes pero que se perciben como poco o nada presentes en la marca.
— En el cuadrante superior izquierdo las fuerzas falsas, es decir, los atributos bien representados pero que son poco importantes para el comprador.
— Finalmente, en el cuadrante inferior izquierdo se encuentran los falsos problemas, los criterios mal representados pero que son poco importantes para el comprador.

Este tipo de análisis resulta también útil para medir el grado de satisfacción o insatisfacción de los compradores. Recurriremos a él en el Capítulo 9, en la sección sobre la medida de la calidad.

Los mapas perceptuales explicitados

Se plantea una última pregunta en cuanto a la pertinencia de los atributos: se trata del problema de la **redundancia**. Dos atributos son redundantes cuando no difieren en su significado. Por ejemplo, en un estudio sobre el mercado de los camiones en Bélgica, los criterios «capacidad de carga» y «cilindrada» son citados espontáneamente como criterios de elección. Está claro que estos dos criterios tienen manifiestamente un doble empleo, no dándose el uno sin el otro. Si se recuerdan dos atributos determinantes, pero que designan la misma característica, esto viene a ser como seleccionar un solo atributo. El analista tiene, pues, interés en establecer una lista de los atributos determinantes y no redundantes.

Se recurre para esto al análisis factorial, por ejemplo, al **análisis de componentes principales** (ACP). Se trata de una técnica estadística que per-

- Se dispone de una clasificación de las preferencias globales para 9 marcas de café, expresados por una muestra de 811 entrevistados.
- Estas 9 marcas han sido evaluadas a continuación por los mismos entrevistados sobre 11 microatributos, en una escala de evaluación de 5 posiciones.
- Los datos han sido tratados con un Análisis de Componentes Principales (ACP) que ha identificado dos macroatributos que explican por sí mismos el 89,6 por 100 de la varianza total.
- Las coordenadas de las 9 marcas sobre estas dos dimensiones factoriales han sido introducidas como variables explicativas de las preferencias globales en un modelo de regresión lineal, con los resultados siguientes:

$$\text{Preferencias} = 8,6 + 8,3 \text{ Atributo } 1 + 10,3 \text{ Atributo } 2$$
$$(5,1) \qquad\qquad (29)$$
$$R^2 = 0,851 \qquad\qquad F-\text{test} = 17,1 \ (2,6)$$

- La relación observada es estadísticamente significativa y los coeficientes tienen el signo esperado. Este resultado sugiere pues, que los atributos conservados explican adecuadamente las preferencias globales expresadas.
- Obtenemos de esta forma un modelo explicativo de las preferencias construido por composición que corresponde al modelo extendido de Fishbein (Bass y Tarlarzyck, 1969 y 1972).

Figura 5.10. Ejemplo de modelización de las preferencias por el enfoque de composición. El mercado del café en Bélgica.
Fuente: M.D.A. Consulting Group, Bruselas.

mite estructurar y condensar un conjunto de datos, véase los N atributos determinantes, en un conjunto reducido de factores, llamados componentes principales o también **«macrocaracterísticas»**, independientes entre ellos y que contrasten de la mejor manera posible los objetos estudiados (véase Hair y al., 1992)

Los estudios de imagen de marca permiten medir las percepciones de los compradores y descubrir así las expectativas del mercado. El mapa perceptual de la Figura 5.11 es una ilustración de este aspecto. Este mapa se apoya en las percepciones de una muestra de consumidoras frente a marcas de cuidado personal y maquillaje. La aplicación de un análisis de componentes principales a los doce atributos evaluados ha permitido identificar dos «macrocaracterísticas» que resumen más del 83 por 100 de la información total.

El primer eje define la «calidad total», tal como la perciben los entrevistados y reagrupa los atributos siguientes: «calidad técnica», «amplitud de la gama», «calidad del envase»; «nota explicativa» «promociones atractivas». Estos atributos se oponen al de «precio abordable». El segundo eje está muy correlacionado con los atributos «agentes tratantes», «numerosos tests de laboratorio» que a su vez se oponen al de «presentación lujosa». Este eje refleja el carácter paramédico de estos productos.

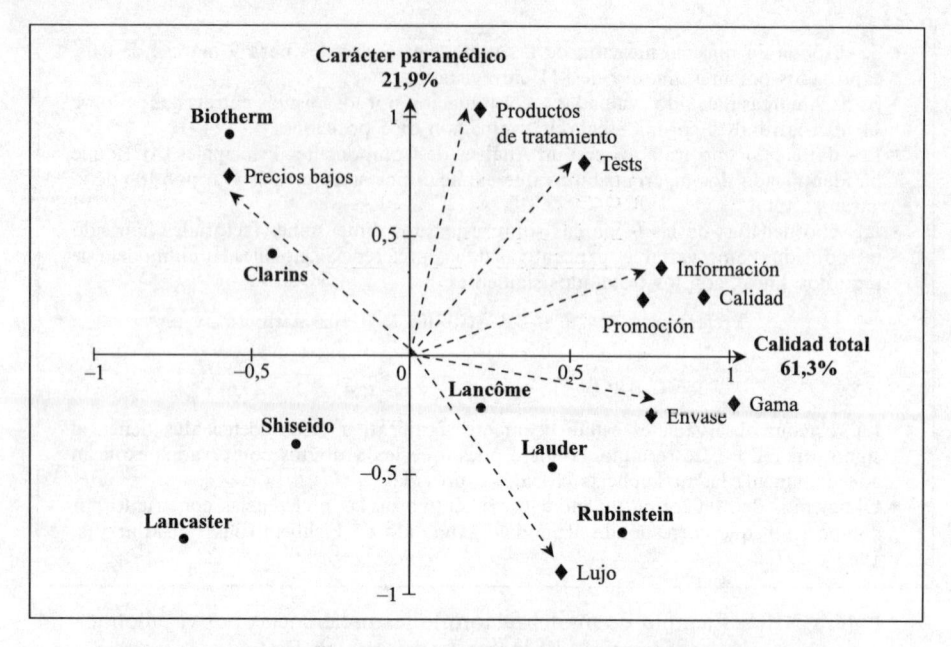

Figura 5.11. Ejemplo de un mapa perceptual explícito. El mercado de los productos de belleza y maquillaje. *Fuente: Van Ballenberghe (1993).*

La interpretación de un mapa perceptual derivado de un análisis de componentes principales debe hacerse de la siguiente manera:

— Dos marcas están próximas la una de la otra en el mapa perceptual si son evaluadas de la misma forma según el conjunto de los atributos recogidos.
— Dos atributos están próximos el uno del otro si se llevan a evaluar de la misma forma las marcas estudiadas.

En este mapa, se verifica que la marca A está bien posicionada sobre el eje económico, pero de forma mediocre en el eje de la calidad global, debido especialmente a su debilidad en el terreno de la asistencia técnica (informaciones y servicios), un servicio «añadido» por los competidores mejor situados. Este análisis conduce, pues, a sugerir una modificación del producto ofrecido por la empresa A y un refuerzo del atributo «asistencia» que, para el comprador, forma parte del conjunto de atributos esperado.

Los modelos de actitud no compensatorios

Los principales modelos de actitud no compensatorios están descritos en la Figura 5.12. En realidad, se observará a menudo un proceso de elección en dos etapas. En una primera fase, el comprador potencial adopta un modelo conjuntivo que le permite eliminar los productos que no correspondan a sus

> - **Modelo disyuntivo**
>   El comprador decide no considerar más que las mejores marcas sobre **algunos atibutos dominantes**, cualquiera que sea el rendimiento respecto a los demás atributos.
> - **Modelo conjuntivo**
>   El comprador establece un **mínimo aceptable** para atributo. Una marca no será elegida si no supera el nivel mínimo especificado; en el caso contrario, será rechazada. No tiene, pues, puntuación global, sino simplemente la identificación de una o varias marcas compatibles entre las cuales elegir.
> - **Modelo lexicográfico**
>   El individuo opera **de manera secuencial**. Ordena los atributos del producto desde el más importante al menos importante. Compara en primer lugar las marcas sobre el primer atributo y retiene aquellas que tienen la evaluación más elevada. Si hay igualdad, pasa al segundo atributo y así sucesivamente.

Figura 5.12. Los modelos no compensatorios.

exigencias mínimas; en una segunda fase, los productos escogidos serán objeto de una evaluación compensatoria o de un ordenamiento lexicográfico.

Las estrategias de cambios de la actitud

El conocimiento de la manera en que los consumidores perciben los productos que compiten en un segmento es importante para determinar el tipo de estrategia que se debe adoptar con el fin de modificar un posicionamiento desfavorable. Seis estrategias diferentes pueden ser consideradas (Boyd, Ray y Strong, 1972).

— **Modificar el producto**. Si la marca no alcanza el nivel deseado por el mercado en una característica, el producto puede ser modificado reforzando la característica en cuestión.
— **Modificar las ponderaciones de los atributos**. Convencer al mercado de que se debería atribuir más importancia a la característica en la que la marca está bien situada; por ejemplo, subrayando la importancia de la compatibilidad con los programas existentes.
— **Modificar las creencias sobre la marca**. El mercado puede estar mal informado y subestimar algunas cualidades distintivas reales que posee la marca. Se trata de un reposicionamiento psicológico.
— **Modificar las creencias sobre las marcas competidoras**. Se utilizará esta estrategia si el mercado sobreestima algunas características de los competidores. Esta estrategia implica la posibilidad de recurrir a la publicidad comparativa.
— **Atraer la atención sobre atributos no tomados en consideración**. Por ejemplo, la empresa puede subrayar en su publicidad el hecho de que el ordenador es portátil y que este atributo es importante.
— **Modificar el nivel requerido de un atributo**. El mercado puede demandar un nivel de calidad que no siempre es necesario, al menos para algunas aplicaciones. La empresa puede intentar convencer al seg-

mento de que el nivel de calidad ofrecido en esta dimensión concreta es adecuado.

El interés de un modelo multiatributos es, pues, obtener una mejor comprensión de la estructura subyacente de la actitud, a fin de poder identificar las estrategias de posicionamiento y de comunicación más apropiadas.

5.3.4. Medida de la actitud por el método de descomposición

El enfoque de composición que acaba de ser descrito partía de la evaluación de las marcas respecto de diferentes atributos para construir una puntuación de utilidad global que desvele las preferencias del entrevistado. El enfoque de descomposición procede en sentido inverso y parte de una clasificación de preferencia de diferentes productos o marcas cuyo conjunto de características es conocido. De esta clasificación se derivan las **utilidades parciales** subyacentes en cada característica, que permiten reconstituir lo mejor posible el orden de preferencia del entrevistado. La utilidad total de una marca por un comprador determinado es entonces igual a la suma (o al producto) de las utilidades parciales.

En este enfoque se estiman pues directamente las utilidades parciales asignadas a los atributos por los compradores. Estas utilidades parciales reflejan el valor subjetivo asociado a cada uno de los atributos; son, de hecho, el producto del grado de presencia percibido de un atributo y de su importancia, sin que se puedan identificar separadamente estas dos nociones. Una utilidad elevada puede ser el resultado, bien de una importancia muy elevada y de un bajo grado de presencia percibido, bien de una importancia débil compensada por un elevado grado de presencia percibido. El cuadro de la Figura 4.4, comentado en el capítulo precedente, pone bien de relieve el carácter complementario de los enfoques de composición y descomposición.

Existen diferentes métodos de estimación: el **método de análisis conjunto** (Green y Srinivasan, 1978) o el análisis *trade-off* (Johnson, 1974). El más corriente y más fiable es también el más simple: el análisis de regresión en variables binarias como se muestra en el ejemplo de la Figura 5.13.

5.3.5. Ejemplo de aplicación del análisis conjunto

En este ejemplo se trataba de medir la elasticidad/precio de la marca Marlboro y de sus tres principales marcas competidoras que operan en el mismo segmento: Barclay, Camel y Gauloise rubio. Una marca de cigarrillos puede definirse como un conjunto de siete características: la marca, el contenido de la cajetilla, la rigidez de la cajetilla, la longitud del cigarrillo, el contenido en alquitrán y nicotina, el diámetro del cigarrillo y el precio. Las

Conjunto de características	Marca			Precio			Contenido			Clasificación del entrevistado
	C	M	G	62F	67F	72F	4/0,4	9/0,7	15/1	
1. B-57-1/0,2	0	0	0	0	0	0	0	0	0	—
2. B-62-4/0,4	0	0	0	1	0	0	1	0	0	—
3. B-67-9/0,7	0	0	0	0	1	0	0	1	0	—
4. B-72-15/1	0	0	0	0	0	1	0	0	1	—
5. C-57-4/0,4	1	0	0	0	0	0	1	0	0	—
6. C-62-9/0,7	1	0	0	1	0	0	0	1	0	—
7. C-67-15/1	1	0	0	0	1	0	0	0	1	—
8. C-72-1/0,2	1	0	0	0	0	1	0	0	0	—
9. M-57-9/0,7	0	1	0	0	0	0	0	1	0	—
10. M-62-15/1	0	1	0	1	0	0	0	0	1	—
11. M-67-1/0,2	0	1	0	0	1	0	0	0	0	—
12. M-72-4/0,4	0	1	0	0	0	1	1	0	0	—
13. G-57-15/1	0	0	1	0	0	0	0	0	1	—
14. G-62-1/0,2	0	0	1	1	0	0	0	0	0	—
15. G-67-4/0,4	0	0	1	0	1	0	1	0	0	—
16. G-72-9/0,7	0	0	1	0	0	1	0	1	0	—

B = Barclay, C = Camel, M = Marlboro, G = Gauloisee rubio.

Figura 5.13a. Ejemplo de modelización de las preferencias por el método de descomposición. El segmento de los cigarrillos *blended* en Bélgica.

cuatro marcas estudiadas se diferencian únicamente en tres características; la marca, el contenido en alquitrán (A) y en nicotina (N) y el precio; sólo estas características son, pues, determinantes de la elección.

Para cada una de estas características se han recogido los cuatro niveles siguientes:

Marca: Barclay, Camel, Marlboro y Gauloise rubio.

Contenido: (A: 1 mg, N: 0,2 mg) — (A: 4 mg, N: 0,4 mg) — — (A: 9 mg, N: 0,7 mg) — (A: 15 mg, N: 1 mg).

Precio: 57 Francos Belgas, 62 FB, 67 FB, 72 FB.

Tenemos, pues, en total 64 (4 × 4 × 4) conjuntos distintos de características. Adoptando un diseño experimental en «cuadro-latino», en el cual se desprecian las interacciones entre tres factores a la vez, el número de conjuntos que deben clasificar los entrevistados se reduce a 16. El entrevistado debe clasificar, por orden creciente o decreciente de preferencia, los 16 conjuntos cuya composición le es recordada como se muestra en la Figura 5.13a.

Así, el conjunto 6 (C-62-9/0,7) está compuesto como sigue: la marca Camel, al precio de 62 FB, con un contenido en alquitrán de 9 mg y en nicotina de 0,7 mg. Para el encuestado número 27, este conjunto ha sido clasificado en 12.ª posición. El encuestador utiliza generalmente unos soportes (maquetas, logos, etc.) para facilitar la tarea de clasificación del entrevistado.

Como se muestra en la Figura 5.13a, cada conjunto de las k variables puede ser descrito por un conjunto de $k - 1$ variables binarias (0,1) que describen la ausencia o la presencia de los niveles de cada característica; estas variables binarias intervienen, en un modelo de regresión lineal, como variables explicativas de las preferencias y esto, para cada uno de los entrevistados.

Los resultados obtenidos por dos entrevistados, de los cuales uno es fumador de Barclay y el otro de Gauloise rubio, están representados en la Figura 5.13b. Se verifica que los resultados son estadísticamente significativos en su globalidad así como los coeficientes de las variables explicativas. Recordemos que el conjunto de referencia es la marca Barclay al precio más bajo (57 FB) y con el contenido en alquitrán y nicotina más bajo (1/0,2). Estando el mejor conjunto clasificado en la posición 16, los coeficientes se interpretan en términos de rangos ganados o perdidos en relación a este rango.

• **Función de utilidad del entrevistado número 17 (fumador de Gauloise rubio)**
Preferencia = 8,25 (Barclay, P = 57, NG = 1 y 0,2)
    + 6,0 (Marlboro) + 9,5 (Gauloise) + 8,5 (Camel)
        (4,8)   (7,6)   (6,8)
    − 2,5 (P = 62) − 3,5 (P = 67) − 5,0 (P = 72)
        (2,0)   (2,8)   (4,0)
    − 3,5 (NG = 4 y 0,4) − 4,0 (NG = 9 y 0,7) − 4,5 (NG = 15 y 1,0)
        (2,8)   (3,2)   (3,6)
$R^2 = 0,860$ F-test = 11,3

• **Función de utilidad del entrevistado número 86 (fumador de Barclay)**
Preferencia = 16,0 (Barclay, P = 57, NG = 1 y 0,2)
    − 4,0 (Marlboro) − 12,0 (Gauloise) − 8,0 (Camel)
        (4,6)   (13,9)   (9,2)
    − 0,25 (P = 62) − 1,25 (P = 67) = 1,50 (P = 72)
        (0,3)   (1,4)   (1,7)
    − 0,75 (NG = 4 y 0,4) − 0,75 (NG = 9 y 0,7) − 1,5 (NG = 15 y 1,0)
        (0,9)   (0,9)   (1,6)
$R^2 = 0,034$ F-test = 24,6

Figura 5.13b. Análisis de la función de utilidad de los entrevistados.

— El **fumador de Barclay** está manifiestamente muy satisfecho con el conjunto de referencia; toda modificación tiene un impacto negativo. La marca más aceptable es Marlboro (−4,0), la menos aceptable es Gauloise rubio (−12,0). Este comprador es relativamente poco sensible al precio. Un aumento de precio de 5 FB apenas se siente (−0,250); los aumentos más fuertes provocan una reacción más importante, pero que sigue siendo débil en valor absoluto. Reacción débil también para los aumentos en contenido de alquitrán y nicotina.

— El comportamiento del fumador de Gauloise rubio es muy distinto. Un cambio de marca es bienvenido; después de su marca habitual, es hacia Camel (+8,5) hacia donde se dirigiría con más gusto y después hacia Marlboro (+6,0). En relación al otro entrevistado, se observa que los aumentos de precio se sienten con mucha más fuerza, lo mismo que los cambios en contenido de nicotina y alquitrán.

Resultados de este tipo, disponibles en muestras más grandes, permiten medir las preferencias de los compradores, segmentar el mercado y formular previsiones sobre los comportamientos de compra.

5.4. MEDIDA DE LA RESPUESTA COMPORTAMENTAL

La medida más directa y más simple de la respuesta comportamental viene dada por las estadísticas de venta del producto o de la marca, completadas por un análisis de la cuota de mercado dentro de cada segmento cubierto. Otros tipos de información son, no obstante, útiles para interpretar los datos de venta y formular un diagnóstico válido de la posición que ostenta el producto. Se trata, en primer lugar, de un conjunto de informaciones sobre los hábitos, las condiciones y las circunstancias de la compra; y a continuación de informaciones sobre el comportamiento post-compra.

5.4.1. El análisis de los hábitos de compra

El objetivo es establecer el perfil del comportamiento de compra de diferentes grupos de consumidores de la categoría de producto estudiada. Las informaciones buscadas versan sobre tres tipos de comportamientos: los comportamientos de **adquisición**, de **utilización** y de **posesión**. Se han reproducido en la Figura 5.14 los principales elementos de información buscados; éstos varían evidentemente según las categorías de productos y deben, por consiguiente, estar adaptados a cada situación concreta.

La descripción de los comportamientos de compra viene facilitada por la utilización de las seis preguntas de referencia siguientes: qué, cuánto, cómo, dónde, cuándo y quién.

— La pregunta **«qué»** permite sobre todo definir el conjunto evocado de las marcas e identificar los productos eventuales de sustitución.
— La pregunta **«cuánto»** da informaciones cuantitativas sobre el volumen de compras y de consumo y sobre los hábitos de almacenamiento.
— La pregunta **«cómo»** permite poner de manifiesto las modalidades de la compra (compra a plazos, *leasing*) y los diferentes usos que se hacen del producto.
— La pregunta **«dónde»** es importante para identificar los principales canales de distribución utilizados, los lugares de consumo y de conservación del producto.

— La pregunta **«cuándo»** permite conocer los factores de situación y las ocasiones de consumo, del mismo modo que el ritmo de compra y de recompra.
— La pregunta **«quién»** tiene por objetivo identificar la composición del centro de compra y el papel de sus miembros.

Estas preguntas resultan útiles para orientar la búsqueda de información y para permitir la constitución de un sistema de información de marketing.

Preguntas	Comportamiento de adquisición	Comportamiento de utilización	Comportamiento de posesión
¿Qué?	• Marcas habituales • Ultima marca comparada	• Tipo de utilización del producto • Producto sustitutivo	• Marcas actualmente detentadas
¿Cuánto?	• Cantidad comprada por compra (formato o número de unidades)	• Cantidad consumida por semana • Tipo de uso más importante	• Cantidad de producto detentada
¿Cómo?	• Condiciones de adquisición	• ¿Bajo qué forma es utilizado el producto	• Modo de conservación
¿Dónde?	• Lugares de compra habituales y ocasionales	• Lugares de consumo	• Lugares de detención
¿Cuándo?	• Fecha de la última compra • Tiempo intercompras	• Momento habitual de utilización	• Período y duración de posesión
¿Quién?	• ¿Quién compra habitualmente el producto?	• ¿Quién consume más regularmente el producto?	• ¿Quién detenta el producto?

Figura 5.14. Las dimensiones de análisis del comportamiento de compra.

La familia como centro de decisión de compra

Hemos visto, al hablar del marketing industrial, cómo la pregunta que trata sobre el centro de compra y su estructura es capital. Tiene igualmente su importancia en el área de los bienes de consumo, en la medida en que las decisiones de compra son raramente un hecho de individuos aislados y a menudo se toman en el marco de la célula familiar, la cual constituye de hecho un centro de compra comparable al observado en una organización.

El conocimiento de los hábitos de compra implica la identificación de los roles respectivos de la madre, del padre y de los hijos, y esto, por categorías de productos y en las diferentes fases del proceso de compra. Estas preguntas son importantes para los responsables de marketing que deben adaptar su política de producto, de precio, de comunicación y de distribución a su **cliente real** (Davis, 1974), y todo esto con más razón en tanto en cuanto que el reparto de los papeles y de la influencia de los esposos tiende a modificarse debido principalmente a la evolución rápida del papel de la mujer.

Una de las primeras tipologías propuestas sugiere cuatro repartos de papeles (Herbst, 1952):

— Decisión autónoma del marido o de la esposa.
— Influencia dominante del marido.
— Influencia dominante de la esposa.
— Decisión sincrética, es decir, tomada en común.

Aún haría falta tener en cuenta el papel de los hijos. La comparación de resultados de estudios sobre el reparto de los papeles para diferentes categorías de productos revela que la influencia de los esposos varía ampliamente según el tipo de producto (Davis y Rigaux, 1974).

Como subrayan Pras y Tarondeau (1981, pág. 214), estas investigaciones tienen por objeto definir mejor las estrategias a adoptar, gracias a una mejor comprensión del comportamiento del público-objetivo en cuestión. Su interés puede resumirse de la forma siguiente:

— Permite elegir correctamente a las personas a encuestar.
— Determinar el contenido de los mensajes publicitarios.
— Elegir el soporte mejor adaptado.
— Adaptar la concepción de los productos a las necesidades de la persona más influyente.
— Elegir la red de distribución más apropiada.

El dominio de este conjunto de informaciones sobre los hábitos de compra contribuirá a mejorar sensiblemente la eficacia de la acción de marketing de la empresa y a acrecentar por este hecho la fuerza de la respuesta comportamental.

5.4.2. Análisis de la cuota de mercado

Las ventas realizadas, expresadas en volumen o en unidades monetarias, son las medidas más directas de la respuesta comportamental. Sin embargo, aunque indispensable, un simple análisis de la evolución de las ventas es insuficiente para apreciar el rendimiento real de una marca o de una empresa, porque no hace referencia a la competencia. Un aumento de las ventas puede deberse a la mejora general del mercado y no estar relacionado con resultados de la marca. En algunos casos, este aumento puede ocultar un deterioro de la posición relativa de la marca, por ejemplo, cuando ésta ha progresado menos rápido que las marcas rivales. Para ser plenamente útil, el análisis de las ventas debe, pues, completarse con un análisis de la cuota de mercado, calculada de forma más idónea en volumen dentro de cada segmento cubierto.

El cálculo de una cuota de mercado supone que previamente la empresa haya definido claramente su **mercado de referencia**, es decir, el grupo de productos o de marcas a los que la empresa hace frente en el plano competitivo. El método a seguir en la definición de un mercado de referencia está descrito en el Capítulo 5 de este libro.

Una vez que el mercado de referencia está delimitado, la cuota de mercado de la marca x se determina simplemente como sigue:

$$\text{Cuota de mercado de } X = \frac{\text{Ventas de } X \text{ en unidades}}{\text{Ventas totales del mercado de referencia}}$$

El interés de una medida de la cuota de mercado es, más que nada, el de eliminar el impacto de los factores de entorno que ejercen la misma influencia sobre las marcas en competencia y permitir así una comparación de la fuerza competitiva de cada uno. Sin embargo, como sugiere Kotler (1991, pág. 711), la noción de cuota de mercado debe interpretarse con prudencia, teniendo especialmente presentes las siguientes consideraciones:

— El nivel de la cuota de mercado es directamente dependiente de la elección de la base de comparación, es decir, del **mercado de referencia**; es importante verificar que la base de comparación es la misma de una marca a otra.
— La hipótesis según la cual los **factores de entorno** tienen la misma influencia sobre todas las marcas no se verifica necesariamente; algunas marcas pueden estar mejor o peor situadas en relación a algunos factores del entorno.
— Cuando **nuevas marcas** se introducen en un mercado, la cuota de cada competidor debe necesariamente disminuir, sin que se dé por ello un rendimiento negativo, incluso si algunas marcas pueden resistir mejor que otras la entrada de un nuevo competidor.
— Las cuotas de mercado pueden a veces fluctuar bajo el efecto de **factores accidentales o excepcionales**, tales como un gran pedido.
— Una disminución de la cuota de mercado puede a veces estar **provocada deliberadamente** por la empresa que, por ejemplo, abandona una red de distribución o un segmento de mercado.

Cualquiera que sea la definición adoptada para el mercado de referencia, se pueden calcular varias medidas de la cuota de mercado.

— La **cuota de mercado en volumen**, es decir, la cuota de mercado calculada en relación a las ventas totales en volumen del mercado de referencia.
— La **cuota de mercado en valor** se calcula, no a partir de las ventas en unidades sino en base a la cifra de ventas. Una cuota de mercado en valor es a menudo difícil de interpretar debido a las diferencias y a las modificaciones de precio entre marcas.
— La **cuota de mercado servido** se determina en relación a las ventas, no ya del conjunto del mercado, sino respecto de las del segmento o segmentos a los que se dirige la empresa. Esta cuota de mercado es siempre más alta que la cuota de mercado total.

— La **cuota de mercado relativa** compara las ventas de la empresa con las de la competencia (ventas de la empresa excluidas). Si la empresa estudiada ostenta un 30 por 100 del mercado, sus tres competidores principales respectivamente un 20, un 15 y un 10 por 100, el grupo «otros» un 25 por 100, la cuota de mercado relativa será, pues, de un 43 por 100 (30 por 100/70 por 100). Si la cuota de mercado relativa se define respecto de los tres competidores más importantes, la cuota de mercado relativa será de 67 por 100 (30 por 100/45 por 100).
— La **cuota de mercado relativa del líder** se calcula en relación a la empresa más importante. La cuota de mercado del competidor principal se obtiene dividiendo su cuota de mercado absoluta por la de su seguidor inmediato (1,5 en el ejemplo; 30 por 100/20 por 100); la cuota de mercado relativa de los demás se obtiene dividiendo su cuota absoluta por la del competidor principal (0,67, 0,50 y 0,33, respectivamente, en el ejemplo).

La medida de estas diferentes nociones de cuota de mercado puede plantear cierta dificultad en lo que concierne a la disponibilidad de los datos de información necesarios. La medida de la cuota de mercado servido implica que la empresa está en condiciones de evaluar las ventas totales en cada segmento; del mismo modo, la cuota de mercado relativa supone conocer las ventas realizadas por los competidores más peligrosos. Son exigencias cuyo nivel de dificultad varía según los sectores.

En los mercados de consumo, las informaciones vienen dadas por los paneles de consumidores y de detallistas cuya precisión se ha afinado gracias a los sistemas de lectura óptica y códigos de barras. Allí donde la información no se suministra por las estadísticas oficiales o profesionales, es el **sistema de información de marketing** interno quien deberá organizarse para comprar o crear esta información, sin que sea posible ninguna reflexión estratégica válida.

5.4.3. Análisis de los cambios en la cuota de mercado

En el sector de los bienes de consumo, los paneles de consumidores y de detallistas dan con mucho detalle las evoluciones de las cuotas de mercado por región, segmento, red de distribución. Estos datos permiten realizar análisis muy exactos, principalmente de los desplazamientos de cuotas de mercado.

Como Parfitt y Collins (1968) han demostrado, las informaciones proporcionadas por un panel de consumidores permiten descomponer la cuota de mercado en un determinado número de elementos constitutivos que permiten interpretar y prever la evolución de una cuota de mercado.

— La **tasa de ocupación del mercado** (o penetración horizontal), es decir, el porcentaje de compradores de la marca X sobre el número total de compradores de la categoría de productos de referencia.

— La **tasa de exclusividad**, que se define como la cuota de las compras dentro de la categoría de productos reservada a la marca X. Se trata, pues, de una medida de la exclusividad concedida a la marca X, dado que los compradores tienen la posibilidad de diversificar sus compras y de adquirir diferentes marcas en la misma categoría de productos.
— La **tasa de intensidad** (o penetración vertical) compara las cantidades medias compradas de la marca X por comprador, con las cantidades medias compradas de la categoría de producto por comprador.

La cuota de mercado que posee una marca puede calcularse entonces a partir de estos tres componentes. Lo que da:

Cuota de mercado = Tasa de ocupación · Tasa de exclusividad

·Tasa de intensidad

Si llamamos «x» a la marca y «c» a la categoría de productos de referencia a la que pertenece X, adoptamos la notación siguiente:

N_x: número de compradores de x
N_c: número de compradores de c
Q_{xx}: cantidad de x comprada por los compradores de x
Q_{cx}: cantidad de c comprada por los compradores de x
Q_{cc}: cantidad de c comprada por los compradores de c

Se verifica que:

$$\frac{Q_{xx}}{Q_{cc}} = \frac{N_x}{N_c} = \frac{Q_{xx}/N_x}{Q_{cx}/N_x} \cdot \frac{Q_{cx}/N_x}{Q_{cc}/N_c}$$

Si la cuota de mercado está expresada en valor, es necesario añadir un índice de precios relativos: la relación entre el precio medio de la marca y el precio medio de la categoría de productos.

Esta definición de la cuota de mercado es de aplicación general. Tiene el mérito de permitir identificar las posibles causas de una modificación de la cuota de mercado. Las posibles causas de una reducción de la cuota de mercado son entre otras las siguientes:

— La marca pierde compradores (tasa de ocupación disminuye).
— Los compradores dedican una parte más pequeña de sus compras del producto a la marca estudiada (descenso de la tasa de exclusividad).
— Los compradores de la marca compran cantidades más pequeñas que las que compran, por término medio, los compradores del producto (descenso de la tasa de intensidad).

Siguiendo estos diferentes indicadores de período en período, se hace posible identificar las razones de los cambios observados y tomar las medidas correctivas con mejor conocimiento de causa.

Las medidas de la cuota de mercado pueden ser utilizadas bajo dos perspectivas diferentes: *a)* en primer lugar como un **indicador del rendimiento competitivo**, *b)* y después como un **indicador de la ventaja competitiva** ostentada (ver Capítulo 6). En el primer caso, las cuotas de mercado deben ser calculadas, tanto como sea posible, sobre bases muy específicas, por ejemplo, por segmento, por canal de distribución, por región... En el segundo caso, será más apropiada una base más agregada porque es más reveladora del poder de mercado que se posee, de las economías de escala y de los eventuales efectos de experiencia.

5.4.4. Las funciones de respuesta comportamental

Se denomina «función de respuesta comportamental» la relación que une la respuesta de los compradores (expresada en volumen, en cifra de ventas o en cuota de mercado) con una o varias variables de marketing y/o de entorno. Las funciones de respuesta se miden a partir de los hechos pasados observados, más frecuentemente con la ayuda del método econométrico. La estimación cuantitativa de las funciones de respuesta desemboca en unos **coeficientes de elasticidad** que miden la sensibilidad de la demanda o de la cuota de mercado a una variación de una variable explicativa, tal como el precio, la publicidad, la renta familiar. La noción de elasticidad está descrita de manera más detallada en el Anexo 5.1.

Las funciones de respuesta son útiles en un doble aspecto. En primer lugar, la estimación de las funciones de respuesta basada en observaciones de diferentes mercados, diferentes segmentos, diferentes categorías de productos, mejora la comprensión de los mecanismos de respuesta de los compradores. Podemos disponer así progresivamente de bases más rigurosas para el establecimiento de futuros programas de marketing. «Los meta-análisis» que se multiplican en la literatura especializada son importantes en este aspecto.

A modo de ejemplo, encontraremos en la Figura 5.15, la síntesis de los principales trabajos realizados en este campo, en Europa, y que versan sobre la medida de las elasticidades de las principales variables de marketing (publicidad, precio y distribución).

Además de este interés de naturaleza científica, las funciones de respuesta son directamente útiles para la empresa bajo una perspectiva de previsión y de control. Los parámetros de las funciones de respuesta permiten apreciar la eficacia de los esfuerzos de marketing pasados; constituyen, además, unos buenos puntos de partida para ejercicios de simulación destinados a analizar las implicaciones de diferentes programas de marketing (Lambin, 1972).

En los mercados de consumo, el recurrir a las funciones de respuesta en la actualidad queda muy beneficiado por la mejora constante de los bancos de datos. Esta evolución tiene una base tecnológica: la introducción, progre-

Clases de productos	Número de marcas	Elasticidades[1] publicidad	Elasticidades[1] precio	Elasticidades[1] distribución[2]
Refrescos	5	0,070	−1,419	1,181
Yogurt	2	0,031	−1,100	—
Confitería	2	0,034	−1,982	2,319
Televisores	4	0,122	N.S.	—
Cigarrillos	1	0,154	−1,224	—
Bancos	5	0,003	—	0,251
Tren-auto	1	0,184	−1,533	—
Café	1	0,036	−2,933	1,868
Fruta	1	0,095	−1,229	—
Afeitadoras eléctricas	18	0,219	−2,460	0,909
Gasolina	19	0,024	−0,600	0,923
Champús	11	0,036	−1,762	—
Insecticidas	9	0,058	—	—
Desodorantes	11	0,054	—	—
Detergentes	6	0,084	—	—
Loción solar	11	0,300	N.S.	—
Media: estudio 1976[3]	N = 107	**0,094**	**−1,624**	**1,243**
Higiene femenina	6	0,010	−1,405	0,958
Lavavajillas	2	0,029	−1,692	—
Detergentes	1	0,049	−2,009	—
Mermelada	3	0,022	−2,672	2,757
Automóviles	8	0,093	−2,004	—
Media: estudio 1988[4]	N = 20	**0,041**	**−1,956**	—
Media: 1976 y 1988	N = 127	**0,081**	**−1,735**	**1,395**

Figura 5.15. La sensibilidad de la demanda en la política de marca.
Fuente: Lambin J. J. (1977 y 1988).

siva, pero irreversible, de los sistemas de *scanning* en los puntos de distribución y la informatización creciente de los sistemas de información de marketing en la empresa, gracias principalmente al desarrollo de la microinformática (Nielsen, 1981). Debido a esto, el analista de mercado dispone de informaciones cada vez más fiables sobre las cuotas de mercado, los precios, los gastos de publicidad, las promociones, las faltas de existencias, etc. La innovación principal se debe al hecho de la periodicidad de los nuevos bancos de datos que, pasan de ser proporcionados sobre una base trimestral o bimestral, a una base semanal. Se hace entonces posible identificar directamente las relaciones de causa/efecto y eliminar cierto número de dificultades de estimación, y en concreto los problemas de colinealidad y de simultaneidad, debidas al proceso de agregación de las observaciones.

A modo de ilustración, se encontrará en la Figura 5.16, la curva de penetración de una marca nueva, descrita sucesivamente en base a observaciones bimestrales, mensuales y semanales. Las variables causales, es decir, las variables de marketing que se accionan durante el período de lanzamiento, figuran en la parte inferior del gráfico, sobre la escala del tiempo. Está claro que los datos bimestrales y mensuales enmascaran completamente la respuesta del mercado; en cambio, las relaciones aparecen muy claramente en la curva basada en las observaciones semanales.

5.4.5. El comportamiento postcompra

Habiendo comprado y utilizado el producto, el consumidor o el comprador se forma una nueva actitud basada sobre todo en el grado de **satisfacción o de insatisfacción** que experimenta tras el uso del producto. Esta actitud positiva o negativa conducirá a un comportamiento postcompra que será determinante para la difusión del producto y, si se trata de un producto de compra repetida, para el proceso de repetición de la compra y de fidelidad.

La satisfacción del comprador estará en función del grado de concordancia que exista entre sus expectativas respecto al producto, por una parte, y de la percepción del rendimiento del producto, por otra. Si el resultado obtenido es conforme al resultado esperado, hay satisfacción; si es superior, la satisfacción es alta; si es inferior, hay insatisfacción. La noción de resultado esperado remite, pues, a la **teoría del nivel de aspiración**, desarrollada por Lewin (1935). El análisis de Lewin se apoya en la siguiente proposición.

> Para toda necesidad o deseo que experimenta un individuo, éste identifica un nivel de satisfacción que estima haber alcanzado ya, **el nivel de realización**; un nivel que espera alcanzar por su acción o por la compra de un producto, el **nivel de aspiración**; y finalmente, el nivel de satisfacción más elevado que desearía experimentar, **el nivel ideal**.

Los individuos forman su nivel de aspiración en base a las experiencias que han tenido, pero también en base a promesas comunicadas por la publicidad de la empresa respecto de las funciones y de los rendimientos de sus productos. Las aspiraciones de los individuos se desarrollan de forma diferente según las personalidades. Algunas personas establecen su nivel de aspiración en un **mínimo** que esperan superar. La actitud es entonces preventiva contra los riesgos de un posible fracaso. Otras lo fijan en un **máximo** que representa un objetivo al que buscan aproximarse, pero que no esperan alcanzar. El nivel de aspiración interviene aquí como un estimulante. Otros individuos, finalmente, lo sitúan en un nivel que corresponde en grosso modo a **la media** de los resultados que ya han obtenido. Esta última actitud procede de un deseo de adecuación entre el nivel de aspiración y el nivel de realización.

Las aspiraciones no son estáticas, sino que evolucionan continuamente. Como se ha visto en el Capítulo 3, los individuos están perpetuamente a la búsqueda de estímulos y de novedad. Las aspiraciones tienen, pues, tenden-

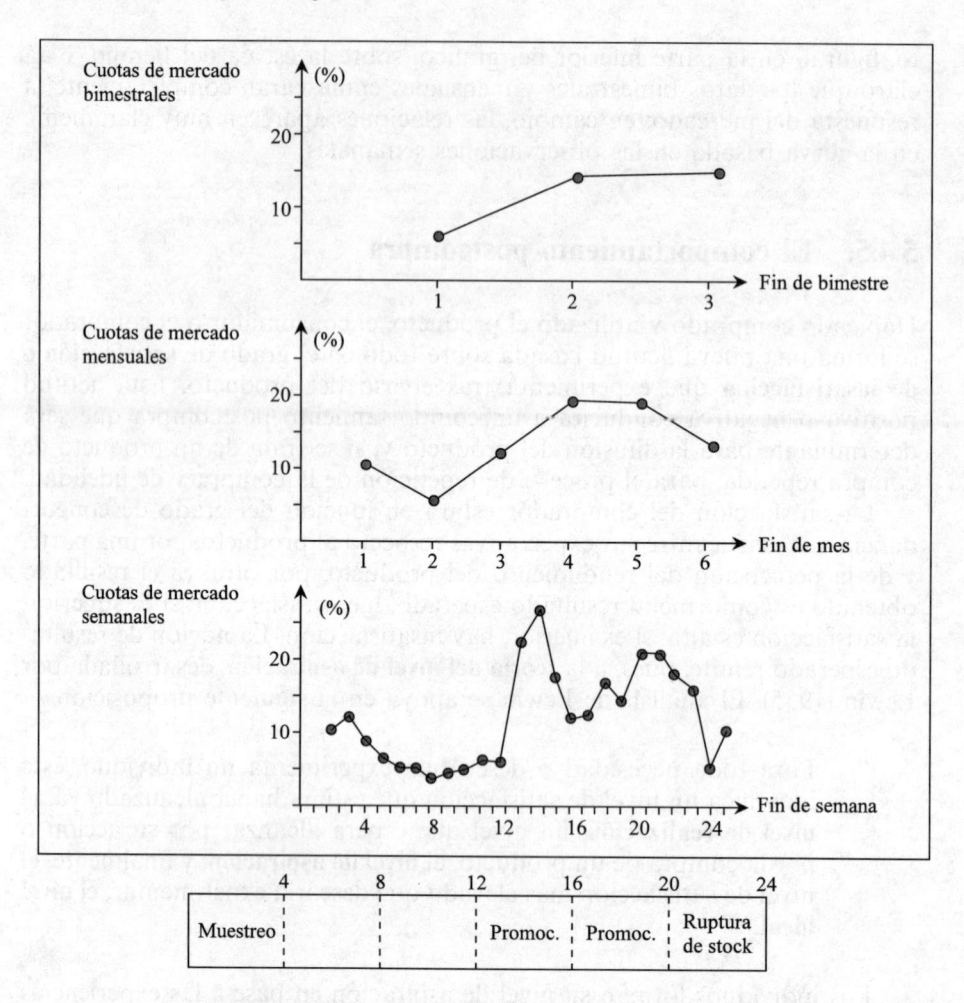

Figura 5.16. Curva de penetración de un producto nuevo.
Fuente: The Nielsen Researcher (1981).

cia a ampliarse en caso de éxito; están también influidas por los rendimientos de otros miembros del grupo al que pertenece el individuo.

La teoría de las expectativas sugiere pues adoptar una política de comunicación basada en los rendimientos verosímiles del producto y evitar promesas desconsideradas que no pueden engendrar más que insatisfacción, contradiciendo o invalidando las expectativas de los compradores.

5.4.6. El análisis de la fidelidad de marca

Un buen indicador del grado de satisfacción de los consumidores, al menos en un mercado competitivo, viene dado por la tasa de exclusividad o de fidelidad de los compradores. El análisis del proceso de intercambio entre marcas permite, además, formular un diagnóstico y una previsión sobre la evolución de las cuotas de mercado respectivas.

Consideremos la evolución de las cuotas de mercado de tres marcas A, B y C tal como se representa en la Figura 5.17. La estabilidad de la cuota de mercado de la marca A puede tener al menos dos interpretaciones diferentes:

— Bien que un número fijo de consumidores compra la misma cantidad de la marca A a intervalos regulares.
— Bien que el número de consumidores que abandona la marca A sea igual al número de consumidores que adopta la marca A; la tasa de entrada compensa entonces exactamente la tasa de salida.

El simple examen de la evolución de la cuota de mercado no permite saber cuál es la interpretación exacta. En el mismo orden de ideas, el crecimiento de la marca B puede interpretarse de diversas maneras, y en concreto como sigue:

— Bien que la marca B tenga un número fijo de compradores fieles, a los que se añaden nuevos compradores a una tasa regular.
— Bien que la tasa de entrada sea más importante que la tasa de salida.
— Bien que el número de compradores de la marca B queda fijo, pero que algunos de ellos tienen una tasa de intensidad de consumo creciente.

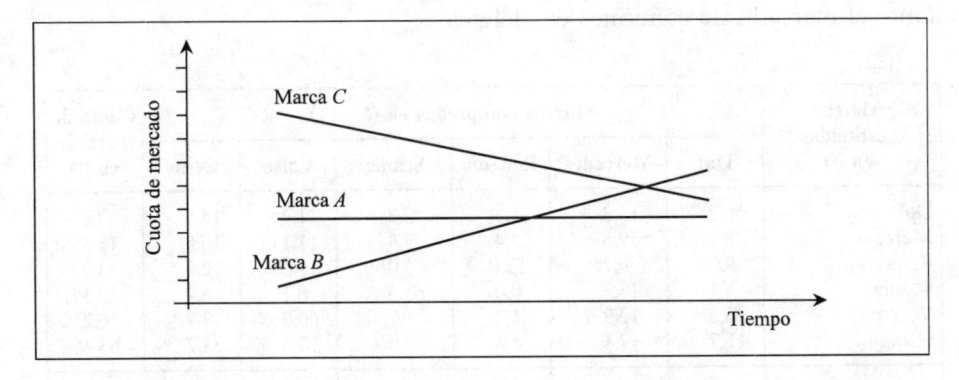

Figura 5.17. El análisis dinámico de la evolución de las cuotas de mercado.
Fuente: Lambin, J. J., y Peeters, R. (1977).

Si nos limitamos a un mercado de dos marcas con el objeto de simplificar el análisis, toda compra observada puede ser descrita en términos de tres orígenes y de tres destinos posibles (ver Figura 5.18). Sobre la base de estas observaciones se puede determinar para cada marca una tasa de fidelidad y una tasa de atracción. Estas tasas se definen como sigue:

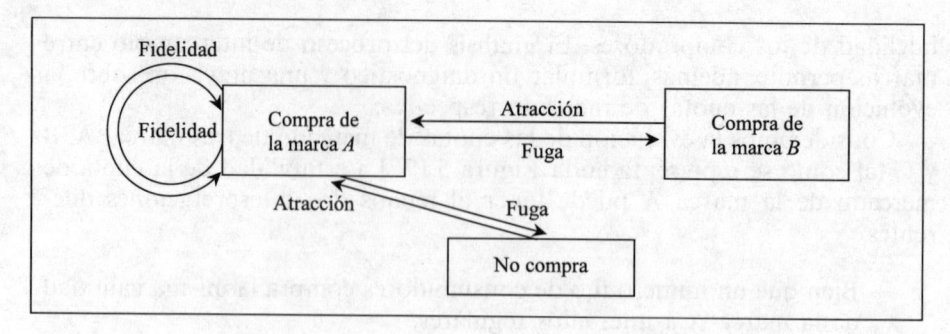

Figura 5.18. Los orígenes y destinos de un comprador cuando compra una marca. *Fuente: Lambin, J. J., y Peeters, R. (1977).*

— **Tasa de fidelidad**: El porcentaje de compradores que, habiendo comprado la marca A a lo largo de los períodos precedentes, continúan comprándola actualmente.
— **Tasa de atracción**: El porcentaje de compradores que, habiendo comprado a la competencia a lo largo de los períodos precedentes, compran en lo sucesivo la marca A.

Estos porcentajes, llamados también **probabilidades de transición**, pueden estimarse por encuesta o en base a datos proporcionados por un panel de consumidores que permita seguir la secuencia de las compras en el tiempo sobre bases mucho más precisas. A modo de ejemplo, se encuentran en la Figura 5.19 las probabilidades de transición recogidas en una encuesta sobre el mercado de camiones en Bélgica.

Marcas sustituidas en (t)	Marcas compradas en ($t + 1$)						Cuota de mercado en (t)
	Daf	Mercedes	Renault	Scania	Volvo	Otras	
Daf	56,2	15,3	1,3	2,3	11,4	13,5	7,6%
Mercedes	8,2	59,5	2,4	2,3	11,1	16,5	16,3%
Renault	9,0	9,2	53,0	5,0	1,2	22,6	3,2%
Scania	8,1	13,3	0,0	65,6	6,1	6,9	3,3%
Volvo	16,5	12,9	1,2	1,7	60,0	7,7	6,2%
Otras	11,7	17,1	4,8	2,9	10,3	53,2	63,4%
Cuota de mercado en ($t + 1$)	14,6%	23,2%	5,3%	4,8%	13,2%	38,9%	100,0%

Figura 5.19. Ejemplo de análisis de fidelidad de marca. El mercado de los camiones en Bélgica. *Fuente: MDA Consulting Group (Buselas).*

El conocimiento de estas probabilidades de transición permite al analista de mercado estudiar los intercambios entre marcas y la dinámica competitiva subyacente de la cuota de mercado, y formular sobre esta base previsiones sobre las evoluciones previsibles de las posiciones respectivas.

Si se designa por α la tasa de fidelidad y por β la tasa de atracción, la cuota de mercado (*Pdm*) de la marca A a lo largo del período futuro $t + 1$ será:

$$Pdm_{t+1} = \alpha Pdm_t + \beta(1 - Pdm_t)$$

La tendencia de la cuota de mercado de la marca A, es decir, la que corresponde a una situación de equilibrio (*e*), puede pues ser estimada con la ayuda de la siguiente expresión:

$$Pdm_e = \frac{\text{Tasa de atracción}}{(1 - \text{tasa de fidelidad}) + (\text{tasa de atracción})} = \frac{\beta}{(1 - \alpha) + \beta}$$

Se verifica que esta cuota de mercado en equilibrio es independiente de la cuota de mercado inicial. Describe la trayectoria sobre la que está situada la marca, en la hipótesis de que las probabilidades de transición permanezcan constantes. Este tipo de análisis es particularmente necesario en la etapa del lanzamiento de una nueva marca, ya que permite analizar el comportamiento postcompra y prever su evolución.

5.5. LAS MEDIDAS DE SATISFACCION/INSATISFACCION

La satisfacción del comprador está en el centro de la gestión de marketing, y, sin embargo, solamente desde hace poco las empresas se esfuerzan en medir sistemáticamente el grado de satisfacción de sus usuarios. Anteriormente los análisis se limitaban a medidas internas de la calidad, del tipo ISO-9000. La medida de satisfacción más evidente parecía ser el nivel de ventas o de la cuota de mercado, del mismo modo que el nivel (eventual) de insatisfacción parecía quedar reflejado en el número de quejas.

En realidad las cosas son más complicadas. Puede existir una diferencia importante entre lo que la empresa piensa que desea el comprador y lo que realmente quiere el cliente, o dicho de otro modo entre la calidad que concibe el fabricante y la calidad buscada o percibida por el comprador, sin que éste exprese necesariamente su insatisfacción. De ahí la necesidad de preguntarle directamente al comprador y de medir formalmente su grado de satisfacción/insatisfacción. El interés de este tipo de estudios reside también en las comparaciones internacionales siendo rara vez idéntica la satisfacción por un mismo producto de país a país. Estos estudios permiten de igual modo análisis longitudinales, es decir, un seguimiento de la evolución de la satisfacción en el tiempo.

5.5.1. El comportamiento de los compradores insatisfechos

Unos estudios llevados a cabo (Lash,1990) con usuarios de diferentes categorías han demostrado que:

— Tan sólo un 3 por 100 de las transacciones de una empresa dan lugar a quejas directas dirigidas hacia ella.
— De media un 15 por 100 de las transacciones son objeto de quejas emitidas por vía indirecta, hacia el equipo de ventas, vecinos o amigos.
— Otro 30 por 100 de las transacciones plantean problemas a los compradores, pero sin desembocar en ninguna forma concreta de comunicación con la empresa.

Para este último grupo se observan dos tipos de razones: o bien que los compradores insatisfechos minimizan el problema, o bien que son pesimistas respecto del desenlace favorable que pueda tener su queja, debido a la posición de fuerza de la empresa y/o a su inercia ante las quejas introducidas con anterioridad.

En resumen, un 48 por 100 de las transacciones de una empresa mediana plantean problemas a los clientes, un grado de insatisfacción que no está más que muy imperfectamente medido por las quejas formales.

En la medida en que una queja expresada es tratada eficazmente por el servicio postventa, el perjuicio para la empresa puede limitarse. En cambio, lo que plantea un problema es ese 30 por 100 de insatisfechos que no dan parte de su insatisfacción, pero que pueden erosionar seriamente la cuota de mercado. Esta es la razón por lo que es importante adoptar una actitud pro-activa en este campo, medir regularmente el grado de satisfacción/insatisfacción de la clientela e identificar sus causas, puesto que en numerosos sectores donde la demanda global se ha convertido en no extensible, cerca de entre un 80 a 90 por 100 de la cifra de ventas se realiza a menudo con los clientes existentes. Se comprende fácilmente la importancia de mantener la satisfacción de esta cartera de clientes.

Este tipo de análisis es tanto más importante que en la mayoría de los casos, un cliente que ve que su queja es tomada en consideración confiará nuevamente en la empresa. Estudios realizados por Avis y por McKinsey (Lash, 1990), han dado los siguientes resultados:

— Para los clientes satisfechos la tasa de repetición de la compra es del 92 por 100.
— Para los clientes insatisfechos que no comunican su insatisfacción, la tasa de repetición de la compra desciende hasta un 78 por 100, es decir, una pérdida de un 14 por 100.
— Para los clientes insatisfechos que informan de su queja, pero que reciben una mala respuesta por parte de la empresa, la tasa de repetición de la compra cae hasta un 46 por 100.

— Para los clientes insatisfechos que informan de su insatisfacción y que reciben una buena respuesta por parte de la empresa, la tasa de repetición de la compra es de un 91 por 100.

El directivo de ICMA Internacional, que posee una amplia experiencia en estudios de satisfacción/insatisfacción considera que esa tasa de repetición de la compra es incluso más elevada que la de los clientes satisfechos (Goderis, 1994).

Los clientes que plantean problemas son pues *a*) los que están descontentos y no se quejan y *b*) los que se quejan pero no quedan satisfechos con el modo en que su queja ha sido recibida y tratada en la empresa. Las pérdidas de clientes provienen de estos dos grupos y constituyen una forma de **contrapublicidad** de boca en boca, que puede ser tanto más costosa para la empresa puesto que es difícilmente controlable. Parece ser, en efecto, que los compradores insatisfechos comunican a sus amigos su experiencia con un producto o un servicio con el doble de frecuencia que un comprador satisfecho.

Tres conclusiones importantes pueden sacarse de estos trabajos sobre el comportamiento de clientes insatisfechos.

— Hay que buscar activamente la identificación del grado de satisfacción o de insatisfacción de los usuarios.
— Una queja no es en sí misma un elemento negativo ya que un cliente acepta un problema en la medida en que la empresa aporta una solución adaptada.
— Las quejas son una fuente importante de información que permite conocer mejor las expectativas de los compradores y la calidad percibida de los productos de la empresa.

En otros términos, la simple gestión de las quejas es una condición necesaria, pero no suficiente, de la estrategia de satisfacción de la clientela.

5.5.2. Métodos de medida de la satisfacción/insatisfacción

El modelo conceptual que está en la base de los estudios de satisfacción/insatisfacción es una vez más, el modelo multiatributos de actitud descrito en este capítulo. Las preguntas básicas se hacen, por una parte sobre la **importancia** de cada atributo, y por otra sobre el grado de presencia percibido del atributo —llamada aquí **satisfacción**— en el producto evaluado (Beauduin, 1993).

Generalmente se procede en tres etapas. Se empieza por evaluar el grado de satisfacción global del producto o del proveedor, después se evalúa la satisfacción y la importancia de cada atributo. Estas tres medidas tienen por base una misma escala de 10 puntos, a la que se añade la posibilidad de contestar «no sabe» (N). Para terminar, se miden las intenciones de repetición de la compra. Las preguntas tipo se presentan en la Figura 5.20. La realización de este cuestionario se hará preferentemente por teléfono y no por correo. La experiencia demuestra que, de hecho, son los compradores insatisfechos los que contestan con mayor solicitud a una encuesta postal, lo cual compromete la representatividad de la muestra.

Estas preguntas pueden realizarse regularmente sobre una muestra representativa de la clientela de una empresa determinada, o sobre una muestra de usuarios de diferentes empresas que operen sobre el mismo mercado. Se trata entonces de estudios multi-clientes que tienen la ventaja de permitir comparaciones entre competidores.

- **Evaluación general**

    ¿De una forma general, cómo evaluaría usted el grado de satisfacción en lo referente a su proveedor?
    Satisfacción: 1   2   3   4   5   6   7   8   9   10   N

- **Evaluación por atributo**

    ¿Cómo evaluaría usted el grado de importancia y de satisfacción en lo referente al atributo?
    Importancia: 1   2   3   4   5   6   7   8   9   10   N
    Satisfacción: 1   2   3   4   5   6   7   8   9   10   N

- **Intención de recompra**

    ¿Compraría usted su próximo producto ABC en el mismo proveedor (marca, empresa,...)?
    Sí: _____   No: _____   Todavía no sé: _____
    ¿Por qué?   ¿Por qué?   ¿Por qué?

Figura 5.20. Preguntas tipo de un estudio de satisfacción/insatisfacción.

5.5.3. El análisis de la satisfacción de los clientes

Se calcula, antes que nada, para cada atributo la media de las evaluaciones así como la desviación típica. Las puntuaciones obtenidas son comparadas con las puntuaciones medias observadas en el sector estudiado. Esta comparación permite hacerse una idea bastante buena sobre las percepciones del mercado respecto de la calidad del producto.

Las respuestas a las diferentes preguntas sobre los atributos se reparten sobre dos ejes, que reflejan respectivamente las **puntuaciones medias de satisfacción** y la **desviación típica** de las puntuaciones observadas. Una desviación típica elevada significa que pocos clientes comparten la misma opinión. En cambio, una desviación típica baja es reveladora de una buena unanimidad en el seno de la muestra de clientes encuestados.

La elección del punto de intersección de los ejes es delicada. En general, se coge el resultado medio de evaluaciones generales de firmas del sector, o bien el resultado del competidor más peligroso. Se obtiene así una matriz de dos dimensiones, que define cuatro zonas, como muestra la Figura 5.21.

```
                          ↑ Desviación de las
                            puntuaciones medias
                            de satisfacción
        INSATISFACCION
        DISTRIBUIDA         SATISFACCION
                            DISTRIBUIDA
    ────────────────────────┼──────────────────────→
                            │  Puntuación media
                            │  de satisfacción
        INSATISFACCION      SATISFACCION
```

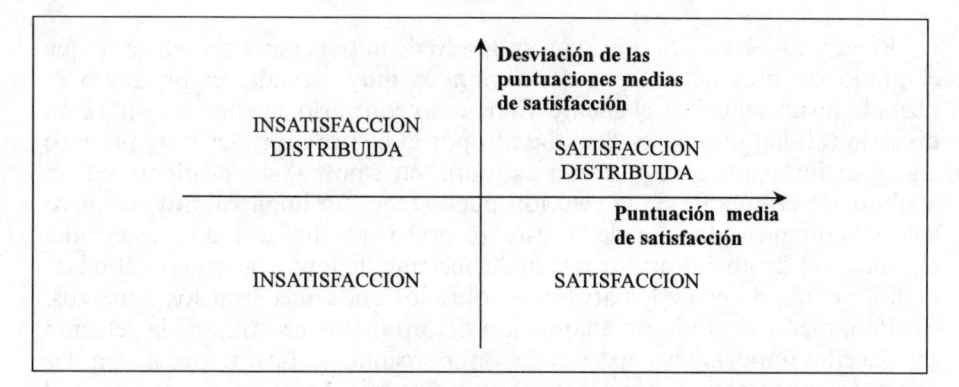

Figura 5.21. Matriz satisfacción/insatisfacción.
Fuente: ICMA International (1994).

En el cuadrante inferior derecho, los servicios ofrecidos tienen una media superior a la media del sector y una desviación estándar inferior a la del sector. Los clientes, en conjunto, están pues **satisfechos y de acuerdo en reconocerlo**.

En el cuadrante superior derecho, los servicios ofrecidos tienen una media superior, pero la desviación estándar es elevada lo que desvela el hecho de que los clientes tienen opiniones divididas. Hablaremos entonces de una **«satisfacción distribuida»**, lo que puede deberse a una falta de constancia en la calidad de los servicios ofrecidos. La identificación de los clientes insatisfechos permitirá identificar la causa de la insatisfacción, y aportar acciones correctivas individualizadas, antes de que los clientes insatisfechos se vuelvan hacia la competencia.

En el cuadrante superior izquierdo, la media de las puntuaciones es inferior a la del sector y la desviación estándar es elevada. **La insatisfacción es distribuida**: la mayor parte de los clientes están insatisfechos, el resto algo menos. Esta situación puede deberse a una oferta mal adaptada a las necesidades reales de los clientes.

Finalmente, en el cuadrante inferior izquierdo, **los clientes están insatisfechos** y de acuerdo en reconocerlo. El caso es más desfavorable.

5.5.4. El análisis de las relaciones satisfacción/importancia

La integración de las puntuaciones de importancia de los atributos permite después construir una herramienta de ayuda a la decisión, más operativa que la matriz de la Figura 5.21, que resulta demasiado descriptiva. La comparación de las puntuaciones observadas respecto de la importancia de un atributo con las del grado de presencia del atributo en el producto o servicio ofrecido resulta instructiva porque permite verificar si la calidad del producto ofrecido está adaptada a las expectativas del cliente.

En general, se espera observar un grado de importancia más elevado que el grado de presencia. Si la desviación es muy elevada, el producto es juzgado insuficiente por el cliente. En el caso contrario, la empresa ofrece un nivel de calidad que no es demandado por el comprador. Ser muy puntero en un atributo poco importante es inútil: en cambio, ser mediocre en un atributo determinante de la elección puede tener un impacto muy negativo sobre la imagen de marca. A este respecto, resulta útil establecer una clasificación de atributos por orden decreciente de importancia con el fin de identificar rápidamente los atributos sobre los que concentrar los esfuerzos.

Para medir el grado de adaptación del producto, se utilizará la relación satisfacción/importancia, expresada en porcentajes. Las respuestas a las diferentes preguntas sobre los atributos pueden repartirse en dos ejes: el primer eje recoge las relaciones satisfacción/importancia, el segundo la desviación típica de las puntuaciones observadas. El punto de intersección de los ejes se fija generalmente en una desviación típica de 1 o en el valor 0,9 de la relación satisfacción/importancia. Las abscisas pueden pues subdividirse en cuatro zonas:

— **Zona 1.** La relación SI es superior al 100 por 100. La satisfacción es más grande que la importancia concedida al atributo. Existe entonces sobresatisfacción y un riesgo de rentabilidad insuficiente.
— **Zona 2.** La relación SI está comprendida entre el 90 y el 100 por 100, la satisfacción es buena y los atributos importantes para el comprador.
— **Zona 3.** La relación SI está comprendida entre el 80 y el 90 por 100, la satisfacción es insuficiente respecto a la importancia del atributo.
— **Zona 4.** La relación SI es inferior al 80 por 100, la satisfacción es muy inferior al grado de satisfacción del atributo.

Estas informaciones son útiles para identificar los puntos débiles del producto y para definir las acciones a acometer, como pueda ser una intervención prioritaria en zona 4, una ligera acción correctiva en zona 3, un *status quo* en zona 2 y una reducción de esfuerzos o incluso una desinversión en zona 1. Sobre el tema general de la satisfacción de los consumidores véase Kotler y Dubois, (1994) y Evrard (1994).

CUESTIONES Y PROBLEMAS

1. Refiriéndonos a la Figura 5.2, ¿cómo calificaría usted los siguientes productos: afeitadora eléctrica, mostaza, ordenador personal, praline de chocolate, calmantes, manguera de riego, bisutería? ¿Qué tipo de información usaría para justificar su clasificación?
2. Escoja una categoría de productos de consumo que conozca bien y prepare un cuestionario destinado a medir la notoriedad espontánea, sugerida y calificada de las marcas que compiten dentro de la categoría. ¿Cómo procedería a interpretar los resultados obtenidos?

3. La marca A se beneficia de una tasa de uso del 30 por 100 y de una tasa de exclusividad del 60 por 100. Los consumidores de esta marca consumen por término medio la misma cantidad de esta categoría de producto que los compradores de las marcas competidoras de A. ¿Cuál es la cuota de mercado de A? Si la tasa de exclusividad descendiera al 50 por 100, ¿cuál sería su cuota de mercado?
4. En un mercado, dos marcas se encuentran en competencia directa. La marca A tiene una tasa de fidelidad del 80 por 100 y una tasa de atracción del 30 por 100. Las cuotas de mercado respectivas son de 30 por 100 para A y de 70 por 100 para B. ¿Cuáles son las tendencias de cuotas de mercado para ambas marcas, suponiendo que las tasas de fidelidad y de atracción permanezcan constantes? ¿Si usted fuera el responsable de la marca B, que recomendaciones realizaría?
5. Comparando cuatro marcas de ordenadores personales, teniendo en cuenta cuatro atributos, los cuales tienen una importancia relativa de: 0,40 / 0,30 / 0,20 / 0,10, respectivamente. Las calificaciones obtenidas (en una escala de 0 a 10) por las marcas sobre los cuatro atributos siguientes son: A = 10 / 8 / 6 / 4; B = 8 / 9 / 8 / 3; C = 6 / 8 / 10 / 5; D = 4 / 3 / 7 / 8. Calcule un índice de utilidad total para cada marca, utilizando sucesivamente la puntuación de importancia y la de determinancia. Compare e interprete los resultados obtenidos.
6. En un estudio de imagen de marca, se han investigado las percepciones de u=na muestra de personas sobre un conjunto de marcas de un mismo tipo de producto. Las puntuaciones concluyen en cuatro atributos cuyas importancias relativas son: 0,40 / 0,30 / 0,20 / 0,10. Las evaluaciones de las marcas son las siguientes: A = 8 / 4 / 4 / 1; B = 8 / 3 / 5 / 3; C = 6 / 6 / 5 / 3; D = 5 / 9 / 6 / 5. ¿Qué marca será escogida si los consumidores utilizan como regla de elección, *a*) el modelo disyuntivo, *b*) el modelo compensatorio, *c*) el modelo lexicográfico, *d*) el modelo conjuntivo, con una puntuación mínima de 5 sobre cada atributo?

BIBLIOGRAFIA

Aaker D.A. (1991), *Managing Brand Equity*, New York, The Free Press.
Allport G.W. (1935), Attitudes, in Murchison C.A. (ed .), *A Handbook of Social Psychology*, Clark University Press, Worcester, Ma., págs. 798-844.
Assael H. and Day G.S. (1968), Attitudes and Awareness, Predictors of Market Shares., *Journal of Advertising Research*, Vol. 8, december, págs. 10-17.
Assmus G., Farley J.U. and Lehman D.R. (1984), How Advertising Affects Sales: Meta-Analysis of Econometric Results, *Journal of Marketing Research*, Vol. 21, february, págs. 65-74.
Axelrod J.N. (1968), Attitude Measures that Predict Purchases, *Journal of Advertising Research*, Vol. 8, march, págs. 3-7.
Bass F. M. and Tarlarzyck W.W. (1969), A Study of Attitude Theory and Brand Preferences, *Journal of Marketing Research*, Vol. 9, págs. 93-96.

Bauer R.A. (1960), *Consumer Behavior as Risk Taking* in: Hancock A.S. (ed.), Proceedings Fall Conference of the American Marketing Association, págs. 389-398.
Beauduin D. (1993), *Les études de satisfaction de la clientèle: Une approche quantitative*, Louvain-la-neuve, IAG. memoria no publicada.
Boy H.W., Ray M.L. and Strong E.C. (1972), An Attitudinal Framework for Advertising Strätegy, *Journal of Marketing*, Vol. 35, april, págs. 27-33.
Davis H.L. and Rigaux B.P. (1974), Perceptions of Marital Roles in Decision Processes, *Journal of Consumer Research*, Vol. I, págs. 51-62.
Delta 2000 (1988), *L'impact de la presse quotidienne en Belgique*, mai.
Evrard Y., La satisfaction des consummateurs: état des recherches, *Revue Française du Marketing*, núm. 144-145, págs. 53-65
Festinger L. (1957), *A Theory of Cognitive Dissonance*, New York, Harper and Row.
Fishbein M. (1967), Attitudes and Prediction of Behavior, in: Fishbein M. (ed.), *Readings in Attitude Theory and Measurement*, New York, John Wiley and Sons, págs. 477492.
Goderis J.P. (1994), *Les mesures de satisfaction / insatisfaction des acheteurs*, Conférence donnée à l'IAG, Louvain-la-Neuve.
Green P.E. and Rao V.R. (1972), *Applied Multidimensional Scaling*, New York, Holt, Rinehart and Winston.
Green P.E. and Srinivasan V. (1978), Conjoint Analysis in Consumer Research: Issues and Outlook, *Journal of Consumer Research*, Vol. 5, september, págs. 103-123.
Hair, J.F., Anderson R.E., Tatham R.L. and Black W.C. (1992), *Multivariate Data Analysis*, New York, Maxwell MacMillan International Editions.
Herbst P.G. (1952), The Measurement of Family Relationships, *Human and Relations*, núm. 5, págs. 3-35.
Herwats B., (1986) *Etude de la sensibilité de la demande au prix des cigarettes blended*, IAG, Louvain-la-Neuve, Belgique.
ICMA, (1994), *Les mesures de satisfaction / insatisfaction des acheteurs*, Conference donnée a l'IAG por J.P.Goderis.
Jarvis L.P. and Wilcox J.B. (1977), Evoked Set, Some Theoretical Foundations and Empirical Evidence, in: Howard J.A., *Consumer Behavior Applications of Theory*, New York, McGraw-Hill.
Johnson R.M. (1974), Trade-Off Analysis of Consumer Values, *Journal of Marketing Research*, Vol. 11, págs. 121-127.
Kapferer J.N. et Laurent G. (1983), *La sensibilité aux marques*, Paris, Fondation Jours de France.
Kotler P. (1991), *Marketing Management*, New Jersey, Englewood Cliffs, Prentice-Hall Inc., 7th. edition.
Kotler P. et Dubois B. (1994), Satisfaire la clientèle à travers la qualité, le service et la valeur, *Revue Française du Marketing*, núm. 144-145, págs. 35-52.
Krugman H.E. (1965), The Impact of Television Advertising: Learning without Involvement, *Public Opinion Quarterly*, Fall, págs. 349-356.
Krugman H.E. (1972), Low recall and High Recognition of Advertising, *Journal of Advertising Research*, Vol. 86, Feb-March. págs. 79-86.
Lambin J.J. (1972), A Computer On-Line Marketing Mix Model, *Journal of Marketing Research*, may, págs. 119-126.
Lambin J.J. (1989), La marque et le comportement de choix de l'acheteur, dans: Kapferer J.N. et Thoenig J.C. (eds.), *La marque*, Paris, McGraw-Hill.

Lash M. L. (1990), *The Complete Guide to Customer Service*, New York, J. Wiley and Sons.
Lavidge R.J. and Steiner G.A. (1961), A Model for Predictions Measurement of Advertising Effectiveness, *Journal of Marketing*, Vol. 25, october, págs. 59-62.
Lewin K. (1935), *A Dynamic Theory of Personality*, New York, McGraw-Hill.
Morgensztzern A. (1983), Une synthèse des travaux sur la mémorisation des messages publicitaires, dans: Piquet S. (ed.), *La publicité, nerf de la communication*, Paris, Les éditions d'Organisation.
Myers J.H. and Alpert M.L. (1976), Semantic Confusion in Attitude Research: Salience versus Importance versus Determinance, in: Perreault W.D. Jr (ed.), *Advances in Consumer Research*, Proceedings of the 7th annual Conference of the Association of Consumer Research, october, págs. 106-110.
Nerlove M. and Arrow, K. (1962), Optimal Advertising Policy under Dynamic Conditions, *Economica*, Vol. 29, págs. 131-145.
The Nielsen Researcher (1981), *Utilizing UPC Scanning Data for New Products Decisions*, núm. 1.
Palda K.S. (1966), The Hypothesis of a Hierarchy of Effects, *Journal of Marketing Research*, Vol. 3, págs. 13-24.
Parfitt J.H. and Collins B.J.K. (1968), The Use of Consumer Panels for Brand Share Prediction, *Journal of Marketing Research*, Vol. 5, may, págs. 131-145.
Pinson C., Malhotra N.K. and Jain A.K. (1988), Les styles cognitifs des consommateurs, *Recherche et Applications en Marketing*, Vol. 3, núm. 1, págs. 53-73.
Pras B. et Tarondeau J.-C. (1981), *Comportement de l'acheteur*, Paris, Editions Sirey.
Ratchford B.T., (1987), New Insights about the FCB Grid, *Journal of Advertising Research*, Vol. 27, págs. 30-31.
Rogers E.M. (1962), *Diffusion of Innovations*, New York, The Free Press.
Rosenberg M.J. (1956), Cognitive Structure and Attitudinal Affect, *Journal of Abnormal and Social Psychology*, Vol. 53, págs. 367-372.
Rossiter J.R., Percy L. y Donovan R.J. (1991), A Better Advertising Planning Grid, *Journal of Advertising Research*, October-November, págs. 11-21.
Servais M. (1988), *Le Marché du gant industriel de protection en Belgique*, Louvain-la-Neuve, IAG.
Thurstone L.L. (1959), *The Measurement of Values*, Chicago, University of Chicago Press.
Van Ballenberghe A. (1993), *Le comportement des consommateurs en période de promotion: analyse des perceptions des marques*, Memoria no publicada, IAG, Louvain-la-Neuve, Bélgica.
Vaughn R. (1986), How Advertising Works: A Planning Model Revisited, *Journal of Advertising Research*, february/march, págs. 57-66.
Watts W.A. and McGuire J.W. (1964), Persistence of Induced Opinion Change and Retention of Inducing Message Content, *Journal of Abnormal and Social Psychology*, Vol. 68, págs. 233-241.
Wilkie W.L. and Pessemier E.A. (1973), Issues in Marketing's Use of Multi-Attribute Attitude Models, *Journal of Marketing Research*, Vol. 10, november, págs. 428-441.
Wittink D.R. and Walsh J.W. (1988), *Conjoint Analysis: Its Reliability, Validity and Usefulness*, The Johnson Graduate School of Management, Cornell University.
Zielske H.A. (1958), The Remembering and the Forgetting of Advertising, *Journal of Marketing*, Vol. 24, january, págs. 239-243.

Zielske H.A. and Henry W.A. (1980), Remembering and Forgetting Television Ads, *Journal of Advertising Research*, Vol. 20, april, págs. 7-13.

- La elasticidad es una medida de la **sensibilidad local** de la respuesta comportamental a una modificación del nivel de intervención de una variable explicativa.
- Si se considera, a modo de ejemplo, la relación entre precio (P) y cantidad (Q), la elasticidad se define:

$$\eta_{qp} = \frac{\%\ \text{de variación de}\ Q}{\%\ \text{de variación de}\ P} = \frac{\Delta Q/Q}{\Delta P/P}$$

La demanda se dice «elástica» al precio, si al presentarse en valor absoluto es superior a la unidad; en el caso contrario, se llama «inelástica».

- La elasticidad es un principio diferente en todos los puntos de la función de respuesta. Cuando la función de la demanda tiene la forma siguiente:

$$Q = \alpha \cdot P^{\beta}$$

el exponente β es la elasticidad. Una elasticidad constante entre dos parejas de puntos (Q_1, P_1) y (Q_2, P_2), se determina como sigue:

$$\eta_{qp} = \frac{\text{Ln}\ (Q_1/Q_2)}{\text{Ln}\ (P_1/P_2)}$$

- Si en lugar del precio se quiere estudiar la publicidad, la **función de respuesta publicidad/venta** puede tomar la forma siguiente:

$$Q = \alpha + \beta\ \text{Ln}\ S$$

donde S es el gasto publicitario y Ln el logaritmo neperiano, la **elasticidad variable** viene dada por

$$\eta_{qp} = \frac{\beta}{Q}$$

- Se debe realizar una distinción entre la **elasticidad a corto y a largo plazo.** Supongamos que la respuesta dinámica sea:

$$Q = \alpha + \beta \sum_{i=0}^{\infty} \lambda^{i} S_{t-i}$$

Si la estructura de la respuesta dinámica es geométrica, la elasticidad acumulada será igual a:

$$\eta_{qp} = \frac{\beta}{1 - \lambda} \cdot \frac{S}{Q}$$

Seguramente se pueden presentar otras estructuras de respuesta dinámica.

Anexo 5.1. Definición de la noción de elasticidad.

CAPITULO 6

El análisis de las necesidades a través de la segmentación

La empresa debe, prioritariamente, identificar el mercado sobre el que desea competir y, en dicho mercado, definir una estrategia de presencia. Esta elección del **«mercado de referencia»** implica la partición del mercado total en subconjuntos homogéneos en términos de necesidades y de motivaciones de compra, susceptibles de constituir mercados potenciales distintos. Una empresa puede escoger entre dirigirse a la totalidad del mercado, o concentrarse en uno o varios segmentos que forman parte del mercado de referencia. Esta partición se realiza generalmente en dos etapas: una etapa de **macrosegmentación** que identifica los productos-mercados; una etapa de **microsegmentación** que lleva a identificar los segmentos en el interior de cada uno de los productos mercados seleccionados. Si tomamos como base esta partición del mercado total, la empresa podrá de inmediato evaluar el atractivo de los distintos productos-mercados y segmentos (Capítulo 7), medir su propia competitividad (Capítulo 8) y definir una estrategia de cobertura del mercado de referencia (Capítulo 9). El objetivo de este capítulo consiste en proponer un método de segmentación que sea de aplicación general, tanto en los mercados consumo, como en los mercados industriales, a nivel nacional o internacional.

6.1. EL ANALISIS DE MACROSEGMENTACION

En la mayor parte de los mercados es prácticamente imposible satisfacer a todos los compradores con un solo producto o servicio. Los diferentes compradores tienen intereses y deseos variados. Diversidad que resulta del hecho que los compradores tienen, no solamente diferentes costumbres de compra, sino y sobre todo necesidades y expectativas diferentes en relación a los productos y servicios ofrecidos. En las sociedades industriales, los compradores no se contentan con productos estándares concebidos para un comprador «medio». Buscan soluciones adaptadas a su problema específico.

Frente a esta expectativa, las empresas son atraídas al abandono de las estrategias del marketing de masas para evolucionar hacia las estrategias del marketing por objetivos. El procedimiento de segmentación, descompondrá el mercado de referencia en subconjuntos homogéneos con la identificación de los grupos de compradores objetivo, dentro del plan de expectativas y comportamientos de compra. Este procedimiento de segmentación tiene una importancia estratégica para la empresa ya que conduce a definir su campo de actividad e identificar los factores claves a controlar para consolidarse en estos mercados objetivo.

6.1.1. Definir el mercado de referencia en términos de «solución»

La puesta en marcha de una estrategia de segmentación supone desde el principio la definición de la misión de la empresa que describe su papel y su función en una orientación mercado. Tres preguntas deben plantearse:

— ¿Cuál es nuestro ámbito de actividad?
— ¿En qué (cuáles) ámbito(s) de actividad deberíamos estar?
— ¿En qué (cuáles) ámbito(s) de actividad deberíamos no estar?

Para responder a estas cuestiones en un estado de espíritu de «mercado», el ámbito de actividad debe ser definido en relación a una necesidad genérica, es decir, en términos de «solución» aportada al comprador y no en términos técnicos para evitar el riesgo de miopía.

Como se ha visto en el Capítulo 4, el enfoque **«solución a un problema»** se apoya en las consideraciones siguientes:

— Para un comprador, un producto se identifica al servicio que presta.
— Nadie compra un producto por él mismo.
— Lo que se busca es el servicio prestado o la solución al problema del comprador.
— Diferentes tecnologías pueden aportar la misma solución buscada.
— Las tecnologías están cambiando rápidamente mientras que las necesidades genéricas permanecen estables.

Para un empresa que tiene una orientación-mercado es pues importante definir su ámbito de actividad en términos de necesidad genérica, y esto desde el principio del proceso de la reflexión estratégica. A continuación se relacionan algunos ejemplos de la definición de mercado de referencia.

— **Derbit International** opera sobre el mercado de recubrimientos de los tejados llanos y fabrica membranas de asfalto. La sociedad define su mercado como sigue: «vendemos las soluciones garantizadas de la impermeabilidad de los tejados, compartido con los distribuidores exclusivos y aplicadores altamente cualificados».

- **Otis Elevator** se dirige a dos mercados estrechamente relacionados: *a*) la concepción, fabricación e instalación de ascensores, elevadores y escaleras mecánicas; *b*) la conservación y el mantenimiento de los equipos instalados. Su definición de mercado es: «nuestro trabajo consiste en desplazar las personas y los materiales horizontal y verticalmente en distancias cortas... y cuando nuestros ascensores funcionan bien, la gente no los aprecia. Nuestro objetivo consiste en pasar desapercibidos».
- **Sedal**, una empresa francesa que fabrica rejillas metálicas de ventilación define su ámbito de actividad como aquel que «controla el aire y la temperatura»; posteriormente se ha diversificado hacia el ámbito más amplio de los sistemas de «ventilación y aire acondicionado».
- **Bata** tiene por costumbre definirse como el especialista en la transformación del cuero. La sociedad se posiciona como el especialista de los productos calzados, sea el que sea el material utilizado, cuero, plástico, textil, etc.

Idealmente la definición del mercado de referencia debería hacerse en términos suficientemente estrechos como para orientar la estrategia, pero igualmente en términos suficientemente amplios como para estimular la imaginación y permitir descubrir las estrategias de extensión de gamas, o de diversificación, en los ámbitos vecinos del ámbito principal de la actividad. En la sociedad Grumman, las recomendaciones dadas para la definición de la misión estratégica son las siguientes:

> «Debemos velar en no confiar al mercado de referencia solamente los productos tradicionales y los existentes. La definición de mercado de referencia, debe hacerse de manera que creemos una concienciación del mercado del entorno, de sus necesidades y de las tendencias que pueden representar una oportunidad, un desafío, teniendo en cuenta nuestra posición actual o futura.» (Hopkins 1982, pág. 119.)

6.1.2. Conceptualización del mercado de referencia

El objetivo es definir el mercado de referencia desde el punto de vista del comprador y no, como a menudo se da el caso, desde el punto de vista del productor. Para alcanzar este objetivo, intervienen tres dimensiones en la división del mercado de referencia en macrosegmentos:

- ¿Cuáles son las necesidades, **funciones** o combinaciones de funciones a satisfacer? (¿el «qué?»).
- ¿Quiénes son los diferentes **grupos de compradores** potencialmente interesados por el producto? (¿el «quién?»).
- ¿Cuáles son las **tecnologías** existentes o las materias susceptibles de producir estas funciones? (¿el «cómo?»).

Gráficamente, se tiene un esquema de tres dimensiones, (ver Figura 6.1). Para hacer este esquema operativo y construir sobre esta base una matriz de segmentación es necesario identificar los criterios que describen, caso por caso, sobre estas tres dimensiones.

Las funciones o combinaciones de funciones

Se refiere a las necesidades a las que debe responder el producto o el servicio. Estos ejemplos de funciones serían:

> La decoración interior de los inmuebles; el transporte internacional de mercancías; la impermeabilidad absoluta de un tejado; la prevención contra la oxidación; la higiene dentaria; la perforación en profundidad o en superficie; el diagnóstico médico, etc.

```
                  ↑ Funciones o necesidades
                    ¿«Qué necesidades» satisfacer?



                                              Grupos de compradores
                                         →    ¿«A quién» satisfacer?


         ↙
      Tecnologías
      ¿«Cómo» satisfacer?
```

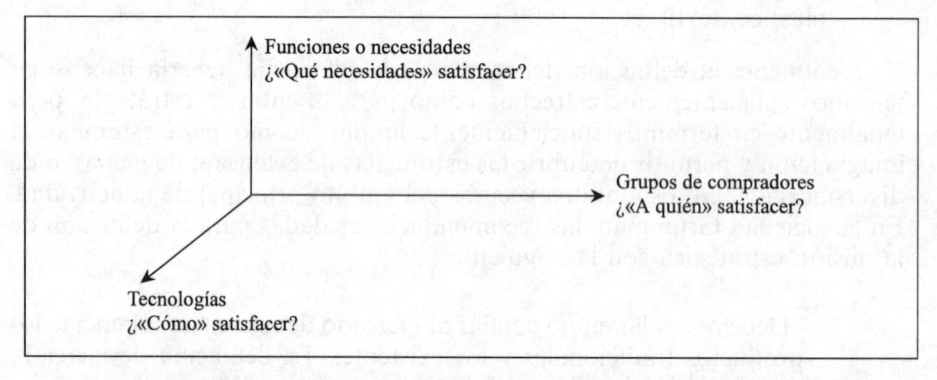

Figura 6.1. Las dimensiones del mercado de referencia.

Conceptualmente, es necesario separar la función de la manera en que dicha función es ejercida (i.e. la tecnología). La línea de demarcación entre las «funciones» y las «ventajas» no es siempre evidente en la medida en que las funciones están estrictamente definidas, o todavía definidas como combinaciones de funciones. Por ejemplo, higiene dental, más prevención de caries; o champú más cuidado anti-pelicular. Las funciones pueden pues definirse igualmente como un conjunto de ventajas buscadas por los diferentes grupos de compradores.

Los grupos de compradores

Se trata de los diferentes grupos de compradores potenciales. Entre los criterios más utilizados, destaca:

> Hogar u organización, clase socioeconómica, zona geográfica, circuito de distribución, tamaño o capacidad financiera, sofisticación tecnológica, estatuto de usuario, comportamiento de compra, etc.

Al nivel de la macrosegmentación, sólo las características generales se tienen en cuenta, lo cual es suficiente en los mercados industriales. En el sector de los bienes de consumo, a menudo es necesario afinar la definición de las características de los compradores, por ejemplo en términos de grupos de edad, de ventaja buscada, de comportamiento de compra o de estilo de vida. Es el objeto de la microsegmentación.

Las tecnologías

Aquí se pone en juego el «saber hacer» tecnológico que permite producir las funciones descritas.

> Por ejemplo, pintura o papel pintura para la función de decoración interior de inmuebles; carretera, aire, ferrocarril o agua para el transporte internacional de mercancías; membranas asfaltadas o membranas plásticas para la función de impermeabilización de los tejados; rayos-X, ultrasonidos, scanners para la función de diagnóstico médico, etc.

Esta dimensión tecnológica está en constante evolución, y en este sentido una tecnología más eficiente reemplaza la (o las) tecnología(s) dominante(s) hasta entonces. Es el caso de la resonancia nuclear magnética para la radiografía en medicina, del correo electrónico para la comunicación impresa, del fax en relación al telex, etc.

6.1.3. Estructuras del mercado de referencia

Refiriéndose al cuadro conceptual descrito, se puede establecer una distinción entre tres estructuras: el «producto-mercado», el «mercado» y la «industria».

— Un **producto mercado** se sitúa en la intersección de un grupo de compradores y de un surtido de funciones basado en una tecnología concreta.
— Un **mercado** cubre el conjunto de las tecnologías para una función y un grupo de compradores.
— Una **industria** es definida por una tecnología, cualesquiera que sean las funciones y los grupos de compradores afectados.

Se tienen aquí, tres definiciones posibles del mercado de referencia, que tienen cada una sus ventajas y sus inconvenientes (Figura 6.2).

La noción de **industria** es la más clásica, pero también la menos satisfactoria porque se apoya en una característica de la oferta, lo que no favorece una orientación de mercado. Está claro, además, que esta definición puede englobar funciones y grupos de consumidores muy variados sin ninguna

Producto mercado
Un producto mercado se sitúa en la intersección de un grupo de compradores y de una función basada en una tecnología correcta

Mercado
Un mercado cubre el conjunto de las tecnologías para una función y un grupo de compradores

Industria
Una industria está definida por una tecnología cualesquiera que sean las funciones y los grupos de compradores afectados

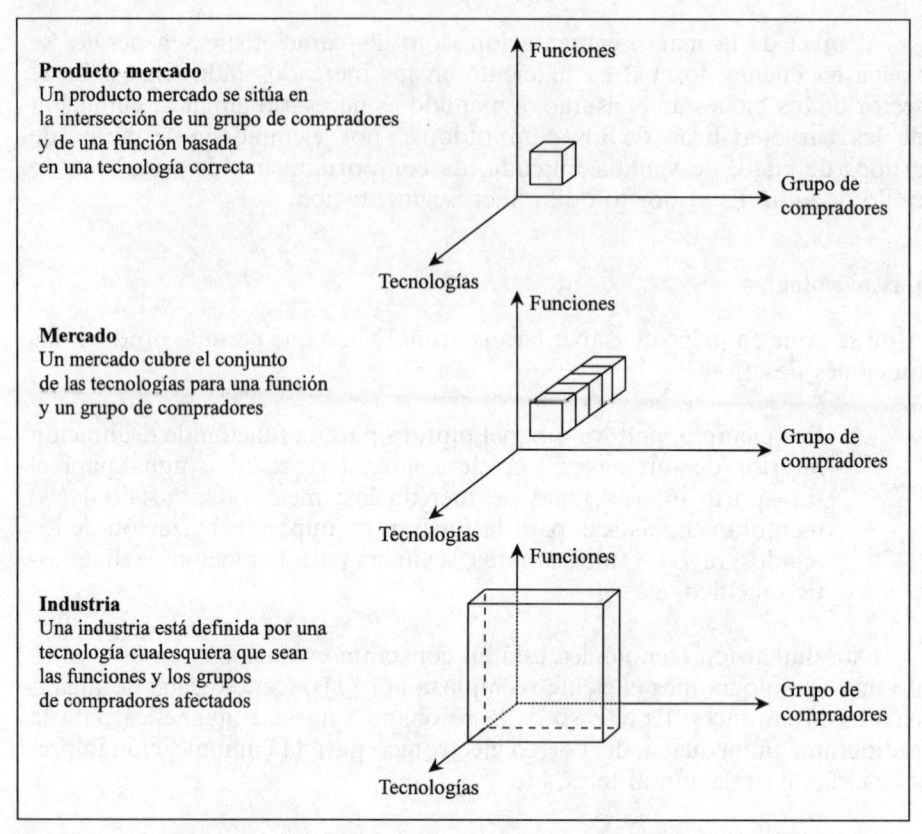

Figura 6.2. Estructuras del mercado de referencia.
Fuente: Adaptación de Abell, D.F. (1980).

relación entre ellos. No será válido, más que allí donde haya una gran homogeneidad en las funciones y grupos de compradores afectados. Destaquemos que el recurso, al menos parcial, al concepto de industria es prácticamente inevitable en la medida en que las nomenclaturas industriales y de comercio exterior están todas basadas en este tipo de criterio.

La noción de **mercado** está muy próxima al concepto de necesidad genérica y por ello pone el acento en el carácter sustituible de las diferentes tecnologías para una misma función. Una innovación tecnológica puede trastornar los hábitos de consumo y reemplazar completamente las soluciones tecnológicas dominantes del momento. El seguimiento de sustitutos se facilita por esta definición del mercado de referencia. Su principal inconveniente está en el hecho de que los ámbitos tecnológicos a cubrir pueden ser muy variados y a veces muy alejados los unos de los otros.

> Consideremos, por ejemplo, la función de decoración interior de inmuebles y habitaciones. Las tecnologías alternativas son el papel pintado, la pintura y el textil mural. Se trata de tres industrias muy diferentes, pero que manifiestamente cumplen la misma función.

El recurso a la noción de mercado es, sobre todo, importante para guiar la reflexión estratégica y orientar los esfuerzos de Investigación y Desarrollo.

La noción de **producto mercado** es la más adecuada al enfoque del marketing. Se corresponde a la noción de «unidad de actividad estratégica» (UAE). Definiendo el mercado de referencia en relación a la función realizada para un grupo determinado de compradores, la empresa se ajusta a la realidad de la demanda y de las necesidades. Esta definición de mercado determina automáticamente cuatro elementos claves de la estrategia de la empresa:

— Los compradores a satisfacer.
— El conjunto de ventajas buscadas por estos compradores.
— Los competidores que es necesario controlar.
— Las capacidades que es necesario adquirir y controlar.

Esta división puede servir de base a la organización de marketing en la empresa y, principalmente, a la organización por jefes de producto o jefes de mercado. La dificultad de esta noción reside a menudo en las posibilidades de medida. Generalmente, no están disponibles las estadísticas oficiales sobre esta base, y la empresa se ve impulsada a crear o a comprar las informaciones necesarias para evaluar la importancia de los diferentes productos-mercados.

6.1.4. Construcción de una matriz de segmentación

Una vez identificadas las variables de segmentación, es necesario identificar las combinaciones pertinentes y construir una matriz de segmentación. A título de ilustración a este respecto, consideraremos el mercado de los pesos pesados. Las variables de segmentación obtenidas son las siguientes:

— **Funciones**: transporte de mercancías regional, nacional e internacional.
— **Tecnologías**: transporte por aire, ferrocarril, agua o carretera.
— **Compradores**: tipo de actividades: transportistas por cuenta propia, transportistas profesionales, agencias de alquiler; tamaño de la flota: débil (1-4 camiones), mediana (4-10 camiones); grande (+ de 10 camiones).

Si se consideran todas las combinaciones posibles, hay pues un total de 108 productos mercados posibles ($3 \times 4 \times 3 \times 3$). Para ajustar el análisis adoptemos las siguientes restricciones:

— No consideremos más que el transporte por carretera estableciendo una distinción entre camiones de más y menos de 16 toneladas.
— Ignoremos las agencias de alquiler de camiones poco importantes en el mercado estudiado.
— Subdividamos el transporte regional en tres categorías: distribución, construcción y otros.

Actividades/funciones	Tamaño de la flota y peso						Total
	Pequeña (1-4)		Mediana (4-10)		Grande (>10)		
	<16 t	>16 t	<16 t	>16 t	<16 t	>16 t	
Transportistas por cuenta propia							
Distribución	7,3	4,5	1,1	1,8	0,4	2,1	**17,2**
Construcción	0,1	1,1	0,9	1,4	1,7	1,6	**6,8**
Nacional	4,7	1,6	1,4	3,8	1,7	3,6	**16,8**
Internacional	1,3	0,9	0,2	1,3	—	1,4	**5,1**
Otras	—	0,6	0,3	—	2,5	—	**3,4**
Transportistas profesionales							
Distribución	1,1	0,8	0,9	1,6	—	1,6	**6,0**
Construcción	0,2	1,6	—	0,4	—	1,2	**3,4**
Nacional	1,4	1,5	1,4	3,0	2,5	8,5	**18,3**
Internacional	0,2	0,7	0,5	6,1	0,4	14,7	**22,6**
Otras	—	0,4	—	—	—	—	**0,4**
Total	**16,3**	**13,7**	**6,7**	**19,4**	**9,2**	**34,7**	**100 %**

Figura 6.3. Ejemplo de matriz de segmentación: el mercado de los pesos pesados.
Fuente: Lambin & Hiller (1993, pág. 621).

Se obtienen de esta manera 60 segmentos (5 × 2 × 2 × 3) (ver Figura 6.3), lo que queda muy elevado. La importancia de esos segmentos varía siempre de manera considerable, como lo demuestran las cifras de la Figura 6.3, que representan el porcentaje de las matriculaciones de camiones por segmentos. Cada segmento no merece por lo tanto ser necesariamente considerado. Es el análisis de pertinencia el que debe permitir el contraste.

El análisis de pertinencia

Para obtener una matriz de segmentación que sea operativa, las reglas siguientes deben ser respetadas.

— Es importante desde el principio rastrear extensamente y considerar todas las variables de segmentación que parezcan pertinentes.
— Sólo las variables que tienen una importancia estratégica deben inmediatamente ser consideradas.
— Las variables correlacionadas entre sí deben ser reagrupadas.
— Las combinaciones imposibles deben ser eliminadas.
— Algunos segmentos pueden ser reagrupados si las diferencias son mínimas o si su tamaño es apreciablemente demasiado pequeño.
— La matriz de segmentación debe comprender no solamente los segmentos existentes, sino igualmente los potenciales.

La aplicación de este análisis de pertinencia a los datos de la Figura 6.3 ha permitido considerar cuatro segmentos de importancia estratégica y que representan más del 70 por 100 del parque de camiones.

Esta etapa es difícil, ya que es importante conciliar los imperativos a menudo contradictorios, de operatividad y de realismo. En la eliminación de productos mercados es importante ser prudentes y no suprimir más que las intersecciones imposibles y no las intersecciones desocupadas que pudiesen constituir entidades potenciales.

Test de la matriz de segmentación

Para verificar el valor operativo de la matriz de segmentación, los clientes de la empresa así como sus principales competidores deben ser situados en los segmentos considerados. El objetivo a continuación consiste en reunir las informaciones que permitan evaluar el potencial de cada segmento, sus expectativas y sensibilidades particulares y evaluar la parte de mercado ocupada por la empresa y sus competidores. Las cuestiones siguientes deben ser examinadas:

— ¿Cuál es la tasa de crecimiento de la demanda en cada segmento?
— ¿Cuál es nuestra tasa de penetración en cada segmento?
— ¿Dónde se encuentran nuestros clientes más importantes?
— ¿Dónde se sitúan nuestros competidores directos?
— ¿Cuáles son las expectativas específicas de cada segmento en términos de servicio, cualidad, precio, etc.?

Las cuestiones siguientes pueden igualmente ayudar a decidir si dos productos pertenecen o no a un mismo segmento estratégico.

— ¿Los principales competidores son los mismos?
— ¿Sus clientes o grupos de clientes son los mismos?
— ¿Los factores de éxito son idénticos?
— ¿La desinversión de uno afecta a otro?

Respuestas positivas a las cuatro preguntas tenderían a probar que los dos productos pertenecen a un mismo producto mercado (Ader, 1983, pág. 8). Las respuestas a estas preguntas deben ayudar a la empresa a definir una estrategia de cobertura del mercado y eventualmente permitirle reagrupar ciertos segmentos.

6.1.5. Búsqueda de nuevos segmentos

Este análisis de macrosegmentación representa también una ocasión para descubrir **nuevos segmentos potenciales**, particularmente cuestionar ciertos segmentos o separaciones comúnmente admitidas en el sector, pero que no son necesariamente adecuadas. Las siguientes preguntas son útiles a este respecto.

— ¿Hay otras tecnologías, procedimientos o productos susceptibles de ofrecer el mismo servicio al comprador?
— ¿Las funciones suplementarias podían ser ejercidas por un producto reformado o mejorado?

— ¿Hay otros grupos de compradores que tengan el mismo tipo de necesidad o de función?
— ¿Pueden las necesidades de los compradores ser solucionadas mejor (por ejemplo, gracias a un precio más bajo) reduciendo el número de funciones?
— ¿Hay nuevas combinaciones (reducidas o ampliadas) de funciones, de productos o de servicios susceptibles de ser vendidos como un todo? (Porter, 1985, pág. 298).

Descubrir una nueva manera de segmentar el mercado puede dar a la empresa una ventaja competitiva importante sobre sus competidores.

6.1.6. Las estrategias de cobertura del mercado de referencia

La elección de una estrategia de cobertura de mercado se hará sobre la base de los análisis de la atractividad y competitividad llevadas a cabo en cada segmento. Diferentes estrategias de cobertura pueden ser consideradas por la empresa (Abell, 1980, págs. 192-198).

— **Estrategia de concentración**: La empresa define su campo de actividad de manera restrictiva en un productomercado, una función y un grupo de compradores. Es la estrategia del especialista que busca una cuota de mercado elevada en un nicho bien diferenciado.
— **Estrategia del especialista producto**: La empresa elige especializarse en una función, pero cubriendo todos los grupos de compradores afectados por esta función. Por ejemplo, todas las aplicaciones en materia de almacenamiento industrial.
— **Estrategia del especialista cliente**: La empresa se especializa en una categoría de clientes (los hospitales, la hostelería), presentando una gama completa de productos o un sistema completo de equipamiento, ejerciendo funciones complementarias o ligadas entre ellas.
— **Estrategia de especialización selectiva**: Esta estrategia consiste en introducir varios productos en varios mercados sin vínculo entre ellos; se trata de una estrategia oportunista que responde frecuentemente a un deseo de diversificación.
— **Estrategia de cobertura completa**: Consiste en proponer un surtido completo para satisfacer las necesidades de todos los grupos de compradores.

En la mayoría de los casos, las estrategias de cobertura del mercado pueden definirse únicamente por referencia a dos dimensiones, la dimensión «funciones» y la dimensión «grupo de compradores», ya que, en general, la empresa no controla más que una tecnología aunque las tecnologías alternativas existen.

> Por ejemplo, la mermelada está en competencia directa con los dulces de chocolate y el queso fundido. Dadas las características de

producción que son tan diferentes en esos tres sectores, ninguna empresa que opera en el sector de la transformación de la fruta, estará igualmente presente en esos dos sectores colindantes.

Cuando el mercado de referencia cubre igualmente las diferentes tecnologías (como en el ejemplo del mercado de la radiografía médica donde General Electric controla las diferentes tecnologías existentes), las estrategias de cobertura del mercado comprenden igualmente la dimensión «tecnología».

En un sector determinado, los competidores no definen necesariamente todos sus mercados de referencia de la misma manera. Una empresa especializada en un producto puede enfrentarse con un competidor que se especialice en una categoría de clientes para el mismo tipo de producto. El primero se beneficiará probablemente de una ventaja de coste debido a su tamaño; el otro, en cambio, será probablemente más eficiente en términos de distribución y de servicio debido a su especialización cliente.

Evoluciones del mercado de referencia

Es importante tener en cuenta que los productos mercados así definidos no lo son de manera estable, sino que siguen procesos de evolución que podemos reagrupar en tres categorías.

— **Adopción y difusión según nuevos compradores**. Los productos son progresivamente adoptados por otros grupos de compradores; la tasa de ocupación del mercado crece. Se observa, por ejemplo, que los ordenadores personales penetran cada vez más en la enseñanza secundaria.
— **Ampliación a nuevas funciones**. Aparición de nuevos productos que incorporan o reagrupan funciones a veces distintas; por ejemplo, los teléfonos que incorporan fax, fotocopiadora y contestador automático.
— **Sustitución tecnológica**. Las mismas funciones destinadas a los mismos grupos de compradores son de ahora en adelante ejercidas por nuevas tecnologías más rentables. Es el caso, por ejemplo, del correo electrónico.

Son estos factores y los desplazamientos de las fronteras de los productos-mercados, los que junto a la evolución del tiempo van a determinar el perfil del ciclo de vida de los productos mercados. El modelo del ciclo de vida será analizado en el capítulo siguiente.

6.2. EL ANALISIS DE MICROSEGMENTACION

El objetivo de la microsegmentación consiste en analizar la diversidad de las necesidades en el interior de los productos mercados identificados en la etapa del análisis de la macrosegmentación. Por hipótesis, los consumidores o los clientes industriales que forman parte del producto mercado buscan en los productos la misma función de base; por ejemplo, la medida del tiempo si se trata de relojes. Pueden, sin embargo, tener expectativas o preferencias específicas en la manera de obtener la función buscada o en los servicios suplementarios que acompañan al servicio base.

6.2.1. Segmentación y diferenciación

Es necesario no confundir las nociones de segmentación y de diferenciación. La **diferenciación** es un concepto que estriba en la diversidad de la oferta y, esto a dos niveles: *a*) entre competidores para un mismo tipo de producto, y *b*) entre los productos de un mismo fabricante propuestos en diferentes segmentos.

Chamberlin (1950), en su clásica obra sobre la competencia monopolística, define la diferenciación en los términos siguientes:

> «Diremos que una categoría general de productos se diferencia si existe una base suficiente para distinguir las mercancías (o servicios) de un vendedor de las de otro. Poco importa si esta base es real o ilusoria, siempre y cuando tenga una cierta importancia para los compradores y lleve a escoger una variedad de productos sobre otros. Cuando tal diferenciación existe, incluso si es mínima, los compradores se encuentran con los vendedores, no por casualidad ni por azar (como en competencia perfecta), sino siguiendo sus preferencias.» (Chamberlin, 1950, pág. 56.)

Los productos son entonces diferenciados si los compradores piensan que son diferentes en el sentido de que aportan las soluciones diferentes a sus problemas.

Cuando la diferenciación se dirige a la diversidad de los productos, la **segmentación** se orienta a la diversidad de los compradores potenciales que constituyen el mercado (Smith, 1956). Reconocer la existencia de esta diversidad incita a la empresa a ajustar su oferta de productos a cada segmento considerado. La segmentación está definida generalmente como un proceso de desagregación de mercado. Puede ser conceptualmente útil verla como un proceso de **agregación de compradores**.

> «La empresa puede ver a cada comprador potencial como un segmento. Sin embargo, está claro que las economías de escala pueden realizarse si los compradores individuales estuvieran agrupados. Este reagrupamiento se hará de manera que se obtenga una gran homogeneidad en el interior de los grupos y una gran heterogeneidad entre ellos. La persecución de este proceso de agregación conduce en el límite a un solo segmento, el mercado total. Es a la empresa a quien corresponde identificar el nivel de agregación óptima.» (Dalrymple y Parsons, 1976, pág. 143.)

En síntesis, la diferenciación es un concepto que describe la diversidad de la oferta, mientras que la segmentación describe la diversidad de la demanda.

6.2.2. Las etapas del proceso de microsegmentación

El proceso de microsegmentación consiste, pues, en analizar la diversidad de necesidades y dividir el producto mercado en subconjuntos de compradores que buscan en el producto el mismo conjunto de atributos. El proceso de microsegmentación se realiza en cuatro etapas.

— **Análisis de la segmentación**: Dividir el producto mercado en segmentos homogéneos desde el punto de vista de las ventajas buscadas y diferentes de los otros segmentos.
— **Elección de segmentos objetivos**: Seleccionar uno o varios segmentos-objetivo teniendo en cuenta los objetivos de la empresa y sus cualidades distintivas.
— **Elección de un posicionamiento**: En cada uno de los segmentos-objetivo considerados, posicionarse sobre la base de las expectativas de los compradores, teniendo en cuenta las posiciones mantenidas por la competencia.
— **Programa de marketing objetivado**: Desarrollo de un programa de marketing adaptado a las características de los segmentos-objetivo.

En los mercados de bienes de consumo, la primera etapa, la división de producto mercado en segmentos homogéneos puede hacerse de varias maneras:

— Por las características **sociodemográficas** de los consumidores (segmentación sociodemográfica o descriptiva).
— Por las **ventajas buscadas** en el producto por los consumidores potenciales (segmentación por ventajas).
— Por los **estilos de vida** descritos en términos de actividades, intereses y opiniones (segmentación sociocultural).
— Por las características del **comportamiento de compra** (segmentación comportamental).

Cada uno de estos métodos de segmentación presenta ventajas e inconvenientes que se examinarán brevemente.

6.2.3. La segmentación sociodemográfica o descriptiva

La segmentación sociodemográfica, denominada también **segmentación descriptiva**, es un método de segmentación indirecta. La hipótesis es que las diferencias en los perfiles sociodemográficos son las que están en el origen de las diferencias en las ventajas buscadas y en las preferencias.

Esto es evidente en numerosos sectores. Los hombres y las mujeres tienen necesidades distintas para productos como vestidos, sombreros, cosméticos, joyas, etc., e incluso entre los jóvenes y los mayores, los altos y bajos ingresos, los hogares urbanos y rurales, etc. Los criterios sociodemográficos son pues utilizados como los indicadores de necesidades.

Las variables de segmentación demográficas más utilizadas son la localización, el sexo, la edad, la renta y las clases profesionales, todas ellas son fácilmente accesibles en las economías industriales. En la práctica una segmentación sociodemográfica se apoya en dos o tres variables simultáneamente. Un ejemplo de segmentación sociodemográfica es presentada en la Figura 6.4.

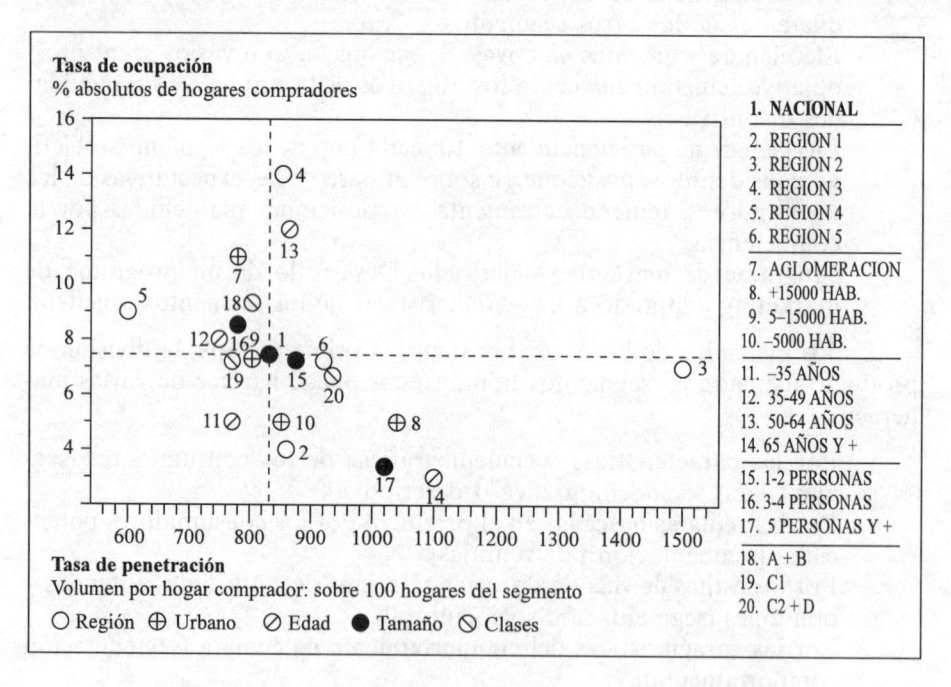

Figura 6.4. Ejemplo de segmentación sociodemográfica.

Los datos de la Figura 6.4 se refieren a una marca de un producto alimentario. El comportamiento de los compradores se describe en referencia a dos variables: el porcentaje de hogares compradores (**tasa de ocupación**) y el volumen medio comprado por hogar (**tasa de penetración**). La media nacional figura en la intersección de los dos ejes. El resto de puntos describen los comportamientos de diferentes grupos sociodemográficos.

Por ejemplo, se constata que la tasa de ocupación es más elevada entre los grupos 4 / 13 / 7 / 18: región 3 / 50-64 años / grandes ciudades / clases A + B. Incluso la tasa de penetración en los grupos: 3 / 14 / 8 / 17: región 2 / 65 años y + / ciudades medianas / 5 personas y +.

Estas informaciones son útiles para verificar si el grupo objetivo ha sido efectivamente alcanzado y, en caso negativo, para ajustar la comunicación en consecuencia.

Utilidad de la segmentación sociodemográfica

El recurso a este método es de lejos el más corriente, en razón especialmente de la facilidad de medir las variables sociodemográficas. En todas las economías industrializadas la información económica y social existe y es directamente accesible en las fuentes oficiales, tales como los institutos estadísticos, los organismos de seguros sociales, etc. Además existen paneles de consumidores y empresas que aportan las informaciones sobre una base mensual y comparable entre los países europeos.

En los últimos años, importantes cambios socioeconómicos han tenido lugar en los países industrializados. Entre los cuales citamos:

— La reducción de la tasa de natalidad.
— El aumento de la esperanza de vida.
— El crecimiento del número de mujeres que trabajan.
— El retroceso en la edad del matrimonio.
— El crecimiento del número de divorcios.
— El crecimiento del número de familias monoparentales.

Estos cambios tienen consecuencias directas sobre los estilos de vida y sobre los modos de consumo. Son el origen de nuevos segmentos de mercado y provocan igualmente cambios en las expectativas de segmentos ya existentes.

— El segmento de los más mayores (+ de 65 años) para los servicios bancarios, las actividades de ocio, los cuidados de la salud.
— El segmento de los hogares de una persona, solteros, divorciados, viudos o familia monoparental.
— El segmento de los hogares con doble ingreso, con poder de compra elevado, pero con poco tiempo libre.
— El segmento de las mujeres que trabajan y que son atraidas por productos y servicios que permiten ahorrar tiempo (horno de microondas, platos preparados, restauración rápida).

Los principales cambios sociodemográficos en la Unión Europea se resumen en la Figura 6.5. Las principales utilizaciones de las variables socio-económicas son las siguientes:

— Definir el perfil sociodemográfico de un segmento o un mercado.
— Seleccionar los medios de comunicación que alcanzan un grupo sociodemográfico particular.

Población total	1980: 279 millones	1980: 279 millones
Grupo de edad 60 años y +	1980: 17 %	1980: 17 %
Grupo de edad 20 años y −	1980: 30 %	1980: 30 %
Esperanza de vida	1960: 67,3 años (hombres) 72,7 (mujeres)	1988: 72,3 (hombres) 78,6 (mujeres)
Mortalidad infantil (por 1000 nacimientos)	1960: 34,8	1988: 8,2
Población extranjera	Extra-UE: 2,5 % o 7,9 M	Intra-UE: 1,5 % o 4,9 M
Número de hogares privados	111,5 millones	2,8 personas por hogar
Hogares de 1 persona	22,3 %	
Edad del primer matrimonio	1950-70: 25,6 (hombres) 23,0 (mujeres)	1987: 27,1 (hombres) 24,6 (mujeres)
Número de divorcios (en miles)	1960: 125,3	1988: 534,2
Mujeres trabajadoras (en % de la población activa)	1983: 46,6	1988: 51,0

Figura 6.5. Principales cambios sociodemográficos en la UE.
Fuente: Eurostat, 1991.

— Identificar los compradores potenciales de un nuevo producto.
— Cuantificar un mercado potencial en número de compradores.

Límites de los criterios sociodemográficos

La segmentación sociodemográfica es una **segmentación a posteriori**. El acento se pone sobre la descripción de los individuos que constituyen un segmento más bien que sobre el análisis de los factores que explican la formación del segmento. Esta es la razón por la cual se habla de segmentación descriptiva.

El valor predictivo de una segmentación sociodemográfica tiende a disminuir en las economías industriales, en razón de la estandarización de los modos de consumo a través de las diferentes clases sociales. En otros términos el hecho de pertenecer a un grupo de altos ingresos, por ejemplo, no implica necesariamente un comportamiento de compra diferente del de un individuo que tiene un ingreso medio. La segmentación sociodemográfica debe pues ser completada por otros modos de análisis para poder explicar y prever los comportamientos de las compras. Por otra parte este tipo de segmentación es todavía poco predictivo de la elección de marcas. De ahí, el desarrollo de la segmentación por ventajas buscadas y de la segmentación sociocultural.

6.2.4. La segmentación por ventajas buscadas

En la segmentación por ventajas buscadas el acento se pone, no tanto en las diferencias sociodemográficas de los compradores, sino en las diferencias en los **sistemas de valores**. Dos individuos que tengan exactamente el mismo perfil demográfico pueden tener sistemas de valores muy diferentes. Por otra parte una misma persona puede atribuir valores diferentes en función el tipo de producto comprado.

> Por ejemplo, una persona escogió tal marca de refrigerador porque es el aparato mejor comercializado y al mismo tiempo compra el televisor más costoso en razón de su calidad estética. Otro individuo se contentará con un reloj a buen precio, pero en cambio, estará dispuesto a pagar un precio alto por un vino de calidad.

Como se ha señalado en el Capítulo 3, el valor o la ventaja buscada en un producto es el factor explicativo que es necesario identificar. El objetivo consiste en explicar y por tanto en prever las diferencias en las preferencias y los comportamientos.

Un ejemplo clásico de segmentación por ventaja buscada es la segmentación realizada por Yankelovich (1964) sobre el mercado de relojes, y en la cual tres segmentos distintos fueron identificados los cuales atribuían cada uno de los valores diferentes a un reloj.

— El segmento «**economía**». Estos consumidores buscan el precio más bajo para un reloj que funciona razonablemente bien. Si falla en el año de la compra, lo reemplazarán (23 por 100 de los compradores).
— El segmento «**duración y calidad**». Este segmento busca un reloj que tenga una larga duración de vida, un trabajo artesanal y un diseño esmerado. Estos compradores son capaces de pagar un precio elevado para obtener estas cualidades (46 por 100 de los compradores).
— El segmento «**simbolismo**». Este segmento busca los relojes que tengan las características particulares y un valor estético y/o emocional. El reloj simboliza un acontecimiento importante. Se busca un reloj de marca prestigiosa, de un estilo esmerado, con una caja de oro o rodeado de diamantes. La recomendación del joyero o del relojero es aquí importante (31 por 100 de los compradores).

Sin este tipo de explicación, era imposible entender y predecir los comportamientos de compra. Se descubrió, por ejemplo, que los relojes más costosos eran comprados tanto por la gente que tenía ingresos altos que por la gente con ingresos bajos. Además las personas con ingresos muy altos se negaban a comprar relojes caros, pero compraban relojes económicos con estilo y se deshacían de ellos cuando había que repararlos. Otros compradores con ingresos altos continuaban comprando relojes caros y de calidad (Yankelovich, 1964).

En esa época, las empresas de relojería concentraban sus esfuerzos, casi exclusivamente, en el tercer segmento y producían relojes de pulsera costosos, vendidos únicamente en joyerías. Es entonces cuando la sociedad americana Timex Company decidió concentrarse en los dos primeros segmentos con la marca Timex, adoptando una política de distribución intensiva.

Las informaciones necesarias

La realización de una segmentación por ventajas implica el conocimiento del sistema de valores de los consumidores respecto al producto considerado. Cada segmento está definido por la cesta completa de atributos buscados. Esto es lo que le distingue de los otros segmentos y no simplemente la presencia o la ausencia de un atributo particular, sabiendo que un mismo atributo puede ser buscado por diversos segmentos. De manera general, se observa que los compradores desean más atributos o ventajas posibles. Lo que distingue los segmentos es la importancia relativa otorgada a los atributos cuando los compradores son inducidos a hacer elecciones, arbitrajes entre los atributos.

El modelo comportamental sobre el que se apoya la segmentación por ventajas buscadas es el **modelo multiatributo** descrito en el Capítulo 4 (Sección 4.2.1). Su aplicación supone la recogida de las siguientes informaciones:

— La lista de los atributos o ventajas asociadas a la categoría de los productos estudiados.
— La evaluación de la importancia relativa acordada a cada atributo por los compradores.
— El reagrupamiento de los compradores que dan las mismas evaluaciones a los atributos considerados.
— Una identificación de tamaño de cada segmento identificado y del perfil de los compradores de cada segmento.

Por ejemplo, el análisis del mercado de la higiene dentaria y bucal revela que las ventajas buscadas en un dentífrico son las siguientes: dientes blancos, aliento fresco, gusto agradable, prevención de las caries y protección de las encías, precio asequible. Cuando se solicita a un consumidor cuáles son entre los seis atributos citados, los que él busca, en general la respuesta consiste en decir que quiere todo. Si por el contrario se le pide que reparta 100 puntos a prorrateo según la importancia que le da a cada atributo, las diferencias aparecidas permitirán constituir los segmentos (ver Figura 6.6).

Ventajas buscadas	Segmentos			
	Sensoriales	Sociables	Inquietos	Independientes
• Gusto y apariencia (sabor)	***	*	*	*
• Blancura de dientes	*	***	*	*
• Prevención de caries	*	*	***	*
• Precios bajos	*	*	*	***

*** El más importante.

Figura 6.6. Segmentación del mercado de dentífricos en USA.

En un estudio realizado en Estados Unidos en 1968 por Haley, fueron identificados cuatro segmentos, para los cuales se recogieron igualmente informaciones de tipo sociodemográfico. Los segmentos fueron los siguientes:

— El segmento de los **«inquietos»** comprende un elevado número de familias con niños. Estos consumidores están preocupados principalmente por el problema de las caries dentales y muestran una marcada preferencia por los dentífricos con flúor.
— El segmento de los **«sociables»** reagrupa las personas que otorgan mucha importancia a la blancura de los dientes. Comprende un número relativamente importante de parejas jóvenes, de personas que fuman por encima de la media de la población y que tienen un estilo de vida muy activo.
— El segmento de los **«sensoriales»** está particularmente preocupado por el gusto y la textura del dentífrico. En este segmento se encuentra un elevado número de jóvenes que utilizan más el dentífrico mentolado.
— El segmento de los **«independientes»** es sobretodo sensible a los precios y está compuesto principalmente de hombres. Estos utilizan más dentífrico que la media de la población y no ven diferencias significativas entre las diferentes marcas. Están interesados por la función básica del producto sin más.

El análisis de segmentación por ventajas buscadas tiene implicaciones importantes para la definición de la política de producto. Es sobre la base de los resultados obtenidos en este tipo de estudio por lo que el marketing estratégico va a definir el concepto de producto, es decir, la promesa hecha por la marca a un grupo de compradores objetivo.

Estos datos son útiles para descubrir posicionamientos interesantes a ocupar en el mercado y para establecer un plan de comunicación adaptado a las expectativas del público-objetivo elegido.

Límites de la segmentación por ventajas buscadas

La principal dificultad consiste en identificar (principalmente en el mercado de bienes de consumo) los atributos a privilegiar. Si el análisis de mercado se contenta en demandar a los consumidores el tipo de atributos que desean, existen pocas posibilidades de descubrir cosas nuevas, los consumidores son poco propensos a la introspección en relación al consumo. Si, por el contrario, las informaciones del mercado se completan por medio de una buena comprensión de los problemas encontrados por los usuarios de un producto, pueden aparecer ideas de producto nuevo o mejorado.

Es de esta manera, por ejemplo, como sobre el mercado del dentífrico, la protección de las encías es ahora un nuevo atributo reivindicado por las marcas que hubieran adoptado un posicionamiento paramedical. Esta innovación es el resultado de un análisis de los problemas de higiene dental y bucal encabezada por la profesión de los médicos dentistas.

Otra dificultad de la segmentación por ventajas buscadas tiende al hecho de que si se gana en compresión de los problemas de los usuarios, por contra se pierde en términos de conocimiento de su perfil sociodemográfico. Si, en el ejemplo precedente, se deseaba comunicar con el segmento de los «inquietos», ¿cómo proceder de manera selectiva? Para conseguirlas, será necesario pues definir su perfil sociodemográfico o bien remitirse a la autosegmentación si este perfil no se observa.

Un análisis de segmentación por ventajas buscadas implica la recogida de datos primarios, lo que siempre supone una operación costosa. Además, es necesario recorrer a métodos de análisis estadístico multivariable para identificar los diferentes subgrupos de consumidores. En ciertos casos, un simple análisis cualitativo puede desembocar en observaciones interesantes sobre los deseos de los consumidores. Un ejemplo del resultado del análisis cualitativo del mercado de las cadenas de alta fidelidad se presenta en la Figura 6.7.

Los técnicos:

- Medio de apreciar la alta fidelidad y sus aspectos técnicos.
- Buscan la «verdadera sonoridad», la pureza del sonido.
- Se interesan por las particularidades técnicas sin ser necesariamente verdaderos técnicos.

Los músicos:

- Medio de apreciar mejor la música.
- Buscan el espíritu de la obra musical, la coloración y espacio musical.
- Se interesan por la interpretación artística sin tener necesariamente una gran cultura musical.

Los snobs:

- Medio de exponer sus recursos, su gusto y su sentido estético.
- Buscan prestigio, reconocimiento e integración social.
- A menudo mal documentados, compran lo que es conocido por deseo de seguridad.

Los económicos y los demás

Figura 6.7. Segmentación por ventajas buscadas.
El mercado de las cadenas de alta fidelidad.

El recurso al análisis conjunto

Los principios básicos del análisis conjunto han sido descritos en el capítulo precedente. El objetivo consiste en estimar las preferencias de los compradores en función de los atributos que intervienen en los diferentes niveles.

Dadas estas estimaciones tomadas a nivel individual, si se observa una heterogeneidad en las preferencias, el análisis puede intentar formar los segmentos reagrupando los individuos que tengan la misma estructura de preferencia y atribuyan la misma utilidad en los niveles de los atributos.

Un ejemplo concreto de aplicación lo ilustra el siguiente procedimiento. Se trata de una revista bimestral que publica recensiones de libros aparecidos recientemente, consejos de lectura, resúmenes de libros y artículos literarios cortos. El editor considera la modificación del contenido editorial y contempla tres posibilidades:

— Concentrarse en las recensiones de libros nuevos y abandonar las demás rúbricas literarias (**recensiones de libros**).
— Concentrarse en los consejos de lectura para un mayor número de libros recurriendo a una matriz estandarizada de evaluación (**guía de lectura**).
— Reducir el número de recensiones aunque añadiendo una crónica literaria basada en ecos literarios e interviús de autores (**crónica literaria**).

Se considera igualmente una cuarta línea de acción: «**no hacer nada**», es decir, mantener el actual contenido editorial. En lo concerniente al precio de venta, tres niveles de precios son considerados: el precio actual de 142 FB, un precio aumentado a 200 FB y un precio reducido a 100 FB, el número de páginas queda igual (30 páginas). Un cuestionario ha sido enviado a 400 abonados escogidos aleatoriamente y 171 cuestionarios correctamente rellenados han sido utilizados para estimar las funciones de utilidad. Un análisis *cluster* ha sido realizado para reagrupar aquellas contestaciones que hayan presentado funciones de utilidad similares (ver Figura 6.8). Cuatro segmentos diferentes han sido identificados.

— **En el segmento 1** las contestaciones parecen satisfechas del contenido actual. Reaccionan muy negativamente a las dos primeras proposiciones de cambios y son moderadamente favorables, sin entusiasmo, al concepto de revista de crónica literaria (35,5 por 100).
— **En el segmento 2** hay una preferencia por el concepto de «recensiones» y un rechazo de las otras dos proposiciones, particularmente para la guía de lectura estandarizada (21,0 por 100).
— **En el segmento 3** esta es la guía de lectura preferida, las otras dos proposiciones eran claramente rechazadas; se trata del grupo menos numeroso (11,3 por 100).
— **El segmento 4** considera que el contenido de redacción actual le conviene y reacciona negativamente a las modificaciones consideradas.

Como puede verse, los cuatro segmentos tienen preferencias bastante diferentes. Por lo que al precio se refiere, la mayor sensibilidad al mismo se observa en el segmento 4, como lo sugiere la extensión *(range)*; los segmentos 1 y 2 tienen la misma sensibilidad, siendo el segmento 3 el menos sensible a las modificaciones de precios. Un análisis de la composición de

Atributos	Segmento 1 (35,5 %)	Segmento 2 (21,0 %)	Segmento 3 (11,3 %)	Segmento 4 (32,2 %)
Contenido				
• Recensiones	−7,1	1,2	−6,2	−1,8
• Guía	−7,4	−7,9	2,9	−3,1
• Contenido actual	0	0	0	0
• Crónica	0,3	−2,1	−6,8	−3,3
Rango:	7,7	9,1	9,7	3,3
Precio				
• 100 FB	0,5	0,6	0,3	1,1
• Precio actual (142)	0	0	0	0
• 200 FB	−0,7	−0,6	−0,4	−1,0
Rango:	1,2	1,2	0,7	2,1

Figura 6.8. Ejemplo de segmentación basado en un análisis conjunto. El caso de una revista literaria. *Fuente: Adaptado de Roisin (1988).*

estos segmentos ha mostrado que el segmento 4 estaba ampliamente compuesto de bibliotecarios, mientras que en el segmento 3 había un elevado número de profesores de enseñanza secundaria.

Para un análisis pormenorizado de las aportaciones del análisis conjunto al análisis de segmentación, ver Green y Krieger (1991).

6.2.5. La segmentación comportamental

Una posible tercera base de segmentación de un mercado es el comportamiento de compra. Se habla entonces de segmentación comportamental. Diferentes criterios pueden ser utilizados.

— **El estatus de usuario.** Una distinción puede ser hecha entre los usuarios potenciales, no usuarios, primeros usuarios, usuarios regulares o irregulares. Estrategias de comunicación diferentes pueden ser dirigidas hacia cada una de estas categorías.
— **La tasa de uso del producto.** Destacan los 20 o 30 por 100 de los clientes que realizan el 80 o 70 por 100 de la cifra de negocios. La empresa puede adecuar los productos en función de las necesidades de pequeños, medianos y grandes usuarios. Estos últimos o los clientes-clave pueden beneficiarse de condiciones particulares.
— **El estatus de fidelidad.** Los consumidores de productos de compras reiteradas pueden agruparse en consumidores fieles incondicionales, no exclusivamente fieles y no fieles. Las acciones promocionales y de comunicación pueden ser emprendidas para mantener la fidelidad, las políticas de productos para favorecer la exclusividad, etc. Desarrollar la fidelidad de los clientes es un objetivo del marketing relacional.

— **La sensibilidad a un factor marketing**. Ciertos grupos de consumidores son particularmente sensibles a una variable del marketing tal como el precio o las ofertas especiales. Acciones específicas pueden organizarse para satisfacer esta demanda. En el caso del precio, la introducción de los productos simplificados, llamados «sin marca», es un ejemplo.

Remarcamos que tanto la segmentación comportamental, como la segmentación descriptiva, son unos métodos de segmentación a posteriori.

6.2.6. La segmentación sociocultural o segmentación por estilos de vida

Frente al ascenso del progreso económico, de la acumulación material y de la mejora de la educación, se observa en las economías desarrolladas, una creciente personalización de comportamientos de consumo que los criterios socioeconómicos explican cada vez peor.

La segmentación sociocultural parte de la idea de que individuos muy diferentes, en términos socioeconómicos, pueden tener comportamientos muy similares e, inversamente, individuos similares, comportamientos muy diferentes. El objetivo consiste en confeccionar un retrato más humano de los compradores que no se limite sólo al perfil sociodemográfico, sino que comprenda igualmente informaciones sobre valores, actividades, intereses y opiniones. La segmentación por estilo de vida o segmentación psicográfica desea ir más allá y abordar el dominio de las motivaciones y de la personalidad en relación con el consumo. Los estilos de vida son pues utilizados como indicadores de la personalidad.

Como señala Valette-Florence (1988, pág. 97), el concepto de estilo de vida se articula en torno a tres niveles de análisis de distinta proximidad en relación al acto de compra.

— En el nivel más estable y más establecido se encuentran los **valores individuales**, es decir, las creencias firmes y duraderas en que un modo específico de comportamiento o que un objetivo en la existencia es mejor que otro.
— En el nivel intermedio se encuentra el conjunto de **actividades, intereses y opiniones** propias de un individuo y reveladoras de su sistema de valores; menos estables que los valores están, sin embargo, más próximas del acto de compra.
— En el nivel periférico se sitúa el conjunto de **productos comprados y consumidos** que son reflejos efímeros de los dos niveles precedentes.

Valette-Florence sugiere definir el estilo de vida de un individuo como la interacción de estos tres niveles: el conjunto de individuos que tienen comportamientos similares en cada uno de los tres niveles constituye un grupo homogéneo con un estilo de vida idéntico. **El estilo de vida es, pues, el resultado global del sistema de valores de un individuo, de sus actitudes y**

actividades y de su modo de consumo. Describe la manera de ser de un grupo de individuos y lo distingue de otros grupos.

Los análisis de estilos de vida pueden versar sobre cada uno de estos tres niveles, los más cercanos al acto de compra, siendo los más fácilmente observables, pero también los menos estables. Los sistemas de análisis de los estilos de vida que han sido desarrollados se interesan sobre todo por el análisis de las actividades, intereses y opiniones (de ahí el nombre del estudio AIO) y en menor medida de los valores.

— Las **actividades** de los individuos, es decir, su comportamiento manifiesto y la manera en que ellos ocupan su tiempo.
— Los **intereses** de los individuos, es decir, sus preferencias y lo que consideran importante para ellos en su entorno.
— Las **opiniones** que afectan a las ideas del individuo, a lo que piensan sobre ellos mismos, del entorno, la economía, la política, la industria, la contaminación, etc.

Las principales características **sociodemográficas** tales como las fases del ciclo de vida familiar, ingresos, educación. Las variables que habitualmente forman parte de un análisis del estilo de vida se encuentran en la Figura 6.9.

Actividades	Intereses	Opiniones	Perfil sociodemográfico
Trabajo	Familia	Sobre sí mismo	Edad
Hobbies	Hogar	Asuntos sociales	Formación
Vida social	Trabajo	Política	Ingresos
Vacaciones	Comunidad	Negocios	Profesión
Placeres	Diversiones	Economía	Familia
Clubes	Educación	Hábitat	Domicilio
Comunidades	Alimentación	Productos	Tamaño de la ciudad
Compras	Medios de comunicación	Futuro	Ciclo de vida
Deporte	Realización	Cultura	de la familia

Figura 6.9. Las variables de segmentacion por estilos de vida.
Fuente: Plummer, 1974.

A partir de los datos recogidos sobre estas variables, se desarrollan perfiles o estereotipos de comportamientos que pueden ser, bien perfiles generales de algunos subgrupos en un país, válidos para todo tipo de producto; o bien perfiles específicos, válidos, únicamente, para algunos productos o categorías de productos.

El método de análisis utilizado

La técnica empleada para medir estos perfiles consiste en definir un conjunto de proposiciones (de 300 a 500 según los gabinetes de estudio) y pedir a una muestra representativa de entrevistados señalar su grado de acuerdo o de desacuerdo sobre una escala de 5 a 7 puntos. Algunos ejemplos de afirmaciones sostenidas sobre estilo de vida general están recogidas en la Figura 6.10.

- Me gusta probar cosas nuevas y diferentes.
- Me esfuerzo siempre en vestirme según las tendencias de la moda.
- Si mis hijos caen enfermos, dejo todo de lado para ocuparme de ellos.
- La política es el negocio del hombre, no de la mujer.
- La contaminación es el problema más importante de nuestra época.
- Recibimos invitados a comer con frecuencia.

Figura 6.10. Ejemplos de proposiciones para describir los estilos de vida.
Fuente: Douglas, S. P. y Lemaire, P. (1976).

Si el concepto probado es el de la sensibilidad al precio, cinco o seis proposiciones similares serán sometidas a los contestadores que expresarán su nivel de acuerdo o de desacuerdo. Por otra parte, las informaciones son recogidas sobre los productos utilizados y sobre el perfil sociodemográfico.

Con estos datos, el analista pone en relación las notas obtenidas sobre todas las proposiciones AIO con los niveles de utilización de los productos y con las variables sociodemográficas. El procedimiento seguido es el siguiente:

— El análisis factorial es utilizado para resumir las proposiciones de estilos de vida en un conjunto reducido de factores.
— Se calcula el tanteo de cada respuesta sobre los factores obtenidos.
— Las respuestas que tienen los mismos tanteos se reagrupan en segmentos seguidos de un análisis *cluster*.
— Los segmentos son bautizados en relación a los factores que los caracterizan mejor.
— Finalmente, los segmentos son analizados en relación a los datos sociodemográficos para identificar su composición.

Un ejemplo de análisis de estilo de vida general en el mercado europeo se presenta en la Figura 6.11.

Utilidad de los análisis de estilos de vida

Los resultados de estas encuestas son almacenados y actualizados regularmente. Análisis factoriales aplicados a las variables medidas permiten encontrar macrocaracterísticas, es decir, núcleos de respuesta coherentes y significativos que son interpretados de inmediato para definir los **estereotipos o «socio-estilos»** que caracterizan la sociedad o el grupo de individuos estudiados. Dos tipos de análisis pueden realizarse: análisis de los estilos de vida generales o específicos a una categoría de productos.

Los análisis generales clasifican la población total en grupos que presentan las características de los estilos de vida generales tales como «receptivi-

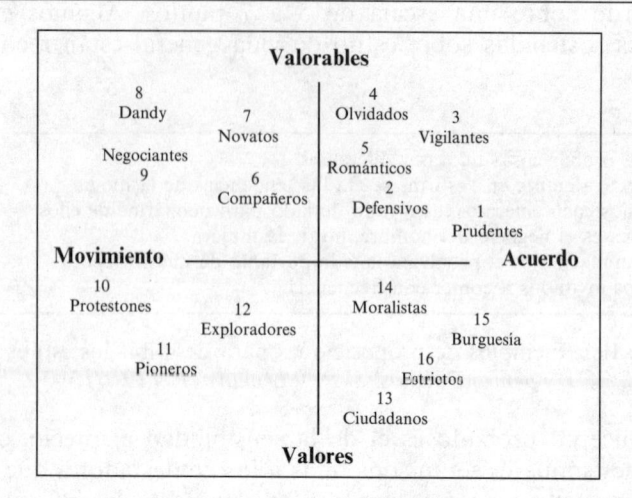

```
                    Valorables
         8                    4
       Dandy               Olvidados    3
              7                       Vigilantes
            Novatos         5
   Negociantes            Románticos
         9        6           2
              Compañeros   Defensivos
                                      1
                                   Prudentes
Movimiento ─────────────────────── Acuerdo
        10                   14
     Protestones          Moralistas
              12                    15
           Exploradores          Burguesía
        11                   16
     Pioneros              Estrictos
                             13
                         Ciudadanos
                     Valores
```

Figura 6.11. Tipología de los estilos de vida en Europa: según Europanel.
Fuente: Winkle, 1991.

1. **Prudentes**

   Retirados resignados a su destino, buscando seguridad.

2. **Defensivos**

   Habitantes jóvenes de pequeñas ciudades buscando protección y apoyo a sus estructuras familiares tradicionales.

3. **Vigilantes**

   Empleado administrativo frustrado, tratando de conservar sus identidades.

4. **Olvidados** (left out)

   Retirados y amas de casa asustados y abandonados por la creciente complejidad de la sociedad; buscan protección.

5. **Románticos**

   Sentimentales, románticos, hogareños que buscan progreso moderno y una vida segura para sus familias.

6. **Compañeros de equipo** (team player)

   Parejas jóvenes de áreas suburbanas que buscan una vida segura en deportes y ocio; grupos pequeños dan sensación de seguridad.

7. **Novatos** (zookies)

   Clase trabajadora joven, con la impresión de no ser admitidos, buscando la integración haciendo dinero/consumiendo; frustrados por baja educación.

8. **Dandy**

   Grupo hedonista «exhibicionista», con ingresos modestos y preocupados por las apariencias externas.

9. **Negociantes** (sharks)-*tiburones*

   Derrochadores, bien educados, lobos jóvenes ambiciosos buscando el liderazgo en una sociedad competitiva.

10. **Protestones**

    Jóvenes intelectuales que critican buscando revolucionar la sociedad.

11. **Pioneros**

    Jóvenes acomodados, intelectuales ultratolerantes que buscan justicia social.

12. **Exploradores** (scout)

    Conservadores tolerantes de mediana edad en busca de progreso social ordenadamente.

13. **Ciudadanos**

    Organizadores de la comunidad que buscan el liderazgo en actividades sociales.

14. **Moralistas**

    Ciudadanos religiosos callados buscando un futuro pacífico para sus hijos.

15. **Alta burguesía** (gentry)

    Conservadores de la ley y el orden pertenecientes a la vieja élite adinerada.

16. **Estrictos** (rigurosos)

    Puritanos represores.

dad a la innovación», «orientación a la vida familiar», «sensibilidad a la ecología», etc. Cada grupo tiene una estructura determinada de necesidades y los analistas de mercado van buscando los grupos de consumidores más receptivos a sus productos, los argumentos a los que son más sensibles y la manera de comunicarse eficazmente con ellos.

La actualización de los mapas de estilo de vida permite seguir regularmente los cambios del peso estadístico de las variables elegidas y comprender así los cambios de orientación y de motivación de los grupos sociales. Un estudio de estilos de vida presenta entonces un doble interés:

— Poner de manifiesto las sensibilidades que avanzan en la sociedad e identificar las amenazas y oportunidades de cambios que se esbozan; es el aspecto dinámico.
— Determinar si tal o cual subgrupo está por delante o por detrás de una corriente sociocultural; es el aspecto estático del análisis.

Este procedimiento permite descubrir índices de cambio o tendencias portadoras de cambio. Como lo subraya Cathelat:

> «Cuando un cambio se encarna en un comportamiento medible, en actitud o incluso en escenario utópico, es ya realidad, se ha cristalizado y estereotipado, fijado; pertenece ya al pasado y en función de esa inercia va a influir el porvenir. Las mutaciones deben, pues, leerse cuidadosamente en los intervalos de los grandes bloques, de los grandes socioestilos del momento.» (Cathelat, 1984, pág. 32.)

En Europa, el grupo Europanel (GFK) ha desarrollado una tipología general de los consumidores europeos y ha identificado 16 socioestilos. En los Estados Unidos, el programa VALS creado por SRI International a detectado ocho grupos sociales. Los dieciséis socioestilos detectados por el grupo Europanel están presentes en la Figura 6.11 en un mapa de dos dimensiones. La primera dimensión describe la propensión a aceptar ideas nuevas o probar cosas nuevas: **movimiento por oposición a inmovilismo**; la segunda dimensión opone el apego a las cosas materiales, al apego a los valores. Una tercera dimensión, no presentada aquí, opone **comportamiento racional a comportamiento emocional**. Diferentes sociogrupos están situados con respecto a esos ejes.

> El grupo 8 (los dandys), situado en el rincón superior izquierdo del mapa, es materialista y aventurero. Los individuos pertenecientes al grupo 16 (los estrictos) en la parte baja del cuadrante inferior derecho están más interesados en los problemas éticos o morales, pero tienen una actitud muy conservadora (Winkler 1991, pág. 9).

Se puede superponer sobre este mapa la estructura de consumo de un producto buscando, por ejemplo, a qué (cuáles) grupo(s) pertenecen los usuarios intensivos de una categoría dada de producto o los individuos que tienen una actitud particularmente favorable frente a un nuevo concepto de producto o de servicio.

Los análisis de estilo de vida específicos son realizados de la misma manera, con la diferencia de que las propuestas sometidas a un test son más específicas. Por ejemplo, he aquí algunas propuestas adaptadas al mercado del ahorro y crédito.

— Tengo que pagar al contado todo lo que compro.
— Compro muchas cosas utilizando mi tarjeta de crédito.
— El año pasado pedimos el préstamo al banco.
— A excepción de la compra de una casa, no es razonable comprar a crédito.

Los análisis de estilo de vida presentan un cierto número de ventajas respecto a los estudios de motivación y a los estudios cualitativos de profundidad: *a*) las muestras de las contestaciones son elevadas; *b*) las conclusiones no contribuyen a las interpretaciones del analista hechas a partir de respuestas no estructuradas; *c*) los datos pueden ser analizados con la ayuda de técnicas estadísticas conocidas; *d*) no es necesario recurrir a encuestadores muy cualificados como es el caso de los estudios de motivación.

Problemas metodológicos de los análisis de estilos de vida

La utilidad de una aproximación sociocultural a los fenómenos de consumo es indiscutible, incluso si se plantean cuestiones serias sobre la validez de ciertas generalizaciones propuestas por los equipos de estudio, tales como el Centro de Comunicación Avanzada (Cathelat, 1985) y la Cofremca, que en Francia y Bélgica comercializan esos trabajos.

— El primer problema es la **falta de modelo explicativo de referencia** que permita identificar las variables explicativas clave y de formular las hipótesis sobre las relaciones entre esas variables y el comportamiento de compra. En consecuencia, las propuestas apuntadas en las contestaciones son determinadas de manera muy empírica y basadas en las intuiciones, rumores, reflexiones recogidas en los grupos de discusión no estructurados, y no hay nada que permita pensar que aquéllas describen completamente las actitudes y comportamientos.
— Los estudios del estilo de vida pertenecen a la categoría de los estudios causales, ya que el objetivo consiste en explicar un comportamiento. Ahora bien, el establecimiento de una relación de causa-efecto implica recurrir a un **plan experimental riguroso** y a un procedimiento de verificación o de falsificación de las presuntas relaciones. Correlaciones falaces así como la ausencia falaz de correlaciones son los escollos clásicos que pueden conducir a interpretaciones erróneas.
— Esta debilidad estructural repercute a nivel de la interpretación, ya que hechos acumulados sin teoría son ilusorios; en realidad, las interpretaciones dadas por gabinetes de estudio son **«inverificables»** o

«infalsificables», de la misma manera que aquellas aportadas por el psicoanálisis o por la astrología. La ausencia de protector (antepecho) que constituye un paso científico riguroso es grave porque la empresa tendrá que tomar decisiones arriesgadas sobre la base de las interpretaciones propuestas.
— Los **problemas metodológicos** molestos se unen a estas observaciones de fondo. ¿Por qué reducir necesariamente a dos dimensiones una realidad multidimensional? ¿Allí donde sólo se eligen dos dimensiones, por qué no precisar el peso (el porcentaje de varianza explicada) de cada uno de las componentes principales y el grado de correlación de los criterios con los ejes? ¿Siendo el método esencialmente heurístico, cómo saber si la configuración elegida es la solución correcta?

Se trata de cuestiones elementales para las cuales todo usuario tiene derecho de recibir respuestas precisas, ya que condicionan la **validez interna y externa** de los análisis de estilos de vida. Son estos problemas, unidos a la inaccesibilidad de los datos y al secreto del cuestionario, los que explican la débil audiencia de estos trabajos en el mundo de la investigación científica.

¿En qué medida los criterios de segmentación elegidos trascienden realmente las clases sociales y los grupos sociodemográficos habituales y aportan una nueva luz sobre la sociedad? Se puede dudar.

> En el mapa tipológico de 1984, la CCA posiciona las diferentes mentalidades de la sociedad francesa en un espacio de dos dimensiones. El eje horizontal opone los conservadores a los aventureros, los primeros situados cerca del polo de la estabilidad, los segundos cerca del polo del cambio. El eje vertical opone sensualismo y disfrute a ascetismo y rigor moral. Cuando se pone en relación el sentido de los ejes dados por la CCA y la composición sociodemográfica de los grupos, se observa que, en definitiva, el eje horizontal opone a los jóvenes y a los viejos y es, pues, un eje de «edad»; mientras que el eje vertical, opone a las personas del ambiente popular a las de clase alta es, pues, un eje de «clases sociales». (Singly de, 1987, pág. 407.)

Como señala de Singly (1987, pág. 408), «...todo sucede como si una de las funciones de los socioestilos fuera la de negar la existencia de las diferencias sociales para asentarlas mejor».

A pesar de los problemas planteados por el establecimiento de medidas adecuadas del estilo de vida, la aproximación sociocultural es interesante y prometedora; constituye un progreso indiscutible con respecto a la utilización de las únicas variables demográficas y económicas tradicionales. Para un análisis sistemático de los problemas metodológicos de los análisis de estilo de vida, ver Green y Wind (1974) y Valette-Florence (1994). Para un ensayo de validación empírica sobre el mercado francés, ver los trabajos de Kapferer y Laurent (1981).

6.3. LA SEGMENTACION DE LOS MERCADOS INDUSTRIALES

Conceptualmente, no hay una diferencia fundamental entre la segmentación de los mercados industriales y la segmentación de los mercados de consumo, aunque los criterios utilizados son muy diferentes. Se puede hacer la misma distinción entre macro y microsegmentación. El método de macrosegmentación descrito en la Sección 6.1 es directamente aplicable y es principalmente en el nivel de la macrosegmentación donde aparecen las diferencias.

6.3.1. Segmentación por ventajas buscadas

Al igual que para los bienes de consumo, la **segmentación por ventajas buscadas** es el método más natural; se apoya directamente en las necesidades específicas del cliente industrial, las cuales están en la mayoría de los casos definidas muy claramente. En los mercados industriales, este método de segmentación vuelve a clasificar los clientes por tipo de industria o por utilización final. Diferentes usuarios finales buscan más frecuentemente ventajas, funciones o rendimientos diferentes en el producto. Ahora bien, los productos industriales tienen a menudo un gran número de usos diferentes; es el caso, por ejemplo, de los motores eléctricos, tubos, rodamientos a bolas, planchas de acero, etc. La clasificación por tipos de industrias permite identificar las necesidades prioritarias y sus ponderaciones respectivas.

A modo de ejemplo, tomemos el caso de una sociedad especializada en la fabricación de pequeños motores eléctricos, cuya variedad de usos es considerable. A cada uso final corresponde, además de la función básica, una ponderación particular de los atributos del producto. Es el caso de las tres aplicaciones siguientes:

— Motores incorporados en las bombas de gasolina: el respeto de las normas de seguridad (ausencia de chispas) es aquí primordial.
— Motores incorporados en los ordenadores o en los aparatos médicos utilizados en los hospitales; el tiempo de respuesta del motor debe ser instantáneo.
— Motores incorporados en las máquinas de coser industriales; la resistencia a esfuerzos continuos con interrupciones frecuentes es la característica importante; en cambio, el tiempo de respuesta es accesorio.

Las funciones ejercidas por un producto industrial, y su importancia en el proceso productivo del cliente industrial varían según se trate de un bien de equipo principal (fábrica, llave en mano, tren de laminación, alternador...) o secundario, (radiador, camioneta, máquina de escribir...); de productos intermedios semielaborados (perfiles, planchas de acero...) o de subconjuntos (motores eléctricos, cajas de cambio...); de productos consumidos (pequeña herramienta, aceites...); de primeras materias brutas (aluminio, carbón...); o transformadas (abono, espuma de poliuretano...); de servicios (ingeniería, limpieza industrial, mantenimiento...). La percepción económica del producto por el cliente industrial será muy diferente según estas categorías de productos.

Añadamos que, en numerosos sectores industriales, la venta se hace sobre pedido con pliegos de condiciones muy precisos. En este tipo de situación, hay un ajuste preciso del producto a las necesidades específicas del cliente y la segmentación es perfecta.

6.3.2. Segmentación descriptiva

La **segmentación demográfica o descriptiva** se apoya en criterios descriptivos del perfil del cliente industrial. Se trata esencialmente de los criterios de localización geográfica, de tamaño de la empresa, de composición del accionariado, etc. Entre estos criterios, la dimensión del cliente es frecuentemente utilizada como base de segmentación. Numerosas empresas adoptan organizaciones comerciales distintas para ocuparse de los grandes clientes y de los pequeños clientes. Los clientes importantes son explorados directamente, por ejemplo, mientras que los pequeños clientes son cubiertos por distribuidores.

6.3.3. Segmentación según el comportamiento

La **segmentación según el comportamiento** es importante en los mercados industriales. Tiene por objetivo adaptar las estrategias de aproximación de los clientes industriales en función de las estructuras y de las características de funcionamiento del centro de decisión. La noción de centro decisorio de compra ha sido presentada en el Capítulo 3, donde se ha visto igualmente que el grado de formalización del proceso de compra puede variar ampliamente según la complejidad de las decisiones a tomar y según las estructuras de la organización.

En algunas empresas, por ejemplo, las compras están muy centralizadas y unas reglas precisas presiden las decisiones de compra; en otras, al contrario, las compras descentralizadas y la aproximación del cliente, debe ser muy similar a la de una pequeña empresa. Otras características de funcionamiento del centro de compra son importantes: las motivaciones de los diferentes miembros del centro de compra, las relaciones de fuerza entre las diferentes funciones representadas, el grado de formalismo y la longitud de los procesos de decisión. Estas características de comportamiento, generalmente, no son observables directamente y por ello, frecuentemente, difíciles de identificar. Sin embargo, como se subrayó anteriormente, estas nociones son muy importantes para la formación de vendedores.

A la vista de la complejidad y de la variedad de las bases de segmentación posibles en los mercados industriales, Shapiro y Bonona (1984) han sugerido un procedimiento de segmentación basado en cinco grupos de

214   *Marketing estratégico*

Entorno
- Sectores industriales.
- Tamaño de empresa.
- Situación geográfica.

Parámetros de explotación
- Tecnología de la empresa.
- Utilización del producto o marca.
- Capacidad técnica y financiera.

Método de compra
- Organización del centro de compra.
- Estructura jerárquica.

- Relaciones comprador-vendedor.
- Política general de compra.
- Criterios de compra.

Factores coyunturales
- Urgencia de ejecución.
- Aplicación del producto.
- Importancia del encargo.

Características personales del comprador

Figura 6.12. Jerarquía imbricada de criterios de segmentación utilizables en los mercados industriales. *Fuente: Shapiro, B.P. y Bonona, T. V. (1984).*

criterios de segmentación ligados según una **jerarquía imbricada**, como las muñecas rusas. Desde fuera hacia dentro, estos grupos de criterios son los siguientes: entorno, parámetros de explotación, método de compra, factores coyunturales y características personales del comprador.

Estos grupos de criterios están descritos en la Figura 6.12. A medida que se va desde fuera hacia dentro de la estructura jerarquizada, la visibilidad y la estabilidad de los criterios de segmentación se modifican. Shapiro y Bonona sugieren seguir la estructura comenzando por el elemento exterior y progresar hacia el interior, porque los datos están disponibles más fácilmente y las definiciones más claras en los primeros grupos de criterios (Shapiro y Bonona, 1984, pág. 45).

6.4. LA PUESTA EN PRACTICA DE UNA ESTRATEGIA DE SEGMENTACION

Tras haber analizado la diversidad de necesidades del mercado se dispone de una matriz de segmentación que describe cualesquiera que sean los criterios de segmentación utilizados, los distintos segmentos a los que la empresa puede dirigirse con la ayuda de un programa de marketing adaptado. La empresa debe decidir qué cobertura del mercado adoptar y después de haber identificado el (o los) segmento(s) objetivos, debe elegir un posicionamiento. Se plantea, sin embargo, una cuestión previa: asegurarse que las condiciones de una segmentación eficaz han sido respetadas.

6.4.1. Las condiciones de eficacia de una segmentación

Para ser eficaz, una segmentación debe reunir tres grupos de condiciones: respuesta diferenciada, dimensión suficiente, mesurabilidad y accesibilidad.

Respuesta diferenciada

Es la condición más importante. Los segmentos identificados deben ser diferentes en términos de su sensibilidad a las acciones de marketing de la empresa. El criterio, pues, de segmentación elegido tiene que maximizar las diferencias entre segmentos **(condición de heterogeneidad)**, y minimizar las diferencias entre compradores en el seno del mismo segmento **(condición de homogeneidad)**.

Es necesario, pues, que haya una buena hermeticidad entre segmentos, de cara al riesgo de un «canibalismo» que puede desarrollarse entre productos de la misma empresa cuando estos están destinados a segmentos diferentes. Cuanto más claro y visible es el carácter distintivo del producto, más riesgo tiene el segmento de ser homogéneo.

Precisemos, no obstante, que la condición de homogeneidad no implica necesariamente categorías de compradores mutuamente excluyentes. El mismo individuo puede perfectamente mezclar, es decir participar en dos o varios segmentos. Productos pertenecientes a segmentos diferentes pueden ser comprados por la misma persona para diferentes miembros del hogar, para ocasiones de consumo diferentes o simplemente por necesidad de variedad. La observación del contenido de las cestas de compra a la salida de los supermercados revela frecuentemente la presencia simultánea de marcas de arriba y de abajo del surtido. Un segmento no reagrupa, pues, necesariamente a los compradores, sino más bien las compras a efectuar por los compradores.

Tamaño suficiente

Los segmentos identificados deben ser **sustanciales**, es decir, representar un potencial suficiente para justificar el desarrollo de una estrategia de marketing específica. Esta condición pone en juego no solamente el tamaño del segmento, en número o en frecuencia de compras, sino también su duración temporal. Todos los mercados conocen fenómenos de moda. Es importante asegurar que el nicho identificado no es efímero y tendrá una vida económica suficiente. Finalmente, la condición de sustancialidad implica también que el valor añadido del producto debido a la especificidad sea susceptible de ser valorado financieramente por un precio remunerador aceptable por el grupo de compradores objetivo.

El respeto de esta condición implica a menudo un compromiso entre dos lógicas que se reencuentran en cada empresa: la lógica del marketing que se esfuerza en adaptarse lo mejor posible a la diversidad de las necesidades del mercado y que busca las definiciones buenas de los segmentos; la lógica de la producción que pone el acento sobre las economías de escala y sobre las ventajas de la estandarización, y que busca las grandes series y los mercados de masas.

Mensurabilidad

Para poder elegir un segmento objetivo con conocimiento de causa es necesario poder determinar su tamaño, evaluar la capacidad de compra de los compradores y sus características principales en términos de comportamiento de compra. Si el criterio de segmentación utilizado es muy abstracto, este tipo de información es muy difícil de reunir. Por ejemplo, si los compradores potenciales son de las empresas de un cierto tamaño, es relativamente fácil conocer su nombre, su localización geográfica, su volumen de negocios, etc. Si, al contrario, el criterio es la receptividad de la innovación, las cosas son mucho más difíciles y será probablemente necesario realizar un estudio de mercado para medir el potencial de ese segmento. Es la debilidad de los métodos de segmentación por ventajas buscadas y por estilos de vida que se apoya en los criterios abstractos, y no es el caso de la segmentación descriptiva.

Accesibilidad

Los segmentos definidos deben ser **accesibles**, y en la medida de lo posible, selectivamente accesibles, de manera que puedan concentrarse en ellos los esfuerzos de comunicación y de venta. Existen dos tipos de accesibilidad.

— La **autoselección de los compradores**. Esto puede resultar del posicionamiento del producto, cuyos atributos son elegidos de manera que vincule selectivamente el grupo deseado. La autoselección puede también realizarse por la política de comunicación: un mensaje cuya exposición es general, pero en el que el contenido suscita una selección de facto.
— La **cobertura controlada** de los segmentos, por ejemplo, distribuye el producto en los canales más frecuentados por los compradores deseados; incluso en el terreno de la comunicación, eligiendo soportes con una cobertura selectiva de la población objetivo.

La cobertura controlada es evidentemente la más eficaz desde el punto de vista de la empresa. Será posible cada vez que el perfil sociodemográfico del segmento esté bien establecido, lo que no es siempre el caso, principalmente cuando la segmentación se apoya en las ventajas buscadas y en los estilos de vida.

Un análisis de segmentación se va a resumir en una matriz de segmentación parecida a aquella presentada en la Figura 6.13, donde se comparan las principales características de los segmentos identificados.

6.4.2. La selección de los mercados objetivo

Un análisis de segmentación desemboca en una elección de segmentos objetivo y, consecuentemente, en una política de producto. A este respecto se pueden distinguir tres grandes orientaciones estratégicas.

Una estrategia de **«marketing indiferenciado»** que consiste en tratar el mercado como un todo y poner el acento en lo que es común a las necesidades más que en lo que es diferente. Esta estrategia conduce a desarrollar productos estandarizados susceptibles de adaptarse a una gran diversidad de necesidades que permiten, pues, economías de escala importantes, tanto para la fabricación como para la comercialización. Esta estrategia es cada vez más difícil de defender en las economías industrializadas donde se observa una fragmentación elevada de los mercados.

	Segmento 1	Segmento 2	Segmento 3	Segmento 4
Demografía				
Ventajas buscadas				
Comportamiento				
Factores de éxito	Importancia de los factores de éxito			
Calidad				
Precio				
Servicios				
Asistencia				
Distribución				
Datos económicos				
Volumen				
Precio				
Crecimiento				
Ciclo de vida				
Competencia				

Figura 6.13. Análisis comparativo de los segmentos del mercado de referencia.

Una estrategia de **«marketing diferenciado»** a través de la cual la empresa se acerca igualmente al conjunto del mercado, pero esta vez con productos adaptados a las necesidades específicas de cada segmento. Esta era la estrategia de General Motors en los Estados Unidos que afirmaba tener un modelo de coche correspondiente «a la cartera, a la necesidad y a la personalidad de cada uno». Esta estrategia implica una gama amplia de productos de estrategias de comercialización y de comunicación adaptadas a cada segmento, que permite a la empresa fijar sus precios de venta teniendo en cuenta las diferencias de elasticidad de la demanda en el interior de cada segmento.

Esta estrategia implica en general costes elevados, ya que la empresa pierde el beneficio de economías de escala. Por el contrario, puede esperar obtener y guardar una parte de mercado fuerte en cada uno de los segmentos cubiertos. Una estrategia de marketing diferenciado no implica necesariamente una cobertura completa del mercado. Existe el riesgo de hipersegmentación, con el peligro de canibalismo entre productos de la misma marca, si el número de segmentos es demasiado elevado

Una estrategia de **«marketing concentrado»** por la cual la empresa se especializa en un segmento y renuncia a cubrir la totalidad del mercado. Es la estrategia del especialista que a menudo es adoptada por las pequeñas y medianas empresas. La especialización puede apoyarse en una función o en un grupo particular de compradores. A través de una estrategia de marketing concentrado la empresa puede esperar recoger las ventajas de la especialización y de una mejor utilización de recursos. El potencial de una estrategia de marketing concentrado depende del tamaño del segmento y de la fuerza de la ventaja competitiva obtenida gracias a la especialización.

La elección entre una de estas tres estrategias de cobertura dependerá pues *a*) de número de segmentos rentables existentes en el mercado de referencia y *b*) de los recursos disponibles en el seno de la empresa.

Hipersegmentación y contrasegmentación

Una política de segmentación puede desembocar en dos estrategias extremas: una estrategia de **«hipersegmentación»**, que conduce a desarrollar productos hechos a medida, ofreciendo numerosas opciones o funciones secundarias variadas, además de la función de base, y por ello mediante un precio elevado; una estrategia de **«contrasegmentación»**, por el contrario, tiende a proponer productos sin florituras, con pocas opciones, ofreciendo estrictamente la función básica de manera estandarizada y vendidos a precio bajo. Se encuentra aquí el dilema **«estandarización-adaptación»** evocado en el Capítulo 2, al que se enfrentan las empresas que deben definir una estrategia de marketing global o trasnacional.

Los años de abundancia han llevado a las empresas a practicar estrategias de segmentación cada vez más acentuadas. Una división minuciosa del mercado en segmentos y una exacta adaptación de los productos han contribuido a multiplicar las marcas, lo que ha tenido repercusiones en los costes de producción y de marketing, y sobre todo en los precios de venta.

Los cambios de los años de turbulencia económica y social expuestos en el Capítulo 2, han llevado progresivamente a los consumidores a volverse más sensibles a la **relación «precio-satisfacción»** en el momento de sus decisiones de compra, el precio se reduce compensando la disminución de la adaptación de los productos a sus necesidades específicas. Los consumidores tienden, pues, a efectuar **arbitrajes** entre el precio y las características de los productos. El éxito de los productos llamados «sin marca» en las diferentes economías occidentales testimonia esta evolución.

En algunos sectores, principalmente el de los productos de gran consumo, se observa una tendencia a una vuelta a la simplicidad voluntaria, es decir, a productos menos elaborados que responden a la función básica, pero vendidos a precios más bajos, dando al fabricante márgenes beneficiosos más importantes debido a la creciente estandarización. La contrasegmentación no es, en definitiva, más que una segmentación que se apoya en el criterio de la **relación «precio/satisfacción»**. La elección entre las diferentes estrategias a adoptar dependerá a) de la propensión del mercado a aceptar la simplicidad y b) del potencial de rentabilidad para la empresa.

6.4.3. Las estrategias de posicionamiento

Una vez que el (o los) segmento(s) objetivo(s) elegido(s), la empresa debe todavía decidir el posicionamiento a adoptar en cada segmento. Esta decisión es importante porque ella servirá de línea directriz en el establecimiento del programa de marketing. El posicionamiento define la manera en que la marca o la empresa desea ser percibida por los compradores objetivo. Se puede definir el posicionamiento de la manera siguiente:

> «La concepción de un producto y de su imagen con el objetivo de imprimir, en el espíritu del comprador, un lugar apreciado y diferente del que ocupa la competencia.» (Ries y Trout, 1981.)

Las estrategias de posicionamiento son particularmente importantes cuando la estrategia de cobertura del mercado adoptado es el del marketing diferenciado que implica un posicionamiento en cada segmento por oposición a un posicionamiento único válido para la totalidad del mercado. El posicionamiento es pues la aplicación de una estrategia de diferenciación. Las preguntas a examinar en la elección de un posicionamiento son las siguientes:

— ¿Cuáles son las características distintivas de un producto o de una marca a las que los compradores reaccionan favorablemente?
— ¿Cómo son percibidas las diferentes marcas o firmas en competencia en relación a estas características distintivas?
— ¿Cuál es la mejor posición a ocupar en el segmento teniendo en cuenta las expectativas de los compradores potenciales y las posiciones ya ocupadas por la competencia?
— ¿Cuáles son los medios de marketing más apropiados para ocupar y defender esta posición?

Es importante ser consciente de que no importa que la diferenciación no es necesariamente significativa para el comprador. Como se verá en el Capítulo 8, una buena diferenciación debe tener las características siguientes: ser «única», «importante para el comprador», «defendible» y «comunicable».

Las bases de un posicionamiento

Wind (1982, págs. 79-80) ha identificado seis tipos de posicionamientos posibles para una marca. Son las siguientes:

— Un posicionamiento basado en una cualidad distintiva del producto.
— Un posicionamiento basado en las ventajas o en la solución aportada.

— Un posicionamiento basado en una oportunidad de utilización específica.
— Un posicionamiento orientado a una categoría de usuarios.
— Un posicionamiento en relación a una marca competidora.
— Un posicionamiento de ruptura en relación a la categoría del producto.

Se puede igualmente adoptar un posicionamiento que se apoya en un estilo de vida específico.

Procedimiento de selección de un posicionamiento

Para proceder válidamente a la selección de un posicionamiento, deben reunirse un cierto número de condiciones previas.

— Tener un buen conocimiento del posicionamiento actualmente ocupado por la marca en el espíritu de los compradores. Este conocimiento puede adquirirse especialmente gracias a los estudios de imagen de marca descritos en el Capítulo 5.
— Conocer el posicionamiento conseguido por las marcas competidoras, en particular las marcas competidoras prioritarias.
— Escoger un posicionamiento y seleccionar el argumento más adecuado y creíble para justificar el posicionamiento adoptado.
— Evaluar la rentabilidad potencial del posicionamiento seleccionado desconfiando de falsos nichos o almenas inventadas por creativos publicistas o identificados por un estudio cualitativo no validado en una gran muestra.
— Verificar si la marca detenta la personalidad requerida para conseguir mantener el posicionamiento buscado en el espíritu de los compradores.
— Medir la vulnerabilidad del posicionamiento adoptado. ¿Tenemos los recursos necesarios para ocupar y defender la posición buscada?
— Asegurar que existe coherencia entre el posicionamiento escogido y las otras variables del marketing: precio, comunicación y distribución.

Si se dispone de una definición clara y precisa del posicionamiento escogido, llega a ser relativamente simple para los responsables del marketing operativo traducir el posicionamiento en un programa de marketing adaptado.

Las cartas perceptuales explicitadas

Cuando el número de atributos a considerar es muy elevado, las cartas perceptuales explicitadas son útiles para identificar los diferentes paneles de atributos buscados y para representar el posicionamiento percibido por el mercado de las diferentes marcas en competencia. A título ilustrativo, examinemos los datos de un estudio del mercado del dentífrico en Bélgica que tenía por objetivo analizar las percepciones del mercado en relación a una estrategia de extensión de la marca Signal. En este estudio, veinticuatro atributos fueron identificados en las discusiones de grupo no estructurados.

Gusta a los niños
Refuerza las encías
Combate la placa dental
Es más caro
Vendido en farmacias
Hace mucha publicidad
Deja los dientes blancos
Protege contra las caries
Hace joven
Es más bien médico
Tiene un color divertido
Contiene flúor

Es tradicional
Previene el sarro
Da un aliento fresco
Tiene una consistencia agradable
Dentífrico económico
Gusto desagradable
Bueno para toda la familia
Gusto fuerte y prolongado
Tiene una publicidad agradable
Es simpático
Menos eficaz que prometen
Presentación atractiva

Una muestra de 130 contestaciones pertenecientes al grupo de edad 12-30 años ha sido pasada a las 12 marcas estudiadas. Ellos han expresado sus evaluaciones destacando sus percepciones en cuanto a la presencia o a la ausencia (0,1) de cada atributo en cada marca. Estos datos han sido tratados en un análisis factorial de correspondencia (ANAFACO) para resumir la información y para estimar el grado de asociación de cada marca con las principales componentes. Tres ejes han sido identificados.

— El **primer eje** opone el carácter parafarmacia (medicinal, vendido en farmacia, caro, mal gusto) al carácter lúdico del producto (joven, consistencia agradable, simpático). Este eje tiene una tasa de inercia del 41 por 100 y opone de hecho dos modos de distribución, la venta en farmacia y en distribución tradicional.
— El **segundo eje** opone el atributo del tratamiento específico de las caries de los niños (flúor, anti caries, gusta a los niños) a los atributos de higiene dental más general (dientes blancos, gusto fuerte, publicidad agradable). Este eje tiene una tasa de inercia de 21 por 100.
— Un **tercer eje** aparece igualmente al aislar una ventaja buscada relativamente nueva: el cuidado de las encías por oposición al dentífrico tradicional. Su tasa de inercia es del 13 por 100. En total se tiene pues, una varianza explicada de más del 74 por 100.

Si se limita a la carta perceptual de la Figura 6.14 que retoma las dos primeras dimensiones, se pueden identificar tres segmentos distintos:

— El segmento de los «**parafarmacia**» que reagrupa las marcas vendidas en farmacia, percibidas como caras, que ponen el acento especialmente en la protección a las encías.
— El segmento de los «**cosméticos**» en el que se encuentran los atributos «aliento fresco», «gusto agradable», «publicidad agradable».

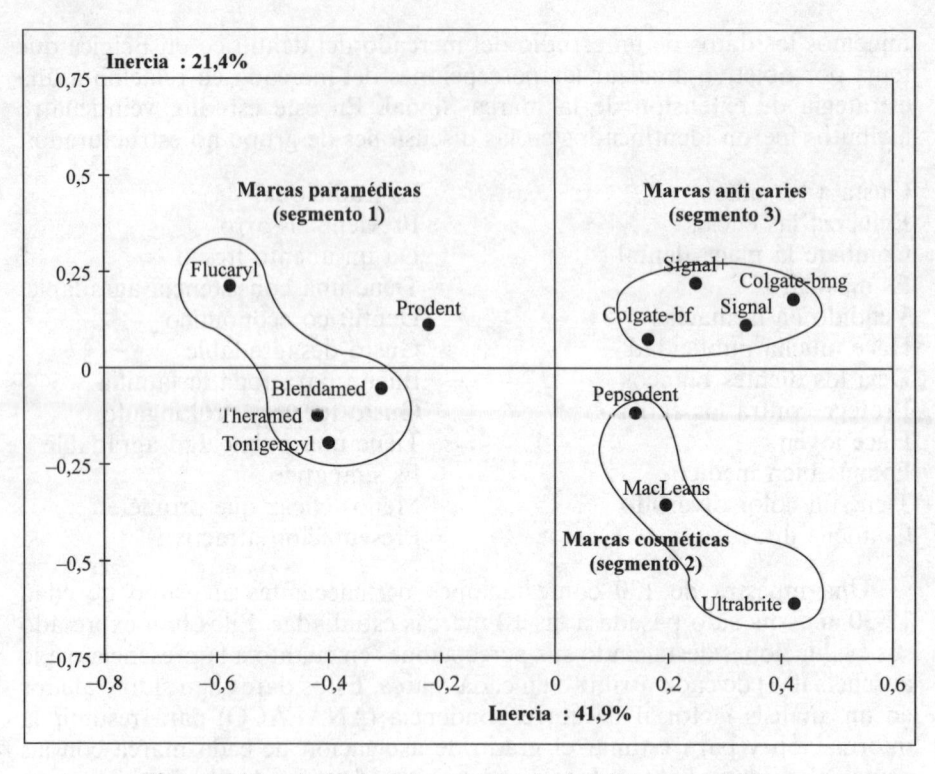

Figura 6.14. Análisis del mercado de dentífricos en Bélgica.

— El segmento de los **«anti caries»** que pone el acento en la prevención de las caries con los atributos «dientes blancos», «bueno para los niños», «contiene flúor».

La promesa del segmento 3 es más atractiva que la del segmento 1 poniendo el acento en un atributo serio: el de la prevención de las caries. Este tipo de análisis permite pues al analista de mercado ver cómo los compradores perciben las diferentes marcas y verificar si el posicionamiento elegido ha sido efectivamente el esperado.

6.5. LA SEGMENTACION INTERNACIONAL

Frente a la globalización creciente de los mercados, las empresas están cada vez más abocadas a dar el paso de la segmentación a nivel internacional. El objetivo es descubrir, en diferentes países o regiones, grupos de compradores cuyas expectativas similares de cara a los productos transcienden los particularismos nacionales y culturales. A estos segmentos, que pueden ser pequeños localmente, pueden representar en su conjunto un mercado muy atractivo para una empresa internacional. Estos segmentos supranacionales son entonces aproximados con productos concebidos de forma suficientemente genérica y polivalente para adaptarse a cada mercado, excepto aquellos que sean presentados y posicionados de forma distinta en cada país por tener en cuenta sus especificidades culturales y locales.

6.5.1. La identificación de los segmentos supranacionales

La segmentación internacional se esfuerza en identificar los segmentos de compradores que, más allá de las fronteras nacionales tienen actitudes, expectativas y comportamientos similares. En la medida que los comportamientos y los estilos de vida se vuelven más homogéneos a través del mundo bajo el efecto del progreso económico, de los viajes y de la comunicación, segmentos de este tipo con expectativas homogéneas tienden a multiplicarse. Tres planteamientos distintos pueden adoptarse en la segmentación internacional. Una empresa puede distribuir y vender un producto físicamente idéntico (excepto algunos matices): *a*) dirigiéndose a segmentos universales en cada país; *b*) dirigiéndose a segmentos diferentes en cada país; o finalmente *c*) dirigiéndose a grupos geográficos de país, de cultura y de infraestructura similares (Takeuchi y Porter, 1987, págs. 138-140).

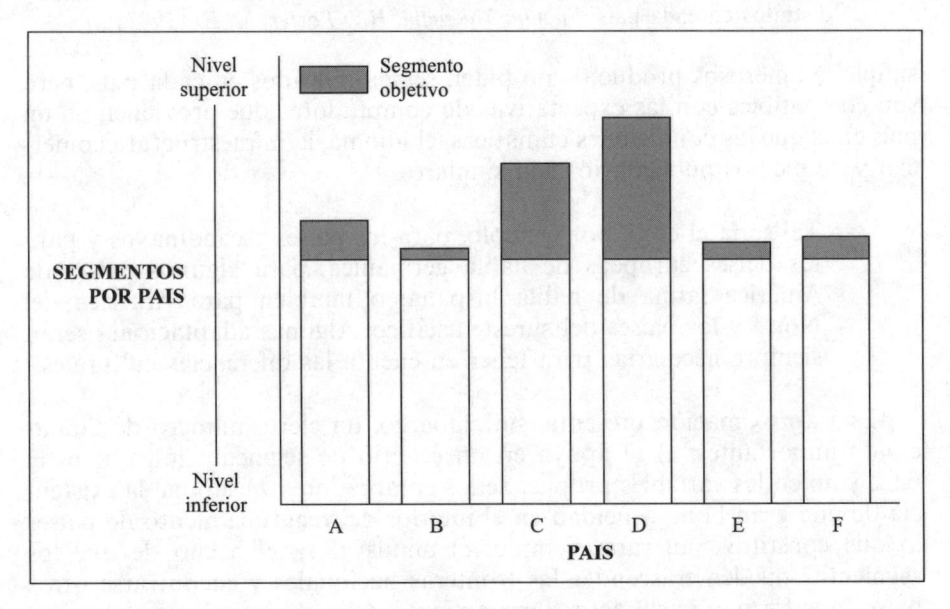

Figura 6.15a. La segmentación internacional: posicionamiento sobre el mismo segmento en cada país.

Segmentar el mercado internacional por grupos de países

Dirigirse a **grupos de países** homogéneos en el plano económico y cultural constituye una primera forma de segmentación internacional que es la más

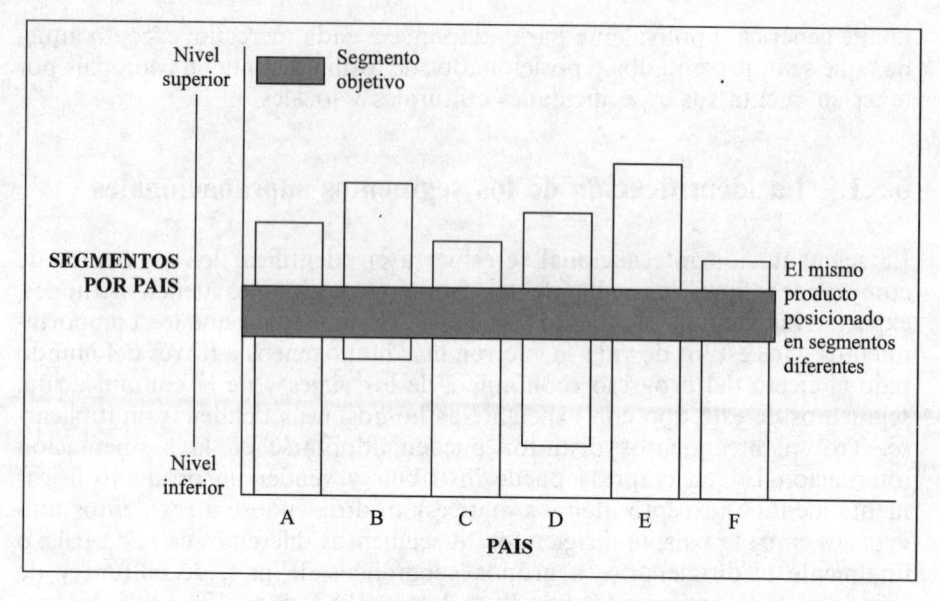

Figura 6.5b. La segmentación internacional: posicionamiento sobre segmentos distintos en cada país. *Fuente: Takeuchi, H. y Porter, M. E. (1987).*

simple. Numerosos productos no piden ser modificados en cada país, pero son compatibles con las expectativas de compradores que provienen de un país en el que las condiciones climáticas, el idioma, la infraestructura comercial y de medios publicitarios son similares.

> Tal sería el caso, por ejemplo, para los países escandinavos y para los países europeos de habla germánica, para algunos países de América latina de habla hispana; o también para América del Norte y los países del sureste asiático. Algunas adaptaciones serán siempre necesarias para tener en cuenta las diferencias culturales.

Esta aproximación presenta, sin embargo, un cierto número de limitaciones importantes; *a)* se apoya en un criterio de segmentación que es el país, y no en las variables propias de los compradores; *b)* supone la existencia de una gran homogeneidad en el interior del reagrupamiento de países lo que constituye un raro ejemplo; *c)* minusvalora el hecho de que los segmentos pueden trascender las fronteras nacionales y encontrarse otros países que forman parte del reagrupamiento. Con el crecimiento del regionalismo en el seno de varios países europeos, esta primera forma de segmentación se revela a menudo poco satisfactoria.

De hecho, con la eliminación de las fronteras europeas, un número creciente de empresas redefinen su mercado geográfico haciendo abstracción de los países, y apoyándose en zonas naturales de atracción comercial.

Vender a los segmentos supranacionales o universales

Como hemos visto en el Capítulo 2, las tendencias hacia la globalización de la economía mundial tienen como consecuencias que numerosos productos y marcas sean hoy día conocidos y aceptados a escala mundial. Este es el caso especialmente de los productos audiovisuales, coches, cosméticos, bebidas, servicios... Estos productos y estas marcas son utilizados por grupos de compradores que se encuentran en todos los países. Serán probablemente los compradores de alto poder adquisitivo, las sociedades internacionales y los usuarios más sofisticados, ya que estos grupos son más expuestos a los intercambios y a los contactos internacionales.

> Es corriente observar que los «muy ricos» aprecian los productos de Hermés, Mercedes, Gucci y otros, ya sea en Tokio, Hong Kong, Delhi, Nueva York, Kinshasa, Río de Janeiro o Londres.

Los **segmentos universales** corresponden a grupos de compradores idénticos que poseen las mismas necesidades en cada uno de los países. El planteamiento de búsqueda de segmentos universales está ilustrado en el gráfico de la Figura 6.15a. En este tipo de estrategia, el programa de marketing adoptado será, esencialmente, el mismo en cada país. Es importante señalar que el tamaño de este tipo de segmentos puede ser muy débil en cada uno de los países. Es la acumulación lo que lo hace atractivo. Para una empresa concreta, detectar una fracción débil de estos segmentos en cada país puede en total constituir una oportunidad muy importante. Por ejemplo, las almendras garrapiñadas Godiva son distribuidas en veinte países diferentes a través el mundo. Aunque esta marca no tenga más que una pequeña parte del mercado en cada país, sin embargo, quedará como la marca líder en el mercado de las almendras garrapiñadas de lujo.

Dirigirse a segmentos diferentes en cada país

Los **segmentos diferentes** reagrupan a compradores con distintas expectativas en cada país. Un mismo producto puede ser vendido en distintos segmentos si las acciones de distribución, de comunicación y de venta son diferenciadas en cada país en función de las características de los segmentos elegidos. La adaptación a las características de los segmentos será, pues, realizada esencialmente por cualquiera de las variables de marketing menos el producto. El planteamiento está ilustrado en el gráfico de la Figura 6.15b.

> Takeuchi y Porter (1987, pág. 139) citan como ejemplo de este tipo de segmentación el método seguido por Canon para la comercialización del modelo de Canon AE-1. En Japón, este modelo está propuesto como producto de reposición en el segmento de los jóvenes; en Estados Unidos, el mismo modelo se propone como

una primera compra de un aparato réflex 35 mm; en la ex-República Federal, el aparato está presentado como producto de reposición de los aficionados de más edad y versados en el plano tecnológico.

Este enfoque implica, pues, importantes adaptaciones de las estrategias de comunicación y de venta y el coste será, por tanto, más elevado. Hay que destacar que esta estrategia es también aplicable a productos modificados de forma que se encuentren mejor las particularidades locales.

Estas tres aproximaciones al problema de la segmentación internacional tienen cada una sus méritos. La primera es la más tradicional. La segunda es la más radical y dará a la empresa una ventaja competitiva importante en términos de coherencia de imagen y en términos de economías de escala y de efectos de experiencia. Por otra parte, con esta estrategia la empresa bloquea el mercado y hace más difícil la entrada de competencia. La estrategia orientada hacia segmentos diferentes puede comprometer la unidad de la imagen de marca e implica un marketing operativo diferente; en cambio, gana en términos de adaptación a las necesidades locales.

6.5.2. La tesis del marketing global o trasnacional

Como se ha visto en el Capítulo 2 de esta obra, el enfoque global de los mercados pretende buscar las coincidencias entre países, mientras que el enfoque internacional tradicional, como en las multinacionales, tiende por el contrario a incidir en las diferencias entre los países. El enfoque global busca la homogeneidad en los productos, las imágenes, los mensajes publicitarios, etc., mientras que el enfoque multidoméstico tiene como efecto conservar y mantener las diferencias que no son necesariamente justificadas. El objetivo no es siempre tener una gama de productos uniforme para todo el mundo. Consiste en desarrollar una gama de productos tan estandarizados como sea posible reconociendo que las adaptaciones locales son al mismo tiempo necesarias y deseables.

Una estandarización de todos los elementos del marketing estratégico y del marketing operativo es muy pocas veces posible (Douglas y Wind, 1987). El caso de Black & Decker es interesante a este respecto (Farley, 1986).

> Esta sociedad mantiene una posición dominante a nivel mundial en el mercado de herramientas del público en general. Implantada en 50 países, posee 25 unidades de producción, de las cuales 16 están situadas fuera de Estados Unidos. La marca Black & Decker posee una notoriedad muy fuerte (80 a 90 por 100) y, en algunos países europeos, tiene cuotas de mercado tan elevadas como las que mantiene en Estados Unidos. Más de un tercio de su cifra de negocio en 1984 ha sido realizada por productos que no existían cinco años antes.

Convencida de la necesidad de adoptar una estrategia de marketing global, Black & Decker se enfrenta a las dificultades siguientes:

— Los países tienen estándares técnicos y normas de seguridad muy diferentes que hacen imposible una estandarización completa.
— Los europeos y los americanos tienen reacciones muy diferentes respecto al diseño de los productos, incluso hasta de los colores.
— Según el país, los consumidores tienen necesidades de uso distintas, unidas al tipo de material utilizado en la construcción. En Europa la potencia de una taladradora debe ser mucho más fuerte que en Estados Unidos.

Debido a esta diversidad, la organización tradicional multidoméstica de Black & Decker ha conducido a una proliferación de productos y modelos diferentes. La sociedad tenía varias centenas de productos diferentes de los cuales muy pocos eran intercambiables entre países. Para resistir especialmente la competencia de Makita, una firma japonesa que aborda el mercado mundial con la misma gama de productos, Black & Decker ha modificado su organización entre 1980 y 1990 y ha estandarizado su producción. La regla consiste ahora en que sea cual sea el nuevo producto debe ser, de entrada, concebido y desarrollado para el mercado mundial (Farley, 1986).

Búsqueda de un compromiso entre estandarización y adaptación

Un cierto grado de adaptación de los productos y/o de las estrategias es siempre necesario. La Figura 6.16 describe el tipo de estrategia de adaptación a seguir según el grado de diversidad de las expectativas y de la cultura de cada uno de los países considerados. La evolución de la tecnología de la producción, especialmente los talleres flexibles, permiten considerar las adaptaciones de productos que no ponen en peligro las economías de escala y los efectos experiencia.

Estrategias de marketing global	Expectativas de los segmentos				
	Homogéneas		Parecidas		Diferentes
	Cultura idéntica	Cultura diferente	Cultura idéntica	Cultura diferente	
1. Producto y marketing operativo existente.	1	—	—	—	—
2. Producto existente y marketing operativo, adaptado.	—	2	2	2	—
3. Producto y marketing operativo, adaptados.	—	—	—	3	3
4. Producto nuevo y marketing operativo específico.	—	—	—	—	4

Figura 6.16. Estrategias de segmentación internacional.
Fuente: Blanche, B. (1987).

Según la diversidad de las expectativas del mercado y en función de la importancia de las diferencias culturales, una de las tres políticas de producto siguientes será adoptada:

— Un **producto universal**: El producto vendido es físicamente idéntico en cada país, a excepción del etiquetado y del idioma utilizado.
— Un **producto modificado**: El producto básico es el mismo, pero las modificaciones se aportan en lo que concierne a voltaje, colores, condicionamientos y otras características técnicas menores.
— Un **producto a la medida**: El producto se concibe especialmente para coincidir con las necesidades de cada país.

Está claro que las implicaciones económicas y financieras de estas opciones son importantes.

El potencial de la globalización de los productos y de las marcas

No todos los productos tienen necesariamente una vocación universal y algunos productos se prestan mejor que otros a una estrategia de desarrollo internacional.

Numerosas marcas existentes en el mercado pueden ser consideradas como marcas universalmente aceptadas, como por ejemplo, Coca-Cola, Marlboro, Kodak, Honda, Mercedes, Heineken, Swatch, Levis, Benetton, IBM, Avis, MacDonald, Swissair, Boeing, Caterpillar, Adidas, Canon, Polaroid, Hermès, Gucci, Dynastie, Perrier, Chivas, Black & Decker, etc., y muchas otras. Es interesante señalar que la popularidad de estas marcas globales, que pueden pertenecer tanto al área de los bienes de consumo como al área de los servicios o bienes industriales, es generalmente independiente de la actitud política frente al país de origen.

De hecho, la vocación global de un producto o de una marca está estrechamente unida al **carácter universal de la ventaja aportada, del servicio ofrecido o de la función ejercida**. En la medida en que los productos o servicios encuentran eficazmente las necesidades de un grupo específico de individuos o de organizaciones en un mercado, ¿por qué no será igualmente un éxito junto al mismo grupo de compradores en otro país, en la medida evidentemente en que haya habido adaptación de los productos a las condiciones, particularidades y reglamentaciones locales?

Se puede intentar establecer una tipología de productos utilizando como criterio de clasificación el grado de tecnificación de un producto (los productos Hi-Tech) por una parte, y su grado de convivencia (los productos Hi-Touch) por otra parte. Estas dos categorías de productos tienen en común: a) ser productos de fuerte implicación, y b) recurrir a un lenguaje universal (Domzal y Unger, 1987).

— **Los productos de «alta tecnología»** utilizan un lenguaje especializado y técnico comprendido por todos los compradores potenciales. Es cierto para los ciclotrons, las máquinas-herramientas, los programas

de ordenador, los servicios financieros, los ordenadores..., pero también para los vídeos, las cámaras fotográficas, los coches, las planchas de vapor, las raquetas de tenis, los instrumentos de música, etc. La existencia de una «jerga común» facilita la globalización sin garantizar por otra parte el éxito, las adaptaciones técnicas pueden ser importantes.
— **Los productos de «alta convivencia»** recurren antes a imágenes que a información, pero se apoyan en temas universales que son igualmente comprendidos por todos los compradores potenciales. Estos temas universales, por ejemplo, son el materialismo, el juego, el heroísmo, el amor. Estos temas universales son utilizados para vender productos como perfumes, joyas, relojes, artículos de confección que se encuentran en cualquier parte del mundo.

Estas dos categorías de productos tienen un potencial de globalización importante. Entre los dos extremos existen numerosas posiciones intermedias. Hay que señalar que la comunicación puede buscar un posicionamiento Hi-Touch para un producto Hi-Tech, como ha sido el caso, por ejemplo, para la publicidad de coches BMW, Lancia y Alfa Romeo.

CUESTIONES Y PROBLEMAS

1. Aplicar el método de la macro-segmentación «funciones / compradores / tecnologías» a uno de los sectores industriales siguientes: pintura, fotocopiadoras, servicios bancarios, imaginería médica. Para cada sector, defina las nociones de industria, de mercado y de producto mercado.
2. Un importador de una marca japonesa de cámaras fotográficas desea disponer de una segmentación por ventaja buscada del mercado europeo. Describa una matriz de segmentación que a priori le parezca apropiada y proponga un procedimiento de recogida de información que permita verificar lo bien fundado.
3. Escoja dos semanarios objetivo sobre un grupo sociodemográfico determinado (jóvenes, seniors, mujeres del hogar, grupo étnico). Retenga tres o cuatro anuncios publicitarios e intente identificar el posicionamiento buscado por los anunciantes.
4. En las sociedades opulentas, los consumidores buscan cada vez más soluciones adaptadas a sus problemas específicos. Para la empresa se pone la pregunta de saber hasta dónde ir en la segmentación de un mercado. Analice los factores que postulan en favor de un segmentación ajustada (hipersegmentación) y aquellos que, por el contrario, incitan a la estandarización (contrasegmentación).
5. En las economías opulentas, se observa una fragmentación creciente de los mercados, los compradores buscan cada vez más productos adaptados a sus necesidades específicas. ¿De qué manera es conciliable con el

desarrollo del marketing global poner el acento en la estandarización de los productos y las marcas a través del mundo?

BIBLIOGRAFIA

Abell D.F. (1980), *Defining the Business: The Starting Point of Strategic Planning*, Englewood Cliffs. New Jersey, Prentice-Hall Inc.
Ader E. (1983), L'analyse stratégique moderne et ses outils, *Futuribles*, Décembre, págs. 3-21.
Blanche B. (1987), Le marketing global: paradoxe, fantasme ou objectif pour demain?, *Revue Française du Marketing*, núm. 114.
Cathelat B. (1984), Les styles de vie du C.C.A.: les mutations de 1984, *Futuribles*, octobre, págs. 30-34.
Cathelat B. (1985), *Styles de vie*, Paris, Les éditions d'organisation, Tomes 1 et 2.
Chamberlin E.H. (1950), *The Theory of Monopolistic Competition*, Cambridge, MA, Harvard University Press.
Day G.S. (1990), *Market-driven Strategy*, New York, Free Press.
Dalrymple D.J. and Parsons L.J. (1976), *Marketing Management: text and cases*, New York, J. Wiley and Sons.
Domzal T. and Unger L.S. (1987), Emerging Positioning Strategies in Global Marketing, *The Journal of Consumer Marketing*, Vol. 4, núm. 4, Fall.
Douglas S.P. et Lemaire P. (1976), Le style de vie à travers les activités, les attitudes et les opinions, *Revue Française du Marketing*, mai-juin, pág. 69.
Douglas S.P. and Wind Y. (1987), The Myth of Globalization, *Columbia Journal of World Business*, Winter 1987.
Farley L.J. (1986), Going Global: Choices and Challenges, *The Journal of Consumer Marketing*, Vol. 3, núm. 1, Winter.
Green P.E. and Krieger A.M. (1991), Segmenting Markets with Conjoint Analysis, *Journal of Marketing*, Vol. 55, October, págs. 20-31.
Haley R.I. (1968), Benefit Segmentation: A Decision Oriented Tool, *Journal of Marketing Research*, Vol. 32, july, págs. 30-35.
Hopkins D.S., (1982), *The Marketing Plan*, New York, The Conference Board.
Kapferer J.N. et Laurent G. (1981), *Une analyse des relations entre les classifications socio-culturelles et de style de vie et y l'achat de produits courants*, Paris, Institut de recherches et d'études publicitaires, 21t Journée de l'IREP.
Lambin J.J. et Hiller T.B. (1991), Volvo Trucks Europe: une étude de cas, dans: Lambin J.J. (1994), *Problèmes de marketing*, Paris, Ediscience International.
Plummer J.T. (1974), The Concept and Application of Life Style Segmentation, *Journal of Marketing*, Vol 38, January; págs. 33-37.
Porter M. (1985), *Competitive Advantage*, New York, The Free Press.
Quelch J. and Hoff E.G. (1986), Customizing Global Marketing, *Harvard Business Review*, Vol. 64, May-June, págs. 59-68.
Ries A. and Trout J. (1981), *Positioning: The Battle for your Mind*, New York, Mc-Graw Hill.
Roisin J. (1988), *Etude du concept d'une revue littéraire: une application de l'analyse conjointe*, Louvain-la-Neuve, IAG.
Shama A. (1981), Coping with Stagflation: Voluntary Simplicity, *Journal of Marketing*, Summer, págs. 120-134.

Shapiro B.P. et Bonona T.V. (1983), *Segmenting Industrial Markets*, MA, Lexington Books.
Singly de F. (1987), Etudes de styles de vie, *Universalia 1987*, París, Encyclopedia Universalis.
Smith W.R. (1956), Produtc Differentiation and Market Segmentation as Alternative Strategies, *Journal of Marketing*, Vol. 21, July, págs. 3-8.
Takeuchi H. and Porter M.E. (1987), Three Roles of International Marketing in Global Industries, in Porter M.E. (ed.), *Competition in Global Industries*, Boston, The Harvard Business School Press.
Valette-Florence P. (1986), Les démarches de styles de vie: concepts, champs d'investigation et problèmes actuels, *Recherche et Applications en Marketing*, Vol. 1, núm. 1 et 2.
Valette-Florence P. (1988), Analyse structurelle comparative des composantes des systèmes de valeurs selon Kahle et Rokcach, Recherche et Applications en Marketing, Vol. 3, núm. 1.
Valette-Florence P. (1994), *Les styles de vie: bilan critique et perspectives*, Paris, Editions Nathan.
Wells W. (1974), *Life Style and Psychographics*, American Marketing Association.
Wells W.D. and Tigert D.J. (1971), Activities, Interests and Opinions, *Journal of Advertising Research*, Vol. 35, págs. 27-34.
Wind J.Y. (1982), *Product Policy: Concepts, Methods and Strategy*, Reading, MA: Addison Wesley.
Winkler A.R. (1991), *Euro-styles in Panel Analyses*, Europanel Marketing Bulletin.
Yankelovich D. (1964), New Criteria for Market Segmentation, *Harvard Business Review*, march-april, págs. 83-90.
Yorke D.A. (1982), The Definition of Market Segments for Banking Services, *European Journal of Marketing*, Vol. 16, núm. 3.

CAPITULO 7

El análisis del atractivo del mercado de referencia

Los resultados de un análisis de segmentación toman la forma de una rejilla de segmentación describiendo los diferentes productos mercados o segmentos que forman parte del mercado de referencia. La segunda parte de la gestión de marketing estratégico tiene por objetivo, medir el **atractivo** de la oportunidad económica que estos diferentes segmentos representan, con el fin de aclarar la decisión de selección de segmentos objetivo. Un análisis del atractivo tiene por objetivo la medida del nivel de la demanda y de prever el ciclo de vida de cada segmento identificado. Estas informaciones y proyecciones serán inmediatamente utilizadas por la dirección general de la empresa para valorar la inversión y la capacidad de producción. En este capítulo, se examinarán primero las nociones de demanda y de mercado potencial, así como los tipos de relaciones que las caracterizan, para describir luego la estructura de la demanda de bienes de consumo, bienes industriales y de servicios. El conocimiento de esta estructura es útil para medir la demanda global y para prever su evolución, refiriéndose sobre todo al modelo de ciclo de vida de un producto mercado. En este capítulo, se examinará igualmente la lógica de los principales métodos de previsión de la demanda de mercado.

7.1. CONCEPTOS BASICOS EN EL ANALISIS DE LA DEMANDA

La demanda expresada en favor de un producto o servicio es simplemente la cantidad vendida en un lugar y en un período dado. Conviene distinguir bien la demanda de mercado, o demanda total observada en un segmento dado, y la demanda a la empresa o a la marca.
  La **demanda global** es la cantidad de ventas realizadas en un producto-mercado (o una industria o un mercado), en un lugar y período dados, por el conjunto de marcas o empresas en competencia.

Se trata entonces de la **«demanda primaria»** o de la «demanda a la industria». Se habla igualmente de la demanda correspondiente a una categoría de necesidad. La definición de la demanda de mercado implica la previa identificación del mercado de referencia.

Se llama **demanda de la empresa** o demanda de la marca. La parte de la demanda global correspondiente a la cuota de mercado detentada por la marca o la empresa en el producto mercado de referencia.

Es importante destacar que la demanda global, al igual que la demanda de la empresa, es una **función de respuesta**, es decir, que su nivel depende del nivel de intervención de un cierto número de factores explicativos, denominados **determinantes de la demanda**. Estos determinantes de la demanda global son de dos tipos: factores del entorno socioeconómico y factores de marketing, representados por el total de los esfuerzos de marketing realizados por las empresas en competencia en el mercado, llamado **esfuerzo de marketing total**.

7.1.1. La demanda total como función de respuesta

La demanda potencial es el límite de la demanda del mercado en un entorno dado. La relación entre la demanda del mercado y la presión de marketing total está representada gráficamente en la Figura 7.1 por una curva en forma de S, donde la demanda figura en el eje de ordenadas y los gastos de marketing del producto mercado en el eje de abscisas. La curva de la Figura 7.1 está determinada para un entorno socioeconómico supuesto constante.

La forma general de la función de demanda es la de una curva en S, que sugiere una respuesta primero a una tasa creciente y a continuación a una tasa decreciente, a medida que aumenta el esfuerzo de marketing total.

El nivel Q_0 es la demanda mínima observada si el esfuerzo de marketing es nulo; el nivel intermedio $E(Q)$ indica el nivel de la demanda atendida si la presión de marketing total está en el nivel M_1. Si la presión de marketing total aumenta, la demanda aumenta igualmente, pero a una tasa decreciente.

El nivel máximo Q_m, define la demanda máxima observada, en la hipótesis en que el esfuerzo de marketing total tiende a infinito. Este nivel máximo de la demanda primaria (Q_m) corresponde a la noción de mercado potencial actual.

El nivel de la demanda global está influido, no solamente por el esfuerzo del marketing de las empresas existentes, sino también por factores socioeconómicos del entorno. Una modificación de los factores del entorno tendrá por efecto desplazar verticalmente la curva de respuesta, (ver Figura 7-1b). Es necesario, pues, establecer una distinción entre un **movimiento** a

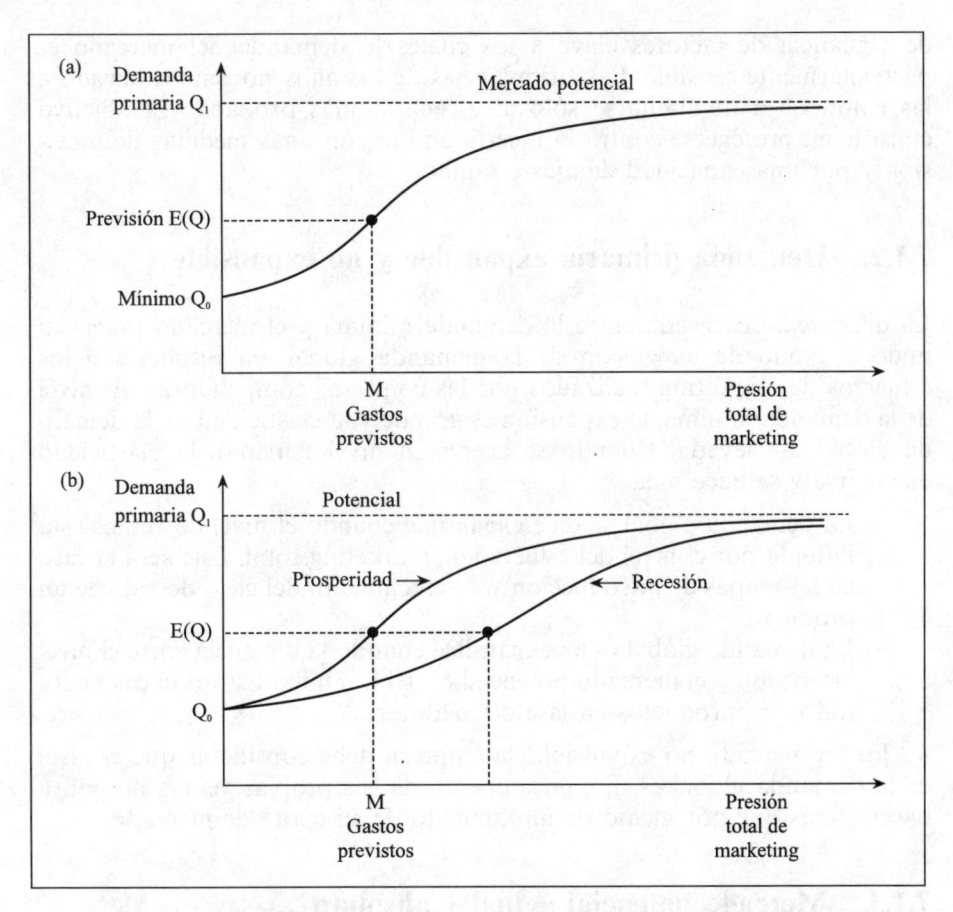

Figura 7.1. La demanda del mercado en relación con la presión total del marketing. *Fuente: Adaptado de Kotler P. (1984).*

lo largo de la curva de respuesta y un **desplazamiento** de la curva. Los competidores no tienen ninguna acción sobre un desplazamiento de la función de respuesta, el cual está enteramente determinado por las condiciones del entorno económico externo, tales como la recesión o la expansión de la economía.

> Para un mismo nivel de presión de marketing, la demanda de mercado será mas fuerte en período de prosperidad y más débil en período de recesión. Si se pasa de un escenario de prosperidad a un escenario de recesión, para mantener el nivel deseado de demanda total $E(Q)$, los gastos de marketing deberán aumentar de M a M′ (Figura 7.1b).

La empresa queda impotente frente a las incertidumbres del entorno y a lo sumo puede tratar de anticipar el futuro poniendo en práctica un sistema de vigilancia de factores clave a los cuales la demanda del mercado es particularmente sensible. Las turbulencias de los años noventa a llevado a las empresas a no limitarse sólo al escenario más probable. El objetivo consiste en protegerse contra la incertidumbre con unas medidas de previsión y por una capacidad de ajuste rápido.

7.1.2. Demanda primaria expansible y no expansible

La diferencia observada entre la demanda mínima y el mercado potencial mide el grado de expansión de la demanda global, en respuesta a los esfuerzos de marketing realizados por las empresas competidoras. Al nivel de la demanda mínima, la expansión es grande y la elasticidad de la demanda global es elevada. Cuando se acerca al nivel máximo, la elasticidad disminuye y se hace nula.

— La demanda global se dice **expansible** cuando el nivel de ventas está influido por el nivel del esfuerzo de marketing total. Este será el caso en las etapas de introducción y de crecimiento del ciclo de vida de un producto.
— La demanda global es **no expansible** cuando la distancia entre el nivel alcanzado y el mercado potencial es débil o nula. Este es el caso para todos los productos en fase de madurez.

En un mercado no expansible, la empresa debe considerar que el nivel de la demanda global es fijo; un aumento de sus propias ventas no podrá hacerse más que por medio de un aumento de su cuota de mercado.

7.1.3. Mercado potencial actual y absoluto

Independientemente de los factores económicos, el mercado potencial puede evolucionar a lo largo del tiempo, bajo la influencia de factores culturales y sociales que contribuyen a desarrollar un hábito de consumo. Así, el deseo de protección del medio ambiente tiende a expandirse, lo que favorece la demanda de productos de equipos antipolución. Igualmente, el recurso a la informática en las pequeñas y medianas empresas se generaliza bajo la influencia de fenómenos de difusión, de contagio, de aprendizaje, e independientemente del esfuerzo de marketing total ejercido por las empresas del sector. Se puede, pues, establecer una distinción entre el mercado potencial actual y el mercado potencial absoluto.

— El **mercado potencial actual** es el definido anteriormente y representado gráficamente por la curva de la Figura 7.1, en la cual la actualización depende del nivel del esfuerzo de marketing ejercido por los competidores.
— El **mercado potencial absoluto** es el nivel máximo de la demanda de un producto, considerado en la hipótesis de que todos los usuarios

potenciales son usuarios efectivos, y ello a la tasa de consumo unitaria óptima.

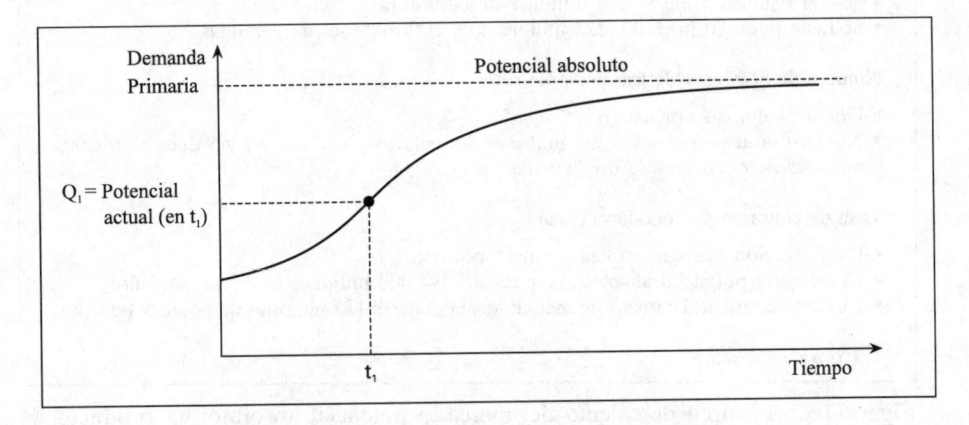

Figura 7.2. El mercado potencial absoluto.

El mercado potencial absoluto es, pues, el límite superior del mercado potencial actual y está en función del tiempo. La relación existente entre las dos nociones está representada gráficamente en la Figura 7.2. La noción de mercado potencial absoluto es, por tanto, similar a la noción de capacidad de un mercado, que se refiere a las cantidades que un mercado podría absorber si el producto fuera un bien libre, es decir, disponible a un precio nulo. En realidad, el mercado potencial está siempre definido para un nivel de precios dado.

La noción de **mercado potencial absoluto** debe, pues, comprenderse como un límite hacia el que tiende la demanda. La utilidad de esta noción es la de permitir valorar el tamaño de la oportunidad económica que representa un mercado. Tres hipótesis se han hecho en el cálculo del mercado potencial absoluto.

— Todo usuario potencial de un producto es usuario efectivo.
— Cada usuario utiliza el producto en cada ocasión de uso.
— Cada vez que el producto es utilizado, lo es en la dosis óptima.

Un ejemplo de cálculo de mercado potencial absoluto se presenta en la Figura 7.3. Las cifras obtenidas, tienen evidentemente un valor puramente indicativo, pero permiten al menos hacerse una idea del tamaño del mercado.

El mercado potencial absoluto evoluciona con el tiempo, como sugiere la Figura 7.2. Esta evolución está determinada por factores exógenos, tales como los cambios en los hábitos de consumo, valores culturales, la legislación, cambios tecnológicos, etc. En principio, la empresa no tiene ningún impacto sobre estos factores, que tienen sin embargo una influencia decisiva sobre la evolución de la demanda. En ciertos casos, las empresas de un mismo sector, pueden tratar colectivamente, por acciones de *lobbying*, de

> **Número de unidades de consumo potenciales:**
>
> - Cualquier persona de 5 o más años es usuario potencial.
> - Eso representa el 90 por 100 de la población total.
> - Sea en Estados Unidos: 222 millones de habitantes.
> - Se tiene pues: 90 por 100 (222 millones) = 200 millones de personas.
>
> **Número de ocasiones de uso por año:**
>
> - Dos usos diarios por usuario.
> - Número de usos por año: 200 millones de usuarios × 2/día × 365 días = 146.000 millones de ocasiones de uso por año.
>
> **Tasa de consumo por ocasión de uso:**
>
> - La utilización normal implica 1 onza* por uso.
> - El mercado potencial absoluto es pues de: 146.000 millones de onzas por año.
> - 1 botella contiene 16 onzas de media; lo que hace: 9.125 millones de botellas por año.
>
> * 1 onza = 27,25 g.

Figura 7.3. Ejemplo de cálculo del mercado potencial absoluto: un producto de higiene bucal. *Fuente: Weber, J. A. (1976).*

conseguir legislaciones favorables al desarrollo de su mercado. Su poder de influencia permanece a pesar de estar todo limitado.

7.1.4. Los determinantes de la demanda

Como subrayábamos, la demanda no es un número fijo, sino una función múltiple que pone en relación el nivel de demanda y sus factores explicativos, llamados determinantes de la demanda. La evolución de la demanda puede ser provocada por dos grupos de factores explicativos: los factores fuera de control o externos y los factores bajo control de la empresa.

Los **factores bajo control** son esencialmente los instrumentos de marketing operativo que la empresa puede manipular para actuar sobre la demanda. Según la expresión de McCarthy (1960), se trata de cuatro P: producto, plaza (distribución), precio, promoción, es decir, las variables tácticas de marketing operativo, llamado **presión-marketing**, y que son los determinantes de la demanda de la empresa.

Hay que señalar que esta forma de definir las variables de acción de marketing está poco orientada hacia el comprador y mucho hacia la empresa. Vistas desde el punto de vista del comprador, las cuatro P se convierten en:

— El producto o la «**solución**» a un problema del comprador. O el conjunto de valores aportados.
— El precio, la totalidad de los **costes** soportados por el comprador para beneficiarse de la solución buscada.
— La plaza o la puesta a disposición de productos a la mejor **conveniencia** del comprador.

— La promoción, o la **comunicación** a trasmitir a fin de informar de las ventajas del producto ofrecido.

En lo que hace referencia a los **factores fuera de control**, se trata del conjunto de restricciones y circunstancias a las que la empresa debe hacer frente en un mercado y que no son controlables por ella. Estas restricciones pueden ser reagrupadas en cinco grandes categorías (Wilkie, 1990).

— Las restricciones relativas a **clientes**: La empresa debe comprender y anticipar sus necesidades y responder con un programa adaptado y atractivo a ellos.
— Las restricciones de la **competencia**: La empresa no está sola en el mercado y debe definir una ventaja competitiva defendible.
— Las restricciones de los **circuitos de distribución**: Los circuitos de distribución están compuestos por intermediarios independientes (mayoristas, distribuidores, detallistas) que tienen sus propios objetivos, pero que son al menos colaboradores obligados de la empresa.
— Las restricciones propias a la **compañía**: La empresa debe adaptar un plan de acción compatible con sus recursos, sus fuerzas y sus debilidades.
— Las restricciones **circunstanciales**: Se designa un conjunto de factores de entorno, económicas, sociales, ecológicas, climáticas, etc. Que influyen en el nivel de demanda.

Es al analista de mercado a quien incumbe el identificar estos factores fuera de control, medir su impacto probable sobre la demanda y de prever lo mejor posible su evolución futura.

7.2. ESTRUCTURA DE LA DEMANDA GLOBAL

El análisis de la demanda y de sus determinantes está en el centro de los estudios del atractivo de un mercado. El objetivo es desembocar en estimaciones cuantitativas del mercado potencial y del nivel actual de la demanda global, sin las cuales todo análisis económico es imposible. La demanda global se estructura de forma diferente según se trate de demanda de consumidores o demanda de clientes industriales, y según se trate de bienes consumibles, duraderos o de servicios.

7.2.1. Estructura de la demanda de consumo

Los diferentes métodos de estimación de la demanda se apoyan esencialmente en dos factores: el número de unidades de consumo (n) y la cantidad consumida por unidad (q). De manera general, se tiene, pues,

$$Q = n \cdot q$$

donde Q designa la demanda global en unidades. Igualmente, la demanda global en valor se determina como sigue:

$$R = n \cdot q \cdot p$$

donde R designa la cifra de ventas total y p el precio medio por unidad. Estas nociones básicas se precisan de forma diferente según se trate de bienes de consumo, unidos o no al uso de un bien de equipo, o de bienes de consumo duraderos. Se examinará sucesivamente la estructura de la demanda en estas diferentes categorías de productos.

La demanda de un bien de consumo perecedero

La demanda de un **bien de consumo no unido al uso de un equipo** puede determinarse recurriendo a los datos siguientes:

— Número de unidades de consumo potenciales.
— Tasa de usuarios efectivos entre las unidades de consumo potenciales (ocupación).
— Tasa de consumo unitario por usuario efectivo (penetración).

Es importante la distinción entre «**tasa de ocupación**» y «**tasa de penetración**», para poder identificar los objetivos prioritarios de desarrollo del mercado: aumentar el número de usuarios o aumentar la cantidad consumida por usuario.

El mercado potencial absoluto, está determinado suponiendo una tasa de ocupación del 100 por 100 y una tasa de penetración óptima por ocasión de uso. El nivel actual de demanda de mercado deberá así determinarse por la observación de los comportamientos de consumo, lo que obliga a recurrir al estudio, de mercado. Estos datos se encuentran a menudo disponibles en las asociaciones profesionales o se hallan en las estadísticas oficiales. Frecuentemente recoger datos primarios es imprescindible, como las informaciones suministradas por las asociaciones de consumidores.

Cuando el bien de consumo está **unido al uso de un equipo** (jabón en polvo y lavavajillas), la tasa de equipamiento reemplaza la tasa de usuarios y es necesario hacer intervenir un dato suplementario, la frecuencia de uso del equipo. Se tienen entonces las relaciones siguientes:

— Número de unidades de consumo potenciales.
— Tasa de equipamiento de estas unidades.
— Tasa de uso del equipo.
— Tasa de consumo por unidad de uso del equipo (coeficiente técnico).

Las unidades de consumo potenciales se determinarán a partir del análisis de las funciones desempeñadas por el producto. Los demás datos necesarios deben estar estimados por encuesta o por observación, a excepción de la tasa de consumo por unidad de uso que está técnicamente determinada.

La demanda de un bien de consumo duradero

Cuando el bien de consumo es un producto duradero, debe hacerse una distinción importante entre la demanda de primer equipamiento y la demanda de reposición. La **demanda de primer equipamiento** hace intervenir los siguientes datos:

— Número de unidades de consumo existentes y aumento de su tasa de equipamiento.
— Número de unidades de consumo nuevas y tasa de equipamiento de estas unidades.

Un dato importante a identificar es la velocidad de difusión del bien duradero en la población objetivo. El análisis de las curvas de penetración en el pasado por categorías de productos similares es útil a este respecto.

La **demanda de reposición** es más compleja de estimar ya que hace intervenir los datos siguientes:

— Tamaño del parque existente.
— Distribución de la edad del parque.
— Distribución de la vida de un producto (obsolescencia física, económica o psicológica).
— Tasa de reposición del producto.
— Efecto eventual de sustitución (nuevas tecnologías).
— Efecto de desaparición de unidades de consumo.

La demanda de reposición está directamente en función de la importancia del parque y de la longevidad del bien duradero. La tasa de reposición no se identifica necesariamente con la tasa de retiro. Por **tasa de retiro** se entiende la fracción del stock de bienes duraderos que se elimina, dicho de otro modo, que deja de existir. Un bien puede ser obsoleto porque su rendimiento económico se vuelve insuficiente o, simplemente, porque pasa de moda a los ojos de los usuarios.

De manera general, se puede considerar que las tasas de retiro son sensiblemente proporcionales a la vida física de los bienes duraderos que constituyen el parque. Dicho de otro modo, si esta duración media es de 12 años, la tasa anual de retiro deberá, teóricamente, ser igual a su recíproca, a saber 8,3 por 100.

La evolución futura de la vida de un bien duradero va a influir fuertemente en las estimaciones respecto de la demanda global.

> Si se toma como ejemplo el mercado automovilístico francés, actualmente la duración media de los coches parece estar alrededor de 10 u 11 años. Si se admite que en 1990, esta duración alcanzará 12,5 años, la tasa anual de retiro será alrededor del 8,0 por 100, lo que corresponde a una demanda de reposición de 1,7 millones de vehículos. En cambio, si se admite que esta duración media no será, por ejemplo, más que de nueve años, se corresponderá a una tasa

de retiro de alrededor del 11,1 por 100 y a una demanda de reposición de 2,41 millones (OCDE, 1983, pág. 34).

En el mercado automovilístico ha habido un aumento permanente de la duración de vida tecnológica. Un estudio realizado en Suecia ha demostrado que la vida media de los vehículos de los particulares ha aumentado en un 65 por 100 desde 1965 (OCDE, 1983).

Algunos de los datos necesarios para la estimación de la demanda pueden ser obtenidos a partir de las ventas históricas; se trata principalmente del parque y de la distribución de la edad del parque. La distribución de la duración de vida debe ser estimada, lo que puede hacerse sobre una muestra de propietarios, por ejemplo, con la ayuda de informaciones tomadas en el momento en que proceden a la sustitución del producto. Las tasas de reposición así estimadas no permiten evidentemente distinguir el tipo de obsolescencia responsable de la reposición del producto. Un producto técnicamente válido, puede ser reemplazado por razones económicas, por ejemplo, si el coste de utilización de nuevos productos ha bajado fuertemente, o por razones psicológicas, si el usuario es sensible a la estética de nuevos modelos. Finalmente, es necesario también estar atento al hecho de que en el momento de la reposición, el usuario puede también orientarse hacia un producto que ejerza la misma función, pero basado en una tecnología diferente.

> Se han realizado progresos importantes en el ámbito de la calefacción central con el desarrollo de calderas a «bajas temperaturas» más económicas, lo que ha provocado una aceleración del ritmo de reposición por razones económicas. Paralelamente, otras tecnologías se han mejorado; entre otras las bombas de calor que, en numerosos casos, han sustituido a las instalaciones basadas en el gas-oil, al menos para algunos tipos de aplicación.

Para numerosos bienes duraderos de consumo, una parte muy importante de las ventas del sector corresponde a una demanda de reposición, en la medida en que, en las economías occidentales, las tasas de equipamiento de los hogares son ya muy elevadas y el crecimiento demográfico muy débil.

7.2.2. La demanda de servicios de consumo

La demanda de **servicios de consumo** se determina exactamente de la misma manera que para un producto de consumo. Se basa en el número de unidades potenciales de consumo y en la tasa o la frecuencia de utilización del servicio. Los servicios presentan, no obstante, un cierto número de características distintivas, que deben ser tomadas en consideración en el análisis de la demanda. Estas características están unidas al hecho de que los servicios son inmateriales y perecederos, y que su producción necesita un contacto directo en la persona del prestatario o con la organización de servicio. Las implicaciones de estos rasgos distintivos en la gestión de marketing de una empresa de servicios son importantes (Shostack, 1977 y Berry, 1980).

Intangibilidad de los servicios

Los servicios son **inmateriales**, es decir, que no tienen existencia más que en la medida en que son producidos y consumidos. La diferencia entre un bien y un servicio de consumo estriba esencialmente en el grado de tangibilidad. En el ámbito de los servicios, la satisfacción producida no está mediatizada por un soporte físico, como es el caso de los productos. El usuario potencial no tiene la posibilidad de inspeccionar el servicio antes de la compra, y la venta debe necesariamente preceder a la producción. El servicio aparece, pues, como una promesa, lo que supone una gran confianza hacia el que ofrece el servicio. Una de las preocupaciones importantes de la empresa de servicios es la de crear esta confianza, principalmente aumentando el carácter tangible del servicio (Levitt, 1985, págs. 101-116).

Carácter perecedero de los servicios

Los servicios son **perecederos** y esta característica es consecuencia del carácter intangible del servicio. La empresa de servicio no tiene la posibilidad de trabajar para stock e igualmente el usuario no puede almacenar el servicio, como lo puede hacer con un producto. La oferta es, de hecho, una capacidad de producción que debe estar relacionada con la demanda. Si este ajuste no se hace, el valor del servicio está irremediablemente perdido. Un automóvil no vendido puede ser guardado y vendido más tarde, pero un asiento vacío en un avión o una mesa desocupada en un restaurante constituyen una pérdida definitiva para el explotador. El ajuste de la oferta a la demanda es un problema de gestión particularmente difícil de resolver por el hecho de esta rigidez, concretamente cuando la demanda es irregular.

Inseparabilidad de los servicios

La prestación de un servicio supone necesariamente un **contacto directo**, ya sea con la persona que va a proveer el servicio, o con un representante de la organización de servicio. Eiglier y Langeard (1987) establecen una distinción entre el servicio de base, es decir, la utilidad o la función primaria buscada, los servicios necesarios y añadidos que acompañan al servicio de base y el **sistema de «servucción»**, compuesto por el soporte físico visible e invisible, por el personal en contacto y por los modos de participación del cliente en la producción del servicio. Es el conjunto de estos elementos lo que, en la mente del comprador, constituye el servicio global. El enfoque de marketing implica, pues, a todos los miembros de una organización de servicio, mucho más que en una empresa industrial. Estas características de la demanda de servicios hacen particularmente delicado el **control de calidad** de los servicios ofertados (Lambin, 1987).

7.2.3. La demanda de los bienes industriales

Se ha visto en el Capítulo 3 de esta obra que la demanda industrial es **una demanda derivada**, es decir, expresada por una organización que utiliza los productos comprados en su propio sistema de producción, para poder responder ella misma a la demanda, bien de otras organizaciones o bien del consumidor final. La demanda de bienes y/o servicios industriales es, pues, dependiente de una o varias demandas situadas por debajo o hacia el consumidor.

El responsable de marketing industrial debe entonces no solamente conocer y prever la evolución de la demanda expresada por sus clientes directos e igualmente la de los clientes de los clientes directos, so pena de obligares a adoptar un comportamiento reactivo.

La demanda de bienes industriales se estructura de forma diferente según se trate de bienes consumibles, de bienes intermedios o de bienes de equipo. Los datos necesarios para la evaluación de la demanda son prácticamente los mismos que los utilizados para los bienes de consumo, con algunas diferencias.

La demanda de bienes industriales consumibles

La categoría más próxima a la de los bienes de consumo es la de los bienes consumibles, utilizados por la empresa en su actividad de producción y que, por tanto, no se encuentran en el producto fabricado. Los datos a identificar son los siguientes:

— Número potencial de empresas usuarias (repetidas por tamaño).
— Tasa de usuarios efectivos repartidos por tamaño.
— Nivel de actividad por usuario efectivo.
— Tasa de utilización unitaria por unidad de actividad (coeficiente técnico).

Las tasas de consumo son datos técnicos propios del producto y fácilmente identificables. En cambio, la distribución de las empresas por tamaño y, sobre todo, por nivel de actividad es una información que puede obtenerse fácilmente en las diferentes nomenclaturas industriales (CNAE, SCI).

> «Una empresa de productos químicos a puesto a punto un producto de tratamiento de aguas. Se trata de determinar el mercado potencial de este producto para la industria del papel. En una región X, la producción total de papel llega a 700 millones de dólares. Las informaciones obtenidas sobre la dirección de las

aguas nos informa que una papelera utiliza de media 0,01 galón[1] de agua por dólar de producción. El servicio I + D recomienda utilizar 0,25 onzas[2] de aditivo por galón de agua, o 0,30 onzas por galón para obtener un rendimiento óptimo. El mercado potencial absoluto está comprendido entre 1.750.000 onzas ($700 millones × 0,01 × 0,25) y 2.100.000 onzas ($700 millones × 0,01 × 0,30). Estas estimaciones deben ser ajustadas en función de la tasa de actividad de las fábricas papeleras» (Morris 1988, pág. 183).

Para estimar la tasa actual de utilización de aditivo, será necesario recurrir al estudio de mercado.

La demanda de componentes industriales

Una segunda categoría de productos industriales son los bienes intermedios utilizados o incorporados en el producto fabricado por el cliente industrial. En este caso, la demanda depende directamente de la cantidad fabricada por la empresa cliente. Tenemos entonces las relaciones siguientes:

— Número potencial de empresas incorporadas (repartidas por tamaño).
— Tasa de usuarios efectivos por tamaño.
— Cantidad producida por usuario efectivo.
— Tasa de utilización unitaria por unidad de producto (coeficiente técnico).

Numerosas empresas de subcontratación, especializadas en la fabricación de piezas utilizadas en la industria automovilística, entran en esta categoría. Una fluctuación de la demanda final de automóviles se traduce más pronto o más tarde en una variación de la demanda dirigida a las empresas de subcontratación situadas hacia el origen. La vigilancia de la evolución de la demanda final es, pues, imperativa para la empresa que anhela anticipar la evolución de su demanda propia.

La demanda de bienes de equipo industriales

Una última categoría de bienes industriales es la de los **bienes de equipo**, tales como las máquinas-herramientas, trenes de laminación, ordenadores, etc., necesarios para la actividad de producción. Se trata de bienes duraderos y al igual que para los bienes de equipo para el hogar, la distinción entre demanda de primer equipamiento y demanda de reposición es importante. La demanda de primer equipamiento se determinará como sigue:

— Número de empresas equipadas (repartidas por tamaño).
— Aumento de la capacidad de producción.

---

[1] 1 galón = 3,78 litros.
[2] 1 onza = 28,349 gramos.

- Número de nuevas empresas usuarias (repartidas por tamaño).
- Capacidad de producción de estas unidades.

Del mismo modo, para la demanda de reposición se tendrá:

- Tamaño del parque existente.
- Distribución de la edad del parque y de su nivel tecnológico.
- Distribución de la vida del producto (obsolescencia técnica y económica).
- Tasa de reposición.
- Efecto de sustitución de productos (nuevas tecnologías).
- Efecto de reducción de la capacidad de producción.

La demanda es, pues, directamente dependiente de las capacidades de producción de las empresas clientes, y es esta dependencia la que explica las fuertes variaciones observadas en las demandas de bienes de equipo industrial.

El concepto de acelerador

El concepto de acelerador explica cómo una débil variación de la demanda final es amplificada al nivel de la demanda de bienes de equipo. Supongamos que la vida de un parque de bienes de equipo sea de diez años.

- Si la demanda de bienes de consumo en el extremo de la cadena aumenta el 10 por 100, la demanda de bienes de equipo se dobla:
  - Es necesario reemplazar el 10 por 100 del parque existente.
  - Es necesario aumentar la capacidad de producción para fabricar el 10 por 100 de más.
- Si la demanda del bien de consumo disminuye el 10 por 100, la demanda de bienes de equipo desciende a cero:
  - La capacidad necesaria no es más que el 90 por 100.
  - No es preciso, pues, reemplazar el 10 por 100 perdido.

La **volatilidad de la demanda de bienes de equipo** tiene implicaciones importantes en el terreno de las previsiones: las empresas industriales deben analizar, no sólo su demanda propia, sino también, la demanda final de la que dependen en definitiva. Los datos de la Figura 6.5 ilustran este fenómeno en tres mercados diferentes (Bishop, Graham y Jones, 1984).

Implicaciones para el marketing operativo

El hecho de que la demanda de bienes industriales sea una demanda derivada tiene consecuencias importantes para el marketing operativo de una empresa industrial, en ese sentido una empresa dinámica no se contentará con dirigirse a sus competidores directos y desarrollará acciones dirigidas sobre los **clientes de sus clientes directos**. El objetivo es ahora controlar tanto como sea posible la clientela de la línea industrial de la que la empresa depende en definitiva.

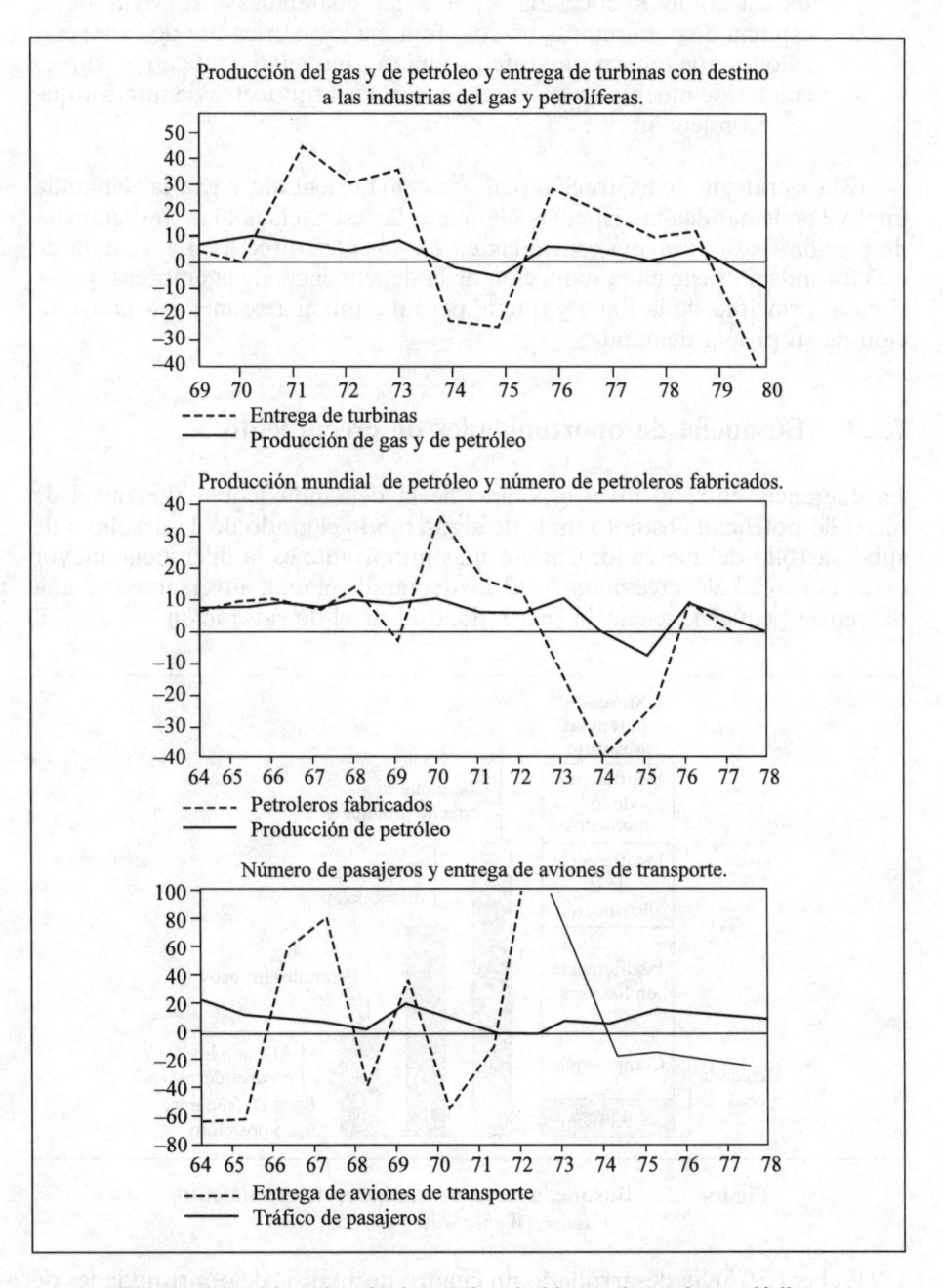

Figura 7.4. Ejemplos de demandas de bienes de equipo volátiles.
Fuente: Bishop W.S., Graham J.L. y Jones M.H. (1984).

Es así como Recticel da valor a las cualidades distintivas de la espuma de poliuretano, no sólo frente a los fabricantes de canapés y sillones que incorporan este producto, sino igualmente a los comerciantes de muebles, a los diseñadores, los arquitectos de interior que lo recomiendan.

Esta **estrategia de aspiración** (*pull strategy*) orientada hacia la demanda final y las demandas intermedias completa las estrategias más tradicionales de presión (*push strategy*) centradas en los clientes directos. La ventaja de está fórmula consiste en la reducción de la dependencia de la empresa que se sitúa al principio de la línea y que le permite anticiparse mejor a la evolución de su propia demanda.

7.2.4. Búsqueda de oportunidades de crecimiento

La diferencia entre el nivel esperado de la demanda global y el nivel de mercado potencial absoluto mide de algún modo el grado de desarrollo o de subdesarrollo del mercado. Cuanto más importante es la diferencia, mayor es el potencial de crecimiento de la demanda global; inversamente, una diferencia pequeña, señala la proximidad al nivel de saturación.

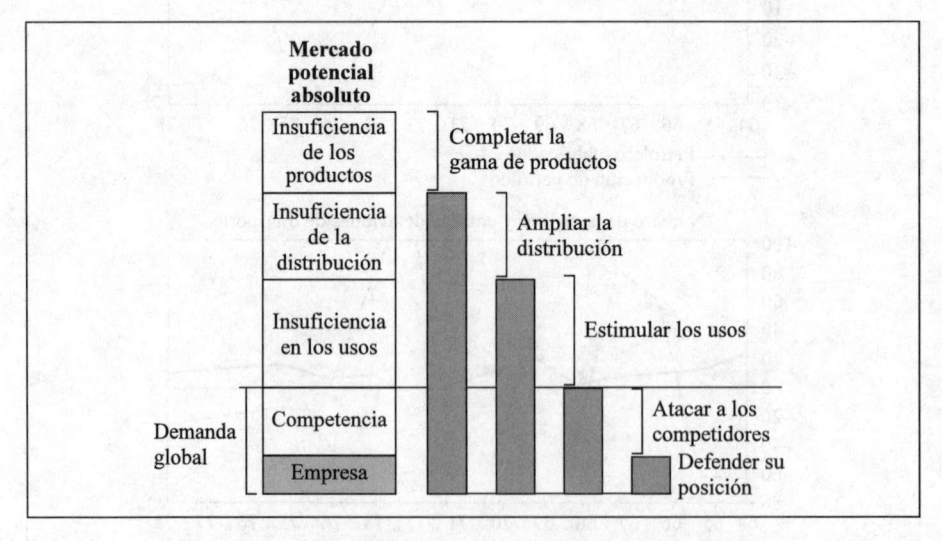

Figura 7.5. Búsqueda de oportunidades de crecimiento.
Fuente: Weber J.A. (1976).

Weber (1976) ha desarrollado un cuadro de análisis de oportunidades de crecimiento descrito en la Figura 7.5. La superficie total del gran rectángulo representa el mercado potencial absoluto; la superficie observada entre el potencial absoluto y la demanda total puede ser divida en dos zonas distintas.

— La **demanda total actual** que comprende las ventas de la empresa y las ventas de sus competidores directos que operan en el mismo producto mercado.
— Una zona que corresponde a un volumen de demanda no expresada y que es la parte del mercado potencial todavía no cubierto.

Este déficit entre el potencial absoluto y la demanda total actual puede ser imputable a tres tipos de causas; una distribución débil, una insuficiencia en los usos o una inadaptación de los productos.

Debilidades de la red de distribución

Una primera causa posible del déficit puede estar en la insuficiente cobertura del mercado por la red de distribución. Tres situaciones pueden observarse.

— Una **cobertura** insuficiente cuando el producto no se ha distribuido en todas las zonas geográficas deseadas.
— Una **intensidad** de distribución insuficiente cuando el producto está presente en la red, pero en un número de puntos de venta insuficiente.
— Una **exposición** insuficiente cuando el producto está mal presentado o valorado en el lugar de venta.

La demanda del producto puede ser severamente penalizada por una distribución inadecuada. Mejorar la presencia del producto es una condición previa a toda acción para estimular la demanda.

Debilidad de la tasa de ocupación o de penetración

Una segunda causa del déficit observado puede ser debida al hecho de que el nivel de uso del producto es demasiado débil. Tres situaciones pueden observarse:

— Numerosos consumidores potenciales son no usuarios.
— Los consumidores efectivos utilizan el producto irregularmente o no en todas las oportunidades de uso.
— Los consumidores efectivos utilizan el producto en cantidad insuficiente, por oportunidad de uso.

Se trata de tres situaciones diferentes y que requieren acciones correctivas distintas. Corregir este estado de cosas contribuirá a aumentar la demanda total, lo que beneficiará a todas las empresas operantes en este mercado.

Inadaptación de los productos

La tercera causa posible del déficit observado puede ser mas fundamental: una inadaptación de los productos existentes a las diferentes situaciones de consumo o a las expectativas de los compradores. Aquí igualmente, pueden presentarse diversos casos que requieran acciones correctivas especificas.

- **Inadaptación del tamaño del producto.** El criterio de tamaño puede definirse siguiendo tres dimensiones: la «cantidad» del contenido para los productos de consumo, tales como las bebidas o los detergentes; la «capacidad» para los productos tales como los refrigeradores o los ordenadores y la «potencia» para los coches o las máquinas. El hecho de poner en el mercado un producto de una talla diferente permite a veces hallar situaciones nuevas de consumo.
- **Inadaptación de las opciones disponibles.** Las opciones pueden ser ofertadas por la empresa que expande el mercado gracias a una adaptación del producto a las exigencias de ciertos grupos de compradores. El mercado del automóvil, practica normalmente esta estrategia a partir de un modelo base.
- **Inadaptación del estilo, del color, del gusto o del perfume.** Los estilos y los colores son características importantes para los productos textiles; los perfumes y los gustos para las bebidas y los productos alimenticios (sopas, postres).
- **Inadaptación de la forma del producto.** Por forma del producto se entiende aquí su concepción (polvo, tableta, líquido) su combustible (gasolina o electricidad para las cortadoras de césped); su concepción (aceite vegetal o animal); su embalaje (vidrio retornable, plástico desechable, plástico recuperable, cartón, caja metálica).
- **Inadaptación de la calidad.** Ciertas empresas ofrecen una gama completa de modelos, de la baja gama a la alta gama. Esta gama de productos está diferenciada, no sólo en términos de calidad sino en precios lo que permite a la marca atender todo el mercado.

Cada una de estas inadaptaciones constituye de hecho una oportunidad de crecimiento gracias a una política de producto adaptado. Estas diferentes estrategias de desarrollo para los productos serán reexaminadas en el Capítulo 9.

Además de este proceso de **desarrollo voluntarista** y que resulta del dinamismo empresarial de las empresas, hace falta también tener en cuenta el **desarrollo natural** de un mercado debido a factores demográficos y sociales tales como la entrada de nuevos consumidores o los cambios en los hábitos de consumo. Estos desarrollos naturales de un mercado están ligados al ciclo de vida de un producto mercado.

7.3. EL MODELO DEL CICLO DE VIDA DEL PRODUCTO

El mercado potencial mide la importancia de la oportunidad económica que representa un producto mercado. Esta primera dimensión del atractivo, esencialmente cuantitativa, debe complementarse con una evaluación dinámica, describiendo su tiempo de vida, es decir, la evolución de la demanda potencial en el tiempo. Para describir esta evolución se acude habitualmente al modelo del ciclo de vida del producto (CVP), tomado de la biología, que describe el ciclo vital de un producto según una función logística en forma de «S». Se distinguen cuatro fases en este ciclo: una fase de despegue (introducción), una fase exponencial (crecimiento-turbulencia), una fase estacionaria (madurez-saturación) y una fase de declive (finalización o petrificación). La curva representada en la Figura 7.6 describe la forma idealizada del ciclo de vida de un producto, mientras que la de la Figura 7.7 describe el ciclo de vida de los productos audio-visuales en Francia, y en particular el de los discos de 33 revoluciones y del disco compacto.

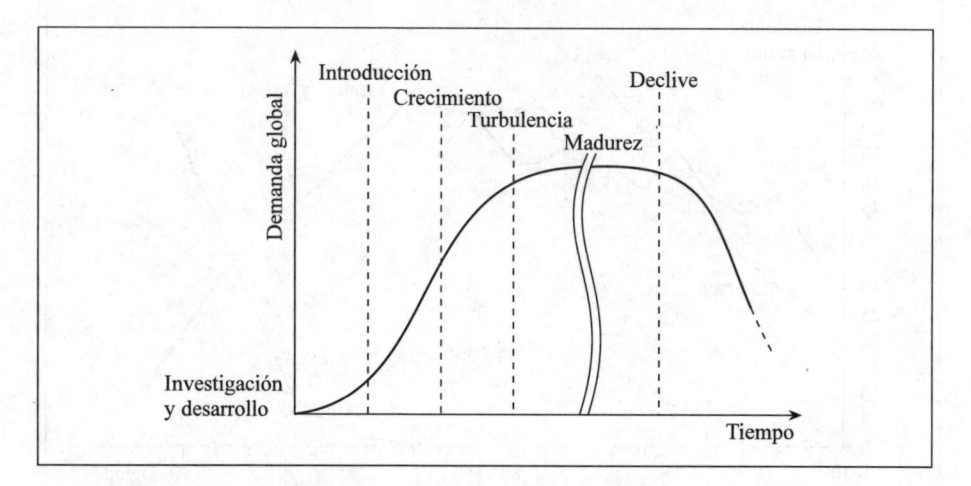

Figura 7.6. Representación idealizada del ciclo de vida de un producto.

7.3.1. Los determinantes del ciclo de vida de un producto

Una cuestión preliminar se presenta desde el momento en que se evoca el modelo del ciclo de vida de un producto. ¿Qué se debe entender por producto?, ¿una categoría de productos (las máquinas de escribir)?, ¿una forma particular de producto en su categoría (las máquinas de escribir electrónicas)?, ¿un modelo específico (las máquinas electrónicas portátiles)?, ¿una marca determinada (la marca Canon)?

En este tema reina una gran confusión en la literatura de marketing y se tiende a mezclar estas diferentes unidades de análisis, bajo pretexto de que todo producto evoluciona de una manera o de otra en función del tiempo. Sin excluir, por tanto, los demás ámbitos de aplicación posibles del modelo de ciclo vital, pensamos que el modelo del CVP tiene su utilidad principal en el nivel del análisis del ciclo de vida de un producto mercado. Este nivel de análisis de la demanda, como se ha visto anteriormente, es el que se ciñe mejor a la realidad de los comportamientos de compra y es también con el que se puede esperar encontrar los perfiles mejor definidos, ya que la unidad de análisis está precisamente delimitada: un producto visto como un conjunto específico de características, destinado a un grupo determinado de compradores. A cada producto mercado le corresponde, pues, un ciclo de vida distinto. Desde esta óptica, el ciclo de vida refleja no solamente la evolución del producto, sino también la del mercado al que está destinado. El primero está determinado, principalmente, por la tecnología, el otro por la demanda global y sus determinantes.

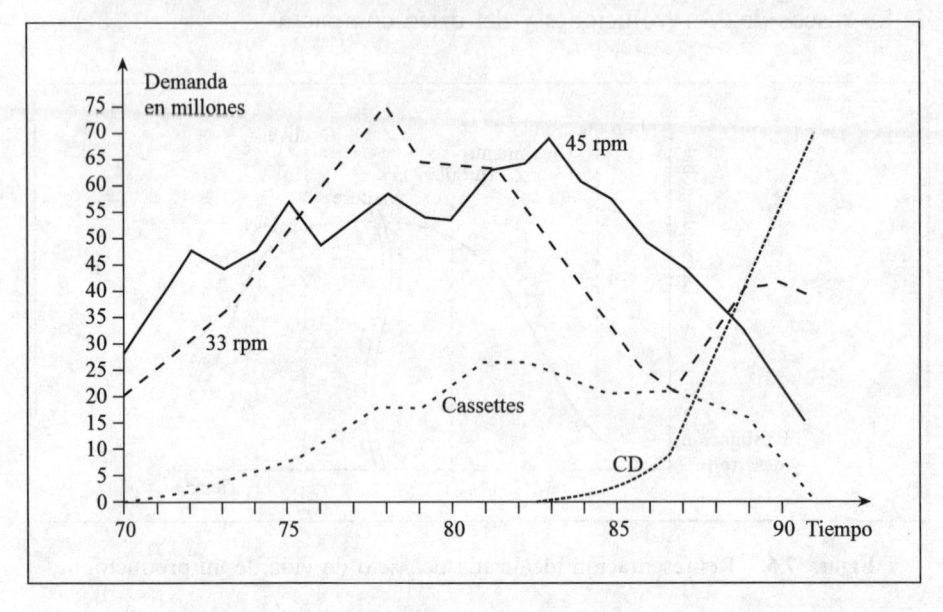

Figura 7.7. El ciclo de vida de los discos en Francia.

La identificación de la unidad de análisis —clase de producto o marca— plantea implícitamente la cuestión de saber si el ciclo de vida del producto debe ser considerado como una variable independiente, accionada principalmente por factores del entorno fuera de control, o al contrario, como una variable dependiente determinada por las acciones de marketing de la empresa. La cuestión es importante. En el primer caso, es el CVP el que determina las estrategias a adoptar en las diferentes fases del ciclo; en el segundo caso, son al contrario las estrategias adoptadas las que deben modelar el CVP (Dhalla y Yuspeh, 1976). La respuesta a esta pregunta es diferente según se trate de una categoría de producto o de una marca.

El ciclo de vida de un producto mercado

Para un producto mercado, o para una clase de producto, es esencialmente la demanda global la que está en juego y los factores más determinantes de su evolución son, por una parte, las variables del entorno fuera de control y, por otra, el esfuerzo de marketing de la industria. Los factores fuera de control más importantes son, en primer lugar, **la evolución de la tecnología** que favorece el desarrollo de los nuevos productos más rentables y que por este hecho hacen obsoletos a los productos existentes; y a continuación **la evolución de los hábitos de consumo o de producción**, que hacen a algunos productos inadaptados al mercado y que se demanden otros.

Estos factores se encuentran en todos los ámbitos, lo que no excluye de ningún modo la existencia de ciclos de vida muy largos para algunas categorías de productos mejor protegidos que otros. Ninguna industria está verdaderamente a cubierto de cambios, tecnológicos u otros, tales como los observados en los mercados de los relojes, del textil, del azúcar, del cuero, de la siderurgia, etc. Aparte de estos factores fuera de control, se ha visto anteriormente que el esfuerzo de marketing total del sector influye igualmente en la demanda global, al menos en los primeros estadíos de su desarrollo, cuando es expansible. Es el dinamismo de las empresas existentes lo que hace evolucionar un mercado, el desarrollo y eventualmente el relanzamiento por modificaciones aportadas al producto. El perfil del CVP no es, pues, inexorable. El examen de los trabajos empíricos realizados en este ámbito, y que tiene por objetivo verificar la validez del modelo del CVP, muestra en efecto la existencia de una gran variedad de perfiles diferentes (Rink y Swan, 1979).

El ciclo de vida de una marca

A nivel de marcas, es esencialmente la demanda selectiva la que está en juego. Evidentemente, viene dada por la evolución del mercado de referencia, pero se añade un factor competitivo: la importancia de los esfuerzos del marketing dados por la marca comparada con los esfuerzos de marketing de las marcas competidoras. Se puede perfectamente observar una marca en declive en un mercado que está en expansión o a la inversa.

> El director general de Procter & Gamble no cree en el modelo del ciclo de vida y cita como ejemplo el caso de la marca Tide, lanzada en 1947 y siempre en crecimiento hasta 1976. En realidad, esta marca ha sido modificada 55 veces durante sus 29 años de existencia para adaptarse a los cambios del mercado: hábitos de consumo, características de las lavadoras, tejidos nuevos, etc. (Day, 1981, pág. 61).

Está claro que el ciclo de vida de una marca viene esencialmente determinado por los factores bajo control de la empresa: la estrategia de marketing adoptada por la empresa y la importancia de los esfuerzos realizados. Hinkle (1966) ha estudiado la evolución histórica de 275 marcas de productos alimenticios, cosméticos y de mantenimiento, y ha observado en la mayoría de los casos un perfil bimodal: un ciclo primario seguido de un relanzamiento, como muestra la Figura 6.8. En lo sucesivo, es al modelo del ciclo de vida de un producto mercado, y no de una marca específica, a lo que nos referiremos.

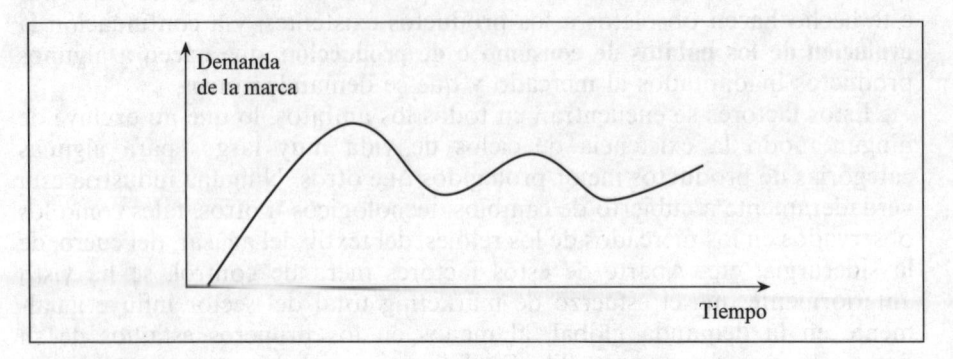

Figura 7.8. Representación idealizada del ciclo de vida de una marca.
Fuente: Adaptado de Hinkle J. (1968).

7.3.2. Implicaciones estratégicas del ciclo de vida

El hecho de que la demanda primaria experimente una evolución diferenciada en el tiempo tiene implicaciones importantes para la estrategia de marketing a adoptar en cada una de las fases del ciclo de vida. Se pueden identificar cuatro implicaciones principales:

— El entorno económico y competitivo es diferente en cada fase del CVP.
— El objetivo estratégico prioritario debe ser redefinido en cada fase.
— La estructura de costes y de beneficios es diferente en cada fase del CVP.
— El programa de marketing debe ser adaptado a cada fase del CVP.

La reducción de los ciclos de vida de los productos bajo la influencia del impulso de los cambios tecnológicos, constituye un déficit mayor para las empresas que disponen cada vez de menos tiempo para rentabilizar las inversiones.

La fase de introducción

En la **fase de introducción**, el modelo prevé una evolución relativamente lenta de ventas del producto y ello por el impacto de cuatro grupos de factores del entorno.

— Problemas de **puesta a punto tecnológica** pueden plantearse a la empresa que no domina totalmente el proceso de fabricación del nuevo producto; además, puede tener todavía incertidumbre sobre el procedimiento o sobre la tecnología que lleva consigo. Por este hecho, la empresa no puede o no quiere alimentar el mercado al ritmo necesario.

El análisis del atractivo del mercado de referencia 255

— La **distribución**, particularmente la gran distribución, puede mostrarse reticente a referenciar un producto que no ha realizado todavía sus pruebas y practicar una espera prudente; del mismo modo, el distribuidor industrial debe familiarizarse con el producto, sus características técnicas, sus aplicaciones principales, etc.

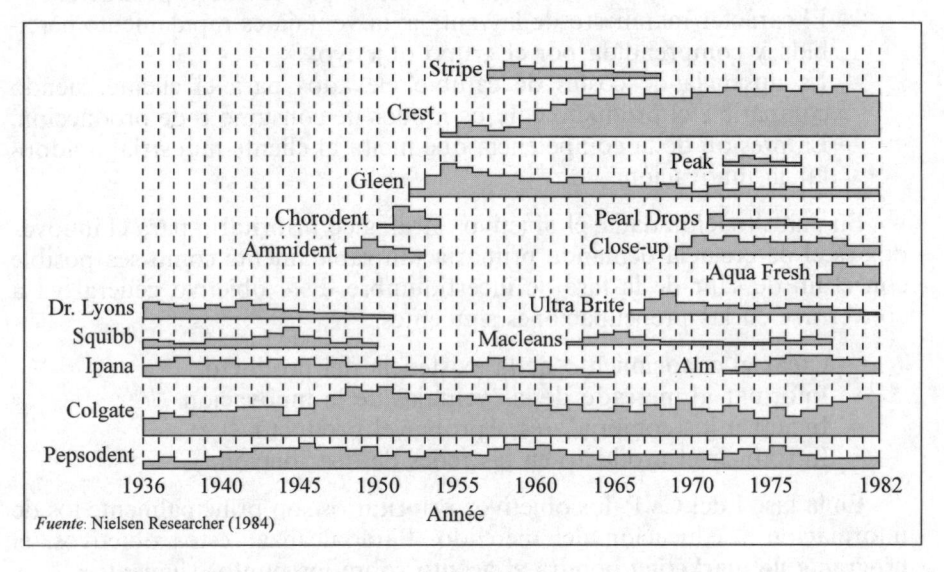

Figura 7.9. El ciclo de vida de las marcas de dentífricos en Estados Unidos.

— Los **compradores potenciales** pueden ser lentos en modificar sus hábitos de consumo o de producción; sólo los más receptivos a la innovación adoptarán eventualmente el producto, en la medida en que este grupo esté informado de la existencia de la innovación.
— Un cuarto factor del entorno es la **competencia**. En general la empresa innovadora está sola en el mercado, sin competencia directa, al menos por un período determinado de tiempo, cuya duración dependerá del grado de protección de la innovación. La competencia de los productos de sustitución puede ser muy fuerte a pesar de todo y frenar el desarrollo de la demanda.

Esta fase se caracteriza por un alto grado de incertidumbre, teniendo en cuenta que la tecnología está todavía en evolución y los competidores no son conocidos, el mercado está mal delimitado y la información no existe. Cuanto más aguda sea la innovación, mayor será la incertidumbre.

Una estimación de la **duración de la fase de introducción** es capital en el momento del lanzamiento, dado que en esta etapa los *cash-flows* son muy negativos. Los gastos de marketing destinados a estimular la distribución y a informar al mercado son elevados y representan una parte muy importante de la cifra de ventas realizada. Los costes de producción son también muy elevados, dado el escaso volumen producido. Además, las amortizaciones de las inversiones y de los gastos de I + D pesan fuertemente en la rentabilidad. Cuanto más corta sea esta fase, mejor para la empresa. Su duración estará en función de la receptividad del comprador, la cual puede ser evaluada con referencia a los factores expresados a continuación:

— La importancia de la ventaja procurada por el nuevo producto.
— El carácter manifiesto de la ventaja; la ventaja es rápidamente percibida y comprendida por el grupo objetivo.
— La ausencia de costes de cambio elevados para el cliente, siendo compatible el producto con los modos de consumo o de producción.
— La presión de la competencia que incita al cliente industrial a adoptar la innovación.

En una situación dada, el objetivo estratégico prioritario para el innovador es el de crear la demanda primaria tan rápidamente como sea posible con el fin de salir de la fase de incertidumbre. Este objetivo general va a convertirse en las preocupaciones siguientes:

— Crear el conocimiento de la existencia del producto.
— Informar al mercado de las ventajas de la innovación.
— Incitar a los compradores a probar el producto.
— Introducir el producto en las redes de distribución.

En la fase I del CVP, los objetivos prioritarios son principalmente los de información y educación del mercado. Para alcanzar estos objetivos, el **programa de marketing** pondrá el acento sobre los puntos siguientes:

— Una concepción básica del producto.
— Una distribución selectiva, incluso exclusiva.
— Una capacidad de practicar precios elevados, dada la baja elasticidad de la demanda.
— Un programa de comunicación informativo.

Diferentes estrategias de lanzamiento pueden ser adoptadas, particularmente en lo que concierne a la política de precios. El dilema entre precio de penetración y precio de desnatado es particularmente agudo en esta fase. Este problema será examinado con mas detalle en el Capítulo 12.

La fase de crecimiento

Si el producto pasa con éxito el test de introducción en el mercado, entra en la **fase de crecimiento** caracterizada por un desarrollo rápido de las ventas. Según el modelo de CVP, las causas de este crecimiento son las siguientes:

— Los primeros usuarios satisfechos repiten sus compras e influencian a los potenciales por una comunicación boca-oreja; la tasa de ocupación de mercado aumenta rápidamente.
— La **disponibilidad del producto** en los puntos de distribución le da una visibilidad que favorece igualmente su difusión en el mercado.

— La entrada de **competidores nuevos** tiene el efecto de aumentar la presión de marketing total sobre la demanda en un momento en el cual ésta es expansible y muy elástica.

Una característica importante de esta fase es la baja regular de los costes de producción por el hecho del aumento del volumen de fabricación y del efecto de experiencia que empieza a manifestarse. Los precios tienen tendencia a bajar, lo que permite cubrir progresivamente la totalidad del mercado potencial; los gastos de marketing se reparten entre una cifra de ventas en expansión. El *cash-flow* se hace positivo.

Las características del **entorno económico y de competencia** cambian rápidamente.

— La cifra de ventas se desarrolla a una tasa en aceleración.
— El grupo objetivo es ahora el segmento de receptores precoces.
— Nuevos competidores entran en gran número en el mercado.
— La tecnología es ampliamente difundida.

Para hacer frente a esta situación nueva, los objetivos prioritarios de marketing deben igualmente cambiar.

— Extender y desarrollar el mercado, siendo la demanda expansible.
— Maximizar la tasa de ocupación del mercado.
— Crear una imagen de marca fuerte.
— Crear y mantener la fidelidad a la marca.

Para alcanzar estos nuevos objetivos, el programa de marketing será modificado de la forma siguiente:

— Mejorar el producto, fundamentalmente añadiéndole características.
— Adoptar una distribución intensiva y multiplicar las redes de distribución.
— Reducir los precios para llegar a nuevos grupos de compradores.
— Adoptar una comunicación con vistas a crear una imagen de marca.

El objetivo de desarrollar la demanda primaria implica generalmente importantes medios financieros, cuando el umbral de equilibrio general no está necesariamente alcanzado, aunque el *cash-flow* sea positivo y la rentabilidad vaya aumentando. La empresa que opera en este tipo de mercado debe tener una base financiera sólida para financiar el crecimiento.

En esta fase, aunque los competidores sean numerosos, el clima de competencia es pacífico, dado que la demanda está en expansión. Los esfuerzos de marketing de cada uno contribuyen al desarrollo del mercado; crecer al ritmo del mercado satisface a todos.

La fase de turbulencia

Es un período de transición en el cual la tasa de crecimiento de la demanda total está en desaceleración, incluso aunque esa tasa sea superior a la de la economía. El **entorno económico y de competencia** se modifica una vez más.

— La demanda crece a una tasa decreciente.
— El objetivo es la mayoría del mercado.
— Los competidores más débiles dejan el mercado debido a la baja de precios.
— La industria se hace mas concentrada.

La característica principal del período de turbulencia es que las cosas se hacen mas difíciles para todo el mundo, debido a la moderación del crecimiento. Las empresas más dinámicas reestructuran sus actividades y se definen nuevos objetivos.

— El objetivo ya no es el desarrollo del mercado, sino la maximización de la cuota de mercado.
— La segmentación y la selección de los segmentos objetivo serán a partir de ahora quienes orientarán la política de producto con el objetivo de diferenciar los productos ofrecidos de los de la competencia y en particular los productos «de imitación» (*me too*) que proliferan.

Los nuevos objetivos prioritarios pueden definirse como sigue:

— Segmentar el mercado de forma creativa e identificar los segmentos objetivo prioritarios.
— Maximizar la parte del mercado en los segmentos objetivo.
— Posoicionar allí las marcas en la mente de los compradores.
— Comunicar al mercado el posicionamiento reivindicado.

La fase de turbulencia puede ser muy corta y también muy violenta, lo que supone reestructuraciones a veces muy importantes. El clima de competencia cada vez mas áspero y el indicador clave del éxito es la ganancia de cuota de mercado.

La fase de madurez

El crecimiento de la demanda total continúa descendiendo, para mantenerse a continuación al ritmo de crecimiento del PIB en términos reales o al ritmo del crecimiento demográfico. El producto está en la **fase de madurez**. En las economías industrializadas, la mayor parte de los sectores industriales están situados en esta fase, que es la fase más larga. Las causas de esta estabilización de la demanda primaria son las siguientes:

— Las tasas de **ocupación y de penetración** del producto en el mercado son muy elevadas y poco susceptibles de aumentar todavía.
— La cobertura del mercado por la **distribución es intensiva** y no puede ser aumentada más.
— La **tecnología se estabiliza** y sólo se esperan modificaciones menores en el producto.

En esta etapa, el mercado está muy segmentado, las empresas se esfuerzan en cubrir toda la diversidad de necesidades. Es a lo largo de esta fase cuando la probabilidad de un relanzamiento tecnológico del producto es más elevada, ya que los competidores se esfuerzan en prolongar la vida del producto.

En la fase de madurez, las características principales del **entorno económico y competitivo** son las siguientes:

— La demanda se hace no expansible y crece al ritmo de la economía global.
— La demanda de bienes duraderos está dominada por la demanda de reposición.
— Los mercados están hipersegmentados.
— Los productos mercado están dominados por algunos competidores potentes y la estructura del mercado es de oligopolio.
— Las tecnologías son vulgarizadas.

En este contexto, el **objetivo estratégico prioritario** es el de mantener y si es posible de alcanzar la cuota de mercado y de conservar una ventaja competitiva defendible sobre los competidores directos. Los medios utilizados para alcanzar estos objetivos serán los siguientes:

— Diferenciar los productos por la calidad proponiendo al mercado grupos de tributos nuevos o mejorados.
— Buscar nichos nuevos.
— Conseguir una ventaja competitiva por medio de variables de marketing diferentes que el producto: imagen, promoción, precio.

La moderación del crecimiento tiene, por supuesto, un impacto en el clima competitivo. Las sobrecapacidades de producción aparecen y contribuyen a intensificar la lucha competitiva. La competencia por los precios se hace más frecuente; tiene poco o nada de impacto en la demanda global que se hace inelástica al precio, sino solamente en las cuotas de mercado de los competidores existentes, cuyo número tiende a disminuir. En la medida en que la empresa ha conseguido evitar las pujas de precios a la baja, está en el principio de la fase en que la rentabilidad es más elevada, como lo muestra el gráfico de la Figura 7.10, esta rentabilidad será tanto más fuerte como elevada sea la cuota de mercado obtenida.

La fase de declive

La **fase de declive** se traduce en un decrecimiento estructural de la demanda por una de las razones siguientes:

— **Nuevos productos con mayores prestaciones** hacen su aparición y reemplazan a los productos existentes para la misma función. Es el impacto del progreso tecnológico.
— Las preferencias, los gustos, los **hábitos de consumo** se modifican con el tiempo y dejan a los productos pasados de moda.

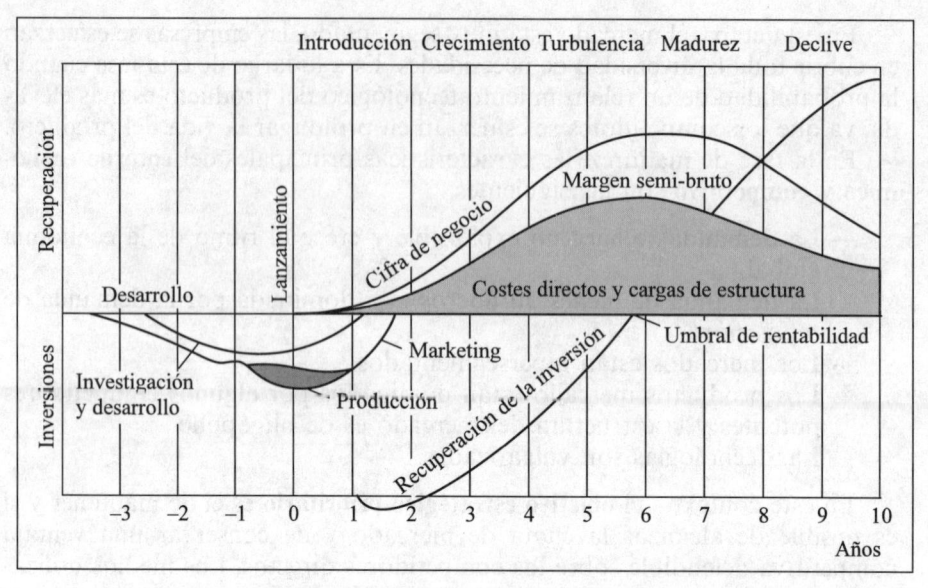

Figura 7.10. El ciclo de vida y los flujos financieros.

— Cambios del **entorno social**, económico, político, tales como las modificaciones de las normas en materia de seguridad, de higiene, de protección del medio ambiente dejan a los productos obsoletos o simplemente prohibidos.

Cuando las ventas y las perspectivas de beneficio disminuyen, algunas empresas desinvierten y se retiran del mercado; otras, por el contrario, tienden a especializarse en el mercado residual, si éste representa aún una oportunidad válida y si el declive se efectúa progresivamente. Salvo que el mercado dé un giro, a veces sucede, el abandono del producto tecnológicamente superado es inevitable al final. El lector encontrará en la Figura 7.11 una rejilla de evaluación del ciclo de vida.

7.3.3. Límites del modelo del ciclo de vida

El modelo del ciclo de vida no goza de unanimidad entre los analistas de mercado y algunos recomiendan pura y simplemente el abandono del concepto (Dhalla y Yuspeh, 1976). Varias críticas legítimas deben incitar a una utilización matizada de este modelo, cuya utilidad a pesar de todo es grande.

Razonamiento circular

Una primera crítica es de orden metodológico. El modelo del CVP es una tautología; se apoya en la tasa de crecimiento de las ventas para definir las fases del ciclo, las cuales son seguidamente utilizadas para prever las ventas

Características del mercado	Fases del ciclo de vida				
	Int.	Crec.	Turbul.	Mad.	Declive
Demanda global:					
Crecimiento lento					
Crecimiento rápido					
Ralentizamientos					
Decrecimientos					
Nuevos competidores:					
Algunos					
Muchos					
Pocos					
Muy pocos					
Precios reales:					
Estables					
A la baja					
Erráticos					
Número de artículos ofertados:					
En aumento					
Pocos cambios					
A la baja					
Distribución:					
Crecimiento lento					
Crecimiento rápido					
Pocos cambios					
En reducción					
Modificaciones de los productos:					
Algunas					
Muchas					
Pocas					
Contenido de la comunicación:					
Servicio básico					
Atributos principales					
Usos nuevos					
Atributos secundarios					

Figura 7.11. Rejilla de evaluación del ciclo de vida.
Fuente. Taylor J.W. (1986).

(Hunt, 1983). Es cierto que esta definición, puramente endógena, es muy poco satisfactoria. Es a partir del conocimiento de los mecanismos explicativos del ciclo de vida lo que hace poder formular previsiones. Las variables explicativas potenciales son conocidas: la medida de su influencia es, sin embargo, más difícil de establecer. Es multiplicando las observaciones experimentales como se podrá progresivamente mejorar este conocimiento. Añadimos que existe, en la literatura de marketing, numerosos trabajos cuyo objetivo ha sido verificar empíricamente la validez del modelo del CVP. (Ver, fundamentalmente a este respecto: Cox (1967), Polli y Cook, (1969), Rink y Swan, (1979), Swan y Rink (1982) y Tellis y Crawford (1981).)

Carácter determinista del modelo

Una segunda crítica pone en entredicho el carácter determinista del modelo que postula la existencia de una secuencia predefinida de fases en función del tiempo. La empresa que considere el ciclo de vida como un dato inevitable se arriesga a proceder de tal forma que la profecía se cumplirá (Dhalla y Yuspeh, 1976). Por el contrario, ¿la estrategia de la empresa no debe ser voluntarista y tender a actuar sobre el CVP? Esta crítica vuelve a considerar que el ciclo de vida es, de hecho, una variable dependiente, completamente determinada por las acciones de la empresa. Este problema ha sido ya evocado anteriormente. Proviene del hecho de que el modelo del ciclo de vida ha sido aplicado indistintamente a marcas y a categorías de productos. Es cierto que al nivel de una marca, los factores fuera de control tienen relativamente menos impacto; en cambio, al nivel de un producto-mercado o de una clase de producto, la dependencia de la demanda global respecto a los factores del entorno es importante y debe ser tomada en consideración en una reflexión estratégica.

Diversidad de los perfiles observados

Una tercera fuente de dificultad viene del hecho de que las observaciones experimentales disponibles muestran que la vida de un producto no sigue siempre la curva en forma de «S» propuesta por el modelo. Rink y Swan (1979) han identificado hasta doce perfiles diferentes. A veces los productos escapan a la fase de introducción y entran directamente en la de crecimiento; otros escapan a la de madurez y pasan de la de crecimiento a la de declive; otros además escapan al declive y se recuperan tras un corto período de maduración. No hay, pues, un sólo modo de evolución aceptado que intervenga invariablemente y no es siempre fácil identificar la fase en la que un producto se encuentra. Ver a este respecto la Figura 7.12 donde se han recogido los perfiles más corrientes.

Esta dificultad reduce el interés del concepto en tanto que herramienta de planificación, tanto más cuando la duración de las fases puede variar ampliamente de un producto a otro, incluso de un país a otro para un mismo producto.

> En 1960, la mayoría de los fabricantes europeos de televisores habían planificado el desarrollo de su capacidad de producción de

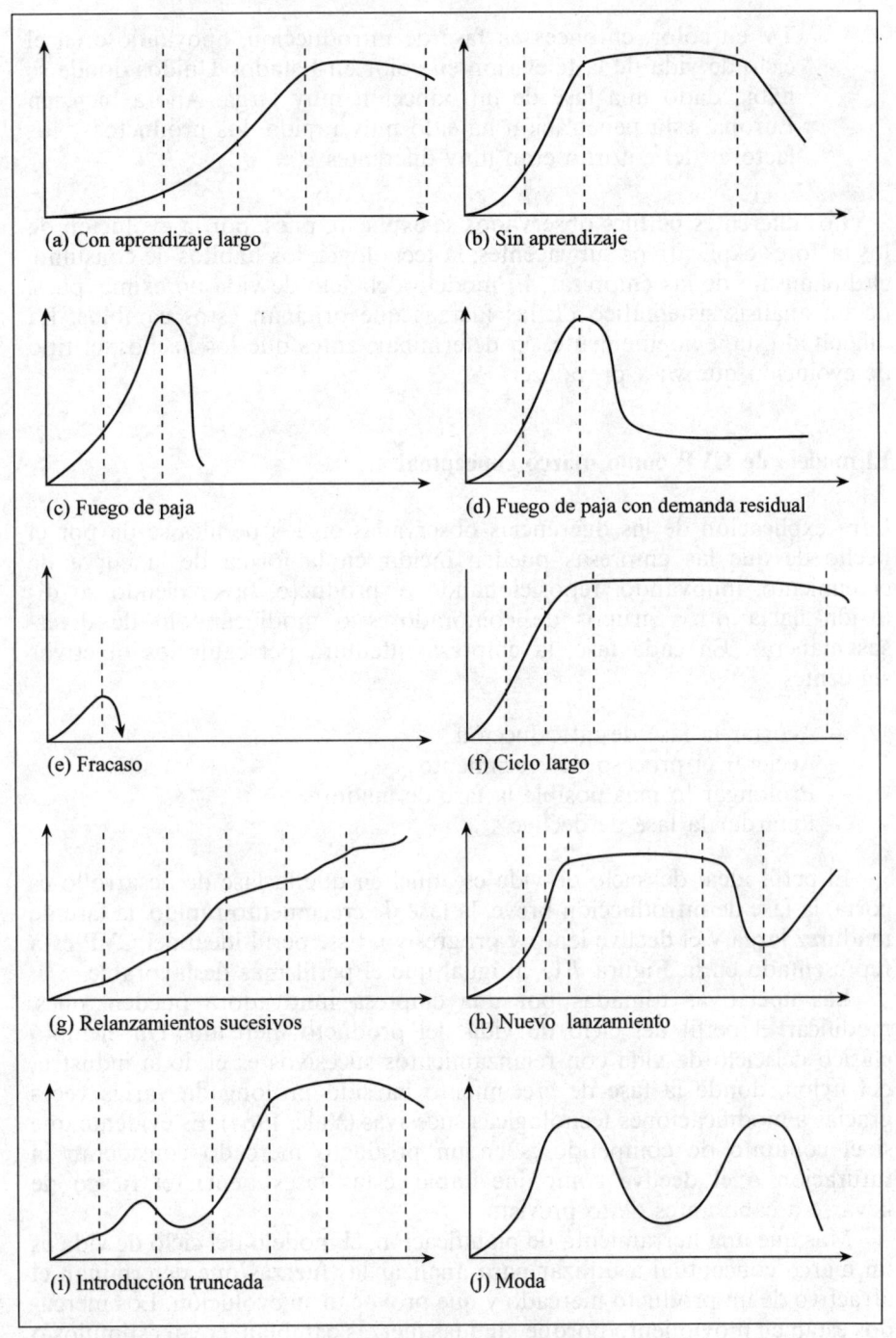

El análisis del atractivo del mercado de referencia   263

(a) Con aprendizaje largo

(b) Sin aprendizaje

(c) Fuego de paja

(d) Fuego de paja con demanda residual

(e) Fracaso

(f) Ciclo largo

(g) Relanzamientos sucesivos

(h) Nuevo lanzamiento

(i) Introducción truncada

(j) Moda

Figura 7.12. Diversidad de los perfiles de ciclo de vida del producto.
Fuente: Wasson (1974).

TV en color, entonces en fase de introducción, apoyándose en el ciclo de vida de la televisión en color en Estados Unidos donde se había dado una fase de introducción muy larga. Ahora bien, en Europa, esta penetración ha sido muy rápida, los productos y los factores del entorno eran muy diferentes.

Los diferentes perfiles observados se explican, pues, por la evolución de los factores explicativos subyacentes: la tecnología, los hábitos de consumo, el dinamismo de las empresas. El modelo del ciclo de vida no exime, pues, de un análisis sistemático de las fuerzas que originan estos cambios. La dificultad está, evidentemente, en determinar, antes que los hechos, el tipo de evolución que va a prevalecer.

El modelo de CVP como marco conceptual

Otra explicación de las diferencias observadas en los perfiles se da por el hecho de que las empresas pueden incidir en la forma de la curva de crecimiento, innovando, reposicionando el producto, favoreciendo su difusión hacia otros grupos de compradores o modificándolo de diversas maneras. En cada fase, la empresa intentará perseguir los objetivos siguientes:

— Acortar la fase de introducción.
— Acelerar el proceso de crecimiento.
— Prolongar lo más posible la fase de madurez.
— Retardar la fase de declive.

El perfil ideal del ciclo de vida es aquel en que la fase de desarrollo es corta, la fase de introducción breve, la fase de crecimiento rápido, la fase de madurez larga y el declive lento y progresivo. Este perfil ideal del CVP está representado en la Figura 7.13 al igual que el perfil más desfavorable.

Las iniciativas tomadas por una empresa innovadora pueden, pues, modificar el perfil del ciclo de vida del producto mercado. Un ejemplo clásico del ciclo de vida con relanzamientos sucesivos es el de la industria del nylon, donde la fase de crecimiento ha sido prolongada varias veces gracias a modificaciones tecnológicas sucesivas (Yale, 1964). Es evidente que si el conjunto de competidores en un producto mercado consideran la saturación o el declive como inevitable, estas fases tienen el riesgo de llevarse a cabo antes de lo previsto.

Más que una herramienta de planificación, el modelo del ciclo de vida es un marco conceptual a utilizar para analizar las fuerzas que determinan el atractivo de un producto mercado y que provocan su evolución. Los mercados están en movimiento porque algunas fuerzas cambian, crean estímulos o presiones para el cambio. Porter llama a estas fuerzas, los procesos de evolución.

«Los procesos de evolución impulsan, a través de su juego, al sector hacia su estructura potencial, que raramente es conocida en la totalidad mientras que un sector evoluciona. Sin embargo, oculto en la tecnología de base, existe en las características del producto, en la naturaleza de los clientes actuales y potenciales, un abanico de estructuras que el sector podría tomar, según la orientación y el éxito de la investigación y el desarrollo, las innovaciones comerciales, etc.» (Porter, 1982, pág. 179.)

Son estas fuerzas iniciadoras del cambio las conviene identificar y es en esto en lo que el modelo del ciclo de vida es útil.

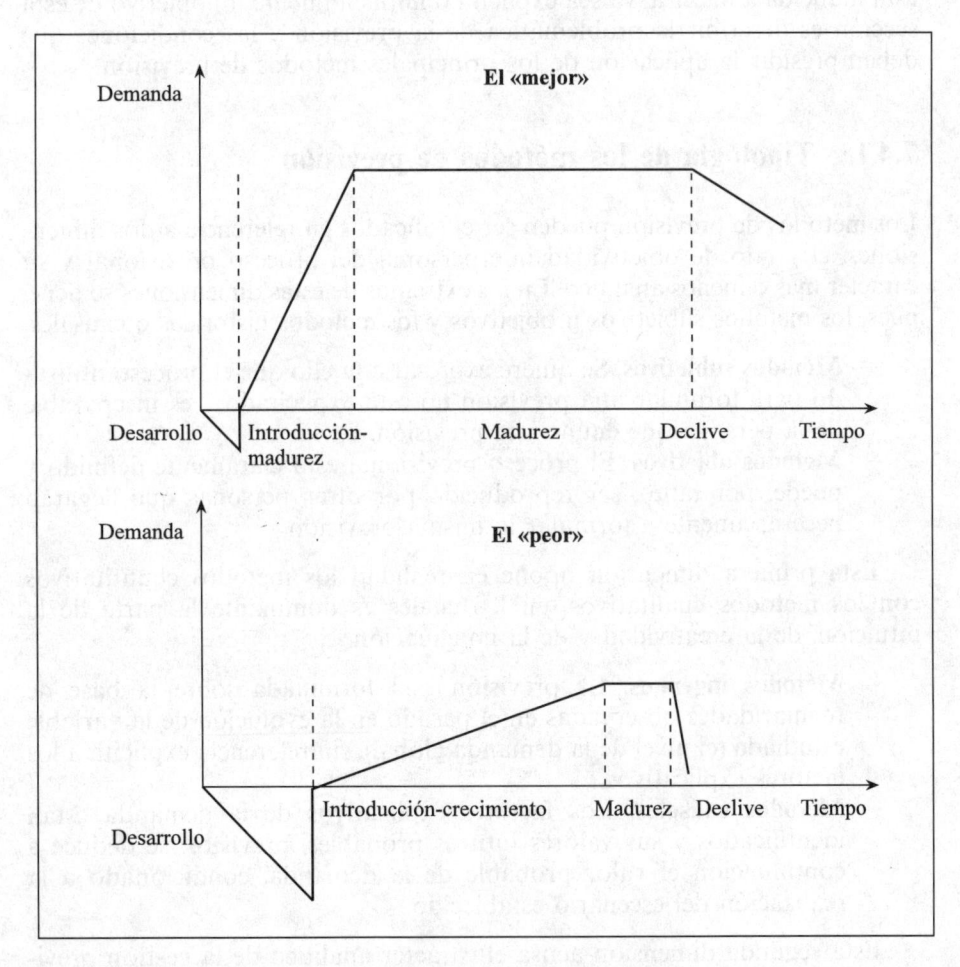

Figura 7.13. Perfil ideal del CVP: el mejor y el peor.
Fuente: Goldman A. y Muller E. (1982).

7.4. LOS METODOS DE PREVISION DE LA DEMANDA

La aplicación del modelo del ciclo de vida implica la capacidad de formular previsiones sobre la evolución de la demanda global en un producto mercado dado, ya se trate de previsiones cualitativas o cuantitativas. Este problema llega a ser particularmente complejo en las economías occidentales debido a la turbulencia del entorno y al carácter radical de los cambios observados en el transcurso del último decenio. A la vista de estas dificultades y de la importancia de los «errores» de previsión, algunos analistas han sido inducidos a hablar de la futilidad, incluso de la inutilidad de la previsión. En realidad, la previsión es una tarea ineludible y cualquier empresa está inducida a hacerla, ya sea explícita o implícitamente. El objetivo de esta sección es describir la problemática de la previsión y las condiciones que deben presidir la aplicación de los principales métodos de previsión.

7.4.1. Tipología de los métodos de previsión

Los métodos de previsión pueden ser clasificados en referencia a dos dimensiones: el grado de objetividad interpersonal del proceso previsional y su carácter más o menos analítico. En los extremos de estas dimensiones se tiene, pues: los métodos subjetivos u objetivos y los métodos históricos o causales.

— **Métodos subjetivos**. Se quiere expresar con ello que el proceso utilizado para formular una previsión no está explicitado y es inseparable de la persona que enuncia la previsión.
— **Métodos objetivos**. El proceso previsional está claramente definido y puede, por tanto, ser reproducido por otras personas que llegarán necesariamente a formular la misma previsión.

Esta primera dimensión opone en realidad los métodos cuantitativos con los métodos cualitativos, en los cuales es dominante la parte de la intuición, de la creatividad y de la imaginación.

— **Métodos ingenuos**. La previsión está formulada sobre la base de regularidades observadas en el pasado en la evolución de la variable estudiada (el nivel de la demanda global), sin referencia explícita a los factores explicativos.
— **Métodos causales**. Los factores explicativos de la demanda están identificados y sus valores futuros probables, previstos; se deduce a continuación el valor probable de la demanda, condicionado a la realización del escenario establecido.

Esta segunda dimensión acusa el carácter analítico de la gestión previsional que opone los métodos de extrapolación a los métodos explicativos, sean cualitativos o cuantitativos.

La intersección de estas dos dimensiones permite identificar cuatro tipos de iniciativas previsionales (ver Figura 7.14). En la sección siguiente, examinaremos brevemente los principales métodos de previsión, desdeñando los métodos ingenuos.

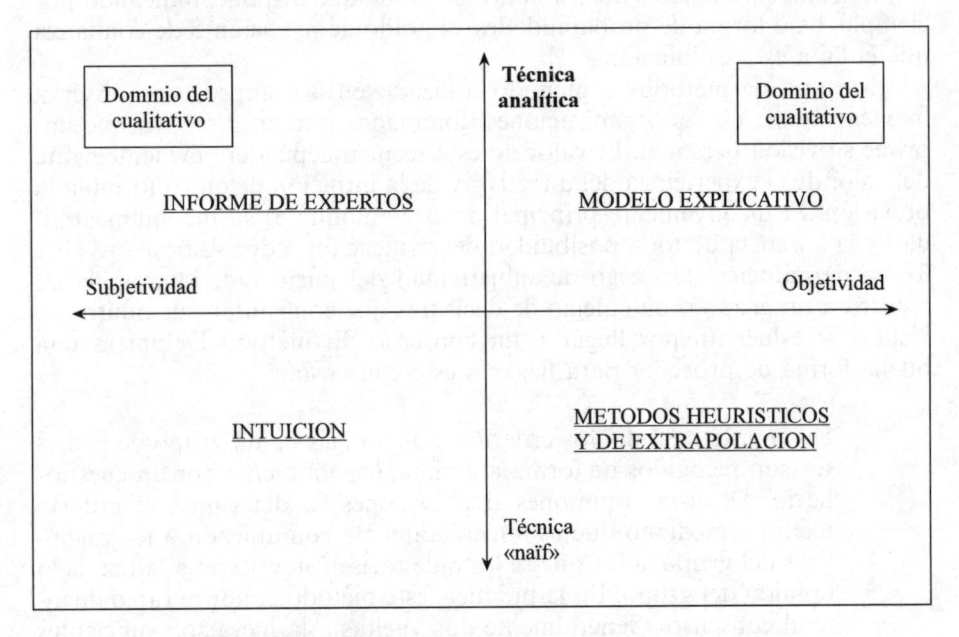

```
        Dominio del                Técnica              Dominio del
        cualitativo                analítica            cualitativo

      INFORME DE EXPERTOS                        MODELO EXPLICATIVO

   Subjetividad                                                    Objetividad
   ←─────────────────────────────────────────────────────────────────→

                                                  METODOS HEURISTICOS
           INTUICION                              Y DE EXTRAPOLACION

                                    Técnica
                                    «naïf»
```

Figura 7.14. Tipología de los métodos de previsión.

7.4.2. El criterio de los expertos

Allí donde la previsión no se apoya en datos objetivos sino en la opinión de un dirigente o de un consumidor, se habla de criterio de experto. El «experto» debe apoyar su criterio en un haz de factores explicativos en el que describe las opciones del suceso y su impacto probable en el nivel de la demanda.

En la base de esta técnica hay pues una estructura causal, es decir, un conjunto de juicios que se refieren a los factores explicativos de la demanda global y a su probabilidad de ocurrencia en el marco de uno o de varios escenarios. No obstante, esta estructura causal propia de una persona experta, puede perfectamente desembocar, para otro experto, confrontado al mismo problema, en unas conclusiones diferentes, aunque se utilice la misma información. En relación a la técnica de lo intuitivo, la del experto presenta la ventaja de permitir el intercambio y la confrontación de ideas debido a la existencia de una estructura causal explicitada. Tres métodos basados en el criterio de expertos son utilizados corrientemente: el criterio de los directivos, evaluaciones de la fuerza de venta y las intenciones de compra de los compradores.

El criterio de los directivos

La previsión está determinada por la visión, la intuición, la imaginación y la experiencia del individuo que la formula. El directivo debe formular la mejor estimación posible con la información de que dispone, indicando por ejemplo, bajo forma de probabilidades, el grado de precisión o de confianza que él da a esta estimación.

Este tipo de métodos a menudo utilizado en las empresas se observa frecuentemente en las organizaciones dominadas por un directivo que imprime su visión personal. El valor de esta técnica dependerá evidentemente del valor de la experiencia del directivo y de la intuición de quien formula la previsión. El inconveniente principal de este enfoque es su incomunicabilidad y la ausencia de toda posibilidad de verificación o de falsificación. Una forma de reducir este riesgo de subjetividad del juicio individual es la de recurrir a un grupo o un colegio de decisores que confrontan sus puntos de vista y se esfuerzan por llegar a un consenso. El método Delphi es una buena forma de proceder para llegar a este consenso.

> Según este método, los criterios individuales de un grupo de expertos son recogidos de forma anónima, generalmente por un cuestionario. De estas opiniones o previsiones se determina el criterio medio o mediano que es inmediatamente comunicado a los miembros del grupo, a los que se les pide revisen su criterio a la luz de la opinión del grupo. En la práctica, este método conduce rápidamente al consenso. Generalmente dos vueltas a la mesa son suficientes (Philips, 1987).

El método ha sido aplicado con éxito en marketing. Una alternativa consiste en recoger las opiniones de forma independiente y extraer una estimación media sin tratar de convencer a los expertos de modificar su juicio inicial.

La estimación de los vendedores

En general, los vendedores tienen ideas muy precisas sobre el potencial de venta de sus clientes y están bien situados para suministrar previsiones, al menos en lo que concierne al territorio de venta bajo su responsabilidad. La forma mas simple de proceder es la de pedir a los vendedores una estimación de ventas de cada producto, no en abstracto, sino teniendo en cuenta las hipótesis precisas de esfuerzos de marketing definidos en términos de precio, de soporte publicitario, etc. La dirección de ventas formulará una estimación global sumando las estimaciones de cada vendedor.

El límite principal de este método es el problema del riesgo de subestimación sistemática de los vendedores que tendrán interés en que se les apliquen objetivos modestos y aparecer al final del ejercicio con resultados muy superiores a los esperados. Numerosos tipos de acciones correctivas pueden ser imaginadas para corregir este riesgo de sesgo sistemático.

— Pedir a los vendedores que precisen ellos mismos el margen de error en sus estimaciones. Esta información puede ser utilizada para corregir la revisión.
— Corregir las estimaciones suministradas por los vendedores con la ayuda de las estimaciones aportadas por el responsable regional que puede tener una visión más general.
— Aplicar un factor de corrección a las estimaciones suministradas que estará basado en los márgenes de error observados en el pasado por cada vendedor.

Implicar a la fuerza de ventas en el proceso previsional es importante sobre todo para motivar a los vendedores y favorecer su aceptación de las cuotas de venta que les sean atribuidas Además, los vendedores son irremplazables para obtener previsiones de venta sobre bases muy sensibles, por ejemplo por región, por territorio o por cliente.

Las medidas de intención de los compradores

Un último método basado en el criterio, consiste en pedir directamente a los compradores potenciales sus intenciones de compra por un período dado. Las intenciones de compra pueden ser estudiadas a dos niveles, a nivel general y a nivel de una categoría de producto específica.

A nivel general, se trata de analizar la moral o el grado de confianza de los compradores, sus percepciones de bienestar y sus intenciones de compra de bienes duraderos. La Unión Europea realiza encuestas trimestrales en cada país de la UE que miden el grado de confianza de los consumidores. Estas encuestas son publicadas en el Eurobarómetro que constituye una forma de encuesta de opinión permanente. Sobre esta base, la UE es un indicador de confianza de los consumidores europeos país por país y del conjunto de la Comunidad.

En el campo industrial, los diferentes bancos centrales de la UE organizan encuestas mensuales de coyuntura entre las empresas. El objetivo de estas encuestas es medir las anticipaciones de las empresas en cuanto a la evolución de la coyuntura. Las cuestiones están dirigidas a la cartera de pedidos, el grado de utilización de la capacidad de producción, las intenciones de las inversiones, de contratación, de despidos, etc. Estos datos están disponibles para grandes sectores de actividad y son utilizados para construir un **indicador sintético de coyuntura** que ha resultado ser un muy buen indicador de previsión de la evolución coyuntural.

A nivel mas específico de una categoría de productos, las empresas organizan regularmente encuestas sobre las intenciones de compra, a través de tests de aceptación de nuevos conceptos de productos (ver Capítulo 10). Un ejemplo de cuestión de intención se presenta en la Figura 7.15.

¿Tiene usted la intención de comprar un auto nuevo a lo largo de los próximos seis meses?					
En ningún caso	Poco probable	Poco posible	Bastante posible	Muy probable	Seguro
(0)	(0,20)	(0,40)	(0,60)	(0,80)	(1,00)

Figura 7.15. Ejemplo de pregunta sobre las intenciones de compra.

Las frecuencias de respuestas positivas correspondientes a dos categorías superiores de la escala de intención pueden ser utilizadas para estimar un mercado potencial o para prever la parte del mercado que una marca podría descontar.

Las encuestas de intención sobre compras específicas son a menudo menos fiables que las encuestas generales. Es necesario pues ser prudente en el uso de los resultados de este tipo de encuestas. Los mejores resultados son obtenidos cuando se trata de productos o servicios para los cuales los consumidores están obligados a planificar sus compras con anticipación. Este será el caso de las compras de productos o servicios de coste elevado, tales como los coches, una casa, las vacaciones, etc.

Los métodos de previsión basados en el criterio tienen límites evidentes, pero pueden al menos ser un buen punto de partida válido en el proceso de estimación de la demanda y no es necesario subestimar su utilidad. En toda investigación deben utilizarse conjuntamente con otros métodos más objetivos.

7.4.3. Los métodos heurísticos y de extrapolación

Cuando la estructura analítica del proceso de previsión es débil, pero se dispone de datos de mercado objetivos, se entra en los métodos heurísticos o de extrapolación. Se trata de un conjunto de métodos simples basados sobre datos empíricos o de extrapolación más o menos sofisticados de ventas pasadas.

El método de las relaciones en cadena

Este método es una extensión del método de estimación de mercado potencial visto anteriormente (ver Sección 7.1.3), que partía del número de unidades de consumo (n) en un segmento y suponía una tasa óptima (q) de utilización de producto por cada unidad de consumo. Dos ejemplos de aplicación de este método han sido propuestos. Uno para un producto de consumo (ver Figura 7.1), otro para un producto industrial (ver Sección 7.2.3).

El método de relaciones en cadena supone la utilización de una sucesión de porcentajes que descompone el mercado potencial absoluto para llegar a una estimación de la demanda de un producto o una marca determinada. A título de ilustración, consideremos el caso de una empresa que vende un aditivo destinado a ser utilizado conjuntamente con productos químicos descalcificadores de aguas de caldera. Un número significativo de empresas no son usuarias, se trata pues de estimar el mercado potencial actual, así como el nivel actual de la demanda en una zona geográfica determinada. Se procederá a los cálculos siguientes:

— Consumo de agua por empresa equipada con caldera: 7.500.000 hl.
— Tasa de uso de descalcificante por litro de agua: 1 por 100.
— Porcentaje de empresas utilitarias de descalcificadores: 72 por 100.
— Tasa de uso de aditivo por litro de descalcificante: 9 por 100.
— **Mercado potencial actual**: $(7.500.000) \text{ hl} \times (0,01) \times (0,72) \times (0,09) = 486.000$ litros.
— Porcentaje de empresas usuarias del aditivo: 54 por 100.
— **Nivel actual de la demanda primaria**: $(7.500.000) \text{ hl} \times (0,01) \times (0,72) \times (0,09) \times (0,54) = 262.000$ litros

Si el objetivo de la empresa es atender al 40 por 100 del mercado, las ventas de producto es esta región deberían ser de 105.000 litros.

La dificultad de este método reside en los posibles diferentes porcentajes de uso, si no existen estimaciones precisas de estas relaciones procedentes del estudio de mercado. Además, un error en un porcentaje repercute en el conjunto del análisis. Para evitar el riesgo de error en cascada se deben utilizar varias estimaciones de porcentajes lo más sensibles posible de forma que se pueda llegar a una horquilla y no sobre una estimación puntual. Ante cualquier duda, este método debe utilizarse conjuntamente con otros complementarios.

Los indicadores de poder de compra y deseo de compra (PDC)

Para evaluar el potencial de territorios, zonas, regiones o de países, un método a menudo utilizado es el de los indicadores de poder de compra y de deseo de compra (PDC). El objetivo es aquí el medir el atractivo del mercado geográfico apoyándose en la media de tres componentes clave del mercado potencial:

— El número de unidades de consumo.
— El poder de compra de estas unidades de consumo.
— El deseo de compra de estas unidades de consumo.

Los indicadores estadísticos de estas tres variables se buscan para una base territorial elegida (país, región, provincia, comunidad, pueblo) y un índice medio ponderado para cada zona. Existen dos versiones: utilizar un índice de poder de compra estándar, puesta a punto por las sociedades de estudios de mercado, o construir un índice específico adaptado a un sector o a una gama de productos determinados.

Los **indicadores estandarizados de PDC** son generalmente calculados utilizando los tres indicadores siguientes: la población total, la renta disponible *per capita* y las ventas al detall. El poder y deseo de compra relativo de cada zona *i* viene dado por la expresión siguiente:

$$PVA_i = 0{,}50(N_i) + 0{,}30(R_i) + 0{,}20(V_i)$$

donde,

N = % de la población total en zona *i*
R = % de la renta disponible total en la zona *i*
V = % de ventas totales al detall en la zona *i*

Los coeficientes de ponderación utilizados en la expresión precedente, son utilizados por la revista americana *Sales & Marketing Management* que publica cada año un indicador de PDC para las regiones del territorio americano. Estos coeficientes han sido determinados empíricamente por análisis de regresión y se aplican principalmente a los productos de gran consumo de precio moderado. Los indicadores similares de PDC son publicados en Europa por *Chase Econometrics* para las regiones de la UE y por *Business International* (1991) para 117 países del mundo.

Territorio	Ventas de la marca A	Porcentaje de las ventas totales	Indice de PDC	Indice de resultados
1	2.533	3,53	4,31	0,82
2	8.458	11,80	7,84	1,51
3	3.954	5,52	5,89	0,94
4	16.619	27,37	20,28	1,35
5	3.780	5,27	4,75	11,11
6	3.757	5,24	13,24	0,40
7	5.432	7,58	8,74	0,87
8	3.701	5,16	3,97	1,30
9	3.028	4,22	3,19	1,32
10	3.820	5,33	9,16	0,58
11	2.433	3,39	3,70	0,92
12	5.736	8,00	8,32	0,96
13	2.569	3,58	2,96	1,21
14	2.861	3,99	3,65	1,09
Total	71.681	100,00	100,00	—

Figura 7.16. Evaluación de la penetración comercial por territorios.

Los **indicadores específicos de PDC** se apoyan en los mismos componentes del mercado potencial, recurriendo a indicadores más directamente adaptados al campo de actividad e incluso eventualmente a indicadores que reflejan las condiciones locales de competencia. Un ejemplo de índice de poder y deseo de compra elaborado por una marca de bebidas se presenta en la Figura 7.16.

> Los indicadores utilizados son, respectivamente, el número de hogares con niños, la renta disponible y el número de hoteles, restaurantes y cafés. Estos datos expresados en porcentaje del total, están disponibles para 14 territorios de venta. El índice PDC se calcula efectuando una simple media de los tres porcentajes disponibles para cada territorio. El valor predicho del índice ha sido verificado comparando el índice de PDC con las ventas por zona.

En la Figura 7.16, el índice PDC es utilizado para evaluar la penetración de la marca estudiada en cada territorio. Para estimar el potencial de cada zona, se calcula en primer lugar el porcentaje de ventas «observado» en cada territorio y se le compara al porcentaje «esperado» según el índice PDC. El índice de resultado permite evaluar la fuerza de penetración de la marca y ello a la luz de factores tales como la fuerza de la competencia local, la antigüedad de la presencia en el territorio, etc.

Este tipo de índice PDC puede ser igualmente utilizado para guiar las decisiones de asignación de medios de marketing por territorio de venta.

Análisis y descomposición de tendencias

El objetivo de un análisis de tendencia es el de descomponer la estructura de una serie cronológica de ventas, de medir la evolución de cada componente de la estructura y de proyectar esta evolución en el futuro. En la base de estos métodos se encuentra la idea de una estabilidad de la estructura causal y de la regularidad en la evolución de los factores del entorno que autorizan, por tanto, el procedimiento de extrapolación. La técnica consiste en descomponer una serie cronológica en diferentes componentes:

— La **componente estructural**, o la tendencia a largo plazo, generalmente ligada al ciclo de vida del producto mercado.
— La **componente coyuntural**, representada por las oscilaciones a medio plazo en torno a la tendencia a largo plazo, provocadas por las fluctuaciones de la actividad económica de medio plazo.
— La **componente estacional**, o fluctuaciones a corto plazo, que tiende a repetirse de la misma forma y debido a causas diversas (clima, factores sociopsicológicos, fiestas móviles, estructura del calendario, etc.).
— La **componente aleatoria**, que refleja el impacto de una serie de fenómenos complejos, poco conocidos y no cuantificables.

Para cada componente se estima un parámetro basado en los datos del pasado: tasa de crecimiento medio a largo plazo, fluctuaciones coyunturales, coeficientes estacionales y factores específicos (promociones, exposiciones, salones, etc.). Estos parámetros son utilizados para suministrar una previsión.

Se establece que esta proyección no tiene sentido más que a corto plazo, es decir, para el horizonte previsional para el cual se puede considerar que las características del fenómeno estudiado no cambian sensiblemente. Ahora bien, a corto plazo, estas condiciones se verifican muy a menudo en la práctica, ya que la inercia existe también en el entorno.

Los métodos de alisado exponencial

Se trata de un método de previsión de ventas a corto plazo. Da una previsión que es una media ponderada de las ventas observadas a lo largo de cierto número de períodos anteriores, y que es calculada de tal manera que asigna la ponderación más elevada a las observaciones más recientes. La previsión viene dada por la expresión siguiente:

$$\bar{Q}_t = \alpha Q_t + (1 - \alpha) \bar{Q}_{t-1}$$

donde,

$\bar{Q}_t$ = ventas alisadas del período en curso
α = constante de alisamiento comprendida entre 0 y 1
Q_t = ventas del período t,
$\bar{Q}_{t-1}$ = ventas alisadas calculadas en $t - 1$

La constante de alisamiento es un número comprendido entre 0 y 1. Estimada de manera iterativa por el analista. Valores débiles de α convienen cuando las ventas cambian poco, valores próximos a la unidad cuando las ventas fluctúan fuertemente. Existen programas informatizados que permiten seleccionar el mejor valor de α procediendo por iteración sobre datos históricos

Trimestres	1987	1988	1989	1990	1991	1992	Indice estacional
1	105	106	112	121	124	130	0,908
2	101	111	115	117	125	127	0,996
3	100	110	110	117	129	132	1,153
4	108	110	117	118	122	124	0,943

Figura 7.17. Ventas trimestrales en volumen desestacionalizado: un ejemplo.

A modo de ejemplo, examinamos los datos presentados en la Figura 7.17. Las ventas trimestrales en volumen han sido desestacionalizadas. El objetivo es encontrar el buen valor de alfa, la constante de alisamiento. Los datos del año 1992 son utilizados para comprobar el valor predictivo de la solución propuesta. Para prever las ventas del primer trimestre de 1992, tenemos necesidad de las ventas alisadas tales como las estimadas para los períodos precedentes. Por ejemplo, las ventas alisadas para el primer trimestre de 1988 son:

$$\bar{Q}_{88} = (0,10) \times (106) + (0,90) \times (105) = 105,1$$

donde las ventas trimestrales desestacionalizadas de 1987 (105) han sido utilizadas para las ventas alisadas del período precedente, teniendo en cuenta que el dato no está disponible cuando se inicia un cálculo de alisamiento exponencial. De la misma forma, para los otros trimestres obtenemos sucesivamente,

$$\bar{Q}_{89} = (0,10) \times (112) + (0,90) \times (105,1) = 105,9$$

$$\bar{Q}_{90} = (0,10) \times (121) + (0,90) \times (105,9) = 107,3$$

$$\bar{Q}_{91} = (0,10) \times (124) + (0,90) \times (107,3) = 109,0$$

De donde, la previsión para el primer trimestre de 1992, basada en las ventas pasadas es igual a,

$$E(Q_{92}) = Q_{91} = 109,0$$

Se señala que la previsión está siempre comprendida entre las ventas corrientes y las ventas alisadas del período en curso. El error de previsión puede ser calculado de la siguiente manera:

$$\text{Error de precisión} = \frac{(109,0 - 130)}{130} = 16,2 \%$$

Este es un error de previsión muy grande, lo que se puede explicar por el bajo valor de la constante del segmento, mientras que en el ejemplo elegido, las ventas aumentan rápidamente. Si se adopta un valor de igual a 0,80 las ventas alisadas de 1991 son iguales a 128,6 y el error de previsión no es más que el 1,1 por 100; un mejor resultado.

Los métodos más sofisticados de alisamiento exponencial hacen intervenir varias constantes de alisamiento. Para una revisión de los métodos ver a Makridakis y Wheelwright (1973).

La principal debilidad de estos métodos viene del hecho de que no pueden realmente «predecir» la evolución de la demanda, en el sentido de que no son capaces de anticipar un cambio. Además pueden integrar rápidamente una modificación sucedida en el entorno; de la expresión de «modelo adaptativo» de previsión. Para numerosos problemas de gestión esta previsión «a posteriori» es útil, sin embargo, en la medida donde existe un tiempo de adaptación suficiente y allí donde los factores explicativos de las ventas no cambian demasiado bruscamente.

7.4.4. Los modelos explicativos

Los métodos de previsión «objetivos» y «analíticos» son en el plano científico los mas avanzados; nos llevan a la construcción de **modelos matemáticos explicativos**, que permiten simular situaciones de mercado en el cuadro de escenarios alternativos. En su filosofía básica, la modelización matemática es muy similar al procedimiento del experto descrito antes: identificar una estructura causal, construir uno o varios escenarios y deducir el nivel probable de la demanda en cada uno de los escenarios. La diferencia estriba en que la estructura causal ha sido establecida y validada experimentalmente en condiciones objetivamente observadas y medidas.

Identificación de la estructura causal

La identificación de la estructura causal del fenómeno estudiado es el punto de partida de todo ensayo de modelización matemática. Consideraremos el caso de una empresa de distribución que quiere fidelizar su clientela y que busca identificar los medios más apropiados para alcanzar este resultado. Las cuestiones que se plantearon fueron las siguientes:

— ¿Cuáles son los factores que determinan la **imagen** de una bandera de distribuidor?
— ¿Cómo influye esta imagen en el nivel de frecuentación de almacenes?
— ¿Cuáles son los otros factores que determinan la satisfacción de los clientes?
— ¿En qué medida el nivel de satisfacción engendra fidelidad a largo plazo a la empresa?

Típicamente tenemos aquí una sucesión de relaciones causales donde la primera variable dependiente (la imagen) se convierte en variable explicativa de una segunda variable dependiente (frecuentación y satisfacción) que ella misma explica en definitiva la fidelidad a largo plazo.

Se trata de un conjunto de hipótesis basado en el conocimiento del comportamiento de compra de los consumidores y de los a priori sugeridos por la teoría de los comportamientos. Este conjunto de hipótesis deberá ser validado rápidamente (o rechazado) sobre la base de los datos de observación recogidos por el analista. En caso de confirmación el modelo podrá ser utilizado para guiar la acción del responsable de la empresa.

Los modelos multiecuaciones

Cuando el fenómeno estudiado es demasiado complejo, como en el ejemplo precedente, puede ser representado por una sola ecuación, el analista debe recurrir a los métodos de estimación que permiten tener en cuenta las interdependencias entre variables.

```
┌─────────────────────────────────────────────────────────────────┐
│                                                                 │
│     Margen de      Intensidad     Presión de la    Precio relativo │
│    distribución    publicitaria    competencia      de la marca    │
│       (x₁)            (x₂)            (x₃)            (x₄)         │
│                                                                 │
│              Comportamiento de   Comportamiento de              │
│              los distribuidores   los vendedores                │
│                   (y₁)                (y₂)                       │
│                                                                 │
│                        Cuota de mercado                         │
│                          de la marca                            │
│                             (y₃)                                │
└─────────────────────────────────────────────────────────────────┘
```

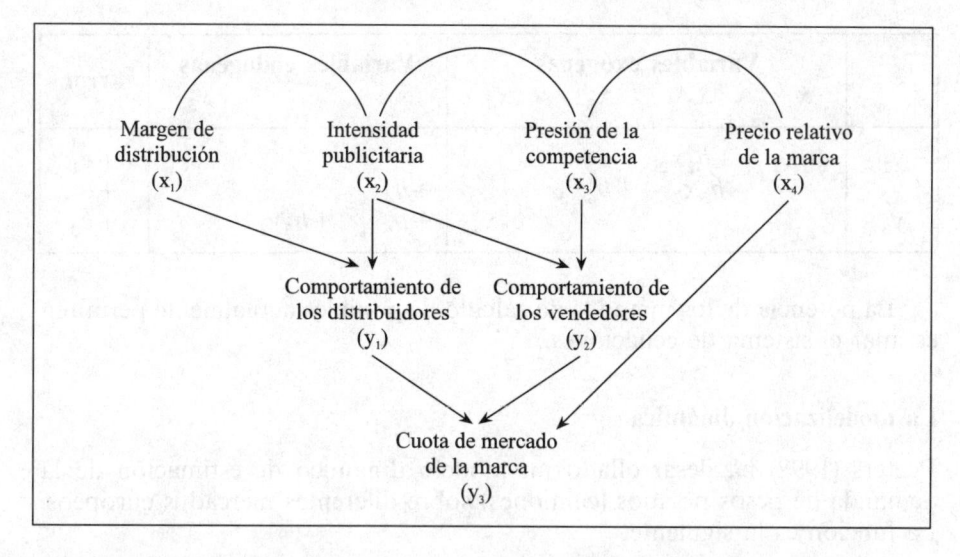

Figura 7.18. Ejemplo de estructura causal. Impacto de la publicidad sobre la cuota de mercado.

A modo de ejemplo, consideramos el problema de la medida del **efecto de la publicidad sobre la parte de mercado** de una marca de un producto de consumo vendido en la gran distribución. Los trabajos anteriores sobre el efecto de la publicidad muestran que aquello que tenía un efecto directo sobre el nivel de referencia de la marca e igualmente sobre el comportamiento de los vendedores encargados de empujar la marca en la red. La estructura causal del fenómeno ha sido descrita en la Figura 7.18. Tenemos pues las tres relaciones funcionales siguientes:

1. El comportamiento del distribuidor (y_1) está determinado por el nivel de los márgenes de distribución que recibe (x_1) y por la intensidad de los esfuerzos publicitarios realizados por la marca (x_2).
2. El comportamiento de los vendedores (y_2) está determinado por el comportamiento de los distribuidores (y_1), la intensidad publicitaria (x_2) y por la presión de la competencia (x_3).
3. El nivel de la parte del mercado (y_3) está determinado por el comportamiento de los distribuidores (y_1), el comportamiento de los vendedores (y_2) y por el nivel de precio relativos de la marca (x_4).

Sea,

$$y_1 = f(x_1, x_2)$$
$$y_2 = f(x_2, x_3, y_1)$$
$$y_3 = f(y_1, y_2, x_4)$$

Las ecuaciones estructurales a estimar serán pues,

	Variables exógenas $x_1 \quad x_2 \quad x_3 \quad x_4$	Variables endógenas $y_1 \quad y_2 \quad y_3$	Error
y_1	$b_1x_1 \quad +b_2x_2$		$+e_1$
y_2	$\quad\quad b_3x_2 \quad +b_4x_3$	$+b_4y_1$	$+e_2$
y_3	$\quad\quad\quad\quad\quad\quad\quad\quad b_5x_4$	$+b_6y_1 \quad +b_7y_2$	$+e_3$

La potencia de los métodos de cálculo disponibles actualmente permiten estimar el sistema de ecuaciones.

La modelización dinámica

Peeters (1992) ha desarrollado un modelo dinámico de estimación de la demanda de pesos pesados (camiones) sobre diferentes mercados europeos. La función es la siguiente:

$$\text{demanda} = F(\text{producción, intereses, precio, error})$$

donde,

  demanda = matriculación mensual de camiones de 15 Tm. y más
  producción = índice mensual de la producción manufacturera
  intereses = tasa de interés mensual de las obligaciones garantizadas por el Estado
  precio = índice de precio del gasoil.

Los datos están desestacionalizados y expresados logarítmicamente. El modelo matemático utilizado es un modelo dinámico que describe la estructura de la respuesta del mercado de la forma siguiente:

— La variable **«producción»** es introducida bajo la forma de un modelo de retrasos escalonados tomando la forma de una distribución geométrica decreciente yendo de t a $t - k$ con una tasa del 0,4557 (modelo de Koyck).
— La variable **«tipo de interés»** interviene en el modelo con un retraso de ocho meses, lo que significa que el tiempo de espera del efecto de una variación del tipo de interés sobre la demanda es de ocho meses. Este retraso ha sido descubierto después de un proceso exploratorio.
— La variable **«precio»** está igualmente retrasada en ocho meses, siguiendo el mismo método.
— El término **error** tiene igualmente una estructura dinámica en el sentido de que está compuesto de una suma ponderada de tres errores (U) precedentes y de un plazo puramente aleatorio (e).

La ecuación de la demanda basada en un método numérico de estimación por máxima verosimilitud es la siguiente:

$$Q_t = -5{,}503 + 1{,}749 \cdot \text{Prod}_{t-1} + 0{,}3630 \cdot \text{Prod}_{t-2}$$
$$+ \ldots$$
$$- 0{,}1899 \cdot \text{Interés}_{t-8} - 0{,}4767 \cdot \text{Precio}_{t-8}$$
$$+ 0{,}2463 \cdot U_{t-1} + 0{,}1389 \cdot U_{t-2} + 0{,}2602 \cdot U_{t-3} + e_t$$
$$N = 86 \quad ; \quad DW = 1{,}989 \quad ; \quad R^2 = 0{,}856$$

La calidad del ajuste estadístico está medida por los indicadores estadísticos habituales. El coeficiente de determinación es aquí de 0,865. Los tests en t que miden la precisión de los coeficientes de regresión son igualmente todos significativos en el umbral del 5 por 100 y más.

La interpretación de los coeficientes es directa puesto que se trata de **elasticidades**. Así por ejemplo:

— El efecto acumulado total (suma de los efectos para el conjunto de retrasos) de la variable «producción industrial» es de 3,2114, lo que significa que el 1 por 100 de aumento del índice de la producción industrial suscita un aumento del 3,2 por 100 del número de matriculaciones.
— El efecto de un descenso del tipo de interés del 10 por 100 provoca con ocho meses de retraso, un alza de la demanda de camiones del 1,9 por 100.
— El efecto de un alza del 10 por 100 del precio del gasoil suscita, ocho meses mas tarde, un descenso del 4,8 por 100 de la demanda de camiones.

La comparación de las ventas observadas, de las ventas calculadas con la ayuda del modelo, así como de las ventas previstas para los últimos meses se representa en la Figura 7.19.

Límites de los modelos explicativos cuantitativos

El poder de esta técnica se debe al hecho de que un modelo llega a ser un instrumento de descubrimiento y de exploración de situaciones numerosas y variadas que una mente humana, por muy imaginativa que sea, no podría analizar.

Es importante destacar que esta técnica no será válida más que en la medida en la que la estructura causal identificada permanece estable. La previsión a través del modelo explicativo implica, pues, igualmente a una extrapolación, pero en segundo grado. En un entorno en mutación profunda y rápida, un modelo matemático es incapaz de anticipar el efecto de un cambio cuya causa no hubiera sido tenida en cuenta previamente en el modelo. Un modelo matemático carece, pues, de capacidad de improvisación y no puede adaptarse a un entorno profundamente modificado, mientras que el experto sí puede.

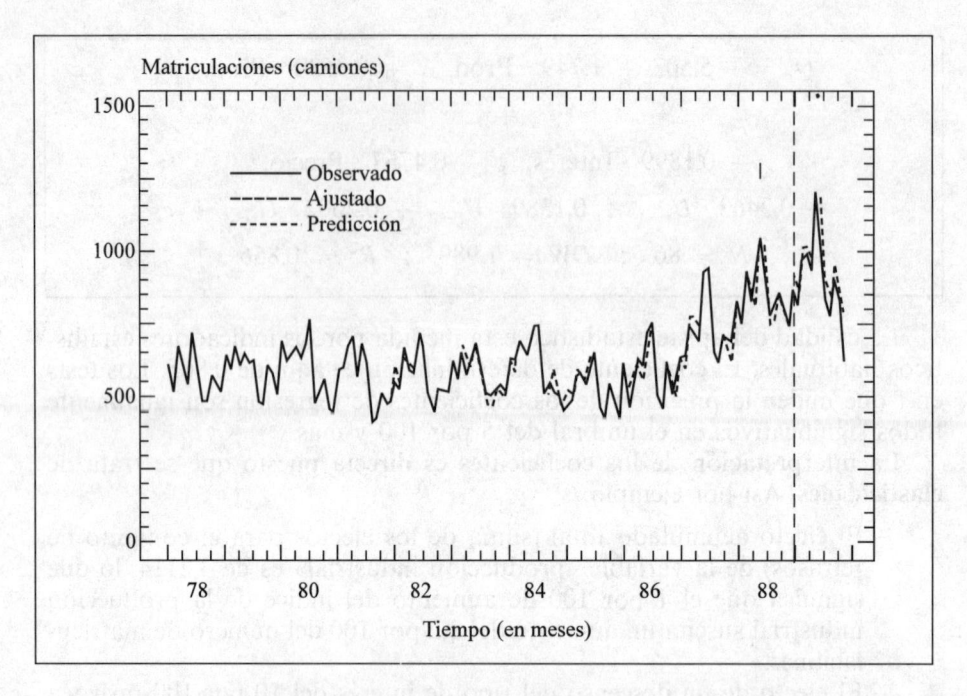

Figura 7.19. Ejemplo de estimación econométrica de la demanda primaria: demanda de camiones pesados en un país europeo. *Fuente: Peeters R. (1992).*

La mayor parte de los errores de previsiones se deben al hecho de que, en el momento de formular la previsión, se ha considerado más o menos implícitamente que las tendencias en curso se vayan a mantener en el futuro, lo que raramente se da en la realidad de la vida económica y social.

> En 1983-84, se han introducido en el mercado americano 67 nuevos modelos de microordenadores personales; la mayor parte de las empresas confían en un crecimiento explosivo de este mercado. Las previsiones formuladas en la época por empresas de investigación de mercados especializadas eran de 27 a 28 millones de unidades para el año 1988. Al final de 1986, solamente 15 millones de unidades han sido entregadas, las condiciones de utilización se habían visto fuertemente modificadas después, lo que no había sido previsto (Barnett, 1988, pág. 28).

La historia puede convertirse en una mala guía cuando las economías nacionales se modifican profundamente, conviertiéndose en internacionales y expuestas a cambios tecnológicos mayores. Son las capacidades de anticipación las que deben ser desarrolladas y esto supone un buen conocimiento de los factores clave y de la vulnerabilidad de la empresa a las amenazas del entorno.

7.4.5. Necesidad de un enfoque integrado: el método de los escenarios

El examen de las diferentes técnicas previsionales posibles ha puesto en evidencia las ventajas y los límites de cada uno de estos métodos de previsión. En realidad, estas técnicas son muy complementarias y un buen sistema de previsión debe poder recurrir a cada una de ellas.

En un entorno en turbulencia, es evidente que la intuición y la imaginación pueden ser instrumentos preciosos de percepción de la realidad y complementarios de enfoques cuantitativos que, por definición, no se apoyan más que en hechos observados. Por otra parte, se observa también que una técnica puramente cualitativa presenta unos riesgos importantes y que, en la medida de lo posible, las visiones e intuiciones deben ser analizadas a la luz de los hechos y de los conocimientos disponibles. Lo que importa, pues, es organizar el encuentro y la confrontación de estas dos técnicas.

El **método de los escenarios** es una buena forma de organizar la conjunción entre lo cualitativo y lo cuantitativo, y de integrar los diferentes métodos de previsión evocados anteriormente. Se puede definir un escenario como sigue:

> Una representación de los factores clave a tener en consideración y una descripción de la manera en que estos factores podrían afectar a la demanda global.

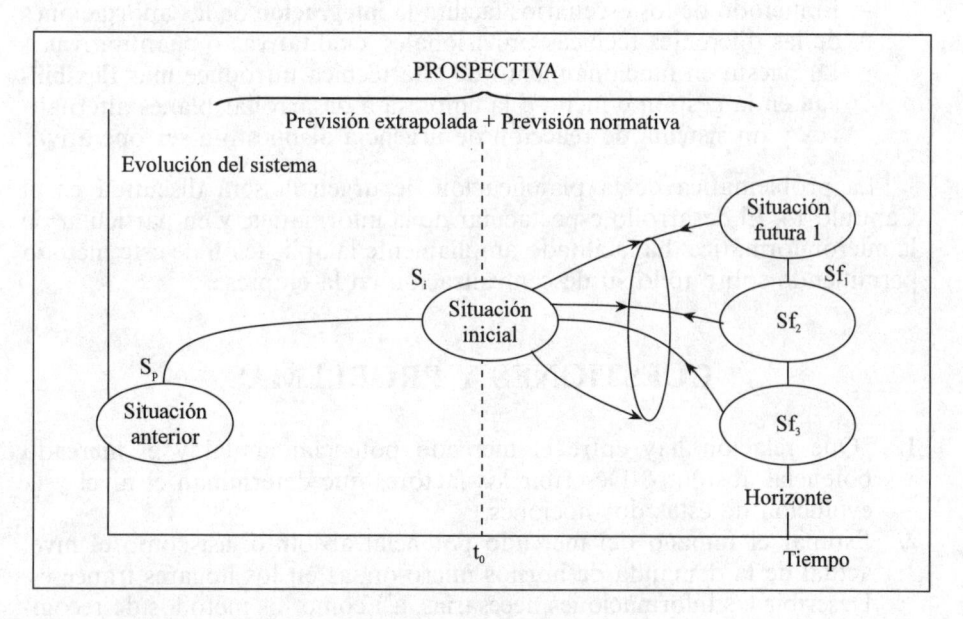

Figura 7.20. Proceso seguido en el método de los escenarios.
Fuente: de Boisanger P. (1988). «Reducir lo imprevisto a lo imprevisible», Futuribles, págs. 59-68.

Un escenario es pues diferente de una previsión. Una previsión es más un juicio que tiende a «predecir» una situación y que se presenta aisladamente, a tomar o a dejar en función de sus propios méritos. Un escenario, en cambio, es un instrumento que se **concibe para hacer reflexionar** y, sobre todo, en los puntos siguientes:

— Hacer comprender mejor la situación de un mercado y sus evoluciones pasadas.
— Sensibilizar las interacciones de la empresa con su entorno.
— Evaluar la vulnerabilidad ante las amenazas.
— Identificar las posibilidades de acción.

Gracias a esta sensibilización, el método permite **mejorar las capacidades de anticipación** y desarrollar la flexibilidad y la adaptabilidad de la empresa (de Boisanger 1988). Un escenario debe ser considerado conjuntamente con otros escenarios, un escenario de base y unos escenarios alternativos basados en los factores clave, como se muestra en la Figura 7.20.

Esta técnica, que se basa en definitiva en la convicción de que el futuro no puede ser completamente medido y dominado, presenta varias ventajas desde el punto de vista de la gestión.

— En primer lugar, sensibiliza a la empresa de la **incertidumbre** que caracteriza toda situación de mercado; en un entorno turbulento, la gestión implica la capacidad de anticipar la evolución del entorno.
— El método de los escenarios facilita la **integración** de las aportaciones de las diferentes técnicas previsionales, cualitativas o cuantitativas.
— La puesta en funcionamiento de esta técnica introduce más **flexibilidad** en la gestión e incita a la empresa a desarrollar planes alternativos y un sistema de reacción de urgencia dispuesto a ser operativo.

La problemática de la planificación de urgencia será discutida en el Capítulo 14. El desarrollo espectacular de la informática, y en particular de la microinformática, ha facilitado ampliamente la aplicación de este método permitiendo sobre todo su descentralización en la empresa.

CUESTIONES Y PROBLEMAS

1. ¿Qué relación hay entre el mercado potencial actual y el mercado potencial absoluto? Describir los factores que determinan el nivel y la evolución de estas dos nociones.
2. Estimar el tamaño del mercado potencial absoluto, así como el nivel actual de la demanda de hornos micro-ondas en los hogares franceses. Describir las informaciones necesarias, así como los métodos de recogida de estas informaciones.
3. ¿Cómo evalúa la elasticidad-precio de la demanda primaria en las diferentes fases del ciclo de vida de un producto? ¿Cuáles son los

factores que explican esta evolución y cuáles son las implicaciones de esta evolución en la estrategia marketing?
4. ¿Cómo procedería para elaborar un índice de poder y deseo de compra permitiendo estimar el mercado potencial regional de los seguros de vida?
5. Se pide, medir la actitud de los jóvenes frente a la publicidad en general. Describir la estructura causal que deberá guiar la recogida de información.

BIBLIOGRAFIA

Barnett F.W. (1988), «Four Steps to Forecast Total Market Demand», *Harvard Business Review*, july-august 1988, págs. 28-37.
Berry F.W. (1980), «Services Marketing is Different», *Business Magazine*, may-june.
Bishop W.S., Graham J.L. and Jones M.H. (1984), «Volatility of Derived Demand in Industrial Markets and its Management Implications», *Journal of Marketing*, Vol. 48, Fall, págs. 95-103.
Boisanger de P. (1988), «Réduire l'imprévu à l'imprévisible», *Futuribles*, mars, págs. 59-68.
Business International (1991), Indicators of Market Size for 117 Countries, Weekly Report, July 8.
Cox W.E. (1967) «Product life cycles as marketing models», *Journal of Business*, Vol. 40, October, págs. 375-384.
Day G.S. (1981), «The Product Life Cycle: Analysis and Application Issues», *Journal of Marketing*, Vol. 45, Fall, págs. 60-67.
Dhalla N.K. and Yuspeh S. (1976), «Forget the Product Life Cycle Concept», *Harvard Business Review*, january-february, págs. 102-112.
Eiglier P. et Langeard E. (1987), *Servuction*, Paris, Ediscience international.
Goldman A. and Muller E. (1982), *Measuring Shape Patterns Product Life Cycles: Implications for Marketing Strategy*: Unpublished Paper. Cité par Kotler (1988).
Hinkle J. (1966), *Life Cycles*, New York, Nielsen Cy.
Hunt S.D. (1983), «General Theories and the Fundamental Explananda of Marketing», *Journal of Marketing*, Vol. 47, Fall, págs. 9-17.
Kotler P. (1991), *Marketing Management*, Englewood Cliffs, Prentice-Hall Inc., 7th Edition.
Lambin J.J. (1987), «Le contrôle de la qualité dans le domaine des services», *Gestion 2000*, Vol. 1, págs. 63-75.
Lambin J.J. et Peeters R. (1977), *La gestion marketing de l'entreprise*, Paris, Presses Universitaires de France.
Levitt Th. (1985), *L'imagination au service du marketing*, Paris, Economica.
Makridakis S. and Wheelwright S.C. (1973), *Forecasting Methods for Management*, New York, John Wiley and Sons.
McCarthy J. (1960), *Basic Marketing: A Managerial Approach*, 1st Edition Homewood, III : R.D. Irwin.
Morris M.H. (1988), *Industrial and Organizational Marketing*, Columbus: Merril Publishing Company.
OCDE (1983), *Perspectives a long terme de l'industrie automobile mondiale*, Paris.
Peeters R. (1992), *Total Truck Demand in Europe: A Case Study*, IAG, Universite Catholique de Louvain, Louvain-la-Neuve, Belgique

Philips L.D. (1987), On adequacy of Judgemental Forecast, in : Wright G. and Aytol P. (Eds.), *Judgement Forecasting*, New York, John Willey.
Polli R. and Cook V. (1969), «Validity of the Product Life Cycle Concept», *Journal of Business*, Vol. 42, october, págs. 385-400.
Porter M.E. (1982), *Choix stratégique et concurrence*, Paris, Economica.
Rink D.R. and Swan J.E. (1979), «Product Life Cycle Research: A Literature Review», *Journal of Business Research*, september, págs. 219-242.
Shostack G.L. (1977), «Breaking Free from Product Marketing», *Journal of Marketing*, Vol. 41, april, págs. 73-80.
Stoffaès C. (1985), «Filières et stratégies industrielles», *Annales des mines*, janvier, págs. 9-20.
Swan J.E. and Rink D.R.(1982), Fitting Market strategy to Varying Product Life Cycles, *Business Horizons*, Jan-Feb. págs. 72-76.
Taylor J.W. (1986), *Competitive Marketing Strategies*, Radnor, Penn., Chilton Book Company.
Tellis G.J. and Crawford C.M. (1981) An Evolutionary Approach to Product Growth Theory, *Journal of Marketing*, Vol. 45, Fall págs. 125-134.
Wasson C.R. (1974), *Dynamic Competitive Strategy and the Product Life Cycle*, St. Charles: Challenge Books.
Weber J.A. (1976), *Growth Opportunity Analysis*, Reston, Virginia, Reston Publishing Cy.
Wilkie W.L. (1990), *Consumer Behavior*, 2nd. Edition, New York, J. Willey and Sons.
Yale J.P. (1964), «The Strategy of Nylon's Growth: Create New Marketing», *Modern Textiles Magazine*, february.
Zeithmal V.A. Parasuraman A. And Berry L.L.(1990), *Delivering Quality Service*, New York, The Free Press.

CAPITULO 8

El análisis de la competitividad de la empresa

Después de haber evaluado el atractivo propio de los productos mercados y segmentos que forman parte del mercado de referencia, la etapa siguiente de la gestión de marketing estratégico tiene como objetivo analizar el clima o la situación competitiva de cada uno de los productos mercados y evaluar a continuación la naturaleza y la fuerza de la **ventaja competitiva** que los competidores existentes ostentan en cada uno de ellos. Un producto mercado puede ser en sí muy atractivo, no siéndolo para una empresa determinada, dadas las fortalezas y las debilidades comparadas con las de los competidores más peligrosos. Un análisis de la competitividad tiene pues por objetivo identificar el tipo de ventaja competitiva que una empresa o una marca puede prevalecerse y evaluar la medida en la que esta ventaja es defendible, teniendo en cuenta la situación competitiva, las relaciones de las fuerzas existentes y las posiciones ocupadas por los competidores.

8.1. NOCION DE LA VENTAJA COMPETITIVA

Por ventaja competitiva se entiende las características o atributos que posee un producto o una marca que le da una cierta **superioridad sobre sus competidores inmediatos**. Estas características o atributos pueden ser de naturaleza variada y referirse al mismo producto (el servicio de base), a los servicios necesarios o añadidos que acompañan al servicio de base, o a las modalidades de producción, de distribución o de venta propios del producto o de la empresa.

Esta superioridad, allí donde exista, es pues una superioridad relativa establecida en referencia al competidor mejor situado en el producto mercado o segmento. Se habla entonces del competidor más peligroso, o también del **competidor prioritario**.

La superioridad relativa de un competidor puede resultar de una multiplicidad de factores. De manera general, se pueden reagrupar estos factores en dos grandes categorías según el origen de la ventaja competitiva que proporcionen. La ventaja competitiva puede ser interna o externa.

> Una ventaja competitiva se denomina «**externa**», cuando se apoya en unas cualidades distintivas del producto que constituyen un **valor para el comprador**, bien disminuyendo sus costes de uso, bien aumentando su rendimiento de uso.

Una ventaja competitiva externa da a la empresa un «**poder de mercado**» aumentado, en el sentido de que está en condiciones de hacer aceptar por el mercado un precio de venta superior al del competidor prioritario que no estará en posesión de la misma cualidad distintiva. Una estrategia fundamentada en una ventaja competitiva externa es una **estrategia de diferenciación** que principalmente pone de relieve el saber hacer del marketing de la empresa, su capacidad de detectar y de encontrar mejor las expectativas de los compradores todavía no satisfechas por los productos actuales.

> Una ventaja competitiva es «**interna**» cuando se apoya en una superioridad de la empresa en el área de los costes de fabricación, de administración o de gestión del producto que aporta un «**valor al productor**» dándole un coste unitario inferior al del competidor prioritario.

Una ventaja competitiva interna es el resultado de una mejor «**productividad**» y por esto da a la empresa una rentabilidad mejor y una mayor capacidad de resistencia a una reducción del precio de venta impuesta por el mercado o por la competencia. Una estrategia basada en una ventaja competitiva interna es una **estrategia de dominación a través de los costes** que principalmente pone de relieve el saber hacer organizativo y tecnológico de la empresa.

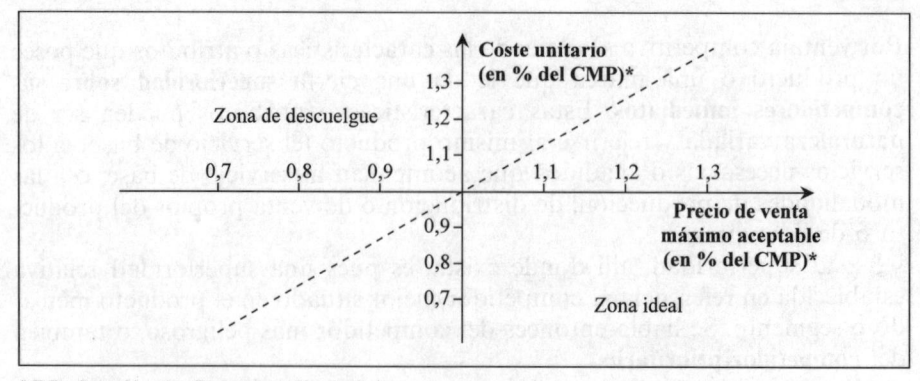

* CMP = Competidor más peligroso o competidor prioritario.

Figura 8.1. Noción de ventaja competitiva.

Estos dos tipos de ventajas competitivas son de origen y de naturaleza distintas, muchas veces incompatibles por el hecho de implicar capacidades y culturas muy diferentes. El gráfico de la Figura 8.1 refleja estas dos dimensiones de la ventaja competitiva, que se puede expresar bajo la forma de las dos preguntas siguientes:

— **Poder de mercado**: ¿Cómo se comparará nuestro precio de venta máximo aceptable por el mercado, en relación al de nuestro competidor prioritario?
— **Productividad**: ¿Cómo se comparará nuestro coste unitario en relación al de nuestro competidor prioritario?

En el eje de abscisas de la Figura 8.1 se encuentra el precio de venta máximo aceptable y en el eje de ordenadas el coste unitario. Estos dos datos están expresados, tanto uno como el otro, en porcentajes en relación al competidor prioritario.

— Un posicionamiento en los cuadrantes superior izquierda e inferior derecha son extremos, desastrosos o ideal respectivamente.
— Un posicionamiento en el cuadrante inferior izquierda implica una estrategia de dominación a través de los costes.
— Un posicionamiento en el cuadrante superior derecha conduce a una estrategia de diferenciación.
— La bisectriz delimita las zonas favorables y desfavorables.

El objetivo de un análisis de competitividad es permitir a la empresa situarse en estos ejes y extraer las implicaciones estratégicas y los objetivos prioritarios. Para situarse en el **eje del «poder de mercado»**, se utilizarán especialmente las informaciones proporcionadas por los estudios de imagen de marca que, como se ha observado en el Capítulo 5, permiten medir el valor percibido de una marca y estimar las elasticidades al precio. En cuanto al eje **«productividad»**, se recurrirá a la ley de experiencia allí donde sea de aplicación (ver Sección 8.3 a continuación) o bien se utilizarán las informaciones aportadas por el sistema de inteligencia de marketing que principalmente tienen como misión vigilar a la competencia.

8.2. NOCION DE «RIVALIDAD AMPLIADA»

La noción de rivalidad ampliada, debida a Porter (1982), se apoya en la idea de que la capacidad de una empresa para explotar una ventaja competitiva en su mercado de referencia depende no solamente de la competencia directa que ahí encuentre, sino también del papel ejercido por las fuerzas rivales como los competidores potenciales, los productos sustitutivos, los clientes y los proveedores. Las dos primeras fuerzas constituyen una amenaza directa; las otras dos, una amenaza indirecta debido a su poder de negociación. El juego combinado de estas cinco fuerzas competitivas, descrito en la Figura 8.2, es lo que determina, en última instancia, el beneficio potencial de un producto mercado. Las fuerzas dominantes que van a modelar el clima competitivo difieren evidentemente de un mercado a otro.

Apoyándose en el análisis de Porter (1982), se examinarán sucesivamente el papel de las cuatro fuerzas competitivas. El análisis de la lucha competitiva entre competidores directos se llevará a cabo en la Sección 8.3.

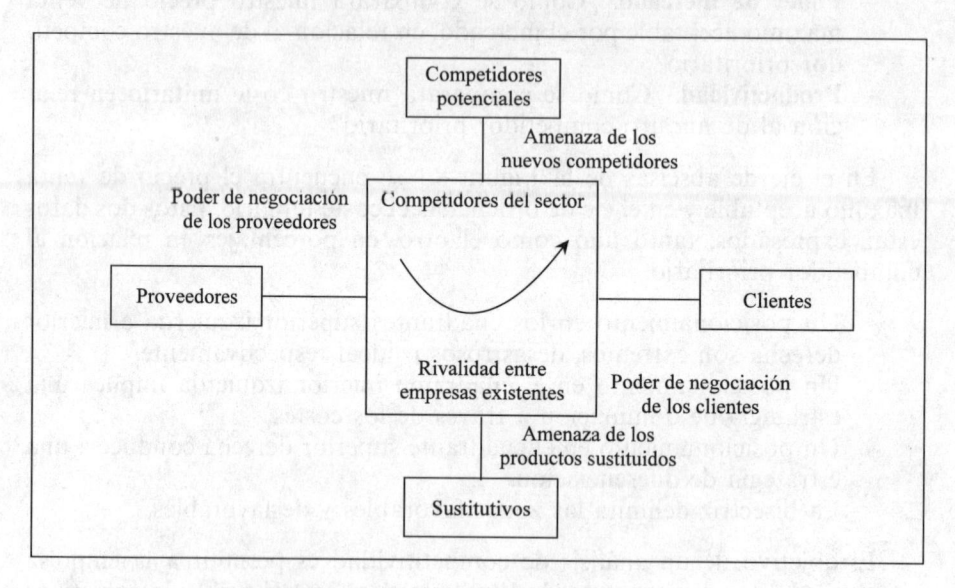

Figura 8.2. Noción de rivalidad ampliada.
Fuente: Porter M. (1982).

8.2.1. La amenaza de los nuevos competidores

Los competidores potenciales susceptibles de entrar en un mercado constituyen una amenaza que la empresa debe reducir y contra la cual debe protegerse creando barreras de entrada. Los competidores potenciales pueden ser identificados entre los grupos de empresas siguientes:

— Las empresas externas al producto mercado que podrían fácilmente superar los obstáculos a la entrada.
— Las empresas para las cuales una entrada constituiría una sinergia manifiesta.
— Las empresas para las cuales la entrada es la prolongación lógica de su estrategia.
— Los clientes o los proveedores que pueden proceder a una integración hacia el origen o hacia el consumidor (Porter, 1982, pág. 55).

La importancia de esta amenaza depende de la altura de las **barreras de entrada** y del vigor de las reacciones que espera encontrar el competidor potencial. Las barreras de entrada posibles son las siguientes:

- Las **economías de escala** que obligan al nuevo competidor a arrancar en gran escala, con el riesgo de incurrir en desventajas a nivel de costes.
- Las diferencias entre productos bien protegidos por **patentes**, como se ha visto en el conflicto que ha enfrentado a Kodak y Polaroid.
- La fuerza de una **imagen de marca** que entraña un elevado nivel de fidelidad entre los compradores poco sensibles a los argumentos de un recién llegado.
- Las **necesidades de capital** que pueden ser considerables, no solamente para financiar instalaciones de producción, sino también elementos como los stocks, el crédito a clientes, los gastos de publicidad, etc.
- El **coste de transferencia**, es decir, el coste del cambio real o psicológico que el comprador debe soportar para pasar del producto del proveedor establecido al producto del nuevo competidor.
- El **acceso a los canales de distribución**: los distribuidores pueden ser reticentes a referenciar un producto suplementario; a veces, el nuevo competidor está forzado a crear un canal nuevo.
- El **efecto de experiencia** y la ventaja de costes mantenidos por el productor establecido que pueden ser muy importantes, sobre todo en los sectores con fuerte intensidad de mano de obra.

Las anticipaciones del competidor potencial en cuanto al vigor de las reacciones de los competidores establecidos y en cuanto al carácter disuasorio, de las represalias que pueden organizar van igualmente a influir en su grado de determinación. La fuerza disuasiva de la réplica dependerá principalmente de los factores siguientes:

- Un pasado y una reputación de agresividad respecto a los nuevos competidores.
- El grado de compromiso de la empresa establecida en el producto mercado.
- La disponibilidad de recursos financieros importantes y su grado de liquidez.
- Una capacidad de represalias incluso en el mercado del nuevo competidor.

El conjunto de estas condiciones —la existencia de barreras defendibles y la capacidad de réplica— es lo que va a constituir el precio disuasorio de entrada para el competidor potencial.

8.2.2. La amenaza de los productos sustitutivos

Los productos sustitutivos son los productos que desempeñan la misma función para el mismo grupo de consumidores, pero que se basan en una tecnología diferente. Refiriéndose a las distinciones establecidas en el Capítulo 5, los productos sustitutivos entran pues en la definición de un mercado, el cual agrupa «el conjunto de las tecnologías para una función y un grupo de consumidores». Estos productos constituyen una amenaza permanente en la medida en que la sustitución pueda hacerse siempre. Esta amenaza puede agravarse cuando, bajo el impacto de un cambio tecnológico por ejemplo, la relación calidad/precio del producto sustitutivo se modifica en relación a la del producto-mercado de referencia.

> La evolución a la baja del precio de los micro-ordenadores ha favorecido el desarrollo de la comunicación electrónica en detrimento de los equipos tipográficos tradicionales. Numerosos trabajos, en otros tiempos confiados a los impresores, son hoy en día realizados en las empresas (*desktop publishing*).

En realidad, los precios de los productos sustitutivos imponen un techo al precio que las empresas del producto-mercado pueden practicar. A medida que el producto sustitutivo constituye una alternativa interesante para el usuario, en cuanto al precio practicado, el techo con el que topan estas empresas es más resistente (Porter, 1982, pág. 25).

> Este fenómeno es muy visible en el mercado de productos energéticos y tiene gran impacto en el desarrollo de nuevas fuentes de energía. El alza del precio del petróleo ha facilitado el desarrollo de la energía nuclear, así como de la energía solar.

Evidentemente, son los productos sustitutivos los que están evolucionando en el sentido de una mejora en su relación calidad/precio, con respecto a la del producto mercado los que deben ser objeto de una vigilancia particular. Además es necesario, en esta comparación, estar muy atento a los costes de conversión (reales y psicológicos) que pueden ser muy elevados y anular, para el comprador, el impacto del diferencial de precio.

La identificación de los productos sustitutivos no es siempre evidente. El objetivo es buscar sistemáticamente los productos que responden a la misma necesidad genérica o desempeñan la misma función. Esta búsqueda puede a veces conducir a industrias muy alejadas de la industria de partida. Contentarse con observar los usos practicados en el grupo de los grandes usuarios del producto es insuficiente porque la observación corre peligro de llegar demasiado tarde. Es necesario, pues, un sistema de vigilancia de las evoluciones tecnológicas, de manera que permitan la adopción de un comportamiento práctico y no solamente de rebote.

8.2.3. El poder de negociación de los clientes

Los clientes detentan un poder de negociación frente a los proveedores. Pueden influir la rentabilidad potencial de una actividad obligando a la empresa a realizar bajadas de precios, exigiendo servicios más amplios, condiciones de pago más favorables o también enfrentando a un competidor contra otro. La importancia de este poder de negociación depende de un cierto número de condiciones (Porter, 1982, págs. 27-28):

— El grupo de clientes está concentrado o compra **cantidades importantes** en relación a la cifra de ventas del vendedor; es el caso de la gran distribución y, en Francia, de las megacentrales de compra.
— Los productos comprados por el cliente representan una parte muy importante de su propio coste, lo que le conducirá a negociar duramente.
— Los productos comprados están **poco diferenciados** y los clientes están seguros de poder encontrar otros proveedores.
— Los **costes de transferencia**, es decir, el coste de cambio de proveedores, son reducidos para el cliente.
— Los clientes representan una **amenaza real de integración** hacia el origen y son competidores potenciales peligrosos.
— El cliente dispone de **información completa** sobre la demanda, los precios reales de mercado y también sobre los costes del proveedor.

Estas condiciones valen tanto para los bienes de consumo como para los bienes industriales; valen también para los detallistas frente a los mayoristas, y para los mayoristas respecto a los fabricantes. Una situación de este tipo, donde el poder de negociación de los clientes es muy elevado, se observa en Bélgica y en Francia en el sector de la alimentación, donde la gran distribución está muy concentrada y en situación de dictar sus condiciones a los fabricantes.

Las consideraciones precedentes ponen de manifiesto que la elección de los clientes a los cuales se va a vender es una decisión de importancia estratégica. Una empresa puede mejorar su posición competitiva por una **política de selección de su clientela**, cuyo objetivo es tener una buena distribución de la cifra de ventas y evitar así toda forma de dependencia respecto al grupo de clientes.

8.2.4. El poder de negociación de los proveedores

El poder de los proveedores frente a los clientes reside en el hecho de que tienen la posibilidad de aumentar los precios de sus entregas, de reducir la calidad de los productos o de limitar las cantidades vendidas a un cliente concreto. Proveedores poderosos pueden así hacer fuerza sobre la rentabilidad de una actividad si los clientes no tienen la posibilidad de repercutir en sus propios precios las subidas de costes aplicadas.

Así, por ejemplo, el aumento de precios de los productos siderúrgicos básicos, impuestos en Europa en los años 1980-1982 por el Plan

Davignon, ha contribuido a la erosión de la rentabilidad de las empresas del sector de fabricaciones metálicas, situadas más hacia abajo y que, debido a una competencia intensiva, no tenían la posibilidad de aumentar sus precios.

Las condiciones que aseguran un poder elevado de negociación a un proveedor son similares a las que prevalecen en el poder de los clientes (Porter, 1982, págs. 30-31).

— El grupo de proveedores está más concentrado que el grupo de clientes al cual vende.
— El proveedor no está enfrentado a unos productos susceptibles de sustituir a los productos que él proporciona.
— La empresa no es un cliente importante para el proveedor.
— El producto es un medio de producción importante para el cliente.
— El grupo de proveedores tiene diferenciados sus productos o ha creado unos costes de transferencia que convierten al cliente en cautivo.
— El grupo de proveedores constituye una amenaza real de integración hacia el consumidor.

Hay que destacar que la mano de obra utilizada en la empresa forma parte de los proveedores. En razón de esto, y según su grado de organización o de sindicalización, la mano de obra mantiene un poder de negociación nada despreciable, que puede igualmente pesar sobre la rentabilidad potencial de una actividad.

Estas cuatro fuerzas competitivas externas, a las cuales es preciso añadir la rivalidad directa entre empresas en el mismo seno del producto mercado, determinan la rentabilidad y el poder de mercado potencial de la empresa.

8.3. EL ANALISIS DE LAS SITUACIONES COMPETITIVAS

La intensidad y las formas de lucha competitiva entre rivales directos en un producto mercado varían según la naturaleza de la situación competitiva observada. La situación competitiva describe el **grado de interdependencia entre competidores**, lo cual suscita unos comportamientos competitivos característicos. En el análisis de una situación de mercado concreta, resulta cómodo referirse a las diversas estructuras competitivas propuestas por los economistas y a propósito de las cuales existen numerosos trabajos teóricos y empíricos. Se distinguen habitualmente cuatro situaciones competitivas: la competencia pura o perfecta, el oligopolio, la competencia monopolística (o imperfecta) y el monopolio. Se examinarán sucesivamente estas situaciones tipo, poniendo de manifiesto sus implicaciones sobre los comportamientos competitivos esperados.

8.3.1. La competencia pura o perfecta

El modelo de la competencia pura se caracteriza por la presencia en el mercado de un gran número de vendedores frente a un gran número de compradores, no siendo ninguno de ellos lo suficientemente fuerte como para influir en el nivel de precios. Los productos, cuyas características están definidas muy exactamente, son perfectamente sustituibles entre ellos y se venden al precio de mercado, el cual se establece estrictamente por el **juego de la oferta y la demanda**. En este tipo de mercado, los vendedores no mantienen ningún poder de mercado y sus comportamientos no están afectados por sus acciones respectivas. Las características clave son pues las siguientes:

— Número elevado de vendedores y compradores.
— Productos indiferenciados perfectamente sustituibles.
— Ausencia total de poder de mercado.

Este tipo de situación se encuentra en los mercados industriales para productos banalizados y en los mercados de productos básicos (*commodities*), tales como las materias primas alimenticias (*soft commodities*) y los mercados de minerales y metales. Se trata, pues, de mercados organizados (*terminal markets*) como, por ejemplo, el London Metal Exchange (LME) de Londres o las diferentes bolsas de materias primas.

En un mercado de competencia pura es el juego de la oferta y de la demanda lo que es determinante. Para la empresa, el precio es un dato y la variable de acción es la cantidad ofrecida. La función de demanda es, por tanto, una función inversa, del tipo:

$$P = f(Q)$$

donde P, el precio del mercado, es la variable dependiente y Q, la cantidad ofrecida, la variable independiente. La única maniobra posible para la empresa que busca mejorar su rendimiento es modificar sus entregas al mercado, o bien intervenir sobre su capacidad de producción aumentándola o disminuyéndola según lo atractivo que sea el precio de mercado. A corto plazo, la vigilancia de los niveles de producción de la competencia y de la entrada de nuevos competidores es esencial, ya que permite anticipar la evolución de los precios.

A largo plazo, la empresa industrial tiene, evidentemente, interés en **salir del anonimato de la competencia pura**, buscando diferenciar sus productos para reducir su grado de sustitución, o intentando crear un coste de transferencia para el comprador. Este tipo de resultado puede ser obtenido, por ejemplo, por un control severo de la calidad acompañado de una política de marca.

Esta es la estrategia seguida por un cierto número de países exportadores de productos alimenticios, que se esfuerzan así en sostener los precios y la demanda de sus productos: el café de Colombia, las naranjas de España, los frutos del Cabo, el acero sueco, etc., son intentos de diferenciación de este tipo.

Otra manera de salir del estancamiento de la competencia pura es desarrollarse hacia abajo en la cadena industrial, integrando actividades que incorporen el producto, teniendo como objetivo establecer el nivel de demanda y diversificarse hacia actividades de alto valor añadido.

8.3.2. El oligopolio

El oligopolio es una situación donde la dependencia entre empresas rivales es muy fuerte, debido al número reducido de competidores o a la presencia de algunas empresas dominantes. En mercados concentrados de este tipo, las fuerzas existentes son conocidas por cada uno y las acciones emprendidas por un competidor son advertidas por los demás que están desde entonces inclinados a reaccionar. El resultado de una maniobra estratégica depende, pues, ampliamente de la actitud reactiva o no de las demás empresas competidoras. La noción de elasticidad de reacción, descrita en la Figura 8.3 mide la fuerza de esta actitud reactiva.

La dependencia entre competidores es tanto más fuerte cuanto más indiferenciados son los productos de las empresas existentes, se habla entonces de **oligopolio indiferenciado** en oposición al **oligopolio diferenciado**, donde los bienes tienen cualidades distintivas importantes para el comprador. Los casos de oligopolio se encuentran más frecuentemente en los productos-mercados situados en fase de madurez de su ciclo de vida, es decir, cuando la demanda primaria está estancada y no es expansible.

El mecanismo de una guerra de precios

En el oligopolio indiferenciado, los productos son percibidos como mercancías básicas (*commodities*) y la elección del comprador descansará en el precio y en el servicio prestado. Estas condiciones son, pues, favorables a una competencia intensa en precios, salvo si una empresa dominante puede imponer una disciplina y hacer aceptar un precio director. Se habla entonces de situación de **«liderazgo en precios»**, donde el precio propuesto por la empresa dominante sirve de precio de referencia al conjunto de competidores. Si, por el contrario, se desarrolla una competencia en el precio, generalmente acabará en una degradación de la rentabilidad del conjunto de los rivales, sobre todo si la demanda global es no expansible. El escenario de la guerra de precios se desarrolla entonces como sigue:

— El descenso de precios efectuado por una empresa suscita desplazamientos importantes de compradores atraídos por el precio reducido.

- La intensidad de la reacción de una empresa a una acción rival puede expresarse cuantitativamente por la noción de la elasticidad de reacción.
- Designando con el índice i a la empresa que inicia la acción y con el índice r, a la que resiste, se tiene una función del tipo:

$$M_{r,t} = f(M_{i,t}) \qquad (1)$$

donde M designa una variable de marketing cualquiera y t el tiempo. Esta función supone que la reacción es instantánea, lo que se observa con mayor frecuencia para acciones basadas en los precios que para las demás variables de marketing que requieren un tiempo de ajuste más largo; adaptación técnica por la calidad, inercia de la distribución, puesta a punto de una campaña publicitaria.

En el caso general, se tendrá, pues, la siguiente función:

$$M_{r \cdot f} = f(M_{i, t \cdot k})$$

La elasticidad de reacción se define como sigue:

$$\varepsilon_{i,r} = \frac{\% \text{ de variación de } M_r}{\% \text{ de variación de } M_i} \qquad (2)$$

- La interpretación de la magnitud de la elasticidad de reacción es inmediata:
  - una elasticidad próxima a 0 corresponde a una ausencia de reacción de la competencia: los comportamientos son independientes;
  - una elasticidad comprendida entre 0,20 y 0,80 implica una adaptación parcial;
  - una elasticidad comprendida entre 0,80 y 1,00 revela un alineamiento casi completo;
  - una elasticidad superir a 1 es reveladora de una escalada o de una sobrepuja entre competidores.

Las estrategias de reacción pueden ser complejas y concebirse en términos de variables de marketing diferentes (reacción directa o indirecta) o en términos de diversas variables (reacciones simples o múltiples).

Figura 8.1. Noción de elasticidad de reacción.
Fuente: Lambin, J.J. y Peeters, R. (1977).

— La cuota de mercado de la empresa aumenta, lo que inmediatamente es advertido por los competidores que quieren disminuírsela y que adoptan la misma bajada de precios para contrarrestar el movimiento.
— La igualdad de los precios entre rivales es restaurada, pero a un nivel de precios inferior y menos remunerador para todo el mundo.
— Siendo no expansible la demanda global en el producto mercado, el descenso del precio medio no ha contribuido a aumentar el tamaño del mercado total.

La ausencia de cooperación o de disciplina conduce a una situación deteriorada para cada uno. La secuencia de acciones y reacciones, así como los principales conceptos de la demanda puestos de manifiesto en cada nudo, están representados bajo la forma de un árbol en la Figura 8.4.

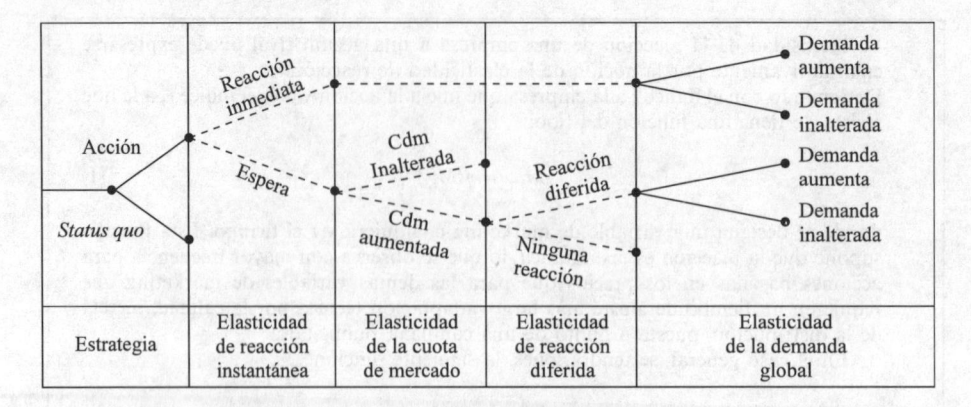

Figura 8.4. Análisis de una estrategia de reacción competitiva.
Fuente: Adaptado de Lambin, J.J. y Peeters (1977).

En un mercado no expansible, la competencia llega a ser un juego de reparto de mercado. Las empresas que buscan aumentar sus ventas no pueden hacerlo más que en detrimento de sus competidores directos. La competencia tiende entonces a volverse más agresiva que en una situación de crecimiento, donde cada uno tiene la posibilidad de aumentar sus ventas contentándose en progresar al ritmo de aumento de la demanda global, es decir, con una cuota de mercado constante.

Tipos de comportamientos competitivos

En un mercado estancado y de estructura oligopolística, la consideración explícita de los comportamientos de los competidores es un aspecto esencial que debe presidir la elaboración de la estrategia. Por **comportamiento competitivo** se entiende la actitud que toma una empresa en su proceso de decisión frente a las acciones y reacciones de sus competidores. Se pueden reagrupar las actitudes, efectivamente observadas en la práctica, en torno a cinco comportamientos tipo.

— Un **comportamiento independiente** se observa cuando las acciones y/o reacciones de los competidores no son tenidas en cuenta, ni implícitamente ni explícitamente, en las decisiones de la empresa; esta actitud se observa principalmente para todas las decisiones secundarias y se encuentra a veces en decisiones, incluso estratégicas, de empresas que detentan una posición dominante en el mercado.

— Un **comportamiento acomodante** corresponde a una actitud confiada o complaciente que busca el acuerdo o la colusión, tácita o explícita, antes que la confrontación sistemática. El acuerdo tácito aparece frecuentemente entre empresas medianas; el acuerdo explícito, en cambio, se da más bien entre las grandes empresas en mercados oligopolísticos, no sometidos a reglamentaciones sobre la competencia o poco controlados en este aspecto.

- Un **comportamiento adaptativo** se basa en una consideración explícita de las acciones de la competencia; consiste en adaptar sus propias decisiones a las decisiones observadas en la competencia, sin anticipar nunca las reacciones ulteriores de ésta. Si los diversos competidores en el mercado adoptan todos un comportamiento de este tipo, se asiste a una sucesión de adaptaciones mutuas, hasta una estabilización eventual. Este tipo de comportamiento fue descrito principalmente por Cournot.
- Un **comportamiento anticipativo** es un comportamiento más sofisticado que consiste en anticiparse a los competidores en las reacciones a las decisiones de la empresa, atribuyéndoles un comportamiento del tipo precedente; se supone aquí que la empresa conoce la función de reacción de sus competidores y la incorpora en la elaboración de su estrategia. Este tipo de comportamiento ha sido explicitado por von Stackelberg. Con el desarrollo del marketing estratégico, se encuentra cada vez más frecuentemente en los mercados de estructura oligopolística en los que las leyes sobre la competencia son de estricta aplicación.
- Un **comportamiento agresivo o guerrero** consiste igualmente en anticipar por parte de los competidores las reacciones a las decisiones de la empresa, pero atribuyéndoles esta vez un comportamiento que los llevará a adoptar la estrategia más desfavorable para el adversario. Este tipo de comportamiento se encuentra principalmente en los mercados oligopolísticos con demanda global no expansible, en donde toda ganancia para uno es necesariamente una pérdida para los demás. Esta clase de situación ha sido estudiada en la teoría de los juegos «de suma cero», que propone como estrategia óptima la que conduce a los riesgos de pérdidas menores.

En esta situación de oligopolio indiferenciado, los comportamientos más frecuentes son los comportamientos adaptativos y anticipativos. No es extraño observar a veces comportamientos bélicos del tipo de los descritos por la teoría de juegos, principalmente en las decisiones de precios, con el riesgo de desembocar en guerras de precios que generalmente tienen consecuencias desfavorables para todos.

El marketing de guerra

En las economías industrializadas, las situaciones de oligopolio son frecuentes y en numerosos sectores industriales las empresas se enfrentan con productos escasamente diferenciados en mercados estancados y saturados, donde la ganancia de uno supone necesariamente la pérdida del otro. En este tipo de situación, contrarrestar las acciones de la competencia se convierte en un factor clave de éxito. Este clima competitivo favorece evidentemente la adopción de un **marketing de combate** que pone en el centro de sus preocupaciones la destrucción del adversario. Kotler y Singh (1981), Ries y

Trout (1986), Durö y Sandström (1988) han activado la analogía con la **estrategia militar** y han propuesto diferentes tipologías de las estrategias competitivas que se inspiran directamente en los trabajos de von Clausewitz (1908). Ries y Trout (1986) llevan las cosas muy lejos; según ellos, el papel del marketing sería el siguiente:

> «La verdadera naturaleza del marketing contemporáneo no es la satisfacción de las necesidades y deseos humanos, sino la de frustrar los propósitos del competidor, dándole la vuelta y dominándole.» (Ries y Trout 1986, pág. 7.)

Está claro que esta visión de las cosas está en contraposición con la orientación de mercado tal como la habíamos definido más arriba y que sugiere que se debe mantener un equilibrio entre la orientación-cliente y la orientación-competencia. ¿Cuál será realmente la utilidad de batir a los competidores con productos que los consumidores ya no desean?

Análisis de las reacciones competitivas

Las empresas se oponen las unas a las otras en un mercado de oligopolio recurriendo a medios de marketing diferentes y privilegiando ciertas estrategias. La matriz de reacción competitiva presentada en la Figura 8.5 es un instrumento útil para analizar y anticipar el tipo de estrategias que pueden adoptarse como reacción a una acción tomada por la competencia directa (Lambin 1976, págs. 22-27).

La matriz enfrenta dos marcas, la marca estudiada (A) y su competencia directa (B). La una y la otra puede actuar o reaccionar en términos de diferentes medios de marketing, por ejemplo, el precio, la publicidad o la calidad del producto.

> En la matriz de la Figura 8.5, se sitúan en las líneas las acciones iniciadas por la marca A. Las acciones posibles son las de reducir el precio, aumentar la presión publicitaria o mejorar la calidad del producto. Las reacciones de la marca B, la competencia más peligrosa, están representadas en columnas. Los coeficientes de la matriz son las elasticidades de reacción o las probabilidades de reacción de la marca B a las iniciativas tomadas por la marca A.

En la diagonal de la matriz figuran las **elasticidades de reacción directa**, o probabilidades de que la marca B responda a la marca A sobre el mismo terreno, por ejemplo, que la marca B reaccionara con un precio bajo a una bajada de precio. Fuera de la diagonal tenemos las **elasticidades de reacción indirectas**, o probabilidades de que la marca B reaccione a la marca A en un terreno diferente, por ejemplo, contraponiendo a una bajada de precio un aumento de la presión publicitaria. Estas elasticidades de reacción pueden

Acción de la marca A	Reacción de la marca B a la competencia de A		
	Precio (p)	Publicidad (s)	Calidad (x)
Precio (*)	$\varepsilon_{p,p}$	$\varepsilon_{p,s}$	$\varepsilon_{p,x}$
Publicidad	$\varepsilon_{s,p}$	$\varepsilon_{s,s}$	$\varepsilon_{s,x}$
Calidad	$\varepsilon_{x,p}$	$\varepsilon_{x,s}$	$\varepsilon_{x,x}$

* El primer índice designa la marca que toma la iniciativa de la acción, y el segundo describe la respuesta del competidor.

Figura 8.5. La matriz de elasticidades de reacción competitiva.

ser estimadas por referencia a comportamientos anteriores o apoyándose en las opiniones de los directivos y de sus evaluaciones de las fuerzas y debilidades de la competencia. Una vez construida la matriz, cada acción de marketing considerada puede ser analizada por la luz de las reacciones probables de la competencia. La arborescencia de la Figura 8.4. describe la secuencia lógica del análisis.

Si los datos que figuran en la matriz son de probabilidades, su suma horizontal deberá ser igual a la unidad.

> Por ejemplo, si los directivos piensan que existe un 70 por 100 de probabilidades de que la competencia se equipare en una reducción de precio, pero sólo un 20 por 100 de que sea capaz de adoptar la misma mejora de la calidad del producto, puede ser más interesante dar prioridad a un programa de calidad en lugar de una acción sobre el precio puesto que el riesgo de ser imitados es menor.

La matriz de las reacciones competitivas es un instrumento útil para intentar anticipar mejor las reacciones de la competencia. Se pueden añadir otros instrumentos del marketing en la matriz. De la misma forma, se deberá tener en cuenta los retrasos en las reacciones. Para un ejemplo de aplicación sobre el marcado de máquinas de afeitar eléctricas, ver Lambin et al. (1975).

Necesidad de un sistema de vigilancia de la competencia

La actitud a adoptar frente a la competencia es un elemento central de una estrategia. Esta actitud debe poder apoyarse en un análisis preciso de los competidores. Porter (1982) describe como sigue los objetivos de un análisis de la competencia.

> «El análisis de la competencia tiene como fin revelar la naturaleza y el grado de éxito de los cambios estratégicos que, según toda verosimilitud, cada competidor podrá emprender, las reacciones probables de cada competidor frente a los movimientos estratégicos

posibles de las demás empresas y sus reacciones probables frente al conjunto de las transformaciones más amplias del entorno que pudieran sobrevenir.» (Porter, 1982, pág. 52.)

Un sistema de vigilancia de la competencia se debe construir alrededor de cuatro grandes cuestiones que van a guiar la recogida de información sobre la competencia:

— ¿Cuáles son los principales objetivos de la competencia?
— ¿Cuál es la estrategia utilizada actualmente para alcanzar dichos objetivos?
— ¿De qué medios (capacidades y recursos) disponen los competidores para poner en marcha esta estrategia?
— ¿Cuál será la estrategia que adopten en el futuro?

Las respuestas a las tres primeras cuestiones deberían aportar las informaciones de base que permitan predecir la estrategia futura. Estos cuatro tipos de información forman la estructura de un sistema de información sobre la competencia. Numerosas sociedades han descubierto la importancia del análisis de la competencia y consagran recursos para la recogida de las informaciones necesarias. He aquí algunos ejemplos.

— IBM tiene un departamento de análisis comercial que centraliza la información sobre la competencia aportadas por los responsables de las agencias locales.
— Texas Instrument analiza sistemáticamente los contratos gubernamentales ganados por la competencia para medir la fortaleza de su plan tecnológico.
— Citicorp tiene un directivo que detenta el cargo de «Manager of Competitive Intelligence».
— McDonald distribuye a los responsables de sus restaurantes la publicidad y las ofertas promocionales de Burger King y de Wendy, sus dos competidores más peligrosos en Estados Unidos.

Una fuerte interdependencia competitiva en un producto-mercado es poco atractiva, porque limita la libertad de acción de la empresa. Para escapar a esta interdependencia la empresa puede, bien intentar diferenciarse de sus competidores, o bien buscar nuevos productos-mercados con una estrategia activa de segmentación.

8.3.3. La competencia monopolística o imperfecta

La situación de competencia monopolística se sitúa entre la competencia pura y el monopolio (Chamberlin, 1950). Los competidores son numerosos y de fuerza equilibrada, pero los productos están diferenciados, es decir, presentan características distintivas importantes para el comprador y percibidas como tales por el conjunto del producto mercado. La diferenciación puede adoptar diferentes formas: un sabor si se trata de una bebida por ejemplo, una característica técnica concreta, una combinación original de características que favorece una variedad de usos diferentes, la calidad y la extensión de los servicios ofrecidos a la clientela, la red de distribución, la fuerza de una imagen de marca, etc. En la base de una situación de competencia monopolística se encuentra, pues, una **estrategia de diferenciación** basada en una ventaja competitiva externa.

Condiciones de éxito de una estrategia de diferenciación

Para tener éxito una **estrategia de diferenciación**, hay un cierto número de condiciones que deben reunirse:

— Sea cual fuere la fuente de la diferenciación, debe representar un **«valor»** para el comprador.
— Este valor puede representar para el comprador, bien un aumento de su **rendimiento de uso** (mayor satisfacción), bien una disminución de su **coste** de consumo o de uso.
— El valor para el comprador debe ser suficientemente importante para que este último acepte pagar un **suplemento de precio** para beneficiarse.
— El elemento de diferenciación debe ser **«defendible»** por la empresa, es decir, estar al abrigo de una incitación inmediata por los competidores.
— El suplemento de precio pagado por el comprador debe ser superior al **suplemento de coste** soportado por la empresa para producir y mantener el elemento de diferenciación.
— Por último, en la medida en que el elemento de diferenciación es poco observable o desconocido por el mercado, la empresa debe crear **señales** para hacerlo conocer.

La diferenciación tiene el efecto de dar a la empresa un cierto **poder de mercado**, como consecuencia de las preferencias, de la fidelidad de los clientes y de la débil sensibilidad al precio que de ello resulta. El poder de negociación del cliente está, pues, parcialmente neutralizado. La diferenciación protege igualmente a la empresa de los ataques de la competencia, ya que la sustitución entre productos se reduce al hecho de la presencia del elemento de diferenciación. La empresa monopolística gana, pues, una relativa independencia de acción frente a sus rivales. Por último, la diferenciación permite también a la empresa defenderse mejor frente a los proveedores y frente a los productos sustitutivos. **Es una de las situaciones competitivas que el marketing estratégico trata de crear.**

En situación de competencia monopolística, la empresa ofrece un producto diferenciado y detenta por ello una ventaja competitiva externa. Este «poder de mercado» la coloca en una situación protegida y le permite obtener beneficios superiores a la media del mercado. Su objetivo estratégico es, pues, explotar esta demanda preferencial, vigilando el valor y la duración del elemento de diferenciación.

Medida del poder del mercado

La importancia del **poder de mercado** de que se dispone, se mide por la capacidad de la empresa para hacer aceptar por el mercado un precio superior al practicado por sus competidores directos. Una medida de esta sensibilidad viene dada por la elasticidad-precio de la demanda selectiva de la empresa o del producto diferenciado. Cuanto más débil es la elasticidad de la demanda selectiva, más débil será la volatilidad o la sensibilidad de la cuota de mercado a un aumento del precio del producto.

> La marca A tiene una elasticidad-precio de $-1,5$ y la marca B una elasticidad de $-3,0$; un mismo aumento del precio del 5 por 100 suscitará un descenso de las cantidades demandadas de A del 7,5 por 100 y un descenso de las cantidades de B del 15 por 100.

La empresa o la marca que tiene un poder de mercado posee una demanda menos elástica que la detentada por un producto escasamente diferenciado y está, pues, en condiciones de imponer un precio superior al grupo de clientes o de consumidores sensibles al elemento de diferenciación. La teoría económica demuestra en efecto que el precio óptimo, es decir, aquel que maximiza el beneficio, es tanto más elevado cuanto más pequeña sea la elasticidad (en valor absoluto). Si la elasticidad-precio es conocida, el precio óptimo se calcula como sigue:

$$P_{opt} = C \cdot \frac{\varepsilon}{1 + \varepsilon}$$

o también,

precio de venta óptimo = coste directo unitario ×
× coeficiente de aumento del coste

donde,

$$\text{Coeficiente de mejora del coste} = \frac{\text{elasticidad-precio}}{1 + (\text{elasticidad-precio})}$$

Se ve, pues, que el precio óptimo se obtiene aumentando el coste variable unitario (coste marginal) en un porcentaje que es función de la elasticidad-precio e independiente del coste. La derivada de esta regla de optimización está representada en el Anexo 8.1.

Se verifica que el coeficiente de aumento del coste es tanto más elevado cuanto más pequeña es la elasticidad-precio en valor absoluto, es decir, próxima a la unidad. Los valores del coeficiente de aumento correspondientes a diferentes valores de la elasticidad-precio están comparados en la Figura 8.6.

Elasticidad-precio	Coeficiente de aumento óptimo	Elasticidad-precio	Coeficiente de aumento óptimo
$(\varepsilon_{q,p})$	$\varepsilon_{q,p}/(1 + \varepsilon_{q,p})$	$\varepsilon_{q,p}$	$\varepsilon_{q,p}/(1 - \varepsilon_{q,p})$
1,0	—	2,4	1,71
1,2	6,00	2,6	1,00
1,4	3,50	—	—
1,6	2,67	3,0	1,50
1,8	2,22	4,0	1,33
2,0	2,00	5,0	1,25
2,2	1,83	—	—
—	—	15,0	1,07

Figura 8.6. Coeficiente de aumento del coste y la elasticidad-precio.

Se observa que cuando la elasticidad-precio es elevada, lo que es el caso en mercados muy competitivos que enfrentan a productos indiferenciados, el coeficiente de aumento está próximo a la unidad; el poder de mercado de la empresa es escaso y el precio aceptado por el mercado estará próximo al coste unitario. Inversamente, cuanto más próxima a la unidad esté la elasticidad, más elevado será el precio aceptable por el mercado.

A modo de ilustración se presentan en la Figura 8.7 las elasticidades-precio estimadas para seis marcas de un producto de higiene femenina, así como los coeficientes de aumento del coste directo que estas marcas podrían adoptar en su cálculo del precio de venta óptimo. Una medida del poder de mercado relativo detentado se obtiene calculando la relación entre el coeficiente de aumento de cada marca y el coeficiente medio observado por el mercado.

Marca	Elasticidad-precio estimada	Coeficiente de aumento implícito	Indicador del poder de mercado
Marca A	−1,351	3,849	1,334
Marca B	−1,849	2,178	0,755
Marca C	−1,715	2,399	0,832
Marca D	−1,624	2,603	0,902
Marca E	−1,326	4,067	1,410
Marca F	−1,825	2,212	0,767
Media	**−1,615**	**2,885**	—

Figura 8.7. Medida del poder de mercado. El mercado de la higiene femenina. *Fuente: Lambin (1983).*

Las elasticidades-precio pueden estimarse de diferentes maneras en la práctica: por experimentación en laboratorio o sobre el terreno, a través de series temporales y con la ayuda de la econometría, o también por encuesta.

8.3.4. El monopolio

Esta situación competitiva es un caso límite, como la de la competencia perfecta. El mercado está dominado por un único productor frente a un gran número de compradores; el producto está, pues, sin competencia directa en su categoría por un período de tiempo limitado. Es el **monopolio del innovador**. Es una situación que se observa en la fase de introducción del ciclo de vida de un producto en los sectores nuevos, caracterizados por innovaciones tecnológicas y por modificaciones importantes en los costes debidas a la aparición de un nuevo procedimiento.

Si hay monopolio, la empresa mantiene un poder de mercado en principio elevado, en realidad muy rápidamente amenazado por los nuevos competidores atraídos por el potencial de crecimiento y de beneficio. La duración previsible del monopolio es, por tanto, un dato esencial, el cual dependerá de la fuerza de la innovación y de la existencia de barreras defendibles a la entrada de competidores nuevos. Las situaciones de monopolio son, en realidad, efímeras, debido principalmente a la difusión cada vez más rápida de las innovaciones tecnológicas. Se han examinado en el capítulo precedente las opciones estratégicas y los riesgos que caracterizan la situación del monopolio de innovación.

Más frecuentes son, en cambio, los **monopolios de Estado** que siguen una lógica diferente a la de la empresa privada: no la lógica del beneficio, sino la del interés general y del servicio público. La dificultad en el respeto de estos objetivos en los servicios públicos reside en el hecho de la ausencia del veredicto del mercado, que favorece el desarrollo de una gestión más centrada en las preocupaciones internas de funcionamiento que en la satisfacción de las necesidades de los usuarios. Esta problemática entra en el dominio del marketing social o del marketing de las organizaciones con fines no lucrativos que experimenta desarrollos importantes desde hace algunos años. Ver para este tema Bon y Louppe (1980) y di Sciullo (1993).

La dinámica competitiva

Como conclusión de este análisis de las fuerzas competitivas, se constata que el poder de mercado y el potencial de beneficio pueden variar ampliamente de una situación de mercado a otra. Se pueden así esquematizar dos casos límites: uno donde el potencial de beneficio es casi nulo; otro donde es, al contrario, muy elevado. En el primer caso, se observará la situación siguiente:

— La entrada en el producto-mercado es libre.

— Las empresas existentes no tienen ningún poder de negociación frente a sus clientes y proveedores.
— La competencia está desenfrenada debido al gran número de empresas rivales.
— Los productos son parecidos y los sustitutos son numerosos.

Es el modelo de la **competencia perfecta** deseada por los economistas. El otro caso límite es aquel donde el potencial de beneficio es extremadamente elevado:

— Existen fuertes barreras que bloquean la entrada de nuevos competidores.
— La empresa no tiene competidores o los competidores son débiles y poco numerosos.
— Los compradores no pueden recurrir a productos sustitutivos.
— Los clientes no tienen poder de negociación suficiente para hacer bajar los precios.
— Los proveedores no tienen poder de negociación suficiente para hacer aceptar subidas de costes.

Es la situación ideal desde el punto de vista de la empresa, cuyo **poder de mercado** será entonces muy elevado. La realidad de los mercados se encuentra evidentemente entre estos dos casos límite; el juego de las fuerzas competitivas favorece ya una situación, ya la otra.

8.4. LA VENTAJA EN COSTE Y EL EFECTO DE EXPERIENCIA

La ventaja competitiva que tiene una empresa adquiere su poder de mercado no sólo por la presencia de un elemento de diferenciación, sino también por la presencia eventual de una diferencia de coste unitario en relación a sus competidores directos debido a una mejor productividad. En los sectores de fuerte intensidad en mano de obra, es decir, allí donde el **valor añadido** es elevado, se constata una tendencia a la reducción de los costes que corresponden al valor añadido, a medida que la empresa acumula experiencia en la fabricación del producto. Esta reducción de los costes proviene del hecho de que los obreros mejoran sus métodos de trabajo, la empresa adopta nuevos procesos de fabricación, perfecciona la concepción del producto, etc.

La observación de la existencia de este **proceso de aprendizaje** es debida a Wright (1936) y al equipo del Boston Consulting Group (1968) quienes, hacia finales de los años sesenta, verificaron la existencia de este efecto de aprendizaje en un gran número de productos diferentes y establecieron una ley, conocida bajo el nombre de **ley de experiencia**. Esta ley, que ha influido mucho en las estrategias adoptadas por un cierto número de empresas, traduce y formaliza al nivel de empresa, lo que los economistas estudian a nivel global de la economía: las ganancias de productividad. Se presentará, en primer lugar, lo esencial de la teoría de la ley de experiencia, para analizar de inmediato las implicaciones estratégicas.

8.4.1. Enunciado de la ley de experiencia

La importancia estratégica de la ley de experiencia viene del hecho de que permite, no solamente prever la evolución del coste de sus propios productos, sino igualmente de sus competidores inmediatos. La ley de experiencia estipula que:

> «**El coste unitario del valor añadido de un producto homogéneo, medido en unidades monetarias constantes disminuye en un porcentaje fijo y previsible cada vez que la producción acumulada se duplica**».

Este enunciado requiere un cierto número de precisiones:

— El término experiencia toma aquí una significación precisa: designa el **volumen acumulado de producción**, y no el número de años que la empresa lleva produciéndolo.
— No es necesario confundir **crecimiento de la producción por período** y crecimiento de la experiencia. La experiencia crece lo mismo si la producción se estanca o disminuye.
— La ley de experiencia no es una ley natural y no tiene, pues, carácter inevitable; es una ley de observación, estadísticamente verificada en un cierto número de situaciones, pero no en todas. Los costes no descienden más que cuando se les hace bajar, se trata, pues, de una **ley voluntarista**.
— El efecto experiencia descansa únicamente en los **costes del valor añadido**, es decir, aquellos sobre los cuales la empresa ejerce un control, tales como los costes de transformación, de montaje, de distribución y de servicio. Recordemos que el valor añadido es igual al precio de venta menos el coste de las entradas: el coste del valor añadido viene dado por el coste unitario menos el coste de los inputs.
— Los costes deben medirse en **unidades monetarias constantes**, es decir, sin el efecto de la erosión monetaria; la inflación puede enmascarar el efecto experiencia.
— El efecto experiencia es siempre más fuerte en la **fase de arranque** y de crecimiento del ciclo de desarrollo de un nuevo producto; las mejoras ulteriores son proporcionalmente menores.

En la práctica, es corriente utilizar la noción de coste unitario total como base del coste, esencialmente porque es más fácilmente accesible que el coste del valor añadido. El error introducido no es demasiado elevado cuando la parte del valor añadido es grande y cuando los precios de las materias primas tienden también a descender con la experiencia.

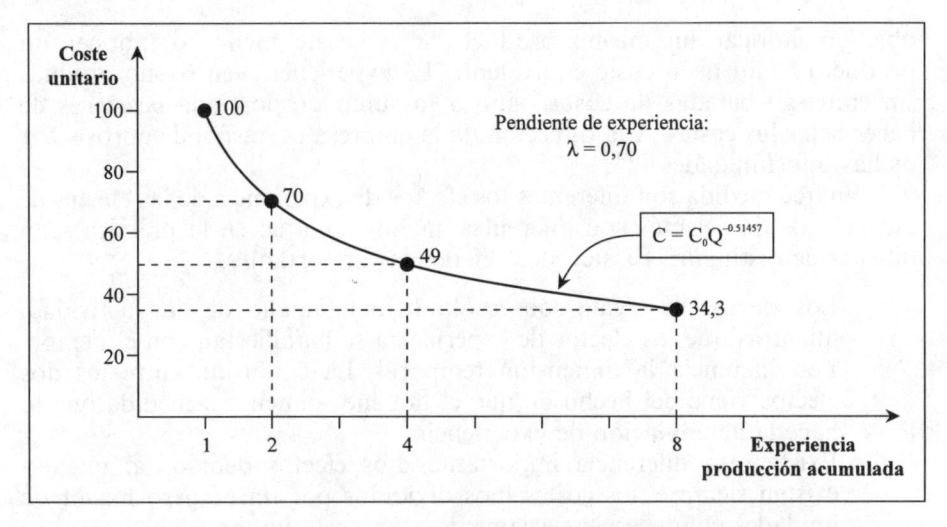

Figura 8.8. Ejemplo de curva de experiencia.

Causas del efecto de experiencia

Son varios los factores que contribuyen a la bajada de los costes a lo largo de la curva de experiencia. Se trata fundamentalmente de mejoras aportadas al proceso de producción gracias al aprendizaje realizado mediante la acumulación de la producción. Abell y Hammond (1979, págs. 112-113) han identificado seis causas distintas de efectos experiencia.

— **Eficacia del trabajo manual**. A fuerza de repetir una misma tarea los trabajadores se adiestran, mejoran, descubren atajos o procedimientos que contribuyen a aumentar su eficacia.
— **La especialización del trabajo y de los métodos**. La estandarización incrementa la eficacia de los trabajadores en el ejercicio de sus tareas.
— **Nuevos procedimientos de fabricación**. Las innovaciones de los procedimientos pueden ser una fuente importante de reducción de costes, como por ejemplo los de robótica o los sistemas asistidos por ordenador.
— **Mejora del equipo de producción**. Las actuaciones previstas por un equipo dado puede mejorarse de manera innovadora gracias a la experiencia acumulada.
— **Modificación de los recursos utilizados**. Con la experiencia, el fabricante puede a menudo recurrir a recursos menos costosos. Por ejemplo, utilizar personal menos cualificado o recurrir a la automatización.
— **Nueva concepción del producto**. Una vez adquirido un buen conocimiento de las actuaciones consideradas, la empresa puede redefinir el producto de modo que se utilicen menos recursos.

Estos factores están todos bajo el control directo de la empresa. Forman parte de la política general de mejora de la productividad, que tiene por objetivo fabricar un mismo producto a un coste menor o fabricar un producto mejor a un coste equivalente. La experiencia «en sí» no produce sin embargo bajadas de costes, sino a lo sumo proporciona **ocasiones de hacer bajar los costes**. A la dirección de la empresa corresponde aprovechar dichas oportunidades.

¿En qué medida son diferentes los efectos de experiencia de las **efectos de escala**? Los dos efectos son diferentes, incluso aunque en la práctica sean difíciles de distinguir. Existen dos diferencias importantes.

— Los efectos de escala son resultado del tamaño de una actividad, mientras que los efectos de experiencia se manifiestan con el tiempo. Les diferencia la dimensión temporal. La confusión entre los dos efectos viene del hecho de que el tamaño aumenta a medida que lo hace la acumulación de experiencia.
— Existe otra diferencia importante. Los efectos debidos al tamaño existen siempre: los costes fijos divididos por un número mayor de unidades conduce necesariamente a un coste unitario más bajo. Las ventajas en costes debidas a la experiencia no se manifiestan espontáneamente; sino que son los resultados de los esfuerzos concertados y organizados precisamente con miras a bajar los costes.

Los efectos de escala pueden aparecer como una consecuencia de los efectos de experiencia. Por ejemplo, el coste del capital (comparado al de los competidores directos) debe normalmente disminuir a medida que la empresa se desarrolla y tiene acceso a otras fuentes de financiación. Sin embargo, los efectos de escala existen también independientemente de los efectos de experiencia y viceversa.

Formulación matemática de la ley de experiencia

La expresión matemática de la curva de experiencia es la siguiente:

$$C_p = C_b \cdot \left(\frac{Q_p}{Q_b}\right)^{-\varepsilon}$$

donde,

C_p = coste unitario previsto (p)
C_b = coste unitario de base (b)
Q = volumen acumulado de producción
ε = constante: elasticidad del coste

Dicho de otro modo:

$$\text{Coste previsto} = \text{coste base} \cdot \left(\frac{\text{cantidad acumulada prevista}}{\text{cantidad acumulada de base}}\right)^{-\varepsilon}$$

La elasticidad del coste puede estimarse como sigue:

$$\frac{C_p}{C_b} = \left(\frac{Q_p}{Q_b}\right)^{-\varepsilon}$$

y, por consiguiente, la elasticidad viene dada por la expresión siguiente:

$$\varepsilon = -\frac{\log\ (C_p/C_b)}{\log\ (Q_p/Q_b)}$$

En la práctica es habitual referirse a una cantidad acumulada duplicada. La relación entre la experiencia prevista (Q_p) y la experiencia de base (Q_b) es entonces igual a 2, por lo que se tiene:

$$\frac{C_p}{C_b} = 2^{-\varepsilon}$$

donde $2^{-\varepsilon}$ se define por la letra griega λ, denominada también **pendiente de experiencia**.

En la ecuación anterior, si $\varepsilon = 0,515$, L (la pendiente de experiencia) valdrá 0,70 y C_p será igual a 0,70 C_b. Lo que significa que el coste previsto de una unidad nueva de producción, cuando la cantidad acumulada es doble será el 70 por 100 del coste de referencia (C_b).

La pendiente de experiencia λ mide entonces el porcentaje de reducción del coste en relación al valor inicial. Se encontrarán en la Figura 8.9 los valores de λ, la pendiente de experiencia para diferentes valores de la elasticidad del coste.

Pendiente de experiencia (λ)	1,00	0,95	0,90	0,85	0,80	0,75	0,70
Elasticidad-coste (ε)	0	0,074	0,152	0,234	0,322	0,450	0,515

Figura 8.9. Relaciones entre elasticidades de coste y pendientes de experiencia.

En el gráfico de la Figura 8.8 se observa que el coste de la primera unidad es de 100 unidades monetarias y el de la segunda 70 u.m. Cuando la cantidad acumulada se dobla de 1 a 2, el coste unitario disminuye el 30 por 100; el coste de la cuarta unidad será, pues, de 49 u.m., el de la octava de 34,3 u.m., el de la decimosexta 24,01 u.m., etc. En este ejemplo, se dirá que la tasa de reducción del coste es del 30 por 100 cuando se duplica y que la pendiente de experiencia es del 70 por 100, lo que corresponde a una elasticidad de la función de coste igual a $-0,5146$.

Es frecuente expresar en logaritmos las coordenadas de una curva de experiencia lo que permite representarla por una recta. Cuanto más fuerte es la pendiente de experiencia, más inclinada será la recta. Las pendientes de experiencia observadas en la práctica se sitúan entre el 70 por 100 (efecto de experiencia elevado) y el 100 por 100 (efecto de experiencia nulo). El BCG ha observado que la mayoría de las curvas de experiencia tenían una pendiente comprendida entre el 70 y el 80 por 100.

> Una revisión de 190 estudios sobre la curva de experiencia ha demostrado que la tasa de reducción del coste unitario varía de industria a industria; es alrededor del 12 por 100 en la industria del automóvil; del 15 % para los televisores en color, del 20 por 100 para el acero y las industrias conexas; del 40 al 50 por 100 para los semiconductores y los circuitos integrados (Thompson, 1981, pág. 64).

Pendiente de experiencia	Tasa de crecimiento anual de ventas				
	2 %	5 %	10 %	20 %	30 %
90 %	0,3	0,7	1,4	2,7	3,9
80 %	0,6	1,6	3,0	5,7	8,1
70 %	1,0	2,5	4,8	9,0	12,6
60 %	1,4	3,5	6,8	12,6	17,6

Figura 8.10. Reducción de coste esperado para diferentes pendientes de experiencia y diferentes tasas de crecimiento de las ventas.
Fuente: Hax et Majluf (1984), pág. 112.

El impacto de los efectos de experiencia para una empresa dada depende no sólo de la pendiente de experiencia de la cual se beneficia, sino también de la velocidad con la que se acumula la experiencia. La capacidad de reducir los costes será más grande en los sectores en los que el crecimiento del mercado es fuerte; igualmente, para una empresa concreta, el potencial de reducción de costes será elevado si su cuota de mercado aumenta fuertemente, esté o no en expansión el mercado de referencia. Las cifras de la Figura 8.10 dan los porcentajes de reducción de los costes anuales alcanzados para diferentes pendientes de experiencia y diferentes tasas de crecimiento de las ventas.

Estimación estadística de una curva de experiencia

La estimación estadística de las curvas de experiencia se hace a partir de los datos históricos sobre los costes unitarios (a veces sobre la base de los precios unitarios) y sobre las cantidades acumuladas, que generalmente deben cubrir varias duplicaciones del volumen acumulado. En principio, el análisis debe ser efectuado por separado para los diferentes componentes del coste, de manera que se puedan separar los que evolucionan de forma diferente. Para cada grupo así constituido, los costes unitarios serán puestos en relación con el volumen acumulado, y después de la transformación logarítmica, una recta de regresión se ajustará a través de una nube de puntos. La función así estimada será utilizada para prever los costes futuros y eso para cada uno de los componentes retenidos.

Normalmente se presentan dos problemas de medida: la indisponibilidad de los datos de costes de los competidores y la elección de la unidad de medida. Para solucionar el primer problema se utilizan frecuentemente los precios medios del sector. Otra solución es la de aceptar la hipótesis de que todos los competidores en un producto-mercado dado operan más o menos sobre la misma curva de experiencia. Esta hipótesis es aceptable en la medida en que la misma tecnología es adoptada por los competidores. Con respecto al segundo problema, la cantidad acumulada fabricada no es necesariamente la mejor unidad de medida.

> Consideremos el caso de una empresa que fabrique refrigeradores de diferentes medidas, habiendo modelos desde 300 litros hasta 500 litros. El espacio de refrigeración disponible es, seguramente, una medida mejor que el número de unidades fabricadas.

Estas curvas de experiencia estimadas no valdrán más que en la medida en que haya estabilidad en las condiciones que han presidido a las observaciones del pasado: la empresa fabrica el mismo producto según el mismo procedimiento y la misma tecnología. Estas condiciones nunca están totalmente verificadas en realidad. Como para muchas herramientas de gestión, la ley de experiencia es más una herramienta de análisis que un instrumento de previsión (Abernathy y Wayne, 1974). Su utilidad, sin embargo, es importante para analizar las disparidades en las capacidades competitivas y para evaluar la importancia de la ventaja competitiva ostentada.

8.4.2. Implicaciones estratégicas de la ley de experiencia

La ley de experiencia permite comprender cómo se crea una ventaja competitiva basada en una disparidad de los costes unitarios entre empresas rivales que operan en el mismo mercado y utilizan los mismos medios de producción. Las implicaciones estratégicas de la ley de experiencia pueden resumirse como sigue:

— La empresa que acumula la mayor producción tendrá los **costes menores**, si el efecto de aprendizaje es puesto en valor adecuadamente por ella.
— La empresa que quiere desarrollarse tiene interés en descender lo **más rápidamente posible** a lo largo de su curva de experiencia, de modo que obtenga una ventaja de costes sobre sus competidores directos.

— Bajo esta perspectiva, el objetivo es crecer más rápido que los competidores, lo que implica un **crecimiento de la cuota de mercado relativa**.
— Este crecimiento debe hacerse desde el lanzamiento de la actividad, que es cuando los frutos de la experiencia son más importantes.
— El medio más eficaz de incrementar su cuota de mercado es adoptar un **precio de penetración**, fijando el precio a un nivel que anticipe el futuro descenso de los costes.

Una estrategia que se apoye en la ley de experiencia incita a la empresa a adoptar una política comercial muy agresiva en términos de precio de venta. El gráfico de la Figura 8.11 ilustra el mecanismo de una política de precios de penetración. La empresa anticipa la evolución de su coste unitario en función de la evolución de la producción acumulada y se fija un objetivo a alcanzar que implica un crecimiento de las ventas más rápido que el del mercado de referencia y, por tanto, un crecimiento de su cuota de mercado relativa. Es en relación a este volumen anticipado como se establecerá el precio de venta a practicar desde el lanzamiento de la actividad. Una vez alcanzado el nivel de experiencia, los descensos ulteriores de costes serán repercutidos en el precio de venta para mantener la ventaja en relación a los competidores más peligrosos.

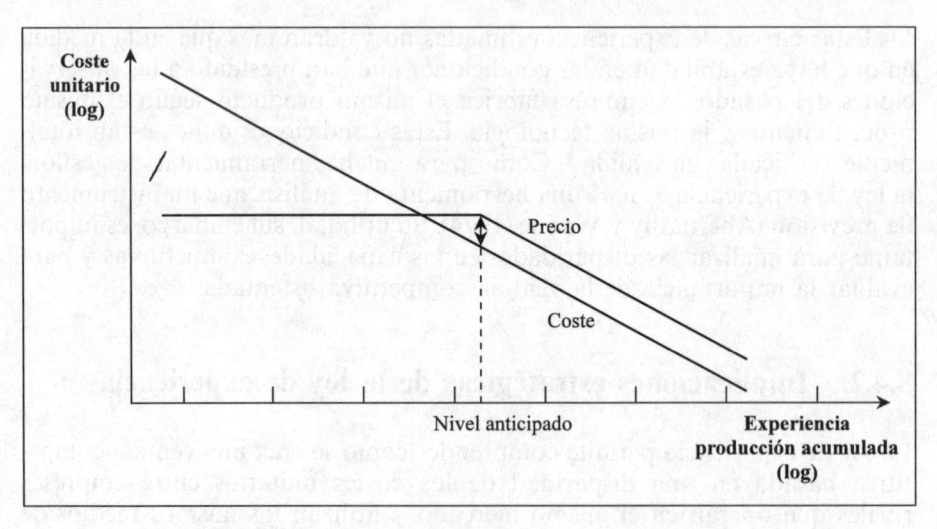

Figura 8.11. Política de precio de penetración.

Evaluación de las disparidades del coste

Si la producción acumulada suscita el descenso de los costes y si la empresa dominante puede proteger el beneficio de la experiencia adquirida, el efecto experiencia conduce a crear un obstáculo a la entrada de nuevos competidores y da una ventaja de coste a la empresa líder. Las empresas que tengan una cuota de mercado pequeña tendrán costes inevitablemente más elevados y deberán soportar fuertes pérdidas si fijan su precio al nivel del precio de la empresa dominante. Además, la empresa que ostenta la cuota de mercado más elevada se beneficiará de una liquidez mayor que le permitirá invertir en nuevos equipos o en nuevos procedimientos que reforzarán su avance.

A modo de ilustración, examinemos los datos reflejados en la Figura 8.12. Se compara la evolución de los costes unitarios, función de la experiencia, para pendientes de experiencia de 70, 80 y 90 por 100, respectivamente.

Primer supuesto: dos empresas, A y B, utilizando la misma tecnología y beneficiándose de las mismas condiciones de partida; tanto una como la otra tienen una pendiente de experiencia del 70 por 100. La empresa A está en su primera duplicación de la producción acumulada, la empresa B está en su cuarta duplicación. Los costes serán, respectivamente, de 70 frente a 24. Se demuestra que esta diferencia puede hacerse difícilmente recuperable por la empresa A que debería aumentar su cuota de mercado en proporciones considerables para restablecer la igualdad de costes.

Segundo supuesto: las dos empresas A y B tienen la misma experiencia; están las dos en su cuarta duplicación. Sin embargo, la empresa A tiene mejor valorado el proceso de aprendizaje y se sitúa sobre una curva de experiencia del 70 por 100, mientras que la empresa B tiene una curva de experiencia cuya pendiente no es más que del 90 por 100; los costes unitarios serán, respectivamente, de 24 frente a 66. Igualmente, el desfase es difícil de colmar. Los efectos de experiencia pueden, pues, ser el origen de disparidades elevadas en los costes entre empresas del mismo tamaño, pero que han tenido un éxito desigual en valorar dicho potencial a través de inversiones de productividad.

Producción acumulada en miles	Número de duplicaciones	Pendiente de la curva de experiencia		
		0,70 %	0,80 %	0,90 %
1	—	100	100	100
2	1	70	80	90
4	2	49	64	81
8	3	34	51	73
16	4	24	41	66
32	5	17	33	59
64	6	12	26	48

Figura 8.12. Evolución del coste unitario en función de la experiencia.

La curva de experiencia como indicador de previsión

Como ya habíamos subrayado, la mayor utilidad de la curva de experiencia es permitir la comparación de competidores que operan en un mismo producto mercado. Este instrumento de análisis permite así a la empresa

314 Marketing estratégico

detectar en tiempo útil los cambios a operar en su estrategia. En relación a este punto es interesante el ejemplo tomado por Sallenave (1985, pág. 67) y presentado en la Figura 8.13.

El gráfico muestra la curva de precios y de costes de un fabricante de fibras de poliester. Los precios y costes están expresados en dólares/kg constantes. Los precios disminuyen siguiendo una curva de experiencia del 75 por 100 y los costes siguen una curva de experiencia del 86 por 100. En este ejemplo era previsible con varios años de antelación que, salvo cambios bruscos las curvas de precios y costes convergiesen rápidamente.

En 1980 la empresa no había obtenido ningún beneficio. La dirección adopta inmediatamente un programa de reducción de costes, pero prácticamente al mismo tiempo la demanda se ralentiza fuertemente. La fábrica no ha sido nunca capaz de funcionar a plena capacidad, condición necesaria para que el programa de reducción de costes tuviese éxito. La empresa cerró sus puertas en 1983.

Si la dirección hubiese prestado atención a las previsiones dadas por el análisis de los efectos de la experiencia, ésta hubiera podido reaccionar a tiempo y adoptar una de las siguientes acciones correctivas.

— Aumentar la capacidad de la fabrica para acelerar el incremento del efecto de experiencia y de este modo reducir los costes.
— Modificar el proceso de producción para operar sobre una curva de experiencia del 75 por 100 compatible con la curva de evolución de los precios.

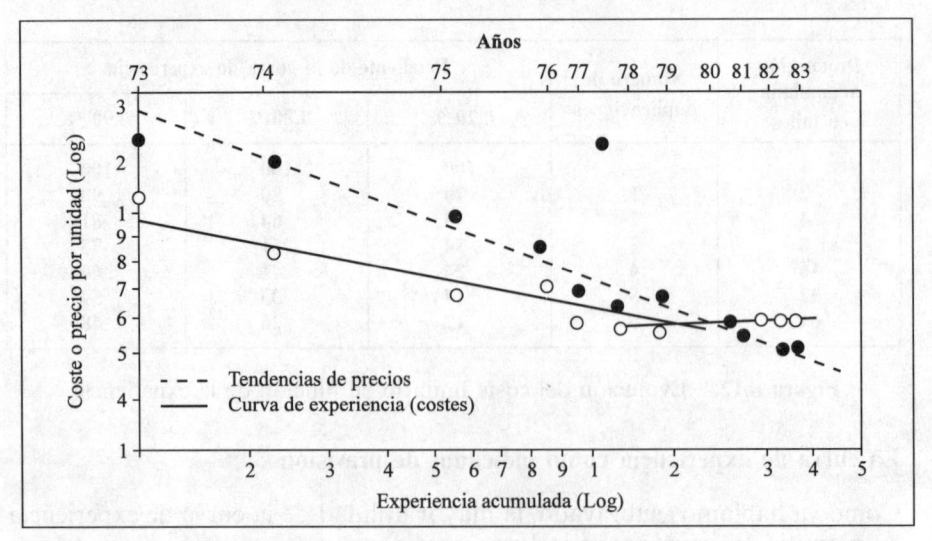

Figura 8.13. La curva de experiencia como indicador de previsión: un ejemplo.
Fuente: Sallenave, J.P. (1985).

— Especializarse en una fibra destinada a usos especiales y venderla a un precio superior al de las fibras tradicionales.
— Vender la empresa mientras ésta era rentable o reconvertirla hacia otra actividad.

La curva de experiencia puede, por tanto, ser utilizada para anticipar el porvenir y para verificar la viabilidad de diferentes estrategias posibles. Este tipo de ejercicio de simulación puede ser muy enriquecedor en enseñanzas como muestra el ejemplo siguiente.

> Consideremos el caso de una empresa que tenga una cuota de mercado del 6 por 100 en un mercado que crece a un ritmo del 8 por 100 por año y en el cual el líder detenta una parte de mercado del 24 por 100. Para alcanzar al líder, esta empresa deberá crecer a un ritmo del 26 por 100 durante nueve años, si el líder se contenta con mantener su parte de mercado creciendo al ritmo del mercado total. Esto implicaría para la empresa desarrollarse a un ritmo cercano a tres veces superior al del mercado durante nueve años y que las ventas y la capacidad de producción deberán aumentar un 640 por 100. (Abell y Hammond, 1979, pág. 118.)

Se trata típicamente de una **«misión imposible»**. Antes de adoptar una estrategia es por tanto importante proceder a este tipo de análisis y calcular el tiempo y las inversiones necesarias para alcanzar el objetivo fijado. Texas Instrument, por ejemplo, ha recurrido a unas simulaciones sobre la curva de experiencia antes de fijar el precio de un producto nuevo.

8.4.3. Límites de la ley de experiencia

La ley de experiencia no tiene aplicación universal; se verifica principalmente en las actividades donde un volumen superior confiere una ventaja económica y donde los efectos de aprendizaje son importantes. Más precisamente, las situaciones donde la ley de experiencia se manifiestan poco son las siguientes:

— El potencial de aprendizaje es poco elevado o la parte del valor añadido en el producto es poco importante.
— Un competidor se beneficia de una fuente de aprovisionamiento privilegiada, que le da una ventaja de coste sin relación con su cuota de mercado relativa.
— Un competidor que tenga una pequeña cuota de mercado se beneficia más de un efecto experiencia que otros competidores, como consecuencia de una superioridad tecnológica.
— Las diferencias de experiencia son rápidamente anuladas por innovaciones en el producto o en el procedimiento que dan lugar a tecnolo-

gías nuevas o mejoradas y, en consecuencia, a una curva de experiencia diferente.
— Factores estratégicos, además de la cuota de mercado relativa, afectan a la rentabilidad, por ejemplo, intervenciones legales, elementos de diferenciación apreciados por los compradores.

Este último punto es particularmente importante. Una empresa dominada en su mercado de referencia por un competidor que disponga de una ventaja en coste irrecuperable puede perfectamente defenderse de dos maneras.

— Ya sea adoptando una **estrategia de diferenciación** que le permitirá compensar su desventaja en el coste unitario por un precio de venta superior aceptado por el mercado debido a las cualidades distintivas detentadas.
— O bien sea adoptando una estrategia basada sobre el **avance tecnológico** que le situará sobre una curva de experiencia más favorable, neutralizando de esta forma la ventaja en el coste detentada por el líder.

La ley de experiencia no es, pues, de aplicación general. Lo contrario significaría que todos los «pequeños» competidores, aquellos cuya participación en el mercado es mucho más reducida que la de los líderes de un sector, están condenados a resultados mediocres, hasta la desaparición. Ahora bien, es evidente que los hechos contradicen esta proposición (Hamermesh, Anderson y Harris, 1978). La aplicación de la ley de experiencia debe hacerse con prudencia.

8.4.4. La matriz de la ventaja competitiva

El Boston Consulting Group (1981), que ha contribuido mucho a difundir la ley de experiencia, ha sido inducido a corregir dicha difusión. Esta empresa consultora sugiere describir una actividad competitiva en términos de dos dimensiones principales:

— La importancia de la ventaja competitiva defendible (ACD).
— El número de fuentes potenciales de diferenciación susceptibles de conferir una ACD.

Se obtiene así la matriz presentada en la Figura 8.14. Horizontalmente figura la ACD, la cual puede ser baja o alta; verticalmente se tienen las fuentes potenciales de diferenciación que pueden ser pocas o muy numerosas. A cada uno de los cuatro cuadrantes corresponde una situación competitiva concreta que demanda un enfoque estratégico específico. Los cuatro tipos de industria son las industrias de volumen, las industrias especializadas, fragmentadas y las industrias en estancamiento.

Fuentes de ventaja competitiva	Importancia de la ventaja competitiva	
	Débil	Elevada
Numerosos Poco numerosos	Fragmentación Espera	Especialización Volumen

Figura 8.14. Matriz de ventaja competitiva.
Fuente: Lochridge, 1981.

Las **industrias de volumen** son aquellas en las que las fuentes de diferenciación son poco numerosas, pero en las que la ventaja competitiva procurada por un volumen superior es muy importante, en el sentido de que conduce a disparidades de coste importantes entre competidores. Estas son generalmente las situaciones en las que se manifiestan los efectos de experiencia y los efectos de tamaño, y en donde una elevada cuota relativa de mercado es un activo precioso. La rentabilidad está estrechamente unida a la cuota de mercado.

Las **industrias de especialización** se observan allí donde las fuentes de diferenciación son numerosas y susceptibles de conferir una ventaja competitiva defendible importante. Se trata de situaciones de competencia monopolística descritas anteriormente, donde los productos tienen cualidades distintivas importantes para el comprador, el cual acepta pagar un precio superior al practicado por los competidores directos. En este tipo de situación, el efecto del tamaño no confiere ninguna ventaja decisiva; es el valor de la diferenciación o de la especialización lo que cuenta y lo que determina el potencial de rentabilidad. La cuota de mercado total tiene poco valor; es la cuota de mercado en un segmento o en un nicho específico lo que es crítico, incluso si este nicho es de escasa importancia.

En las **industrias fragmentadas**, las fuentes de diferenciación entre competidores son numerosas, pero ninguna empresa puede crear una ventaja duradera y decisiva sobre sus competidores. El tamaño no aporta economías significativas y una cuota de mercado dominante no puede traducirse en costes más bajos. Al contrario, el aumento de los costes unido a la complejidad limita el tamaño óptimo de una empresa. Muchas empresas de servicios son buenos ejemplos de actividad fragmentada.

> Carman y Langeard se hacen eco de un estudio sobre 869 bancos americanos que revela que los costes de gestión de las cuentas corrientes aumentan con el tamaño de la empresa bancaria. Las economías obtenidas por el hecho de implantaciones múltiples estandarizadas están compensadas por la falta de flexibilidad y por la complejidad creciente de la gestión (Carman y Langeard, 1980, págs. 11-12).

Competidores pequeños y numerosos pueden coexistir con rentabilidades muy diversas. La cuota de mercado no tiene ningún valor, cualquiera que sea la forma en que se mida. Ejemplo de este tipo de industrias son principalmente la confección femenina, los restaurantes, los servicios de reparación y mantenimiento de automóviles. En la mayoría de los casos, la mejor estrategia consiste en ensayar el transformar una actividad fragmentada en actividad de volumen o de especialización.

En las **situaciones de estancamiento industrial**, al igual que en las actividades de volumen, existen pocas maneras de diferenciarse de los competidores pero, a diferencia de las actividades de volumen, la experiencia acumulada no constituye una ventaja competitiva. Al contrario, son a veces las recién llegadas, las que habiendo invertido más recientemente, tienen las herramientas de producción más eficaces. Cuando la tecnología está disponible ampliamente, como en la siderurgia y en la química de base, la competitividad depende más de la antigüedad de la inversión que del tamaño global de la empresa: el último en invertir obtiene los costes de explotación más bajos.

Se constata, pues, que la ley de experiencia no tiene aplicación más que en las situaciones competitivas caracterizadas por actividades de volumen. Como se ha visto anteriormente, la empresa dispone de otros medios para obtener una ventaja competitiva, esencialmente dotando a su producto de un elemento de diferenciación importante para el comprador potencial.

CUESTIONES Y PROBLEMAS

1. ¿Qué diferencias ve entre una situación de oligopolio diferenciado y una situación de competencia monopolística? ¿Concretamente cuál será el impacto de estas diferencias sobre el comportamiento competitivo?
2. ¿Cuáles son las estrategias de reacción que pueden ser llevadas a cabo por una empresa líder en su mercado que es atacada vía precios por un competidor que posee una pequeña cuota de mercado?
3. Dé un ejemplo de ventaja competitiva externa defendible para cada uno de los siguientes sectores: aguas minerales, seguros de incendio, maquinas herramientas muy especializadas.
4. ¿Cuáles son las perspectivas de desarrollo para una pequeña empresa dominada en su mercado de referencia por un competidor que se beneficia de una ventaja de costes inalcanzable?
5. La sociedad Duatex, fabrica máquinas-herramientas destinadas a aplicaciones industriales muy especializadas. La sociedad tiene la posibilidad de fabricar una máquina destinada a un mercado nuevo que representa un potencial de mercado de 100 máquinas. Este mercado además está en continua evolución tecnológica. El estudio de mercado realizado a los compradores potenciales, muestra que el precio de venta máximo aceptable es de 2.000.000 de pesetas, mientras que el departamento de I+D estima que el coste medio de montaje de la primera máquina es de 3.000.000 de pesetas. En el pasado ante producciones similares, aunque no idénticas, la empresa se ha beneficiado de una curva de experiencia

del 75 por 100. El director financiero no es favorable a la realización de esta nueva actividad, pues considera el precio de mercado muy bajo. Ud. deberá estudiar el informe y realizar una recomendación circunstancial.
6. Análisis de las amenazas del entorno competitivo de uno de los sectores: corretaje de seguros particulares, industria tipográfica.

— Consideramos una función de demanda del tipo siguiente:

$$Q = Q(P/M, E)$$

donde Q designa las cantidades demandadas, P el precio de venta, M las demás variables de marketing y E los factores de entorno. Supongamos M y E constantes, sólo P el precio de venta está por determinar.
— La función de beneficio puede escribirse como sigue:

$$\pi = (P - C)Q - F$$

donde π es el beneficio bruto, C el coste directo unitario y F las cargas fijas de estructura propias de la actividad considerada.
— Para identificar el precio óptimo, calculamos la primera derivada del beneficio en relación al precio e igualamos a cero esta derivada. Es decir:

$$\frac{\delta \pi}{\delta P} = (P - C) \cdot \frac{\delta Q}{\delta P} + Q = 0$$

Multiplicando cada término por la relación P/Q, y reajustando los términos, se tiene:

$$P_{opt.}(1 + \varepsilon_{qp}) = C\varepsilon_{qp}$$

lo que da la regla de la igualdad entre ingreso marginal y coste marginal, expresada en función de la elasticidad. Despejando P, queda:

$$P_{opt.} = C \left[\frac{\varepsilon_{qp}}{1 + \varepsilon_{qp}} \right]$$

la condición del segundo orden exige que la elasticidad-precio sea en valor absoluto mayor que la unidad.
— A modo de ejemplo, en la hipótesis en que $\varepsilon_{qp} = -2,1$ y $C = 105$, el precio óptimo se calcula como sigue:

$$P_{opt.} = (105) \left[\frac{-2,1}{1 + (-2,1)} \right] = (105) \cdot (1,9) = 205 \text{ F}$$

El coeficiente de aumento del coste, función de la elasticidad, es aquí de 1,9.

Anexo 8.1. El precio óptimo de venta en la teoría económica.

BIBLIOGRAFIA

Abell D.E. and Hammond J.S. (1979), *Strategic Market Planning*, Englewood Cliffs, New Jersey, Prentice-Hall, Inc.

Abernathy W. and Wayne K. (1974), «The Limits of the Experience Curve», *Harvard Business Review*, september, págs. 109-119.
Bon J. et Louppe A. (1980), *Marketing des services publics: l'étude des besoins de la population*, París, Les éditions d'organisation.
Boston Consulting Group (1968), *Perspectives on Experience*, Boston.
Carman J.M. and Langeard E. (1980), «Growth Strategies for Service Firms», *Strategic Management Journal*, Vol. 1, págs. 7-22.
Chamberlin E.H. (1950), *The Theory of Monoplistic Competition*, Cambridge, Mass, Harvard University Press.
Clausewitz von C. (1908), *On Wars*, London: Routledge & Kegan.
Cournot A.A. (1897), *Researches into the Mathematical Principles of the Theory of Wealth*, New York, The MacMillan Company.
di Sciullo J. (1993), *Le marketisme*, Paris, Les éditions Juris Service.
Duro R. et Sandstrom B. (1988), *Le marketing de combat*, París, Les éditions d'organisation.
Hamermesh R.G., Anderson M.J. and Harris J.E. (1978), «Quand les plus petits sont les plus rentables», *Harvard-L'Expansion*, Automne.
Hax A.C. et Majluf N.S. (1984), *Strategic Management: An Integrative Perspective*, Englewood Cliffs, New Jersey, Prentice-Hall.
Kerin R.A., Mahajan V. y Varadjan P.R. (1990), *Contemporary Perspectives on Strategic Market Planning*, Boston, MA, Allyn and Bacon.
Kotler P. and Singh R. (1981), «Marketing Warfare in the 1980s», *Journal of Business Strategy*, Winter, págs. 30-41.
Kotler P., Liam Fahey and Somkid Jatuskripitak (1985), *The New Competition*, Englewood Cliffs, New Jersey, Prentice-Hall Inc.
Lambin J.J., Naert P.A. y Bueltz A. (1975), «Optimal Marketing Behavior in Oligopoly», *European Economic Review*, Vol.6, págs. 105-128.
Lambin J.J (1976), Advertising, *Competition and Market Conduct in Oligopoly over Time*, Amsterdam, North-Holland and Elsevier.
Lambin J.J. et Peeters R. (1977), *La gestion marketing des entreprises*, Paris, Presses Universitaires de France.
Lochridge R.K. (1981), *Strategies in the Eighties*, The Boston Consulting Group Annual Perspective.
Porter M.E. (1982), *Choix stratégique et concurrence*, Paris, Economica.
Porter M.E. (1986), *L'avantage concurrentiel*, Paris, Inter Edition.
Ries A. and Trout J. (1986), *Marketing guerrier*, Paris, Ediscience International.
Sallenave J.P. (1985), «The Use and Abuse of Experience Curves», *Long Range Planning*, Vol.18, Jan-Feb., págs. 64-72.
Thompson D.H. (1981), «The Experience Curve Effect on Costs and Prices: Implications for Public Policy», in: Balderston F.E., Carman J.M. and Nicosia (eds.), *Regulation of Marketing and Public Interest*, New York, Pergamon Press.
Wright T.P. (1936), «Factors affecting the Cost of Airplanes», *Journal of Aeronautical Sciences*, Vol. 3, págs. 16-24.

CAPITULO 9

La elección de una estrategia de marketing

El objetivo de este capítulo es examinar las diferentes estrategias de marketing que se ofrecen a la empresa para permitirle alcanzar sus objetivos de crecimiento y de rentabilidad. Los análisis descritos en los dos capítulos precedentes conducen a clasificar los diferentes productos mercados cubiertos por una empresa en función de los atractivos del mercado de referencia (análisis de atractivo) y en función de las posiciones mantenidas en cada producto-mercado (análisis de competitividad). El objetivo es, pues, definir estrategias específicas para cada unidad de actividad estratégica, teniendo en cuenta su posicionamiento diferenciado sobre estas dos dimensiones. A ese efecto, se tendrá que recurrir a la noción de cartera de productos-mercados, que ocupa un lugar central en el proceso de análisis estratégico, que favorece un análisis de las actividades de la empresa y sugiere una gestión selectiva y una asignación de los recursos tan óptima como sea posible. En base al diagnóstico resultante de un análisis de cartera, pueden ser consideradas diferentes estrategias de desarrollo. Se describen las orientaciones y las implicaciones competitivas y financieras de las mismas.

9.1. ANALISIS DE LA CARTERA DE ACTIVIDADES

El objetivo de un análisis de cartera consiste en ayudar a la empresa multiproducto a asignar los recursos escasos entre los diferentes productos mercados en los cuales ella está representada. En el caso general el procedimiento a seguir consiste en caracterizar la posición estratégica de cada actividad en referencia a dos dimensiones independientes: el atractivo intrínseco de los segmentos del mercado de referencia donde se ejercen las actividades y la fuerza competitiva de la empresa en cada producto mercado considerado.

Diferentes métodos de análisis han sido desarrollados, tomando la forma de representaciones matriciales, donde son utilizados diferentes indicadores para medir las dimensiones de atractivo y de competitividad. Nos conformaremos aquí con describir los dos métodos más utilizados: el método del Boston Consulting Group (BCG), llamado matriz «crecimiento-cuota de mercado relativa» (Boston Consulting Group, 1972, y Henderson, 1970) y el método atribuido a la General Electric y McKinsey, llamado «matriz atractivo-competitividad» (Hussey, 1978; Abell y Hammond, 1979). A pesar de su similitud, estos métodos tienen hipótesis implícitas muy diferentes y la elección entre una u otra técnica no es indiferente (Wind et al, 1983).

9.1.1. La matriz «crecimiento-cuota de mercado relativa»

La matriz del BCG está construida en torno a dos criterios: la tasa de crecimiento del mercado de referencia, que sirve de indicador del atractivo, y la cuota de mercado relativa al competidor más peligroso que es utilizada como indicador de la competitividad mantenida. Tenemos una tabla de doble entrada (ver Figura 9.1) donde ha sido establecida una línea de demarcación sobre cada eje de manera que se obtiene una matriz de cuatro cuadrantes.

— En la dimensión **«crecimiento del mercado»**, el punto de referencia, que distinguirá las actividades de crecimiento fuerte de las de crecimiento débil, corresponde a la tasa de crecimiento del producto nacional bruto, en términos reales, o a la media ponderada de la tasa de crecimiento de los diferentes segmentos en los cuales opera la empresa.
— Igualmente, en la dimensión «cuota de mercado relativa», la línea de división está habitualmente situada en 1 o 1,5. Por encima de este nivel de referencia, la cuota relativa de mercado es fuerte; por debajo es débil.

	Cuota de mercado relativa	
Tasas de crecimiento del mercado — Alta	Estrellas	Dilema
Tasas de crecimiento del mercado — Baja	Vacas lecheras	Pesos muertos
	8 4 2 1 — Fuerte	1/2 1/4 1/8 — Débil

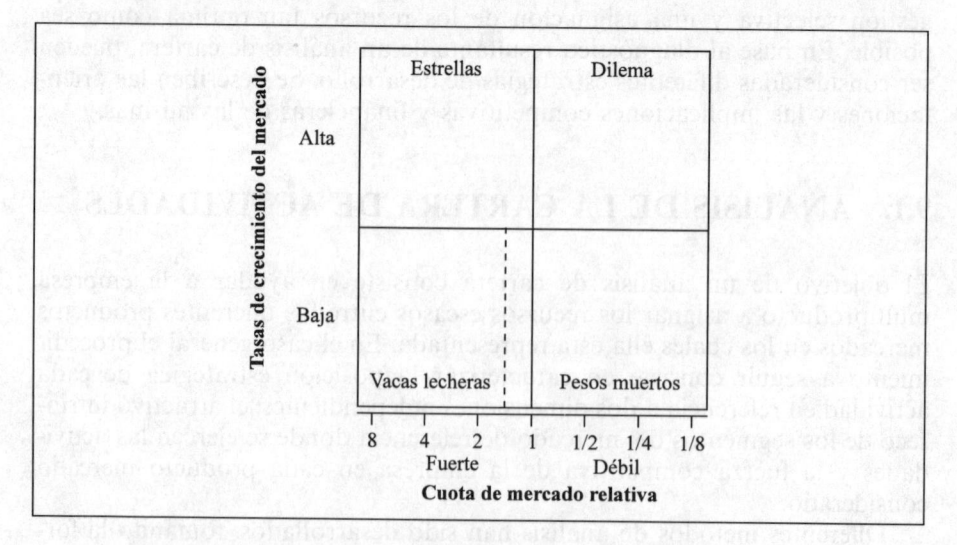

Figura 9.1. La matriz «crecimiento-cuota de mercado relativa».
Fuente: Boston Consulting Group (1968).

La matriz se apoya sobre la noción de cuota de mercado relativa definida anteriormente (ver Capítulo 5) que compara la cuota de mercado mantenida y la del competidor más peligroso.

> Si la marca mantiene una parte del mercado del 10 por 100, en un mercado donde el competidor mas importante, tiene una cuota del mercado del 20 por 100, la cuota de mercado relativa de A será de 0,20 (10/20 por 100), lo que es una cuota de mercado débil ya que es inferior a la unidad. Igualmente la marca B tendrá una cuota de mercado de 2 (20/10 por 100), lo que es elevado según la matriz BCG.

El recurso a la noción de cuota de mercado relativa está basado en la hipótesis según la cual la cuota de mercado está correlacionada positivamente con la experiencia y por ello con la rentabilidad. Con esta perspectiva mantener el 20 por 100 de cuota de mercado, mientras que el competidor inmediato logra el 40 o 50 por 100, tiene unas implicaciones de competencia muy diferentes.

Se obtienen así cuatro cuadrantes que definen cada una de las cuatro situaciones fundamentales diferentes en términos de necesidades financieras para su funcionamiento y que deberán ser gestionadas de forma distinta sobre el plan de estrategia de marketing a seguir.

Hipótesis básicas de la matriz BCG

Subyacentes al análisis del BCG se encuentran dos hipótesis fundamentales, una que se apoya en la presencia de efectos de experiencia y la otra en el ciclo de vida del producto. Estas hipótesis pueden ser precisadas como sigue:

— Del hecho de la presencia de un **efecto de experiencia**, una cuota de mercado relativa elevada implica una ventaja competitiva en términos de coste en relación a los competidores; inversamente, una cuota de mercado relativa débil implica una desventaja en términos de coste unitario. La implicación directa de esta primera hipótesis es que el competidor más poderoso tendrá una rentabilidad mejor a precios corrientes de mercado y podrá generar ventajas de *cash-flow*.

— Por otra parte, el hecho de estar situado en un **mercado en crecimiento** implica una necesidad elevada de liquidez para financiar el crecimiento; inversamente, la necesidad de liquidez es débil para un producto situado en un mercado de débil crecimiento. Se recurre aquí al modelo de ciclo de vida para poner en evidencia el hecho de que una empresa competitiva tiene interés en repartir sus actividades en las diferentes fases del ciclo de vida, para mantener un equilibrio entre potencial de crecimiento y potencial de rentabilidad.

La implicación directa de estas dos hipótesis es que las necesidades financieras necesarias para los productos situados en los mercados en crecimiento serán mucho mas importantes que para los productos que operan en los mercados estancos.

Como se ha subrayado en los Capítulos 7 y 8, estas dos hipótesis no son siempre verificadas en la práctica. A este respecto, ver igualmente a Abell y Hammond (1976, págs. 192-193).

Tipología de los productos mercados

En la medida en que estas hipótesis son respetadas, se pueden identificar cuatro grupos de productos mercados muy diferentes en términos de objetivos estratégicos prioritarios y en términos de necesidades financieras precisas.

— Los **«vacas lecheras»**, productos cuyo mercado de referencia está en débil crecimiento, pero para los cuales la empresa posee una cuota de mercado relativa elevada; estas unidades deben en principio proporcionar liquidez financiera importante y consumir poco. Constituyen una fuente de financiamiento para sostener las actividades de diversificación o de investigación. El objetivo estratégico prioritario es «cosechar».
— Los **«pesos muertos»**, los productos cuya cuota de mercado relativa es débil en un sector que envejece. Aumentar la cuota de mercado debería hacerse frente a competidores con ventajas en costes y, por tanto, resulta poco factible. Mantener viva tal actividad se traduce generalmente en una sangría financiera sin esperanza de mejora. El objetivo es retirarse o en todo caso vivir modestamente.
— Los **«dilemas»**: se encuentran en este grupo los productos con débil cuota de mercado relativa en un mercado de expansión rápida, y que exige importantes fondos para financiar el crecimiento; se trata de identificar actividades que puedan ser promovidas con posibilidades de éxito. A pesar de su desventaja con relación al líder, estos productos tienen siempre la posibilidad de aumentar su cuota de mercado. Si un apoyo financiero importante no es asignado a estos productos, evolucionarán progresivamente hacia la situación de pesos muertos a medida que se desarrolle el ciclo de vida. El objetivo prioritario es pues aquí de «desarrollar la cuota de mercado» o de retirarse.
— Los **«estrellas»**: productos que son líderes en su mercado, el cual está en crecimiento rápido. Estas actividades exigen medios financieros importantes para sostener el crecimiento; pero, debido a su ventaja competitiva, generarán beneficios importantes y tomarán en el futuro el relevo de los productos «vacas lecheras».

Cada actividad puede ser posicionada en una matriz similar a la de la Figura 9.1. La importancia de una actividad puede representarse por un círculo cuya superficie es proporcional a la cifra de ventas o al valor añadido. Este análisis debe ser hecho en una perspectiva dinámica (ver Figura 9.2), poniendo en evidencia las progresiones o desviaciones en el tiempo de cada producto mercado.

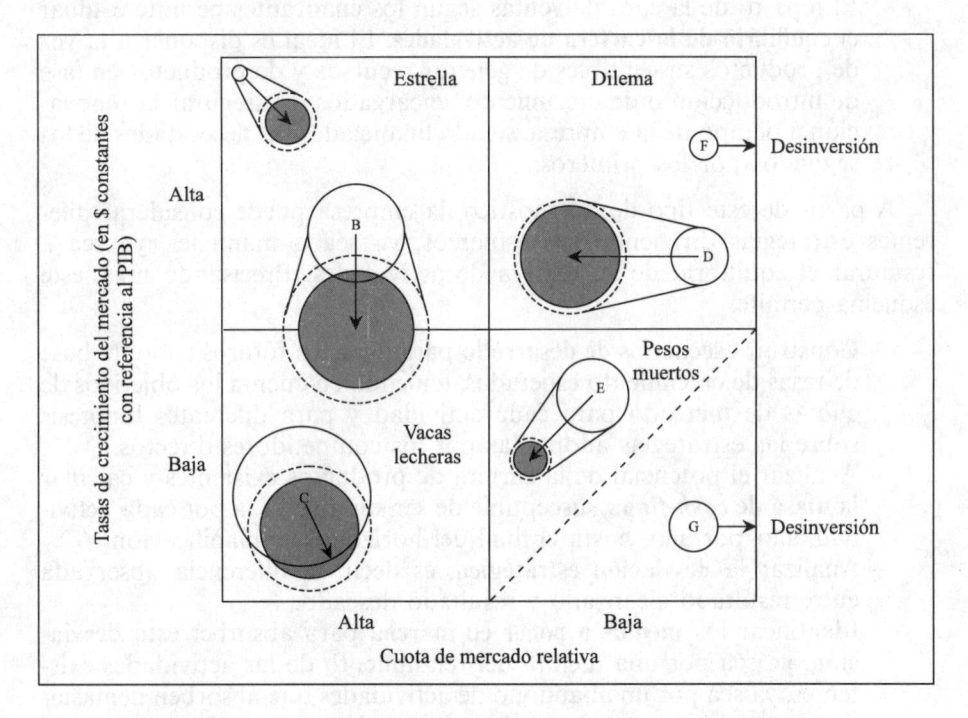

Figura 9.2. Análisis dinámico de una cartera de productos mercados.
Fuente: Day (1977).

Diagnóstico de cartera de productos

En la puesta en marcha de este modelo es importante definir el mercado de referencia en el cual una actividad compite. La cuota de mercado relativa compara el vigor de una actividad en relación a las de los competidores. Si el mercado está definido demasiado estrechamente, la empresa se convierte infaliblemente en el líder del segmento; si esto es demasiado amplio, está representada como débil. Los mensajes que se desprenden del análisis son los siguientes:

— La posición sobre la matriz supone una indicación sobre la **estrategia a considerar** para cada producto: mantenimiento del liderazgo para los estrellas; abandono o perfil bajo para los pesos muertos; inversión y desarrollo selectivo para los dilemas; rentabilización máxima para las vacas lecheras.

— La posición sobre la matriz permite apreciar las **necesidades financieras y el potencial de rentabilidad**. El beneficio es, en principio, función

de la posición competitiva; la necesidad de financiación es generalmente función de la fase del ciclo de vida, es decir, del grado de madurez del mercado de referencia.
— El reparto de la cifra de ventas según los cuadrantes permite evaluar el **equilibrio de la cartera de actividades**. El ideal es disponer a la vez de productos susceptibles de generar recursos y de productos en fase de introducción o de crecimiento, encargados de asegurar la renovación a tiempo de la empresa, siendo financiadas las necesidades de los segundos por los primeros.

A partir de este tipo de diagnóstico, la empresa puede considerar diferentes estrategias dirigiendo sus esfuerzos, ya sea a mantener, ya sea a restaurar el equilibrio de su cartera de actividades. Precisando más, este esquema permite:

— Construir **escenarios de desarrollo** para los años futuros sobre la base de tasas de crecimiento esperadas, teniendo en cuenta los objetivos de cuotas de mercado para cada actividad y para diferentes hipótesis sobre las estrategias adoptadas por los competidores directos.
— Analizar el potencial de la cartera de productos existentes y calcular la **masa de *cash-flows*** susceptible de ser suministrada por cada actividad, año por año, hasta el final del horizonte de planificación.
— Analizar la **desviación estratégica**, es decir, la diferencia observada entre resultado alcanzado y resultado deseado.
— Identificar los **medios a poner en marcha** para absorber esta desviación, ya sea por una mejora del rendimiento de las actividades existentes, ya sea por un abandono de actividades que absorben demasiados recursos sin una esperanza real de mejora, ya sea, finalmente, por actividades nuevas cuyo objetivo es reequilibrar la estructura de la cartera.

Demasiados productos en fase de envejecimiento indican un peligro de deterioro, incluso si los resultados actuales son muy positivos. Demasiados productos jóvenes pueden conducir a problemas de financiación, incluso si las actividades son sanas, con el riesgo de pérdida de independencia que este tipo de situación suscita infaliblemente.

Se han tomado en la Figura 9.3 dos trayectorias de éxito y dos trayectorias de fracaso que es posible observar en un análisis dinámico de una cartera de actividades.

— La **trayectoria del innovador** que utiliza los recursos financieros generados por las vacas lecheras para invertir en I+D y que penetra en un mercado con un producto nuevo para la gente que sustituirá a los productos estrella existentes.
— La **trayectoria del seguidor** que utiliza los recursos aportados por las vacas lecheras y que entra como dilema en un mercado dominado por un líder y que adopta una estrategia agresiva de desarrollo de su cuota de mercado.

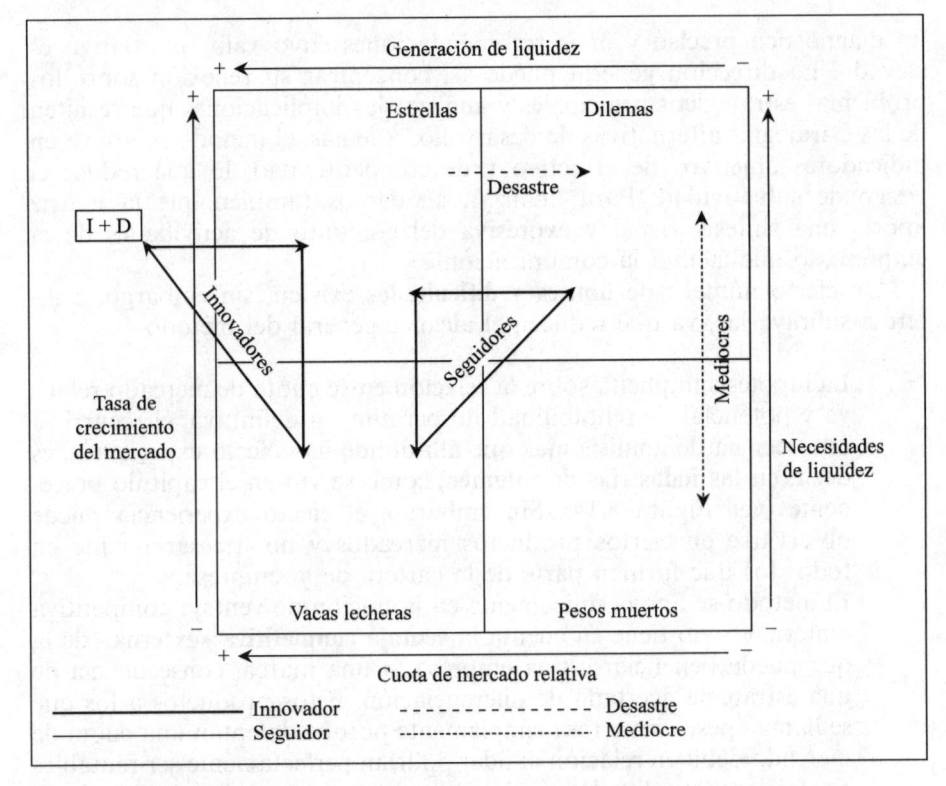

Figura 9.3. Principales escenarios de desarrollo.

— La **trayectoria del desastre** en la cual un producto estrella pierde cuota de mercado por inversiones insuficientes y que le convierten en dilema.
— La **trayectoria de la mediocridad permanente** que describe la situación de un dilema que vegeta sin conseguir aumentar su cuota de mercado y que se sitúa en el cuadrante de los pesos muertos.

Este tipo de diagnóstico, recordémoslo, no será válido más que en la medida en que las hipótesis recordadas anteriormente se encuentren efectivamente verificadas. Ahora bien, como ya se ha visto, las relaciones entre cuotas de mercado y rentabilidad, por una parte, entre tasa de crecimiento y necesidades financieras, por otra parte, no se observan en todos los casos.

Los límites de la matriz «crecimiento/cuota de mercado relativa»

El mérito principal del método desarrollado por el BCG es, sin duda, la **solidez del desarrollo teórico** que conduce a establecer una relación rigurosa entre el posicionamiento estratégico y el resultado financiero. Las hipótesis de partida son ciertamente restrictivas, que verificadas, permiten formular un diagnóstico preciso y unas recomendaciones cuyo valor normativo es elevado. La dirección general puede así concentrar su reflexión sobre los problemas estratégicos principales y analizar las implicaciones que resulten de las estrategias alternativas de desarrollo. Además, el método se apoya en indicadores objetivos de atractivo y de competitividad, lo que reduce el riesgo de subjetividad. Para finalizar, añadamos también que la matriz aporta una síntesis visual y expresiva del conjunto de actividades de la empresa, lo que facilita la comunicación.

Un cierto número de **límites y dificultades** existen, sin embargo, e interesa subrayarlas, ya que reducen el alcance general del método.

— La hipótesis implícita sobre la relación entre cuota de mercado relativa y potencial de rentabilidad no permite, en definitiva, el recurrir a esta técnica de análisis más que allí donde hay efecto experiencia, es decir, en las **industrias de volumen**, como se vio en el capítulo precedente (ver Figura 8.14). Sin embargo, el efecto experiencia puede observarse en ciertos productos mercados y no necesariamente en todos los que forman parte de la cartera de la empresa.
— El método se apoya únicamente en la noción de ventaja competitiva «interna» y no tiene en cuenta la **ventaja competitiva «externa»** de la que puede beneficiarse una empresa, o una marca, consecuencia de una estrategia acertada de diferenciación. Estos productos a los que se llama «pesos muertos» simplemente porque detentan una cuota de mercado débil en relación al líder podrían perfectamente ser rentables si ofrecieran cualidades distintivas apreciadas por los compradores dispuestos a pagar un suplemento de precio que compensaría el *handicap* de coste.
— A pesar de la simplicidad aparente, pueden presentarse **dificultades de medida**. ¿En relación a qué competidores compararse? ¿Cómo determinar la tasa de crecimiento del mercado? ¿Históricamente, o en base a previsiones? Wind, Mahajan y Swire (1983) han mostrado que el análisis era muy sensible a las diferentes medidas utilizadas. Para un estudio más detallado de estas cuestiones, ver igualmente Day (1977, págs. 35-37).
— Las recomendaciones resultantes de un análisis de cartera son muy generales y constituyen, como mucho, **orientaciones** que es necesario precisar. Decir que en un producto mercado dado es preciso proceder a una estrategia de «cosecha» o de «perfil bajo» no es muy explícito y, en todo caso, insuficiente para orientar de manera efectiva las políticas de precio, de distribución, de comunicación. El objetivo de un análisis de cartera es como mucho, guiar la reflexión y en ningún caso, sustituirla.

Estos límites son importantes y restringen seriamente el campo de aplicación de la matriz «crecimiento-cuota de mercado relativa». Otros métodos que han sido desarrollados se apoyan sobre hipótesis menos restrictivas.

9.1.2. La matriz «atractivo-competitividad»

La matriz BCG se apoya sobre dos indicadores, la cuota de mercado relativa y la tasa de crecimiento del mercado de referencia. Sin embargo, es evidente que el atractivo de un mercado puede depender de otros muchos factores como su accesibilidad, su tamaño, la existencia de una red de distribución organizada, la ausencia de competidores poderosos, una legislación favorable, etc.

> El mercado de los ordenadores portátiles es, en principio, altamente atractivo si se le juzga por la tasa elevada de crecimiento. Sin embargo, la rapidez de evolución de la demanda, las modificaciones alcanzadas en los precios, el ritmo rápido de obsolescencia de los productos, la intensidad de la lucha competitiva, son otros tantos factores que hacen este mercado muy arriesgado y, por tanto, relativamente menos atractivo.

Igualmente, la ventaja competitiva mantenida por una empresa puede derivarse de una imagen de marca, de una organización comercial, de un adelanto tecnológico, etc., incluso si la cuota de mercado mantenida es débil en relación al competidor más importante.

> Cuando IBM introdujo en Europa su ordenador personal, en 1982, su competitividad era muy débil según la matriz BCG, ya que su participación en el mercado era cero. Ahora bien, para muchos analistas, la capacidad competitiva de IBM era percibida como muy elevada en razón de la importancia de su saber hacer tecnológico, de sus recursos disponibles y de su voluntad de tener éxito en este mercado.

Está claro que otros factores deben ser tomados en consideración para medir correctamente el potencial de atractivo y de competitividad de una empresa. Antes que utilizar un indicador por dimensión se va pues a elegir un juego de indicadores de atractivo y un juego de indicadores de competitividad. Existen diferentes listas de criterios posibles (Abell y Hammond, 1979; McNamee, 1984; Day, 1984; Hax y Majluf, 1984).

Desarrollo de una matriz multicriterios

A modo de ilustración, se presenta en la Figura 9.4 una batería de criterios seleccionados para medir los **atractivos** intrínsecos de productos mercados situados en la industria textil, así como una serie de indicadores que permitan evaluar las posiciones de una empresa concreta, la sociedad Tissex que opera en este mismo sector de actividad.

La definición precisa de estos indicadores es delicada y la significación de las notas a atribuir debe ser claramente precisada (ver Figura 9.4).

Criterios	Peso (total: 100)	Escala de evaluación		
		Débil 1 2	Media 3 4	Fuerte 5
Accesibilidad del mercado	――	Países fuera de Europa y fuera de USA	Europa + USA	Europa
Tasa de crecimiento	――	<5 %	5 a 10 %	>10 %
Extensión del ciclo de vida	――	<2 años	2 a 5 años	>5 años
Potencial de margen bruto	――	<15 %	15 a 25 %	>25 %
Dureza de la competencia	――	Oligopolio estructurado	Competencia no estructurada	Competencia atomizada
Posibilidades de diferenciación (además del precio)	――	Producto banalizado	Producto poco diferenciable	Producto muy diferenciable
Concentración de la clientela	――	>2000	2000 a 200	<200

Figura 9.4a. Indicadores de atractivo.

Criterios	Peso (total: 100)	Escala de evaluación		
		Débil 1 2	Media 3 4	Fuerte 5
Cuota de mercado relativa	――	<1/3 del líder	>1/3 del líder	Líder
Precio de coste	――	> Competidor directo	= competidor directo	< Competidor directo
Cualidades distintivas	――	Producto «me too»	Producto poco diferenciado	Producto único en su género
Grado de dominio de la técnica	――	Difícil de dominar	Fácilmente dominable	Perfectamente dominada
Herramienta de venta	――	Intermediarios no controlados	Intermediarios controlados	Venta directa
Notoriedad-imagen	――	Inexistente	Imagen vaga	Fuerte imagen

Figura 9.4b. Indicadores de competitividad.

— Cada indicador es clasificado, por ejemplo, «débil», «medio», «fuerte»; o bien se utiliza una escala ordinal de 5 o 7 puntos.
— En lo que concierne a los indicadores de competitividad, las notas referentes a las posiciones de la empresa no son atribuidas «en abstracto», sino, en cada producto-mercado o segmento, en relación a los competidores más peligrosos.
— También pueden ser introducidas ponderaciones si algunos indicadores parecen más importantes que otros, aunque es necesario que estas ponderaciones sean las mismas para cada actividad considerada.

— Las evaluaciones deben reflejar, tanto como sea posible, los valores esperados de los indicadores y no solamente su valor presente.
— Una nota de conjunto puede ser atribuida al atractivo global del producto mercado y a la capacidad competitiva de la empresa en este producto mercado.

Al contrario de lo que se hace en el método BCG, las notas de atractivo y competitividad se apoyan sobre evaluaciones subjetivas. El proceso de evaluación puede, sin embargo, ganar en objetividad interpersonal, en la medida en que se recurra a varios «jueces» que operen independientemente y en que después se confronten las evaluaciones recogidas, con el fin de reconciliar o de explicar las diferencias y los desacuerdos observados. Este proceso de reconciliación es siempre muy instructivo.

Interpretación de la matriz multicriterios

Se obtiene pues un sistema de clasificación de dos dimensiones, similar a la matriz del BCG. Es frecuente subdividir cada dimensión en tres niveles (débil, medio, fuerte), lo que conduce a definir nueve casillas, correspondiendo cada una a una posición estratégica específica.

Cada una de las zonas corresponde a un posicionamiento específico. Las diferentes actividades de la empresa pueden ser representadas por círculos, cuya superficie es proporcional a la importancia en la cifra total de ventas. Los cuatro posicionamientos más claros son aquellos que se sitúan en las cuatro esquinas de la matriz de la Figura 9.5.

— En la zona C, los atractivos del producto-mercado y la capacidad competitiva de la empresa son elevados; la orientación estratégica a seguir es la de un **crecimiento ofensivo**. Se vuelven a encontrar aquí las características de los «estrellas» de la matriz del BCG.
— En la zona A, los atractivos y las posiciones son muy débiles; la orientación estratégica es la de **mantenimiento sin inversión** o la desinversión. Se encuentran aquí los «pesos muertos» de la Figura 7.1.
— La zona B es intermedia; la ventaja competitiva es débil, pero el atractivo del mercado de referencia es alto. Esta es la situación típica de los «dilemas». La estrategia a seguir es la del **desarrollo selectivo**.
— En la zona D, se tiene la situación inversa. La ventaja competitiva es fuerte, pero el atractivo del mercado bajo. Una estrategia llamada de **«perfil bajo»** consiste en defender la posición sin incurrir en gastos elevados.

Las demás zonas corresponden a posiciones estratégicas mal definidas y a menudo difíciles de interpretar, la nota media puede reflejar, ya sea evaluaciones muy altas en algunos criterios y muy bajas en otros, o una evaluación media sobre el conjunto de los criterios. Este último caso, que se observa frecuentemente en la práctica, es a menudo el reflejo de la imprecisión de la información que se posee o de la ausencia de información.

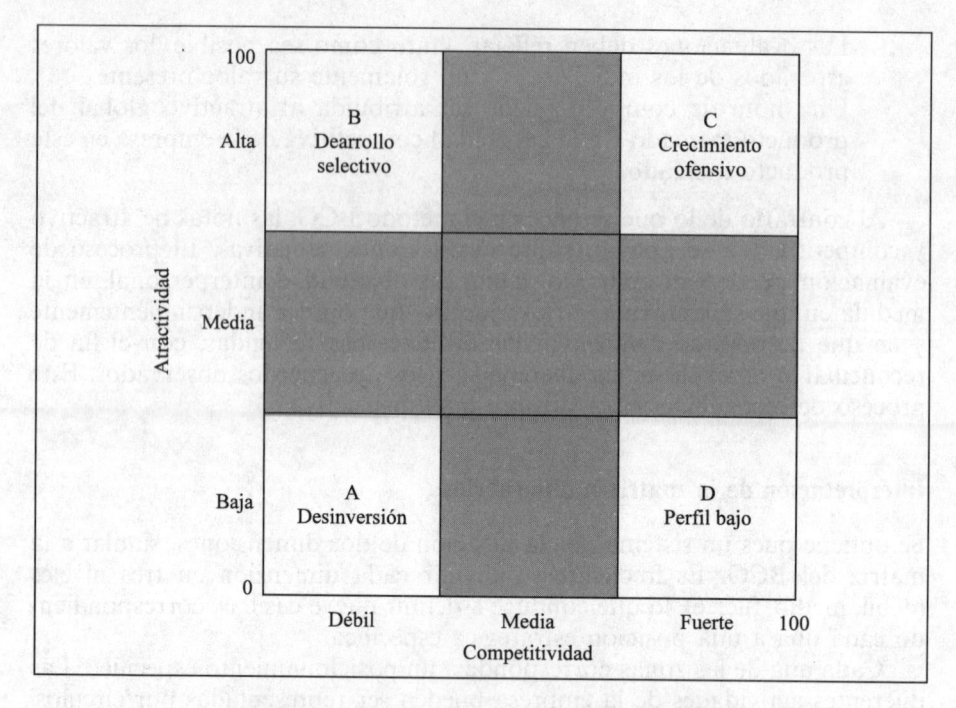

```
                    100
              ┌─────────┬─────────┬─────────┐
              │         │         │    C    │
         Alta │    B    │         │Crecimiento│
              │Desarrollo│         │ ofensivo │
              │selectivo│         │         │
              ├─────────┼─────────┼─────────┤
Atractividad  │         │         │         │
         Media│         │         │         │
              │         │         │         │
              ├─────────┼─────────┼─────────┤
              │    A    │         │    D    │
         Baja │Desinversión│      │Perfil bajo│
              │         │         │         │
              └─────────┴─────────┴─────────┘
            0   Débil    Media     Fuerte  100
                      Competitividad
```

Figura 9.5. Ejemplo de matriz multicriterio.

Elección de una estrategia

Se dispone así de una representación visual del potencial de desarrollo de la empresa. Proyectando la evolución alcanzada en cada actividad bajo la hipótesis de mantener la estrategia en curso, la empresa está en condiciones de determinar la importancia del eventual *gap* estratégico y de definir después objetivos prioritarios de desarrollo para colmar este *gap*. Las opciones estratégicas que pueden ser observadas son las siguientes.

— Invertir para **mantener la posición actual** y seguir la evolución esperada del mercado.
— Invertir con vistas a **mejorar la posición detentada** desplazando la actividad a la derecha de la matriz, mejorando su competitividad.
— Invertir para **reconstruir una posición deteriorada** o perdida. Esta estrategia de revitalización es evidentemente más difícil de realizar si el atractivo del mercado es mediano o débil.
— **Reducir las inversiones** con vistas a cosechar, lo que lleva a cambiar la posición mantenida frente a los medios financieros, por ejemplo, vendiendo al mejor precio posible.
— **Desinversión** y dejar un mercado o segmento poco atractivo y donde la empresa no tiene la posibilidad de asegurar una ventaja de competitividad defendible.

Un ejemplo de aplicación del método de atractivo-competitividad es presentado en la Figura 9.6. Se trata de un análisis de la cartera de productos de una empresa de la industria alimentaria. Se observará que el atractivo de los productos mercados es mediano y que la competitividad de esta empresa es evaluada como débil para casi todos los productos considerados.

Evaluación de la matriz multicriterios

La matriz «atractivo-competitividad» desemboca pues en análisis similares a los descritos anteriormente para la matriz BCG, con una pequeña diferencia, la ausencia de relación lógica con el rendimiento económico y financiero. El método presentado aquí es, no obstante, de aplicación más general, ya que no se apoya sobre ninguna hipótesis específica. Además, es de una gran flexibilidad, ya que los indicadores son elegidos en función de cada situación particular.

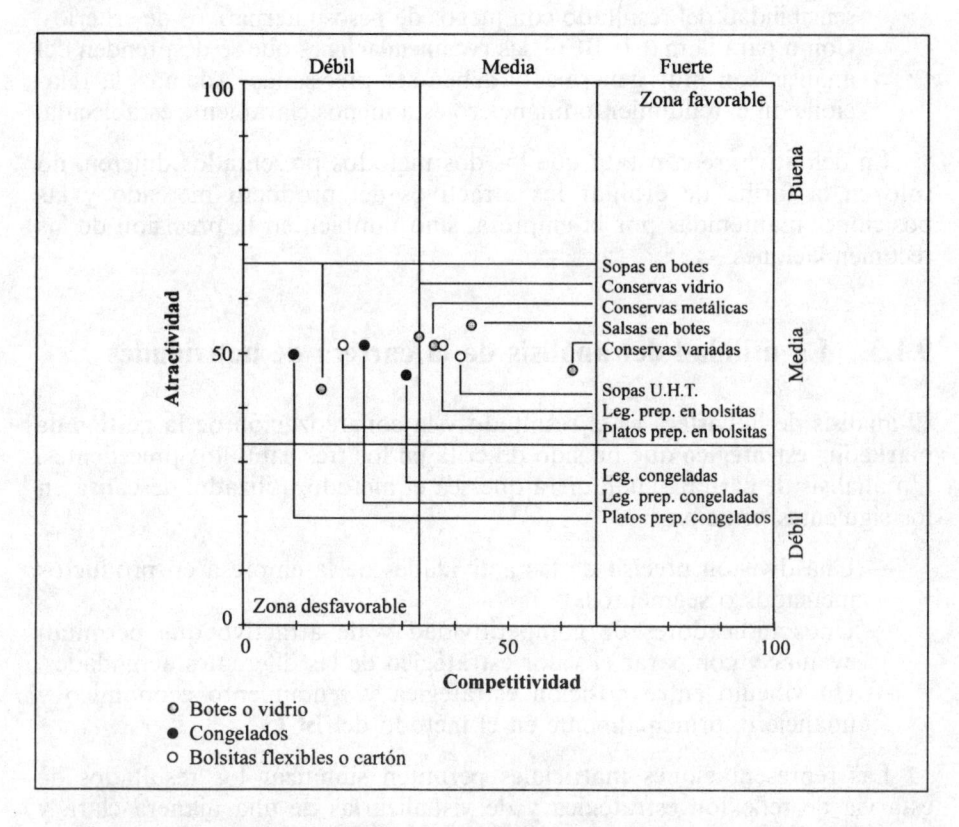

Figura 9.6. Ejemplo de análisis «multicriterio» en la industria alimentaria.
Fuente: M.D.A. Consulting Group (Bruselas).

Un cierto número de **limitaciones** a la utilización de las matrices de este tipo deben ser mencionadas.

- Los **problemas de medida** son más delicados y el riesgo de subjetividad es aquí mucho más importante. El riesgo se encuentra no sólo en la elección de los indicadores y en su ponderación eventual, sino sobre todo en cuanto al establecimiento de puntuaciones respecto de los criterios. El riesgo de subjetividad es mayor para los indicadores de competitividad, donde necesariamente hay autoevaluación.
- Cuando el número de criterios retenidos y el número de actividades diferentes a evaluar son elevados, **el procedimiento se vuelve pesado** y exigente, sobre todo cuando la información poseída es escasa o imprecisa.
- Los valores de los indicadores son agregados de factores. El resultado no será el mismo según el **método de agregación utilizado**. Apreciar la competitividad y el atractivo a través de la media de las evaluaciones no es necesariamente el mejor método. La utilización de métodos multicriterios sería, sin duda, más apropiado, principalmente para probar la sensibilidad del resultado con juegos de pesos alternativos de criterios.
- Como para la matriz BCG, las **recomendaciones** que se desprenden del análisis son muy generales y deben ser precisadas. Además, la relación con el rendimiento financiero está menos claramente establecida.

En definitiva, se constata que los dos métodos presentados difieren, no sólo en la forma de evaluar los atractivos del producto mercado y las posiciones mantenidas por la empresa, sino también en la precisión de las recomendaciones.

9.1.3. La utilidad del análisis de la cartera de actividades

El análisis de la cartera es el resultado y la concretización de la **gestión de marketing estratégico** que ha sido descrita en los tres capítulos precedentes. Un análisis de cartera, cualquiera que sea el método utilizado, descansa en los siguientes principios:

- Una división precisa de las actividades de la empresa en productos mercados o segmentos.
- Unos indicadores de competitividad y de atractivo que permitan evaluar y comparar el valor estratégico de las diferentes actividades.
- Un vínculo entre posición estratégica y rendimiento económico y financiero, principalmente en el método del BCG.

Las representaciones matriciales permiten sintetizar los resultados de esta vía de reflexión estratégica y de visualizarlas de una manera clara y expresiva. Contrariamente a las apariencias, su elaboración no es simple, ya que implica la existencia de una información completa y fiable sobre el funcionamiento de los mercados, sobre las fuerzas y debilidades de la empresa y de sus competidores. Más precisamente, este análisis implica:

— Un esfuerzo considerable de análisis para la **división en productos mercados**, tanto más importante que la pertinencia del diagnóstico final está condicionada por la elección más o menos buena de la segmentación inicial.
— Una recogida sistemática y minuciosa de **informaciones muy precisas** que raramente existen como tales y que se deben reconstruir por comprobación y tanteo; de la fiabilidad de esta información depende también la calidad de los resultados.

Este tipo de análisis no se improvisa y supone, principalmente, el apoyo total de la dirección general. Este instrumento de análisis no es evidentemente una panacea, pero tiene el mérito de poner el acento sobre un cierto número de orientaciones de gestión importantes:

— Moderar las visiones a **muy corto plazo**, insistiendo en el equilibrio a mantener entre actividades de rentabilidad inmediata y actividades que preparan el porvenir.
— Incitar a la empresa a razonar a la vez en términos de atractivo del mercado y en términos de **capacidad competitiva**.
— Establecer **prioridades** en materia de asignación de recursos humanos y financieros y estrategias de desarrollo diferenciadas por actividad.
— Crear en la organización un **lenguaje común** y fijar objetivos visibles que refuercen la motivación y faciliten el control.

La debilidad principal de los métodos de análisis de cartera es dar una imagen del presente, hasta de un pasado reciente, que es a veces peligroso extrapolar. Se les puede reprochar igualmente el no dar una visión prospectiva de las potencialidades de los productos mercados.

Sin embargo, hay que destacar que estas matrices pueden ser utilizadas de una **manera dinámica**, por ejemplo, comparando las posiciones actualmente detentadas en cada producto mercado con las posiciones buscadas para el período siguiente. La matriz de la Figura 9.7. es también útil a este respecto; permite analizar la evolución de la posición competitiva de cada unidad de actividad (Hussey, 1978).

El análisis de carteras y la práctica industrial

La utilidad de los análisis de cartera ha sido verificada en una encuesta realizada en Estados Unidos por Haspeslagh (1982), que se efectuó a las mil primeras empresas americanas. El estudio ha puesto en evidencia principalmente los hechos siguientes:

— En 1979, el 36 por 100 de las mil primeras empresas industriales y el 45 por 100 de las quinientas primeras habían adoptado el método de análisis de la cartera en grados diversos; sólo el 14 por 100 de las mil primeras estaban en la etapa más avanzada.

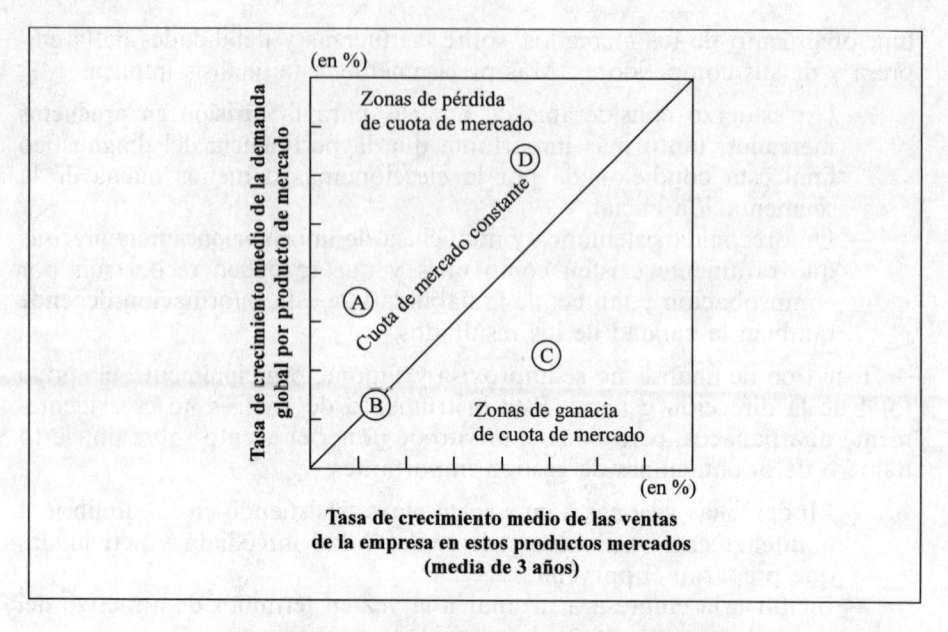

Figura 9.7. Matriz de crecimiento de Hussey.
Fuente: Hussey (1978).

— Las empresas interrogadas tendían a considerar que el método en sí importaba poco; el problema principal era saber cómo definir lo mejor posible una unidad de actividad estratégica y atribuirle una misión.
— Los intereses más valoradas eran: *a)* obtener una mejor comprensión de cada actividad, *b)* tomar decisiones estratégicas adaptadas, *c)* introducir una terminología y esquemas comunes que faciliten la comunicación.

La encuesta ha mostrado también que las empresas utilizadoras del método de la cartera tenían en conjunto, en mayor medida que las empresas no usuarias, una óptica de largo plazo. Una encuesta similar efectuada más recientemente por Hamermesh (1986) ha llegado al mismo tipo de conclusiones.

Un análisis de cartera desemboca en recomendaciones estratégicas diferentes según sea el posicionamiento de las actividades que conforman la cartera. Estas recomendaciones, como se ha visto, son como mucho orientaciones generales del tipo: invertir, resistir, cosechar, abandonar, etc., que exigen ser precisadas y traducidas en objetivos estratégicos más explícitos.

9.2. LAS ESTRATEGIAS BASICAS DE DESARROLLO

El primer paso a emprender en la elaboración de una estrategia de desarrollo es precisar la naturaleza de la **ventaja competitiva defendible**, que servirá de punto de apoyo a las acciones estratégicas y tácticas posteriores.

Se ha visto en el capítulo precedente que la ventaja competitiva podría definirse por referencia a dos dimensiones (ver Figura 8.1): una **dimensión «productividad»** (la ventaja está en términos de precio de coste), y una **dimensión «poder de mercado»** (la ventaja está en términos de precio de venta máximo aceptable). La cuestión que se plantea es saber qué dimensión de la ventaja competitiva debe ser privilegiada teniendo en cuenta las características de la empresa, sus puntos fuertes y débiles y los de sus competidores. En otros términos, ¿cuál es la ventaja defendible» en un producto mercado determinado?

Identificar esta ventaja competitiva defendible implica un análisis de la situación competitiva y, más específicamente, las respuestas a las cuestiones siguientes:

— ¿Cuáles son los **factores claves de éxito** en el producto mercado o segmento considerado?
— ¿Cuáles son los puntos **fuertes y débiles** de la empresa en relación a esos factores claves de éxito?
— ¿Cuáles son los puntos fuertes y débiles del o de los **competidores más peligrosos** en relación a estos mismos factores claves?

En base a estas informaciones, la empresa puede: *a*) evaluar la naturaleza de la ventaja en relación al que esté mejor situado; *b*) decidir crearse una ventaja competitiva en un área específica; o, finalmente, *c*) intentar neutralizar la ventaja competitiva detentada por la competencia.

Las estrategias básicas susceptibles de ser adoptadas serán pues diferentes según se apoyen en una ventaja competitiva basada en una ganancia de productividad, y por consiguiente en términos de costes, o basada en un elemento de diferenciación y, por tanto, en términos de precio.

Porter (1980) considera que existen tres grandes estrategias básicas posibles frente a la competencia, según el objetivo considerado: todo el mercado o a un segmento específico; y según la naturaleza de la ventaja competitiva que dispone la empresa: una ventaja en coste o una ventaja debida a las cualidades distintivas del producto.

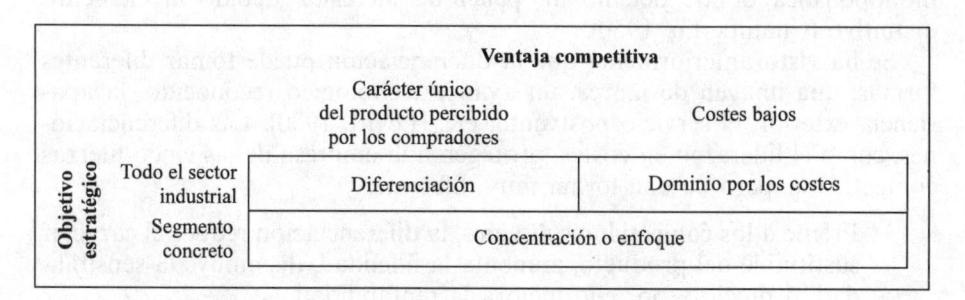

		Ventaja competitiva	
		Carácter único del producto percibido por los compradores	Costes bajos
Objetivo estratégico	Todo el sector industrial	Diferenciación	Dominio por los costes
	Segmento concreto	Concentración o enfoque	

Figura 9.8. Las estrategias básicas según Porter (1982).
Fuente: Porter M.E. (1982).

9.2.1. La estrategia del liderazgo en costes

Esta primera estrategia básica se apoya en la **dimensión productividad** y está generalmente ligada a la existencia de un efecto experiencia. Esta estrategia implica una vigilancia estrecha de los gastos de funcionamiento, de las inversiones en productividad que permiten valorar los efectos experiencia, de las concepciones muy estudiadas de los productos y de los gastos reducidos de ventas y de publicidad a la vez que el acento está puesto esencialmente en la obtención de un coste unitario bajo, en relación a sus competidores.

El hecho de tener una ventaja en costes constituye una protección eficaz contra las cinco fuerzas competitivas (ver Figura 8.2).

— Respecto a los competidores directos, la empresa puede resistir mejor a una eventual **competencia de precios** y obtener además un beneficio a nivel del precio mínimo para la competencia.
— Los **clientes** fuertes no pueden hacer bajar los precios más que hasta el nivel correspondiente al del competidor directo mejor situado.
— Un precio de coste bajo protege a la empresa de los aumentos de coste impuestos por un **proveedor** fuerte.
— Un precio de coste bajo constituye una barrera de entrada para los **nuevos competidores** y también una buena protección respecto a los **productos sustitutivos**.

De manera general, una posición de liderazgo en costes protege a las empresas contra las cinco fuerzas competitivas, porque son los competidores menos eficientes los primeros que sufrirán los efectos de la lucha competitiva.

9.2.2. Las estrategias de diferenciación

Estas estrategias tienen por objetivo dar al producto cualidades distintivas importantes para el comprador y que le diferencien de las ofertas de los competidores. La empresa tiende a crear una situación de competencia monopolística donde detente un **poder de mercado**, debido al elemento distintivo (Chamberlin, 1950).

Se ha visto anteriormente que la diferenciación puede tomar diferentes formas: una imagen de marca, un avance tecnológico reconocido, la apariencia exterior, el servicio postventa, etc. (Levitt, 1980). Las diferenciaciones, como el liderazgo en costes, protegen a la empresa de las cinco fuerzas competitivas, pero de una forma muy diferente.

— Frente a los **competidores directos**, la diferenciación reduce el carácter sustituible del producto, aumenta la fidelidad, disminuye la sensibilidad al precio y por ello mejora la rentabilidad.
— Debido a la mayor fidelidad de la clientela, la **entrada de competidores nuevos** se hace más difícil.

— La rentabilidad más elevada aumenta la capacidad de resistencia de la empresa a los aumentos de coste impuestos por un eventual **proveedor fuerte**.
— Finalmente, las cualidades distintivas del producto y la fidelidad de la clientela constituyen, igualmente, una protección frente a los **productos sustitutivos**.

Así, una diferenciación acertada permite obtener beneficios superiores a los competidores debido al precio más elevado que el mercado está dispuesto a aceptar, y a pesar de los costes generalmente más elevados que son necesarios para asegurar las cualidades distintivas. Este tipo de estrategia no es siempre compatible con un objetivo de cuota de mercado elevada, la mayoría de los compradores no están necesariamente dispuestos a pagar el precio elevado, aun reconociendo la superioridad del producto.

Las estrategias de diferenciación implican generalmente inversiones importantes en el marketing operativo, particularmente en gastos publicitarios, cuyo objetivo es dar a conocer al mercado las cualidades distintivas reivindicadas por la empresa.

9.2.3. Las estrategias del especialista

Una tercera estrategia básica es la del especialista, que se concentra en las necesidades de un segmento o de un grupo particular de compradores, sin pretender dirigirse al mercado entero. El objetivo es, asignarse una población-objetivo restringida y satisfacer las necesidades propias de este segmento mejor que los competidores, los cuales se dirigen a la totalidad del mercado. Esta estrategia implica, por consiguiente, bien diferenciación, bien liderazgo en costes, o bien las dos a la vez, pero únicamente respecto a la población-objetivo escogida.

— Un fabricante de pinturas puede, por ejemplo, decidir dirigirse únicamente a las pinturas para profesionales y no hacía el mercado del gran público, ni a las industrias de la construcción, del automóvil y naval.
— En la industria del automóvil, Mercedes se dirige únicamente al segmento alto de la gama, un segmento estrecho, pero que esta empresa cubre más eficazmente que otras marcas de automóviles.

Una estrategia de concentración permite obtener cuotas de mercado altas dentro del segmento al que se dirige, pero que son necesariamente débiles en relación al mercado global.

9.2.4. Riesgos de las estrategias básicas

La elección entre una u otra de estas estrategias básicas no es neutra, en el sentido que implica riesgos de naturaleza diferente y formas de organización diferentes. Los riesgos inherentes a cada estrategia básica están descritos en la Figura 9.9.

La implantación de estas estrategias implica recursos y cualidades distintivas diferentes.

— Una estrategia de **liderazgo en costes** supone inversiones continuadas, una competencia técnica elevada, una vigilancia estrecha de los procesos de fabricación y de distribución, y productos estandarizados que faciliten la producción. La función de producción ejerce pues un papel dominante.
— Una **estrategia de diferenciación** implica, por el contrario, la existencia de una habilidad en marketing importante, más que un avance tecnológico. La capacidad de analizar y de anticipar la evolución de las necesidades del mercado es aquí fundamental; igualmente, la coordinación de los esfuerzos entre I + D, producción y marketing. El principio del equilibrio de las funciones en la organización debe ser respetado.

Por último, una estrategia de concentración supone las características precedentes reunidas frente al segmento estratégico escogido.

Riesgos de una estrategia basada en un liderazgo de costes

— Cambios tecnológicos que anulan la ventaja obtenida gracias a las inversiones anteriores y gracias al efecto experiencia.
— Difusión de la tecnología a bajo coste entre los recién llegados y entre los imitadores.
— Incapacidad para detectar a tiempo los cambios a efectuar en los productos por exceso de atención en el problema del coste.
— Inflación en los costes que reduce el diferencial de precios necesario para imponerse frente a la competencia.

Riesgos de una estrategia basada en la diferenciación

— El diferencial de precios necesario para mantener el elemento de diferenciación se hace demasiado elevado en relación a los precios competidores.
— Las necesidades de los compradores por un producto diferenciado se disipan debido a la banalización del producto.
— Las imitaciones reducen el impacto de la diferenciación.

Riesgos de una estrategia de concentración

— El diferencial de precios en relación a los productos competidores no especializados llega a ser demasiado importante.
— Las diferencias entre los segmentos y el mercado global se disipan.
— El segmento cubierto se subdivide en subsegmentos más especializados

---

Figura 9.9. Riesgos de las estrategias básicas.
Fuente: Adaptado de Porter, M.E. (1982).

9.3. LAS ESTRATEGIAS DE CRECIMIENTO

Los objetivos de crecimiento se hallan en la mayor parte de las estrategias empresariales, se trata del crecimiento de las ventas, de la cuota de mercado, del beneficio o del tamaño de la organización. El crecimiento es un factor que influye en la vitalidad de una empresa, estimula las iniciativas y aumenta la motivación del personal y de los ejecutivos. Independientemente de este elemento de dinamismo, el crecimiento es necesario para sobrevivir a los ataques de la competencia, gracias, principalmente, a las economías de escala y a los efectos experiencia que ofrece.

Una empresa puede tratar de definirse un objetivo de crecimiento a tres niveles diferentes:

— Un objetivo de crecimiento en el seno del mercado de referencia en el cual opera; se hablará entonces de **crecimiento intensivo**.
— Un objetivo de crecimiento realizado en el seno del sector industrial a través de una extensión horizontal, por arriba o por abajo de su actividad básica; se trata de **crecimiento integrado**.
— Un objetivo de crecimiento que se apoya en las oportunidades situadas fuera de su campo de actividad habitual; se trata del objetivo de **crecimiento por diversificación**.

A cada uno de estos objetivos de crecimiento corresponden un cierto número de estrategias posibles que es interesante examinar brevemente.

9.3.1. Crecimiento intensivo

Una estrategia de **crecimiento intensivo** es justificable para una empresa cuando ésta no ha explotado completamente las oportunidades ofrecidas por los productos de que dispone en los mercados que cubre actualmente. Diferentes estrategias pueden ser adoptadas.

Las estrategias de penetración de mercados

Una estrategia de penetración consiste en intentar aumentar las ventas de productos actuales en los mercados actuales. Diversas vías pueden ser adoptadas:

Desarrollar la demanda primaria: intervenir sobre los componentes de la demanda global con el fin de aumentar el tamaño del mercado total; por ejemplo:

— Incitar a los compradores a utilizar más regularmente el producto.
— Incitar a los compradores a consumir más por ocasión de consumo.
— Hallar nuevas oportunidades de utilización.

Hay que destacar que esta estrategia beneficiará a todos los competidores. Es frecuente que sea el líder del mercado el que gane más con este crecimiento.

Aumentar la cuota de mercado: aumentar las ventas atrayendo a los compradores de marcas o de empresas competidoras por acciones de promoción importantes. Por ejemplo:

— Mejorar el producto o los servicios ofertados.
— Reposicionar la marca.
— Admitir reducciones sustanciales de precio.
— Reforzar la red de distribución.
— Organizar las acciones promocionales.

Este tipo de acciones se observará principalmente en los mercados donde la demanda primaria se ha convertido en no expansible, en la fase de madurez del ciclo de vida.

Adquisición de mercados: aumentar la cuota de mercado por una estrategia de adquisición o por la creación de empresa conjunta. Por ejemplo:

— Compra de una empresa competidora para tomar su cuota de mercado;
— Creación de una empresa conjunta para controlar una cuota de mercado.

Defensa de una posición de mercado: proteger la cuota de mercado poseída (red de clientes, red de distribuidores, imagen) reforzando el marketing opcional. Por ejemplo:

— Mejoras menores de producto y reposicionamiento.
— Estrategia defensiva de precio.
— Refuerzo de la red de distribución.
— Refuerzo o reorientación de promociones.

Racionalización del mercado: reorganizar los mercados desabastecidos en vista a reducir los costes o aumentar la eficacia del marketing operativo. Por ejemplo:

— Concentrarse en los segmentos más rentables.
— Recurrir a distribuidores más eficaces.
— Reducir el número de clientes, fijando exigencias de cantidades mínimas por pedido.
— Abandonar de forma selectiva ciertos segmentos.

Organización del mercado: intentar mejorar la rentabilidad de la actividad del sector por acciones del sector frente a las autoridades públicas. Por ejemplo:

— Establecer reglas o directrices en las prácticas de la competencia con el apoyo de los poderes públicos.
— Crear organizaciones profesionales, por ejemplo, para la información de mercados.
— Acuerdos sobre reducción o estabilización de la producción.

Estas tres últimas estrategias son sobre todo defensivas; tienen por objetivo el mantener un nivel de penetración en los mercados.

Estrategias de desarrollo para los mercados

Una estrategia de desarrollo de mercados tiene por objetivo desarrollar las ventas introduciendo los productos actuales de la empresa en nuevos mercados. Aquí también son posibles varias estrategias:

Nuevos segmentos: dirigirse a nuevos segmentos de usuarios en el mismo mercado geográfico. Por ejemplo:

— Introducir un producto industrial en un mercado de consumo.
— Vender el producto a otro grupo de compradores situándolo de forma diferente.
— Introducir el producto en otro sector industrial.

Nuevos circuitos de distribución: introducir el producto en otro canal de distribución suficientemente distinto a los circuitos existentes. Por ejemplo:

— Distribuir bebidas en los lugares de trabajo (fábricas, despachos, escuelas, etc.).
— Venta directa de productos de mobiliario a cadenas de hoteles.
— Crear una red de franquicia junto a la red tradicional existente.

Expansión geográfica: implantarse en otras regiones del país o hacia otros países. Por ejemplo:

— Expedir los productos hacia otros mercados recurriendo a los agentes locales o a sociedades de *trading*.
— Crear una red de distribución exclusiva.
— Comprar una empresa extranjera que opere en el mismo sector.

De una forma general las estrategias de desarrollo de mercados se apoyan, pues, principalmente en la distribución y en el marketing propio de la empresa.

Las estrategias de desarrollo por los productos

Una estrategia de desarrollo de productos consiste en aumentar las ventas desarrollando productos mejorados o nuevos, destinados a los mercados ya atendidos por la empresa. Diferentes posibilidades pueden ser consideradas:

Adición de características: añadir funciones o características al producto de manera que se extienda el mercado. Por ejemplo:

— Aumentar la polivalencia de un producto añadiendo funciones.
— Añadir un valor social o emocional a un producto utilitario.
— Mejorar la seguridad o el confort de un producto.

Ampliar la gama de productos: desarrollar nuevos modelos, nuevos tamaños o varias versiones del producto correspondientes a diferentes niveles de calidad. Por ejemplo:

— Lanzar nuevos envases.
— Aumentar el número de sabores, de perfumes o de colores.
— Ofrecer el producto bajo diferentes formas o composiciones.

Rejuvenecimiento de una línea de productos: restablecer la competitividad de productos obsoletos o inadaptados, remplazándolos por productos mejorados en el plano funcional o tecnológico. Por ejemplo:

— Introducir una nueva generación de productos mas potentes.
— Lanzar una gama de productos verdes, compatibles con el entorno.
— Mejorar la estética de los productos.

Mejora de la calidad: mejorar la forma en que un producto ejerce las funciones, formando parte de un conjunto de atributos. Por ejemplo:

— Determinar el panel de atributos deseables por diferentes grupos de compradores.
— Establecer normas de calidad precisas en cada atributo.
— Establecer un programa completo de control de calidad.

Adquisición de una gama de productos: completar o ampliar la gama de productos existente, recurriendo a medios exteriores. Por ejemplo:

— Comprar una empresa que tenga una gama de productos complementarios.
— Acordar con proveedores de productos que serán revendidos con la marca de la empresa.
— Creación de una empresa conjunta para el desarrollo y la producción de un nuevo producto.

Racionalización de una gama de productos: modificar la gama de productos para reducir los costes de fabricación o de distribución. Por ejemplo:

— Estandarización de una gama de productos.
— Abandono selectivo de productos marginales o poco rentables.
— Modificación del concepto del producto.

La palanca utilizada en esta estrategia de crecimiento es, esencialmente, la política de producto y el análisis de segmentación.

9.3.2. Estrategia de integración

Una estrategia de crecimiento por integración se justifica si una empresa puede mejorar su rentabilidad controlando diferentes actividades de importancia estratégica para ella, situadas en el sector industrial en el cual se inserta. Se tratará, por ejemplo, de asegurarse la regularidad de unas fuentes de aprovisionamiento o de controlar una red de distribución, o también de tener acceso a la información de una actividad que se sitúa hacia destino y de la cual depende la demanda propia de la empresa. Se establece una distinción entre integración hacia el origen, integración hacia el consumidor e integración horizontal.

Estrategias de integración hacia arriba

Una estrategia de integración hacia arriba está generalmente guiada por la preocupación de estabilizar, o de proteger, una fuente de aprovisionamiento de importancia estratégica. En algunos casos, una integración hacia arriba es necesaria porque los proveedores no disponen de recursos o de conocimiento tecnológico para fabricar componentes o materiales indispensables para la actividad de la empresa.

Otro objetivo puede ser facilitar un acceso hacia una nueva tecnología esencial para el éxito de la actividad básica. Numerosos fabricantes de ordenadores se han integrado hacia el origen en la concepción y la fabricación de semiconductores con el objetivo de controlar mejor esa tecnología fundamental para ellos.

Estrategias de integración hacia abajo

Una estrategia de integración hacia el consumidor tiene como motivación básica asegurar el control de las salidas de los productos sin las cuales la empresa está asfixiada. Para una empresa de bienes de consumo se tratará de asegurar el control de la distribución por sistemas de franquicia o de contratos de exclusividad, también por el desarrollo de una red de tiendas propias, tal como la red de Yves Rocher o de Bata. En los mercados industriales, el objetivo es principalmente cuidar del desarrollo de las actividades de transformación o de incorporación hacia abajo, que son las salidas naturales. Es así como algunas industrias de base participan activamente en la creación de empresas transformadoras situadas más abajo de su propia actividad.

> En siderurgia, por ejemplo, Cockerill en Bélgica ha creado Phoenix Works, especializada en el revestimiento y la galvanización de planchas de acero, Polypal que desarrolla y fabrica sistemas de almacenaje para uso industrial, Polytuile que fabrica revestimientos de tejados por medio de planchas de acero.

En algunos casos, el objetivo de integración hacia el consumidor es tener, por finalidad, una mejor comprensión de las necesidades de los clientes usuarios de los productos fabricados. La empresa crea entonces una filial que juega el papel de unidad piloto: comprender la problemática de los clientes usuarios o incorporadores para poder encontrar sus necesidades más eficazmente.

---

1. **CRECIMIENTO INTENSIVO: CRECER EN EL SENO DEL MERCADO DE REFERENCIA**
   1.1. Estrategia de penetración: desarrollar las ventas de los productos actuales en los mercados.
      — Desarrollar la demanda primaria.
      — Aumentar la cuota de mercado.
      — Adquirir mercados.
      — Defender una posición de mercado.
      — Racionalizar el mercado.
      — Organizar el mercado.
   1.2. Estrategias de desarrollo por los mercados: desarrollar las ventas de los productos actuales en los mercados nuevos.
      — Crear nuevos segmentos objetivos.
      — Adoptar nuevos circuitos de distribución.
      — Penetrar en nuevos mercados geográficos.
   1.3. Estrategias de desarrollo por los productos: desarrollar las ventas en los mercados existentes con productos nuevos o mejorados.
      — Añadir características a los productos.
      — Extensión de la gama de productos.
      — Rejuvenecimiento de la línea de productos.
      — Mejora de la calidad.
      — Adquisición de la gama de productos.
      — Racionalización de la gama de productos.

2. **ESTRATEGIA INTEGRADORA: CRECER EN EL SENO DE LA FILIAL INDUSTRIAL**
   2.1. Estrategias de integración hacia arriba.
   2.2. Estrategias de integración hacia abajo.
   2.3. Estrategias de integración horizontal.

3. **ESTRATEGIAS DE CRECIMIENTO POR DIVERSIFICACION: CRECER FUERA DE LA FILIAL INDUSTRIAL**
   3.1. Diversificación concéntrica.
   3.2. Diversificación pura.

Figura 9.10. Tipología de las estrategias de crecimiento.

Estrategias de integración horizontal

Una estrategia de integración horizontal se sitúa en una perspectiva muy diferente. El objetivo es reforzar la posición competitiva absorbiendo o controlando a algunos competidores. Los argumentos pueden ser de naturalezas muy variadas: neutralizar a un competidor que estorbe, alcanzar el punto crítico para obtener efectos de escala, beneficiarse de la complementariedad de las gamas de productos, tener acceso a redes de distribución o a segmentos de compradores, etc.

9.3.3. Estrategia de crecimiento por diversificación

Una estrategia de crecimiento por diversificación se justifica si el sector industrial, en el cual se inserta la empresa, no presenta ninguna o muy pocas oportunidades de crecimiento o de rentabilidad, ya sea porque la competencia ocupa una posición demasiado fuerte, ya sea porque el mercado de referencia está en declive. Una estrategia de diversificación implica la entrada en productos mercados nuevos para la empresa. Como tal, este tipo de estrategia de crecimiento es más arriesgado, ya que el salto a lo desconocido es más importante. Se establece habitualmente una distinción entre diversificación concéntrica y diversificación pura.

Estrategia de diversificación concéntrica

En una estrategia de diversificación concéntrica la empresa sale de su sector industrial y comercial y busca añadir actividades nuevas, complementarias de las actividades existentes en el plano tecnológico y/o comercial. El objetivo es pues beneficiarse de los efectos de **sinergia** debidos a la complementariedad de las actividades y extender así el mercado potencial de la empresa.

> Por ejemplo, la división «Deportes» de la Fabrique Nationale en Bélgica, especializada desde hace muchos años en la fabricación de armas de caza, se ha diversificado progresivamente por el aumento de su gama de otros artículos de ocio al aire libre, tales como los palos de golf, las cañas de pescar, las raquetas de tenis, tablas de wind-surf... El objetivo era, por una parte, compensar el declive del mercado de los artículos de caza y, por otra parte, valorizar la red de distribución de los artículos de deporte, principalmente la red Browning en Estados Unidos. Hay que señalar que esta estrategia de diversificación de la FN, ha sido un fracaso completo.

Una estrategia de diversificación concéntrica, normalmente, debe tener como resultado atraer nuevos grupos de compradores.

Estrategia de diversificación pura

En una estrategia de diversificación pura la empresa entra en actividades nuevas sin relación con sus actividades tradicionales, tanto en el plano tecnológico como en el comercial. El objetivo es orientarse hacia campos completamente nuevos a fin de rejuvenecer la cartera de actividades. Es por esta razón, por ejemplo, que a finales de 1978, Wolkswagen compró la sociedad Triumph-Adler, especializada en informática y en ofimática, o que la cementera Lafargue ha entrado en el mercado de la biotecnología.

Las estrategias de diversificación son indudablemente las estrategias más arriesgadas y las más complejas, ya que conducen a la empresa a terrenos completamente nuevos para ella. El éxito de una operación de diversificación exige recursos importantes, tanto humanos como financieros. Drucker (1981, pág. 16) considera que una condición del éxito de una diversificación es la existencia, al menos, de un punto común entre la actividad nueva y la actividad de base, ya se trate de mercado, de tecnología o de procesos de producción. Los especialistas del *management* de las organizaciones ponen en evidencia también la importancia de la «cultura de empresa» o del «estilo de dirección» que caracterizan toda organización y que pueden ser eficaces en algunos campos de actividad, sin serlo en otros.

Las lógicas de una estrategia de diversificación

Caroli y Harvatopoulos (1988) han estudiado la lógica de las diversificaciones observadas en la industria francesa. Dos dimensiones han sido identificadas. La primera dimensión está unida a la **naturaleza del objetivo estratégico**: una diversificación puede ser defensiva (reemplazar una actividad en declive) u ofensiva (conquistar nuevas posiciones). La segunda dimensión pone de relieve los **resultados esperados** de la diversificación: los directivos pueden alcanzar un gran valor económico (crecimiento, rentabilidad) o ante todo una gran coherencia o complementariedad con las actividades actuales (explotación del saber hacer).

Naturaleza del objetivo	Tipo de resultado buscado	
	Coherencia	Valor económico
Ofensivo	Extensión (Salomon)	Despliegue (Taittinger)
Defensivo	Relevo (Flamatome)	Repliegue (Lafarge)

Figura 9.11. La lógica de una estrategia de diversificación.
Fuente: Calori, R. y Harvatopulos, Y. (1988).

De la intersección de estas dos dimensiones aparecen cuatro lógicas de diversificación presentadas en la Figura 9.11.

— La diversificación «**extensión**» en la que la empresa busca reforzar su actividad (objetivo ofensivo) valorando su saber hacer (coherencia). Es, por ejemplo, la estrategia de diversificación seguida por Salomon, líder mundial de la fijación de esquíes, que entra en el mercado del calzado de esquí, después en el mercado del esquí de fondo y más recientemente en la fabricación de palos de golf y de esquí.
— La diversificación «**relevo**» que busca reemplazar una actividad en declive (objetivo defensivo), utilizando recursos humanos de alto ni-

vel (coherencia). Esta fue la estrategia de Framatome a finales de los años setenta, cuando el mercado de las centrales nucleares comenzó a estrecharse.
— La estrategia de **despliegue** es ofensiva y busca un valor económico elevado. Este fue el caso de la diversificación de Taittinger, hacia la hostelería de lujo.
— La estrategia de **redespliegue** cuyo objetivo es defensivo, pero que busca una nueva vía de crecimiento. Es, por ejemplo, la estrategia de Lafarge, enfrentada al declive del mercado de la construcción y que entra en el sector de las biotecnologías fusionándose con Coppée.

A estas lógicas básicas, se añaden dos lógicas particulares. Las diversificaciones guiadas por el deseo de mejora de la imagen (lógica de imagen) y las que se guían por el deseo de vigilar la evolución de una nueva tecnología prometedora (**lógica de la ventana**).

En el origen de un proyecto de diversificación es importante que los directivos de la empresa definan lo más claramente posible la lógica de diversificación, pues de esta lógica van a depender los criterios de evaluación y de selección de las actividades potenciales (Calori y Harvatopoulos, 1988, pág. 50).

9.4. LAS ESTRATEGIAS COMPETITIVAS

La consideración explícita de la posición y del comportamiento de los competidores es un dato importante de una estrategia de desarrollo. Los análisis de competitividad (Capítulo 8) han permitido evaluar la importancia de la ventaja competitiva detentada en relación a los competidores más peligrosos e identificar sus comportamientos competitivos. Ahora se trata de desarrollar una estrategia en base a evaluaciones realistas de la relación de fuerzas existentes y de definir los medios a poner en funcionamiento para alcanzar el objetivo fijado.

Kotler (1991) establece una distinción entre cuatro tipos de estrategias competitivas; esta tipología se basa en la importancia de la cuota de mercado mantenida y distingue las siguientes estrategias: las estrategias del líder, del retador, del seguidor y del especialista.

9.4.1. Las estrategias del líder

La empresa «líder» en un producto mercado es aquella que ocupa la posición dominante y es reconocida como tal por sus competidores. El líder es a menudo un polo de referencia que las empresas rivales se esfuerzan en atacar, imitar o evitar. En este grupo figuran las empresas o las marcas más conocidas, tales como Procter & Gamble, IBM, Kodak, Rank Xerox. Varias estrategias son consideradas por la empresa líder.

Desarrollo de la demanda primaria

La empresa líder es generalmente aquella que contribuye más directamente al desarrollo del mercado de referencia. La estrategia más natural que pone de relieve la responsabilidad del líder es la de **desarrollar la demanda global**, intentando descubrir nuevos usuarios del producto, de promover nuevos usos de los productos existentes o también de aumentar las cantidades utilizadas por ocasión de consumo. Volvemos a encontrar aquí los objetivos de la estrategia de crecimiento intensivo. Obrando así, la empresa líder amplía el mercado de referencia, lo que será, en definitiva, beneficioso para el conjunto de los competidores existentes. Este tipo de estrategia se observará principalmente en las primeras fases del ciclo de vida de un producto mercado, cuando la demanda global es ampliable y la tensión entre competidores débil, debido al elevado potencial de crecimiento de la demanda global.

Estrategia defensiva

Una segunda estrategia propia de la empresa que mantiene una cuota de mercado elevada es una **estrategia defensiva**: proteger la cuota de mercado constriñendo la acción de los competidores más peligrosos. Esta estrategia es a menudo adoptada por la empresa innovadora que, una vez abierto el mercado, se ve atacada por competidores imitadores. Este ha sido el caso de IBM en el mercado de grandes ordenadores, de Danone en el mercado de productos frescos, etc. Varias estrategias defensivas pueden ser adoptadas: la innovación y el avance tecnológico con el fin de desanimar a la competencia; la consolidación del mercado gracias a una distribución intensiva y a una política de gama que procure cubrir todos los segmentos; la confrontación, es decir, el enfrentamiento directo mediante la guerra de precios o mediante la lucha publicitaria. Este tipo de estrategia ha sido llevada a cabo principalmente entre Hertz y Avis, Coca-Cola y Pepsi-Cola, Kodak y Polaroid.

Estrategia ofensiva

Extender su cuota de mercado mediante una **estrategia ofensiva** es una tercera posibilidad que se presenta a la empresa dominante. El objetivo aquí es beneficiarse al máximo de los efectos de experiencia y de mejorar así la rentabilidad. Esta estrategia se apoya en la hipótesis de la existencia de una relación entre participación en el mercado y rentabilidad. Hemos visto en el capítulo precedente que esta relación se observaba principalmente en las industrias de volumen, allí donde la ventaja competitiva resulta de un liderazgo en los costes. La existencia de esta relación ha sido establecida empíricamente por los trabajos del PIMS (Buzzell et al., 1975) y confirmada más recientemente por Galbraith y Schendel (1983). Si una empresa tiene interés en aumentar su cuota de mercado, es evidente que existe un límite más allá del cual el coste de un aumento suplementario de la cuota de mercado llega a ser prohibitivo. Además, una posición de excesiva dominación presenta también el inconveniente de llamar la atención de las autoridades públicas encargadas de mantener condiciones equilibradas de competencia en los mercados. En la Comunidad Económica Europea es principalmente la función de la Comisión de la competencia; en Estados Unidos, la de la ley «antimonopolio». La vulnerabilidad de las empresas dominantes es igualmente grande cara a las agrupaciones de consumidores que suelen elegir los blancos más evidentes, como Nestlé en Suiza, Fiat o Montedison en Italia.

Estrategia de desmarketing

Una cuarta estrategia a considerar por una empresa dominante es **reducir su participación en el mercado**, con el fin de evitar las acusaciones de monopolio o de cuasi monopolio. Varias posibilidades pueden ser consideradas. En primer lugar, practicar los principios del **«desmarketing»**, con el fin de reducir el nivel de la demanda sobre algunos segmentos por medio de aumentos de precio, de una disminución de los servicios ofrecidos y de los esfuerzos de publicidad y de promoción. Otra estrategia será la de la **diversificación** hacia productos mercados diferentes de aquellos en los que la empresa detenta una posición dominante.

Por último, en una perspectiva diferente, una tercera estrategia es la del **marketing circular** o de las relaciones exteriores, cuyo objetivo es valorar el papel social de la empresa frente a sus diferentes públicos. Es así como, en Bélgica, la gran distribución que mantiene una posición dominante en el sector de alimentación saca fácilmente a relucir su papel de lucha contra la inflación que realiza gracias a su política de precios, y especialmente por medio de la introducción a gran escala de «productos simplificados» de un 30 a un 40 por 100 menos caros que los productos con marcas de fabricantes o de distribuidores.

9.4.2. Las estrategias del retador

La empresa que no domina un producto mercado puede elegir, bien atacar al líder y ser su «retador», o adoptar un comportamiento de seguidor alineándose con las decisiones tomadas por la empresa dominante. Las estrategias del retador son pues estrategias agresivas cuyo objetivo declarado es ocupar el lugar del líder.

Los dos problemas clave a los cuales está enfrentado el retador son: *a)* la elección del campo de batalla sobre el cual basarse para atacar a la empresa líder, y *b)* la evaluación de su capacidad de reacción y de defensa.

En la **elección del campo de batalla**, dos posibilidades se ofrecen al retador: el ataque frontal o el ataque lateral. El **ataque frontal** consiste en oponerse directamente al competidor utilizando las mismas armas que él, sin buscar atacarle particularmente en sus puntos débiles. Para tener éxito, un ataque frontal exige una relación de fuerzas muy superior en el atacante. En estrategia militar, esta relación de fuerzas está habitualmente fijada en 3 a 1.

> Por ejemplo, cuando en 1981 IBM atacó el mercado de los microordenadores con su PC, los medios de marketing utilizados, principalmente publicitarios, eran claramente muy superiores a los de Apple, Commodore y Tandy, que dominaban este mercado (*Business Week*, 25 de marzo de 1985). Dos años después, IBM era el líder.

Los **ataques laterales** dirigen sus esfuerzos a oponerse al líder en una u otra dimensión estratégica en las cuales el competidor es débil o está mal preparado. Un ataque lateral puede dirigirse, por ejemplo, hacia una región o una red de distribución donde la empresa dominante está menos representada, o también hacia un segmento de mercado donde su producto está menos adaptado. Una estrategia clásica para un retador es atacar la empresa dominante por el precio: ofrecer el mismo producto, pero a un precio sensiblemente reducido. Es la estrategia adoptada por numerosas empresas japonesas, especialmente en el mercado de la electrónica y del automóvil (Kotler, Fahey y Jatusripitak, 1985, pág. 91).

Esta estrategia es tanto más eficaz para el retador cuanto mayor sea la cuota de mercado del líder, ya que alinearse sobre el precio reducido implica para él costes importantes, aun cuando el retador, sobre todo si es pequeño, no perderá dinero más que en un escaso volumen.

> Es así como las principales empresas siderúrgicas europeas han sufrido gravemente los descensos de precios propuestos por las miniacerías italianas Bresciani. El mismo fenómeno ha sido observado en el mercado petrolífero con los «salderos» como Seca en Bélgica, Uno-X en Dinamarca, Conoco en Gran Bretaña; las empresas dominantes (BP, Exxon, Shell) tienden más a perder que a ganar en una guerra de precios.

Los ataques laterales o por los flancos pueden adoptar formas variadas. La analogía con la estrategia militar es directa y se pueden definir estrategias de desbordamiento, de cercamiento, de guerrilla, de defensa móvil, etc. Ver a este respecto Kotler y Singh (1981), Ries y Trout (1988).

Una evaluación correcta de la capacidad de reacción y de defensa del competidor dominante es indispensable antes de emprender una maniobra ofensiva. Porter (1982) sugiere evaluar la capacidad de defensa a la luz de los criterios siguientes:

— **Vulnerabilidad**: ¿A qué maniobras estratégicas, a qué actos del gobierno, a qué acontecimientos, en el conjunto de la economía o en el sector, sería más vulnerable el competidor?

— **Provocación**: ¿Cuáles son las maniobras que amenazarían los objetivos de un competidor hasta tal punto que se viera obligado a replicar, quisiera o no?
— **Represalias**: ¿Qué acciones podrían emprenderse que no provocaran una respuesta eficaz del competidor, aun cuando se esforzase en contrarrestarlas o en imitarlas? (Porter, 1982, págs. 75-76).

El ideal es adoptar una estrategia contra la cual el competidor sea incapaz de reaccionar, a causa de su situación actual o de sus objetivos prioritarios.

Como se ha señalado anteriormente, en mercados saturados y estancados, la aspereza de la lucha competitiva tiene tendencia a intensificarse y a menudo contrarrestar las acciones de los competidores viene a ser el objetivo prioritario. El riesgo de una estrategia centrada únicamente en un «**marketing de guerra**» es dedicar lo esencial de las energías a expulsar a la competencia, con el riesgo de perder de vista el objetivo de satisfacción de las necesidades de los compradores. Una empresa completamente centrada en los competidores tiende a adoptar un comportamiento reactivo que depende más de las acciones de los competidores que de la evolución de las necesidades del mercado. Es necesario, pues, mantener un buen equilibrio entre estas dos orientaciones (Oxenfeld y Moore, 1978).

9.4.3. Las estrategias del seguidor

El seguidor, como se ha visto anteriormente, es el competidor que, no disponiendo más que de una cuota de mercado reducida, adopta un comportamiento adaptativo alineando sus decisiones sobre las decisiones tomadas por la competencia. En vez de atacar al líder, estas empresas persiguen un objetivo de «coexistencia pacífica» y de reparto consciente del mercado, alineando su actitud a la del líder reconocido del mercado. Este tipo de comportamiento se observa principalmente en los mercados de oligopolio, donde las posibilidades de diferenciación son escasas y las elasticidades cruzadas respecto al precio muy elevadas, de tal forma que ningún competidor tiene interés en iniciar una lucha competitiva que pueda ser desfavorable para el conjunto de las empresas existentes.

El hecho de adoptar un comportamiento de seguidor no dispensa a la empresa de tener una estrategia competitiva, sino todo lo contrario. El hecho de que la empresa detente una cuota de mercado débil refuerza la importancia de objetivos estratégicos claramente definidos, adaptados al tamaño de la empresa y a su ambición estratégica. Hamermesh, Anderson y Harris (1978) han analizado las estrategias de empresas de baja cuota de mercado y han señalado que estas empresas pueden remontar la desventaja del tamaño y obtener resultados a veces superiores a los de los competidores dominantes. En otros términos, como ya se subrayó anteriormente, no todas las empresas de baja cuota de mercado en los sectores de escaso crecimiento son necesariamente pesos muertos.

Hamermesh, Anderson y Harris (1978) han descubierto cuatro características principales en las estrategias implantadas por las empresas rentables de escasa participación en el mercado.

— **Segmentar el mercado de manera creativa.** Para compensar su desventaja de tamaño, una empresa de baja cuota de mercado debe limitarse a un cierto número de segmentos donde sus competencias distintivas serán mejor valoradas y donde tenga mayores probabilidades de no coincidir con los competidores dominantes.
— **Utilizar eficazmente la I + D.** Las empresas de baja cuota de mercado no pueden luchar con grandes empresas en el campo de la investigación fundamental; la I + D debe orientarse principalmente hacia la mejora de los procedimientos que tratan de reducir los costes.
— **Pensar en pequeño.** Las empresas rentables se contentan con su pequeño tamaño y ponen el acento en el beneficio, más que en el crecimiento de las ventas o de la cuota de mercado, en la especialización más que en la diversificación.
— **La fuerza del directivo.** En las empresas eficaces con baja cuota de mercado, la influencia del «jefe» a menudo va más allá de la formulación y comunicación de una estrategia adaptada; llega hasta una implicación real en la actividad cotidiana y concreta de la empresa (Hamermesh y otros, 1978, págs. 80-83).

Una estrategia de seguidor no implica, pues, una pasividad en el director de la empresa, sino más bien la preocupación por adoptar una estrategia de desarrollo que no suscite represalias por parte del líder.

9.4.4. Las estrategias del especialista

La empresa que se especializa se interesa por uno o varios segmentos y no por la totalidad del mercado. El objetivo perseguido es ser cabeza de ratón en vez de cola de león. Esta estrategia competitiva es una de las estrategias básicas analizadas anteriormente en este capítulo, la estrategia de concentración. La clave de esta estrategia es la especialización en un nicho. Para ser rentable y duradero, un nicho debe poseer cinco características (Kotler, 1991, pág. 395):

— Representar un potencial de beneficio suficiente.
— Tener un potencial de crecimiento.
— Ser poco atractivo para la competencia.
— Corresponder a las capacidades distintivas de la empresa.
— Poseer una barrera de entrada defendible.

El problema al cual está confrontada la empresa que busca especializarse es descubrir la característica o el criterio a partir del cual construir la especialización. Este criterio puede referirse a una característica técnica del producto, a una cualidad distintiva concreta o a cualquier elemento del esfuerzo de marketing.

9.5. LAS ESTRATEGIAS DE DESARROLLO INTERNACIONAL

Como subrayé en el capítulo primero, la mundialización de la economía tiene como consecuencia que un número creciente de empresas operen en mercados donde la competencia es global. Las estrategias de desarrollo internacional conciernen, de hecho, a todas las empresas, estén activamente comprometidas en los mercados extranjeros o no. Se examinarán aquí las etapas del desarrollo internacional, así como el razonamiento estratégico propio de una empresa que persigue una estrategia de desarrollo de marketing global.

9.5.1. Los objetivos de desarrollo internacional

El desarrollo internacional ya no es un hecho único de las grandes empresas. Para crecer, o simplemente para sobrevivir, numerosas empresas de pequeña dimensión están abocadas a internacionalizarse.

Los objetivos perseguidos en una estrategia de desarrollo internacional pueden ser variados.

— Ampliar la **demanda potencial**, lo que permite realizar un volumen mayor de producción y obtener así resultados superiores gracias a las economías de escala realizadas. Para numerosas actividades la masa crítica está situada a un nivel que exige un mercado potencial elevado.
— Diversificar el **riesgo comercial**, apoyándose sobre clientes que operan en entornos económicos diferentes y que conocen coyunturas más favorables.
— Alargar el **ciclo de vida** implantándose en mercados que no están en el mismo nivel de desarrollo y en los que la demanda global está en expansión mientras que está en fase de madurez en el mercado doméstico de la empresa exportadora.
— Protegerse de la **competencia**, por una parte diversificando sus posiciones, y por otra parte vigilando las actividades de los competidores en los otros mercados.
— Reducir sus **costes de aprovisionamiento y de producción** explotando las ventajas comparativas de los distintos países.

A estos objetivos de base es necesario añadir el fenómeno de globalización de los mercados ya evocado en los Capítulos 1 y 5.

9.5.2. Las modalidades del desarrollo internacional

La internacionalización de una empresa no se hace de la noche a la mañana, sino que resulta de un proceso subdividido en seis etapas de internacionalización creciente (Leroy, Richard y Sallenave, 1978).

La **exportación** es la forma más corriente. En una primera etapa, resulta de la necesidad de dar salida a un excedente de producción; luego, la exportación puede llegar a ser una actividad regular, pero a reconstruir cada año sin que haya una forma cualquiera de ajuste a medio o largo plazo con el extranjero. Las relaciones son puramente comerciales.

La segunda etapa es el **estado contractual** donde la empresa busca acuerdos a más largo plazo con objeto de estabilizar sus salidas, particularmente cuando su capacidad de producción ha sido calibrada en función del potencial de exportación. Habrá entonces contrato a largo plazo, sea con un importador, sea con un franquiciado o incluso con un fabricante con licencia si se trata de una empresa industrial.

Por razones de control sobre el asociado extranjero o para financiar su expansión, la empresa puede ser inducida a comprometerse directamente con sus capitales; es el **estado participativo** que desemboca en sociedades comerciales o de producción en copropiedad.

Después de algunos años, el compromiso puede llegar a ser total, poseyendo la empresa el 100 por 100 del capital de la filial extranjera; es la etapa de la **inversión directa** sobre una filial en gestión vigilada.

Progresivamente, la filial extranjera busca desarrollarse de forma autónoma, utilizando una financiación local, mandos nacionales, una actividad de I+D propia, distinta de la de la matriz. Es el **estado de la filial autónoma**. En la medida en que la matriz tenga varias filiales de este tipo, llega a ser una sociedad multinacional. La expresión de sociedad «multidoméstica» es probablemente más apropiada, porque pone el énfasis en el hecho de que cada sociedad está centrada en la problemática de su mercado interior, las diferentes sociedades del grupo cohabitan con independencia unas de otras.

La última etapa de evolución es la que se desarrolla actualmente, es la de la **empresa global** que administra el mercado internacional como si se tratara de un mercado único e igual. Este tipo de empresa se apoya en la interdependencia entre los mercados, los cuales ya no son administrados de forma autónoma. Esta evolución implica cambios importantes en los razonamientos estratégicos y pone el dilema estandarización-adaptación evocado anteriormente en esta obra.

Las etapas del desarrollo internacional

A estas diferentes etapas de desarrollo internacional corresponden a menudo modalidades específicas de organización en el plan internacional reveladoras de concepciones distintas del marketing internacional. Keegan (1989) establece una distinción entre cuatro orientaciones diferentes.

La **organización «doméstica»**. La empresa está centrada en su mercado interior y la exportación es una actividad esporádica como respuesta a oportunidades sin que se tenga una visión a largo plazo. Este tipo de filosofía de gestión se encuentra a menudo en las empresas que están en el estado de marketing pasivo.

La **organización «internacional»**. La internacionalización se hace de forma más activa, pero la empresa está siempre centrada en su mercado interior que sigue siendo la preocupación principal. La empresa tiene una orientación **etnocéntrica** y, consciente o inconscientemente, considera que los métodos, los valores, las visiones y las personas del país de origen son trasladables a otros países. Se pone el acento en las similitudes con los países de origen y la estrategia básica es la **estrategia de expansión**: los productos pensados para los países de origen son exportados tal cual a los otros países.

La **organización «multidoméstica»**. Después de un cierto número de años de práctica en los mercados exteriores, la empresa es consciente de la importancia de las diferencias entre los mercados y se esfuerza en adaptar su estrategia de marketing a las particularidades locales. La preocupación de la empresa se convierte en multinacional (por oposición a una orientación doméstica) y la orientación es **policéntrica**. Esta orientación considera que los mercados son diferentes y únicos y que para tener éxito, es necesario adaptarse lo mejor posible a las particularidades nacionales. La estrategia es aquí, una **estrategia de adaptación**. Cada país tiene su organización propia y es dirigido como una entidad independiente.

La **organización global o trasnacional**. Un mercado global es un mercado en el que las necesidades pueden aparecer por un producto básico y sostenido por los mismos argumentos de venta y de comunicación. La empresa global tiene una visión **geocéntrica**. **La orientación geocéntrica** se apoya en la hipótesis de que los mercados a través del mundo son a la vez similares y diferentes, y que es posible desarrollar una estrategia global que se apoye en las similitudes que transcienden los particularismos nacionales, adaptándose a las diferencias locales, allí donde sea necesario. Se habla entonces de organización trasnacional más que global. Esta última fase es la que actualmente está imponiéndose en la economía mundial

CUESTIONES Y PROBLEMAS

1. La cartera de productos de un fabricante de aparatos de electrónica de uso industrial está compuesta de cinco unidades de actividad estratégica (UAE) cuyas ventas, así como las de sus principales competidores, son presentadas a continuación.

    Utilizar el método de análisis de cartera desarrollado por el BCG y formular un diagnóstico sobre el estado de salud de esta empresa. ¿Qué recomendación(es) harías como consecuencia de este análisis? Para cada

Unidades de actividad estratégica (UAE)	Ventas en unidades (en millones)	Número de competidores	Ventas de los tres primeros competidores	Tasa de crecimiento del mercado (%)
A	1,0	7	1,4/1,4/1,0	15
B	3,2	18	3,2/3,2/2,0	20
C	3,8	12	3,8/3,0/2,5	7
D	6,5	5	6,5/1,6/1,4	4
E	0,7	9	3,0/2,5/2,0	4

UAE, ¿qué estrategia de desarrollo habría que adoptar? Precise las condiciones que deben existir para poder utilizar el método BCG.
2. Construir una matriz multicriterios «atractividad-competitividad» para una de las tres empresas siguientes: Godiva (pralines de chocolate), Haagen-Dazs (helados), Perrier (agua mineral).
3. ¿Qué estrategia(s) de desarrollo recomendaría para una pequeña empresa que posee un *know-how* muy especializado y reconocido en el mercado mundial y que tiene unos medios financieros muy limitados?
4. En Francia y Bélgica el consumo de helados es relativamente débil en comparación con otros países europeos o de América del Norte. Siendo responsables de una marca de helados mundialmente conocida, ¿qué estrategia(s) de desarrollo podría recomendar en estos dos mercados?
5. Estando encargado de hacer un programa de diversificación para una empresa que maneja bien la tecnología de compra y de conservación de frutos frescos y que posee una marca muy fuerte en el mercado de confituras. Proponga las diferentes vías posibles de diversificación, poniendo en evidencia las sinergias y los riesgos existentes.

BIBLIOGRAFIA

Abell D.E. and Hammond J.S. (1979), *Strategic Market Planning*, Englewood Cliffs, New-Jersey, Prentice Hall Inc.
Boston Consulting Group (1982), *Perspectives on Experience*, Boston Consulting Group.
Buzzell R.D., Gale B.T. and Sultan G.M. (1975), «Market share, A Key to Profitability», *Harvard Business Review*, Vol. 53, jan-feb, págs. 97-106.
Calori R. et Harvatopoulos Y. (1988), «Diversification: les regles de conduite», *Harvard-L'Expansion*, Vol 48, Printemps, págs. 48-59.
Chamberlin E.H. (1950), *The Theory of Monopolistic Competition*, Cambridge, MA, Harward University Press.
Day G.S. (1977) Diagnostic the Product Portfolio, *Journal of Marketing*, Vol 41, April.
Day G.S. (1984), *Strategic Market Planning*, St. Paul, West Publishing Company.

Drucker P. (1981), «The Five Rules for Successful Acquisition, *The Wall Street Journal*, october 15, pág. 16.
Galbraith C. and Schendel D. (1983), «An Empirical Analysis of Strategy Types», *Strategic Management Journal*, Vol. 4, págs. 153-173.
Hamel G. and Prahalad C.K. (1985), «Do You Really Have a Global Strategy?», *Harvard Business Review*, Vol. 63, july-august. págs. 139-148.
Hamermesch R.G. (1986) Making Planning Strategic, *Harvard Business Review*, Vol. 64, July-August, págs. 115-120.
Hamermesch R.G. y Anderson M.J. y Harris J.E. (1978), Strategies for Low Market Share Businesses, *Harvard Business Review*, Vol. 56 May-June, págs. 95-102.
Haspeslagh P. (1982), Portfolio Planning: Uses and Limits, *Harvard-L'Expansion*, Summer, págs. 58-72.
Hax A.C. and Majluf N.S. (1984), *Strategic Management: An Integrative Perspective*, Englewood Cliffs, New Jersey, Prentice-Hall Inc.
Henderson B.B. (1970), *The Product Portfolio*, Boston, MA: The Boston Consulting Group.
Hussey D.E. (1978), «Portfolio Analysis: Practical Experience with the Directional Policy Matrix», *Long Range Planning*, Vol.11, august, págs. 2-8.
Keegan W.L. (1989), *Global Marketing Management*, Englewood Cliffs, New Jersey, Prentice-Hall, 4th. Edition.
Kotler P. (1991), *Marketing Management*, Englewood Cliffs, New Jersey, Prentice-Hall, 7th edition.
Kotler P. and Singh R. (1981), «Marketing Warfare in the 1980s», *Journal of Business Strategy*, Winter, págs. 30-41.
Kotler P., Fahey L. and Jatuskripiak S. (1985), *The New Competition*, Englewood Cliffs, New Jersey, Prentice-Hall.
Levitt T. (1980), «Marketing Success Through Differentiation-of Everything», *Harvard Business Review*, Vol 58, págs. 83-91.
Leroy G., Richard G. et Sallenave J.P. (1978), *La conquête des marchés extérierus*, Paris, Les éditions d'organisation.
McNamee P. (1984), «Competitive Analysis Using Matrix Displays», *Long Range Planning*. Vol. 17, june, págs. 98-114.
Oxenfeld A.R. and Moore W.L. (1978), «Customer or Competitor: Which Guide lines for Marketing?», *Management Review*, august, págs. 43-48.
Porter M.E.(1980), *Competitive Strategy*, New York, The Free Press.
Ries A. y Trout J. (1986), *Marketing guerrier*, Paris, Ediscience International.
Wind Y., Mahajan V. and Swire D.S. (1983), «An Empirical Comparison of Standardized Portfolio Models», *Journal of Marketing*, Vol. 47, págs. 89-99.

CAPITULO 10

El desarrollo por el lanzamiento de nuevos productos

El objetivo de este capítulo es analizar los conceptos y los procedimientos que permiten a la empresa implantar una estrategia de desarrollo basada en el lanzamiento de nuevos productos. Los objetivos de redespliegue, de diversificación y de innovación están en el centro de toda estrategia de desarrollo. En un entorno en profundas mutaciones, la empresa debe constantemente cuestionarse la estructura de su cartera de actividades, lo que implica decisiones de abandono de productos, de modificación de los productos existentes y de lanzamiento de nuevos productos. Estas decisiones son de una importancia capital para la supervivencia de la empresa y conciernen, no solamente a la función de marketing, sino también a las demás funciones de la organización. Se examinarán en este capítulo las modalidades de organización de un diálogo entre las diferentes funciones que participan en el desarrollo de un nuevo producto, de manera que se controlen lo mejor posible los riesgos de esta estrategia a lo largo de todo el proceso de innovación.

10.1. EVALUACION DEL RIESGO DE UNA INNOVACION

El término «nuevo producto» es empleado indiferentemente para designar innovaciones menores, tales como el cambio del acondicionamiento de un producto existente, o de innovaciones mayores, tales como la puesta a punto de un medicamento nuevo, resultado de numerosos años de investigación y desarrollo. Está claro que los riesgos varían mucho en estos dos ejemplos y que son de naturaleza muy diferente. Es pues importante evaluar correctamente la diversidad de las innovaciones y los riesgos específicos que las caracterizan. Tras haber definido los elementos constitutivos de una innovación, se examinarán en esta sección las diferentes clasificaciones de las innovaciones, así como los principales factores explicativos del éxito o del fracaso de los nuevos productos.

10.1.1. Los componentes de una innovación

Se ha visto en el primer capítulo de este libro que es preciso establecer una distinción entre una invención y una innovación. Esta última se define como la puesta en funcionamiento, original y portadora de progreso, de un descubrimiento, de una invención o simplemente de un concepto. Según Barreyre (1980, pág. 10), una **innovación** puede descomponerse en tres elementos:

— Una **necesidad** a satisfacer, dicho de otro modo una función o un conjunto de funciones a cumplir.
— El **concepto** de un objeto o de una entidad idónea para satisfacer la necesidad, es decir, la idea nueva.
— Unos **ingredientes** (*inputs*) que comprendan tanto un cuerpo de conocimientos preexistentes como de materiales o una tecnología disponible que permita hacer operativo ese concepto.

La importancia del riesgo asociado a una innovación va a depender por tanto de dos factores:

— El grado de originalidad del concepto y su complejidad, que van a determinar la receptividad del mercado y el coste de transferencia para el usuario (**riesgo de mercado**).
— El grado de innovación de la tecnología utilizada en relación con el concepto que va a determinar la viabilidad técnica de la innovación (**riesgo tecnológico**).

A estos dos riesgos intrínsecos es necesario, además, añadir el grado de novedad para la empresa, es decir, su grado de familiarización con el mercado y con la tecnología (**riesgo estratégico**).

El remonte y el esquí alpino

- La necesidad: evitar el esfuerzo penoso y lento de subir con esquíes una pendiente nevada.
- El concepto: una tracción por cable por medio de una percha.
- La tecnología: mecánica.

El problema de las vibraciones en aeronáutica

- La necesidad: eliminar las vibraciones que afectan a los aparatos electrónicos en un avión.
- El concepto: una especie de cota de mallas.
- La tecnología: el tejido de un acero resistente.

Figura 10.1. Los componentes de una innovación: dos ejemplos.
Fuente: Barreyre, P. Y. (1980).

Apoyándose en lo que precede, podemos entonces mantener tres posibles criterios de clasificación de las innovaciones: *a*) el grado de novedad para la empresa, *b*) la naturaleza intrínseca del concepto en la base de la innovación y *c*) la intensidad de la innovación.

10.1.2. Grado de novedad para la empresa

La evaluación del grado de novedad para la empresa es importante porque la novedad determina, en cierta medida al menos, su competitividad o su capacidad competitiva. Como sugiere el cuadro de la Figura 10.2, cuanto más se aventura la empresa en nuevos terrenos, mayor es el riesgo estratégico para ella. Se pueden distinguir cuatro niveles de riesgo:

— **Mercado y tecnología conocida**. El riesgo es doblemente limitado, ya que la empresa se apoya en sus competencias distintivas.
— **Mercado nuevo pero tecnología conocida**. El riesgo es esencialmente comercial y pone en entredicho el saber hacer del marketing de la empresa.
— **Mercado conocido pero tecnología nueva**. El riesgo es técnico y pone en entredicho su saber hacer tecnológico.
— **Mercado nuevo y tecnología nueva**. Los riesgos se acumulan y volvemos a encontrar las características de una estrategia de diversificación.

Mercados	Productos o tecnologías	
	Conocidos	Nuevos
Conocidos	Concentración	Riesgo tecnológico
Nuevos	Riesgo comercial	Diversificación

Figura 10.2. El grado de novedad de una innovación.

En la apreciación del grado de novedad es importante distinguir entre el producto «**nuevo para el mundo**» y el producto «**nuevo para la empresa**». Booz, Allen y Hamilton (1982), en un estudio sobre 700 empresas y 13.000 nuevos productos industriales y de consumo, han establecido la tipología siguiente:

— Productos nuevos para el mundo   10 %
— Productos nuevos para la empresa   20 %
— Agregación a una línea de productos existente   26 %
— Productos reformulados   26 %
— Productos reposicionados   7 %
— Reducciones de costes (innovaciones de procesos)   11 %
                                        _____
                                        100 %

Se constata que una escasa parte de las innovaciones (10 por 100) es nueva para el mundo y que la mayoría de las innovaciones (70 por 100) son en realidad extensiones o modificaciones de productos existentes.

Choffray y Dorey (1983, pág. 9) proponen una tipología basada en la naturaleza de los cambios aportados a las características físicas o perceptuales del nuevo producto. Las distinciones propuestas son las siguientes.

— **Productos originales**. Se trata de productos cuyas características tanto físicas como perceptuales se definen sobre dimensiones nuevas.
— **Productos reformulados**. Son productos a los que afecta principalmente la definición de las características físicas, sin modificar las dimensiones de base sobre las cuales se evalúan.
— **Productos reposicionados**. Son los productos en los cuales se modifica la manera como el comprador potencial los percibe, interviniendo por tanto, únicamente, en las dimensiones perceptuales.

Estas dos tipologías son complementarias. La sugerida por Choffray y Dorey tiene el mérito de dar un contenido más preciso a las nociones de productos reformulados y reposicionados, recordando además que todo producto es visto por el comprador potencial como un «conjunto de atributos» físicos y perceptuales. En cambio, esta clasificación es menos esclarecedora en cuanto a la apreciación del riesgo.

10.1.3. Naturaleza y origen de la innovación

Una segunda clasificación de las innovaciones descansa en la naturaleza intrínseca de la idea nueva. En base a esto se distingue la innovación de dominante tecnológica o de dominante en marketing

Innovación tecnológica o comercial

La **innovación de dominante tecnológica** descansa en las características físicas del producto, ya sea al nivel del procedimiento de fabricación (la *balsa de vidrio*), de la utilización de un nuevo componente (el *cordón de acero* en un neumático), de la utilización de una nueva materia prima (la espuma de poliuretano), de nuevos productos básicos (materiales compuestos), de nuevos productos perfeccionados (la televisión de alta definición), de condicionamientos nuevos (café soluble) o de sistemas complejos nuevos (el tren TAV).

La innovación tecnológica resulta pues de la aplicación de las ciencias exactas a la práctica industrial; sale esencialmente del laboratorio o del departamento de I + D. Algunas de estas innovaciones requieren mucha tecnología y mucho capital (la industria nuclear, la espacial); otras, mucha tecnología y poco capital (electrónica de consumo).

La **innovación de dominante comercial o de marketing** se apoya esencialmente en los modos de organización, de distribución y de comunicación que se inscriben en el proceso de comercialización de un producto o de un servicio. Se trataría, por ejemplo, de una nueva presentación de un producto (el libro de bolsillo), de un nuevo modo de distribución (el *cash and carry*), de un soporte publicitario nuevo (la marquesina de la parada del autobús), de una nueva combinación estética-función (los zapatos Kickers), de la nueva aplicación de un producto conocido, de un nuevo medio de pago (tarjeta de crédito con memoria), de un nuevo modo de venta (la televenta).

La innovación comercial se apoya en todas las actividades ligadas al encauzamiento del producto desde el fabricante al usuario final. Resulta más de la aplicación de las ciencias humanas; es organizativo y no se puede hablar exactamente del progreso científico y técnico. Da más importancia a la imaginación, la creatividad, el saber hacer, que a los recursos financieros. Se trata muy a menudo de innovaciones de escasa intensidad en capital y de escasa intensidad tecnológica; algunas innovaciones comerciales pueden sin embargo, exigir recursos financieros importantes como, por ejemplo, la puesta en marcha de una red bancaria informatizada.

Debemos admitir que la frontera entre estas dos formas de innovaciones es a veces borrosa, en el sentido de que las innovaciones tecnológicas, desembocan a veces en innovaciones comerciales.

> Los progresos realizados en la tecnología del tratamiento de la información permiten el desarrollo de las tarjetas de crédito con memoria, que en los años venideros van a trastornar las formas de pago y de venta.

Lo recíproco puede ser igualmente cierto; algunos cambios de la organización favorecen el surgimiento de innovaciones tecnológicas. Por ejemplo, la generalización del autoservicio en la distribución ha contribuido al desarrollo de sistemas de lectura óptica, distribuidores automáticos, redes bancarias informatizadas, etc.

De una manera general, se considera que las innovaciones tecnológicas son innovaciones «pesadas» que suponen medios financieros elevados y que, por eso, son más arriesgadas. Las innovaciones comerciales son generalmente más ligeras y menos arriesgadas, pero por el contrario más fácilmente copiadas.

Las innovaciones procedentes del laboratorio o del mercado

En materia de innovaciones tecnológicas, la importancia del riesgo variará igualmente en función del origen de la idea del nuevo producto. Se puede establecer una distinción entre el producto **«tirado por la demanda»**, es decir, resultado de una observación directa de las necesidades o **«empujado por el laboratorio»**, es decir, resultante de la investigación fundamental y de las oportunidades tecnológicas.

La síntesis de los trabajos europeos y americanos en este campo, que cubren un gran número de sectores industriales, revelan que:

— Entre el 60 y 80 por 100 de las innovaciones con éxito provenían del mercado, mientras que entre el 20 y el 40 por 100, del laboratorio.
— Las innovaciones basadas en el análisis directo de las necesidades, desembocan generalmente en mejores acabados.

Estas observaciones sugieren, pues, que una estrategia de innovación que se apoye desde el principio en el análisis de las necesidades del mercado para después pasar por el laboratorio es más eficaz que una estrategia que adopte la trayectoria inversa (Urban et al., 1987). Ver a este respecto los trabajos muy clarificantes de von Hippel (1978).

Investigación fundamental o investigación aplicada

En cambio, resulta también que una estrategia de innovación basada en la investigación fundamental, si bien es más arriesgada a corto plazo, tiene más posibilidades de desembocar en una **innovación de ruptura**, susceptible de asegurar a la empresa un avance tecnológico más difícilmente alcanzable por la competencia. Se vuelve a encontrar aquí un argumento enunciado en el capítulo primero sobre los límites de la óptica marketing. Una política de producto basada exclusivamente en las necesidades sentidas y expresadas por el mercado conduce fatalmente a innovaciones menos revolucionarias, pero menos arriesgadas y por tanto percibidas como atractivas (Bennett y Cooper, 1979).

Es importante, por consiguiente, guardar un equilibrio entre estas estrategias innovadoras. Favorecer exageradamente la investigación aplicada en detrimento de la investigación fundamental puede conducir al final a un retraso tecnológico difícil de recuperar. Ejemplar en esta materia es la estrategia I + D seguida por Japón (Mihaies, 1983).

10.1.4. Intensidad de la innovación

Una tercera clasificación de las innovaciones pone el acento en la intensidad de la innovación, estableciendo una distinción entre «innovación radical» o de ruptura, e «innovación relativa». La intensidad de la innovación resultará de la novedad del concepto y de la tecnología sobre la cual reposa su realización (ver Figura 10.3). El concepto puede ser tradicional, mejorado o nuevo; lo mismo para la tecnología. Es evidente que cuanto más nos acercamos hacia la esquina inferior derecha en el cuadro de la Figura 10.3, más elevado es el grado de innovación y más grande será el riesgo.

Como se ha visto en el capítulo primero de esta obra, la tecnología constituye más que nunca un elemento clave del juego competitivo, debido, esencialmente, a la aceleración del ritmo del cambio tecnológico y de las mutaciones profundas que le acompañan. La evaluación del papel estratégico de la tecnología es importante; la consultora Arthur D. Little sugiere una

El desarrollo por el lanzamiento de nuevos productos 367

Concepto Tecnología	Tradicional	Mejorado	Nuevo
Tradicional			
Mejorada		*Riesgo creciente*	
Nueva			

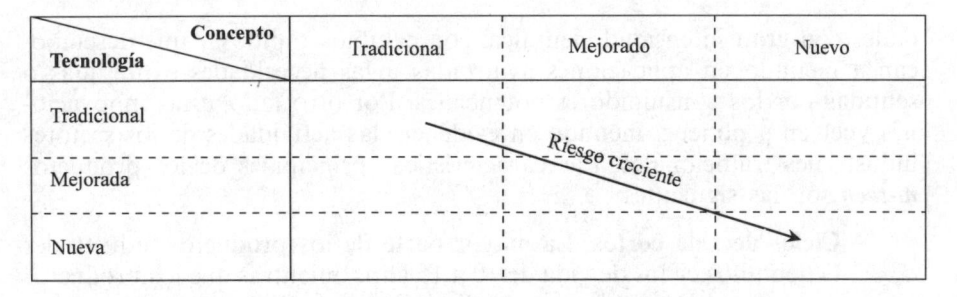

Figura 10.3. Evaluación de la intensidad de la innovación.

distinción entre las tecnologías clave, las tecnologías básicas y las tecnologías emergentes (Ader, 1983).

— Las **tecnologías clave** son aquellas puestas en funcionamiento por una empresa y que tienen un impacto mayor sobre su rendimiento competitivo, expresado en términos de calidad de producto o de productividad.
— Las **tecnologías básicas** son aquellas que están ampliamente disponibles y no constituyen ya un fundamento de la competencia.
— Las **tecnologías emergentes** están sólo a nivel de experimentación, pero son susceptibles de modificar las bases futuras de la competencia.

Se debe destacar que estas distinciones no están intrínsecamente ligadas a la tecnología considerada, sino al uso que se le da en una industria. Así, la Concepción y Fabricación Asistida por Ordenador (CFAO) es hoy una tecnología clave en la industria automovilística, no es todavía más que emergente en la industria textil, pero no es más que «básica» en la aeronáutica.

El tener en cuenta la dimensión tecnológica en la estrategia permite fijar prioridades en materia de elecciones tecnológicas. Idealmente, una empresa competitiva debería siempre, *a*) tender a controlar todas sus tecnologías clave; *b*) estar introducida en al menos una de las tecnologías emergentes de la industria y estar dispuesta a invertir selectivamente en las otras; *c*) estar dispuesta a reducir su vínculo, e incluso a desinvertir en sus tecnologías básicas (Ader, 1983, pág. 18).

10.1.5. El marketing de los productos de alta tecnología

Como subrayamos en el Capítulo 2, el ritmo de cambio tecnológico se ha acelerado de manera considerable en el curso de los últimos años y las innovaciones producidas en el laboratorio constituyen cada vez más la mejor fuente de ventaja competitiva en los mercados de gran crecimiento. Una pregunta que se hace a menudo es el saber si el marketing de los productos *hi-tech* es realmente diferente del de otros productos.

Las industrias de alta tecnología tienen sin duda características que las diferencian de los sectores industriales más tradicionales. Se trata de actividades con gran intensidad científica, con cambios rápidos y que desembocan a menudo en aplicaciones avanzadas a las necesidades expresadas o sentidas por los consumidores potenciales. Por otro lado, estas innovaciones vuelven a poner a menudo en evidencia las actividades de los sectores industriales tradicionales. Las características principales de los productos *hi-tech* son las siguientes:

— **Ciclos de vida cortos**. La mayor parte de los productos industriales tienen unos ciclos de vida de 10 a 15 años, mientras que los productos de alta tecnología tienen una duración de vida de tres a cinco años generalmente. Por otro lado, las prácticas de copia o de *reverse engineering* son corrientes en estos sectores. De hecho, el factor «tiempo» en la estrategia de penetración de un mercado es un factor clave de éxito.
— **Oferta creativa**. Son a menudo difícil de preveer las salidas de los resultados de la investigación fundamental. En el estado de emergencia de una nueva tecnología, no es evidente que esta tecnología conduzca a aplicaciones economicamente rentables. Una vez estabilizada la tecnología el objetivo es el de desembocar rápidamente en aplicaciones comerciales y aplicar la nueva tecnología o la «plataforma tecnológica» en el mayor número posible de productos. De hecho, la tecnología crea el mercado.
— **Entorno competitivo fluctuante**. Las fronteras del mercado de referencia están generalmente mal delimitadas, en el sentido de que las amenazas de competitividad pueden llegar de horizontes tecnológicos muy diferentes. La incertidumbre tecnológica es elevada y la entrada o la salida de competidores son fenómenos constantes. Las fronteras de los sectores industriales son modificadas y se observan agrupamientos de mercados en el seno de nuevos mercados de referencia (el audiovisual o la ofimática) o al contrario, fragmentaciones de mercados en segmentos muy especializados.

Estas características de los sectores de alta tecnología tienen implicaciones sobre los procesos de desarrollo de nuevos productos en el sentido de que la **flexibilidad y el tiempo** son factores claves de éxito (Stalk, 1988), lo mismo que una cooperación estrecha con los consumidores potenciales para identificar las aplicaciones industriales más prometedoras.

En los mercados de productos de alta tecnología, el marketing estratégico juega un papel crucial, participando estrechamente con el laboratorio en la fase I + D-Producción-Marketing.

10.1.6. Importancia estratégica de la innovación

Las decisiones de lanzamiento de productos son complejas y arriesgadas, como se ha visto, pero son de una importancia capital para la supervivencia y desarrollo de la empresa. La aceleración del cambio tecnológico no hace más que reforzar esta importancia. En 1990 la cuota de cifra de negocio realizada en productos que no existían cinco años antes, era de media, el 40 por 100 (Page, 1993). El procentaje es evidentemente mucho más elevado para los sectores de alta tecnología y tiende a aumentar con el tiempo.

$$1976 - 1981: 33 \%$$
$$1981 - 1986: 40 \%$$
$$1986 - 1990: 42 \%$$
$$1990 - 1995: 45 \%$$

Los nuevos productos tienen igualmente un impacto decisivo sobre los beneficios de las empresas. En 1982, según los estudios realizados por la Product Development and Management Association (PDMA), los nuevos productos representan el 23 por 100 de los beneficios de las empresas, con un incremento del 33 por 100 en comparación con los cinco últimos años. En 1990, el porcentaje pasó al 33,2 por 100 y se prevé una tasa del 46 por 100 para el período 1990-1994 (Page 1993, pág. 285). Estas cifras han sido obtenidas en el mercado de Estados Unidos y no pueden ser extrapoladas directamente a los mercados europeos. Son, sin embargo, muy esclarecedoras.

10.2. ANALISIS DE LOS FACTORES DE EXITO DE LAS INNOVACIONES

Las informaciones disponibles sobre la tasa de éxitos de productos nuevos son muy numerosas y está situada en el intervalo de 50 a 60 por 100.

— La sociedad Nielsen estimó, en 1971, en 47 por 100 la tasa de éxito observada con una muestra de 204 nuevos productos pertenecientes a los sectores de productos cosméticos, de artículos de mantenimiento y de alimentación. En un estudio similar realizado en 1962 con una muestra más pequeña la tasa de éxito observada había sido del 56 por 100 (Nielsen, 1971).
— Del estudio realizado por Booz, Allen y Hamilton (1982), se puede deducir que la tasa de éxito observada en 1981 sería de 57 por 100 frente al 37 por 100 observado en el mismo estudio realizado en 1968, una mejora del 54 por 100, por tanto. (Booz, Allen y Hamilton, 1982, pág. 15.)
— En un estudio realizado en Gran Bretaña en 1990, sobre una muestra de 86 empresas británicas y 116 empresas japonesas instaladas en Gran Bretaña, la tasa de éxito observada era del 59,8 por 100 para las empresas japonesas y del 54,3 por 100 para las empresas británicas (Edgett et al. 1992, pág. 7).
— Las observaciones más recientes provienen del estudio realizado por la PDMA (Page, 1993, pág. 284) sobre una muestra de 189 empresas y que da una tasa de éxito del 58 por 100.

Se constata que el intervalo de evaluaciones es amplio. Recordemos que en el mejor de los casos se puede estimar la probabilidad de éxito en poco más de una posibilidad entre dos. Esto significa, pues, que una parte muy importante de las inversiones en I + D y de los gastos de comercialización es improductiva.

10.2.1. Eficacia del proceso de gestación de una innovación

Booz, Allen y Hamilton han analizado también las tasas de éxito de las innovaciones en las diferentes etapas del proceso de gestación de nuevos productos. Este proceso está descompuesto en cinco fases, (ver Figura 10.4), donde figuran igualmente las tasas observadas en el estudio de 1981 y en el de 1968.

Se comprueba, con el examen de estos datos, el aumento regular de las tasas del éxito conforme al transcurso del proceso de evaluación, el cual se revela por tanto eficaz, ya que la probabilidad de éxito pasa del 36 por 100 en la fase 1, al 71 por 100 en la fase 5. La comparación con las mismas observaciones tomadas en 1968 es igualmente instructiva. Revela que el proceso de selección se ha vuelto mucho más discriminante; la probabilidad de éxito en la última fase no era más que del 50 por 100 en 1968, frente al 70 por 100 en 1981. Esta mejora en la selectividad de los proyectos se explica probablemente por la distinta distribución de los gastos que se observa en el estudio de 1981 en relación a lo que se hacía en 1968.

> Observemos, en efecto, que se asignan actualmente más recursos a las primeras etapas del proceso: el 21 por 100 en las fases 1 y 2, frente al 10 por 100 anteriormente; 37 por 100 en la fase 3, frente al 28 por 100. En cambio, en la etapa de comercialización se han asignado en 1981 el 25 por 100 de los recursos frente al 48 por 100 en 1968.

Estos datos sugieren que **las empresas han reforzado el análisis de marketing estratégico en detrimento de los esfuerzos del marketing operativo**. Reforzar la reflexión de marketing estratégico al principio del proceso de desarrollo de una innovación revela ser muy rentable. Apoyándose en los datos publicados por Booz, Allen y Hamilton, y tomando la media ponderada de las tasas de éxito observadas en cada fase, se puede estimar en el 57 por 100 la tasa de éxito observada en 1981, frente al 37 por 100 en 1968, lo que se traduce en una mejora del 54 por 100.

Esta ganancia en eficacia del proceso de gestación de una innovación aparece de manera espectacular en la Figura 10.5. que compara las curvas de mortalidad de las ideas de nuevos productos como han sido observadas en 1968 y en 1981 en el estudio de Booz, Allen y Hamilton.

> — En 1968, las observaciones eran las siguientes: a partir de **58 ideas**, alrededor de 12 pasan el test del filtraje inicial; de éstas, 7 quedan después de una evaluación en profundidad de su potencial de beneficio; alrededor de 3 sobreviven a la etapa de desarrollo del producto, 2

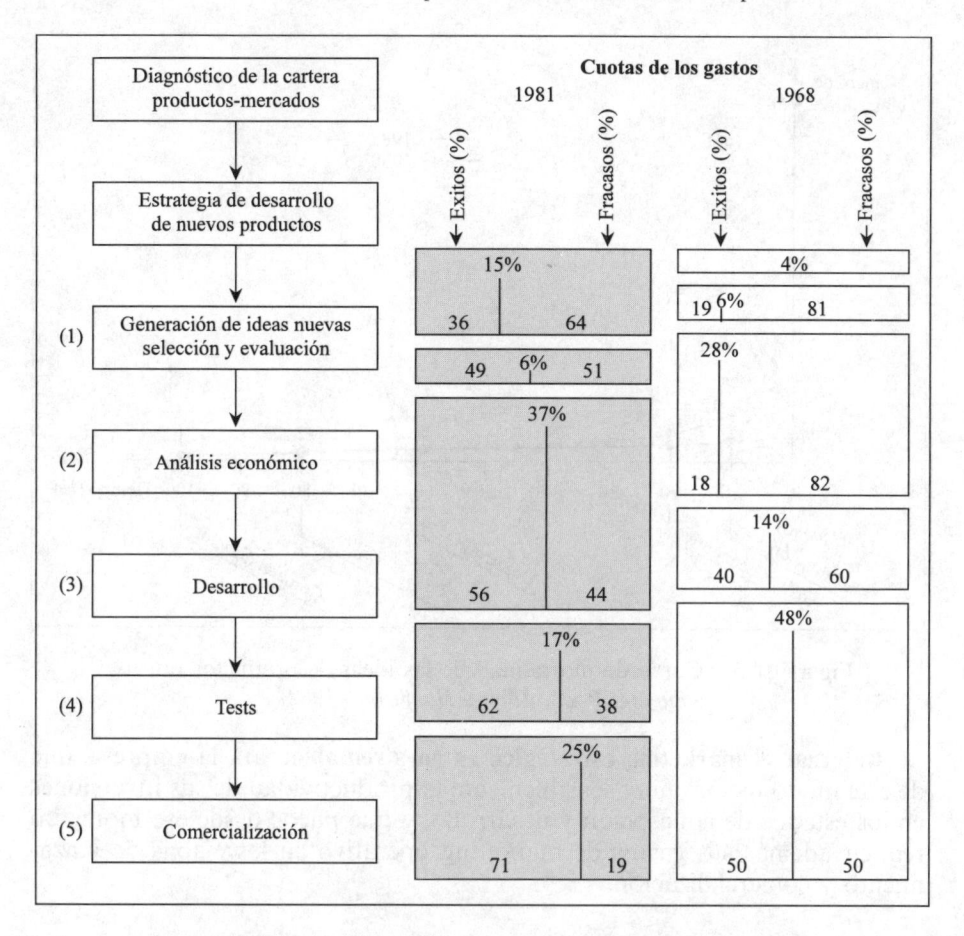

Figura 10.4. El proceso de desarrollo de un producto nuevo.
Fuente: Adaptado de Booz, Allen y Hamilton (1982).

al test del mercado; 1 constituye en definitiva un éxito comercial. Por consiguiente, alrededor de 58 ideas deben ser generadas con el fin de encontrar 1 que desemboque en un lanzamiento con éxito.

— En 1981, debido al reforzamiento al inicio del proceso de la reflexión estratégica, **7 ideas** de nuevos productos son necesarias para desembocar en un éxito comercial (14 por 100), frente a las 58 (2 por 100) en 1968.

El estudio más reciente realizado en 1990 por la PDMA (Page, 1993) es menos optimista que el de Booz, Allen y Hamilton y ha observado una tasa del 9 por 100, por tanto un ligero descenso.

> Sobre 100 ideas que entran en el proceso de desarrollo, 26,6 son contrastadas de una manera o de otra; 12,4 son introducidas en el mercado y 9,4 se convierten en éxitos comerciales (Page 1993, pág. 284)

372   *Marketing estratégico*

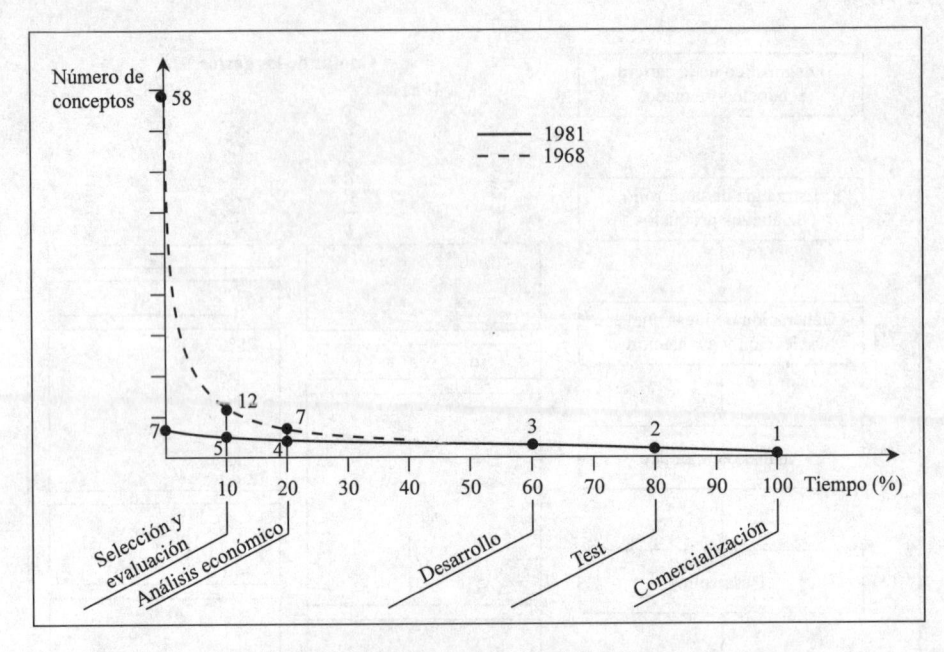

Figura 10.5. Curva de mortalidad de las ideas de productos nuevos.
Fuente: Booz, Allen y Hamilton (1982).

Reforzar el marketing estratégico es pues rentable para la empresa, que de este modo mejora muy sensiblemente la productividad de sus inversiones en los estados de concepción y desarrollo, y que puede desde ese momento reducir además sus gastos de marketing operativo en las etapas de lanzamiento y comercialización.

10.2.2. Análisis de los factores explicativos del éxito

El análisis de los factores explicativos del éxito o del fracaso de las innovaciones es particularmente instructivo y confirma las conclusiones precedentes. Hay varios estudios disponibles, realizados en Europa y en Estados Unidos, que desembocan todos en unos resultados remarcablemente convergentes.

Los estudios norteamericanos de Cooper

Cooper (1979 y 1981) ha analizado las causas de éxito y de fracaso de 195 productos industriales, de los cuales 102 son considerados por la empresa como éxitos y 93 como fracasos. Tres factores, o grupos de factores, aparecen como las **claves del éxito**.

— La **superioridad del producto** en relación a los productos competitivos, es decir, la existencia de cualidades distintivas que permitan la concepción de mejores productos para el usuario.

— El **saber hacer del marketing** de la empresa, o la comprensión del mercado, del proceso de compra del cliente, del ritmo de adopción del producto, de su duración y del tamaño del mercado potencial.
— Una buena sinergia entre investigación y desarrollo, ingeniería y producción, es decir, **el saber hacer tecnológico**.

Las tasas de éxito observadas para los nuevos productos bien situados en cada uno de estos factores son, respectivamente, del 82, 79 y 64 por 100. Además, los productos bien situados en relación a los tres factores clave tienen una tasa de éxito del orden del 90 por 100 (Cooper, 1981, pág. 75).

Se constata que dos de los tres factores clave ponen directamente en entredicho la calidad del marketing estratégico, que juega así un papel crucial en el buen resultado de la innovación. Es importante subrayar que estos tres factores clave son controlables por la empresa, lo que **excluye cualquier fatalismo en una estrategia de innovación**. Es la calidad de la organización y de la gestión lo que determina el éxito.

La metodología de análisis (*NewProd*) desarrollada por Cooper en 1979, y después de ser aplicada en numerosas empresas y con los resultados disponibles en 1993, se apoya sobre una nueva muestra de 203 proyectos de nuevos productos procedentes de 125 sectores industriales distintos (Cooper, 1993). Como en el estudio inicial, alguno de los nuevos productos se han convertido en éxitos y otros en fracasos. Los resultados obtenidos confirman ampliamente los de 1979 y permiten, además, extraer algunas enseñanzas.

El **factor clave de éxito**, como en el primer estudio, es claramente la existencia de un producto superior, que aporta al comprador algo único. En contraste con el 20 por 100 de productos menos diferenciados, los resultados obtenidos por el 20 por 100 de los productos mas diferenciados han sido los siguientes (Cooper 1993, pág. 58):

— Una tasa de éxito del 98 por 100 contra el 18,4 por 100.
— Una cuota de mercado del 53,5 por 100 contra el 11 por 100.
— Una tasa de beneficio del 8,4 sobre 10, contra 2,6 sobre 10.
— Una realización de objetivos de ventas y de beneficio superior.

Quince reglas de oro a respetar en el proceso de desarrollo de un nuevo producto han sido identificadas por Cooper. Están recogidas de forma sintética en la Figura 10.6

El estudio francés de la CNME

Un estudio francés realizado por el departamento de estudios económicos de la Caisse Nationale des Marchés de l' Etat (CNME) sobre al análisis de las principales causas de fracaso llegó a las mismas conclusiones (Daudé, 1980, pág. 44). **Las principales causas de fracaso** identificadas y su frecuencia se representan en la Figura 10.7.

1. **Un producto superior**: un producto diferenciado, único en su categoría y que aporta al comprador ventajas competitivas y/o valores importantes para él.
2. **Una fuerte orientación-mercado**: por ejemplo, un proceso de desarrollo del producto orientado hacia el mercado y el cliente.
3. **Un concepto de producto global**: un concepto de producto pensado y desarrollado desde el principio para el mercado internacional.
4. **Análisis preliminar intensivo**: asignar recursos directivos y financieros para realizar análisis de factibilidad profunda antes de entrar en la fase de desarrollo.
5. **Definición precisa del concepto**: establecer un cuaderno de cargas preciso, especificando los objetivos, lo prometido, el conjunto de atributos y el posicionamiento del producto.
6. **Un plan de lanzamiento estructurado**: traducir el posicionamiento buscado en un plan de marketing operativo coherente en términos de precio, distribución y comunicación.
7. **Coordinación interfuncional**: un producto nuevo es el negocio de toda la organización y es necesario pues, organizar la relación I+D-Producción-Marketing.
8. **Apoyo de la dirección general**: se trata de la puesta en marcha de una estructura, de recursos y de una visión de las cosas para facilitar el proceso de innovación y no tanto de intervención directa.
9. **Utilización de las sinergias**: construir a partir de sus puntos fuertes, de forma que se aprovechen sinergias tecnológicas o comerciales.
10. **Atractivo de los mercados**: este factor es una ayuda al éxito, pero es insuficiente para compensar las debilidades de los otros factores de éxito.
11. **Preselección de proyectos**: éxitos y fracasos son previsibles y las técnicas de evacuación preliminar facilitan las decisiones del tipo *go/kill*.
12. **Calidad del seguimiento del lanzamiento**: la calidad de ejecución del plan de lanzamiento debe ser controlada y tiene una importancia decisiva para el éxito.
13. **Disponibilidad de recursos**: el éxito implica la disposición de recursos humanos y financieros para asegurar la continuación del proyecto nuevo que debe verse como una inversión y no como un coste.
14. **Importancia del factor tiempo**: entrar rápidamente en el mercado es una fuente de ventaja competitiva, pero este objetivo no puede ser realizado en detrimento de la calidad de su ejecución.
15. **Necesidad de un proceso por etapas**: es útil ponerse al nivel de los procesos de trabajo por etapas, desde el nacimiento de la idea hasta el lanzamiento.

Figura 10.6. Los resultados del estudio de Cooper en 1993. Quince reglas de oro para el éxito. *Fuente: Cooper, 1993, págs. 75-94.*

Aquí igualmente se constata que la «comprensión del mercado», mucho más que la acción sobre el mercado, es el factor primordial. Las actividades de reflexión estratégica que preceden a los esfuerzos de lanzamiento, tienen una importancia decisiva sobre la tasa de éxito

El estudio de Booz, Allen y Hamilton en Estados Unidos

Otro testimonio, otra vez aportado por el estudio de Booz, Allen y Hamilton (1982). Los factores que contribuyen más al éxito de un nuevo producto y su frecuencia de aparición son las siguientes:

Adaptación del producto a las necesidades del mercado........ 85 %
Adecuación del producto a las fuerzas distintivas de la empresa 62 %
Superioridad tecnológica del producto.......................... 52 %

Apoyo de la dirección general .... 45 %
Utilización de un proceso de evaluación de los nuevos productos 33 %
Entorno competitivo favorable .... 31 %
Estructura organizativa adaptada .... 15 %

1. **Carácter superficial del análisis del mercado del cual:**	**50 %**
— subestimación de los plazos de difusión del producto del mercado. 60 %	
— sobreestimación del tamaño de los recursos del mercado potencial 40 %	
2. **Problemas de producción del cual:**	**38 %**
— dificultades del paso del prototipo a la preserie .... 50 %	
— dificultades de la puesta a punto del producto definitivo 50 %	
3. **Falta de recursos financieros**	**7 %**
4. **Problemas de recursos financieros**	**5 %**
Total:	**100 %**

Figura 10.7. Las causas del fracaso de productos nuevos.
Fuente: Daudé (1980).

Los factores más importantes son de una parte un producto que responde bien a las necesidades del mercado y por otra un producto que corresponde bien a las fuerzas y cualidades distintivas de la empresa. Los otros factores importantes: apoyarse en una tecnología superior, recibir el soporte completo de la dirección general y adoptar un procedimiento en varias fases en el proceso de adopción. El estudio de Booz, Allen y Hamilton tiene el mérito de acentuar la importancia de la organización interna de la empresa. La importancia relativa de estos factores varía, sin embargo, según el tipo de industria y su pertenencia al sector de bienes de consumo o de bienes industriales.

El estudio británico de Edgett, Shipley y Forbes

El criterio de éxito más frecuentemente citado es el grado de adaptación a las necesidades de los compradores, lo subraya aún más la importancia de la orientación mercado. Pocas empresas (1/4) de los dos grupos (ingleses y japoneses) consideran que un «marketing hábil» es un factor importante de éxito. La comparación de la importancia de los factores de éxito está presentada en la Figura 10.8

La comparación de frecuencias de cita de criterios de éxito entre empresas británicas y japonesas revela que las empresas japonesas dan más importancia a la ventaja competitiva.

10.3. ORGANIZACION DEL PROCESO DE DESARROLLO

Los datos presentados en la sección precedente ponen pues en evidencia que el lanzamiento de una actividad nueva es una **operación de alto riesgo**,

Factores de éxito	Porcentajes de empresas	
	Japonesas (n = 116)	Británicas (n = 86)
• Buena adaptación a las necesidades	69,8	75,6
• Superior a la competencia:		
— en calidad	79,3	59,3a
— en fiabilidad	69,8	45,3b
— en valor por dinero	58,6	61,6
— en diseño	55,2	48,8
• Precio muy competitivo	41,4	27,9c
• Bien adaptado a la empresa	39,7	34,9
• Producto único	36,2	29,1
• Marketing hábil	27,6	25,6
• Estudio de mercado serio	27,6	118,6
• Mercados de gran tamaño	20,7	16,3
• Sinergias producción/marketing	16,4	18,6
• Evitar los mercados competitivos con compradores satisfechos	7,8	10,5
• Evitar los mercados dinámicos con lanzamientos frecuentes	2,6	4,7

Figura 10.8. Factores explicativos del éxito de los productos nuevos. Estudio de Edgett, Shipley y Forbes (1992). *Fuente: Edgett, Shipley y Forbes (1992).*

pero que este riesgo puede ser sensiblemente reducido con la puesta en marcha en la empresa de un procedimiento sistemático de evaluación y de desarrollo de ideas de nuevos productos. Los factores clave de éxito son factores que en definitiva son controlables por la empresa. El objeto de esta sección es examinar los procedimientos y los métodos de organización que permitan reducir los riesgos de fracaso a lo largo de todo el proceso de innovación. El objetivo es organizar en la empresa un **diálogo sistemático y continuo** entre las diferentes funciones implicadas: I + D, marketing, producción y finanzas. El desarrollo de una nueva actividad afecta de hecho a la totalidad de la empresa, y el respeto al principio del equilibrio de funciones es aquí particularmente importante. En una empresa que tiene una orientación mercado, el lanzamiento de un producto es la situación tipo donde la **coordinación interfuncional** toma toda su importancia pues ella cuestiona a toda la organización y no sólo a la función marketing.

10.3.1. Necesidad de una organización específica

Si es verdad que es a la dirección general a quien corresponde en definitiva la responsabilidad de las decisiones de lanzamiento de productos nuevos, es indispensable prever una estructura organizativa y una responsabilidad específica en la empresa, encargadas de dirigir y de coordinar el conjunto del proceso de innovación. Se pueden considerar varios modelos de organización. Numerosas grandes empresas han creado funciones de responsables de nuevos productos o han establecido departamentos de nuevos productos, como es el caso, por ejemplo, de Nestlé, Johnson & Johnson, Colgate, Palmolive, General Foods.

Las estructuras de organización interfuncionales

Una fórmula más flexible, y al alcance de toda empresa, cualquiera que sea su tamaño, es la del comité de «nuevos productos» o del comité «ad hoc» encargado de un proyecto específico.

— El **comité de «nuevos productos»** es un comité permanente que se reúne periódicamente, por ejemplo una vez al mes. Está compuesto por los responsables de las diferentes funciones: I + D, producción, marketing, finanzas, recursos humanos. Idealmente está presidido por el director general. Su responsabilidad es organizar el diálogo entre las diferentes funciones y dirigir el proceso de desarrollo de un producto nuevo desde la generación de la idea hasta el estado del lanzamiento.

— El **grupo «ad hoc»** o *venture team* es un equipo especialmente constituido para desarrollar un proyecto específico (*task force*). Compuesto por miembros de los diferentes departamentos, que durante un tiempo abandonarían sus funciones —completa o parcialmente— para concentrarse en la creación de una actividad nueva.

El estudio de la PDMA (Page, 1993) clarifica sobre la evolución de los modos de organización adoptados por las empresas. Interrogados sobre el modo de organización preferido, es el grupo interfuncional el que aparece como el más popular, con un 76 por 100 de citas (ver Figura 10.9).

Estructuras de organización	Frecuencias de uso (%)
Equipo interfuncional	76,2
Departamento de productos nuevos	30,2
Director de producto	30,2
Director de productos nuevos	25,9
Comité de productos nuevos	16,9
Grupo ad hoc (*venture team*)	6,9

Figura 10.9. Formas de organización utilizadas para el desarrollo de productos nuevos. *Fuente: Page (1993, pág. 277).*

Cualquiera que sea la estructura organizativa adoptada, lo que importa es la existencia de una **estructura receptiva a las ideas de nuevas actividades**. El objetivo es institucionalizar en la empresa la preocupación hacia los nuevos productos, y de manera tan flexible como sea posible con el fin de favorecer al máximo un enfoque muy empresarial de los problemas. Dos modos de organización pueden ser observados para asegurar el seguimiento del desarrollo de un nuevo proyecto: una organización secuencial o paralela.

El proceso de desarrollo secuencial

Este procedimiento está descrito en la Figura 10.10. Toma la forma de una serie de etapas recorridas por el proyecto, pasando del estadio de idea, al de concepto, de prototipo, de test de mercado y de comercialización. Este procedimiento ha sido puesto en evidencia en el estudio de Booz, Allen y Hamilton (1982), descrito anteriormente en la Figura 10.4. El principal mérito de este procedimiento multipeldaño es el de someter el proyecto a un cierto número de verificaciones sobre su viabilidad en cada etapa del desarrollo, y esto antes de pasar a la etapa siguiente que generalmente implica recursos financieros mas importantes. Como se ha visto anteriormente, este procedimiento consigue reducir la tasa de fracaso de productos nuevos.

A pesar de esta ventaja, el proceso de desarrollo secuencial presenta unos inconvenientes no desdeñables.

— El procedimiento secuencial no facilita en sí mismo la integración de diferentes funciones, puesto que cada una pasa el proyecto a la siguiente, solamente una vez que ha cumplido su cometido.
— El paso a la etapa siguiente no se hará más que cuando todas las exigencias se cumplan; un retraso producido en una fase cualquiera va a retardar, incluso bloquear todo el proceso a origen.
— El proceso es lento e implica un largo período de desarrollo, mientras el mercado o la tecnología pueden evolucionar.

Este modo de organización de procedimientos de desarrollo es costoso y su lentitud puede en definitiva aumentar los riesgos en lugar de reducirlos, por el hecho de una entrada demasiado tardía en el mercado. Este último punto es particularmente importante para los productos de alta tecnología, para los cuales el factor tiempo es crucial, teniendo en cuenta la rapidez de cambios del entorno.

El proceso de desarrollo en paralelo

El proceso de desarrollo en paralelo está descrito en la Figura 10.10. Sugerido por Takeuchi y Nonaka (1986), se inspiran ampliamente en prácticas japonesas. Este tipo de organización se apoya sobre un equipo interfuncional de individuos que organizan su trabajo con total independencia, desde el estado de idea hasta su realización. El proceso de desarrollo resulta pues de la interacción constante entre especialistas vinculados a la realización de un mismo proyecto. Más que evolucionar de manera rígida, de una etapa a otra, el proceso de desarrollo resulta de las interacciones espontáneas que tienen lugar entre los miembros del equipo. En comparación con el proceso secuencial, en lugar de una carrera de relevos donde se pasa el testigo, se trataría más de un partido de rugby, donde todo el equipo está participando. Las ventajas de esta forma de organización son importantes.

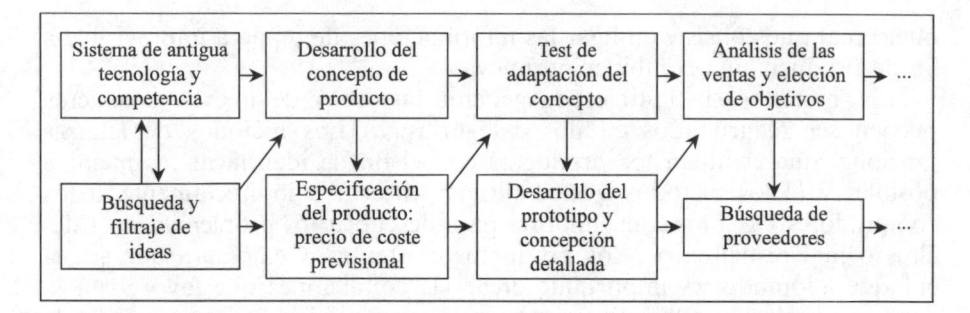

```
┌─────────────┐   ┌─────────────┐   ┌─────────────┐   ┌─────────────┐
│ Sistema de  │   │Desarrollo del│  │   Test de   │   │Análisis de las│
│  antigua    │──▶│ concepto de │──▶│adaptación del│─▶│ventas y elección│──▶ ...
│tecnología y │   │  producto   │   │  concepto   │   │ de objetivos │
│ competencia │   │             │   │             │   │              │
└─────────────┘   └─────────────┘   └─────────────┘   └─────────────┘
       ▲                ▲                 ▲                  │
       │                │                 │                  ▼
┌─────────────┐   ┌─────────────┐   ┌─────────────┐   ┌─────────────┐
│ Búsqueda y  │   │Especificación│  │Desarrollo del│  │             │
│ filtraje de │──▶│del producto: │─▶│ prototipo y │──▶│ Búsqueda de │──▶ ...
│   ideas     │   │precio de coste│ │  concepción │   │ proveedores │
│             │   │ previsional │   │  detallada  │   │             │
└─────────────┘   └─────────────┘   └─────────────┘   └─────────────┘
```

Figura 10.10. Proceso de desarrollo paralelo de nuevos productos.

— El sistema permite una mejor **coordinación interfuncional** porque cada función está asociada y, por tanto, afectada por el conjunto del proceso.
— Diversas actividades pueden ser **manejadas conjuntamente** lo que acelera el proceso y permite evitar las idas y venidas entre las funciones. Mientras que los ingenieros de I+D conciben un producto, los ingenieros de fabricación, pueden verificar si la concepción es compatible con las exigencias de equipamiento y los comerciales pueden asegurarse que la concepción es conforme al posicionamiento buscado.
— Cada actividad está mejor **controlada**, porque determina las otras actividades que dependen directamente de ella.
— **Ganancias de tiempo** apreciables son así conseguidas por el hecho del trabajo más intensivo y de la coordinación que resulta.

Este tipo de organización matricial implica un espíritu de equipo y una delegación de autoridad en el líder del equipo interfuncional. Para un análisis más minucioso de las modalidades de aplicación de esta forma de organización del proceso de desarrollo, ver Takeuchi Nonaka (1986) así como Larson y Gobeli (1988).

10.3.2. La búsqueda de ideas de nuevos productos

Naturalmente, el proceso de desarrollo de la innovación empieza por la búsqueda de ideas en la dirección sugerida por la estrategia de desarrollo elegida. Algunas empresas adoptan un enfoque muy empírico de este problema, apoyándose en una corriente espontánea de ideas procedentes de fuentes internas y externas. Sin embargo, hemos visto que la tasa de mortalidad de las ideas era muy elevada; es pues indispensable estar alimentando regularmente con nuevas ideas. En general las ideas, y sobre todo las buenas ideas, no vienen por sí solas; es necesario organizar y estimular su generación. Estos métodos de recogida de ideas tratan de anticipar la evolución de las necesidades y no se contentan en responder a las demandas expresadas por el mercado. El enfoque debe ser proactivo y no solamente reactivo.

Una idea creativa no es otra que la combinación inesperada de dos o más conceptos. La **creatividad** puede pues definirse como «... el movimiento intelectual que consiste en ligar las informaciones de manera imprevisible a fin de producir una combinación nueva.»

Los métodos susceptibles de generar las ideas de nuevos productos pueden ser reagrupados en dos categorías: *a*) Los métodos de análisis funcional que estudian los productos con el fin de identificar las mejoras posibles y *b*) los métodos que se dirigen, directa o indirectamente, a los compradores y/o a los consumidores para descubrir los problemas insatisfechos o mal resueltos por los productos existentes. Cualquiera que sea el enfoque adoptado, es importante crear las condiciones que favorezcan la ruptura en relación a las ideas y concepciones recibidas. Esta ruptura puede estar favorecida, bien por un enfoque sistemático, bien por la creatividad.

Los métodos de análisis funcional

Los métodos funcionales de generación de ideas se apoyan en el análisis sistemático, ya sea por la situación de uso del producto, ya sea por las características técnicas del producto.

El **análisis de los problemas** parte de la observación del comportamiento del usuario del producto, a fin de identificar el tipo de problemas que encuentra en su uso. Cada problema o dificultad evocada produce una idea de modificación o mejora. Este método es frecuentemente utilizado en los estudios de mercado industriales, donde se recurre a menudo a paneles de clientes.

El método del **inventario de características** tiene el mismo objetivo, pero en lugar de partir del examen de la utilización del producto por el usuario, se parte de las características mismas del producto. El método consiste en establecer una lista de las principales características y modificarlas después, buscando una nueva combinación susceptible de desembocar en una mejora. Osborn ha elaborado una lista de preguntas destinadas a favorecer la aparición de ideas de nuevos productos.

> ¿Se puede emplear el producto de otros usos, adaptarlo, modificarlo, ampliarlo, reducirlo, reemplazarlo, redisponerlo, invertirlo, combinarlo?...» (Osborn, 1963, págs. 286-287).

El **análisis morfológico** consiste en identificar las dimensiones más importantes de un producto y seguidamente en examinar dos a dos las relaciones entre cada dimensión, con el fin de descubrir combinaciones nuevas interesantes.

> Supongamos que el producto estudiado sea un producto de limpieza. Las seis dimensiones importantes son las siguientes: el soporte del producto (escoba, mocho, esponja, tampón), los ingredientes (alcohol, amoniaco, desinfectante), los objetos a limpiar (vidrios, tapices, lavabos, paredes, coches), las sustancias a hacer desaparecer

(grasa, polvo, sangre, pintura), la textura del producto (crema, polvo, sales, líquido), la presentación (caja, botella, aerosol, saco).

Las dimensiones son confrontadas dos a dos, en cada una de sus manifestaciones. La reflexión se lleva a cada combinación, en la cual se evalúa el valor potencial como nuevo producto.

La búsqueda de ideas con la ayuda de los grupos de creatividad

Se trata de métodos donde la creatividad, más que el análisis sistemático de los productos, es dominante. Los métodos susceptibles de estimular la creatividad pueden ser reagrupados en dos categorías: los métodos intuitivos y los métodos racionales. Los métodos intuitivos, puestos en funcionamiento en el marco de grupos de creatividad, se basan esencialmente en la imaginación y la intuición, apoyándose en la hipótesis de que un grupo de individuos es más creativo que unos individuos operando aisladamente, y ello en razón de un efecto de sinergia o de interacción entre los miembros del grupo. Forman parte de esta categoría los métodos de *brainstorming* y de la sinéctica.

El *brainstorming* (tormenta de ideas) es probablemente el método más popular, principalmente porque es fácil de organizar. Una sesión de *brainstorming* tiene como único fin, producir un gran número de ideas. Se reúnen de seis a diez personas de experiencia y de formación muy variada, a quienes se les especifica que el objetivo es generar, sobre un tema concreto, el mayor número posible de ideas y no evaluar su interés. El recurso a este método desarrollado por Osborn (1963) implica al respetar las reglas siguientes.

— Decir todo lo que viene a la mente, la exuberancia tiene buena acogida. Es la cantidad de ideas enunciadas lo que cuenta; a más ideas, más posibilidades se tiene de encontrar una que sea útil.
— La crítica está prohibida, ninguna censura del grupo; toda evaluación de las ideas se demora para más tarde.
— Es preciso buscar sistemáticamente combinaciones o asociaciones entre las ideas enunciadas.

Este tipo de ejercicio es a menudo muy eficaz; no es raro obtener en una sesión de una hora más de cien ideas enunciadas por un grupo.

La **sinéctica** es un método de creatividad, desarrollado por Gordon (1965), que se inspira en el *brainstorming*, pero que aborda indirectamente el problema planteado. La hipótesis es que las costumbres adquiridas, impiden una visión verdaderamente nueva de un problema con el cual se está demasiado familiarizado. Para ser creativo es preciso alejarse del problema, efectuar un «rodeo creativo» antes de volver a él desde otra dirección. Una vez el problema traspasado a universos diferentes, pero relacionados entre sí, se está entonces impulsado a buscar analogías y a proponer ideas que tienen más posibilidades de ser realmente nuevas.

Utilizar los clientes como fuente de ideas

Los métodos de búsqueda de ideas presentados anteriormente son generalmente utilizados en la iniciativa del productor. En los mercados industriales, von Hippel (1978) ha mostrado que los clientes estaban a menudo en el origen de las ideas de nuevos productos, al menos cuando ellos tenían consciencia de la existencia de un problema (ver Figura 10.11).

Necesidades del cliente industrial	Capacidad de intervención del productor	
	Débil	Elevada
Necesidades sentidas	Iniciativa dominante del cliente	Iniciativa conjunta
Necesidades latentes	Ninguno de los dos	Iniciativa dominante del fabricante

Figura 10.11. Búsqueda de ideas de nuevos productos industriales.
Fuente: von Hippel, 1978.

En el sector de los bienes de consumo, la iniciativa de la búsqueda de ideas se sitúa generalmente en el productor. Por el contrario, en el sector industrial una cooperación estrecha con los clientes líderes en el sector, puede resultar muy eficaz para conseguir nuevos conceptos de productos. A título de ejemplo, veamos la descripción dada de un problema encontrado por un potencial cliente industrial.

> «*a*) ...debemos mejorar la rentabilidad de nuestra fábrica de semiconductores *b*) ...lo que puede realizarse aumentando la cantidad producida, *c*) ...para esto, deberíamos deshacernos del cuello de botella situado en la fase D de la cadena de fabricación, *d*) ...lo que hace necesaria la instalación de un nuevo equipo, ... *e*) ...teniendo las características funcionales siguientes, ... *f*) ...y que debería ser construido según el plan (von Hippel 1978, pág. 41).»

Esta descripción del problema comprende ya los elementos de la solución buscada por el cliente. Las instrucciones establecidas espontáneamente por el cliente serán comunicadas enseguida para su ejecución por el servicio I+D. Organizar un diálogo con los clientes puede ser pues una fuente importante de ideas de nuevos productos.

Igualmente, en el campo de los productos industriales existen muchos productos para los cuales se conocen las mejoras deseables y deseadas por el comprador, pero cuya realización depende solamente de los progresos de la tecnología.

> En el campo de los semiconductores, de los ordenadores o de los plásticos «todos saben» que el mercado quiere más capacidad de memoria, más velocidad, más resistencia y menos peso, etc.

Para estas innovaciones, no es necesario que el mercado lo pida para saber que hay una necesidad y los fabricantes se esfuerzan en todos los casos para mejorar sus resultados sobre estas dimensiones clave.

Los métodos de generación de ideas son pues numerosos y variados. Añadamos todavía, por ejemplo, el análisis sistemático de los productos de la competencia procediendo al *reverse engineering*, es decir, deshaciendo el producto para ver cómo sortear eventualmente la patente si existe. Cooper (1993, pág. 133) propone una lista de 25 métodos de generación de ideas.

Lo que importa es que la empresa disponga permanentemente de una **cartera de ideas de nuevos productos**, suficientemente importante para permitirle hacer frente a la competencia, en un entorno donde la innovación está omnipresente.

10.3.3. El tamizado de ideas

La segunda etapa del proceso de innovación tiene por objetivo el tamizado de las ideas generadas. El objetivo es aquí eliminar las ideas de nuevos productos poco atractivas o simplemente incompatibles con los recursos o con los objetivos de la empresa. Se trata pues de una **fase de evaluación**, lo que supone la existencia de criterios de elección. El objetivo del tamizado no es proceder a análisis profundos, sino identificar con un análisis rápido, interno y poco costoso los proyectos que merecen un estudio más profundo y eliminar aquellos que no son manifiestamente explotables por la empresa. No se trata todavía de un estudio de viabilidad, sino a lo sumo de una evaluación preliminar.

Normalmente, es el comité de nuevos productos quien está mejor situado para proceder al tamizado de ideas. Un método simple y eficaz es el de la tabla de evaluación, cuyos principios de base son los siguientes.

— Se recuentan de forma exhaustiva los **factores claves del éxito** en cada función: marketing, finanzas, producción, I + D.
— Cada factor o grupo de factores se pondera en función de su **importancia relativa**.
— Se puntúa la idea del nuevo producto respecto de cada uno de los factores, apoyándose en el **juicio de los expertos**, que son los miembros del comité de nuevos productos.
— Se elabora un índice de resultados, que resume las evaluaciones.

El interés de este procedimiento es, por una parte, asegurarse que todos los factores más importantes han sido sistemáticamente tomados en consideración sin privilegiar uno u otro y, por otra parte, velar por el cumplimiento de los objetivos y restricciones propias de la empresa.

En la evaluación de las puntuaciones atribuidas es preferible adoptar un **método conjuntivo** y no contentarse con efectuar la media de las notas obtenidas (enfoque compensatorio). Como se vio en el Capítulo 4, la utiliza-

Atractivo	Idea de producto				Puntuación
Criterio de evaluación	Nota				Criterio no pertinente
	Muy bien	Bien	Débil	Muy débil	
1. Tendencia del mercado	Naciente	Creciente	Estable	Declive	
2. Duración de la vida del producto	10 años y +	5-10 años	3-5 años	1-3 años	
3. Velocidad de difusión	Muy rápida	Bastante rápida	Bastante lenta	Muy lenta	
4. Tamaño mercado potencial	> 10.000 T	10.000 a 5.000 T	5.000 a 1.000 T	< 1.000 T	
5. Tamaño mercado potencial (C.V.)	1.000 millon.	1.000 millon. a 500 millon.	500 millon. a 100 millon.	> 100 millon.	
6. Necesidad de los consumidores	Necesidad no encontrada	Necesidad mal encontrada	Necesidad bien encontrada	Necesidad muy bien encontrada	
7. Acogida de la distribución	Entusiasta	Positiva	Neutra	Reciente	
8. Importancia apoyo publicitario	Escasa 0-2 %	Poco importante 2 a 5 %	Importante 5 %	Muy importante 5 %	
9. Accesibilidad del mercado	Muy fácil	Fácil	Difícil	Muy difícil	
Competitividad					
1. «Appeal» del producto	Muy elevado	Elevado	Medio	Escaso	
2. Cualidades distintivas	Exclusividad (USP)	Cualidad distintiva mayor	Cualidad distintiva débil	Copia conforme (*me too*)	
3. Fuerza de la competencia	Muy débil	Débil	Fuerte	Muy fuerte	
4. Dotación de la exclusividad	> 3 años	1-3 años	−1 año	−6 meses	
5. Complementariedad sociedad	Refuerza la sociedad	Se integra bien	Poca relación	Ninguna relación	
6. Precio	Muy inferior	Ligeramente inferior	Igual	Superior	
7. Compatibilidad cliente distribuidor	Totalmente compatible	Fácilmente compatible	Compatible pero difícil	Canal nuevo	
8. Adecuación fuerza de venta	Buena adecuación	Fácilmente adaptable	Conversión posible pero importante	Nueva fuerza de venta	
9. Nivel de calidad	Muy superior	Ligeramente superior	Igual	Inferior	

Figura 10.12. Ejemplo de matriz de evaluación preliminar.
Fuente: M.D.A. Consulting Group (Bruselas).

ción de un enfoque conjuntivo no desemboca en una escala global, sino que conduce a identificar las ideas que no son compatibles con los objetivos o con los recursos de la empresa y aquellas que son aceptables. El enfoque conjuntivo supone que se especifican sobre cada uno de los factores evaluados los niveles máximo o mínimo que todo proyecto debería satisfacer. No son evaluadas más que las ideas que satisfacen al conjunto de los umbrales así especificados.

Existen varias matrices de evaluación estándar en la literatura de marketing (Steele, 1988). Sin embargo, es necesario que una tabla de evaluación esté adaptada a las necesidades propias de una empresa, y la primera tarea del comité de nuevos productos consiste en establecer su estructura. Un ejemplo de la parte de marketing de una tabla de evaluación utilizada en una empresa de bienes de consumo está representada en la Figura 10.12. Tablas similares existen para las demás funciones. Los criterios más importantes son en general los siguientes.

1. Coste de realización
2. Probabilidad de éxito técnico
3. Rentabilidad esperada
4. Tamaño del mercado potencial
5. Tiempo de desarrollo
6. Tendencias del mercado
7. Compatibilidad con los objetivos
8. Saber hacer comercial
9. Saber hacer tecnológico
10. Cuota de mercado esperada
11. Existencia de patente
12. Riesgo potencial del producto
13. Inversiones requeridas

Cooper (1993, ver Anexo C) ha desarrollado igualmente una tabla de evaluaciones de proyectos de nuevos productos, el modelo NewProd, que ha sido validado experimentalmente en varios mercados europeos, así como en América del Norte. El cuestionario comprende 30 preguntas sometidas a diversos juicios que evalúan el proyecto en cada criterio utilizando una escala con 10 puntos y que especifica, además, su grado de confianza (sobre 10 puntos) en su propia evaluación. El perfil del proyecto es seguidamente analizado y comparado con los perfiles observados en centenares de proyectos que forman parte del banco de datos. El modelo da una probabilidad de éxito y analiza igualmente los puntos fuertes y débiles del proyecto.

10.3.4. El desarrollo del concepto de producto

A este nivel del proceso de desarrollo de una innovación, se abandona el terreno de las ideas para abordar el del **concepto de producto**. Se trata de concretizar las ideas de producto que han sobrevivido a las evaluaciones preliminares. Un **concepto de producto** puede definirse como sigue:

> Una descripción, preferentemente escrita, de las características físicas y perceptivas del producto final considerado y de la promesa que constituye para un grupo concreto de usuarios.

Se trata de algo más que de una simple ficha técnica del producto, ya que el acento está puesto en las **ventajas** aportadas por el producto a los usuarios potenciales. El concepto de producto hace operativa pues la noción de producto, conjunto de características o de atributos. Se concibe que una misma idea de nuevo producto puede desembocar en varios conceptos de productos. Definir el concepto retenido obliga a la empresa a elegir, teniendo en cuenta los objetivos perseguidos.

Una definición clara y precisa del concepto de producto es importante por varias consideraciones.

— Frente a la dirección general de la empresa el concepto de producto describe el **posicionamiento buscado** por el nuevo producto y precisa así la importancia de los medios a poner en funcionamiento para alcanzar el resultado esperado.
— El concepto del producto constituye en cierto modo el **pliego de condiciones** para el departamento de I+D, encargado de analizar la viabilidad técnica del concepto.
— La descripción de la promesa, es decir, de las ventajas aportadas al usuario, constituye igualmente el pliego de condiciones para la elaboración de la *copy-stratégie* plataforma publicitaria, para la agencia de publicidad encargada de comunicar al mercado las cualidades distintivas del nuevo producto.

Así pues, el concepto de producto define el **producto mercado de referencia** en el seno del cual el futuro producto deberá ser posicionado. En esta perspectiva son cuatro las cuestiones a examinar.

— ¿Cuáles son los **atributos** o especificaciones a los cuales los compradores potenciales reaccionan favorablemente?
— ¿Cómo son percibidos los **productos competitivos** en relación a estos atributos determinantes?
— ¿Qué **nicho** puede ocupar el nuevo producto teniendo en cuenta las expectativas del grupo de compradores considerado y las posiciones mantenidas por la competencia?
— ¿Cuál es el mejor conjunto de **medios de marketing** a utilizar para lograr el posicionamiento buscado?

La respuesta a estas cuestiones supone la existencia de una fina segmentación del mercado, de manera que se pueda proceder a una primera estimación cifrada del tamaño del mercado potencial.

10.3.5. Desarrollo de un concepto de producto «verde»

El hecho ecológico constituye hoy un dato incuestionable y es importante introducir esta preocupación desde el estado de desarrollo del concepto de producto, recurriendo principalmente al concepto de ciclo de vida ecológico, «de la cuna a la tumba», que ha sido presentado en el Capítulo 2 de esta obra. Diversas opciones se presentan aquí, que deberían ser examinadas en el estado de desarrollo del concepto y ello de forma activa (Ottman, 1993).

— Reducir las materias primas y los embalajes.

- Eliminar o reducir los embalajes.
- Desarrollar productos más concentrados.
- Adoptar volúmenes mayores.
- Desarrollar productos multiuso.

— Utilizar materias recicladas.
— Reducir la utilización de recursos naturales escasos.
— Desarrollar productos de menor consumo energético.
— Maximizar la seguridad de los productos para la salud y el entorno.
— Alargar la vida de los productos.
— Desarrollar productos o embalajes reutilizables.
— Concebir productos refabricables, reciclables o reparables.
— Recuperar los productos para reciclarlos.
— Concebir productos que puedan ser sepultados o incinerados.
— Concebir productos que puedan ser transformados en compost.

En la adopción del concepto producto «verde», hace falta proceder con prudencia, asegurarse de lo bien fundado del posicionamiento reivindicado y ser capaz de **probarlo en términos científicos**, y esto refiriéndose al ciclo de vida completo del producto. Estos problemas son tanto más difíciles de resolver cuanto que la incertidumbre subsiste sobre el impacto ecológico de numerosos productos y materias primas.

Según el estudio realizado en Francia por Peixoto (1993), el 33 por 100 de los consumidores (los eco-responsables y los eco-duros) tienen una actitud activa frente al entorno. Estos consumidores evitan sistemáticamente el comprar productos o marcas en las que la limpieza ecológica es discutible y dirigen sus preferencias a los productos verdes. Según un estudio americano, los eco-responsables estarían igualmente dispuestos a pagar un 15 por 100 más por los productos que se ajustan a las normas ecológicas. (Ottman 1993, págs. 30-33). Este segmento está en crecimiento regular desde hace veinte años.

10.3.6. Los tests del concepto de producto

El test del concepto de producto es la primera inversión (además del tiempo) que la empresa debe considerar en el proceso de desarrollo. Se trata de someter la descripción del concepto a un grupo de usuarios potenciales para medir el grado de aceptación.

Esta descripción del concepto de producto puede hacerse de dos maneras, ya sea bajo una forma neutra, ya sea bajo la forma de un anuncio publicitario ficticio representando el nuevo producto como si se tratara de un producto existente. La primera es más simple de realizar y evita el escollo de la influencia, difícilmente controlable, del elemento creativo de un anuncio. El anuncio publicitario tiene en cambio la ventaja de reproducir mejor la atmósfera de compra del futuro producto y de hacer así el test del concepto más realista.

También es importante ser tan realista como sea posible, y asegurarse que la persona interrogada comprende bien el concepto y sus características. La utilización de dibujos, fotos o vídeos pueden ser muy útiles aquí.

Organización de un test de concepto

Para medir el grado de aceptación del concepto, se reúnen de 20 a 50 personas pertenecientes al objetivo. Se presenta, en diapositivas o en vídeo, la idea del producto y se pide al grupo reaccionar al concepto global y a sus atributos, apoyándose en preguntas similares a las presentadas en la Figura 10.13. Un test de concepto debe aportar las informaciones siguientes.

1. Una medida del **interés** del encuestado para el concepto propuesto y una explicación de este interés.
2. Una identificación de los **atributos** o de las características preferidas y de las menos preferidas.
3. Una medida **comparativa** de preferencia, es decir, una preferencia expresada en relación a otras marcas o productos competitivos ya utilizados y las razones de estas preferencias.
4. Una indicación de **precio** que la persona interrogada estará dispuesta a pagar por el nuevo producto.
5. Una medida de la **intención de compra** del producto a un precio dado.
6. Toda información útil para mejor definir el **posicionamiento percibido** del producto por el encuestado.

---

1. ¿El concepto es claro y fácil de comprender?
2. ¿Ve las ventajas del producto frente a los productos de los competidores?
3. ¿Cree realmente en estas ventajas?
4. ¿Prefiere este producto frente a los de los competidores?
5. ¿Compraría este producto?
6. ¿Corresponde el producto a una necesidad real?
7. ¿Quién utilizará o consumirá el producto?

Figura 10.13. Preguntas clave en un test de concepto.

La pregunta clave es, evidentemente, la que hace referencia a las intenciones de compra. Una puntuación de intenciones positivas —es decir, reagrupando las intenciones «ciertas» y «probables»— que fuera inferior al 60 por 100 se considera generalmente como insuficiente, al menos en el sector de bienes de consumo.

Los resultados de un test de concepto deben, no obstante, ser interpretados con prudencia, sobre todo cuando el concepto es muy nuevo. Se pide a los consumidores expresar su interés por un producto que ellos no han visto, ni utilizado nunca. Los consumidores son a menudo incapaces de prever lo que les gustaría o lo que no les gustaría. Numerosos productos que han llegado a ser brillantes éxitos, como la fotocopiadora, obtuvieron puntuaciones mediocres en el test de concepto.

> Por ejemplo, al principio los consumidores eran reticentes a la idea de utilizar los cajeros automáticos bancarios y las máquinas de cambio de billetes. Han tenido que pasar varios años para que las ventajas de este servicio fueran evidentes. Un test de concepto organizado a principio de los años setenta habría sido muy desfavorable.

Por el contrario, los test de concepto de producto con los cuales los consumidores están ya familiarizados, tienen tendencia a subestimar el nivel real de aceptación.

Valor predictivo de las puntuaciones de intención

Las medidas de intención de compra no son siempre buenos indicadores del grado de convicción de los entrevistados en cuando a la capacidad del nuevo producto de responder a una necesidad hasta entonces insatisfecha o simplemente mal resuelta por los productos existentes. Y esto es, precisamente, el factor clave del éxito de un producto, como se ha visto anteriormente en este capítulo. Las personas interrogadas pueden expresar intenciones de compra positivas, simplemente por curiosidad respecto al producto, por cuestiones de modernismo, por necesidad de variación. Por eso, las puntuaciones de intención tienden a sobreestimar la tasa real de aceptación.

> Para los productos de consumo corriente, una puntuación del 40 por 100 de intención de compra «cierto» (la categoría mas elevada) corresponde generalmente a una tasa de ensayo de producto del 30 por 100 y tiene una probabilidad elevada de éxito en un test de mercado; una puntuación de menos del 30 por 100 anuncia generalmente una tasa de ensayo de menos del 20 por 100 y una sobre 10 posibilidades de éxito en un test de mercado (Cooper 1993, pág. 160).

Para resolver este problema, Tauber (1973) sugiere corregir las puntuaciones de intención por medidas de la convicción de los entrevistados en cuanto al grado real de novedad de la ventaja aportada por el nuevo producto. En un experimento sobre ocho conceptos de nuevos productos de alimentación y dos mil entrevistados, Tauber ha observado que todos los entrevistados convencidos de la novedad de la promesa, expresaban intenciones de compra positivas, pero que un porcentaje importante de no convencidos expresaban igualmente intenciones de compra elevadas. Este hecho sugiere que estos consumidores no sienten una necesidad real del producto, sino que simplemente se plantean probar el producto por curiosidad, y no el utilizarlo con regularidad. Basarse en las intenciones de compra agregadas conduciría pues a estimaciones engañosas sobre la tasa de adopción regular del nuevo producto, como lo reflejan los datos de la Figura 10.14 tomados de Tauber.

Conceptos de nuevos productos	A (%)	B (%)	C (%)	D (%)	E (%)	F (%)	G (%)	H (%)
Intenciones brutas: Porcentaje de entrevistados con intenciones positivas de compra	71	62	60	60	51	46	44	22
Intenciones corregidas: Porcentaje de entrevistados con intenciones positivas y convencidos de la novedad del producto	45	37	18	19	27	37	10	19
Tasa de convicción: Porcentaje de entrevistados convencidos en el total de las intenciones positivas	63	59	30	31	53	79	26	86

Figura 10.14. Comparación de las tasas de intención de compras brutas y corregidas. *Fuente: Tauber E.M. (1973)*.

Una estimación más fiable de la tasa de aceptación del producto, en la forma regular de utilización, viene dada por el porcentaje de entrevistados que han dado una respuesta positiva a las dos preguntas, es decir, que tienen una intención positiva de compra y que están convencidos de que el producto responde a una necesidad hasta entonces no satisfecha. Las tasas de intención positivas «corregidas» presentadas en la Figura 10.14 modifican sensiblemente la clasificación de los ocho conceptos estudiados.

10.3.7. El recurso al análisis conjunto

Aproximaciones más elaboradas del test de concepto pueden ser adoptadas y entre éstas, figura el **análisis conjunto** que ha sido utilizado con éxito desde hace varios años (Green y Srinivasan, 1978). Este método permite estudiar la influencia sobre las preferencias de las características físicas y perceptuales de un nuevo producto. Los principios de base del método están descritos en el Capítulo 4 y un ejemplo de aplicación presentado en el Capítulo 5.

El análisis conjunto permite obtener respuestas a las siguientes preguntas.

— ¿Cuál es la utilidad, es decir, el **valor** atribuido por un grupo objetivo a las diferentes características del concepto de producto?

El desarrollo por el lanzamiento de nuevos productos 391

- ¿Cuál es la **importancia relativa** de cada característica que conforma el concepto?
- ¿Qué tipo de **arbitraje** puede efectuarse entre los niveles de intervención de dos o más características?
- ¿Cómo se repartiran las **preferencias** de los compradores potenciales para diferentes conjuntos de características?

Las informaciones a recoger tratan sobre la clasificación de los diferentes conceptos estudiados, los cuales constituyen, cada uno, una combinación distinta de características. El programa de tratamiento de estos datos de preferencia desemboca en estimaciones cuantitativas de utilidades parciales asociadas por los entrevistados a cada nivel de intervención de las diferentes características.

El análisis conjunto aporta al analista de mercado cuatro tipos de resultados particularmente útiles.

- La identificación del **mejor concepto** de producto, es decir, la combinación de características que, entre todas las combinaciones posibles, tienen las utilidades más elevadas.
- Las informaciones sobre la **utilidad o inutilidad de todo cambio** en la definición del mejor concepto, lo que permite hacer los arbitrajes más interesantes a efectuar entre conceptos.
- Una información sobre la **importancia relativa** de cada característica.
- La posibilidad de construir **segmentos** basados en las semejanzas observadas en las reacciones frente a los diferentes conceptos propuestos.

Con la ayuda de estas informaciones es posible explorar diferentes escenarios y estimar la cuota de preferencias a esperar en cada caso.

Los problemas provocados por el test de un concepto de nuevo producto son normalmente menos delicados en los **mercados industriales**, en la medida en que las necesidades de un cliente industrial están bien especificadas y donde el entrevistado es un profesional habituado a razonar en términos de arbitrajes a efectuar, entre ventajas y costes. Existen numerosas aplicaciones del análisis conjunto o del análisis *trade-off* en los mercados industriales. Ver este caso en Clarke Equipment que constituye un buen ejemplo de las aportaciones de este método en medios industriales (Clarke, 1987).

Ejemplo de test de concepto por el análisis conjunto

Un ejemplo de resultado obtenido por el análisis conjunto está representado en la Figura 10.15. El producto estudiado es un *spray* para el peinado, destinado al mercado belga, y definido en términos de cinco características:

- El **diseño**, para el que se consideran dos niveles o modalidades: el antiguo y el nuevo.
- La **promesa** del producto que puede ser: *styling spray, hair spray extra-strong* o *fixing spray*.

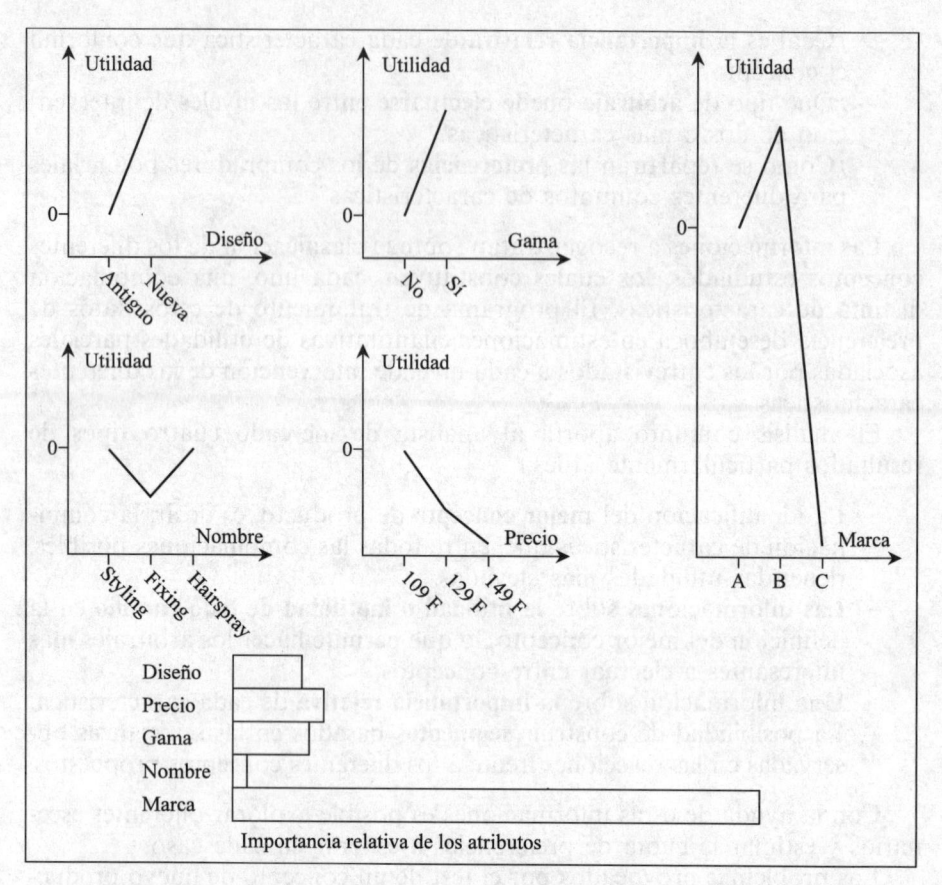

Figura 10.15. Ejemplo de resultados aportados por el análisis conjunto: productos para el cabello. *Fuente: Rochet L. (1987).*

— El **precio**, para el que son considerados tres niveles: 109, 129 o 149 francos belgas.
— El producto puede ser ofrecido sólo o incluido en una **gama de productos** que comprende un gel, espuma de jabón y crema moldeadora.
— Por último, la **marca** puede ser Sunsilk, Studio Line o Taft.

Si se consideran todas las combinaciones posibles, se tiene pues en total 108 conceptos de productos diferentes (2 × 3 × 3 × 2 × 3). Adoptando un plan factorial incompleto equilibrado, se puede reducir el número de conceptos a verificar, a 18, manteniendo las informaciones sobre cada una de las características, pero perdiendo la información de las interacciones de orden superior a dos. Para estimar las utilidades parciales, se recurrirá al análisis de regresión con variables binarias (0,1) como se explica en el Capítulo 5.

Las curvas de utilidades obtenidas por el conjunto de la muestra entrevistada están representados en la Figura 10.15. Se verifica que los consumidores son muy sensibles a la marca y prefieren muy claramente Studio Line a las demás propuestas. Sigue a continuación el precio cuya elasticidad es de −0,81. El nuevo diseño es también claramente preferido en relación al antiguo; en cuanto a la promesa, se observa una sensibilidad muy escasa de los entrevistados que, verdaderamente, la descifran mal (Rochet, 1987).

Con la ayuda de este tipo de resultados es posible construir escenarios y formular previsiones sobre la tasa probable de aceptación de un concepto específico de producto.

10.4. EL PROCESO DE LANZAMIENTO DE UN NUEVO PRODUCTO

Una vez desarrollado el concepto de producto y tomada la decisión de lanzamiento por la dirección general es al marketing a quien le corresponde organizar el proceso de lanzamiento del nuevo producto, formular previsiones sobre la curva de penetración en el mercado objetivo y sobre el plazo en el que los objetivos de rentabilidad serán alcanzados teniendo en cuenta los esfuerzos de marketing otorgados para mantener el nuevo producto.

10.4.1. La previsión de ventas de un nuevo producto

El primer problema que surge y que va a condicionar todo el proceso de análisis es el de la estimación del volumen de venta que podría ser realizado, en todo caso, a lo largo del primer año de lanzamiento, y si es posible para los dos o tres años siguientes. Las aproximaciones que pueden ser adoptadas en el estudio de este problema pueden estar reagrupadas en tres categorías: los métodos subjetivos, los estudios de viabilidad y los métodos basados en tests o mercados de prueba.

— Los **juicios de expertos** formulados por los responsables de marketing se apoyan en el conjunto de informaciones acumuladas al estado de los análisis preliminares, llevándolos sobre las ventas de los productos de la competencia, en el tamaño del mercado potencial y de la demanda global, en las cuotas de mercado de las marcas rivales, el acceso a la red de distribución, etc.
— Los **estudios de viabilidad**, cuyo fin es, después de haber explotado las informaciones secundarias disponibles, recoger sobre el terreno las informaciones que falten, interrogando directamente a los usuarios potenciales, los distribuidores, los proveedores y, si es posible, a los competidores.
— Los **tests de mercado o mercados testigo**, en los cuales se observan los comportamientos de compra tal como se manifiestan en realidad en un entorno competitivo, y que permiten estimar las tasas de compra y de recompra, así como las ventas potenciales del nuevo producto. Se puede igualmente recurrir a los tests a domicilio así como a las experiencias realizadas en los supermercados laboratorio.

Estos tres métodos no son exclusivos y pueden perfectamente ser utilizados conjuntamente. Cualquiera que sea el método adoptado, el departamento de marketing debe fijarse un objetivo de ventas, lo que implica la determinación de una estrategia de lanzamiento, aunque tenga que examinar simultáneamente algunas variantes del plan básico.

Perfiles de las curvas de penetración

La evolución en el tiempo de la demanda de un nuevo producto será diferente según se trate de un producto de equipamiento que no se compra más que una vez, de un producto duradero cuya compra es renovable o de un producto de compra repetitiva.

— Para un **producto de equipamiento comprado una vez**, la curva esperada de ventas tiene en primer lugar un aumento regular, llega a un máximo y después decrece progresivamente hasta que no haya más compradores potenciales. Por tanto, la variable clave es aquí la tasa de ocupación del mercado.
— La demanda de un **bien duradero**, como se vio en el Capítulo 6, se descompone en una demanda de primer equipamiento y en una demanda de sustitución. Los determinantes de estas dos demandas son diferentes. La demanda de primer equipamiento está determinada por fenómenos de contagio y de difusión que son a menudo dependientes del tiempo. La demanda de sustitución está determinada por la obsolescencia —entendida en un sentido amplio— del producto.

La demanda de **productos de compra repetitiva** puede descomponerse en dos elementos; la primera compra y la recompra. El número de personas que compran el producto por primera vez empieza a aumentar, y después disminuye en la medida en que el conjunto del mercado ha procedido a una compra de prueba. Lo que importa entonces es la tasa de recompra, la cual es reveladora del grado de satisfacción de los compradores que se convertirán eventualmente en compradores fieles. La curva de ventas totales se hará asintótica. Para este tipo de productos es la repetición de las compras el mejor indicador de la satisfacción. El perfil tipo de las ventas de primera compra y compra repetidas está descrito en la Figura 10.16.

Utilización de datos de un panel de consumidores

En el caso de los productos de compra regular el modelo de descomposición de la cuota de mercado descrito en el Capítulo 5 y desarrollado por Parfitt y Collins (1968), permite generar con bastante rapidez previsiones sobre la cuota de mercado tendencial de un nuevo producto, a partir de informaciones obtenidas de un panel de consumidores.

Como se ha visto anteriormente, la cuota de mercado puede descomponerse en tres elementos distintos observables.

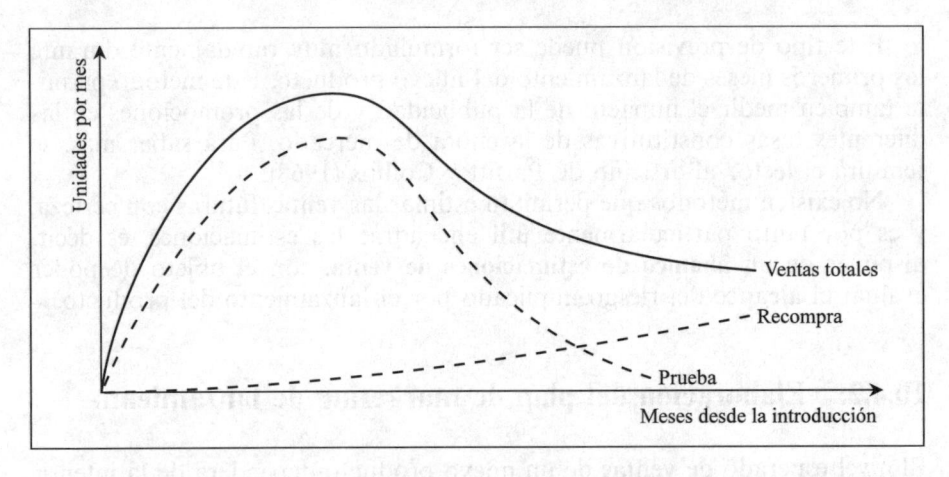

Figura 10.6. Curvas de ventas de prueba, de repetición y totales.

— La **tasa de ocupación** de la marca se define como el porcentaje acumulado de compradores que han efectuado una compra de prueba en el momento t. Esta tasa, creciente durante el lanzamiento debido a la llegada de nuevos primeros compradores, tiende a estabilizarse muy rápidamente a medida que el «stock» de primeros compradores potenciales se agota.
— La **tasa de recompra**, es decir, el porcentaje de compras totales efectuadas por los compradores que habían procedido a realizar una compra de prueba. Después de un cierto número de períodos de compra, la tasa de recompra va alcanzando un estado de equilibrio.
— La **tasa de intensidad** o índice de cantidad, compara las cantidades medias por comprador de la marca con las cantidades medias compradas por comprador en la categoría de producto.

El producto de estas tres tasas, da una estimación de la cuota de mercado esperada.

Supongamos que la estimación de la tasa acumulada de compras de prueba sea del 34 por 100 y que la estimación de la tasa de recompra sea del orden del 25 por 100; sí, además, las cantidades compradas de la marca son las mismas, por término medio, que las compradas en la categoría de producto, la cuota de mercado esperada será:

$$34\% \times 25\% \times 1,00 = 8,5\%$$

Se trata de una media global que incluye a todos los tipos de compradores. La tasa de intensidad puede variar por tipos de compradores y, por ejemplo, ser de 1,20 para los grandes usuarios y de 0,80 para los pequeños usuarios. La cuota de mercado tendencial en estos dos segmentos será entonces de 10,2 y 6,8 por 100, respectivamente.

Este tipo de previsión puede ser formulado muy rápidamente durante los primeros meses de lanzamiento del nuevo producto. Este método permite también medir el impacto de la publicidad y de las promociones en las diferentes tasas constitutivas de la cuota de mercado. Para saber más, se remitirá el lector al artículo de Parfitt y Collins (1968).

No existen métodos que permitan estimar las ventas futuras con certeza, y es por tanto particularmente útil encuadrar las estimaciones, es decir, disponer de un **abanico de estimaciones de venta**, con el objeto de poder evaluar el alcance del riesgo implicado por el lanzamiento del producto.

10.4.2. Elaboración del plan de marketing de lanzamiento

El nivel esperado de ventas de un nuevo producto dependerá de la intensidad y de la continuidad del apoyo del marketing operativo. El apoyo aportado debe ser objeto de una descripción precisa en el marco de un plan de marketing de lanzamiento, el cual desemboca en una cuenta de explotación previsional.

A título de ejemplo, examinemos el caso del lanzamiento de un nuevo producto rico en materias nutritivas, que puede ser utilizado en pequeña restauración o como producto golosina. El test de concepto se ha revelado favorable, pero el jefe de producto encuentra dificultades para definir el volumen del mercado. Se trata de analizar los datos económicos del problema, de elaborar un programa de lanzamiento y de analizar el alcance del riesgo y los medios de reducirlo, para el jefe de producto de la sociedad Newffod (Eskin y Montgomery 1975)

> El **plan de marketing de base** considerado es adoptar un precio al detall de 24 centavos el paquete, un presupuesto de publicidad anual de 3 millones de dólares. El volumen de ventas esperado para el primer año es, bajo esta hipótesis, de 2.000.000 de cajas (24 paquetes por caja). El margen de distribución del 30 por 100, y el coste directo del producto es de 1 dólar la caja, y los gastos fijos de esta actividad de un millón por año, los gastos de estudio e investigación a largo del año cero se han elevado a 500.000 dólares. La restricción de beneficio mínimo impuesta es de 0,5 millones de dólares por año. El horizonte habitual de planificación para este tipo de producto es de tres años.

La evolución de las ventas más allá del primer año está determinada principalmente por la tasa de recompra, la cual es difícil de estimar en este caso particular. La observación hecha por la empresa es que las ventas de este tipo de producto con ciclo de vida corto, tienden a decrecer más allá del nivel alcanzado el primer año a una tasa de depreciación variable según la importancia de los esfuerzos de marketing permitidos. Esta tasa es habitualmente del

20 por 100 y el multiplicador de ventas de los años 2 y 3 sería, en esta hipótesis, respectivamente, el 80 y 64 por 100 de las ventas del primer año. El multiplicador de las ventas del primer año de tres es pues 2,44 (1 + 0,80 + 0,64).

	Año 0	Año 1	Año 2	Año 3
1. Volumen de ventas esperado (en cajas)	———	1.925.000	1.540.000	1.232.000
2. Multiplicador de las ventas del año 1	———	1,00	0,80	0,64
3. Precio de venta fabricante	———	4,03	4,03	4,03
4. Coste directo unitario	———	1,00	1,00	1,00
5. Margen bruto unitario	———	3,03	3,03	3,03
6. Cifra de ventas	———	7.757.750	6.206.200	4.964.960
7. Margen bruto total	———	5.832.750	4.666.200	3.732.960
8. Gastos de marketing	———	3.000.000	3.000.000	3.000.000
9. Gastos fijos propios	———	1.000.000	1.000.000	1.000.000
10. Contribución bruta	———	1.832.750	666.200	−267.000
11. Criterios de estudio y de desarrollo	−500.000	———	———	———
12. Contribución neta acumulada	−500.000	1.332.750	1.998.950	1.731.910
13. Umbral de rentabilidad	———	1.485.148	———	———

Figura 10.17. Cuenta de explotación provisional sobre tres años.

A partir de este conjunto de datos, que constituye el escenario de base del plan de lanzamiento, se puede establecer una cuenta de explotación previsional para tres años (Figura 10.17), y analizar la evolución de la contribución neta. En conjunto, el proyecto parece atractivo, al menos en los dos primeros años, teniendo en cuenta las hipótesis hechas sobre el perfil del ciclo de vida del producto. Observemos que el umbral de rentabilidad en el primer año se sitúa a un nivel de 1.500.000 cajas.

El análisis del riesgo

La cuenta de explotación previsional presentada en la Figura 10.17 corresponde al escenario básico considerado, que se apoya en informaciones que se sabe son imperfectas y en unas hipótesis hechas en cuanto a las tasas de crecimiento de las ventas, teniendo en cuenta unos medios de marketing puestos en funcionamiento. El análisis del riesgo consiste en probar la sensibilidad de la rentabilidad previsional para diferentes niveles de venta potenciales.

Considerando la ausencia de informaciones precisas sobre las tasas de prueba y de recompra del producto, la estimación de las ventas potenciales en el primer año y su evolución a lo largo de los dos años siguientes no se pueden determinar con precisión. Es pues útil obtener un abanico de estimaciones de ventas, de manera que se pueda medir el alcance del riesgo, y no contentarse con una estimación puntual.

El jefe de producto tiene confianza en la evaluación de las ventas del primer año, que estima en alrededor de 2.000.000 de cajas, admitiendo que en el **peor de los casos** las ventas podrían no ser más que de 1 millón de cajas y que en el **mejor de los casos** podrían sobrepasar en 1 millón la estimación media de 2.000.000 de cajas. Según él, estos dos casos extremos no tendrían más que 10 posibilidades sobre 100 de realizarse.

Partiendo de estos datos, se puede reemplazar la estimación determinista de las ventas del primer año por una **distribución de probabilidades sobre las ventas**, lo que permite calcular la esperanza matemática y medir, en probabilidades, el riesgo de tener un volumen de ventas inferior al umbral de rentabilidad del primer año. La distribución de probabilidades deducida de las informaciones dadas por el jefe de producto está representada en la Figura 10.18.

Ventas*		Probabilidades	Ventas calculadas	Beneficios* condicionales	Cálculo de la esperanza de beneficio
Intervalos	Centros				
0,5-1,0	0,75	0,10	0,075	−6,455	−0,646
1,0-1,5	1,25	0,20	0,250	−2,759	−0,552
1,5-2,0	1,75	0,25	0,438	+0,938	+0,235
2,0-2,5	2,25	0,25	0,562	+4,635	+1,159
2,5-3,0	2,75	0,10	0,275	+8,331	+0,833
3,0-3,5	3,25	0,10	0,325	+12.028	+1,203
Total	—	1,00	1,925 $E(q)$	—	2,232 $E(\pi_1)$

* En millones de cajas o de dólares.

Figura 10.18. Cálculo de la esperanza de las ventas y de beneficio.

La esperanza matemática de las ventas es de 1.925.000 cajas, valor muy próximo a la estimación puntual de salida. Se constata, sin embargo, que hay 30 probabilidades sobre 100 de observar un volumen de ventas, el primer año, inferior a 1.500.000 cajas, es decir, inferior al umbral de rentabilidad. Se trata de un riesgo que no es despreciable.

El riesgo puede, igualmente, medirse en términos financieros por el cálculo por el **coste de incertidumbre**, llamado igualmente **rechazo esperado**. Se calcula a partir de resultados condicionales negativos que aparecen en la columna 5 de la tabla presentada en la Figura 10.18. El rechazo esperado

—E(R)— es igual a la media de los resultados condicionales negativos (rechazados) ponderados por su probabilidad respectiva de suceso. Tenemos:

$$E(R) = 0,10(-6.455) + 0,20(-2.769) + 0,25(0) + 0,25(0) + 0,10(0) + 0,10(0)$$

lo que da

$$E(R) = -1.198.000 \text{ F}$$

Se constata que el rechazo es aquí elevado en relación a la esperanza de ganancia. Otra manera de apreciar el riesgo consiste en constatar simplemente, refiriéndose siempre a la columna 5 de la Figura 10.18 que hay 30 probabilidades sobre 100 se sufrir una pérdida de 2.800.000 dólares al menos en este proyecto.

El coste de incertidumbre medido en cierta manera como «lucro cesante» al cual nos exponemos, tomando una decisión en situación de información imperfecta. El montante es igualmente indicativo del **valor de una información suplementaria**.

En el caso de Newfood, existe la posibilidad de realizar un test de mercado antes de proceder al lanzamiento, cuyo coste no sobrepasaría los 75.000 dólares y que permitiría estimar las ventas del primer año de manera más precisa. El nivel del riesgo medido por el coste de la incertidumbre permite apreciar el interés de esta obtención de información suplementaria, teniendo en cuenta al mismo tiempo otras consideraciones, tales como, por jemplo, el inconveniente suscitado por una entrada tardía en el mercado.

Los planes de marketing alternativos

Una alternativa, más voluntarista, que se ofrece en la búsqueda de información suplementaria antes de toda decisión, es aquella que consiste en aumentar la importancia o en modificar la asignación de los medios de marketing puestos en funcionamiento. Antes que intentar mejorar la calidad de la previsión —objeto frecuentemente ilusorio— ¿no es mejor intentar intervenir más eficazmente sobre la demanda? Varios planes de marketing alternativos pueden ser considerados a este respecto.

— Adoptar un **precio más elevado**, por ejemplo 34 centavos, en lugar de 24 centavos, lo que permitiría soportar un **presupuesto de publicidad más importante**, por ejemplo 6 millones el primer año en lugar de 3 millones. Esta estrategia permitiría acrecentar la tasa de prueba del producto y, por tanto, aumentar las ventas del primer año, pero en cambio existiría el riesgo de reducir la tasa de recompra en razón del precio elevado.

— Mantener el precio de 24 centavos previsto inicialmente, pero adoptar un **presupuesto de publicidad más importante a lo largo de los años 2 y 3** con el objeto de retardar el decrecimiento de las ventas después del primer año.

— Intentar **combinar las ventajas** de las dos estrategias precedentes adoptando un precio de 29 centavos y unos presupuestos de publicidad 50 por 100 más elevados a lo largo de los tres años.

Cada estrategia tiene implicaciones sobre los parámetros de la respuesta del mercado. El jefe de producto considera, por ejemplo, que doblar la publicidad permitiría vender 500.000 cajas más el primer año, aumentaría la tasa de recompra los dos años siguientes, lo que reduciría la tasa de depreciación del 20 al 15 por 100. En cambio, estima que un precio elevado (34 centavos) afectaría la tasa de depreciación de las ventas del primer año, que pasaría de 20 a 30 por 100.

Las implicaciones de cada una de estas estrategias sobre la rentabilidad y sobre el alcance del riesgo pueden ser fácilmente analizadas modificando las variables clave en la cuenta de explotación previsional de la Figura 10.17. Este tipo de ejercicio de simulación puede lograrse fácilmente recurriendo a la hoja de cálculo Lotus 1-2-3 o Excel.

10.4.3. Análisis dinámico del resultado

El lanzamiento de un nuevo producto concierne, como se ha visto, al conjunto de funciones de la empresa y el éxito depende ampliamente de una buena sincronización y coordinación de las actividades de los diferentes departamentos implicados. En cambio el factor tiempo es un dato importante que afecta directamente a la rentabilidad del nuevo producto. Para asegurar esta coordinación es necesario disponer de un instrumento de análisis que permita seguir permanentemente la realización de las diferentes fases de un proyecto y medir su grado de conformidad con los objetivos establecidos de rentabilidad tiempo.

La estructura de los flujos financieros

En el análisis del resultado del producto, después de su introducción en el mercado, se refiere habitualmente a tres períodos críticos que el analista de mercado debe poder situar en el tiempo, teniendo en cuenta la estrategia de lanzamiento adoptada. Estos tres puntos críticos están representados en la Figura 10.19.

— El **punto neutro simple**, es decir, el período donde la nueva actividad deja la zona de pérdidas y entra en la zona de beneficios.
— El **punto neutro de equilibrio global**, es decir, el período donde la facturación global actualizada cubre los gastos globales actualizados; la empresa ha recuperado su sitio.
— El **punto de adquisición del capital productivo**, es decir, el período donde la nueva actividad genera un excedente financiero que permite inversiones de renovación, de productividad o de expansión susceptibles de prolongar la vida económica de la actividad (Daudé, 1980, pág. 40).

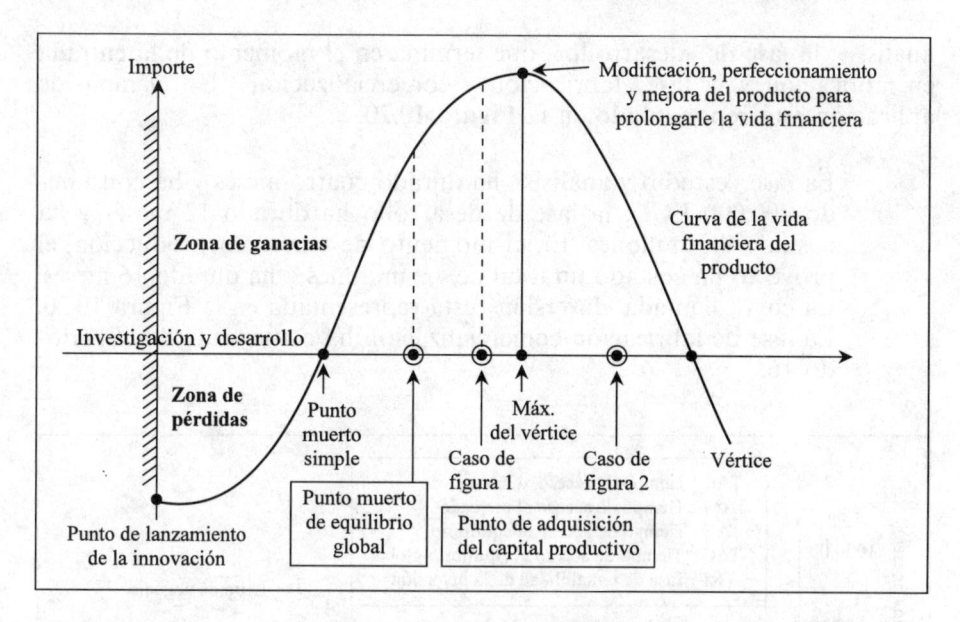

Figura 10.19. Análisis de la viabilidad económica de un producto nuevo.
Fuente: Daudé B. (1980).

Idealmente, el punto de adquisición del capital productivo debe situarse delante del punto máximo de la curva de vida, de manera que permita a la empresa estar preparada en el tiempo deseado para mejorar o reemplazar el producto y hacer frente a las presiones de la demanda o de la competencia. Estos son los tres criterios que determinan en definitiva la **viabilidad económica** de toda nueva actividad. Para ser operativos, estos puntos críticos deben estar definidos en una perspectiva dinámica.

Análisis dinámico del proceso de lanzamiento

House y Price (1991) han desarrollado un esquema de análisis del proceso de desarrollo de un nuevo proyecto, que permite seguir y controlar la evolución de su rentabilidad en función del tiempo y en las diferentes etapas del proceso. Este instrumento (llamado Return Map), que es utilizado por Hewlett-Packard, permite a los diferentes miembros del grupo interfuncional medir permanentemente el impacto de sus decisiones y de las decisiones de sus colegas en el equilibrio del conjunto del proyecto.

Este instrumento es en realidad el equivalente de un gráfico de punto neutro a diferencia, que integra el factor tiempo. Se trata de un gráfico de dos dimensiones donde el tiempo figura en abscisas y el valor monetario en ordenadas. El eje de ordenadas está expresado en escala logarítmica para poder poner en una mismo gráfico los datos de costes y la cifra de ventas.

El eje horizontal está subdividido en tres períodos que corresponden a las tres principales fases de todo proceso de desarrollo: la fase «estudio y análisis», la fase de «desarrollo», que termina en el momento de la entrada en fabricación y la fase «fabricación y comercialización». Un ejemplo de aplicación está representado en la Figura 10.20.

La fase «estudio y análisis» ha durado cuatro meses y ha consumido 400.000 ECU; la fase de desarrollo ha durado 12 meses y ha costado 4,5 millones. En el momento de entrar en producción, el proyecto ha costado un total de 4,9 millones y ha durado 16 meses. La curva llamada **«inversión»** está representada en la Figura 10.20. La fase de fabricación/comercialización ha comenzado en el período 16.

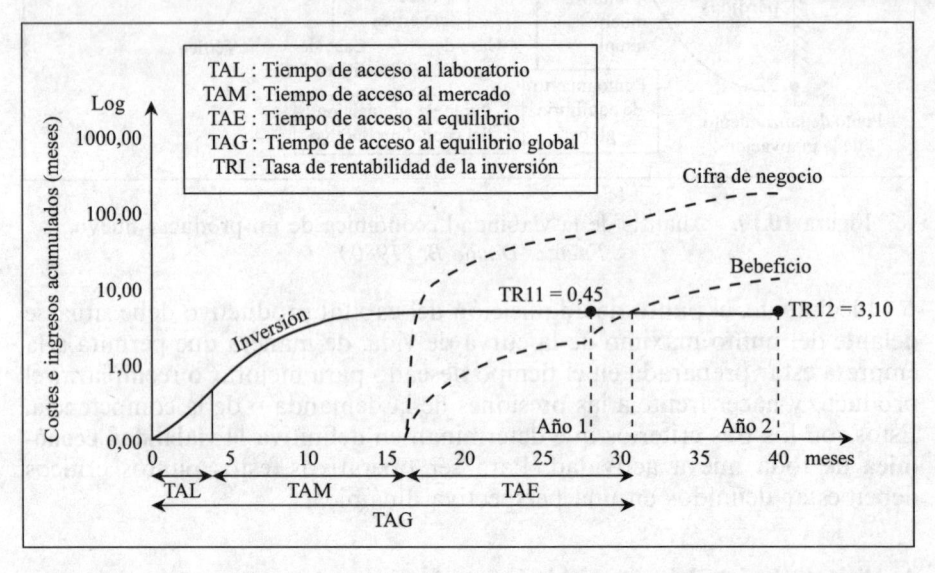

Figura 10.20. Análisis dinámico del proceso de desarrollo de un producto nuevo.
Fuente: House and Price (1991).

Las ventas han aumentado regularmente durante los cinco primeros meses y a continuación se han desarrollado a un ritmo más elevado a lo largo de los nueve meses siguientes. La **cifra de ventas** del primer año ha alcanzado los 56 millones y a 145 millones el segundo año. La curva de la cifra de ventas está representada en el gráfico. Mientras que el **beneficio** no era más que de 2,2 millones después de un año; ha aumentado en el año 2 y ha rebasado la curva de la inversión 16 meses después del lanzamiento. Para el segundo año el beneficio se ha elevado a 13 millones.

Diferentes indicadores de resultados pueden ser identificados en el gráfico de la Figura 10.20.

— La duración y el coste del período «estudio y análisis», o el **tiempo de acceso al laboratorio (TAL)**.

— La duración y el coste del período de «desarrollo» o el **tiempo de acceso al mercado (TAM)**.
— La duración del período de recuperación de la inversión después de la introducción en el mercado o el **tiempo de acceso al equilibrio (TAE)**.
— La duración del período de recuperación de la inversión después del inicio de la fase «estudio», o el **tiempo de acceso al punto neutro de equilibrio global (TAG)**, definido anteriormente.
— La **tasa de rentabilidad de la inversión (TRI)**, por ejemplo, la relación entre el beneficio obtenido en un tiempo t sobre el total invertido.

En el caso de la figura considerada, los parámetros observados son los siguientes:

TAL: 4 meses y un coste de 0,4 millones
TAM: 12 meses y un coste de 4,5 millones
TAE: 16 meses
TAG: 32 meses
TRI (año 1): 2,2/4,9 = 0,45
TRI (año 2): 13,0/4,9 = 3,10

El esquema de análisis es cómodo para seguir la evolución de un proyecto y para calcular rápidamente las implicaciones, en tiempo y dinero de un cambio aportado al proyecto o de un retraso en la puesta en marcha de una de las tres fases del proceso de desarrollo.

10.4.4. Criterios de elección de los proyectos prioritarios

¿Cómo elegir entre diferentes proyectos de nuevos productos, cuando los recursos son escasos, las oportunidades múltiples y los riesgos muy diferentes de proyecto a proyecto?

Existe literatura abundante, en el campo del «capital *budgeting*» sobre los criterios de evaluación de las inversiones. Estos métodos, estrictamente financieros y cuantitativos, no tienen en cuenta criterios de elección cualitativos que son a menudo importantes para evaluar el atractivo de un proyecto. Además, hacen falta datos financieros precisos que no están siempre disponibles fácilmente en el estadío de evaluación de un proyecto.

Un criterio rudimentario, pero útil en el estadío evaluación, es el índice de recuperación de la inversión (payback). Este índice se calcula como sigue:

$$Payback = \frac{\text{Coste de desarrollo y comercialización}}{\text{(Cifra anual de ventas)} \cdot \text{(\% margen bruto)}}$$

Este criterio es simple y fácil de comprender y no requiere más que las informaciones habitualmente disponibles en el estadío de un análisis preliminar. Hay que señalar que la relación inversa da una estimación somera de la tasa de rentabilidad del proyecto. Para ser más rigurosos hará falta calcular el valor actualizado de los *cash flows* y extraer un valor neto actualizado (NPV) y una tasa interna de rentabilidad. Estos criterios clásicos de rentabilidad pueden ser utilizados para establecer una clasificación entre proyectos.

Es a menudo útil hacer intervenir explícitamente una estimación del riesgo del proyecto, así como criterios cualitativos similares a los utilizados en la tabla de evaluación preliminar. Se puede así construir una **matriz de evaluación de proyectos** de nuevos productos semejante a la presentada en la Figura 10.21.

Esta matriz permite evaluar los proyectos según dos dimensiones:

— Una dimensión horizontal, que mida el **atractivo** de cada proyecto para la empresa con la ayuda de un índice multicriterio construido sobre la base de las informaciones extraídas de una tabla de evaluación similar a la presentada en la Figura 10.13.
— Una dimensión vertical que mida la **probabilidad de éxito** tecnológico y comercial de cada proyecto tal que la dirección la estime al final de la fase de estudio y análisis.

```
                    Elevado ↑ Probabilidad de éxito
                            │
         «Cuencos de arroz» │      «Perlas»
                            │
                            │              Atracción para la empresa
         ───────────────────┼──────────────────────────────────→
         Débil              │                      Elevado
                            │
         «Casos perdidos»   │      «Yemas»
                            │
                            ↓ Débil
```

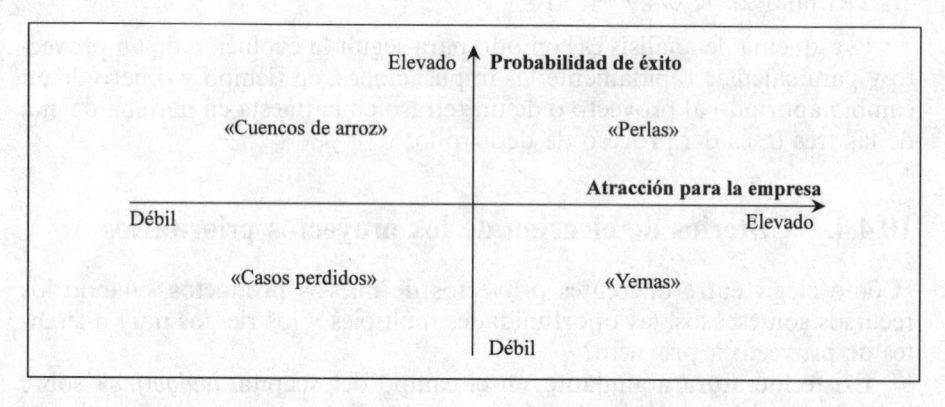

Figura 10.21. Matriz de evaluación de proyectos de productos nuevos.

Se pueden situar los proyectos en cuatro cuadrantes, representándolos por círculos en los que la superficie es proporcional a la importancia de la inversión requerida.

— En el cuadrante superior derecho se encuentran las **«perlas»**, es decir, los proyectos con probabilidad de éxito elevado y que son además muy atractivos para la empresa.
— En el cuadrante inferior derecho se encuentran las **«yemas»** o perlas potenciales, los proyectos muy atractivos para la empresa, pero cuya probabilidad de éxito es todavía débil.
— En el cuadrante superior izquierdo se sitúan los proyectos que tienen una buena probabilidad de éxito, con bajo riesgo, pero que no representan más que un atractivo menor para la empresa: los **«cuencos de arroz»**. Los proyectos de poca envergadura, pero que deben ser realizados.

— Por último, en el cuadrante inferior izquierdo se sitúan los **«casos perdidos»**, es decir, los proyectos que tienen una baja probabilidad de éxito y poco interés para la empresa.

El **análisis de la cartera de proyectos** permite identificar los proyectos y las acciones prioritarias. Por ejemplo:

— Consagrar por prioridad de recursos al desarrollo y lanzamiento de proyectos «perlas».
— Reforzar la competitividad de los proyectos «yemas» profundizando en los estudios y análisis preliminares y buscando mejorar la definición del concepto.
— Reducir el número de proyectos «cuencos de arroz» que a menudo absorben demasiado tiempo y recursos.
— eliminar de la cartera los proyectos «casos perdidos».

Este análisis de la cartera de proyectos es un instrumento de síntesis que permite no solamente establecer prioridades, sino también orientar los esfuerzos de búsqueda de nuevos proyectos.

10.5. LA ESTRATEGIA DE LA CALIDAD

Tradicionalmente, el control de la calidad ha sido considerado como una medida puramente defensiva cuyo objetivo era prevenir los defectos de fabricación y eliminar los productos defectuosos. Esta función se situaba normalmente en la prolongación de la actividad de la función «Producción». Hoy, a semejanza de la industria japonesa, la gestión de la calidad está vista cada vez más como un arma competitiva de importancia estratégica utilizada activamente para conquistar cuotas de mercado. Por esto, la estrategia de la calidad interpela directamente al marketing estratégico para definir el **nivel de excelencia esperado** para cada uno de los productos fabricados.

10.5.1. La calidad, desde el punto de vista del comprador

Para el comprador, un producto de calidad no significa necesariamente un producto de lujo o de gama alta, sino simplemente un producto que le satisface, es decir, que responde a la demanda y a las expectativas de un grupo de compradores objetivo. La calidad de un producto puede definirse como sigue:

> El **grado de conformidad** del conjunto de las características y atributos de un producto con respecto a las necesidades y expectativas del comprador, teniendo en cuenta el precio que éste está dispuesto a pagar (Groocock 1986, pág. 27).

Es evidente que las comparaciones de calidad no tienen sentido más que entre productos destinados a satisfacer la misma necesidad y vendidos al mismo nivel de precio. La satisfacción del comprador será función del grado de concordancia entre sus expectativas con respecto al producto por una parte, y la percepción del resultado global del producto por otra.

Es pues el comprador quien dicta a la empresa el nivel de excelencia a alcanzar, y esto en función de sus propias necesidades. La dirección de la calidad implica ante todo un buen conocimiento de las expectativas y de las motivaciones de compra del público objetivo. La calidad es pues una noción relativa.

> El comprador de un Renault 5 no espera de su vehículo los mismos resultados que el comprador de un Mercedes 190 E; los dos productos pueden, sin embargo, ser productos de calidad, en la medida en que el nivel de excelencia esperado permita coincidir con las expectativas de los compradores, y ello teniendo en cuenta el precio pagado.

Frente a la diversidad de las necesidades, el nivel de excelencia de cada producto debe ser definido para cada segmento de clientela y cada nivel de excelencia debe corresponder a un cierto valor que el comprador está dispuesto a pagar en función de sus deseos y de sus necesidades. El punto de partida de una estrategia de calidad, se encuentra en los objetivos de los análisis de segmentación descritos en el Capítulo 6 de esta obra.

10.5.2. Los componentes de la calidad para el comprador

Hemos visto que los compradores perciben un producto como un conjunto de atributos susceptible de aportar, no sólo el servicio de base buscado, sino también otras satisfacciones que se añaden a la procurada por el servicio básico. Administrar la calidad implica descomponer la calidad total en componentes, de forma que se puedan establecer normas o estándares de resultados sobre cada componente.

Los componentes de la calidad de un producto

Garvin (1987) propone seleccionar ocho dimensiones o componentes de la calidad de un producto material.

— El **resultado funcional**: La capacidad del producto de ejercer correctamente su función básica.
— Las **funciones complementarias**: La extensión de otras ventajas del producto que acompañan el servicio básico.
— La **conformidad**: El respeto de las normas y estándares correspondientes al nivel de excelencia anunciado con un margen de tolerancia reducido.

- La **fiabilidad**: La ausencia de averías o de funcionamientos defectuosos en un horizonte temporal determinado.
- La **longevidad**: La duración de vida útil del producto o la frecuencia de utilización antes de la degradación del producto.
- Los **servicios**: La amplitud, la rapidez y la eficacia de los servicios fabricados antes, durante y después de la compra.
- La **estética**: El diseño, el *look*, el color, el gusto, etc., del producto, componentes necesariamente más subjetivos.
- La **percepción de la calidad**: La reputación, la imagen percibida del producto o de la marca.

Un programa de control de calidad consistirá en establecer normas sobre cada uno de estos componentes y prever indicadores que permitan seguir sin interrupción el cumplimiento de estas normas. Cada uno de estos componentes constituye igualmente un potencial de diferenciación con respecto a la competencia directa.

Los componentes de la calidad de un servicio

El mismo tipo de gestión puede ser adoptado para el control de la calidad de un servicio, una tarea mucho más compleja de realizar debido a su carácter intangible (Lambin, 1987). La Figura 10.22 describe esta complejidad.

Los trabajos empíricos realizados en Francia (Eiglier y Langeard, 1977) y en los Estados Unidos (Zeithaml et al., 1990) han permitido identificar diez factores o componentes que determinan las percepciones de la calidad de un servicio. Estas diez componentes son descritas a continuación.

- **Competencia**: La organización de servicios dispone de los conocimientos, de los medios, del saber hacer y de las capacidades necesarias para suministrar el servicio. Se trata aquí del profesionalismo de la organización y del personal de contacto.
- **Fiabilidad**: Los resultados de la organización son regulares, seguros y de un nivel constante, todo el tiempo y en todas partes. La empresa satisface completamente y siempre los compromisos asumidos.
- **Reactividad**: Los miembros de la organización están atentos a responder rápidamente, en cualquier tiempo y lugar, a las demandas del cliente. El sistema no está paralizado por demandas que se salen de las normas y de los hábitos.
- **Accesibilidad**: Se trata ésta de una accesibilidad física y psicológica; los miembros de la organización son accesibles directamente y de contacto fácil y agradable para el cliente.
- **Comprensión**: La organización se esfuerza en comprender las necesidades específicas del cliente y de adaptarse lo mejor posible.
- **Comunicación**: La organización vela por tener a los clientes informados del contenido preciso de la oferta de servicio, y esto en un lenguaje comprensible y adaptado a los tipos de clientes.

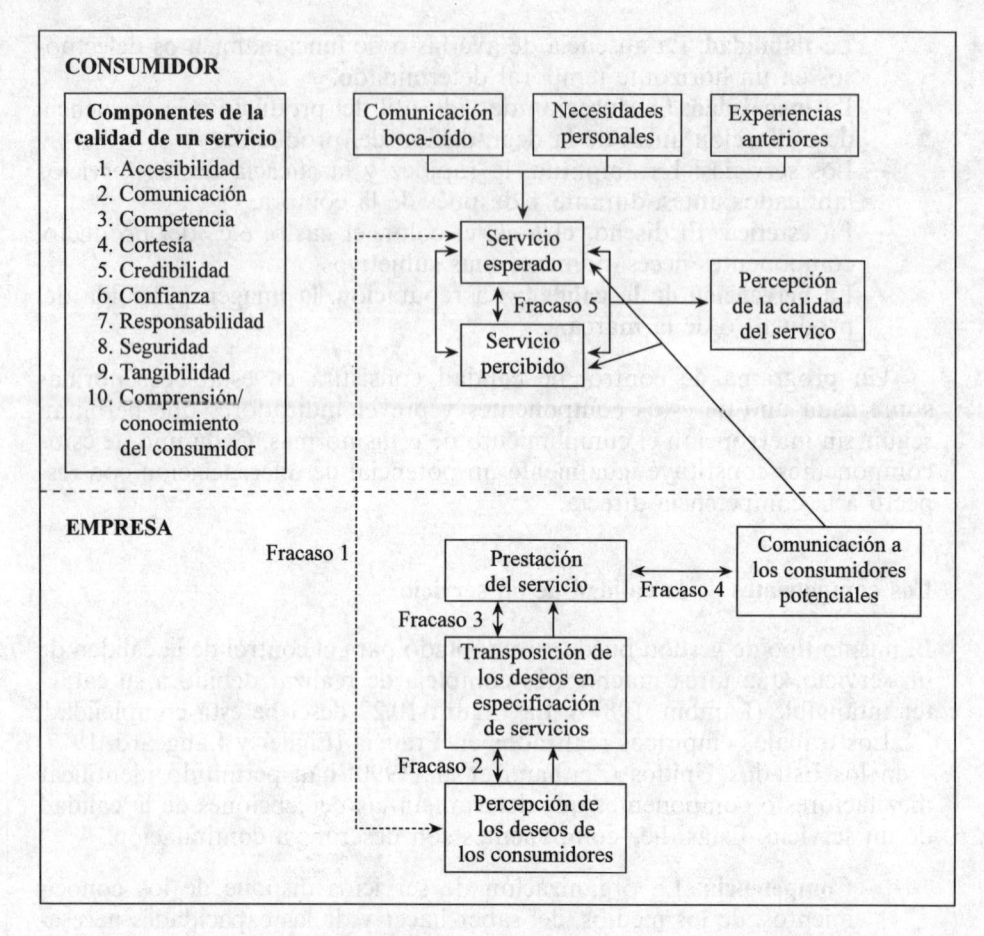

```
CONSUMIDOR

  Componentes de la           Comunicación    Necesidades    Experiencias
  calidad de un servicio      boca-oído       personales     anteriores
   1. Accesibilidad
   2. Comunicación
   3. Competencia
   4. Cortesía                          Servicio
   5. Credibilidad                      esperado                 Percepción
   6. Confianza                           ↕ Fracaso 5           de la calidad
   7. Responsabilidad                   Servicio                 del servicio
   8. Seguridad                         percibido
   9. Tangibilidad
  10. Comprensión/
      conocimiento
      del consumidor

- - - - - - - - - - - - - - - - - - - - - - - - - - - - - - - - - - - - - -

EMPRESA
                Fracaso 1              Prestación              Comunicación a
                                       del servicio  Fracaso 4 los consumidores
                                                                potenciales
                              Fracaso 3 ↕
                                       Transposición de
                                       los deseos en
                                       especificación
                                       de servicios
                              Fracaso 2 ↕
                                       Percepción de
                                       los deseos de
                                       los consumidores
```

Figura 10.22. Ensayo de modelización del proceso esperado de percepción de la calidad de un servicio. *Fuente: Zeithmal V. et al. (1990, pág. 46).*

— **Credibilidad**: Esta característica pone de manifiesto la notoriedad de la organización, su reputación, su garantía de seriedad, su honestidad.
— **Seguridad**: Los clientes están al abrigo de todo riesgo, se trate de riesgo físico, financiero o moral.
— **Cortesía**: Todo el personal de contacto mantiene con respecto a los clientes relaciones de cordialidad, de cortesía y de consideración.
— **Tangibilidad**: La organización se esfuerza en materializar los servicios ofertados creando sustitutos a la intangibilidad de los servicios ofrecidos.

Estos diez componentes de la calidad de un servicio son, en cierta forma, redundantes. Pertenece a cada organización adaptarlos a su situación particular, establecer normas de calidad que constituyan compromisos respecto al cliente. Estas normas deben ser medibles.

Lufthansa acaba de incluir en su promesa de servicio: «Los hombres de negocios quieren llegar, no esperar.» Traducido en normas, el mensaje dado por la dirección general: «El pasajero no debe esperar más de treinta minutos.» Implica igualmente normas para la facturación del equipaje, la duración de los vuelos, el plan horario o la recogida del equipaje (Horovitz 1987, pág. 99).

Una vez definidas las normas, es necesario comunicarlas y difundirlas en la empresa y formar al personal de contacto.

CUESTIONES Y PROBLEMAS

1. Proceder al análisis morfológico de uno de los tres productos siguientes: sillón de despacho, freidora, sistema de encuadernación de documentos. Para las tres principales combinaciones identificadas evaluar su valor potencial como idea de nuevo producto.
2. Es responsable del lanzamiento de un nuevo aparato electrónico que permite la grabación automática en vídeo de programas televisados, por simple indicación del código del programa (Type Show-View). Redacte una descripción del concepto de producto destinado *a*) a ser comunicado a la agencia de publicidad y *b*) a ser utilizado en un test de aceptación de producto organizado a partir de una muestra de mujeres que poseen un vídeo y que pertenecen a un grupo de 40 años y más.
3. La sociedad Agrifood está especializada en la fabricación y comercialización de productos de golosinas azucaradas y lanza cada año diversos productos de este tipo con su marca. El ciclo de vida de estos productos es típicamente el de fuego de paja, con mercado residual estable después de tres años. Las ventas del primer año se elevan de media a 10.000 cajas (35 paquetes por caja); éstas descienden enseguida a una tasa del 30 por 100 durante dos años y se estabilizan a continuación al nivel alcanzado. Según los productos, las ventas del primer año pueden ser un 20 por 100 superiores o inferiores y esto en el 20 por 100 de los casos. El soporte publicitario del primer año es de 10 millones y de 3 millones los dos años siguientes. El precio al detalle es de 90 francos por paquete. Cada producto nuevo lanzado genera unos costes fijos del orden de 3 millones por año. Calcule el punto neutro y el umbral de rentabilidad sobre tres años teniendo en cuenta una tasa de rentabilidad objetivo del 10 por 100 sobre un capital de 50 millones. ¿Cómo procedería para evaluar el riesgo de un lanzamiento de producto nuevo en esta empresa?
4. Dé tres ejemplos de nuevos productos para la gente que ponga en evidencia a los componentes clave de estas innovaciones y el tipo de riesgo al cual la empresa innovadora se enfrenta.
5. ¿Cuáles son, según usted, las ventajas e inconvenientes del proceso secuencial o paralelo en la organización del seguimiento del desarrollo de un producto nuevo?

6. La sociedad Frontières ha estudiado diferentes conceptos de productos turísticos con tres características (actividad, precio y lugar) que intervienen en cada uno en tres niveles. Estos conceptos de productos han sido probados por tres segmentos de compradores potenciales: los jóvenes, las familias y los mayores. El análisis conjunto ha permitido identificar las utilidades relacionadas a continuación.

Características	Segmento: jóvenes	Segmento: familias	Segmento: mayores
Actividades			
Cultura	+0,10	−0,20	+0,20
Deporte	+0,30	−0,10	−0,20
Ocio	−0,40	+0,30	0
Precio			
20 000 F/S	+0,50	+0,40	+0,30
40 000 F/S	−0,10	−0,10	−0,10
50 000 F/S	−0,40	−0,30	−0,20
Lugares			
Mar	+0,10	+0,50	−0,30
Montaña	+0,10	+0,10	−0,10
Ciudad	−0,20	−0,60	+0,40

Analice la sensibilidad de cada segmento a las diferentes características. ¿Qué producto turístico habría que ofrecer a cada segmento? ¿Es posible concebir un producto turístico que convenga a los tres segmentos?

BIBLIOGRAFIA

Ader E. (1983), L'analyse stratégique moderne et ses outils *Futuribles*, décembre, págs. 3-21.
Barreyre P.Y. (1980), «Typologie des innovations», *Revue Française de Gestion* janvier-février, págs. 9-15.
Bennett R.C. y Cooper R.G. (1979), Beyond the Marketing Concept, *Business* Horizons, Vol. 22, June, págs. 76-83.
Booz, Allen and Hamilton (1982), *New Product Management for the 1980's*.
Choffray J. M. et Dorey F. (1983), *Développement et gestion des produits nouveaux*, Paris, McGraw-Hill.
Clarke D.G. (1987), *Marketing Analysis And Decision Making*, Redwood Cyti, Cal., The Scientific Press.
Cooper D.G. (1981), The Myth of the Better Mousetrap: What Makes a New Product a Success, *Busines Quarterly*, Spring, págs. 69-81.
Cooper R.C. (1979), «The Dimensions of Industrial New Products Success and Failure», *Journal of Marketing*, Vol. 43, Summer, págs. 93-103.
Cooper R.G. (1993), *Winning at New Products*, Reading, Mass.: Addison Wesley Publishing Company, Second Edition.

Daudé B. (1980), «Analyse de la maitrise des risques», *Revue Française de Gestion* janvier-février, págs. 38-48.
Edgett S., Shipley D. Y Forbes G., (1992), Japanese and British Companies Compared: Contributing Factors to Success and Failure in NPD, *Journal of Product Innovation Management*, Vol. 9, págs. 3-10.
Eiglier P. et Langeard E. (1977), *Servuction: le marketing des services*, Paris, McGraw-Hill.
Eskin G.J. y Montgomery D.B. (1975), *Cases in Computer and Model Assisted Marketing*, Palo Alto, The Scientific Press.
Garvin D.A. (1987), «Competing on the Eight Dimensions of Quality», *Harvard Business Review* Vol. 65, november-december, págs. 101-109.
Gordon J.J. (1965), *Stimulation des facultés créatrices dans les groupes de recherche synectique* Paris, Hommes y Techniques.
Green P.E. and Srinivasan V. (1978), «Conjoint Analysis in Consumer Research: Issues and Outlook», *Journal of Consumer Research* September, págs. 103-123.
Groocock J.M. (1986), *The Chain of Quality* New York, John Wiley and Sons.
House C.H. y Price R.L., (1991), The Return Map: Tracking Product Teams, *Harvard Business Review*, Vol. 69, January-February, págs. 92-100.
Horovitz J. (1987), *La qualité de service* Paris, InterEditions.
Kotler P. (1991), *Marqueting Management*, Prentice Hall International, seventh edition.
Lambin J.J. (1987), «Le contrôle de la qualité dans le domaine des services». *Gestion 2000* núm. 1.
Larson E.W. y Gobeli D.H. (1988), Organizing for Product Development Projects, *Journal of Product Innovation Management*, Vol. 5, págs. 180-190.
Mihaies G. (1983), «La stratégie japonaise de R&D», *Futuribles juillet-août*, págs. 59-69.
Nielsen Researcher, The (1971), New Product Success Ratio, Vol. 5, págs. 4-9, Chicago, The Nielsen Company.
Page A. (1993), Assessing New Product Development Practices and Perfomance: Establishing Crucial Norms, *Journal of Product Innovation Management*, Vol. 10, núm. 4, September, págs. 273-290.
Parfitt J.M. y Collins J.K. (1968), Use of Consumer Panels for Brand Share Prediction, *Journal of Marketing Research*, Vol. 5, May, págs. 131-145.
Osborn A.F. (1963), *Applied Imagination*, New York, Charles Scribner's Sons, 3rd edition.
Ottman J.A. (1993), *Green Marketing*, Lincolnwood, Ill., NTC Business Books.
Urban G.L., Hauser J.R. y Dholakia N. (1987), *Essential of New Product Management*, Englewood Cliffs, NJ, Prentice.Hall, Inc.
Page A.L., (1993), Assessing New Product Development Practices and Performance: Establishing Crucial Norms, *Journal of Product Innovation Management*, Vol 10 núm. 4 September, págs. 273-290.
Peixoto O. (1993), Conscience verte des Français et Eco-marketing, *Revue Française du Marketing*, núm. 142-143. págs. 198-202.
Rochet L. (1987), *Diagnostic stratégique du potentiel d'extension d'une marque de laque* Louvainla-Neuve, Institut d'Administration et de Gestion.
Stalk G. (1988), Time-The Next Source of Competitive Advantage, *Harvard Business Review*, July-August, págs. 41-51.
Steele L.W. (1988), Selecting R&D Programs and Objectives, *Research & Technology Management*, March.April, págs. 17-36
Takeuchi H. Y Nonaka I. (1986), The New Product Development Game, *Harvard Business Review*, January-February, págs. 137-146.

Tauber E.M. (1973). «Reduce New Product Failures: Measure Needs as well Purchase Interest», *Journal of Marketing*, Vol. 37, july, págs. 61-70.
Von Hippel E. (1978), Successful Industrial Products from Customer Ideas, *Journal of Marketing*, Vol. 42, January, págs. 39-49.
Zeithaml V., Parasuraman A. Y Berry L.L., (1990), *Delivering Quality Service*, New York, The Free Press.

CAPITULO 11

Las decisiones estratégicas de distribución

En la mayoría de los mercados, el alejamiento físico y/o psicológico entre productores y compradores es tal que el uso a los intermediarios es necesario para permitir un encuentro eficiente entre la oferta y la demanda. La necesidad de un canal de distribución para comercializar un producto, procede de la imposibilidad para el fabricante de asumir él mismo todas las tareas y las funciones que suponen las relaciones de intercambio, conforme a las expectativas de los compradores potenciales. El uso de unos intermediarios implica, por consiguiente, para la empresa una **pérdida de control** sobre algunos elementos del proceso de comercialización, ya que realizan una parte de unas funciones que, teóricamente, la propia empresa podría ejercer. Desde el punto de vista del fabricante, la elección de un canal de distribución, es pues una decisión de importancia estratégica, que debe ser compatible, no sólo con los deseos del segmento objetivo seleccionado, sino también con los objetivos de la empresa. En este capítulo se analiza primero la problemática del fabricante, que debe escoger una red de distribución. La secuencia de los problemas de decisión a los que se enfrenta se describe en la Figura 11.1. Se examinarán también en este capítulo las estrategias de posicionamiento de los distribuidores en los mercados de bienes de consumo.

11.1. EL PAPEL ECONOMICO DE LA DISTRIBUCION

Un canal de distribución puede definirse como una estructura formada por las partes que intervienen en el proceso del intercambio competitivo, con el fin de poner los bienes y servicios a disposición de los consumidores o usuarios industriales. Estas partes son los productores, los intermediarios y los consumidores-compradores. Todo canal de distribución desempeña un cierto número de **tareas o de funciones** necesarias para la realización del intercambio. De una manera general, el papel de la distribución es el de **reducir las disparidades** que existen entre los lugares, los momentos y los modos de fabricación y de consumo, con la creación de utilidades de lugar, tiempo y estado que constituyen lo que se ha denominado valor añadido de la distribución.

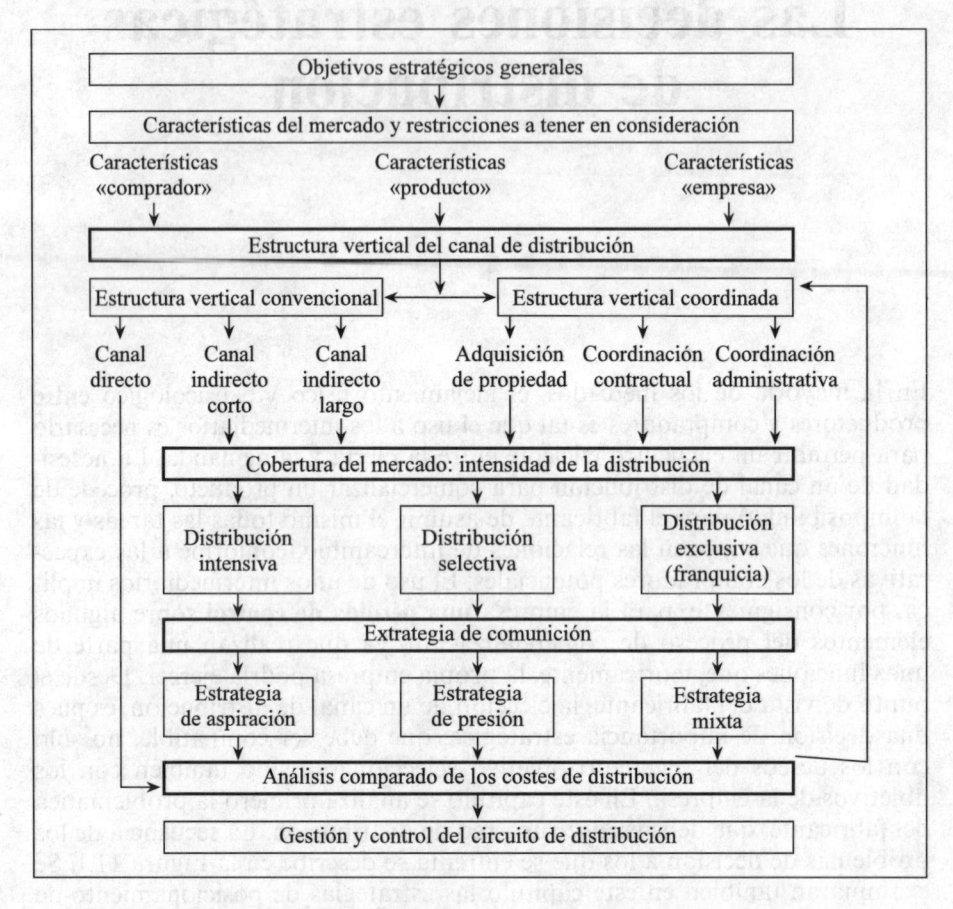

Figura 11.1. Las decisiones estratégicas de distribución.

11.1.1. Las funciones de la distribución

De manera más precisa, las **funciones de la distribución** implican el ejercicio de seis tipos de actividades diferentes:

— **Transportar**: Toda actividad necesaria para el transporte de los productos del lugar de fabricación al lugar de consumo.
— **Fraccionar**: Toda actividad dirigida a poner los productos fabricados en porciones y en condiciones que corresponden a las necesidades de los clientes y usuarios.

— **Almacenar**: Toda actividad que asegure el enlace entre el momento de la fabricación y el momento de la compra o del uso.
— **Surtir**: Toda actividad que permite la constitución de conjuntos de productos especializados y/o complementarios adaptados a unas situaciones de consumo o uso.
— **Contactar**: Toda actividad que facilite la accesibilidad de grupos de compradores a la vez numerosos y dispersos.
— **Informar**: Toda actividad que permite mejorar el conocimiento de las necesidades del mercado y de los términos del intercambio competitivo.

Además de estas seis funciones básicas, los intermediarios añaden unos servicios a los productos que venden, por el hecho de su proximidad, de su horario de apertura, de la rapidez de la entrega, del mantenimiento, de las garantías acordadas, etc. De manera general, el papel de la distribución en una economía de mercado es **eliminar las disparidades** que existen entre la oferta y la demanda de bienes y servicios.

11.1.2. Los flujos de distribución

El ejercicio de estas tareas da lugar a un cierto número de **flujos comerciales** entre las partes del proceso de intercambio. Ciertos flujos están orientados hacia el final de la red; otros hacia arriba; otros en cambio van en ambos sentidos. Se pueden identificar cinco flujos diferentes en un canal de distribución.

— El **flujo del título de propiedad**: Se trata del paso del título de propiedad del producto de un nivel a otro del canal de distribución.
— El **flujo físico**: Describe los desplazamientos reales del producto del productor al consumidor final, pasando por los sucesivos almacenes intermedios.
— El **flujo de pedidos** de los compradores y los intermediarios y que se dirigen a los fabricantes.
— El **flujo financiero**: Se trata del flujo de dinero, es decir, el proceso de los pagos financieros, facturas, comisiones... que se remontan desde el comprador final hacia el productor y los intermediarios.
— El **flujo de informaciones**: Este flujo circula en dos direcciones. Las informaciones originadas en el mercado que ascienden hacia el productor; las informaciones orientadas hacia el mercado a iniciativa de los productores e intermediarios, con el fin de dar a conocer mejor los productos ofrecidos.

Un canal de distribución implica pues el **reparto de la gestión de estas tareas y de estos flujos entre las partes del intercambio**. La pregunta clave en la organización de una red, no es saber si estas funciones y estos flujos deben existir, sino saber quién en la red las va a realizar. Se concibe que se puede observar una gran variedad de repartos posibles, no sólo entre sectores de actividad, sino también en el seno de un mismo sector.

11.1.3. Razones de ser de los intermediarios

Desde el punto de vista de la empresa, subcontratar la gestión de estas tareas y de estos flujos comerciales se justifica en la medida en que los intermediarios, debido a su especialización, pueden ejercerlas más eficazmente y a un coste menor que el propio productor. La importancia de los costes de distribución incita a las empresas a buscar continuamente mejores procedimientos de distribución y una racionalización de los modos de gestión. Es evidente que si se elimina un nivel en un canal, las tareas ejercidas en este nivel deberán ser necesariamente asumidas por otros. Las funciones pueden pasar de un nivel a otro, pero no pueden ser eliminadas. La posición privilegiada de los distribuidores en relación a los productores se deriva de los siguientes cinco factores.

Reducción de los contactos

La complejidad del proceso de cambio crece considerablemente con el aumento de participantes. Como se refleja en la Figura 11.2 el número necesario de contactos para asegurar el encuentro entre productores y consumidores es mucho más elevado en un canal descentralizado que en un sistema centralizado. En el ejemplo de la Figura 11.2 vemos que si tres fabricantes se dirigen directamente a cinco detallistas el número de contactos indispensables es de 15. Si los fabricantes venden a través de un mayorista, el número de contactos necesarios se reduce a 8. Un sistema de intercambio centralizado es pues más eficiente que un sistema de intercambio descentralizado ya que permite reducir el número de transacciones necesarias para asegurar el encuentro entre la oferta y la demanda.

Economías de escala

Agrupando la oferta de varios productores, el intermediario es capaz de ejercer las funciones que le son atribuidas para un volumen mayor que lo que un solo productor podría hacer. Por ejemplo, el coste de un vendedor al servicio de un mayorista puede repartirse entre varios fabricantes. La función de venta será pues ejercida a un coste menor que si cada fabricante tuviera su propia fuerza de ventas para visitar a los detallistas.

Reducción de las disparidades de funcionamiento

Comprando grandes cantidades a los fabricantes, asegurando el almacenamiento y el fraccionamiento del volumen comprado en cantidades más pequeñas, el mayorista y el detallista permiten a los fabricantes, así como a los consumidores, operar a un nivel óptimo para ellos. Sin intermediario que asegure las funciones de almacenamiento y de fraccionamiento, el fabricante debería producir por pequeñas partidas para adaptarse a los pedidos de los consumidores. Igualmente los consumidores deberían mantener stocks importantes.

Si una organización se encarga de dos actividades separables, por ejemplo, la producción y la distribución, en las cuales el nivel óptimo de funcionamiento es diferente, se fuerza a una de las dos actividades, incluso a las dos, a operar a una escala que se encuentra debajo o por encima del nivel óptimo. La consecuencia es que los gastos son más elevados que en el caso en que las operaciones son ejercidas por separado, y cuando cada función opera a su nivel óptimo.

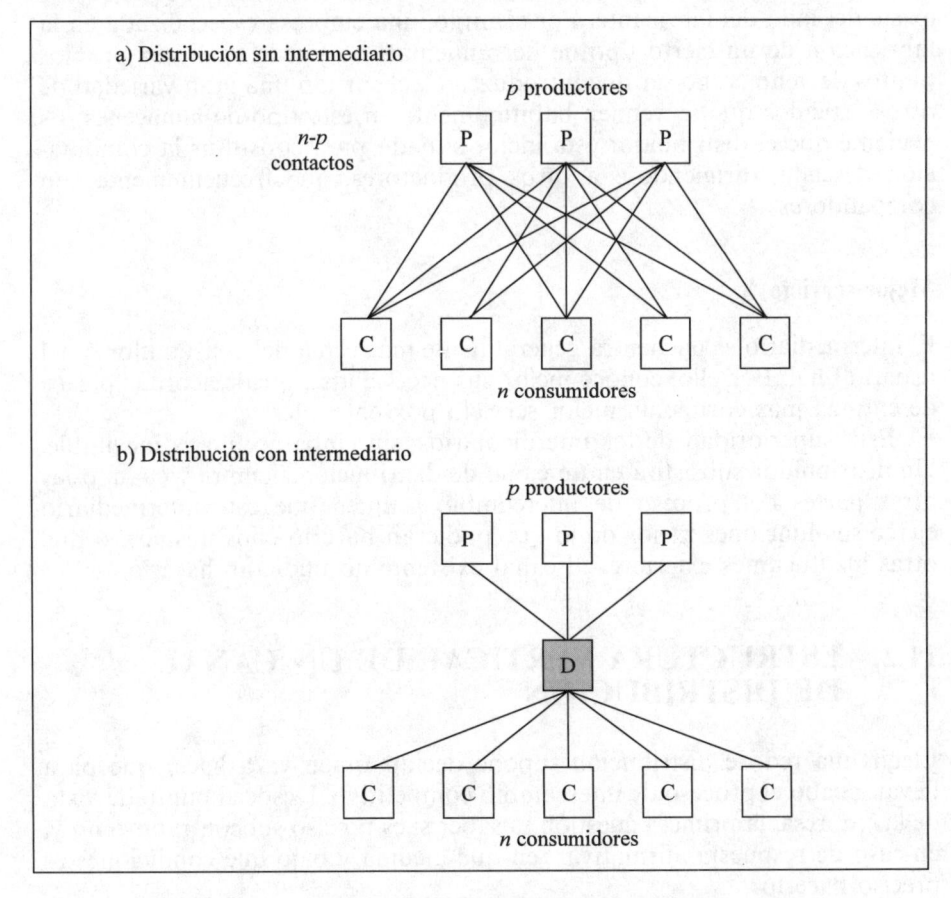

Figura 11.2. El principio de la desmultiplicación de contactos por el intercambio centralizado. *Fuente: Lambin J.J. y Peeters R. (1977).*

Mejor surtido de oferta

El surtido ofertado por el productor está ampliamente dictado por unas condiciones de homogeneidad técnica de fabricación, de uso de materias primas, de saber hacer tecnológico, etc., mientras que la combinación buscada por el comprador está marcada por la situación de consumo o de uso y por la complementariedad de los productos buscados. Típicamente los consumidores buscan una **pequeña cantidad de una gran variedad de productos**, mientras que los productores fabrican **una gran cantidad de una variedad limitada de productos**. El papel de los intermediarios es de constituir el surtido variado, permitiendo así a los consumidores comprar una gran variedad de productos en el curso de una sola y única acción de compra, lo que contribuirá a reducir el tiempo y los esfuerzos requeridos para encontrar los productos que se necesitan. El mismo tipo de economía de esfuerzos existe del lado del fabricante. Por ejemplo, una empresa especializada en la fabricación de un cierto tipo de herramientas, no puede crear sus propios puntos de venta, a no ser que introduzca en el surtido una gran variedad de otros artículos que se venden habitualmente en este tipo de almacenes. Es evidente que el distribuidor está mejor situado para constituir la combinación deseada, dirigiéndose a otros productores, que frecuentemente son competidores.

Mejor servicio

El intermediario se encuentra generalmente más cerca del consumidor o del usuario final. Por ello, conoce mejor sus necesidades, puede acordar plazos de entrega más cortos, un mejor servicio posventa, etc.

Esta superioridad de los intermediarios, sin embargo, no es inevitable. Un distribuidor subsistirá en un canal de distribución siempre y cuando las otras partes del proceso de intercambio estimen que este intermediario ejerce sus funciones mejor de lo que pudieran hacerlo ellos mismos, o que otras instituciones exteriores al canal existente no pudieran hacerlo.

11.2. ESTRUCTURA VERTICAL DE UN CANAL DE DISTRIBUCION

Elegir una red de distribución supone decidir quién va a hacer qué para llevar a cabo el proceso de intercambio competitivo. Desde el punto de vista de la empresa, la primera cuestión es saber si es preciso subcontratar o no y, en caso de respuesta afirmativa, ¿en qué medida y bajo qué condiciones es preciso hacerlo?

11.2.1. Diferentes tipos de intermediarios

Se pueden distinguir cuatro tipos de intermediarios que pueden intervenir en una red de distribución: mayoristas, detallistas, agentes y sociedades comerciales de servicios.

Los mayoristas

Estos intermediarios venden esencialmente a otros revendedores, tales como los detallistas o los clientes institucionales (hoteles, restaurantes) y no a los consumidores finales. Compran a los productores o a los importadores de mercancías, para almacenarlas y revenderlas en pequeñas cantidades a los detallistas añadiendo servicios. Ya que están más próximos a los clientes que los fabricantes, pueden ejecutar pedidos en plazos muy cortos. El ejemplo de los mayoristas de la industria farmacéutica, presentado en la Figura 11.3 es interesante a este respecto.

Los mayoristas proponen en general un abastecimiento de productos complementarios, dado que ellos tratan con diversos proveedores. En la industria alimentaria, los mayoristas han sufrido la competencia de la distribución integrada que ha practicado el marketing directo o que han asumido ellos mismos la función de mayorista. Las réplicas de los mayoristas se han manifestado por la creación de cadenas voluntarias de detallistas con los sistemas de franquicia y el *Cash & Carry*, es decir, un sistema de venta en libre servicio ofertado a los detallistas.

— ¿Cómo 350 laboratorios farmacéuticos y 250 proveedores de productos llamados de farmacia, podrían responder lo más rápidamente posible a las necesidades de 22.000 farmacias francesas, sabiendo que cada día se venden 12 millones de productos sanitarios?
— Algunas empresas se han especializado en esta tarea y han dividido el territorio francés en una red de almacenes, depósitos que permiten hacer frente a la demanda. La especialización es tal que hoy el 85 por 100 de los productos sanitarios fabricados son distribuidos por los repartidores. El 19 por 100 restante son servidos directamente por los fabricantes a hospitales (12 por 100) o a farmacias (7 por 100).
— Dos veces al día las farmacias pasan sus pedidos, el 95 por 100 por medios telemáticos, y son entregados por la tarde, antes de la salida de clase de los estudiantes, o al día siguiente, antes de la apertura de las tiendas. Los preparadores disponen pues de menos de dos horas para tratar los pedidos.

Figura 11.3. Los mayoristas repartidores en la industria farmacéutica.
Fuente: Le Monde, 16 de marzo, 1993.

Los detallistas independientes

Los detallistas venden los bienes y los servicios directamente a los consumidores finales para satisfacer sus necesidades. Los detallistas adquieren los productos y su remuneración es el margen entre el precio de compra pagado y el precio de venta a los consumidores. Se pueden distinguir tres tipos de detallistas independientes: los detallistas en alimentación general, los detallistas especializados y los detallistas artesanos (carniceros y panaderos).

Se pueden igualmente clasificar según su modo de funcionamiento. Por ejemplo, según el nivel de servicio que dan (libre servicio o servicio completo) o según su modo operativo (margen reducido/gran rotación o margen elevado/rotación lenta). Los detallistas que operan según el principio **«margen reducido/rotación elevada»** compiten principalmente a nivel de precios, mientras que los que adoptan el principio **«margen elevado/débil rotación»** ponen el acento en el surtido, los productos de especialidad, la imagen del punto de venta y los servicios. El número de detallistas independientes ha disminuido en los países de Europa occidental, debido principalmente al desarrollo de la distribución integrada.

La distribución integrada

Desde principios de siglo, se han observado mutaciones profundas en la organización de la distribución, que es útil repasar brevemente para comprender mejor la situación actual.

— La primera revolución ha sido la de los **grandes almacenes** en el siglo XIX cuya característica era la desespecialización, la gama amplia y poco profunda, entrada libre, presentación de los productos y etiquetado de los precios.
— La ola siguiente fue la de los **almacenes sucursalistas** cuyo principio de funcionamiento reposaba en la proximidad de los consumidores y en las economías de escala realizadas gracias a las compras en grandes cantidades y por ello con un surtido limitado.
— La evolución siguiente ha sido la de los **almacenes populares** que ponen el acento en los artículos de la gama baja, vendidos a precios populares (en el origen a un precio único) con una fuerte rotación y en la simplicidad de su presentación.
— La cuarta revolución es la de los **supermercados**, que inventan el autoservicio con carritos y parking y que evolucionaron rápido, en Francia principalmente con los hipermercados, hacia superficies de venta cada vez mas grandes.

La **fórmula de venta en autoservicio** ha conocido un éxito considerable en las economías occidentales, en particular en el sector de la alimentación. Esta fórmula de venta se apoya en seis reglas de gestión.

— Un **surtido concentrado** en los artículos más demandados, con el fin de tener una rotación elevada de los stocks.
— Un **precio de compra reducido**, gracias a un poder de compra y negociación fuerte con los proveedores.
— Una tasa de margen reducido y **precios de venta bajos**.
— Una **política promocional** dinámica, para crear el tráfico hacia el almacén.
— Las **economías de escala** en la gestión (transporte, mantenimiento) y en el personal al recurrir al autoservicio.
— Plazos de pago largos (90 días) para los productos que son generalmente vendidos en 15 días, lo que permite generar importantes ingresos financieros.

Gracias a esta fórmula, la distribución integrada ha adquirido una ventaja económica importante en detrimento del comercio independiente. Esta ventaja está en vías de reducción, debido principalmente a la aparición de necesidades nuevas en los consumidores y al dinamismo renovado del comercio independiente (de Maricourt, 1988).

Los agentes y los corredores

Se trata de intermediarios funcionales que no adquieren la propiedad del producto, pero que negocian la venta o la compra de los mismos por cuenta de un mandatario. Son remunerados con una comisión calculada sobre las compras o sobre las ventas realizadas. Son personas físicas o sociedades comerciales independientes (*free lance*) que representan a una empresa o a una organización cliente. En este grupo de intermediarios se encuentran típicamente las sociedades import-export, los corredores, los *traders* e igualmente los distribuidores industriales. Estos últimos trabajan generalmente para varias firmas y representan productos que no compiten en un territorio o país determinado.

Las sociedades de servicios

Son sociedades comerciales que ayudan a las empresas en las funciones de distribución o bien en las funciones de compra y venta. Para la empresa se trata de subcontratistas que ejercen ciertas tareas de distribución en razón de su especialización o su experiencia. Entre estas sociedades comerciales se encuentran las sociedades de transporte y de almacenamiento, las agencias de publicidad, las sociedades de estudios de mercado, los intermediarios financieros, las aseguradoras, etc. Estos intermediarios intervienen en la red en la demanda y son remunerados por comisiones o por honorarios fijos.

Un gran número de instituciones comerciales participan pues en los procesos de cambio entre fabricantes y consumidores-compradores. La estructura de una red de distribución estará determinada esencialmente por el reparto de las tareas entre estos intermediarios, los fabricantes y los consumidores-compradores.

11.2.2. Configuraciones de un canal de distribución

La estructura vertical de un canal de distribución se caracteriza por el número de niveles que separan al productor del usuario final. Se puede así distinguir el canal directo del canal indirecto. Los diferentes canales de distribución que se presentan a un productor, sea una empresa de bienes industriales o de bienes de consumo, están descritos en la Figura 11.4.

— En un **canal directo** no hay intermediario que tome el título de propiedad, el productor vende directamente al consumidor o al usuario final.

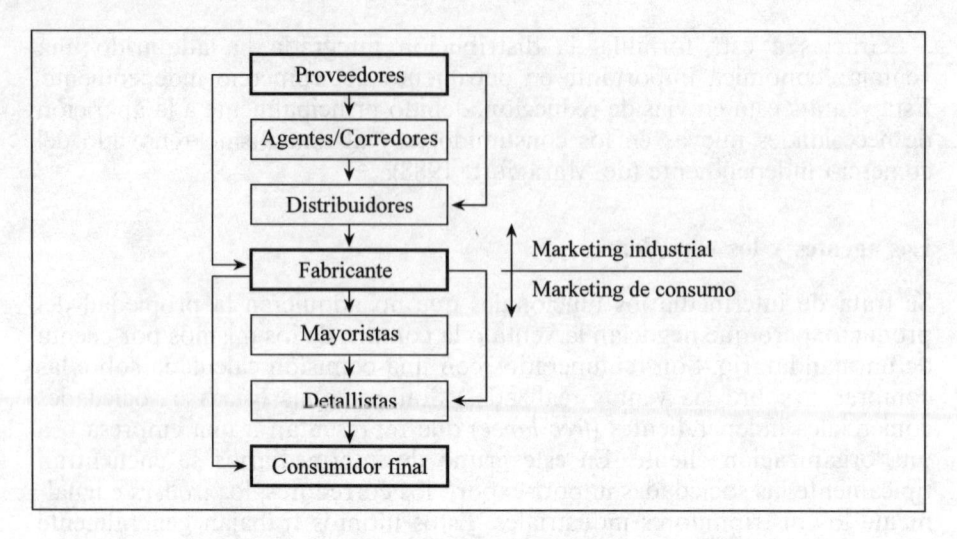

```
┌─────────────────────────────────────────────────────────┐
│              ┌──────────────┐                           │
│              │  Proveedores │                           │
│              └──────┬───────┘                           │
│                     ▼                                   │
│           ┌──────────────────┐                          │
│           │ Agentes/Corredores│                         │
│           └─────────┬────────┘                          │
│                     ▼                                   │
│            ┌────────────────┐                           │
│            │ Distribuidores │◄──┐                       │
│            └────────┬───────┘   │                       │
│                     ▼           │   ↕ Marketing industrial
│  ┌──►  ┌────────────────┐  ─────┤   ─────────────────   │
│  │     │   Fabricante   │       │     Marketing de consumo
│  │     └────────┬───────┘       │                       │
│  │              ▼               │                       │
│  │     ┌────────────────┐       │                       │
│  │     │   Mayoristas   │       │                       │
│  │     └────────┬───────┘       │                       │
│  │              ▼               │                       │
│  │     ┌────────────────┐       │                       │
│  │     │   Detallistas  │◄──────┘                       │
│  │     └────────┬───────┘                               │
│  │              ▼                                       │
│  └──  ┌──────────────────┐                              │
│       │ Consumidor final │                              │
│       └──────────────────┘                              │
└─────────────────────────────────────────────────────────┘
```

Figura 11.4. Estructuras de los canales de distribución.

— En un **canal indirecto** uno o varios intermediarios toman el título de propiedad. Un canal indirecto es llamado «largo» o «corto», según el número de niveles intermedios entre productor y usuario final.

En el sector de bienes de consumo, los canales de distribución son generalmente largos e implican la participación de numerosos intermediarios, sobre todo mayoristas y detallistas. En los mercados industriales, por contra, los canales son más cortos, particularmente cuando los compradores potenciales son poco numerosos y están bien identificados. Desde el punto de vista del fabricante, cuanto más largo es el canal, más difícil es de controlar.

En la mayoría de las situaciones de mercado, una empresa tendrá que recurrir simultáneamente a varios canales de distribución, ya sea con el objeto de crear un clima de competencia y de imitación entre distribuidores, ya sea por inquietud de complementariedad con objeto de conseguir grupos de compradores distintos, que tengan hábitos de compra diferentes. Los aparatos domésticos de la marca Philips se venden a la vez en tiendas de «descuento», hipermercados, grandes almacenes, economatos y hasta en tiendas minoristas que pertenecen a la propia sociedad Philips.

Los tipos de competencia entre distribuidores

En una red de distribución se pueden observar diferentes tipos de competencia entre distribuidores como muestra la Figura 11.5

— **Competencia horizontal**. Es la competencia que opone a los intermediarios del mismo tipo que intervienen en el mismo nivel de la red.
— **Competencia horizontal intertipo**. Esta forma de competencia opone a intermediarios situados al mismo nivel en la red, pero que se diferen-

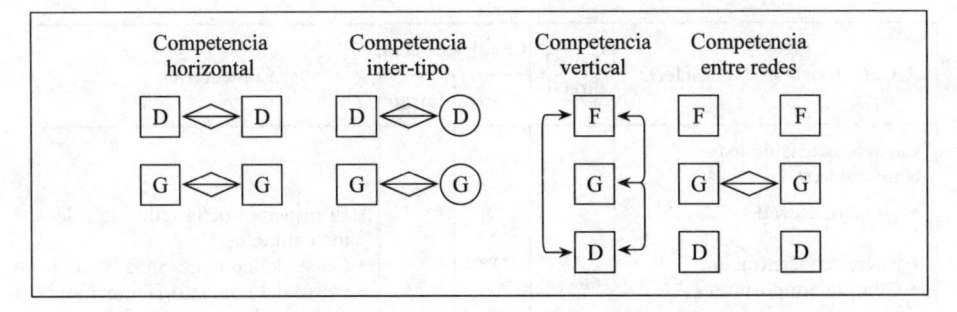

Figura 11.5. Tipos de competencia entre distribuidores.

cian por la fórmula de venta adoptada (autoservicio o servicio completo), lo cual a menudo se traduce por surtido y precios muy diferentes.
— **Competencia vertical**. Intermediarios situados a niveles diferentes en una red de distribución ejercen funciones del intermediario del nivel anterior o posterior en el canal de distribución. Es el caso por ejemplo, de los detallistas que incorporan la función de mayorista, o por contra, los mayoristas que operan a nivel de la venta al detall.
— **Competencia entre redes de distribución**. Son las redes enteras las que se oponen y que corresponden generalmente a canales muy diferentes. Es la competencia que opondrá, por ejemplo, una red tradicional de ventas, a la venta por correspondencia o a la venta en reuniones.

La distribución ha conocido evoluciones importantes a lo largo de los últimos treinta años, que han contribuido a reforzar de forma muy significativa la competencia entre intermediarios bajo todas las formas. El desarrollo de los sistemas de marketing verticales, como veremos más adelante, es la ilustración más importante.

11.2.3. Criterios de elección de una red de distribución

La elección de una red de distribución específica, está determinada principalmente por un conjunto de restricciones propias del mercado objetivo, de los hábitos de compra, de las características del propio producto y de las de la empresa, sobre todo de los medios de los que ella dispone. Los criterios habitualmente contemplados y sus implicaciones sobre el tipo de red de distribución a adoptar se describen en la Figura 11.6.

Características del mercado

El número de compradores potenciales determina el tamaño del mercado. Una regla comúnmente observada es que si el mercado es grande, el uso de los intermediarios será generalmente necesario. Inversamente, si el mercado es pequeño, la empresa podrá prescindir de intermediarios y asegurar por

Características a considerar	Canal directo	Canal indirecto		Comentarios
		Corto	Largo	
Características de los compradores:				
• Número elevado		**	***	• El principio de la reducción de los contactos.
• Fuerte concentración	**	***		• Coste del contacto más bajo.
• Compras importantes	***			• Coste del contacto fácilmente amortizado.
• Compras irregulares		**	***	• Coste elevado de la ejecución de pedidos frecuentes y reducidos.
• Plazo corto de entrega		**	***	• Disponibilidad del stock próximo al lugar de compra.
...				
Características de los productos:				
• Productos perecederos	***			• Necesidad de un encaminamiento rápido.
• Volumen elevado	***	**		• Minimizar el número de manutenciones.
• Escasa tecnicidad		**	***	• Competencias requeridas mínimas.
• Poco estandarizados	***			• El producto debe estar adaptado a las necesidades específicas.
• En fase de lanzamiento	***	**		• El nuevo producto debe estar muy «vigilado».
• Valor unitario elevado	***			• El coste del contacto puede ser fácilmente amortizado.
...				
Características de la empresa:				
• Escasos recursos financieros		**	***	• Los costes de distribución son proporcionales a la cifra de ventas.
• Surtido completo	***	**		• La empresa puede ofrecer un servicio completo.
• Control elevado buscado	***			• Minimizar el número de barreras entre la empresa y su mercado.
• Gran notoriedad		**	***	• Buena acogida por parte de la distribución.
• Cobertura elevada		**	***	• La distribución debe ser intensiva.
...				

Figura 11.6. Criterios de elección de una red de distribución.

ella misma la distribución de sus productos. Igualmente, cuanto mayor es la dispersión geográfica, más difícil y costosa será la organización de la distribución. Cuanto más disperso está un mercado, más razonable resulta el uso de intermediarios para reducir el coste de los servicios aportados a los clientes.

La estructura de los comportamientos de compra va igualmente a influir en la estructura de la red. Por ejemplo, si los clientes compran en pequeñas cantidades y si la demanda es muy estacional, es recomendable un canal largo que haga intervenir varios intermediarios.

Características de los productos distribuidos

Las características físicas y técnicas de los productos tienen igualmente una influencia sobre la estructura de la red de distribución. Los productos muy perecederos, por ejemplo, deben tener una red tan corta como sea posible. Igualmente los productos pesados y voluminosos, tienen costes de manipulación y transporte muy elevados, que la empresa tratará de minimizar haciendo entrega por camión o contenedor completo a un número reducido de destinos. La red debe ser igualmente muy corta.

Las redes cortas son también deseables para productos de gran complejidad técnica, que necesitan de un servicio postventa importante así como de asistencia en su uso. Por la misma razón, un canal corto permite a la empresa ejercer un mejor control sobre las innovaciones situadas en la fase de introducción del ciclo de vida, y para las que deben hacerse importantes esfuerzos de promoción. Por contra, un canal largo será apropiado para productos muy estandarizados y de bajo valor unitario. En este último caso, los costes de distribución son compartidos con otros productos igualmente referenciados por los intermediarios.

> Es, por ejemplo, difícil de imaginar que la distribución de la gama de chips producidos por Smiths esté asegurada únicamente por la compañía. Los costes de distribución serían prohibitivos. Sólo compartiendo los costes con una gran variedad de productos referenciados por los mayoristas y los detallistas es posible vender un paquete de chips a 8 FF.

La elección de una red de distribución está igualmente influenciada por la extensión de la gama de productos del fabricante. El fabricante especializado en un producto (las raquetas de tenis) deberá recurrir a los mayoristas para estar presente en el punto de venta apropiado (almacenes de artículos deportivos). Si por contra, fabrica una gran variedad de productos vendidos en el mismo tipo de puntos de venta, podrá dirigirse directamente a los detallistas sin hacerlo a través de los mayoristas. Un detallista difícilmente comprará un contenedor entero de lavavajillas, pero sí un contenedor de una variedad de electrodomésticos

Características de la empresa

Las variables clave son aquí el tamaño y los recursos financieros del fabricante. Las grandes empresas tienen en general recursos financieros importantes y por ello tienen la capacidad para asumir numerosas funciones de distribución, reduciendo por este hecho su grado de dependencia con los intermediarios. Varias funciones de distribución, tales como el transporte o el almacenamiento, implican costes fijos que pueden ser más fácilmente soportados por ellas mismas. Por contra, recurrir a los intermediarios implica un coste que es proporcional al volumen de actividad, dado que su remuneración se hace en la forma de comisión pagada sobre la cifra de ventas realizada. Es la razón por la cual las pequeñas empresas recurren voluntariamente a los intermediarios. En algunos casos, la producción total es vendida bajo la marca de un gran distribuidor. El inconveniente mayor de esta situación es el poner al fabricante en manos de un solo cliente.

Otras consideraciones deben ser tenidas en cuenta. Por ejemplo, la falta de conocimientos de marketing para asegurar tareas de distribución puede ser una razón suficiente par recurrir a los servicios de un intermediario. Esta situación se observa a menudo cuando la empresa penetra un mercado nuevo para ella o un mercado extranjero. Una empresa puede igualmente decidir adoptar un canal directo simplemente para ejercer un mejor control sobre la distribución, incluso si el coste es más elevado que el de un canal indirecto.

Habitualmente se observan importantes diferencias entre empresas de bienes de consumo y de bienes industriales. De forma general, se encontrarán redes de distribución más cortas en los mercados industriales que en los mercados de consumo.

11.2.4. Las estructuras verticales coordinadas

En la medida en que el canal de distribución adoptado es indirecto, se presenta el **problema de la cooperación** a mantener con los intermediarios. Dos tipos de organización vertical tienden a prevalecer: las estructuras verticales convencionales y las estructuras verticales coordinadas.

— En una **estructura vertical convencional**, cada nivel del canal de distribución se comporta independientemente el uno del otro y busca obtener para él las mejores condiciones de compra o de venta, sin preocuparse del rendimiento global del canal. Es este tipo de organización individualista la que se encuentra más a menudo, en la cual ningún miembro del canal ejerce control sobre los otros.

— En una **estructura vertical coordinada**, las partes del proceso de intercambio coordinan una parte o el conjunto de sus funciones, de modo que se obtengan economías de explotación y se refuerce su impacto sobre el mercado y su fuerza de negociación. En este tipo de organización, una de las partes del canal toma la iniciativa de la coordinación. Puede tratarse del fabricante, de un mayorista o de un detallista.

Se distinguen varias formas de coordinación vertical en los canales de distribución: los sistemas integrados, los sistemas controlados y los sistemas contractuales.

Los sistemas de marketing verticales integrados

En un sistema integrado, los estadíos sucesivos de producción y de distribución son controlados por un mismo propietario. La integración puede hacerse a iniciativa del fabricante o de un distribuidor. Una empresa como Bata en el mercado del calzado y Rodier en el mercado de la confección poseen y gestionan directamente sus propios almacenes, estando presentes en otros canales de distribución. Cuando la iniciativa viene del distribuidor, se trata de una estrategia de integración hacia arriba. Es el caso de Sears en USA y de Mark & Spencer en Gran Bretaña que tienen intereses en muchos de sus proveedores.

Los sistemas de marketing verticales contractuales

En esta estructura vertical, empresas independientes en los diferentes niveles del canal coordinan sus programas de acción en el marco de contratos, que definen con precisión los derechos y deberes de las partes. Se pueden distinguir tres tipos de sistemas contractuales: las cadenas voluntarias patrocinadas por un mayorista, las cooperativas de detallistas, los sistemas de franquicia. Son los sistemas de franquicia con mucho, los más desarrollados. Este sistema contractual será analizado en la siguiente sección.

Los sistemas de marketing verticales controlados

Se trata de formas de cooperación no contractuales obtenidas por un fabricante de parte de su red de distribución, en razón notablemente de la reputación de la marca o de la potencia de su organización comercial. Empresas como L'Oreal o Procter & Gamble son buenos ejemplos de empresas que han conseguido organizar este modo de cooperación en un canal de distribución.

Las estructuras verticales coordinadas en la distribución han tomado una importancia creciente a lo largo de los últimos veinte años. Se trata de una manifestación de la **competencia vertical**, que opone varios sistemas de distribución en un mismo producto mercado. El objetivo es, entre otros, permitir a un nivel del canal oponerse al poder de mercado detentado por otro nivel situado más arriba o más abajo, adoptando un conjunto de normas de funcionamiento y de cooperación entre fabricantes, mayoristas y detallistas que le permitan obtener colectivamente mejores resultados que aquellos que podrían conseguir aisladamente. Los sistemas de marketing vertical permiten eliminar conflictos que existen en las estructuras convencionales y de mejorar el resultado del conjunto del sistema.

11.3. LAS ESTRATEGIAS DE COBERTURA DEL MERCADO

Si el canal de distribución elegido es un canal indirecto, se presenta el problema del número de intermediarios a reclutar para obtener la tasa de cobertura del mercado necesaria para la realización de los objetivos de penetración. Varias estrategias de cobertura del mercado pueden ser consideradas.

— Hollywood ofrece goma de mascar en todos los sitios que puede; en todas las tiendas de alimentación, en los estancos, en las papelerías, en los distribuidores automáticos, en el comercio ambulante.
— La firma Pierre Cardin distribuye sus productos de confección en tiendas especializadas, cuidadosamente seleccionadas, y se asegura de que está representada por los mejores.
— Wolkswagen distribuye sus coches a través de concesionarios; a cada concesionario se le asigna una región donde ningún otro garaje estará autorizado para representar la marca.

Hollywood practica una distribución **intensiva**, Cardin una distribución **selectiva** y Wolkswagen una distribución **exclusiva**. La elección de la estrategia a adoptar para un producto dado depende de las características del mismo y del objetivo perseguido por la empresa dentro del entorno competitivo en el que se encuentre.

11.3.1. Tipología de los productos de consumo

En los mercados de consumo, la elección entre estas estrategias de cobertura del mercado está ampliamente determinada por los hábitos de los consumidores, según los tipos de productos. Se establece habitualmente una distinción entre los productos de compra corriente, los productos de compra reflexiva, los productos de especialidad y los productos no buscados.

Productos de compra corrientes

Son los productos de consumo que, en general, el consumidor compra con frecuencia en pequeñas cantidades y con un mínimo esfuerzo de comparación y de compra. El comportamiento de compra es rutinario. En esta categoría se pueden distinguir tres tipos de bienes de compra corriente: productos básicos, productos de compra impulsiva y productos de urgencia

— Los **productos de primera necesidad** son las compras más corrientes (bebida, bombillas, leche). La compra es rutinaria y la fidelidad a la marca o al punto de venta facilita la compra. Los productos deben ser pre-vendidos.

- Los **productos de compra impulsiva** son comprados sin ninguna premeditación (chicle, patatas fritas, golosinas). Estos productos deberán estar disponibles en sitios fácilmente accesibles (salida de las cajas, distribuidores automáticos). Un embalaje atractivo y presentación son importantes en estos productos.
- Los **productos de urgencia** son los comprados en el momento en el que la necesidad se hace sentir: el paraguas cuando llueve, el periódico o una revista, las aspirinas.

Para este tipo de productos la empresa no tiene elección. Estos productos necesitan una cobertura máxima de mercado dado que, si el consumidor no encuentra el producto o la marca deseada en el lugar o en el momento en el que él quiere comprar, elegirá seguramente otra marca y se perderá una ocasión de venta.

Productos de compra reflexiva

Son los productos de riesgo percibido medio, en los cuales el consumidor compara las marcas consideradas según diferentes criterios, tales como el grado de adaptación al uso previsto, la estética, el precio, la calidad... Como se vio en el Capítulo 4 de esta obra, el comprador adopta aquí una conducta resolutoria limitada más que un comportamiento de rutina. Para este tipo de producto, la compra es comparativa; el consumidor está dispuesto a invertir tiempo para evaluar las diferentes propuestas existentes en el mercado. Se trata, por ejemplo, de muebles, ropa, aparatos electrodomésticos, etc., unos productos en los cuales el precio es elevado y la frecuencia de compra escasa. Los consumidores se dirigen habitualmente a varios puntos de venta antes de decidirse, y el detallista ejerce una influencia importante en la decisión final por las informaciones y los consejos que da. Para estos productos no es necesaria la cobertura máxima del mercado y una distribución selectiva es muy indicada, ya que la cooperación del detallista es indispensable.

Productos de especialidad

Son aquellos cuyas características son únicas y para cuya compra el consumidor dedicará mucho esfuerzo para descubrirlo. Se trata principalmente de marcas específicas de productos de lujo, tales como ciertas marcas de automóviles, de zapatos de lujo, de alimentos exóticos, de artículos de alta costura. Para estos productos, el consumidor no realiza comparaciones entre marcas; sabiendo exactamente lo que quiere, busca activamente el punto de venta donde el producto o la marca deseadas están disponibles. Es pues la fidelidad del comprador a una u otra característica distintiva del producto o de la marca lo que es aquí determinante. El productor de un producto específico puede pues permitirse una distribución selectiva o exclusiva; sus puntos de venta no deben necesariamente tener fácil acceso, en la medida en que los compradores potenciales están bien informados de su localización.

Productos no buscados

Son productos que el consumidor no conoce, o conocidos pero por los que no tiene interés espontáneo de compra. En esta categoría se encuentran, por ejemplo, productos sofisticados de regulación de la temperatura o de la contaminación, seguros de vida, enciclopedias, etc. Estos productos no buscados exigen unos esfuerzos importantes de venta. La cooperación del intermediario es indispensable para impulsar el producto; la selectividad será necesaria, o si no la empresa deberá adoptar un canal directo.

Otras consideraciones intervienen, sin embargo, en la elección de una estrategia de cobertura de mercado. De forma general, los sistemas de distribución selectiva y exclusiva implican una mayor cooperación por parte de los distribuidores, una reducción de los costes de distribución para el fabricante y un mejor control de las operaciones de venta; por el contrario, en los dos casos, hay una limitación voluntaria de la disponibilidad del producto, por tanto, los compradores potenciales deberán buscar activamente el producto. La empresa debe, por consiguiente, guardar un equilibrio entre las ventajas y los inconvenientes de cada sistema de distribución, que se analizarán a continuación.

11.3.2. La distribución intensiva

En una distribución intensiva la empresa busca el mayor número de puntos de venta posible, múltiples centros de almacenamiento para asegurar la máxima cobertura del territorio de venta y una cifra de ventas elevada. Esta estrategia de cobertura es apropiada para productos de compra corriente, materias primas básicas y servicios de débil implicación. La ventaja de una distribución intensiva es la de maximizar la disponibilidad de un producto y proporcionar una cuota de mercado importante gracias a la elevada exposición de la marca.

Este aumento de la cifra de ventas debida a la elevada cobertura del mercado puede presentar a menudo inconvenientes nada despreciables.

— La cifra de ventas conseguida, difiere ampliamente entre los diferentes distribuidores, mientras que el coste del contacto es idéntico por intermediario; el aumento del **coste de la distribución** puede, pues, comprometer la rentabilidad conjunta.

— Cuando el producto es ampliamente distribuido en múltiples y diferenciados puntos de venta, la empresa se arriesga a **perder el control** de su política de comercialización; precios de saldo, reducción de la calidad del servicio, falta de cooperación de los minoristas.

— Una distribución intensiva es a menudo incompatible con el mantenimiento de una **imagen de marca** y de un posicionamiento preciso en el mercado, debido a la falta de control ejercida sobre la red de distribución.

Son estas dificultades las que incitan a las empresas a evolucionar progresivamente hacia un sistema de distribución más selectivo, una vez alcanzados los objetivos de notoriedad.

11.3.3. La distribución selectiva

Se habla de distribución selectiva cuando el productor recurre, en cierto nivel del canal, a un número de intermediarios inferior al número de intermediarios disponibles. Esta estrategia de cobertura es indicada para productos de compra reflexiva, donde el comprador realiza las comparaciones de precios y características de los productos.

Hay que destacar que una distribución selectiva puede igualmente resultar del rechazo de un porcentaje significativo de detallistas a incluir el producto en su surtido. Para que haya distribución selectiva que sea deseada por el fabricante, éste debe seleccionar a sus intermediarios. Varios criterios de selección pueden ser utilizados.

— El **tamaño del distribuidor**, medido por su cifra de venta, es el criterio más utilizado. En la mayoría de los mercados, un pequeño número de distribuidores realizan una parte muy importante de la cifra de ventas total (ley de concentración). En el campo de la alimentación, por ejemplo, la tasa de concentración es muy elevada en Suiza, Gran Bretaña y Bélgica, donde los cinco primeros distribuidores del sector alimentación, realizan respectivamente el 82, 53 y 52 por 100 del total de ventas en alimentación general (Nielsen, 1990). En estas condiciones, abarcar el conjunto de distribuidores es muy costoso y poco eficaz.
— La **calidad del servicio** ofrecido es también un criterio importante. El distribuidor es pagado por ejercer un cierto número de funciones y algunos distribuidores pueden ejercer estas tareas más eficazmente que otros.
— La **competencia técnica** y el equipamiento del distribuidor son criterios importantes sobre todo para los productos no estandarizados para los cuales el servicio postventa es importante.

Optando por una distribución selectiva, el productor acepta pues limitar voluntariamente la disponibilidad del producto con el objeto de reducir sus costes de distribución y de obtener una mejor cooperación de sus distribuidores. Esta cooperación puede manifestarse de diversas maneras:

— Participar en los gastos de publicidad y de promoción.
— Referenciar los nuevos productos o los productos que se venden menos fácilmente.

— Aceptar mantener stocks más importantes.
— Transferir información hacia el fabricante.
— Otorgar todavía más servicios.

El **riesgo principal** de un sistema de distribución selectivo es no asegurar una cobertura suficiente del mercado. El fabricante debe asegurarse que el consumidor o el usuario final es capaz de identificar fácilmente los distribuidores, de lo contrario la disponibilidad reducida conduce a pérdidas demasiado importantes de oportunidades de venta. Puede ocurrir que la empresa no tenga elección y se vea forzada a practicar una cierta selectividad en su distribución.

— Un producto nuevo no ensayado, no será aceptado por un detallista sino se le dan unas garantías de selectividad, y hasta de exclusividad.
— Si el surtido que el distribuidor debe tomar es amplio porque el consumidor debe poder elegir entre un surtido completo, la selectividad será una condición de aceptación, sin la cual la cifra de ventas corre el riesgo de ser demasiado baja para interesar al distribuidor.
— El servicio postventa exige una formación larga y costosa; la selectividad se hace necesaria para limitar el coste.

Si se adopta un sistema de distribución selectivo, hay que tener en cuenta que la empresa está prácticamente obligada a adoptar un canal indirecto corto y a ejercer ella misma la función de mayorista. Es poco probable, en efecto, que los mayoristas acepten ver su campo de acción limitado por el productor.

11.3.4. La distribución exclusiva y la franquicia

Un sistema de distribución exclusiva es la forma extrema de la distribución selectiva. En una región predefinida, un sólo distribuidor recibe el derecho exclusivo de vender la marca y se compromete generalmente a no vender marcas competitivas. En contrapartida, el distribuidor acepta no referenciar marcas competidoras en la misma categoría de productos. Una estrategia de cobertura exclusiva es útil cuando el fabricante quiere diferenciar su producto por una política de alta calidad, de prestigio o de calidad de servicio. La estrecha cooperación entre fabricante y distribuidor facilita la puesta en marcha de este programa de calidad. Las ventajas e inconvenientes de este sistema son las de la distribución selectiva, pero ampliadas. Una forma particular de distribución exclusiva es la franquicia.

La franquicia es un sistema de marketing vertical contractual que organiza la distribución de bienes o servicios. Hay acuerdo de franquicia cuando, por contrato, una empresa, llamada **franquiciadora** concede a otra el derecho de explotar un comercio en un territorio delimitado, según unas normas definidas y bajo una enseña o marca dada. La empresa que concede, ofrece generalmente a sus **franquiciados** una ayuda continua permitiéndoles comerciar en las mejores condiciones posibles en sus territorios respectivos. Es, pues, a la vez que remunerar el derecho de utilización de una marca de comercio y para beneficiarse de una aportación continua del saber hacer por lo que el franquiciado se compromete contractualmente a entregar al franquiciador unos derechos iniciales —tanto alzado— y/o unos porcentajes sobre sus ventas. El franquiciado compra, de hecho, una fórmula de éxito de la cual el franquiciador y quizá otros franquiciados han hecho la prueba en otros territorios.

Tipos de franquicias

El franquiciador puede ser indiferentemente una de las partes de la red de distribución. Podemos distinguir cuatro tipos de franquicias.

— La franquicia que une **un fabricante y un detallista**. Son, por ejemplo, los concesionarios de automóviles y las gasolineras. Singer en USA, Pingouin e Yves Rocher en Francia son buenos ejemplos de esta clase de franquicia.
— La franquicia entre un **fabricante y un mayorista**. Se tratará, por ejemplo, de sociedades como Coca-Cola o de Seven Up que venden el concentrado a mayoristas franquiciados, que efectúan la mezcla, embotellan y venden a los detallistas y al sector Horeca.
— La franquicia entre un **mayorista y un detallista**. Por ejemplo, los drugstores Rexall, Christienssens para juguetes, Unic y Disco en el sector alimentario.
— La franquicia entre una **sociedad de servicio y un distribuidor**. Es el caso de Avis y de Hertz para el alquiler de coches, de McDonald, Midas, Holiday Inn.

Las franquicias que han conocido el desarrollo más rápido operan en el sector de servicios profesionales, restauración rápida, alquiler de coches y camiones y en los servicios de mantenimiento de oficinas (Shanghavi, 1991).

Características de una buena franquicia

Una buena franquicia debe ser ante todo un **éxito probado y transmisible** que puede ser reproducido por el franquiciado en su territorio. Según Sallenave (1979, pág. 11), una buena fórmula tiene las características siguientes:

1. Tiene relación con la comercialización de un producto o servicio de buena calidad.
2. La demanda para el producto o servicio es universal o, al menos, no se limita únicamente a la región de origen del franquiciador.
3. Deja al franquiciado ya establecido en un lugar un derecho de primer rechazo en el momento de implantación de una o varias franquicias en su territorio.

4. Prevé una transferencia inmediata de saber hacer y una formación efectiva del franquiciado en las técnicas de comercialización y en los métodos propios de la franquicia en cuestión.
5. Hace sus pruebas con una empresa piloto.
6. Establece las modalidades de una relación continua entre el franquiciador y el franquiciado con objeto de mejorar las condiciones de explotación de la franquicia y de intercambiar innovaciones, ideas de nuevos productos y servicios, etc.
7. Describe explícitamente las aportaciones iniciales (enseña, formación, saber hacer) y las permanentes (soportes de marketing, publicidad, acciones promocionales, investigación y desarrollo, servicios diversos) del franquiciador.
8. Expresa los pagos inmediatos (derechos iniciales) y continuos (canon) que el franquiciado debe efectuar.
9. Implica al franquiciado en el proceso de definición de las orientaciones futuras de la franquicia y le hace participar en la vida de la franquicia.
10. Prevé un procedimiento de renovación, renegociación y anulación del contrato de franquicia, así como una posibilidad de rescate para el franquiciador.

La franquicia ofrece una opción interesante frente a las estructuras verticales convencionales o controladas. En efecto, en una red franquiciada, **la inversión de cada tienda está hecha por el franquiciado**, propietario de la tienda. Desde el punto de vista del franquiciador, la creación de una red de franquicias le permite disponer rápidamente y con poco coste de una red comercial internacional y ello sin invertir directamente en la propiedad de la red, pero controlándola por contrato.

> J.Y. Brown, presidente de Kentucky Fried Chicken Corporation, tenía la costumbre de decir que hubieran hecho falta 450 millones de dólares a su empresa para establecer su red de 2.700 almacenes, si hubieran sido propios. Este capital no estaba disponible en la sociedad en las primeras fases de su expansión. Es el capital aportado por los franquiciados que ha convertido el programa de expansión previsto en realizable (McGuire, 1971, pág. 7).

La franquicia es un **sistema de distribución integrado, controlado por el franquiciador, pero financiado por los franquiciados**. Una franquicia acertada es un buen socio en el que el éxito del franquiciador y el del franquiciado están indisolublemente unidos. El conocimiento y la comprensión de las motivaciones de cada uno de los socios son importantes a este respecto.

Ventajas para el franquiciador

Las **motivaciones del franquiciador** para crear una franquicia son esencialmente las siguientes.

1. Tener acceso a una nueva fuente de capitales, sin perder o diluir el control del sistema de marketing.
2. Evitar los gastos fijos elevados que implican generalmente un sistema de distribución por almacenes propios.
3. Cooperar con los distribuidores independientes, pero altamente motivados por ser propietarios de sus negocios.
4. Cooperar con los hombres de negocios locales bien integrados en medio de la ciudad, de la región o del país.
5. Crear una nueva fuente de ingresos basada en el saber hacer técnico comercial que se posee.
6. Realizar un aumento rápido de las ventas, teniendo el éxito un efecto «bola de nieve».
7. Beneficiarse de las economías de escala gracias al desarrollo del sistema de franquicia.

Los franquiciadores aportan a sus franquiciados una ayuda inicial y continua. Los servicios iniciales comprenden fundamentalmente: un estudio de mercado, un estudio de localización de restaurante franquiciado, una asistencia en la negociación del alquiler, una concepción de la decoración interior del punto de venta, la formación de la mano de obra, modelos de gestión contable y financiera. Los servicios continuos comprenden: un seguimiento operativo, material de promoción, formación de cuadros y empleados, control de calidad, publicidad a nivel nacional, centralización de compras, informaciones sobre la evolución del mercado, auditorías contables y financieras, seguros agrupados, etc. (McGuire, 1971).

Los sistemas de franquicia se encuentran en casi todos los sectores de actividad y la cifra de negocios realizada ha aumentado considerablemente en los últimos diez años. Encontramos en la Figura 11.7 algunas cifras sobre el número de franquicias que operan en los principales países europeos.

Ventajas para el franquiciado

La **motivación del franquiciado** principalmente es beneficiarse de la experiencia, de la notoriedad y de la garantía unidas a la imagen de marca del franquiciador. A esta motivación básica se añaden las consideraciones siguientes.

1. Tener la posibilidad de poner en marcha una empresa con poco capital.
2. Reducir el riesgo y la incertidumbre, puesto que se trata de un proyecto de éxito probado.
3. Beneficiarse de un mejor poder de compra ante los proveedores de la cadena franquiciada.
4. Recibir una formación y una asistencia continua proporcionadas por el del franquiciador.

País	Número de franquiciadores	Número de franquiciados
Bégica	82	4.100
Dinamarca	10	30
Francia	700	30.300
Italia	210	12.500
Países Bajos	255	8.800
España	100	9.000
Reino Unmido	295	16.600
Ex-Alemania del Este	190	9.100

Figura 11.7. Número de franquicias por países en la UE.
Fuente: Sanghani, 1991.

5. Tener el acceso a los mejores emplazamientos, gracias al renombre y al poder financiero del franquiciador.
6. Recibir una ayuda a la gestión del marketing y a la gestión financiera y contable de la franquicia.
7. Tener locales y decoración interior bien concebidos.
8. Beneficiarse de la investigación y desarrollo constantes de nuevos productos o servicios.
9. Tener la posibilidad de crear su propio negocio como independiente perteneciendo a una gran organización.

El acuerdo de franquicia es una forma relativamente flexible de colaboración entre el franquiciador y los franquiciados. No obstante, existen **tres fundamentos indispensables** para la solidez de un acuerdo de franquicia, que son:

— La voluntad de trabajar solidariamente.
— La aceptación de un derecho de transparencia recíproco.
— El fundamento legal de la fórmula.

Esta última condición es esencial; la franquicia es un método original de distribución de un buen producto o de un buen servicio (una fórmula de éxito), no será nunca una solución para sacar de un apuro o de salvaguardia de una empresa en dificultad que se declare «franquiciador» sin haber hecho ella misma la prueba de su fórmula.

11.4. LAS ESTRATEGIAS DE COMUNICACION FRENTE A LOS INTERMEDIARIOS

La cooperación de los distribuidores en la realización de los objetivos de la empresa es una condición esencial de éxito. Para obtener esta cooperación de los intermediarios, se ofrecen dos estrategias posibles de comunicación a la empresa: una estrategia de presión y una estrategia de aspiración. Una tercera posibilidad es la estrategia mixta que combina las dos primeras.

11.4.1. Las estrategias de presión

Una estrategia de presión (*push*) consiste en orientar prioritariamente los esfuerzos de comunicación y de promoción sobre los intermediarios de forma que les incite a referenciar la marca, a almacenar el producto en cantidades importantes, a otorgarle el espacio de venta adecuado y a incitar a los consumidores a comprar el producto. El objetivo es suscitar una **cooperación voluntaria del distribuidor** que, en razón de los incentivos y de las condiciones de venta que se le ofrecen, va naturalmente a privilegiar o a empujar el producto cada vez que pueda. La fuerza de venta, o la comunicación personal, será aquí el medio de marketing más importante. Una estrategia de presión implica la existencia de relaciones armoniosas con los distribuidores, y evidentemente son los representantes y vendedores, sobre todo, los que tienen un papel importante a jugar al respecto. Se ha representado en la Figura 11.8 los principales incentivos que la empresa puede utilizar para favorecer esta cooperación voluntaria de los intermediarios.

Una estrategia de presión es indispensable para obtener la cooperación de los distribuidores, sin la intervención de los cuales la empresa no tiene acceso al mercado. Cuanto más importante sea el poder de negociación de los distribuidores, menos elección tendrá la empresa. En los mercados donde la distribución está muy concentrada, son generalmente los distribuidores mismos quienes imponen sus incentivos a los fabricantes. El riesgo de una estrategia de comunicación exclusivamente orientada hacia los distribuidores es, pues, hacer a la empresa enteramente dependiente de su buena voluntad y sin control real sobre su sistema de distribución.

Solamente la empresa que adopte un canal directo puede evadirse del sostén de la distribución; por el contrario, debe asumir la totalidad de las tareas ejercidas por los distribuidores, lo que representa un coste elevado. Desarrollos recientes en la tecnología de la comunicación ofrecen nuevas posibilidades a este respecto. El análisis del potencial que presenta hoy en día el marketing directo y el marketing interactivo, será el objeto de la última sección de este capítulo.

11.4.2. Las estrategias de aspiración

Una estrategia de aspiración (*pull*) concentra los esfuerzos de comunicación y de promoción sobre la demanda final, es decir, sobre el consumidor o el usuario final, evitando a los intermediarios. El objetivo es crear, al nivel de la demanda final, unas actitudes positivas hacia el producto o la marca y hacerlo de manera que el comprador demande, incluso idealmente exija, tal marca al distribuidor, que se verá de esta manera forzado a tener el producto para hacer frente a la demanda de sus clientes. Al contrario de la estrategia de presión, se intenta aquí **crear una cooperación forzada** por parte de los intermediarios, los consumidores juegan de alguna manera el papel de una bomba; la marca es aspirada en el canal de distribución por la demanda final.

Objetivos buscados	Ejemplo de incentivos usados
• Aumento de las compras y mantenimiento de stoks importantes.	Márgenes elevados, exclusividad territorial, promociones, reducciones por cantidad, ventajas de recompra, productos gratuitos, programas de llenado de estantes.
• Aumento de los esfuerzos del equipo de ventas.	Formación en ventas, material promocional; programas de incentivos comerciales, concursos de ventas.
• Aumento local de los esfuerzos promocionales:	
— Publicidad local.	Publicidad cooperativa, presupuesto de publicidad, material publicitario (películas, carteles, etc.), para uso local.
— Aumento del espacio en la tienda.	Presupuesto promocional ligado al espacio acordado para los productos.
— Promoción en tiendas.	Displays, publicidad en el lugar de ventas, ventas con demostración, distribución gratuita.
• Mejora del servicio a la clientela.	Programa de formación en el servicio, material pedagógico, márgenes elevados para los nuevos productos, cobertura de los costes generados por el servicio de garantía.

Figura 11.8. Principales incentivos usados para motivar al distribuidor.
Fuente: Boyd & Walker (1990).

La puesta en funcionamiento de una estrategia de aspiración requiere importantes medios publicitarios, repartidos en largos períodos para conseguir crear esta demanda y esta presión sobre la distribución. Este es típicamente el papel ejercido por los grandes medios de comunicación publicitarios y por las políticas de marca. Entre otros medios corrientemente utilizados están las distribuciones gratuitas de productos, los cupones descuento, las exposiciones y las ferias comerciales, la publicidad directa. Generalmente, una estrategia de aspiración implica unos medios financieros más importantes que los de una estrategia de presión. Además, los desembolsos son gastos fijos independientes del volumen de actividad, mientras que, en una estrategia de presión los desembolsos son en general proporcionales al volumen de ventas y, por consiguiente, más fácilmente soportables para una empresa de tamaño pequeño. El interés que presenta para la empresa una estrategia de aspiración con éxito es neutralizar el poder de negociación de los distribuidores y obtener de su parte una cooperación importante.

La sociedad Procter & Gamble lanza sus nuevos productos utilizando en gran parte una estrategia de aspiración. Sin embargo, la campaña de publicidad entre los consumidores no sale generalmente más que cuando el producto está distribuido al 100 por 100 entre los detallistas. Lo que quiere decir, que un resultado tal no es esperado más que cuando los representantes de Procter & Gamble pueden mostrar a los detallistas los planes de las campañas publicitarias que van a ser realizadas. Gracias al renombre de la sociedad, los detallistas quieren cooperar con ella.

Además, en una estrategia de aspiración, la empresa invierte a largo plazo; en lugar de orientar sus esfuerzos de promoción sobre la distribución con el riesgo de sobrepuja que ello supone, la empresa se esfuerza en crearse una imagen de marca, un **capital de notoriedad**, que constituye en último término la mejor garantía de cooperación por parte de los intermediarios.

En la práctica, estas dos estrategias son totalmente complementarias y la mayoría de las empresas practican **estrategias mixtas** repartiendo sus esfuerzos de comunicación y de promoción entre la demanda final, por un lado, y la distribución, por otro. No obstante, como se verá en el Capítulo 13, el aumento del coste de la fuerza de venta en relación al de los medios de comunicación tiende a fomentar el recurso a las estrategias de aspiración. En efecto, el coste medio de una visita o de un contacto realizado por un vendedor se hace cada vez más elevado, mientras que la mejora de la selectividad de los medios de comunicación permite, por el contrario, reducir constantemente el coste unitario del contacto por mensaje publicitario.

11.5. ANALISIS DE LOS COSTES DE DISTRIBUCION

El coste de un canal de distribución se mide por el margen de distribución, es decir, por la diferencia entre el precio de venta al usuario final (aquí el consumidor) y el precio pagado al productor por el primer comprador. El margen de distribución se identifica pues con la noción de **valor añadido** por la distribución. En el caso de canal indirecto, donde varios intermediarios intervienen en el canal, el margen de distribución está constituido por la suma de los márgenes de los intermediarios sucesivos. El margen de un distribuidor es la diferencia entre el precio al que vende el producto y el precio al que lo compra; las dos nociones se confunden cuando un solo intermediario interviene en el canal.

11.5.1. Los márgenes de distribución

El margen de un distribuidor se expresa habitualmente en porcentaje, en relación al precio de venta al consumidor (precio al público) o en relación al precio de compra. Según el caso, se habla de **margen «hacia afuera» o margen «hacia dentro»**. Normalmente, se refieren a la noción de *mark-up* o de «comisión», es decir, al margen calculado sobre el precio de venta final. Las diferentes nociones y fórmulas de cálculo están representadas en la Figura 11.9.

• **Margen del distribuidor:**

$$\text{Margen del distribuidor} = \text{Precio de venta} - \text{Coste de compra}$$

$$D = P - C$$

— **Porcentaje del margen del distribuidor:**

«hacia afuera»

$$MD^* = \frac{P - C}{P}$$

«hacia dentro»

$$MD^0 = \frac{P - C}{C}$$

• **Reglas de equivalencia:**

$$MD^* = \frac{MD^0}{1 + MD^0} \qquad MD^0 = \frac{MD^0}{1 - MD^*}$$

Figura 11.9. Cálculo de los márgenes de distribución.

Si un detallista compra un producto por 100 F y lo vende a 200 F, su margen es 100 F. ¿Cuál es el porcentaje de margen del detallista? En relación al precio de venta será,

$$100/200 \times 100 = 50 \text{ por } 100$$

En relación al precio de compra,

$$100/100 \times 100 = 100 \text{ por } 100$$

En general, los márgenes de distribución están expresados en relación al precio de venta (hacia afuera), pero las prácticas varían de sector a sector y de empresa a empresa.

El margen de distribución está determinado por la posición ocupada por el intermediario en la red y remunera la(s) función(es) ejercida(s). En ciertos casos, el intermediario se beneficia de varios márgenes (ver Figura 11.10). El problema del fabricante que debe proponer un precio en tarifa, o lo que es lo mismo que el precio final sugerido es tanto más complejo cuanto más elevado es el número de intermediarios entre el fabricante y el comprador final.

11.5.2. Comparación de los costes de distribución

El margen de distribución remunera pues las funciones y tareas de la distribución asumidas por los intermediarios. En la medida en que el fabricante decide asumir cierta parte de estas funciones, deberá hacerse cargo él mismo de su organización y su financiación. A modo de ejemplo se encontrará en la Figura 11.11 una comparación entre los costes de distribución de dos canales indirectos, uno con intervención de mayoristas, otro sin intervención de los mismos, pero en contacto directo con una red de detallistas.

— Los márgenes de distribución se presentan habitualmente bajo la forma de una serie de porcentajes, en los que la cantidad varía según las funciones ejercidas por el distribuidor.
— En el caso de un gran distribuidor, se tendrá por ejemplo:

«30, 10, 5 y 2/10, neto 30».

Las tres primeras cifras designan las disminuciones sucesivas sobre el precio de tarifa:

- 30 por 100: margen funcional como detallista.
- 10 por 100: margen de gran superficie que ejerce la función de mayorista.
- 5 por 100: margen promocional para sostener la publicidad local.
- 2/10 por 100: 2 por 100 de descuento por pago en 10 días.
- Neto 30: duración del período de crédito: 30 días o un mes.

Figura 11.10. Ejemplo de estructura de precio de un distribuidor.
Fuente: Monroe, 1979.

En el caso de **canal indirecto largo**, la mayoría de las funciones físicas de distribución están aseguradas por el mayorista y los costes son con creces proporcionales a la cifra de ventas del fabricante y están cubiertos por el margen del distribuidor. El fabricante puede contentarse con un departamento comercial encargado de la administración de ventas y limitado a las relaciones con los mayoristas. La parte de los gastos fijos para el fabricante aquí es muy reducida. Como se ha visto anteriormente, en un canal indirecto largo, la política comercial de la empresa depende ampliamente de la buena voluntad de los distribuidores y la empresa no tiene más que un pequeño control sobre las operaciones de venta. Para compensar este alejamiento en relación con la demanda final, la empresa puede crear su propia fuerza de venta para estimular la demanda al nivel de los detallistas e igualmente recurrir a la publicidad para crear una notoriedad y una preferencia de marca entre los compradores finales.

Si examinamos ahora la estructura de los costes propios en el **canal indirecto corto**, se constata que la parte de gastos fijos es principal. El fabricante debe asumir las funciones físicas de almacenamiento y de transporte, lo que supone una red de almacenes y una administración de ventas mucho más importantes. Los gastos financieros provocados por la gestión de los stocks y de las cuentas de clientes están también a cargo del fabricante. Por último, las funciones de contacto e información deberán estar aseguradas totalmente por la empresa.

Adoptando una estrategia de distribución selectiva, la empresa debe contactar al menos una vez por mes 2.500 detallistas. Un representante efectúa una media de 4,8 visitas por día y trabaja 250

Funciones de distribución a ejercer	Canal indirecto largo		Canal indirecto corto	
	Coste	Comentarios	Coste	Comentarios
Transporte	Cubierto por el margen de los mayoristas	• P → M: a cargo del P — más caro M → D: a cargo de D — menos caro	—	• P → almacenes: a cargo del P — menos caro almacenes → D: a cargo del D — más caro
Surtido	16 % del C.V. del productor	• A cargo del M y del D: surtido más completo	—	• A cargo del D: riesgo de surtido menos completo
Almacenamiento		• Almacenes: a cargo del M • Stocks: a cargo del M • Clientes: a cargo del M	750.000 $ 2,5 % de la C.V. 1,25 % de la C.V.	• 7 almacenes (menos numerosos) • 4 rotaciones año (tasa 10 %) • Pago a 45 días (tasa 10 %)
Contactos		• A cargo del M riesgo de inercia	500.000 $	• 25 vendedores a 20.000 $ más dinámico (estrategia de presión)
Información	2,5 % del C.V.	• Estrategia de presión sobre M y D	1,5 % de la C.V.	• Estrategia de aspiración
Administración ventas	30.000 $	• Sobre todo a cargo del M equipo pequeño	200.000 $	• Sobre todo a cargo del P equipo grande
Coste total	30.000 + 0,185 (C.V.)	• El coste es más que proporcional a la actividad	1.450.000 + 0,0525 (C.V.)	• La partida de gastos fijos es importante

Figura 11.11. Comparación del coste de dos canales de distribución. *Fuente: Adaptado del caso «Masland C.H. and Sons» en Brown M.P. y otros (1968). Problems in Marketing (New York, McGraw Hill Book Cy.).*

días al año. Es necesario pues prever un efectivo de 25 vendedores para realizar el objetivo de cobertura de mercado.

La adopción de un canal corto implica, por parte del fabricante, un riesgo financiero mucho más importante. En cambio, la empresa está en condiciones de ejercer un mayor control de su política comercial estando en contacto más directo con la demanda final.

Las dos ecuaciones de costes se comparan en la Figura 11.12. Se observa que hay un nivel de cifras de ventas en el que los costes de distribución son idénticos para los dos canales. Si las perspectivas de venta son las mismas en los dos casos, el canal largo será preferido al canal corto para toda cifra de ventas considerada inferior al punto de intersección de las dos rectas, e inversamente para toda cifra de ventas superior. Este análisis confirma la observación habitual según la cual las pequeñas empresas deben adoptar unos canales largos, siendo generalmente su cifra de ventas demasiado baja para soportar la inversión fija que representa un canal corto.

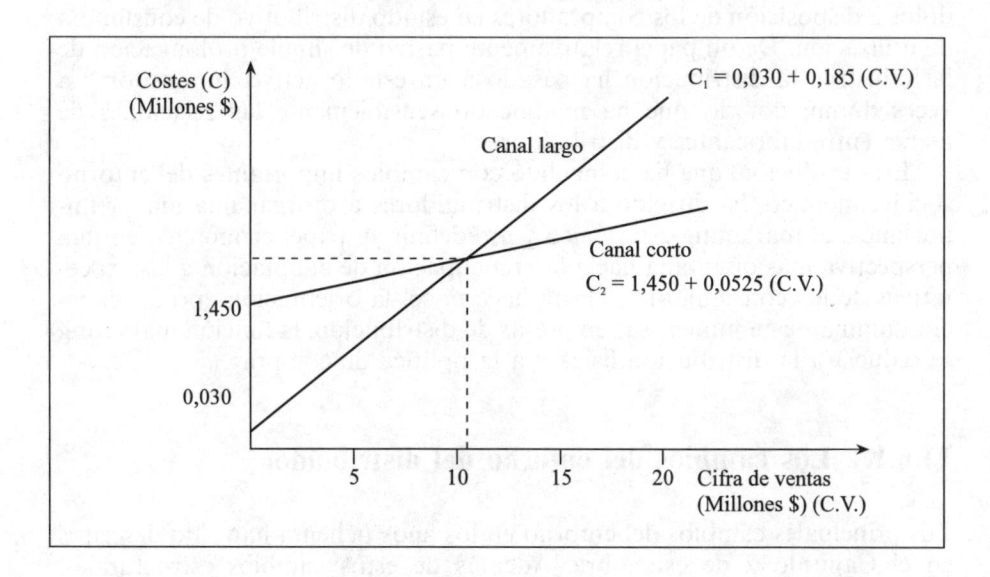

Figura 11.12. Comparación de las funciones de costes de dos canales de distribución.

De una manera general, las perspectivas de la cifra de ventas no son las mismas según los canales de distribución; se calculará la tasa de rentabilidad (R) de cada canal de la manera siguiente:

$$R = \frac{\text{Cifra de venta} - \text{Coste de distribución}}{\text{Coste de distribución}}$$

El ratio R es una estimación de la tasa de rentabilidad esperada cuando se toma en consideración el conjunto de costes soportados por cada canal. Este dato cuantitativo debe ser, evidentemente, interpretado a la luz de los factores cualitativos evocados anteriormente.

11.6. EL MARKETING ESTRATEGICO DEL DISTRIBUIDOR

Un cambio importante se está produciendo a lo largo de los años noventa, el del **descubrimiento del marketing** estratégico por la empresa de distribución, y más particularmente por la gran empresa de distribución. En efecto, durante mucho tiempo, la empresa de distribución ha limitado su papel de agente económico al de un **intermediario entre productores y consumidores**, su contribución esencial ha sido, como se ha visto en la Sección 11.1 de este capítulo, dar un valor añadido a los productos y servicios ofrecidos poniéndolos a disposición de los compradores en estado distributivo de consumo o de utilización. De un papel relativamente pasivo de simple prolongación de la industria, la distribución ha pasado a un estado activo, innovador y a veces dominador, lo que ha modificado sensiblemente las relaciones de fuerza entre fabricantes y distribuidores.

Esta evolución, que ha coincidido con cambios importantes del entorno socioeconómico, ha dirigido a los distribuidores a otorgar una mayor importancia al marketing estratégico y a redefinir su papel económico en una perspectiva más orientada hacia la preocupación de adaptación a las expectativas de los consumidores. Hasta hace poco, la orientación «producción» era dominante en numerosas empresas de distribución, la función marketing se reducía a la distribución física y a la política de compras.

11.6.1. Los cambios del entorno del distribuidor

Los principales cambios del entorno en los años ochenta han sido descritos en el Capítulo 2 de esta obra. Además de estos cambios estructurales, numerosas evoluciones económicas y sociales han tenido un impacto importante, en las economías occidentales, sobre los hábitos de compra y sobre el desarrollo de las empresas de distribución.

Las intervenciones del Estado

La distribución tiene un papel económico y social importante, los poderes públicos han intervenido en diferentes aspectos en la mayoría de los países de Europa occidental. Estas intervenciones han sido principalmente en los cinco ámbitos siguientes:

— Las reglamentaciones de los precios y los márgenes de distribución, con objeto de controlar las tendencias inflacionistas, bien de forma autoritaria por decisiones de bloqueo de precios, bien de forma concertada a través de contratos y programas sectoriales.
— La protección de los consumidores, a través de reglamentaciones referentes a la venta, el etiquetado de los precios y contenidos, las operaciones publicitarias y promocionales.
— La protección de los pequeños comercios a través de reglamentaciones que limitan la expansión de la gran distribución (ley de cadenas en Bélgica, ley Royer en Francia).
— La organización de la competencia con objeto de evitar los abusos de posición dominante (negativa de venta, precio de venta mínimo impuesto) y de luchar contra prácticas anticompetitivas (convenios, repartos de mercado).
— Las legislaciones sobre la eliminación de los residuos y embalajes que afecta a los productores y también a los distribuidores.

En la Unión Europea, se observa una tendencia hacia la uniformidad de estas reglamentaciones comerciales que, con la constitución del Mercado único, deberán ser en principio idénticas en cada uno de los países de la Unión.

Los cambios en el entorno sociodemográfico

Estos cambios se sitúan en los planos demográfico, sociocultural y económico y se han manifestado, con una intensidad diferente en la mayor parte de los países europeos.

— En el plano demográfico, se observa una ralentización del crecimiento de la población, familias cada vez más reducidas, un número creciente de personas de edad (en su mayoría mujeres).
— En el plano social, el número de mono-hogares o de solteros está en fuerte crecimiento, el trabajo femenino ha seguido siendo importante a pesar de la crisis, el nivel de educación continúa aumentando regularmente y la tasa de equipamiento de las familias en productos electrodomésticos y audiovisuales ha llegado a ser muy elevada. Por otra parte, nuevas formas de urbanización aparecen (retorno al centro de las ciudades, desarrollo de las periferias, ruralismo).
— En el plano sociocultural, se observa un cambio bastante radical en el nivel de valores; el rechazo del «cuantitativo» en favor de la «calidad de vida», la necesidad de cordialidad y de servicio personalizado, la profesionalidad en el comportamiento de compra bajo la influencia sobre todo de la cultura consumerista, la consideración del tiempo como valor, el gusto por el cambio y la necesidad de estimulación, son las nuevas tendencias que se perfilan.
— En el plano económico, por último, es necesario reconocer que desde 1994 la crisis está siempre ahí, ya que la tasa de crecimiento del

producto nacional bruto permanece situada alrededor del 2 por 100 en los países europeos, con un estancamiento como consecuencia, incluso un declive, de los gastos de consumo privado.

Los consumidores actuales han llegado a ser compradores informados, educados, comportándose como profesionales, atraídos por actividades más estimulantes, ahorradores de su tiempo y manifestando expectativas muy diversas y que, por otra parte, han visto estancarse su poder de compra. En este nuevo contexto está claro que las **prácticas de marketing de masas de los años sesenta están superadas**, y han llegado a ser inoperantes. Los detallistas se encuentran frente a mercados muy fragmentados y a consumidores advertidos que buscan la mejor relación calidad/precio. Está claro que estas mutaciones constituyen retos para la distribución.

Las mutaciones de la distribución

El sector de la gran distribución ha llegado a ser, de hecho, un sector situado en fase de madurez. Todos los indicadores son convergentes a este respecto.

— La tasa de crecimiento del volumen de negocios está en fuerte desaceleración incluso **en estancamiento**, principalmente en el sector alimentario; la cuota de mercado de la gran distribución en el comercio minorista ya no progresa.
— El aumento de las superficies de venta y el **crecimiento del número de establecimientos** en autoservicio han sido importantes a pesar de los límites impuestos por las leyes de orientación del comercio; aunque no se ha alcanzado el umbral de saturación, no se está lejos de ello.
— La **competencia por los precios** llega a ser cada vez más fuerte, principalmente en todos los productos de marca en la alimentación, aunque también en la no alimentación, los bienes duraderos y los textiles.
— Casi en la totalidad de los países industrializados, se observa un **nivel elevado de concentración** de los líderes de la distribución. En la Figura 11.13 se encuentran las cuotas de mercado de los cinco y diez primeros distribuidores alimentarios en Europa.

Estas observaciones, que deben ser matizadas según los países, conducen a pensar que el producto «gran distribución», llega a ser cada vez más un **producto banalizado** un *commodity*. Varios factores explican esta evolución.

— En una primera época (los años 60), el desarrollo de las políticas de **marcas de los fabricantes** contribuyó a reducir la importancia de la elección del punto de venta y de la enseña en el espíritu del consumidor; el éxito de un punto de venta era entonces determinado ampliamente por la presencia en su surtido de las marcas más prestigiosas.
— Esta evolución ha favorecido el **desarrollo de distribuidores** *bradeurs* (de descuento u oferta) que han basado su estrategia en la venta de las marcas a un precio menos elevado (tal como Aldi, Leclerc, Auchan,

País	Cuota de mercado de los 5 primeros distribuidores	Cuota de mercado de los 10 primeros distribuidores
Bélgica	52	68
España	19	22
Francia	42	65
Italia	29	43
Holanda	59	79
Noruega	10	15
Portugal	15	18
RFA	27	33
Reino Unido	53	66
Suiza	82	91

Figura 11.13. Concentración de la distribución alimentaria en Europa.
Fuente: Nielsen, 1990.

FNAC), atacando así las estrategias de distribución selectiva de los fabricantes que intentan proteger, no sólo el producto, sino también el precio y consecuentemente su margen.
— La proliferación de marcas cada vez menos diferenciadas y las prácticas de **distribución intensiva** adoptadas por los fabricantes han contribuido a atenuar la diferenciación de los puntos de venta, las mismas marcas están cada vez más presentes en todas partes.
— El **servicio postventa**, antaño responsabilidad del distribuidor, está igualmente cada vez más directamente asegurado por el fabricante, en particular en los sectores de los bienes duraderos.
— La ausencia de servicios a la clientela por razones de productividad, conduce a una **autoproducción importante de servicios** en los consumidores, que aumenta de hecho para ellos el «precio global» de la gran distribución (de Maricourt, 1988).
— Por último, el desarrollo espectacular de las tarjetas bancarias y de crédito ha sustituido al distribuidor en la **concesión del crédito**, un factor importante de fidelización del punto de venta. Hoy, todo consumidor puede comprar a crédito donde quiera.

Estos factores contribuyen a banalizar el lugar de venta; de ahí principalmente la pérdida de atractivo y del carácter lúdico de la compra, percibido cada vez más como una carga por los consumidores y en particular por las amas de casa necesitadas de su tiempo, porque lo utilizan para actividades más estimulantes.

Los cambios en los comportamientos de compra

Los consumidores se comportan diferentemente hoy en día, no solamente por razón de los cambios sociodemográficos enunciados anteriormente, sino también porque se han vuelto más experimentados y profesionales en sus comportamientos de compra. Como sugirió Wortzel (1987, pág. 47), uno de los cambios más significativos es la aparición del **comprador informado**. Ser un «comprador informado» implica la existencia de varios atributos.

— Estar informado sobre los productos buscados y ser capaz de comparar y de elegir haciendo abstracción de las marcas, de la publicidad o de los reclamos a la venta. Esto significa encontrar la mejor relación calidad-precio.
— Ser capaz de distinguir entre las características de los productos y los servicios aportados por el punto de venta que aumentan el valor del producto. Un comprador informado es perfectamente capaz de identificar él mismo los valores propios del producto y que pueden pues ser obtenidos no importa donde, y los valores añadidos al producto debido al punto de venta donde el producto es comprado. El comprador informado compara de manera rutinaria marcas y almacenes sobre esta base.
— Ser capaz de reconocer inmediatamente las marcas que son en realidad idénticas. El comprador informado no elegirá necesariamente una marca muy conocida en perjuicio de una marca menos conocida, simplemente porque le sea más familiar o en razón de su imagen. El producto deberá igualmente ser percibido, como portador de un valor superior.

Además, para muchos consumidores y para un número elevado de productos, hacer las compras no se siente como una experiencia agradable o distraída, sino como una obligación que debe ser ejecutada tan eficazmente como sea posible, minimizando el tiempo y los esfuerzos dedicados mientras que se abren numerosas posibilidades de desarrollo en esta vía.

11.6.2. Las estrategias de diferenciación del distribuidor

Frente a estos cambios, el distribuidor está condenado a revisar sus estrategias tradicionales de posicionamiento y a redefinir el **concepto de punto de venta**, o concepto de enseña, que él cree ofrecer a los consumidores y que le diferencia de sus competidores. Una estrategia de diferenciación aplicada al nivel de un punto de venta implica que los consumidores encuentran una ventaja importante para ellos en la elección de un punto de venta determinado, ventaja que no encontrarían en puntos de venta competidores. Para el distribuidor se trata pues de identificar las **fuentes de diferenciación** percibidas como un valor por el comprador.

Concepto de almacén multiatributos

A este respecto, la noción de **«producto-conjunto de atributos»** descrita en el Capítulo 4 es igualmente pertinente para la empresa de distribución. En efecto, visto desde el ángulo del consumidor, el lugar de venta (por ejemplo, un supermercado) puede ser descrito en términos de seis atributos distintos, cuya importancia puede variar según los grupos de compradores. Estos atributos son, para el distribuidor, otras tantas variables de acción permitiéndole definir un «concepto de almacén». Estos atributos son descritos a continuación.

— La **«proximidad»**, que pone de relieve la definición del área comercial o espacio territorial en el seno del cual el distribuidor va a contraer relaciones comerciales con sus clientes.
— El **«surtido»**, es decir, la variedad de los productos ofrecidos descrita en términos de amplitud (variedad de las funciones), de longitud (variedad de los modelos dentro de una misma función) y de profundidad (variedad del número de referencias por modelo en el seno de una misma función).
— El nivel de **«precios»** practicados, comprende la amplitud de la gama de precios, la práctica de precios de reclamo, la presencia regular de promociones, las reducciones de precios por cantidad.
— Los **«servicios»** que comprenden los servicios de confort (acogida, parking, asistencia, nocturno, guarderías), los servicios técnicos (método de venta, forma de entrega, montaje, reparación), los servicios financieros (aceptación de cheques, tarjetas de crédito, financiación) y los servicios paracomerciales (agencias de viajes, listas de regalos, stands especializados...).
— El **«tiempo»** que debe dedicarse a un *shopping trip* es función de la proximidad, pero también de las facilidades de acceso, de la facilidad de identificación de los productos, de la ausencia de colas en las cajas. Es toda la organización interna del punto de venta, vista desde el ángulo del consumidor de lo que se trata aquí.
— El **«ambiente»**, el marco, la luz, el ambiente musical, la ausencia de ruidos molestos, la decoración interior son otros factores importantes y que forman parte de las «ventajas» buscadas por algunos grupos de consumidores.

Estas características son utilizadas por los consumidores como criterios de comparación entre puntos de venta. Corresponde al distribuidor definir el concepto de almacén que pretende crear, definiendo de manera creativa e innovadora, el conjunto de atributos que responde a las esperanzas del segmento objetivo de compradores, y que le diferencia mejor de las ofertas de otros distribuidores.

Las estrategias de posicionamiento de un punto de venta

Las estrategias de diferenciación considerables por un distribuidor varían según el tipo de sector en el que opera. Con este criterio, se pueden clasificar los puntos de venta siguiendo dos dimensiones: la tasa de margen aportada por el producto y la naturaleza de la ventaja principal buscada por el comprador en el producto, que puede ser funcional o simbólica.

	Alta ↑ TASA DE MARGEN	
Productos funcionales especializados: Cadena Hi-Fi, microordenador, utillaje		**Productos de prestigio:** relojes. joyas, boutiques de moda
Funcional		Simbólica
	FUNCION DEL PRODUCTO	
Productos de alimentación: mantenimiento, higiene, muebles		**Productos de marca:** vendidos a bajo precio
	Baja	

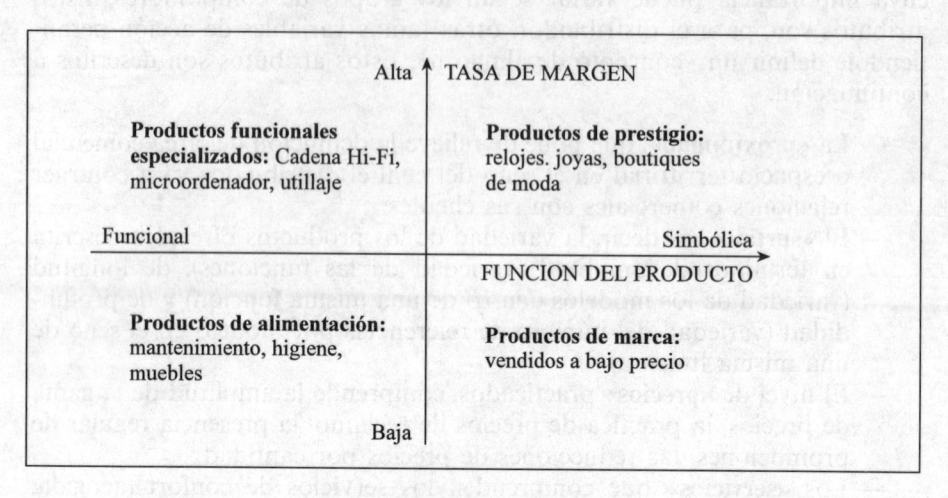

Figura 11.14. Análisis del posicionamiento de un distribuidor.
Fuente: Wortzel L. H. (1987).

Se tiene un mapa de dos dimensiones en el que se pueden distinguir cuatro situaciones distintas, que pueden considerarse estrategias específicas de diferenciación (ver Figura 11.14).

— Entre los **productos funcionales de margen elevado**, se encuentran los detallistas especializados en alimentación, los productos audiovisuales de gama alta, los microordenadores, las herramientas.
— En los **productos funcionales de margen débil** figuran los productos alimenticios básicos de los super e hipermercados, los artículos de mobiliario de bajo precio (Ikea), los centros de bricolaje, el audiovisual de gama baja.
— En los **productos simbólicos de margen elevado** figuran la confección, las tiendas de moda (Benetton), las joyerías.
— Entre los **productos simbólicos de margen débil**, figuran los establecimientos cuya razón de ser es la venta a bajo precio de las grandes marcas de contenido simbólico elevado.

Es necesario remarcar que muchos productos pueden venderse en puntos de venta de margen débil o elevado, la diferencia se sustenta en la importancia y la naturaleza de los servicios añadidos. Así, en alimentación una misma marca puede ser comprada: *a)* en un almacén sin ningún servicio añadido, *b)* en un supermercado con un ambiente más confortable y con un mínimo servicio, o incluso *c)* en un establecimiento especializado en condiciones elevadas de confort y de asistencia a la compra y de servicio en las cajas.

El objetivo del distribuidor es posicionarse sobre este mapa y definir a continuación estrategias que le permitan diferenciarse de sus competidores en la mente de los consumidores. Tres estrategias de posicionamiento pueden ser observadas.

— Una estrategia de diferenciación basada en el **surtido de productos** ofertados, que será muy diferente del ofertado por otros almacenes que referencien la misma categoría de productos.
— Una estrategia de **servicio y de personalización** en la cual el surtido de productos no será diferente de los almacenes competidores, sino que se distinguirá por la calidad del servicio ofertado.
— Una estrategia basada en el **precio** y que consiste en ofrecer los mismos productos, pero a precios más bajos.

Para definir una estrategia de diferenciación, la empresa de distribución dispone pues de numerosas variables de acción y le es perfectamente lícito poner en práctica la gestión del marketing estratégico. Habiendo precisado sus elecciones en términos de posicionamiento buscado, deberá inmediatamente definir un plan de acción comercial, coherente con los objetivos elegidos y susceptible de producirle una ventaja competitiva defendible sobre sus competidores.

El desarrollo de las marcas de los distribuidores

Las estrategias de diferenciación basadas en las marcas de distribuidor han sido adoptadas con éxito por la gran distribución en el curso de los diez últimos años. En Bélgica, por ejemplo, entre 1983 y 1992, las cuotas de mercado de las marcas de distribuidor han pasado del 11,4 al 19,8 por 100 (Nielsen, 1993). Las cuotas de mercado observadas en los otros países europeos se presentan en la Figura 11.15. Ver igualmente el estudio de McFinsey (Glemet et Mira, 1993).

País	Cuota de mercado (%)	País	Cuota de mercado (%)
Suiza	41,2	Italia	6,8
Reino Unido	37,1	Alemania	6,8
Bélica	19,8	Austria	6,3
Francia	16,4	Finlandia	5,4
Países Bajos	16,3	Noruega	5,0
Suecia	10,7	Irlanda	3,6
España	7,7	Portugal	2,3

Figura 11.15. Cuotas de mercado de las marcas de los distribuidores.
Fuente: Nielsen, 1993.

Este desarrollo coincide con un crecimiento progresivo del poder de mercado alcanzado por la gran distribución, en razón principalmente de la pérdida del control de la información de la parte del fabricante, debida al refuerzo de la centralización de las compras y al desarrollo de los sistemas de lectura óptica (código de barras).

Antes, era la **central de compra** quien negociaba con el fabricante y este último entregaba directamente a los diversos almacenes. Con el desarrollo de la logística y el incremento de la centralización, de ahora en adelante, la central se aprovisiona directamente del fabricante y es ella la que distribuye las mercancías compradas en sus diversos almacenes según sus necesidades. El fabricante no conoce pues el reparto exacto de sus entregas y no puede medir el impacto de sus campañas publicitarias o promocionales.

Antes de los sistemas de lectura óptica, el distribuidor no tenia más que una información incompleta y costosa de recoger sobre los resultados reales de las diferentes marcas. Dependia de las informaciones comunicadas por los fabricantes. Hoy, la situación se ha invertido y las centrales de compra pueden seguir con precisión las ventas de los productos ofrecidos. Los distribuidores disponen pues de más informaciones que antes, mientras que el fabricante menos.

Este poder de mercado reforzado, ha incitado naturalmente a la distribución a adoptar políticas de marcas propias con el fin de recuperar el margen de beneficio del fabricante. Esta estrategia de marcas propias se remonta a más de 20 años en Europa occidental, pero ha tomado una nueva amplitud desde hace algunos años. Se pueden distinguir cuatro tipos de marcas de distribuidor. (Ducrocq, 1993.)

— Las **marcas de distribuidor**. El distribuidor busca abastecer de los productos de calidad asociando explícitamente su nombre. Los ejemplos típicos son los de Delhaize, Saint-Michel de Mark & Spencer y de Casino.
— Las **marcas propias**. La marca pertenece al distribuidor sin que el nombre de la enseña esté allí asociado. Estos productos son de calidad media. La gama blanca de GB pertenece a esta categoría.
— Las **contramarcas**. Se presentan como marcas normales por el distribuidor, pero no se encuentra más que en sus almacenes. El nombre de la enseña no aparece. Estas marcas se encuentran en Aldi.
— Los **mejores precios**. Son productos de gama baja, que son utilizados para responder a las *hard discounters* sin la protección de la enseña.

Hay que anotar que el desarrollo de las marcas de distribuidor es principalmente imputable al aumento de las marcas mejor precio, alentadas por la nueva raza de *discounters,* que son Aldi (Alemania, Francia y Bélgica) Netto (Dinamarca) y Kwik-Save (Gran Bretaña) que operan en almacenes depósito.

Esta ofensiva de marcas de distribuidores a dado sus frutos, y se ve un poco por todas partes una erosión de la tasa de fidelidad a las marcas de los fabricantes, que ha forzado a éstos a reaccionar y a reducir su diferencial de precio.

- En los Estados Unidos, la Roper Organization mide regularmente la fidelidad a la marca. En 1988, el 56 por 100 de las personas interrogadas decían saber qué marcas comprar al entrar en un almacén; esta cifra a caído al 53 por 100 en 1990 y al 46 por 100 en 1991 (Liesse, 1991).
- La cuota de mercado de Marlboro en USA ha caído del 30 al 22 por 100 en provecho de las marcas genéricas que han alcanzado una cuota de mercado de más del 30 por 100. Para parar esta erosión Philip Morris ha reducido su precio un 22 por 100 (The Economist, 1993).

Se observa pues una precisión de las iniciativas de marketing en los distribuidores, que no se conforman con copiar los productos existentes sino que, realizan una auténtica reflexión de marketing definiendo los conceptos de productos para los que buscan enseguida un fabricante. Se observa también una acentuación de la presión en los precios. De hecho en la gran distribución se evoluciona cada vez más hacia tres mercados:

- Un mercado de **marcas de fabricantes**, que son las marcas líderes en la categoría (las marcas A) y que deben ser objeto de inversiones de marketing y publicidad importantes.
- Un mercado de las **marcas de distribuidor o marcas bandera** (marcas B) creadas por el distribuidor para mejorar la rentabilidad y asentar la estrategia de la enseña.
- Un mercado de **mejores precios** (marcas C) que son los productos destinados principalmente a enfrentarse a los *hard discounters* y a fidelizar a la clientela.

En esta lucha son las marcas de fabricantes mas débiles las destinadas a desaparecer. Para el detallista las **marcas privadas** pueden ser utilizadas en el conjunto de tres tipos de objetivos.

- Un medio de **lucha competitiva** frente a los fabricantes, permitiendo reducir la dependencia del distribuidor en relación a las grandes marcas que ocuparan de hecho, una parte menos importante en las ventas totales.
- Un medio de **mejorar la rentabilidad** en la categoría de productos, las marcas privadas generan márgenes del 10 al 15 por 100 superiores a los de las grandes marcas.
- Un medio de **diferenciación** de enseña y de creación de imagen del almacén.

Este último objetivo es el que toma actualmente más importancia en las estrategias de los distribuidores más dinámicos.

El *trade* marketing

Frente a este crecimiento en potencia de la gran distribución, ¿cuál debe ser la actitud del fabricante? Tres estrategias posibles pueden ser observadas.

- Adoptar una estrategia de **marketing de aspiración** (*pull*) centrada en el consumidor final, sosteniendo una marca fuerte y bien diferenciada de manera que fuerce al distribuidor a introducirla en su surtido.
- Concentrar la actividad en la **fabricación al mejor coste** y abandonar el marketing totalmente al distribuidor, con el riesgo de ser sacado del mercado.
- Tratar al distribuidor no como un competidor ni incluso como un compañero del canal de distribución, sino como un cliente intermediario. Este es el objetivo del *trade* **marketing**.

El *trade marketing* consiste simplemente en aplicar la gestión marketing a los distribuidores, vistos no como intermediarios, sino como clientes. Este proceso que hemos visto, supone cuatro etapas:

- El análisis de las necesidades, es decir, comprender los modos de funcionamiento de los distribuidores y sus esperanzas.
- La segmentación de los distribuidores o la identificación de distribuidores que tienen las mismas necesidades y esperanzas.
- La elección de un segmento objetivo al que el fabricante va a dirigirse principalmente.
- La elaboración de una oferta adaptada al(a los) segmento(s) objetivo(s).

Ciertos grandes fabricantes como Unilever, Procter & Gamble, L'Oreal, Nestlé, son intocables por los distribuidores y pueden imponerse en razón de su poder. El *trade marketing* constituye una solución válida para las pequeñas y medianas empresas o para un recién llegado al mercado. Sobre el *trade marketing*, ver Chinardet (1994).

11.7. EL MARKETING INTERACTIVO O DIRECTO

La venta directa sin intermediario es una práctica habitual, como se ha visto, en los mercados industriales, donde los clientes potenciales son generalmente poco numerosos y, en todo caso, bien identificados, con productos complejos y a menudo realizados a medida, con un alto valor unitario. El cambio sorprendente de los años recientes es el desarrollo de este tipo de distribución allí donde menos se esperaba, es decir, en el mercado de los bienes y servicios de consumo, el gran desarrollo de los nuevos medios de comunicación (Minitel, Videotex, Telemática...) es lo que ha hecho posible esta evolución.

El **marketing directo** está definido por la Direct Marketing Association de la siguiente manera:

> «Un sistema interactivo que recurre a uno o varios medios publicitarios para obtener una respuesta medible y/o una transacción en cualquier lugar».

Según esta definición, el marketing directo no se identifica necesariamente con la venta sin almacén, es decir, con un sistema de marketing que no recurrirá a los intermediarios. Para aclarar el terreno, debe hacerse una distinción entre un sistema de venta directa (el marketing directo propiamente dicho) y un sistema de marketing relacional.

— En un **sistema de venta directa**, las compras son efectuadas a domicilio y servidas a domicilio y la empresa distribuye directamente sin recurrir a los intermediarios. Esta es la venta sin almacenes y las técnicas son la venta por correspondencia, el buzoneo, la venta telemática, la venta televisiva, etc.
— En un **sistema de marketing relacional**, el objetivo no es necesariamente la venta directa. Se trata principalmente de establecer un contacto directo con los prospectores o con los clientes en vistas a crear o mantener una relación continua.

Un sistema de marketing relacional puede existir perfectamente en un sistema marketing vertical convencional. Esta es la razón por la cual nos parece que la expresión «marketing interactivo» define mejor los dos campos que la expresión **«marketing directo»** que designa esencialmente las prácticas de la venta sin almacén.

En realidad, el desarrollo del marketing interactivo en sus dos modalidades es revelador de cambios más profundos que los simplemente tecnológicos; consagra la aparición de un nuevo tipo de relación de comunicación e intercambio entre productores y consumidores que va hacia una personalización creciente de esta relación. Desde esta perspectiva, el marketing interactivo intenta reemplazar el monólogo del marketing tradicional de masa por un auténtico **diálogo con el mercado**. En el límite, tiende hacia un marketing personalizado.

11.7.1. Razones de ser del marketing sin almacenes

Varios factores de naturaleza variada explican el entusiasmo por los sistemas de venta y de comunicación directos.

— Primero, el desarrollo considerable del **coste de la comunicación personal y de la fuerza de venta**. Según un estudio publicado por *McGraw-Hill Research*, en Estados Unidos, el coste medio de un contacto con un posible consumidor en el medio industrial ha pasado de 97 en 1977 a 252 en 1987, es un aumento de 160 por 100 en diez años (Forsyth, 1988).
— Paralelamente, se observa una **baja de la eficacia comunicativa de los medios de publicidad**, debida principalmente a la saturación de los soportes tradicionales y de los cambios en los hábitos de escucha TV (zapping, vídeos); el coste de un mensaje respecto a su impacto en los consumidores hastiados ha llegado a ser, por este hecho, más elevado.

— En una época donde «ir de compras» ha llegado a ser sinónimo de incordio y donde el carácter festivo del *shopping* ha desaparecido, la telemática es una **economía y un dominio del tiempo** cada vez más apreciado por consumidores atraídos por actividades más estimulantes.
— Para los fabricantes el marketing directo presenta ventajas importantes. Permite una mejor selectividad en la comunicación, una personalización de los mensajes y el mantenimiento de relaciones duraderas. Desde un punto estratégico, permite al fabricante sortear o completar la distribución tradicional y reducir así su dependencia de los distribuidores cada vez más potentes. El marketing interactivo ofrece a los productores la posibilidad de recuperar el control del contacto directo con los consumidores.

A estos factores básicos se añaden desde luego los **formidables progresos de la informática** que permiten, incluso a las más pequeñas empresas, administrar verdaderamente una clientela segmentándola hasta la unidad y alcanzarla con mensajes cada vez más agudos y personalizados. En una época en que las empresas ya no pueden permitirse no saber lo que producen la mitad de sus gastos publicitarios, las virtudes del marketing interactivo han llegado a ser más evidentes

11.7.2. La puesta en marcha de un sistema de marketing interactivo

Un sistema de marketing interactivo, implica el desarrollo de una base de datos marketing. El objetivo principal del sistema es el de comunicar directamente con los contactos o clientes y obtener de su parte una respuesta de comportamiento.

País	1981	1989	1990	1991	País	1981	1989	1990	1991
Bélgica	32,0	75,5	78,3	80,0	Italia	nd	nd	nd	nd
Dinamarca	25,0	44,8	46,7	48,5	Holanda	30,0	57,2	59,7	60,4
Francia	26,0	52,9	54,4	54,6	Portugal	nd	10,2	11,5	5,3
Alemania	49,0	59,7	48,4	56,2	España	nd	20,2	23,2	22,8
Irlanda	nd	1,4	11,4	13,9	Gran Bretaña	18,0	37,0	39,6	38,4

Figura 11.16. Crecimiento de la publicidad por correo en Europa: Evolución del número de envíos por habitante.
Fuente: Servicios Postales Europeos (1992), Tablas 2.1-27.

Crear un sistema de marketing interactivo implica el desarrollo de **mensajes personalizados**, cuyo contenido contiene **una oferta al posible consumidor**, de forma que provoca una **respuesta comportamental medible**; estos mensajes están destinados a búsquedas de posibles consumidores y/o a clientes administrados en el marco de un **banco de datos informatizado**, y difundidos con la ayuda de **soportes de comunicación personal e impersonal**. Retomaremos aquí los diferentes elementos constitutivos de un sistema de marketing directo.

Objetivo del mensaje. El objetivo final es vender, pero el objetivo inmediato es sobre todo llegar a crear un diálogo y preparar o mantener una relación de intercambio. Con este punto de vista, el marketing interactivo contribuye directamente a la creación y al mantenimiento de una imagen de marca. El contenido del mensaje puede así tener por objetivo preseleccionar los posibles consumidores, reactivar a los antiguos clientes, acusar la recepción de un pedido, dar la bienvenida a nuevos clientes, suscitar peticiones de documentación explotadas después por los vendedores, utilizar a los clientes actuales para generar otros clientes, proponer una visita al punto de venta o al domicilio, etc.

Mensaje personalizado. La posibilidad de personalizar el envío es un elemento de superioridad importante del marketing directo con relación a la publicidad tradicional, cuyos mensajes son necesariamente estandarizados. Esta personalización recae, no sólo sobre los elementos exteriores (el sobre, la dirección...), sino también sobre la adaptación del mensaje a la situación específica del posible consumidor, permitiendo llegar (en el límite) al «marketing individual». El grado de personalización realizable dependerá de la calidad de la base de datos de que disponga la empresa.

Naturaleza de la oferta. Para provocar una respuesta comportamental positiva por parte del posible consumidor, el mensaje debe contener una oferta o una proposición que puede ser de naturaleza muy variada. En el caso más simple, se trata de una oferta de compra con una tarjeta de pago; el cliente responde enviando un cuestionario o un cupón cumplimentado con un cheque. Esto puede ser igualmente la oferta de examen del producto o de prueba gratuita, la oferta de una muestra o de una documentación, regalos o primas, concursos, el crédito gratuito, la fecha limitada de una oferta especial, la opción negativa (la devolución del producto en el mes), la adhesión a un club, etc. La atracción de la oferta es evidentemente un factor importante de éxito; esto es lo que debe provocar la respuesta del posible consumidor.

Respuesta medible. En un sistema de marketing interactivo, es esencial que haya una respuesta del posible consumidor. Esta respuesta puede tomar formas variadas. Idealmente, es el pedido; pero se buscan numerosas formas de respuesta intermedia, tales como: la cita, el envío de un cuestionario o de un cupón de respuesta, la visita de una sala de venta, la compra de prueba, etc. Sobre la base de las respuestas anotadas la empresa va a precisar su público objetivo, construir su base de datos y orientar los esfuerzos de prospección. En un sistema de marketing interactivo, los compradores potenciales se autoseleccionan, lo que contribuye a mejorar la productividad de los esfuerzos de venta de la empresa y al mismo tiempo constituye una forma de protección de los consumidores, ya que luego, sólo serán abordados los compradores potencialmente interesados.

Base de datos informatizada. Un sistema de marketing interactivo supone la existencia de una base de datos, es decir, de una lista de direcciones que esté compuesta por compradores potenciales homogéneos en relación a las solicitudes y que sea, por otra parte, reciente, suficientemente importante y puesta al día frecuentemente. Por cada individuo de la lista, la base de datos debe comprender elementos de identidad e igualmente elementos históricos (compras anteriores, montante del pedido, etc.). En la empresa, es necesario poder disponer de una capacidad de gestión personalizada, particularmente para administrar las reacciones de los posibles consumidores. Se trata aquí del servicio informático, la administración de las ventas y el servicio de entregas.

País	Publicidad postal (millones ECU)	Publicidad directa (millones ECU)	Telemarketing otros (millones ECU)	Total (millones ECU)	ECU/ habitant	Porcentaje del total
Alemania	5.190	3.170	1.440	9.800	123	37
Francia	3.500	410	1.080	4.990	88	19
Gran Bretaña	1.350	1.850	140	3.340	58	12
Italia	1.320	1.370	190	2.880	50	11
Holanda	1.260	310	1.010	2.580	171	10
España	480	1.170	40	1.690	43	6
Dinamarca	630	100	80	810	156	3
Bélgica/Lux.	200	190	50	440	44	2
Portugal	10	60	10	80	8	—
Grecia	10	60	10	80	7	—
Irlanda	20	40	10	70	19	—
Total	13.970	8.730	4.060	26.760	78	100
% Total	52	33	15	100	—	—

Figura 11.17. Gastos totales en marketing directo (1992).
Fuente: European Direct Marketing Association, (1993), ver Tabla 5, pág. 14.

Soportes de comunicación. Los soportes de comunicación utilizados son en primer lugar, los soportes dirigidos: el publipostal, el teléfono, las inserciones y los videocasetes; en segundo lugar, los soportes de comunicación de masas: la televisión, la radio y la prensa cotidiana o semanal. En este conjunto de soportes, el publipostal ocupa desde luego un lugar privilegiado. El *bus-mailing*, o los envíos agrupados muestran anunciantes diferentes, pero dirigidos a un mismo público objetivo, constituye un desarrollo reciente que permite reducir sensiblemente los costes de contacto.

Uno de los atractivos importantes de un sistema de marketing interactivo es el de permitir la medida del impacto de una campaña y la comparación entre diferentes enfoques del mercado. Por otro lado, este tipo de campaña es discreto y el sentido de que las ofertas hechas no son necesariamente conocidas por la competencia.

Los límites de un sistema de marketing interactivo

La conveniencia para el consumidor es la principal ventaja aportada por el marketing directo, pero muchos consumidores pueden ser más sensibles a la calidad o al contacto físico con el producto. Además, en el desarrollo del marketing directo se constata que un número creciente de consumidores son sensibles a las técnicas de marketing directo (llamadas telefónicas intempestivas, buzones cubo de basura, personalización del buzoneo) como otros tantos atentados a la vida privada.

Ya en 1981, Quelch y Takeuchi (1981, pág. 84) se preguntaban sobre el porvenir de la venta sin almacén y subrayaban las cuestiones siguientes:

— ¿Qué pasaría si las tarifas postales se doblaran?
— ¿Y si las leyes de la protección a la vida privada prohibieran la venta y la compra de listas de direcciones?
— ¿Y si se prohibiera la utilización de las tarjetas de crédito?

Estas cuestiones son hoy en día más pertinentes que nunca y la Unión Europea examina diferentes propuestas con vistas a reglamentar este sector en fuerte expansión y principalmente imponer el **acuerdo previo del posible cliente** de figurar en un banco de datos. Cespedes y Smith (1993, pág. 16) han enunciado un cierto número de reglas a respetar por las sociedades que construyen y utilizan los bancos de datos. Estas reglas están resumidas en la Figura 11.18.

Regla 1: Los usuarios de bancos de datos personales deben tener el consentimiento de los posibles clientes para utilizar las informaciones que les conciernen.

- Las sociedades deben evitar el secreto y el uso de métodos engañosos en el proceso de recogida de información.
- Los consumidores objetivo deben tener la posibilidad de conocer la fuente de información que les atañe.
- Los individuos deben tener la posibilidad de prohibir el uso posterior de los datos.
- El acuerdo de uso de información dado por un individuo a una sociedad, lo que no implica automáticamente el derecho de uso por otras sociedades que detentan la misma información.

Regla 2: Las sociedades usuarias son responsables de la exactitud de los datos que usen y los posibles clientes tienen el derecho de tener acceso a ellos, verificarlos y modificar la información que les concierne.

Regla 3: Las clasificaciones efectuadas deben basarse en los comportamientos reales, así como en criterios más tradicionales de actitudes, o como estilos de vida, perfiles demográficos, etc.

Figura 11.18. Reglas éticas de uso de un banco de datos personales.
Fuente: Cespedes y Smith, 1993.

El uso del marketing directo es probablemente menos controvertido en el campo del marketing de los negocios (*business-to-business*) que en el sector de los bienes de consumo.

El marketing relacional

El marketing interactivo no se identifica, como se ha visto, en la venta sin almacén. El marketing relacional es un sistema de marketing que se esfuerza en crear una relación duradera y constructiva con los compradores, en contraste con el marketing transaccional donde la empresa tiene una óptica a más corto plazo y busca ventajas más en los resultados de las ventas inmediatas.

En el marketing relacional el **centro del beneficio es el cliente** y no el producto o la marca, atraer nuevos clientes es percibido como un objetivo intermedio. Mantener y desarrollar el stock de clientes existentes es el objetivo principal con el fin de crear una relación a largo plazo mutuamente rentable. El análisis de la cartera de clientes y de la calidad de la cuota de mercado ostentada toma entonces toda su importancia. Ver a este respecto Slywotzky y Shapiro (1993)

El marketing relacional es particularmente útil en el campo del marketing organizativo, donde las relaciones proveedores-clientes son a menudo estrechas, duraderas e importantes para las partes. Es la filosofía adoptada en el *trade* marketing, en las relaciones que unen un fabricante y sus clientes distribuidores. Ver a este respecto Dwyer, Schurr y Sejo (1987), así como Jackson (1985).

11.8. LAS ESTRATEGIAS DE ENTRADA EN LOS MERCADOS EXTRANJEROS

Se ha subrayado en el Capítulo 9 la importancia de las estrategias de desarrollo internacional, fundamentalmente en vista a la globalización creciente de la economía mundial y en particular de la economía europea. La primera pregunta que se pone en la elaboración de una estrategia de desarrollo internacional, es el modo de entrada en el país elegido y la elección del canal de distribución. Son posibles diversas estrategias y están representadas en la Figura 11.19. Estas estrategias serán diferentes según que la empresa exporte una producción fabricada en su propio mercado o implante una unidad de producción en el mercado extranjero.

11.8.1. La exportación indirecta

Es el modo de desarrollo internacional, menos costoso y menos arriesgado. La empresa no está directamente vinculada en el comercio internacional en el sentido de que en la empresa no hay entidad formal encargada de gestionar los mercados extranjeros. Una venta destinada al extranjero es tratada como una venta en el mercado interior y son otras organizaciones las que se encargan de las operaciones internacionales. Tres tipos de organizaciones son posibles.

— Una primera fórmula, la más simple, es tratar las ventas en el extranjero sobre la misma base que las del mercado doméstico. La **organización comercial *in situ*** trata con los clientes extranjeros que se presentan en el mercado.

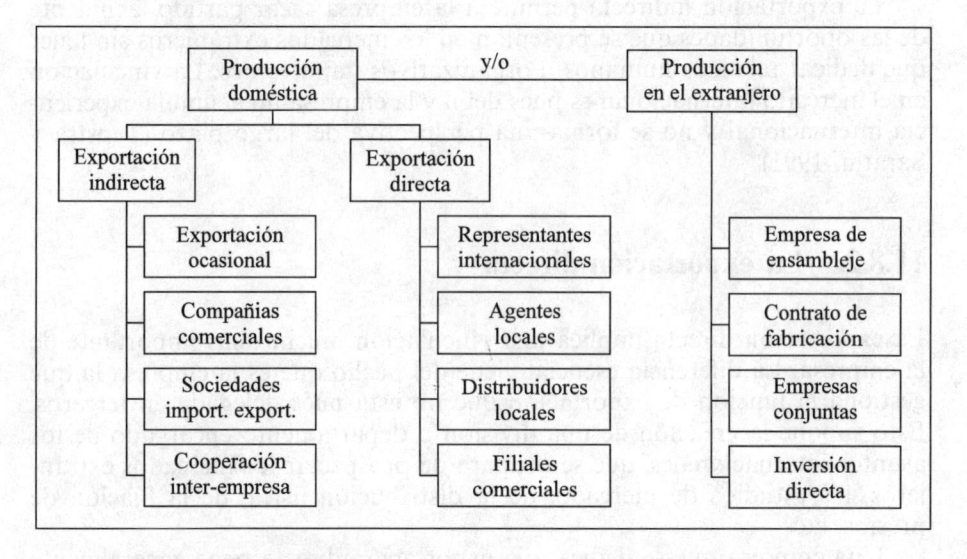

Figura 11.19. Estrategias de entrada en los mercados extranjeros.
Fuente: Adaptado de Tepstra y Sarathy, 1991.

Este es el caso, por ejemplo, de los compradores de grandes almacenes que visitan los países y compran allí.

— Una segunda solución consiste en confiar la distribución de los productos en el extranjero a **Trading Companies** o sociedades comerciales internacionales que tienen oficinas un poco por todo el mundo y que controlan las redes comerciales importantes en algunas regiones, como Asia o Africa. Las Trading Companies más importantes son europeas o japonesas.

Por su tamaño, estas sociedades constituyen distribuidores interesantes para una empresa que no quiere encargarse directamente del comercio internacional. El inconveniente de recurrir a las Trading Companies viene del hecho de que estas sociedades pueden representar productos de la competencia y que no quieran defender los productos de una empresa en particular como ella desearía.

— Una tercera fórmula de exportación indirecta es aquella en la que la empresa recurre a una **sociedad de import-export** situada en su país y que representa varias firmas no competidoras entre ellas.

La ventaja de esta forma de cooperación estriba en permitir relaciones más estrechas entre la firma y la sociedad comercial import-export. La empresa tiene acceso a una red y dispone de los servicios requeridos sin tener que invertir. La sociedad comercial está remunerada a comisión, los costes para la empresa son costes variables. Esta fórmula de cooperación es particularmente indicada para la pequeña y mediana empresa.

La exportación indirecta permite a la empresa sacar partido fácilmente de las oportunidades que se presentan en los mercados extranjeros sin tener que dedicar recursos humanos u organizativos importantes. La vinculación en el mercado internacional es pues débil y la empresa no acumula experiencia internacional y no se forma una perspectiva del largo plazo (Tepstra y Sarathi, 1991).

11.8.2. La exportación directa

La exportación directa implica una vinculación mucho más importante de la empresa. La diferencia esencial viene del hecho que es la empresa la que gestiona la función de exportación que no está pues delegada en terceros. Esto supone la creación de una división o departamento encargado de los asuntos internacionales, que se ocupará de prospectar los mercados extranjeros, los estudios de mercado, de la distribución física, de la fijación de precios, etc.

Una empresa que se dedica a la exportación directa tiene generalmente necesidad de un contacto en el mercado extranjero. Diversas soluciones pueden ser observadas.

— Recurrir a **representantes internacionales** enviados para prospectar los mercados.
— Llegar a acuerdos con los **agentes locales** que asegurarán la prospección, los contactos y la negociación en nombre de la sociedad exportadora.
— Recurrir a los **distribuidores locales** que comprarán los productos al fabricante para venderlos en el mercado local con o sin exclusividad, según los casos.
— Crear una filial comercial en el extranjero, lo que permitirá realizar un mejor control en las operaciones.

En numerosos casos esta filial comercial será una empresa conjunta (*joint venture*) creada con la participación de una empresa local, para beneficiarse de su conocimiento de los hábitos y legislación local, así como de su red de relaciones.

11.8.3. La producción en los mercados extranjeros

En algunos casos, la exportación puede hacerse difícil, incluso imposible. Los costes de transporte elevados, las tarifas aduaneras o las restricciones a la importación (cuotas), las preferencias hacia los productores locales, son factores que pueden incitar a una empresa a producir localmente. Otros factores intervienen igualmente en la decisión de la producción local. Entre estos, citamos principalmente: el tamaño y los atractivos del mercado, los costes de fabricación más favorables, la mayor proximidad de los compradores, los incentivos económicos otorgados por las autoridades públicas, etc.

La actividad de producción puede estar organizada de diferentes maneras, que implican cada una un grado de vinculación diferente por parte de la empresa.

Fábrica de ensamblaje

Se trata de un compromiso entre exportación directa y producción extranjera. La producción se hace en el país inversor y las piezas, ingredientes o componentes son expedidos para ser montados en productos acabados en el país extranjero. Esta fórmula permite evitar los elevados costes de transporte y beneficiarse de derechos de aduana más bajos para los productos no ensamblados. Además, la empresa recurre a mano de obra local, lo que favorece su integración en el país.

Esta práctica es utilizada normalmente en el sector del automóvil. Es igualmente la solución adoptada por Coca-Cola, que exporta el concentrado, las fábricas locales de embotellado se encargan de mezclarlo con el agua y el azucar y del embotellado.

Los contratos de fabricación

Los productos son fabricados en el extranjero, por un fabricante local que está bajo contrato con la empresa, la cual conserva el control del marketing y de la gestión comercial del producto, que son asumidos por una filial comercial. Este tipo de acuerdos, permite a la empresa evitar la inversión en una unidad de producción así como los costes de transporte y los derechos de aduana, apoyándose también en la mano de obra local. Evita igualmente reclutar y gestionar una mano de obra en un entorno mal conocido.

La empresa pierde evidentemente el margen de beneficio sobre la actividad de producción, pues los costes pueden ser inferiores si los salarios son más bajos en el mercado extranjero. El riesgo estriba en transmitir tecnología en materia de producción a una empresa extranjera, que podría convertirse en un competidor. Este riesgo está atenuado, si la marca y los conocimientos de marketing son los factores determinantes de la competitividad. Una dificultad frecuente en este tipo de acuerdos es el control de la calidad.

Los acuerdos de licencia

Es otra manera de producir localmente sin inversión directa, pero se trata aquí de un acuerdo más formal y a más largo plazo, muy parecido a los acuerdos de **franquicia** descritos anteriormente. La empresa internacional concede a la empresa local una patente, una marca o un emblema, el *Know-How* y una asistencia técnica. Por el contrario la empresa licenciada paga los derecho iniciales y rentas. Las ventajas para las dos partes son las descritas anteriormente para los acuerdos de franquicia. Este tipo de acuerdo es generalmente bien acogido por las autoridades públicas, porque implica una trasferencia de tecnología del país extranjero.

La dificultad principal de los acuerdos de licencia es el problema del control y la falta de implicación directa de la empresa internacional que concede la licencia. Después de un cierto número de años cuando la transferencia de *Know-How* se ha llevado a cabo, existe el riesgo de que la empresa nacional decida operar de manera independiente, y que el mercado se pierda para la empresa internacional.

Las empresas conjuntas (*joint venture*)

Se trata de acuerdos similares a los acuerdos de licencia con la importante diferencia de que la empresa internacional mantiene una **parte del capital** y tiene voz en la gestión de la empresa creada. Este estado de cosas permite principalmente un mejor control en las operaciones y un mejor conocimiento del mercado. La empresa internacional se beneficia de las relaciones de su socio en el país y está menos expuesta al riesgo de expropiación por el hecho de esta asociación.

Este tipo de acuerdos ha tomado una importancia creciente en las estrategias de desarrollo internacional. Su popularidad es debida al hecho de que permite evitar las dificultades de control presentes en las otras formas de penetración de los mercados. Además, la asociación de una empresa local es un factor que favorece la integración de la nueva empresa en el medio extranjero.

La inversión directa

La empresa procede sólo a una inversión en una unidad de producción en el país extranjero, sea recomprando al fabricante existente, sea creando una nueva unidad de producción. Esta es la vinculación máxima que puede beneficiarse de incentivos económicos a la inversión, otorgados por las autoridades locales o regionales. En ciertos países las autoridades son contrarias a este tipo de inversiones y exigen la asociación con una empresa local.

Las modalidades de entrada en un país extranjero son múltiples y variadas e implican riesgos e inversiones muy diferentes. La observación de los comportamientos de las empresas muestran que la internacionalización es un proceso que se hace generalmente en varias etapas. La empresa comienza por la exportación indirecta. Si los resultados son favorables se evoluciona hacia la exportación directa y, finalmente, hacia la producción en el país extranjero.

CUESTIONES Y PROBLEMAS

1. Está encargado de organizar la distribución de un producto químico, destinado a purificar las aguas de piscina. Describa las diferentes redes de distribución que podrían ser contempladas para este producto precisando las funciones ejercidas, así como las ventajas e inconvenientes de cada red.
2. Los pralines Godiva son distribuidos en los almacenes propios o franquiciados que venden exclusivamente esta marca. Teniendo en cuenta las características de este producto y la voluntad de la empresa de mantener un posicionamiento de gama alta para esta marca, ¿qué cambios se pueden contemplar en la estrategia de distribución para aumentar la cuota de mercado de la marca Godiva?
3. Frente al aumento de poder de las marcas de distribuidores en el sector de los productos de gran consumo, ¿cuáles son las estrategias de réplica que pueden adoptarse para las marcas de fabricantes? Analice las ventajas e inconvenientes de cada estrategia.
4. Una empresa acuerda una comisión promocional del 5 por 100 a un distribuidor que se beneficia ya por la importancia de sus pedidos de una comisión cuantitativa del 7 por 100. El precio de venta en tarifa es de 4F. Calcule el precio de compra para la comisión del 7 por 100, y después del 5 por 100.
5. Un producto tiene un precio de coste libre de impuestos de 120F para el distribuidor. El IVA de este producto es del 20,5 por 100 y el margen de distribución en relación al precio de venta libre de impuestos es del 30 por 100. ¿Cuál será el precio de venta de este producto?

BIBLIOGRAFIA

Boyd H.W. y Walker O.C. Jr. (1990), *Marketing Management: A Strategic Approach*, R.D. Irwin, Homewood, III.
Cespedes F.V. y Smith H.F.(1993) Database Marketing: New Rules for Policy and Practice, *Sloan Mangement Review*, Summer, págs. 7-22.
Chinardet C. (1994), *Le Trade Marketing*, Paris, Les Editions d'Organisation.
De Maricourt R. (1988), «Vers une nouvelle révolution de la distribution: de l'hypermarché a l'hyperservice», *Revue Française du Marketing*, núm. 118.
Ducrocq C. (1988), «Combien d'hypermarchés dans 10 ans"?», *Revue Française du Marketing*, núm. 119.

Ducrocq C. (1993), Marques de distribution: de l'economique au marketing, *Revue Française de Marketing*, núm 141, págs 61-65.
Dupuis M. (1991), *Marketing International de la Distribution*. Paris, Les éditions d'organisation.
Dwyer F.R., Schurr P.H. y Sejo Oh, (1987), Developing Buyer-Seller Relationships, *Journal of Marketing*, Vol. 51, April, págs. 11-27.
European Direct Marketing Association (1993), *Direct Marketing in Europe: An Examination of the Stadistics*, June, First Edition, NTC Research Ltd.
Forsyth D.P. (1988), «Sales Calls Cost More According to McGraw-Hill», *Direct Marketing*, august, pág. 67.
Glémet F. Y Mira R. (1993), The Brands Leader's Dilemma, *The McQuinsey Quarterly* núm. 2, págs. 3-15.
Jackson B.B. (1985), *Winning ang Keeping Industrial Customers*, Lexington, Mass.,Lexington Books.
Jallais J., Orsoni J. et Fady A. (1987), *Marketing de la distribution*, Paris, Vuibert Gestion.
Liesse J. (1991), Brands in Trouble: As Brand Loyalty Crumbles, Marketers Look for New Answers, *Advertising Age*, December 2.
Marshall J.J. and Vredenburg H. (1988), «Successfully Using Telemarketing in Industrial Sales», *Industrial Marketing Management*, Vol. 17, págs. 15-22.
McGuire E.P. (1971), Franchised Distribution, New York, The Conference Board, Report núm. 523.
Molle P. (1987), *La négocommunication*, Paris, Les éditions d'organisation.
Nielsen Company Belgium (1990), *L'Univers Alimentaire en Belgique*, AC.Nielsen, Belgium.
Quelch J.A. y Takeuchi H. (1981) Nonstore Marketing: Fast Track or slow, *Harward Business Review*, Vol. 59, July- August, págs. 75-84.
Rosenbloom B. (1978), *Marketing Channels: A Management View*, Hinsdale, Illinois, The Dryden Press.
Roscitt R. and Parket I.R. (1988), «Direct Marketing to Consumers», *Journal of Consumer Marketing*, Vol. 5, núm. 1, Winter, págs. 5-13.
Sallenave J.P. (1979), *Expansion de votre commerce par le franchisage*, Gouvernement du Québec, Ministère du Commerce et du Tourisme.
Services Postaux Europeens (1992), *Usage Trends in the European Direct Mail Marketing*.
Shangavi N.(1991), Retail Franchising as a Growth Strategy for the 1990s, *International Journal of Retail & Distribution*, Vol. 19, núm. 2, págs. 4-9.
Slywotzky A. and Shapiro B.P. (1993) Leveraging to Beat the Odds: The New Marketing Mind-Set, *Harvard Business Review*, Vol.71, September- October, págs. 97-107.
Stone M. and Shaw R. (1987), «Database Marketing for Competitive Advantage», *Long Range Planning*, Vol 20, núm. 2.
Tepstra V. and Sarathy R. (1991) *International Marketing*, Chicago, The Dryden Press, 5th Edition.
U.F.P.D./Junior ESSEC (1985), «18 exemples de marketing direct dans l'entreprise», *Revue Française du Marketing*, Cahier 105, págs. 87-115.
Wortzel L.H. (1987), «Retailing Strategies for Today's Mature Marketplace», *Journal of Business Strategy*, Vol. 7, núm. 4.

CAPITULO 12

Las decisiones estratégicas de precio

Todo producto tiene necesariamente un precio, pero no toda empresa está necesariamente en posición de determinar el precio al cual desea vender su producto. Allí donde los productos son indiferenciados y los competidores numerosos, la empresa no detenta ningún poder de mercado y el nivel del precio es un dato que le viene impuesto por el mercado. Allí donde, por el contrario, la empresa ha desarrollado el marketing estratégico y detenta por ello un poder de mercado, la determinación del precio de venta es una decisión clave que condiciona ampliamente el éxito de la estrategia adoptada. Aún recientemente, las decisiones de precio eran contempladas desde una óptica muy financiera y estaban ampliamente determinadas por las únicas restricciones de coste y de rentabilidad. La turbulencia económica y competitiva de los años de crisis ha modificado profundamente este estado de cosas: la inflación de dos cifras, el alza de los costes de las materias primas, las tasas de interés elevadas, los controles y limitaciones de precios, la competencia acrecentada, el descenso del poder de compra, el consumerismo... Todos estos factores han contribuido a hacer de las decisiones de precios unas elecciones de importancia estratégica. Tras haber descrito la función del precio en las decisiones del marketing, se analizarán sucesivamente las estrategias de precios que ponen el acento en los costes, la competencia y la demanda. La problemática de conjunto de las estrategias de precio está descrita en la Figura 12.1.

12.1. FUNCION DEL PRECIO EN LA ESTRATEGIA DE MARKETING

Al nivel de la empresa, el problema del precio se sitúa en una doble perspectiva el precio es a la vez un instrumento de estimulación de la demanda, al mismo nivel que la publicidad, por ejemplo, y un factor determinante de la rentabilidad de la empresa a largo plazo. La elección de una estrategia de precio implica pues el respeto de dos tipos de coherencia: **la coherencia interna**, es decir, la determinación del precio del producto en relación a las restricciones de coste y de rentabilidad; **la coherencia externa**, es decir, la determinación del precio del producto teniendo en cuenta la capacidad de compra del mercado y del precio de los productos competitivos. Además, las decisiones en materia de precios deben ser coherentes con las decisiones de posicionamiento del producto y con la estrategia de distribución.

12.1.1. La percepción del precio por el comprador

El precio es la expresión monetaria del valor y como tal ocupa una posición central en el proceso del intercambio competitivo. El comportamiento de compra puede ser analizado como un sistema de intercambio donde se compensan una búsqueda de satisfacciones por una parte y de sacrificios monetarios por la otra. Este comportamiento es la resultante de unas fuerzas donde se equilibran, por una parte, una necesidad, caracterizada por la actitud del comprador con respecto al producto y, por otra parte, el precio del producto. Para el comprador, el precio que está dispuesto a pagar mide la intensidad de la necesidad, la cantidad y la naturaleza de las satisfacciones que espera; para el vendedor, el precio al cual está dispuesto a vender mide el valor de los componentes incorporados al producto, al cual se añade el beneficio que espera realizar.

Formalmente, el precio puede definirse como una relación que indica la cantidad de dinero necesaria para adquirir una cantidad dada de un bien o de un servicio. Es decir,

$$\text{Precio} = \frac{\text{Cantidad de dinero cedida por el comprador}}{\text{Cantidad de bien cedida por el vendedor}}$$

En realidad, la noción de precio es mucho más amplia y excede la simple conjunción de factores puramente objetivos y cuantitativos, en el sentido de que el sacrificio realizado no está medido completamente por la cantidad de dinero concedida, lo mismo que la satisfacción recibida no está medida perfectamente por la cantidad de bien obtenido.

El valor total de un producto

Como se desarrolló en el Capítulo 4 de este libro, para el comprador, un producto es un **conjunto de atributos o de características**, y las satisfacciones que él recoge de un producto son múltiples; no sólo resultan del servicio básico del producto, sino igualmente del **conjunto de utilidades o valores**, objetivas y perceptuales que lo caracterizan. Lo que el precio está suponiendo representar es pues el valor para el comprador del conjunto de estas satisfacciones.

Las decisiones estratégicas de precio

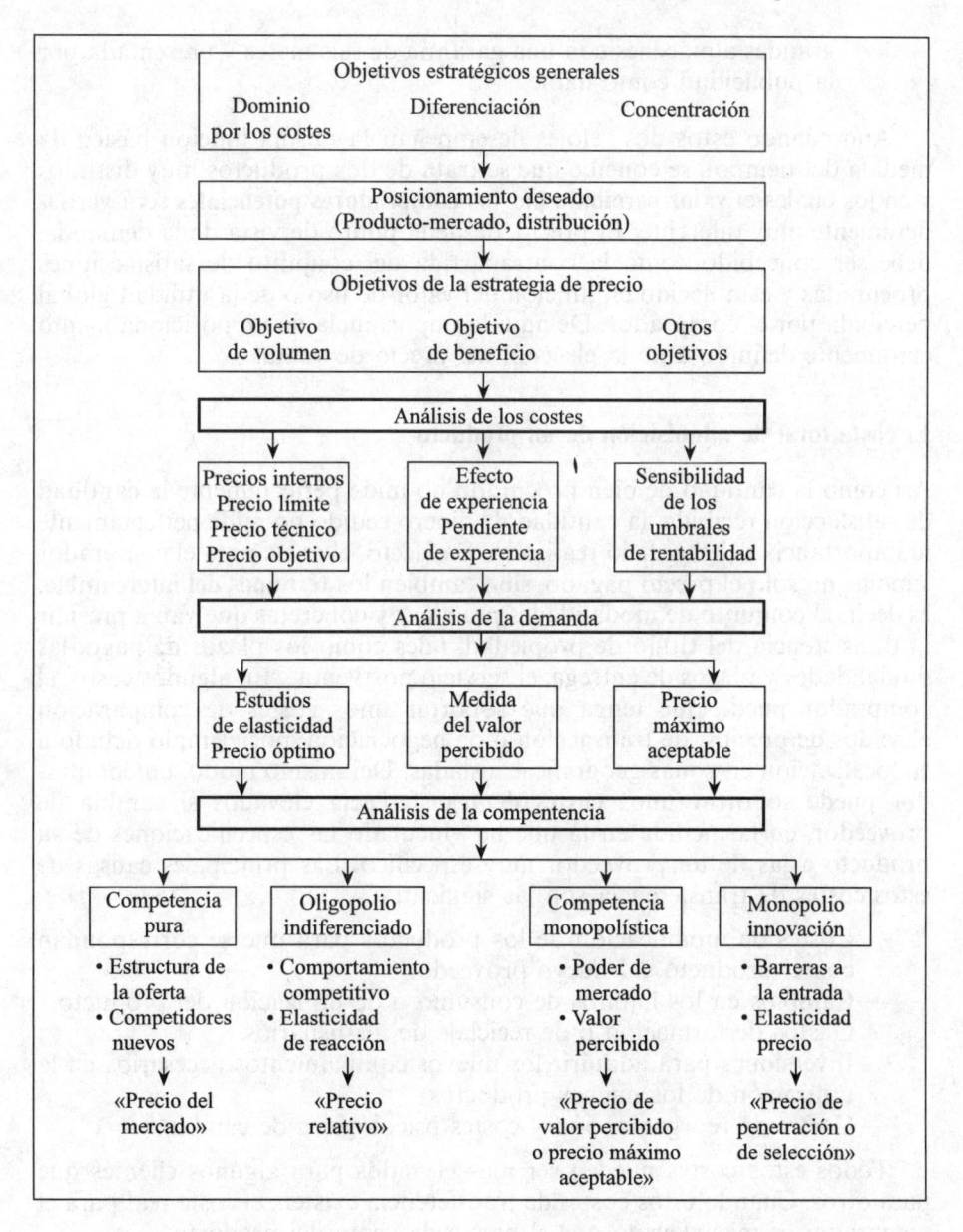

```
                    Objetivos estratégicos generales
        Dominio           Diferenciación        Concentración
     por los costes
                                  ↓
                        Posicionamiento deseado
                     (Producto-mercado, distribución)
                                  ↓
                     Objetivos de la estrategia de precio
           Objetivo            Objetivo              Otros
          de volumen         de beneficio          objetivos
                                  ↓
                           Análisis de los costes
            ↓                     ↓                      ↓
      Precios internos         Efecto              Sensibilidad
       Precio límite        de experiencia            de los
       Precio técnico         Pendiente              umbrales
       Precio objetivo      de experiencia        de rentabilidad
                                  ↓
                           Análisis de la demanda
            ↓                     ↓                      ↓
        Estudios              Medida                 Precio
      de elasticidad         del valor               máximo
      Precio óptimo          percibido              aceptable
                                  ↓
                        Análisis de la compentencia
     ↓                  ↓                    ↓                   ↓
 Competencia        Oligopolio          Competencia          Monopolio
    pura          indiferenciado       monopolística         innovación

• Estructura de   • Comportamiento    • Poder de          • Barreras a
  la oferta         competitivo         mercado             la entrada
• Competidores    • Elasticidad       • Valor             • Elasticidad
  nuevos            de reacción         percibido           precio

 «Precio del         «Precio           «Precio de          «Precio de
  mercado»          relativo»         valor percibido    penetración o
                                      o precio máximo    de selección»
                                         aceptable»
```

Figura 12.1. Las decisiones estratégicas de precio.

Comparemos dos relojes de calidad objetiva equivalente. La marca A es una marca prestigiosa, de un diseño elegante, vendida exclusivamente en relojerías, provista de una garantía de cinco años y promocionada por figuras del mundo del deporte y del espectáculo. La marca B es poco conocida, de concepción sobria, vendida en los grandes almacenes con una garantía de seis meses y presentada por la publicidad como fiable.

Aun cuando estos dos relojes desempeñan la misma función básica (la medida del tiempo), se concibe que se trata de dos productos muy distintos y en los cuales el **valor percibido por los compradores potenciales** será verdaderamente muy diferente. El precio, desde el punto de vista de la demanda, debe ser concebido como la contrapartida del conjunto de satisfacciones procuradas y establecido en función del valor de uso o de la utilidad global percibida por el comprador. De aquí la importancia de un posicionamiento claramente definido ante la elección del precio de venta.

El coste total de adquisición de un producto

Así como la cantidad de bien procurado no mide perfectamente la cantidad de satisfacción recibida, la cantidad de dinero cedido no mide perfectamente la importancia del sacrificio realizado. En efecto, el coste para el comprador supone, no sólo el precio pagado, sino también los **términos del intercambio**, es decir, el conjunto de modalidades prácticas y concretas que van a presidir la transferencia del título de propiedad, tales como los plazos de pago, las modalidades y plazos de entrega, el servicio postventa... En algunos casos, el comprador puede que tenga que soportar unos costes de comparación elevados de precios, de transacción o de negociación, por ejemplo debido a su localización en zonas geográficas aisladas. Del mismo modo, un comprador puede soportar unos **costes de transferencia** elevados si cambia de proveedor, en la medida en la que ha vinculado las especificaciones de su producto a las de un proveedor muy específico. Las principales causas de estos costes de transferencia son las siguientes:

— Costes de modificación de los productos para que se correspondan con el producto del nuevo proveedor.
— Cambios en los hábitos de consumo o de utilización del producto.
— Gastos de formación o de reciclaje de los usuarios.
— Inversiones para adquirir los nuevos equipamientos necesarios en la utilización de los nuevos productos.
— Costes de reorganización y costes psicológicos de cambio.

Todos estos costes pueden ser más elevados para algunos clientes que para otros. Cuando estos costes de transferencia existen, el coste real para el comprador es más elevado que el precio de venta del producto.

Visto desde el punto de vista del comprador, la noción de precio desborda ampliamente la del precio nominal y pone en entredicho el conjunto de satisfacciones aportadas por el producto y el conjunto de costes soportados por el comprador para apropiarse del producto. Las medidas de la sensibilidad al precio de los compradores deberán, pues, tener en cuenta estos conjuntos de satisfacciones y de costes y no únicamente el precio nominal del producto.

12.1.2. La importancia de las decisiones de precio

La importancia de las decisiones que afectan a las estrategias de precios surge como consecuencia de los siguientes hechos:

— El precio elegido influye directamente el **nivel de la demanda** y determina, pues, el nivel de actividad; un precio demasiado elevado o demasiado bajo puede comprometer el desarrollo del producto. La medida de la elasticidad al precio es, pues, un dato esencial y esta medida es difícil.
— El precio de venta determina directamente la **rentabilidad de la actividad**, no sólo por el margen de beneficio que prevé, sino también por el sesgo de las cantidades vendidas, fijando las condiciones por las cuales las cargas de estructura podrán ser amortizadas en el horizonte temporal fijado. Una escasa diferencia de precio puede tener un impacto muy importante en la rentabilidad.
— El precio de venta elegido influye en la percepción global del producto o de la marca y contribuye al **posicionamiento de la marca** en el seno del conjunto evocado por los compradores potenciales. El precio es percibido por los compradores como un signo, sobre todo en los mercados de bienes de consumo; inevitablemente engendra una idea de calidad y es, por tanto, un elemento constitutivo de la imagen de marca.
— El precio, más que las otras variables de marketing, permite fácilmente las **comparaciones entre productos o marcas competidoras**. Todo cambio de precio es percibido rápidamente por el mercado y puede agitar brutalmente el equilibrio de fuerzas existente, debido principalmente a su gran visibilidad. El precio es un punto de contacto obligado entre competidores.
— La estrategia de precio debe ser compatible con los **otros componentes de la estrategia de marketing**. El precio debe permitir financiar la estrategia publicitaria y promocional; el condicionamiento del producto debe confortar el posicionamiento de alta calidad y de precio elevado; la estrategia de precio debe respetar la estrategia de distribución y permitir la concesión de los márgenes de distribución necesarios para la realización de los objetivos de cobertura del mercado.

La evolución reciente del entorno económico y competitivo evocada en el Capítulo 2 de este libro, ha contribuido a acrecentar sensiblemente la importancia y la complejidad de las estrategias de precio.

— La aceleración del progreso tecnológico y el **acortamiento de los ciclos de vida de los productos** tienen, por consecuencia, que una actividad nueva debe poder ser rentabilizada en un plazo mucho más corto que antes. Un error en el precio de introducción es mucho más grave porque es más difícil de corregir.

— La **proliferación de marcas** y de productos relativamente poco diferenciados, la aparición regular de nuevos productos y la ampliación de las gamas de productos refuerzan la importancia de un posicionamiento correcto en términos de precio; ahora bien, pequeñas diferencias pueden a veces modificar muy sensiblemente la percepción de una marca por el mercado.
— El aumento de precios de algunas materias primas, las presiones inflacionistas, las rigideces salariales, los controles de precios, refuerzan la necesidad de una **gestión económica** más rigurosa.
— Las **restricciones legales**, reglamentarias y sociales que toman la forma de limitaciones de precio, de fijación de márgenes máximos, de autorización de subidas, limitan la autonomía de la empresa en el campo de la determinación de los precios.
— La **contracción del poder de compra** en la mayor parte de las economías occidentales hace que los compradores estén más atentos a los precios y refuerza el papel del precio como instrumento de estimulación de las ventas y de la cuota de mercado.

Debido a la importancia y a la complejidad de estas decisiones, las estrategias de precios son a menudo elaboradas al nivel de la dirección general de la empresa.

12.1.3. Los objetivos de las estrategias de precios

Todas las empresas tienen, por supuesto, como objetivo rentabilizar su actividad y generar un beneficio económico tan elevado como sea posible. Este objetivo tan general puede traducirse en la práctica de formas muy diferentes, y toda empresa tiene interés en clarificar el objetivo prioritario que se esfuerza por alcanzar. De manera general, se pueden reagrupar los posibles objetivos en tres categorías: los objetivos centrados en el beneficio, en el volumen o en la competencia.

Los objetivos de beneficio

Los objetivos centrados en el beneficio son bien la maximización del beneficio, o bien la obtención de una tasa de rentabilidad sobre el capital invertido juzgada suficiente. El objetivo de la maximización del beneficio es el modelo propuesto por los economistas. En la práctica, este modelo es de difícil aplicación, no sólo porque implica un conocimiento preciso de las funciones de coste y de demanda para cada producto considerado, sino sobre todo porque supone una estabilidad raramente lograda de los factores del entorno y de la competencia. La problemática que preside al cálculo del precio óptimo ha sido descrita en el Capítulo 8. El objetivo de la tasa de rentabilidad suficiente está muy difundido (Lanzilloti, 1958) y se traduce en la práctica en el cálculo de un precio objetivo o de un precio suficiente, es decir, un precio que, para un nivel de actividad previsto, asegure un rendimiento «razonable» del capital invertido.

Esta práctica, que se encuentra a menudo en las grandes empresas, tiene el mérito de la simplicidad pero, en cambio, es falsa en el terreno conceptual, porque ignora el hecho de que es el nivel del precio lo que determina en definitiva el nivel de la demanda.

Los objetivos de volumen

Los objetivos centrados en el **volumen** tienden a maximizar la cifra de ventas o la cuota de mercado, o más simplemente a asegurar una tasa de crecimiento suficiente de ventas. Un objetivo de maximización de la cuota de mercado implica la adopción de un **precio de penetración**, es decir, de un precio relativamente bajo, inferior a la competencia, con el fin de aumentar lo más rápidamente posible el volumen y, en consecuencia, la cuota de mercado. Una vez alcanzada la posición dominante, el objetivo será el de la tasa de rentabilidad suficiente. Es una estrategia adoptada frecuentemente por las empresas que se benefician de un efecto experiencia importante y obtienen por este hecho una baja en su coste con el aumento del volumen acumulado (ver Capítulo 8). Una estrategia diferente es la del **precio de selección**, que busca una cifra de ventas elevada sacando partido del hecho de que algunos grupos de compradores están dispuestos a pagar un precio elevado en razón del alto valor percibido del producto. El objetivo aquí es realizar la mayor cifra de ventas posible buscando el precio elevado antes que el volumen elevado.

Los objetivos centrados en la competencia

Los objetivos centrados en la competencia buscan bien la estabilización de los precios, o bien la alineación con los competidores. Es un cierto número de industrias dominadas por una empresa líder, el objetivo es establecer una relación estable entre los precios de los diferentes productos en competencia y evitar fuertes fluctuaciones de precios que podrían afectar la confianza de los compradores. El objetivo de alineación es revelador debido a que la empresa se da cuenta de que ella no puede ejercer influencia alguna sobre el mercado, sobre todo si una empresa domina y si los productos están estandarizados, como es frecuente el caso en situación de oligopolio indiferenciado. La empresa prefiere entonces llevar sus esfuerzos a formas de competencia fuera del precio. Otros objetivos pueden igualmente observarse tal como el de la supervivencia.

La elaboración de una estrategia de precio supone la puesta en consideración de tres grupos de factores: los costes, la demanda y la competencia.

Se examinarán sucesivamente estos diferentes factores y sus implicaciones en la determinación del precio.

12.2. EL PRECIO DESDE EL PUNTO DE VISTA DE LOS COSTES

El análisis de los costes, como punto de partida en la elaboración de una estrategia de precios, es ciertamente el procedimiento más natural y también el más familiar en las empresas. Habiendo soportado el fabricante unos costes por la producción y la comercialización de un producto, es normal que su primera preocupación sea determinar los niveles sucesivos de precios compatibles con las diferentes restricciones de cobertura de los gastos directos, de las cargas de estructura y de beneficio. Una estructura tipo está expuesta en la Figura 12.2, donde se han reproducido las definiciones de las principales nociones económicas de coste.

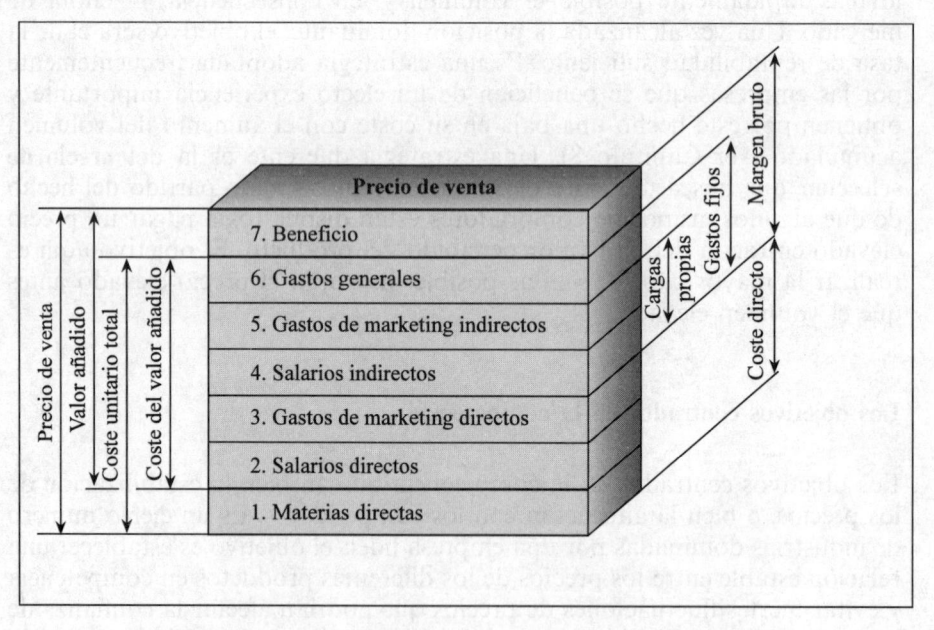

Figura 12.2. Los elementos que constituyen un precio de venta.

12.2.1. Los precios internos

Se llaman «precios internos» los precios calculados en base a los costes y sin referencia explícita a los datos del mercado. El análisis de los costes permite identificar tres tipos de precios internos, que responden cada uno a imperativos específicos de cobertura de las cargas y de rentabilidad.

Precio umbral

El precio límite, o **precio umbral**, es el precio correspondiente al coste directo. Es el precio que no permite recuperar más que el valor de reemplazamiento del producto, y que tiene, por tanto, un margen bruto nulo. Es decir,

$$\text{Precio límite} = \text{Coste directo}$$

Esta noción es de una utilidad reducida, si no es en el marco de negociaciones de pedidos excepcionales. El precio límite es el punto inferior absoluto por debajo del cual la empresa no puede descender. Vender a un precio próximo al precio límite puede permitir a una empresa utilizar plenamente su capacidad de producción, en la medida en que puede dar salida a esta fabricación suplementaria sin comprometer el precio practicado en su mercado principal. Todo precio superior al precio límite le permite generar fondos suplementarios para cubrir los gastos generados o para mejorar el beneficio. Los pedidos excepcionales, ventas de productos sin marca a grandes distribuidores o sobre mercados extranjeros son ocasiones de practicar discriminaciones de precio.

Precio técnico

El **precio técnico** es el precio correspondiente al punto muerto, es decir, el precio que asegura, además de la recuperación del valor de reemplazamiento del producto, la cobertura de las cargas de estructura y esto para una hipótesis de volumen de actividad. Se tiene, pues,

$$\text{Precio técnico} = \text{Coste directo} + \text{Cargas de estructura}$$

o también

$$\text{Precio técnico} = C + F/E(Q)$$

donde $E(Q)$ designa las cantidades esperadas en la hipótesis de actividad considerada. El precio técnico es, por consiguiente, el coste unitario total en el sentido habitual del término, sirviendo el nivel de actividad de base para el reparto de los gastos fijos.

Habitualmente, se calcularán los precios técnicos correspondientes a diferentes hipótesis de volumen, lo que permite determinar una tabla de precios mínimos, como lo recoge el ejemplo de la Figura 12.3. Hay que destacar que el precio técnico depende del volumen de actividad y no corresponde pues al coste unitario total más que a este nivel.

Precio objetivo

El **precio objetivo**, o precio suficiente, comprende además del coste directo y la cobertura de las cargas de estructura, una restricción de beneficio, es decir, un importe de beneficio considerado como suficiente y habitualmente

- **Datos de ejemplo:**

— Capacidad de producción	180.000 unidades
— Capacidad invertido (K)	240.000.000 F
— Tasa de rentabilidad esperada (r)	10 %
— Coste directo (C)	1.050 F/unidad
— Cargas de estructura (CE)	90.000.000 F/año
— Esperanza de ventas (Q)	120.000 unidades
— Hipótesis pesimista	90.000 unidades
— Hipótesis optimista	150.000 unidades

- **Precio límite:**

$$P = C = 1.050 \text{ F/unidad}$$

- **Precio técnico:**

$$P = C + \frac{CE}{E(Q)} = 1.050 + \frac{90.000.000}{E(Q)}$$

$$P_1 = 2.050 \text{ F} \quad ; \quad P_2 = 1.800 \text{ F} \quad ; \quad P_3 = 1.650 \text{ F}$$

- **Precio objetivo:**

$$P = C = \frac{CE}{E(Q)} = 1.050 + \frac{r \cdot K}{E(Q)}$$

$$P = 1.050 + \frac{90.000.000}{E(Q)} + \frac{(0,10) \cdot (24.000.000)}{E(Q)}$$

$$P_1 = 2.317 \text{ F} \quad ; \quad P_2 = 2.000 \text{ F} \quad ; \quad P_3 = 1.810 \text{ F}$$

- **Precio de venta considerado:**

$$P = 1.950 \text{ F/unidad}$$

- **Umbral de rentabilidad en volumen:**

$$Q_0 = \frac{CE}{P - C} = \frac{90.000.000}{1.950 - 1.050} = 100.000 \text{ unidades}$$

- **Umbral de rentabilidad en volumen de C.V.:**

$$CV_0 = \frac{CE}{(P - C)/P} = \frac{90.000.000}{0,46} = 195.652.174 \text{ F}$$

Figura 12.3. Ejemplo de determinación del precio a partir de los costes.

calculado en relación al capital invertido en la actividad. Se calcula también por referencia a una hipótesis en cuanto al volumen de actividad probable. Se tiene, pues,

$$\text{Precio objetivo} = C + \frac{F}{E(Q)} + \frac{r \cdot K}{E(Q)}$$

donde K designa el capital invertido y r la tasa de rentabilidad considerada como suficiente o normal. Como en el precio técnico, el precio objetivo depende del volumen de actividad considerado.

Otra forma de calcular el precio objetivo consiste en añadir un margen fijo al precio técnico. Por ejemplo, supongamos que una empresa quiere conseguir un margen del 20 por 100, el precio objetivo será determinado como sigue,

$$\text{Precio objetivo} = \text{Precio técnico}/(1 - \text{margen deseado})$$

Este método es muy popular por su simplicidad. Como el cálculo precedente, este método ignora completamente la sensibilidad de la demanda al precio, así como las reacciones de la competencia.

Riesgo de razonamiento circular

La práctica de precios objetivo está extendida en razón, principalmente, de su simplicidad y de la seguridad que procura la certeza de obtener un margen. El inconveniente principal está en el hecho de que este método ignora la relación precio-volumen. Nada garantiza, en efecto, que el precio objetivo adoptado genere realmente el volumen de actividad sobre la base del cual ha sido calculado. Más grave (ver los datos del ejemplo reproducidos en la Figura 12.3) es el caso donde el nivel de actividad es inferior al nivel previsto; el método incita, entonces, a aumentar el precio para asegurar el mantenimiento del objetivo de rentabilidad.

> En el ejemplo, la actividad prevista es 120.000 unidades y el precio objetivo correspondiente 2.000 F. Si la demanda no es más que de 90.000 unidades, para mantener la rentabilidad prevista sería necesario aumentar el precio y vender el producto al precio de 2.317 F.

Varias cuestiones se plantean. Una subida de precios, ¿es la respuesta adecuada para hacer frente a una demanda en baja? Igualmente, si las ventas superan las previsiones, los costes fijos son repartidos sobre un volumen más importante y los precios objetivo disminuyen. ¿La dirección de la empresa debe reaccionar a esta situación de demanda excesiva con una baja de precios?

Este tipo de comportamiento va contra la lógica económica y conduce a recomendaciones inadaptadas. La empresa guiada únicamente por el análisis de costes se arriesga a tomar decisiones que van contra sus propios intereses.

Durante la recesión 1974-1975, la industria automovilística americana se encontró confrontada a este problema. En 1974-1975, los precios aumentaron una media de 1.000 dólares, mientras que las ventas bajaron el 25 por 100. Este estado de cosas, que agravaba el fenómeno de contracción de la demanda, ha sido atribuido a la práctica de precios objetivo (*Business Week*, 20 de enero de 1975).

Si todas las empresas de un sector dado adoptan la misma práctica de precio objetivo, los precios tendrían la tendencia a uniformizarse y la competencia por precios se reduciría. En realidad, el análisis de precios basados en los costes es utilizado como punto de partida, simplemente porque las empresas tienen en general informaciones más fiables sobre los costes que sobre los factores explicativos de la sensibilidad al precio.

12.2.2. Utilidad de los precios internos

Los precios internos no constituyen más que un punto de partida cómodo en el proceso de elaboración de una estrategia de precios, pero no pueden servir como base única en la determinación del precio, porque no tienen en cuenta la demanda y la competencia. Además, hay un razonamiento circular implícito: el volumen determina los costes, los cuales determinan los precios que, al mismo tiempo, determinan el nivel de la demanda.

Su **utilidad**, que es real, sin embargo, está en el hecho de que aportan respuestas a las preguntas del tipo siguiente:

— ¿Qué volumen de actividad es necesario alcanzar para cubrir la totalidad de los costes?
— ¿Cómo se compara el precio objetivo con el precio practicado por la competencia más peligrosa?
— ¿A qué cuota de mercado corresponde el volumen situado en el umbral de rentabilidad?
— ¿Cuál será el impacto de un aumento de las cargas de estructura, por ejemplo, de una campaña publicitaria, sobre el nivel del umbral de rentabilidad?
— ¿Qué volumen de actividad suplementaria es necesario suscitar para mantener inalterable el nivel anterior del beneficio en caso de descenso de precios?
— En caso de subida de precios, ¿qué reducción de volumen deja el beneficio anterior inalterable?
— ¿Cuál es la elasticidad implícita necesaria para mantener o mejorar la rentabilidad actual?
— ¿Cuál es la tasa de rendimiento sobre el capital invertido para diferentes niveles de precios considerados?

El análisis de los costes es una primera etapa indispensable que permite encuadrar el problema poniendo de manifiesto las implicaciones financieras de diferentes estrategias de precios considerables por la empresa. Apoyándose en estos datos, la empresa está mejor preparada para abordar las dimensiones más cualitativas del problema, que descansan principalmente en la sensibilidad de la demanda al precio y en las relaciones competitivas.

12.3. EL PRECIO DESDE EL PUNTO DE VISTA DE LA DEMANDA

La determinación de un precio de venta sobre la base de únicas consideraciones de costes es un método inapropiado. En una economía de mercado es el comprador quien elige en último análisis de productos que se venderán. Como consecuencia, una empresa con una **orientación mercado** debe basar sus decisiones sobre el precio aceptado por el mercado, el cual determinará seguidamente el coste objetivo que permite la rentabilidad. Un concepto importante en esta óptica es la noción de elasticidad al precio definida en el Capítulo 5 (ver Anexo 5.a). Se examinarán en primer lugar los factores determinantes de la sensibilidad al precio, para analizar a continuación los diferentes métodos que pueden medirla.

12.3.1. Los determinantes de la sensibilidad al precio

Todo comprador es sensible al precio, pero esta sensibilidad puede variar considerablemente de una situación a otra, según la importancia de la satisfacción aportada por el producto o inversamente en función de sus sacrificios, además del precio, que su adquisición entraña. Nagle (1987) ha identificado nueve factores explicativos, o determinantes, de la importancia del precio.

— El **efecto de valor único**. Los compradores son menos sensibles a los precios cuando el producto tiene cualidades distintivas únicas.
— El **efecto de la notoriedad de los sustitutivos**. Los compradores son menos sensibles a los precios cuando no conocen la existencia de sustitutivos.
— El **efecto de la comparación difícil**. Los compradores son menos sensibles a los precios cuando los resultados de los productos son difícilmente comparables.
— El **efecto del gasto total**. Los compradores son menos sensibles al precio, cuando el precio del producto representa una pequeña parte de ese ingreso total.
— El **efecto de la ventaja final**. Los compradores tanto menos sensibles al precio como la ventaja final aportada por el producto sea poco importante para ellos.
— El **efecto del coste compartido**. Los compradores son menos sensibles a los precios cuando el coste del producto es compartido con otros.

— El **efecto de la inversión**. Los compradores son menos sensibles a los precios cuando el producto es utilizado como complemento del producto principal ya comprado y que es una inversión perdida.
— El **efecto de la calidad precio**. Los compradores son menos sensibles al precio cuando el producto está asociado a imágenes fuertes de calidad, prestigio, exclusividad.
— El **efecto de inventario**. Los compradores son menos sensibles a los precios cuando no tienen la posibilidad de almacenar el producto.

Las cuestiones a examinar para verificar la existencia de la sensibilidad al precio por los compradores están recogidas en la Figura 12.4.

Hay que señalar que estos determinantes de la sensibilidad al precio se aplican tanto a la decisión de compra de una categoría de productos como a la decisión de elección de una marca dentro de una clase de producto. En el primer caso, se trataría, por ejemplo, de elegir entre un microordenador o una cadena Hi-Fi; en el segundo caso, la alternativa se referiría, por ejemplo, a la elección entre un microordenador de marca Toshiba o Apple. Estos dos tipos de decisión están afectadas por el nivel de precios propio de cada alternativa considerada.

12.3.2. La sensibilidad a los precios del comprador organizativo

Hemos visto, en el Capítulo 3 de esta obra que, en los mercados industriales, las necesidades de los clientes son generalmente bien definidas y las funciones a ejercer por los productos claramente especificadas. En estas condiciones, la importancia del precio para el cliente industrial puede determinarse más fácilmente, sobre todo por el análisis de los criterios de compra y por el conocimiento de las preocupaciones prioritarias del cliente. Por ejemplo, los clientes que no son sensibles a los precios presentan generalmente una o varias de las características de los componentes que se citan (Porter 1980, págs. 115-118).

— El precio del producto vendido representa una pequeña parte del coste del producto del cliente o de su presupuesto de aprovisionamiento.
— La pérdida por una deficiencia del producto es elevada en relación al coste del producto vendido.
— El rendimiento del producto puede provocar importantes economías o mejorar sensiblemente el resultado del cliente.
— El cliente industrial sigue una estrategia de calidad elevada en la cual el producto vendido aporta una contribución reconocida.
— El cliente busca un producto muy específico o realizado por encargo.
— El cliente tiene una buena rentabilidad y/o puede fácilmente hacer soportar el coste del producto que compra sobre sus clientes.
— El cliente está mal informado sobre el producto y/o no compra con especificaciones precisas.
— La motivación del miembro del centro de compra que toma la decisión no es por economía de coste.

Estas características de comportamiento o preocupaciones prioritarias pueden ser identificadas por los vendedores o por los estudios de mercados industriales. Es importante conocerlas para orientar una política de precio.

---

1. **Efecto de valor único**
   - ¿El producto posee una o varias cualidades distintivas, tangibles o intangibles, que lo diferencian de los productos de la competencia?
   - ¿Cuál es el valor que los compradores potenciales atribuyen a estas cualidades distintivas?
2. **Efecto de notoriedad de los productos sustitutivos**
   - ¿Cuáles son las alternativas que se presentan a los compradores en la categoría de producto o en otras categorías de producto que aportan el mismo servicio al comprador?
   - ¿En qué medida los compradores potenciales están informados de la existencia de estos productos sustitutivos?
3. **Efecto de difícil comparación**
   - ¿Cuál es el grado de dificultad encontrado por los compradores en las comparaciones de precio entre productos?
   - ¿Es un producto de gran complejidad que necesita la intervención de un especialista para efectuar comparaciones?
   - El precio de los productos sustitutivos es directamente comparable, o está compuesto por diferentes tamaños, surtidos, combinaciones, etc.
4. **Efecto de gasto total**
   - ¿Cuánto representa el precio del producto para el comprador en valor absoluto y en porcentaje de sus ingresos disponibles o de su volumen de negocio?
5. **Efecto de ventaja final**
   - ¿Cuál es la ventaja final para el producto acabado?
   - ¿En qué medida el comprador final es sensible al coste del producto acabado?
   - ¿Qué parte representa el precio del producto intermedio en el coste total del producto acabado?
6. **Efecto de coste compartido**
   - ¿El comprador paga totalmente el precio del producto?
   - Si no, ¿cuál es la parte del precio que paga efectivamente?
7. **Efecto inversión perdida**
   - ¿El producto es utilizado como complemento de un producto principal ya comprado y que constituye una inversión perdida?
   - ¿Para cuánto tiempo serán consumidores cautivos del producto principal?
8. **Efecto calidad-precio**
   - ¿El hecho de tener una imagen de prestigio es un atributo importante para este tipo de producto?
   - ¿El producto gana en valor cuando el nivel elevado de su precio conduce a excluir ciertos grupos de compradores?
   - ¿Se dispone de pocos indicadores fiables para evaluar la calidad de un producto, antes de la compra?
   - ¿La pérdida potencial del comprador es elevda en el caso de que la calidad del producto se muestre insuficiente?
9. **Efecto de stock**
   - ¿Los compradores disponen de un stock importante?
   - ¿Consideran que el nivel de precio actual del producto es temporal o no?

Figura 12.4. Los determinantes de la sensibilidad al precio.
Fuente: Nagle, 1987.

12.3.3. Los estudios de elasticidad

La elasticidad mide directamente la sensibilidad de los compradores al precio e, idealmente, permite calcular las cantidades que serán demandadas para los diferentes niveles de precio. Recordemos la definición de elasticidad-precio: es el porcentaje de variación de las cantidades demandadas de un producto producido por el 1 por 100 de variación de su precio. Sea,

$$\varepsilon = \frac{\%\ \text{de variación de las cantidades vendidas}}{\%\ \text{de variación del precio}}$$

La elasticidad-precio es negativa, porque un aumento del precio provoca generalmente una baja de las cantidades y una baja de precio entraña generalmente un aumento de la demanda. Como ilustración, se ha comparado en la Figura 12.5 el impacto de la elasticidad-precio sobre las cantidades y sobre la cifra de ventas, sucesivamente para una demanda elástica y una demanda inelástica.

La literatura económica y de marketing contiene numerosos estudios econométricos y experimentales de medida de elasticidad-precio. Una síntesis de estos estudios ha sido realizada por Hanssens et al. (1990). Ciertos resultados son recogidos en la Figura 12.7 e igualmente en el Capítulo 5 en la Figura 5.15. Tellis (1988) ha observado una elasticidad media de −2,5. Broadbent (1980) presenta una elasticidad de −1,6 para una muestra de marcas británicas. Lambin (1976) apoyándose en una muestra de 137 marcas de Europa, ha observado una elasticidad media de −1,74.

Precio (en F)	Cantidad (en unidades)	Cifra de ventas (en miles de F)
• Demanda elástica ($\varepsilon = -3,7$)		
12.000	80.000	960.000
9.000	400.000	3.600.000
7.000	1.200.000	8.400.000
• Demanda inelástica ($\varepsilon = -0,19$)		
8,00	300.000	2.400
6,00	320.000	1.920
4,00	340.000	1.360

Figura 12.5. Impacto de la elasticidad-precio sobre las cantidades vendidas y sobre la cifra de negocios en miles de francos.

Por otro lado, en la medida en que la empresa persigue un objetivo de maximización del resultado, es posible determinar el precio óptimo de venta. En el caso de una situación de competencia monopolística, la regla de optimización de precio es,

$$P_{opt} = C\ (\varepsilon/1 + E)$$

donde C es el coste y ε la elasticidad-precio de la marca. Como se mostró en el Capítulo 8 (ver Figura 8.6), el coeficiente óptimo de aumento de coste (ε/1 + ε) es elevado si la elasticidad-precio de la marca es, en valor absoluto, próxima a la unidad, lo cual es revelador de la existencia de una fuerte preferencia del mercado por la marca.

Las reglas de optimización del modelo económico, inicialmente desarrollado por el caso del monopolio (Dorfman y Steiner, 1954) han sido extendidas al caso del oligopolio (Lambin, Naert y Bultez, 1975) e igualmente al caso dinámico, cuando la respuesta del mercado está extendida en el tiempo (Nerlove y Arrow, 1962, Jacquemin, 1973).

Utilidad de los estudios de elasticidad

De una forma más precisa, el conocimiento de la magnitud de una elasticidad es útil por más de una razón.

— Las elasticidades permiten saber en qué sentido decidir sobre los precios para estimular la demanda y aumentar la cifra de ventas.
— La comparación entre elasticidades de marcas competidoras permite identificar aquellas que resisten mejor que otras el alza de precios, lo que es revelador del poder de mercado.
— La comparación de las elasticidades de productos que pertenecen a una misma gama, permite modular los precios en el sentido de la gama.
— Las elasticidades cruzadas permiten prever los desplazamientos de demanda de una marca a otra.

Demanda de automóviles		Demanda de transporte aéreo	
— Subcompacto	−0,83	— Primera clase	−0,75
— Compacto	−1,20	— Económica	−1,40
— Intermedio	−1,30	— Tarifa descuento	−2,10
— Tamaño grande	−1,54		
— Lujo	−2,07		

Figura 12.6. Ejemplo de elasticidad-precio. La demanda de automóviles y la demanda de transporte aéreo en USA. *Fuentes: Carlson (1988) y Oun y Gillen (1981).*

A título de ilustración, encontraremos en la Figura 12.6 las elasticidades-precio estimadas sobre el mercado del automóvil y sobre el mercado del transporte aéreo en Estados Unidos. Si la precisión de las estimaciones es insuficiente para permitir el cálculo preciso de precio, estos resultados son al menos clarificadores para identificar las orientaciones a dar a la política de precio para cada categoría de producto.

Límites de las medidas de elasticidad

A pesar del interés de estos trabajos, pocas aplicaciones prácticas de esta aproximación muy cuantitativa del problema del precio han tenido lugar, salvo quizá en algunas grandes empresas. La razón está en que la noción de elasticidad presenta un cierto número de dificultades conceptuales y operacionales que reducen su utilidad práctica.

— La elasticidad mide una relación de comportamiento de compra y no es observable más que **después de los hechos**; su valor predictivo dependerá de la estabilidad de las condiciones que han presidido a la observación; no puede ser utilizada, por ejemplo, para determinar el precio de nuevos productos.
— En numerosas situaciones, el problema no está en saber cómo adaptar los precios a la sensibilidad actual del mercado, sino en saber cómo modificar y **actuar sobre esta sensibilidad** en el sentido buscado por la empresa. Desde esta perspectiva, es más interesante conocer la percepción del precio por el grupo de compradores objetivo.

Fuentes publicadas	Número de datos	Valor medio de las elasticidades			
		Publicidad	Precio	Calidad	Distribución
Lambin (1976 y 1988)	127	0,081	−1,735	0,521	1,395
Leone y Shultz (1980)	25	0,003-0,230	—	—	—
Assmuss, Farley y Lehmann (1984)	22	0,221(0,264)	—	—	—
Hagerty, Carman y Russel (1988)	203	0,003 (0,105)	−0,985 (1,969)	0,344 (0,528)	0,304 (0,255)
Neslin y Shoemaker (1983)	25	—	−1,800	—	—
Tellis (1988)	220	—	−1,760	—	—

Figura 12.7. Comparación de las elasticidades medias de las variables de marketing.

— La elasticidad mide el impacto del precio sobre la cantidad comprada, pero no mide el efecto del precio sobre la propensión a la prueba del producto sobre la tasa de exclusividad, la tasa de penetración, la fidelidad... Ahora bien, estas nociones son importantes para comprender los mecanismos de respuesta de los consumidores ante el precio. **Otras medidas**, menos agregadas deben, pues, ser desarrolladas para las necesidades de la gestión del marketing.

Además, es a menudo muy difícil obtener en la práctica unas estimaciones de elasticidad-precio suficientemente estables y fiables para permitir «calcular» un precio óptimo de venta sobre esta base.

Como señalamos anteriormente, existen numerosos trabajos que tratan sobre la medida de la elasticidad-precio. En este tipo de trabajos, una precisión de las estimaciones correspondientes a un test t de Student de 4.0

(raramente obtenido) es muy satisfactorio, ya que implica un nivel de significación estadístico del 1 por 100 para un número de grados de libertad superior a 30 (raramente observado). A este nivel de precisión, sin embargo, el coeficiente de variación, es decir, la relación entre la desviación típica y la media, es del 25 por 100; lo que quiere decir que es muy verosímil que el valor verdadero de la elasticidad-precio estimado está comprendido en un intervalo más o menos del 25 por 100, un nivel de imprecisión inaceptable en el terreno operacional.

Estos límites, inherentes al modelo económico que está concebido más para ayudar a comprender los comportamientos económicos que como una herramienta de ayuda a la decisión (Nagle, 1987), no significa, por tanto, que la teoría económica del análisis de las reacciones ante el precio no sea pertinente para el estudio del problema práctico de la determinación del precio.

12.3.4. La noción de «valor percibido» del producto

Una alternativa más operativa a la estimación de una elasticidad-precio es la noción de **«valor percibido del producto por el comprador»**, que se apoya en el conocimiento y la comprensión total del uso final del producto por el comprador. Como ya subrayé anteriormente, la idea central que sostiene este enfoque es que los compradores comparan las ventajas y los costes de una compra; cuando las ventajas son superiores a los costes y cuando el producto posee la mejor relación coste-ventaja, el cliente procede a la compra. Aunque la noción sea simple, no siempre es fácil hacerla operativa.

El procedimiento a seguir para evaluar lo que un comprador está dispuesto a pagar consiste en identificar y en evaluar las diferentes satisfacciones o servicios procurados por el producto, así como el conjunto de costes que suscita, en referencia a los productos competidores y sustitutos que desempeñan la misma función de base. Con este fin, se puede proceder como se describe a continuación.

Este enfoque será de aplicación sobre todo cuando el factor explicativo de la sensibilidad al precio sea la determinante 5 vista anteriormente, la importancia del producto acabado para el comprador. La aplicación de este procedimiento de evaluación del valor percibido se presenta en condiciones diferentes en los mercados industriales y en los mercados de consumo.

El precio máximo aceptable

En un cierto número de casos, es posible determinar de manera más precisa el precio que un cliente industrial es susceptible de aceptar. Cada vez que el producto ofrecido permite al comprador realizar economías de coste, el **precio máximo aceptable** por el cliente es el precio que anula la economía de coste realizada. Todo precio superior suscitará una resistencia tanto más fuerte cuanto mayor sea la diferencia; todo precio inferior suscitará al contrario un interés elevado. Para determinar el precio máximo aceptable por el comprador se procederá como sigue:

— Identificar el conjunto de **usos y de condiciones de utilización** del producto.
— Identificar las **diferentes ventajas** (objetivas y subjetivas), además del precio, aportadas por el producto al usuario.
— Identificar **todos los costes** (objetivos y subjetivos), además del precio soportado por el comprador, por el hecho de la utilización del producto.
— Hacer el **balance «ventajas-costes»**, lo que da el precio máximo aceptable por el comprador.

Este análisis debe ser efectuado para los diferentes grupos de compradores cuyos comportamientos no son idénticos, lo que supone la existencia de una segmentación del mercado examinado. La comparación del precio máximo aceptable con los precios objetivo permite evaluar el margen de maniobra de que dispone la empresa. Un ejemplo de aplicación de este método se presenta en la Figura 12.8.

- **Descripción del producto:**
  — Producto químico mezclado con el agua de las calderas industriales.

- **Usos del producto:**
  — Prolonga la duración de los descalcificadores de agua mejorando su dispersión.
  — Lucha contra la formación de la herrumbre en las tuberías.

- **Ventajas del producto:**
  — Función de base: permite un ahorro del 35 por 100 de productos descalcificadores.
  — Otras fuentes: presencia de antiherrumbre —alimentación líquida automática— proveedor importante.

- **Costes, además del precio, soportados por el usuario:**
  — Costes cuantificables: instalación de un depósito de agua-servicios de mantenimiento.
  — Costes no cuantificables: riesgo de avería de la instalación (ausencia de referencia del proveedor) coste de sensibilización al camino de procedimiento.

- **Balance ventajas-costes cuantificables:**
  — Usuario medio consume 40.000 galones de descalcificador por año.
  — Coste de un galón de descalcificador: 50 centavos por galón.
  — Economía media realizada: 35 por 100 a 14.000 galones, es decir, 7.000 $ por año.
  — Cantidades de producto por galón de descalcificador: 1/7.
  — Coste de instalación: 450 $, es decir, 50 $ año en 5 años.
  — Coste de mantenimiento: 320 $ año.
  — Gastos totales máximos aceptables: 6.590 $ año (7.000-410).
  — Precio unitario máximo aceptable: 1.77 $ galón.
  — Precio actual del competidor más peligroso: 1,36 $

Figura 12.8. El precio máximo aceptable. Ejemplo de cálculo.
Fuente: Adaptado del caso «Hudson Chemical Canada», extraído de: Leighton, D., y otros (1972).

Ejemplo de medida del valor percibido

La idea básica que preside estos métodos es idéntica: es el valor percibido del producto o de la marca lo que debe guiar la medida de la sensibilidad al precio. Establecer una relación directa entre la demanda de un producto y el precio (nominal) de este producto, como la practicada en los estudios de elasticidad, es una simplificación que olvida una variable causal importante: la percepción del comprador que está influida por otros factores además del valor monetario como, por ejemplo, por los precios de productos competidores, por factores visuales o de presentación del producto, por la imagen de marca, etc. El objetivo entonces es reconstituir la percepción, lo que permite conocer sus determinantes y, en consecuencia, identificar los medios de influirlos. La noción de valor percibido se sitúa pues en la prolongación directa de los modelos de actitud descritos en el Capítulo 5 de este libro.

A título de ilustración, consideremos los datos de la Figura 5.8, las puntuaciones atribuidas por un grupo de compradores potenciales a seis marcas competidoras de microordenadores, y eso para cinco atributos determinantes.

> En el ejemplo presentado, los entrevistados tienen que repartir primeramente 100 puntos entre los cinco atributos para determinar la importancia relativa de cada atributo e inmediatamente evaluar sobre 10 puntos el grado de presencia percibido de cada atributo en cada marca.

La medida de los valores percibidos de cada marca se obtiene multiplicando las puntuaciones asignadas a los atributos por sus pesos respectivos. Las puntuaciones obtenidas son de inmediato expresadas bajo la forma de índices en relación a la media. En el ejemplo se tiene, respectivamente,

$$A = 1,07 \quad B = 1,05 \quad C = 1,09 \quad D = 1,10 \quad E = 0,98 \quad F = 0,70$$

Se constata que la marca F tiene un valor percibido muy inferior a la media, mientras que la marca D y C son percibidas por encima de ella. En la medida en que estos resultados pueden ser aceptados como representativos y a igualdad de esfuerzo de marketing sobre los demás factores, la marca F debería, por estar aceptada por el mercado, adoptar un precio sensiblemente inferior al precio medio ofrecido por los competidores existentes. Si el precio medio es 33.000 F, los precios proporcionales a los valores percibidos serían pues,

$$A = 35.146 \quad B = 34.700 \quad C = 35.991 \quad D = 36.418 \quad E = 32.406 \quad F = 23.216$$

Una diferencia de precio del orden de 10.000 F sería pues necesaria para restablecer la competitividad de la marca F. De la misma forma, si la marca D adoptara un precio inferior al precio correspondiente a su valor percibido, podría esperar aumentar su cuota de mercado, puesto que ella aumentaría de esta forma su esfuerzo marketing relativo.

Este método, que se apoya en un **enfoque de composición**, es particularmente apropiado cuando la sensibilidad al precio está determinada por la presencia de factores cualitativos, tales como los efectos de imagen.

Las aportaciones del análisis conjunto

El mismo tipo de resultado puede ser alcanzado por el **enfoque de descomposición** expuesto en el Capítulo 5. Retomando a este efecto los resultados obtenidos en el estudio de los cigarrillos (ver Figura 5.13) para la variable precio.

Para el entrevistado 17, se han estimado las utilidades siguientes:

$$(62 \text{ F}; U = -2,5), (67 \text{ F}; U = -3,5) \text{ y } (72 \text{ F}; U = -5,0)$$

La elasticidad media calculada por mínimos cuadrados (expresando U en términos de desviación en relación al rango medio) es de: $-3,59$ ($R^2 = 0,958$).

Para el entrevistado 86, se habían obtenido los pares de valores siguientes:

$$(62 \text{ F}; U = -0,250), (67 \text{ F}; U = -1,25), (72 \text{ F}; U = 1,50)$$

La elasticidad calculada es aquí: $-1,11$ ($R^2 = 0,914$).

Se verifica la diferencia de sensibilidad al precio entre estos dos entrevistados. Supongamos ahora que disponemos de informaciones similares sobre una muestra representativa de 200 entrevistados, una elasticidad media podría calcularse para el conjunto de entrevistados e igualmente para los subgrupos de entrevistados de grupos de edad o de niveles de renta diferentes.

Este tipo de elasticidad permite, pues, medir la sensibilidad al precio, no en términos de cantidades vendidas, sino en términos de utilidad. Esta noción, más imprecisa, es no obstante útil para comparar en valor relativo la sensibilidad al precio de diferentes grupos de compradores.

12.3.5. Las estrategias de los precios flexibles

En la mayor parte de los casos, las empresas no tienen un solo precio de venta, sino una variedad de precios correspondiendo a situaciones de mercado diferentes.

Se habla de precios flexibles, cuando el mismo producto es vendido a precios diferentes a compradores diferentes. Estas prácticas se explican por el hecho de la diversidad de compradores que tienen sensibilidades distintas al precio. La flexibilidad en materia de precio puede realizarse de diferentes formas, basándose sobre diferencias de región, de período, de segmento o de modalidad de presentación del producto. En la literatura económica se habla de **discriminación de precio**. En los puntos siguientes, seguiremos la tipología adoptada por Tellis (1986).

Flexibilidad de los precios según las marcas

Este tipo de flexibilidad de precio se presenta cuando la empresa dispone de una capacidad de producción excedentaria o momentáneamente no utilizada y que tiene la oportunidad de vender en un mercado (o segmento) nuevo para ella, *a*) sin que haya aumento de sus costes fijos y *b*) sin riesgo de pérdida de ventas en su mercado principal. El precio mínimo aceptable que la empresa puede adoptar es el precio umbral, i.e. el coste directo unitario. A todo nivel de precio ligeramente superior, la empresa puede generar una contribución al beneficio suplementario. Las ocasiones de practicar este tipo de estrategias, se presentan principalmente en el campo del comercio internacional, o para los contratos con marcas de distribuidores, o inclusive para ciertos grupos socio-demográficos, tales como los estudiantes, los niños o los mayores. La condición esencial a respetar aquí es asegurarse de que los compradores al precio bajo no pueden revender los productos a un precio superior practicado en el mercado principal.

Flexibilidad de los precios en función de la estacionalidad

El problema es diferente aquí. ¿Qué precio adoptar para un producto presentado a los compradores teniendo una sensibilidad al precio diferente al principio y al final de un período estacional? Ciertos compradores no quieren comprar más que al principio de la estación y son muy poco sensibles al precio, mientras que otros están dispuestos a comprar no importa cuando, pero son muy sensibles al precio. Para sacar ventaja de esta heterogeneidad de la demanda potencial, la empresa va a vender a un precio elevado al principio de la estación y consentir rebajas al final de la estación.

> Es la razón de ser de las rebajas observadas en los productos de moda, vendidos fuera de estación, tarifas de viajes reducidas en baja estación, de entradas de teatro a precio reducido en matinales, etc.

Una regla importante de las reducciones de precios estacionales es su carácter sistemático y por ello conocido y previsible por los compradores potenciales que se comportarán en consecuencia.

Las reducciones de precios «sorpresa»

¿Qué política de precio a adoptar en el mercado donde la misma categoría del producto es vendida a un precio bajo por ciertas empresas y a un precio alto por otras, sabiendo que los compradores están dispuestos a emplear el tiempo en buscar el mejor precio, mientras que otros no lo están? En este tipo de situaciones, la empresa se enfrenta a una heterogeneidad de la demanda debida a la diferente percepción de los compradores del coste de prospección. Los objetivos de la empresa son dobles en este caso: *a)* vender a un precio elevado al mayor número posible de compradores «poco informado» y al mismo tiempo *b)* impedirá a los compradores «informados» comprar a un precio inferior en la competencia.

La estrategia recomendada aquí es el **efecto sorpresa**, que supone mantener un precio elevado y reducirlo periódicamente, pero de manera inesperada. La forma de reducir el precio es un factor crucial de éxito: las bajadas de precios deben ser imprevisibles —aleatorias al límite— de manera tal que los compradores «poco informados» sigan comprando de manera rutinaria, la mayoría de las veces al precio alto, y que los compradores «informados» continúen la búsqueda y retrasen sus compras hasta el momento en que puedan comprar al precio inferior (Tellis 1986, pág. 150)

La administración de los precios

La administración de los precios lleva sobre las adaptaciones de las tarifas de precio según las condiciones de realización de la venta: las cantidades pedidas, los tipos de intermediarios, las zonas geográficas, las condiciones de pago, etc. Estos ajustes de precio o rebajas, están concebidos para recompensar a los clientes cuyo comportamiento de compra permita a la empresa realizar economías en sus costes de transacción. Este es el caso de las reducciones de precio para cantidades (remesas de fin de año), para pagos al contado, para funciones ejercidas o para compras fuera de estación. Para ir más lejos en esta cuestión, ver a Monroe (1979) e igualmente en el ejemplo presentado en la Figura 11.10 de este libro.

12.4. EL PRECIO DESDE EL PUNTO DE VISTA DE LA COMPETENCIA

Respecto a la competencia, el grado de autonomía de la empresa en materia de estrategia de precios está muy influido por dos categorías de factores: la **situación competitiva** del sector, caracterizada por el número de empresas competidoras, y la importancia del **valor percibido** del producto por los compradores.

— Las **situaciones competitivas** han sido descritas en el Capítulo 8. Es evidente que allí donde la empresa está en monopolio, su autonomía es grande en materia de precios; tiende a disminuir cuando el número de competidores aumenta; se tiene, pues, en los dos extremos el monopolio y la competencia pura, estando el oligopolio en una situación intermedia.

— El **valor percibido del producto** resulta de los esfuerzos de diferenciación de la empresa realizados con el fin de reservarse una ventaja competitiva externa; allí donde el elemento de diferenciación existe y es percibido como un valor por el comprador, este último está generalmente dispuesto a pagar un precio superior al del producto competidor. La empresa dispone entonces de una cierta autonomía en materia de precio.

Valor percibido del producto	Intensidad de la competencia	
	Débil	Elevada
Débil	Monopolio u oligopolio diferenciado	Competencia monopolística
Elevado	Oligopolio indiferenciado	Competencia pura o perfecta

Figura 12.9. Las decisiones de precios según el entorno competitivo.

Estas dos dimensiones de dos niveles de intensidad cada una (bajo o alto) están expuestas en el cuadro de la Figura 12.9, lo que permite identificar cuatro situaciones distintas en las cuales el problema de la determinación del precio se plantea de manera diferente. En la realidad, las cosas son más complejas pero, no obstante, es esclarecedor situar un producto en uno de estos cuadrantes para comprender la problemática de la determinación del precio.

— Allí donde el número de competidores es bajo y el valor percibido del producto alto, se encuentra en situaciones cercanas al **monopolio o del oligopolio diferenciado**. El precio es una variable de acción para la empresa que dispone de un margen de maniobra cuya importancia variará en función del valor percibido del elemento de diferenciación para el comprador.
— En el otro extremo, allí donde los competidores son numerosos y los productos banalizados, se tiende hacia la **situación de competencia pura** en la que es esencialmente el juego de la oferta y de la demanda el que define el nivel del precio del mercado. La empresa no tiene prácticamente autonomía en materia de estrategia de precios.
— El cuadrante inferior izquierda, allí donde el número de competidores y el valor percibido son bajos, corresponde a la situación de **oligopolio indiferenciado** en la que la interdependencia entre competidores es a menudo elevada, lo que limita la autonomía de cada uno. Se aplicarán entonces estratégicas de alineamiento del precio con el del líder del mercado.
— Por último, en el cuadrante superior derecha, se encontrarán productos muy diferenciados ofrecidos por numerosos competidores; es la

situación de **competencia monopolística** o imperfecta, en la que existe una cierta autonomía de precios, pero que está limitada por la intensidad de la competencia.

Estas situaciones de mercado son pues muy diferentes y se observarán en diferentes etapas de la evolución del ciclo de vida de un producto-mercado.

12.4.1. La anticipación de los comportamientos competitivos

En numerosas situaciones de mercado, la interdependencia entre competidores es elevada y existe un «precio de mercado» que sirve de referencia común. Se trata, generalmente, de situaciones de **oligopolios indiferenciados** (cuadrante inferior izquierda de la Figura 12.9), donde la demanda global no es expansible y las ofertas de los competidores existentes escasamente diferenciadas. Este tipo de situación competitiva tiende a prevalecer en la fase de madurez del ciclo de vida de los productos.

- En situación de oligopolio indiferenciado, donde la demanda global es no expansible, la función de demanda de una empresa determinada se presenta como sigue:

$$Q_i = F[P_i, P_r, (P_i)/M_i...]$$

P = precio de venta
M = otros factores de marketing
i = empresa estudiada
r = competidores de i

- La sensibilidad de la demanda de i al precio de i viene dada por la expresión siguiente:

$$\frac{dQ_i}{dP_i} = \frac{\delta Q_i}{\delta P_i} + \frac{\delta Q_i}{\delta P_r} \cdot \frac{dP_r}{dP_i}$$

Multiplicando los dos miembros de la expresión anterior por Q_i/P_i se obtiene la elasticidad. Es decir:

$$\eta_{qipi} = \varepsilon_{qipi} + \varepsilon_{qipr} \cdot P_{prpi}$$

- La eslasticidad neta de la demanda es la resultante de dos efectos:
  — Un efecto directo del precio de i sobre la demanda de i.
  — Un efecto indirecto del precio de r sobre la demanda de i, cuya importancia depende del vigor de la reacción competitiva (p).

- En un oligopolio indiferenciado, la fuerza de la reacción de los competidores será más grande a la baja que al alza. La demanda será pues más elástica en los niveles de precio superiores al precio del mercado, y menos elástica a los precios inferiores. La demanda se conoce como demanda «discontinua» (*Kinded demand*).

Figura 12.10. Los determinantes de la elasticidad-precio en oligopolio.

En estos mercados, la empresa puede alinearse con los precios de los competidores o del líder de la industria, fijar su precio a un nivel superior con el riesgo de perder cuota de mercado, o fijar su precio a un nivel inferior al del mercado buscando así una ventaja competitiva que no puede encontrar en otra parte, con el riesgo de hacer estallar una guerra de precios. El problema está, pues, en determinar el nivel del **precio relativo**. El resultado de estas estrategias dependerá ampliamente de la actitud reactiva de los competidores.

El objetivo de un análisis de la competencia en el área de los precios es **apreciar la capacidad de acción y de reacción de la competencia**, y estimar las necesidades de reacción del o de los competidores más peligrosos, en caso de subida o de descenso del precio. La noción de elasticidad de reacción ha sido presentada en el Capítulo 8 (ver Figura 8.5). Un esquema completo del análisis de la competencia está recogido en Porter (1980, Capítulo 3).

El sentido y el vigor de las reacciones competitivas se manifiestan de manera diferente en caso de cambios de precio al alza o a la baja. Como refleja la Figura 12.11, la empresa está confrontada a una **curva de demanda discontinua**, cuya elasticidad es diferente según el precio del mercado, debido a la reacción competitiva diferente. Algunas condiciones son favorables a las bajadas o a las subidas de precio y éstas son las condiciones que interesa determinar.

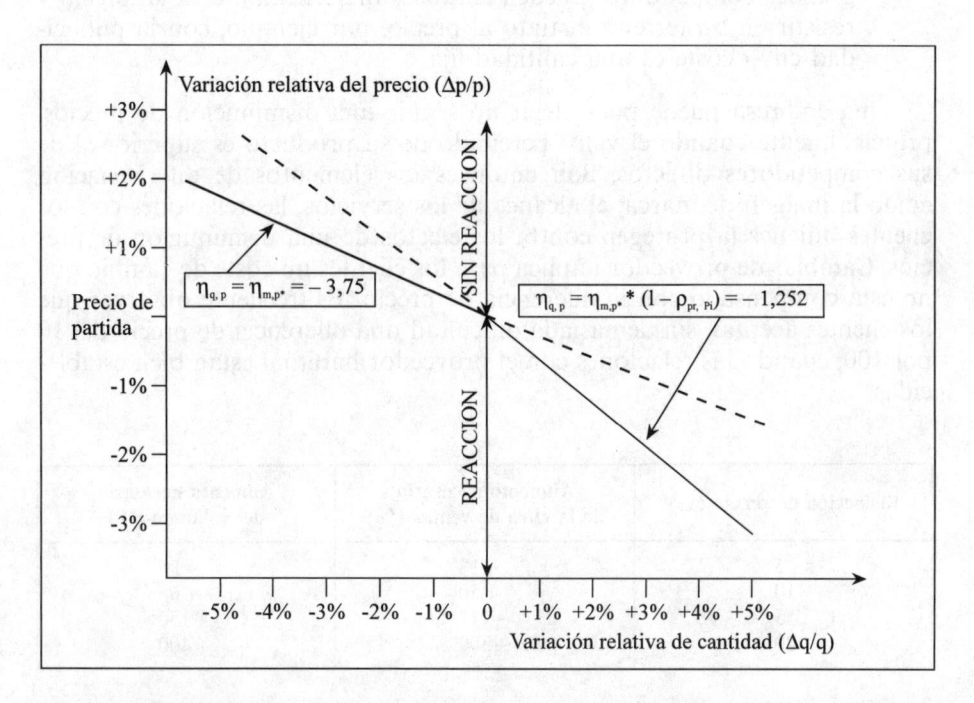

$\eta_{q,p} = \eta_{m,p^*} = -3{,}75$

$\eta_{q,p} = \eta_{m,p^*} * (1 - \rho_{pr, Pi}) = -1{,}252$

Figura 12.11. La curva de demanda acodada. El mercado de afeitadoras eléctricas en Alemania. *Fuente: Lambin J.J., Naet P. y Bultez A., (1975).*

12.4.2. Las estrategias de reducción de precios

El recurso a una **reducción de precios**, en una óptica de estimulación de la demanda, es pertinente sólo cuando la demanda global del producto es ampliable. En el caso contrario, si la empresa disminuye sus precios y si todos los competidores se resisten alineándose inmediatamente, los beneficios de cada uno van a disminuir y las cuotas de mercado respectivas van a permanecer idénticas en un mercado en el cual el tamaño no habrá aumentado a pesar de la reducción del precio medio del mercado.

Algunas situaciones pueden, sin embargo, ser favorables a una disminución de precios en un mercado no ampliable, sin ocasionar reacciones rápidas de los competidores.

— Cuando los costes de los competidores son superiores y no pueden bajar sus precios sin dañar su rentabilidad; no seguir la reducción implica entonces una pérdida de cuota de mercado; salvo si elementos de diferenciación neutralizan la diferencia de precio.
— Las pequeñas empresas pueden utilizar fácilmente una reducción de precios, la cual representa una inversión menos pesada que para las empresas que detentan una cuota de mercado elevada, ya que el coste de la promoción por el precio es proporcional al volumen. Los grandes competidores pueden entonces preferir mantener su precio y resistir en un terreno distinto al precio, por ejemplo, con la publicidad cuyo coste es una cantidad fija.

Una empresa puede pues elegir no seguir una disminución de precios, principalmente cuando el valor percibido de su producto es superior al de sus competidores directos. Son entonces los elementos de diferenciación como la imagen de marca, el alcance de los servicios, las relaciones con los clientes quienes la protegen contra los efectos de una disminución de precios. Cambiar de proveedor implica para los clientes un coste de cambio que no está compensado con la diferencia de precio. Es frecuente observar que los clientes aceptan sin demasiada dificultad una diferencia de precio del 10 por 100, cuando las relaciones con el proveedor habitual están bien establecidas.

Reducción de precio (%)	Aumento necesario de la cifra de ventas (%)	Aumento necesario del volumen (%)
5	+18	+25
10	+50	+66
15	+112	+150
20	+300	+400

Figura 12.12. Coste de una reducción de precio (suponiendo un margen bruto del 25 por 100). *Fuente: Monroe K.B. (1979, pág. 70).*

Evaluación del coste de una reducción de precio

Es importante destacar que el coste de una reducción de precios es a menudo muy elevado, particularmente para la empresa cuya proporción de costes variables sea importante. Los datos de la Figura 12.12 definen el aumento de la cifra de ventas y de las ventas en unidades necesarias para la conservación del margen bruto (aquí el 25 por 100), y eso para diferentes niveles de reducción de precios.

En este caso concreto, en el que se busca conservar el margen del 25 por 100 que había antes de la disminución de precios, no es necesario más que doblar el número de unidades vendidas para compensar una reducción de precios del 15 por 100. Se concibe que el aumento de las ventas sobrepasa rápidamente en mucho el impacto que se podía esperar de la reducción de precios.

Se puede demostrar, en efecto, que una reducción de precios perjudica a la empresa cuya proporción de costes variables sea elevada, en el sentido de que el aumento de la cantidad vendida necesaria para mantener un margen debe ser tanto más fuerte como importante sea la parte de costes variables (Monroe, 1979, pág. 73). De una manera general, el aumento requerido de las ventas (en unidades) se determinará como sigue:

$$\text{Aumento necesario de las ventas (\%)} = \frac{x}{MB^* - x} \cdot 100$$

donde x es el porcentaje de la reducción de precio que se desea y MB^* el porcentaje de margen bruto sobre el precio de venta antes de la disminución del precio.

A modo de ilustración, si la bajada del precio que se desea es del 9 por 100 y el porcentaje del margen del 30 por 100, el aumento de las ventas necesario para el mantenimiento del margen será,

$$\text{Aumento necesario de las ventas (\%)} = \frac{9\ \%}{30\ \% - 9\ \%} \cdot 100 = 42{,}86\ \%$$

Si el porcentaje de margen bruto llega a ser, respectivamente, 25 y 20 por 100, la misma bajada del 9 por 100 deberá suscitar un aumento del volumen, respectivamente, del 56,25 y del 81,82 por 100.

La empresa con los costes variables más bajos tiene pues interés en iniciar una reducción importante de precios, porque sabe que las demás empresas son incapaces de seguirla.

Cálculo de la elasticidad-precio implícita

De esos datos se puede igualmente deducir la **elasticidad-precio implícita**, es decir, la elasticidad-precio que sería necesario observar en el grupo de compradores analizado para mantener el margen bruto inalterable.

En el ejemplo precedente, la bajada de precio contemplada del 9 por 100 debería suscitar un aumento de las ventas del 42,86 por 100 para mantener el margen del 30 por 100 inalterable. La elasticidad-precio implícita es pues,

$$\text{Elasticidad implícita} = \frac{+42,86\ \%}{-9\ \%} = -4,76$$

Una elasticidad-precio de $-4,8$ es muy elevada y supone una demanda muy sensible al precio. Si el responsable del producto-mercado estima que la demanda es menos elástica, la reducción del precio no se justifica, al menos si se tiene en consideración sólo el criterio del beneficio.

El riesgo de una **guerra de precios** está siempre presente en un mercado oligopolístico y es lo que explica la reticencia de las empresas a practicar reducciones de precios. En un cierto número de casos, sin embargo, una guerra de precios puede permitir a algunas empresas mejorar su posición competitiva. Los trabajos del Boston Consulting Group sobre la curva de experiencia (ver Capítulo 8) han demostrado que un sacrificio del margen por las disminuciones de precio puede ser compensado por una mejora de la cuota de mercado que, en último término, conduce a una rentabilidad superior debida a la reducción de los costes. Un segundo objetivo de una guerra de precios puede ser eliminar un competidor potencialmente peligroso.

Los precios en función de la curva de experiencia

En los sectores donde la parte de los costes correspondientes al valor añadido es elevada, las reducciones de costes importantes pueden ser obtenidas conforme al aumento de la cantidad acumulada (ver Capítulo 8). Si en este mercado los compradores son sensibles al precio, una estrategia de precios de penetración, (ver Figura 12.13a) permitirá a la empresa alcanzar rápidamente un nivel de ocupación elevado del mercado. El precio de entrada en el mercado es fijado a un nivel inferior al coste, pero asegurará el nivel del margen deseado cuando la empresa haya alcanzado el nivel previsto de cantidades acumuladas. Esta estrategia muy agresiva, presenta ciertas ventajas. En principio, las empresas más débiles se verán forzadas a dejar el mercado, lo que reducirá el número de competidores presentes. A continuación la empresa podrá aumentar sus ventas y ganar experiencia más rápidamente. Por último, por el hecho de un precio bajo, nuevos compradores estarán incitados a entrar en el mercado.

Una estrategia de precios inferior al coste no es evidentemente sostenible mucho tiempo y los riesgos de esta estrategia son elevados. Una estrategia menos agresiva y descrita en la Figura 12.13b, donde las bajas de precios se hacen paralelamente a las bajas de costes.

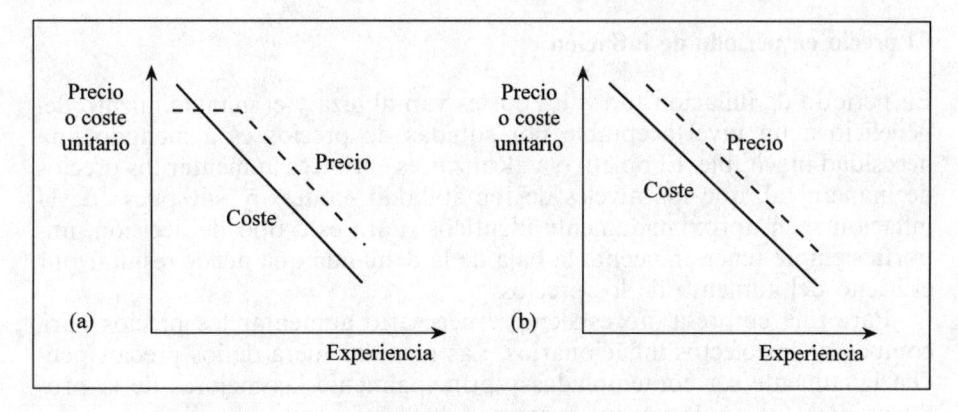

Figura 12.13. El precio, función de la curva de experiencia.

12.4.3. Las estrategias de subida de precios

El recurso a una **subida de precios** es también una decisión difícil. La empresa que inicia la subida de precios debe asegurarse de la voluntad de los competidores de seguirle. Generalmente, esta voluntad depende de las condiciones del mercado en el momento en que tiene lugar, en particular cuando las capacidades de producción son utilizadas de pleno y cuando la demanda crece. Al igual que para una disminución de precios, la empresa tiene interés en evaluar el margen de maniobra del cual dispone antes de comenzar la acción.

En caso de subida de precios, la reducción de volumen tolerable, es decir, aquel que deja invariable el beneficio anterior, se determina como sigue,

$$\text{Reducción tolerable (en \%)} = \frac{x}{MB^* - x} \cdot 100$$

Si el aumento de precio contemplado es del 9 por 100 y el margen bruto el 30 por 100, la reducción de volumen podrá ser de,

$$\text{Reducción tolerable (en \%)} = \frac{9\,\%}{MB^* - 9\,\%} \cdot 100 = 23{,}08\,\%$$

y la elasticidad-precio implícita se eleva a $-2{,}56$.

Para que el aumento de precio estimule el beneficio, es necesario que la demanda del mercado sea menos elástica al precio que la elasticidad-precio implícita calculada de $-2{,}6$.

El precio en período de inflación

En período de inflación todos los costes van al alza y el mantenimiento del beneficio a un nivel aceptable por subidas de precios es a menudo una necesidad inevitable. El objetivo a alcanzar es entonces aumentar los precios de manera tal, que los niveles de rentabilidad «antes» y «después» de la inflación sean aproximadamente idénticos. Para este tipo de decisión, importa siempre tener en cuenta la baja de la demanda que puede resultar por el hecho del aumento de los precios.

Para una empresa, no es siempre necesario aumentar los precios para compensar los efectos inflacionarios. Las medidas fuera de los precios pueden igualmente ser contempladas y principalmente las mejoras de la productividad que anularían los aumentos de ciertos costes.

12.4.4. La práctica del liderazgo

Las estrategias de *liderazgo* en materia de precio son frecuentes en los mercados de oligopolio. Un miembro de la industria, en razón de su tamaño o de su posición en el mercado, aparece como líder natural del mercado. Este líder toma las decisiones en materia de precios que son reconocidas y aceptadas por las otras empresas que forman parte del mercado de referencia.

Iniciar una subida de precios es generalmente el papel de la empresa líder en un mercado. La presencia de un líder permite regular un mercado y evitar variaciones demasiado frecuentes de precios. En los mercados de oligopolio, donde hay relativamente pocos competidores, la situación es favorable a la existencia de un líder que adopta un comportamiento anticipativo y define periódicamente los precios. Las demás empresas reconocen el papel del líder y adoptan un comportamiento de seguidor aceptando los cambios de precios. Existen varios tipos de liderazgo.

— El **liderazgo de la empresa dominante**, es decir, aquella que detenta la cuota de mercado más importante. La empresa dominante establece un precio y deja a los demás productores vender su producción a este precio. El líder debe ser poderoso e indiscutible y debe aceptar el mantener un precio elevado.
— El **liderazgo barométrico** que consiste en iniciar los aumentos y las disminuciones de precio que se comprueban deseables, teniendo en cuenta las modificaciones de los costes de producción o de la evolución de la demanda. El líder debe entonces disponer de un sistema de información excelente que le permita recoger informaciones sobre los precios, la competencia, la evolución tecnológica.
— El **liderazgo por común acuerdo**, donde una empresa es tácitamente conocida como líder, sin que haya, por tanto, un pacto o un acuerdo formal, lo cual es ilegal. Se puede tratar de la empresa con mayor

visibilidad en el sector, por ejemplo, aquella que detente el liderazgo en materia de tecnología.

La presencia de un líder se encuentra a menudo cuando las cuotas de mercado son muy diferentes entre competidores. Las funciones del líder son las siguientes (Corey, 1976, pág. 177):

— Disponer de un sistema de información superior le permite comprender las evoluciones del mercado y reaccionar de manera apropiada.
— Tener un sentido agudo de la estrategia.
— Tener una preocupación real del interés del sector.
— Ejercer un papel importante en el desarrollo tecnológico del sector.
— Ejercer un papel de policía, tomando medidas de presión respecto a las empresas que intenten romper los precios del mercado.

De una manera general, la presencia de un líder es un factor de estabilidad de los mercados y de reducción del riesgo de la guerra de precios.

12.5. LAS ESTRATEGIAS DE PRECIOS DE LANZAMIENTO DE UN NUEVO PRODUCTO

La elección del precio de un nuevo producto es un problema muy delicado ya que el nuevo producto no tiene comparación directa y aporta una solución original a la satisfacción de una necesidad. El precio de lanzamiento es entonces fundamental y condiciona el éxito comercial y financiero de la operación. Después de haber procedido al análisis de los costes, de la demanda y de la competencia, la empresa debe elegir entre dos estrategias muy contrastadas: *a*) una estrategia de precio inicial elevado que seleccione la demanda, y *b*) una estrategia de precio bajo desde el principio que permita una penetración rápida y potente en el mercado.

12.5.1. La estrategia de precio de selección

Esta estrategia consiste en vender el nuevo producto a un precio elevado, limitándose voluntariamente a los grupos de compradores dispuestos a pagar el precio alto, de manera que se aseguran unos ingresos financieros importantes rápidamente tras el lanzamiento. Varias consideraciones vienen a apoyar esta estrategia; además, para que se revele un éxito, se deben dar un cierto número de condiciones (Dean, 1950).

— Cuando se tengan razones para pensar que el **ciclo de vida del producto** nuevo será corto, o que el producto será rápidamente imitado por los competidores, una política de precio bajo no permitirá rentabilizar la innovación. Si, además, la demanda es inelástica al precio, al menos

entre un grupo de compradores suficientemente importante, una política de precio de selección es juiciosa para la empresa.
— Cuando el producto es muy nuevo para el comprador que no dispone de elementos de comparación, la **demanda es inelástica** y es tentador para la empresa explotar esta ventaja adoptando un precio elevado y ajustarse enseguida a los precios de la competencia.
— Lanzar un nuevo producto a un precio elevado permite **fraccionar el mercado en segmentos** que difieren entre ellos por su elasticidad al precio. El precio de lanzamiento sirve para seleccionar los clientes poco sensibles al precio. Reducciones de precio ulteriores permitirán tocar sucesivamente segmentos más elásticos. Se trata de una forma de discriminación temporal de precios.
— Cuando la demanda es difícil de evaluar, es **aventurado anticipar** lo que un precio reducido podría suscitar en cuanto al crecimiento de la demanda y en cuanto a la reducción del coste. Este problema se encuentra particularmente cuando todavía los procedimientos de fabricación no están del todo a punto y los costes pueden sobrepasar las estimaciones.
— Cuando la empresa no dispone de la **liquidez financiera** necesaria para una introducción que demande gastos promocionales importantes para ser eficaz, practicar unos precios elevados constituye una técnica de financiación que permite generar los recursos necesarios para la estrategia de lanzamiento.

La estrategia de precio de selección es en definitiva una estrategia prudente y más financiera que comercial. Su ventaja principal reside en el hecho de que deja vía abierta a un reajuste progresivo del precio, a la vista de la evolución del mercado y de la competencia. Comercialmente, siempre es más fácil bajar un precio que aumentarlo. El interés de una estrategia de selección está principalmente en el aspecto financiero. Libera bastante pronto capitales que podrán ser utilizados para otra actividad.

12.5.2. La estrategia de precio de penetración

La estrategia de penetración consiste, al contrario, en practicar precios bajos para penetrar desde el comienzo en la parte importante del mercado. Supone la adopción de un sistema de distribución intensivo, el desarrollo de la receptividad del mercado mediante acciones publicitarias importantes y, sobre todo, poner en su sitio una capacidad de producción adaptada desde el lanzamiento del producto. Es, pues, una estrategia que supone una inversión inicial elevada, la cual no será rentabilizada más que a largo plazo. El enfoque es aquí más comercial que financiero. Las condiciones generales que deben prevalecer son, pues, las siguientes:

— La demanda debe ser **elástica al precio**; en este caso, no existe segmento a privilegiar, y la única estrategia a adoptar es dirigirse a la

totalidad del mercado con un precio suficientemente bajo para adaptarse a las posibilidades del mayor número.
— Es posible obtener **bajos costes unitarios** gracias a volúmenes de producción más importantes, bien en razón de la presencia de economías de escala, o bien en razón de un efecto de experiencia importante.
— El nuevo producto está amenazado por una **fuerte competencia** al poco tiempo de su introducción en el mercado. Esta amenaza de competencia potencial es una razón poderosa para adoptar precios bajos, los cuales constituyen una barrera de entrada muy eficaz para los nuevos competidores, como se destacó en el Capítulo 8.
— El mercado de gama alta está **ya satisfecho**; en este caso, la política de penetración es la única política válida para desarrollar el mercado.
— El producto se integra fácilmente en el modo de consumo o de producción de los clientes potenciales, en el sentido que los **costes de transferencia** distintos al precio suscitados por la adopción del producto son poco elevados.

Una estrategia de precio de penetración es, pues, más arriesgada que una estrategia de precio de selección. Si la empresa prevé rentabilizar el nuevo producto en un período largo, puede que los competidores, entrando ulteriormente en el mercado, estén en estado de utilizar igualmente nuevas técnicas de producción que les darían una ventaja de costes sobre la empresa innovadora.

12.6. LA DETERMINACION DE PRECIOS DE UNA GAMA DE PRODUCTOS

El marketing estratégico ha conducido a las empresas a practicar estrategias de segmentación y de diversificación que han contribuido a multiplicar el número de productos vendidos por una misma empresa o bajo una misma marca. Esta estrategia de desarrollo para los productos trae consigo la aparición de interdependencias entre éstos, que se traducen bien por un **efecto de sustitución** (o de canibalismo), o bien por un **efecto de complementariedad**. Es evidentemente necesario tener en cuenta esta interdependencia en la determinación de los precios, ya que el objetivo es optimizar el resultado del conjunto de la actividad de la empresa (Oxenfeld, 1966).

12.6.1. El riesgo de canibalismo

La Figura 12.14 describe los diferentes escenarios posibles de «canibalismo» entre dos marcas de una misma empresa: la antigua y la nueva.

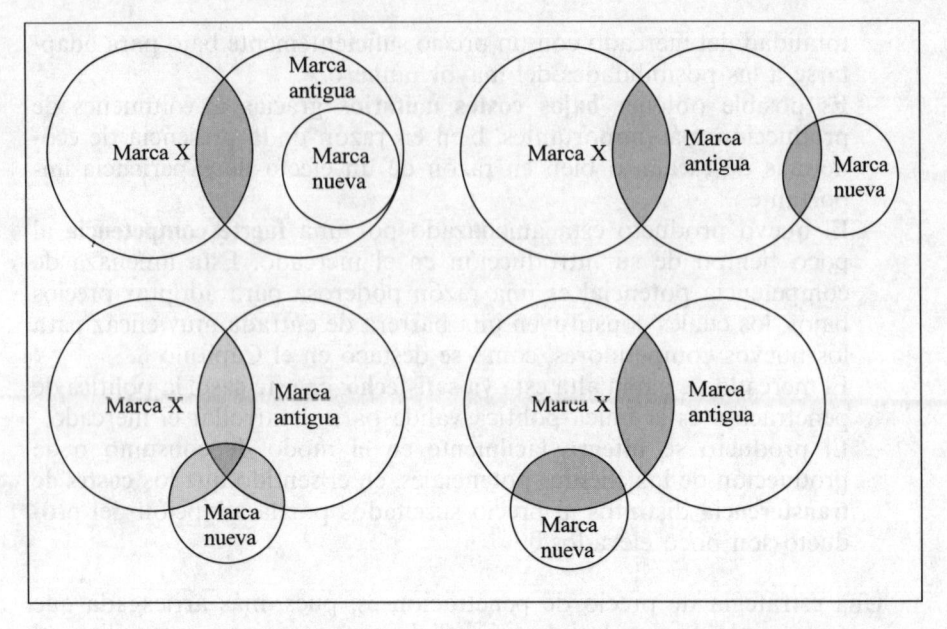

Figura 12.14. Los escenarios de «canibalismo».
Fuente: Traylor, M.B. (1986).

En este diagrama, los círculos representan a los compradores y el mercado potencial total está definido por toda la zona exterior de los círculos. La marca X representa el conjunto de marcas competidoras.

— La primera situación es la peor posible; la nueva marca no aporta ninguna ventaja, sino simplemente «canibaliza» la marca preexistente de la empresa. Esta situación sólo es tolerable si el margen bruto de la nueva marca es muy superior al de la antigua.
— La segunda situación es mejor, en el sentido de que la nueva marca contribuye a ampliar el mercado total y su cuota de mercado, no obstante sin penetrar en la posición del competidor. La operación será globalmente rentable, si el margen realizado sobre las ventas a los nuevos compradores es superior a la pérdida en las ventas de la marca antigua.
— En este tercer escenario, la nueva marca penetra a la vez en el mercado de la marca antigua y de la marca competidora, ampliando el mercado total. Como en el caso precedente, es necesario ver si la compensación de los márgenes ganados y perdidos deja o no un rendimiento neto positivo.
— La cuarta situación es la situación ideal. La nueva marca penetra en las ventas de la competencia y logra nuevos compradores. La cuota de mercado total aumenta y aporta un *cash flow* neto positivo de todas formas (Traylor, 1986, pág. 72).

¿Cómo una empresa puede eliminar el riesgo de canibalismo? Cuanto más segmenta una empresa su mercado de referencia de manera fina y sutil, más está expuesta al riesgo de canibalismo. El objetivo a alcanzar es pues el posicionar las diferentes marcas en cartera, no solamente frente a competidores directos, sino igualmente entre ellas. Además, un cierto grado de canibalismo debe ser aceptado, en la medida en que el efecto neto de la política de marcas múltiples va en el sentido del interés global de la empresa.

> Coca-Cola es un buen ejemplo de una empresa que ha evolucionado de un proteccionismo muy conservador hacia una estrategia de utilización intensiva del nombre de Coke. Las marcas Diet Coke y Cherry Coke, y en menor medida de Coke Classic, son otros ejemplos de extensiones de marcas que contrastan con la reticencia tradicional de la sociedad de utilizar de Coke (Traylor 1986, pág. 73).

Una empresa que persigue un objetivo de poder de mercado puede perfectamente aceptar un descenso del beneficio a corto plazo debido al canibalismo, si esta estrategia conduce a una mejora de su posición a largo plazo en el mercado.

La noción de elasticidad cruzada

El concepto de elasticidad cruzada permite medir el grado de interdependencia entre productos vendidos bajo una misma marca o por una misma empresa e identificar el sentido de interdependencia allí donde exista: complementariedad o sustitución.

La elasticidad cruzada aplicada al caso de dos productos A y B se define como sigue:

$$\text{Elasticidad cruzada} = \frac{\%\ \text{de variación de las cantidades de A}}{\%\ \text{de variación del precio de B}}$$

En caso de elasticidad cruzada positiva, hay sustitución entre los productos; si la elasticidad es negativa hay, al contrario, complementariedad. Si la elasticidad es nula o muy próxima a cero, los productos se dicen independientes.

12.6.2. El análisis de rentabilidad de una gama de productos

La complejidad de la determinación de los precios de una gama de productos se debe al hecho de que, además de la interacción de la demanda, frecuentemente hay interacción de costes. Por ejemplo, cuando la modificación del proceso de fabricación de uno afecta a los costes de los demás productos. En estas condiciones, el análisis de las implicaciones, por ejemplo de un cambio de precio de uno de los productos de la gama, debe ser conducido teniendo en cuenta las incidencias de este cambio en el resultado global.

A título de ilustración, examinemos los datos de la Figura 12.15, que describen el programa de marketing de una empresa que comercializa tres **productos interdependientes** y que desea modificarlos como sigue:

> Aumentando la publicidad en 350.000 F se obtiene un aumento de las ventas del producto B de 6.000 unidades a un precio aumentado de 20 F y a un coste de acondicionamiento superior a 5 F. Debido a la interdependencia entre productos, es necesario prever una disminución de las ventas del producto A a 1.000 unidades y, debido a las capacidades de producción, una disminución de las ventas del producto C en 3.000 unidades. ¿Es necesario adoptar esta modificación del programa de marketing en favor del producto B? (Blondé, 1964).

	Producto A	Producto B	Producto C
• Precio de venta	200 F	220 F	100 F
• Coste dinero	150 F	180 F	80 F
• Margen bruto unitario	50 F	40 F	20 F
• Cantidad (unidades)	20.000	15.000	10.000
• Margen bruto total	1.000.000 F	600.000 F	200.000 F
• Cargas propias	700.000 F	500.000 F	100.000 F
• Beneficio bruto propio	300.000 F	100.000 F	100.000 F
• Beneficio bruto global		500.000 F	

Figura 12.15. Comparación del plan de marketing de productos interdependientes.

¿Cuál será el impacto de estos cambios en el resultado global? Una manera cómoda de proceder es razonar en términos de variaciones (Δ). La variación del margen bruto (M) del producto B será,

$$\Delta M = \Delta(P) - \Delta(C)$$

donde P indica el precio, C el coste directo y F los gastos fijos. Lo que da aquí

$$\Delta MB = (+20) - (+5) = +15$$

Para determinar la incidencia en el resultado general, se utilizará la siguiente expresión:

$$\Delta(R) = \sum_n [\Delta(Q) \cdot M + Q \cdot \Delta(M) + \Delta(Q) \cdot \Delta(M) - \Delta F]$$

El símbolo sumatorio afecta a los «n» productos fabricados. En el caso examinado, se obtiene

$$\Delta(R) = (-1.000) \cdot 50 + (20.000) \cdot (0) + (-1.000) \cdot (0) - (0) +$$
$$+ (+6.000) \cdot 40 + (15.000) \cdot (15) + (+6.000) \cdot (+15) - 350.000 +$$
$$+ (-3.000) \cdot 20 + (10.000) \cdot (0) + (-3.000) \cdot (0) - 0$$

$$\Delta(R) = -50.000 + 25.000 - 6.000$$

$$\Delta(R) = +95.000, \text{ o sea un aumento del beneficio del 19 \%}$$

La operación considerada es pues rentable; el margen bruto total obtenido por el nuevo volumen de venta del producto B con el nuevo margen bruto unitario superior a la disminución de los márgenes globales de A y de C, debidos a las disminuciones de su volumen de venta y al aumento de las cargas de estructura.

12.6.3. Las estrategias de precio de la gama

Cuando una empresa vende una gama de productos interdependientes, el precio de venta de cada producto debe ser fijado de forma que **maximice el beneficio de la gama** y no de cada producto tomado individualmente. La política de precios a adoptar será diferente según que los productos sean complementarios o competidores.

Los precios ligados

Cuando los productos son conexos, no siendo sustitutivos, es decir, productos complementarios o independientes, la empresa puede ofrecer la opción de precios ligados en la cual los productos pueden ser comprados bien separadamente, bien agrupados a un precio sensiblemente inferior a la suma de los precios individuales. Puesto que los productos no son sustitutivos, es posible incitar al consumidor a comprar el conjunto en lugar de limitarse a un producto de la gama. Esta práctica es corriente en el mercado del automóvil, así como en el audiovisual, donde las opciones de compra de surtidos de productos conexos son ofrecidos cuando se compra un coche o un equipo estéreo. Un simple ejemplo va a poner en evidencia las implicaciones de esta opción de precio.

Consideremos una situación de mercado en la cual dos productos conexos son ofrecidos a dos compradores, que podrían cada uno comprar un producto o los dos. Los precios máximos que ellos están dispuestos a pagar se presentan en la Figura 12.16.

Producto	Cliente 1	Cliente 2	Total
Producto A	12 F	15 F	27 F
Producto B	25 F	24 F	49 F
Presupuesto	37 F	39 F	76 F

Figura 12.16. Precios máximos aceptables por producto y cliente.

¿Cuál es la mejor política de precios a adoptar en la hipótesis donde las elecciones de los compradores son libres? Varias posibilidades se presentan.

— Aplicar a cada cliente el **precio máximo** que está dispuesto a pagar daría una cifra de ventas de 76 F, pero esta práctica suponiendo que no sea ilegal, es difícil de adoptar si los compradores están informados y conocen los precios.
— Adoptar el **precio más bajo** para cada producto vendiendo el producto A a 12 F. Y el producto B a 24 F. Podría incitar a los compradores a comprar los dos productos, puesto que el precio total (36 F) sería compatible con sus presupuestos. La cifra de ventas realizada no sería más que de 72 F.
— Adoptar el precio más elevado para cada producto vendiendo al producto (A) a 15 F y el producto B a 25 F daría una cifra de ventas de 80 F. Pero los compradores no podrían permitirse comprar los dos productos puesto que el precio total (40 F) sería superior al presupuesto disponible de cada uno de ellos. En el mejor de los casos, cada uno se limita a comprar el producto B generando así una cifra de ventas de 49 F.

La mejor solución es entonces fijar el precio del producto A a 15 F y el del producto B a 25 F, pero **ofrecer los dos productos al precio de 37 F** generando así una cifra de ventas total de 74 F. Los dos clientes son susceptibles de aceptar esta oferta puesto que es compatible con su restricción presupuestaria (Tellis, 1986).

En el ejemplo anterior la opción de compra es libre en el sentido de que los compradores son libres de comprar un producto o los dos en contraste con los **precios ligados indivisibles** en la cual no hay otra opción.

Esta práctica es frecuente en el mercado de la informática donde las sociedades practican los precios ligados indivisibles. El precio cubre no solamente del equipo suministrado y su margen de beneficio sino igualmente el coste anticipado del servicio de asistencia técnica, de concepción del sistema, los programas y sus aplicaciones, la formación del personal, así como los costes de mantenimiento.

Para el cliente esta política de precios es muy atrayente, porque la **empresa vende una «solución» a su cliente** y no solamente el equipo. Para poder adoptar este enfoque «solución», el fabricante debe tratar de cubrir los costes de ayuda y asistencia que forman parte de la «solución». Esta práctica de precios ligados permite además al suministrador mantener una relación continua con su cliente y adquirir así una buena comprensión de sus necesidades.

Después de algunos años en razón de las presiones inflacionistas sobre los costes de los servicios, un cierto número de empresas tiene tendencia a renunciar a esta práctica de precios ligados y a tarifar sus productos y servicios separadamente.

Los precios de arriba y abajo de la gama

Esta política de precio se aplica cuando diferentes versiones o modelos de un mismo producto son ofrecidos, un modelo estándar y un modelo de lujo. Los compradores potenciales del modelo estándar son en general muy sensibles al precio, mientras que los compradores potenciales del modelo de lujo no lo son. Allí donde las economías de escala existen, no es interesante para la empresa limitarse a uno de los dos segmentos. La mejor solución es sacar provecho de las economías de escala y de la heterogeneidad de la demanda respondiendo a la demanda de los dos segmentos, ofreciendo un producto de baja gama a un precio moderado y un producto de alta gama a un precio elevado.

Consideremos el caso de una empresa que tiene los precios objetivo siguientes: 50 F para 20 unidades y 35 F para 40 unidades. El coste suplementario de producción del modelo superior del mismo producto se eleva a 10 F. Cuarenta compradores potenciales están en el mercado en cada período. La mitad de ellos es insensible al precio y está dispuesta a pagar 50 F para el modelo alta gama. La otra mitad es sensible al precio y no quiere pagar mas de 30 F. ¿Qué cantidad de cada modelo se debe fabricar y a qué precios ofrecerlos?

> Si la empresa se dirige únicamente a la gama baja, tiene 20 compradores potenciales y un precio máximo aceptable de 30 F mientras que su precio objetivo a ese nivel de producción es de 50 F. Igualmente, si se dirige únicamente al segmento de gama alta, tiene 20 clientes potenciales dispuestos a pagar 50 F mientras que su precio objetivo es de (50 + 10) 60 F. Esta estrategia no es realizable.

La solución es fabricar 40 unidades, vendiendo veinte unidades del modelo de base a 30 F y 20 unidades del modelo de lujo a 50; los precios objetivos serán, respectivamente, 35 F y 45 F y el precio medio de 45 F. La empresa tiene un margen excepcional en el modelo de alta gama y acepta perder en el modelo de baja gama, pero puede cubrir la demanda de dos segmentos y obtener un resultado satisfactorio (Tellis 1986, pág. 156).

Esta estrategia de precio es corriente en numerosos mercados, típicamente en el sector de bienes duraderos para los cuales existe a menudo varios modelos del mismo producto vendidos a precios diferentes a diferentes grupos de compradores.

Esta política es igualmente aplicada con éxito en el sector de servicios y sobre todo por las compañías aéreas.

> En este sector, el mercado comprende dos segmentos muy distintos: los viajeros por negocios poco sensibles a los precios y los turistas muy sensibles a los precios. Por contra, los hombres de negocios dan mucha importancia a la flexibilidad de los horarios y al sistema de reservas, lo que no es el caso de los turistas que organizan sus vacaciones con varios meses de antelación. Apoyándose en esta heterogeneidad de la demanda, las compañías aéreas venden sus billetes ordinarios a precio elevado y ofrecen reducciones de precio importantes a los viajeros que compran sus billetes mucho antes de la fecha de su salida.

Combinando tarifas bajas y horarios rígidos, las compañías aéreas pueden practicar precios suficientemente bajos como para atraer a los turistas, sin hacer concesiones de precio a aquellos que son poco sensibles al precio (Nagle 1987, pág. 169)

Los precios de imagen

Los precios de imagen se apoyan en la misma lógica: dar una señal de calidad a los compradores poco informados y utilizar el beneficio excepcional para subsidiar los precios de los modelos de baja gama. La diferencia viene de que no hay diferencia real entre los productos o marcas si no es un posicionamiento perceptual o emocional diferente. Esta política de precio es tradicional en sectores como los cosméticos, la confección, los productos de picar, etc. Donde los valores sociales, epistémicos o emocionales son importantes para el consumidor.

Los precios de productos complementarios

El problema aquí es el determinar el precio de productos complementarios de un producto principal, tales como los accesorios de productos duraderos o los productos de consumo necesarios para la utilización de un producto. Ejemplos de productos complementarios son las máquinas de afeitar y las hojas, los coches y las piezas de recambio, los aparatos de fotos y los carretes, etc. En la medida en que los compradores son fieles a la marca y quieren adquirir los accesorios de origen, pueden ser adoptados precios fiables para el equipo básico para acelerar su difusión y precios elevados para los productos complementarios para obtener beneficios. Esta es la práctica adoptada desde siempre por Guillette para la hojas de afeitar y por Kodak para los carretes de fotos.

En la evaluación de una modificación de precio de un producto complementario, será necesario analizar el efecto de este cambio, no sólo sobre las ventas del producto directamente afectado por el cambio, sino igualmente sobre las ventas de otros productos. A título de ilustración, consideremos el ejemplo de una sociedad distribuidora de material informático, en el que los compradores de microordenadores compran de media tres programas al año.

El margen obtenido sobre ventas de microordenadores es de 1.000 dólares o 40 por 100 sobre el precio de venta, mientras que el margen obtenido sobre un programa es de 250 dólares. La empresa contempla una baja de precio del 10 por 100 sobre los microordenadores. Si los dos productos son tratados como independientes, el aumento de ventas necesario para compensar la baja del margen bruto se determinará como sigue:

$$\text{Aumento necesario (\%)} = \frac{-0,10}{0,40 - 0,10} \cdot 100 = 33,33 \%$$

Las ventas de microordenadores deberán aumentar el 33 por 100 para justificar esta baja de precio. De hecho, la contribución al beneficio de la venta de un microordenador es mucho más elevada que el 40 por 100, puesto que cada nuevo comprador comprará una media de tres programas. La verdadera contribución al beneficio será realmente de 1.750 dólares (1.000 + (3 × 250), es decir, 70 por 100 del precio de venta de un microordenador. En consecuencia, el aumento de ventas necesario para justificar la baja de precio no es el 33 por 100 sino más modestamente el 16,7 por 100.

En la distribución, esta estrategia de precio es la de productos de llamada (o *loss-leader*), que consiste en bajar el precio de una marca muy conocida para generar tráfico en el almacén.

12.7. EL PRECIO EN EL MARKETING INTERNACIONAL

El problema de la elección de un precio de venta en un mercado extranjero se plantea de la misma forma que en el mercado interno. Son sucesivamente las consideraciones de costes, la sensibilidad de los compradores al precio y el comportamiento de la competencia los que deban ser tenidos en cuenta. Problemas específicos se plantean siempre a la empresa internacional que exporta hacia países extranjeros partiendo de una unidad de producción doméstica. Se examinarán en esta sección las principales decisiones relativas a los precios que deben ser examinadas por la empresa exportadora.

12.7.1. Los precios de transferencia

Por precio de transferencia se entiende el precio de cesión de productos aplicado por el departamento de producción a otro departamento de la misma empresa, típicamente a la división internacional encargada de la exportación, o el precio de cesión practicado a una filial comercial en el extranjero.

El precio de transferencia interna

El nivel de precio de transferencia interna debe ser determinado de forma que optimice el resultado conjunto para la empresa. Dos objetivos deben ser perseguidos.

— El precio debe ser suficientemente elevado como para motivar a la unidad de producción que se puede beneficiar de un precio más ventajoso sobre el mercado interno a través de la red de distribución tradicional.
— El precio debe ser suficientemente bajo como para permitir a la división internacional el ser competitiva sobre los mercados extranjeros.

Hay pues, potencialmente conflicto de intereses entre estos dos departamentos y es el interés general de la empresa el que determinará. Consideremos el ejemplo siguiente.

> La unidad de producción tiene un coste de fabricación de 50 F y vende a los distribuidores a un precio de 60 F, mientras que el precio de transferencia a la división internacional se eleva a 58 F. Su margen es pues de 8 F en lugar de 10 F, es decir, una pérdida del 20 por 100. La división internacional tiene costes de exportación que se elevan a 10 F y su coste total es pues de 68 F. Si el precio máximo aceptable sobre el mercado extranjero es de 72 F, el margen obtenido no será más que de 4 F, o sea, menos del 6 por 100 de la cifra de ventas. A nivel de la empresa, el rendimiento es satisfactorio, toda vez que obtiene 12 F (8 + 4) sobre 72, en lugar de 10 F sobre 60 F.

Diferentes posibilidades se presentan para fijar el precio de transferencia interna, en los dos extremos será el precio umbral, en el resto el precio practicado en el mercado menos el margen de distribución. En general, el precio de transferencia interna va a situarse entre esos dos valores, tratando de conciliar los dos objetivos recogidos anteriormente.

Los precios de transferencia aplicados a las filiales comerciales

Esta decisión es más compleja por cuanto introduce la fiscalidad del país extranjero, la tasa de cambio, los reglamentos locales, las tarifas aduaneras, así como el grado de implicación de la empresa en la filial comercial.

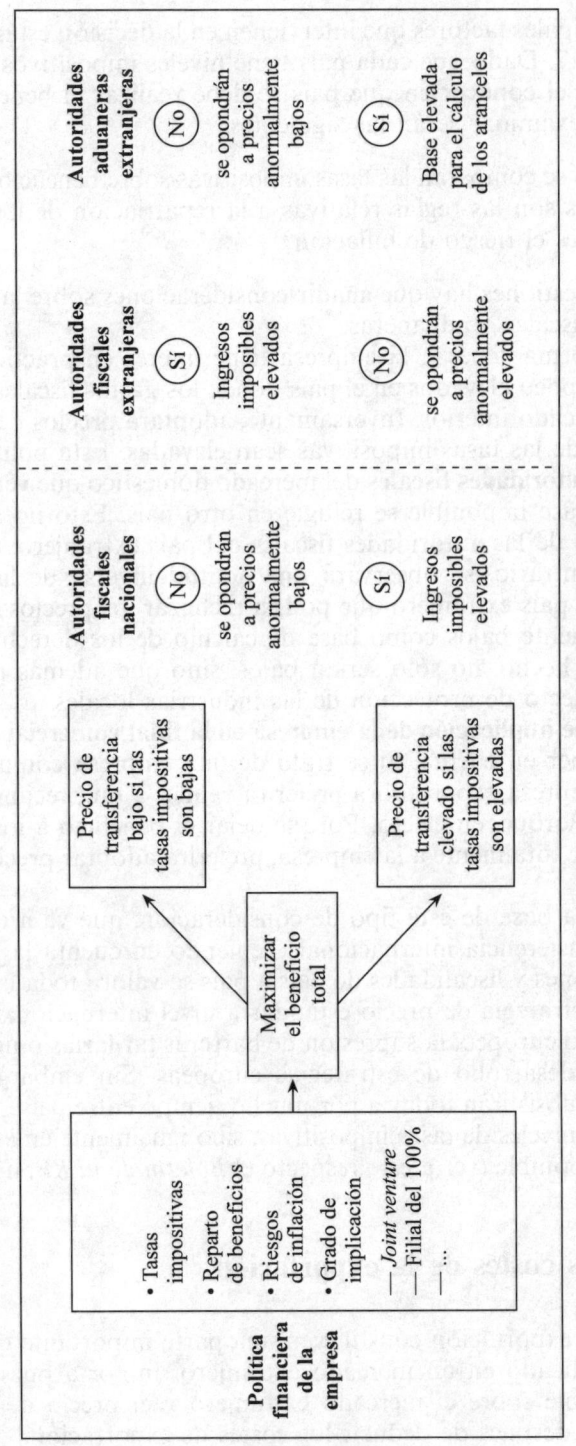

Figura 12.17. Determinación de un precio de trasnferencia internacional.

Los principales factores que intervienen en la decisión están recogidos en la Figura 12.17. Dado que cada país tiene niveles impositivos diferentes, no es indiferente el conocer en qué país se debe realizar el beneficio. Las tres cuestiones a examinar serán las siguientes:

— ¿Cómo se comparan las tasas impositivas sobre beneficios entre países?
— ¿Cuáles son las reglas relativas a la repatriación de los beneficios?
— ¿Cuál es el riesgo de inflación?

A estas cuestiones hay que añadir consideraciones sobre la actitud de las autoridades fiscales y aduaneras.

De una forma general, la empresa tiene interés en practicar precios de transferencia poco elevados en el país donde los gastos fiscales son menores que en el mercado interior. Inversamente, adoptará precios de transferencia elevados donde las tasas impositivas sean elevadas. Esta política va a contrariar a las **autoridades fiscales** del mercado doméstico que verán con malos ojos que la base imponible se refugie en otro país. Esto no será evidentemente el caso de las autoridades fiscales del país extranjero.

Por el contrario, se observará una actitud inversa de las **autoridades aduaneras** del país extranjero que podría rechazar los precios de transferencia anormalmente bajos como base de cálculo de los derechos de aduana que, por este hecho, no sólo serían bajos, sino que además perderían una parte de su efecto de protección de las industrias locales.

El **grado de implicación de la empresa en la filial comercial** es igualmente un dato a tener en cuenta. Si se trata de una empresa conjunta o de una licencia, la empresa exportadora preferirá vender a un precio de transferencia elevado. Porque, en efecto, Porque dejar el beneficio a los socios. Si la filial pertenece totalmente a la empresa, preferirá adoptar precios de transferencia bajos.

Es sobre la base de este tipo de consideración, que va a establecerse el precio de transferencia internacional. Teniendo en cuenta la diversidad de reglamentaciones y fiscalidades de país a país se valora toda la dificultad de aplicar una estrategia de precio estándar a nivel internacional. Al nivel del mercado único europeo, la supresión de barreras tarifarias o no tarifarias va a facilitar el desarrollo de estrategias europeas. Sin embargo, profundas disparidades subsistirán todavía por mucho tiempo entre países europeos, no sólo entre los niveles de tasas impositivas, sino igualmente en las definiciones de la base imponible (ver a este respecto el *Boletín de la KB*, núm. 17, 1993).

12.7.2. Los costes de la exportación

Los costes de exportación constituyen una parte importante del precio que podría ser aplicado en un mercado extranjero. Importa pues comparar el precio aceptable sobre el mercado extranjero y el precio de transferencia internacional, después de deducir los costes de exportación.

Los costes de exportación están descritos en la Figura 12.18. La definición precisa de estos costes es importante, puesto que pueden contribuir a aumentar sustancialmente el precio del producto exportado y comprometer la competitividad del producto en el país importador. Es necesario saber también que, el vendedor o el comprador, es responsable de estos costes. Los principales términos usados son los siguientes:

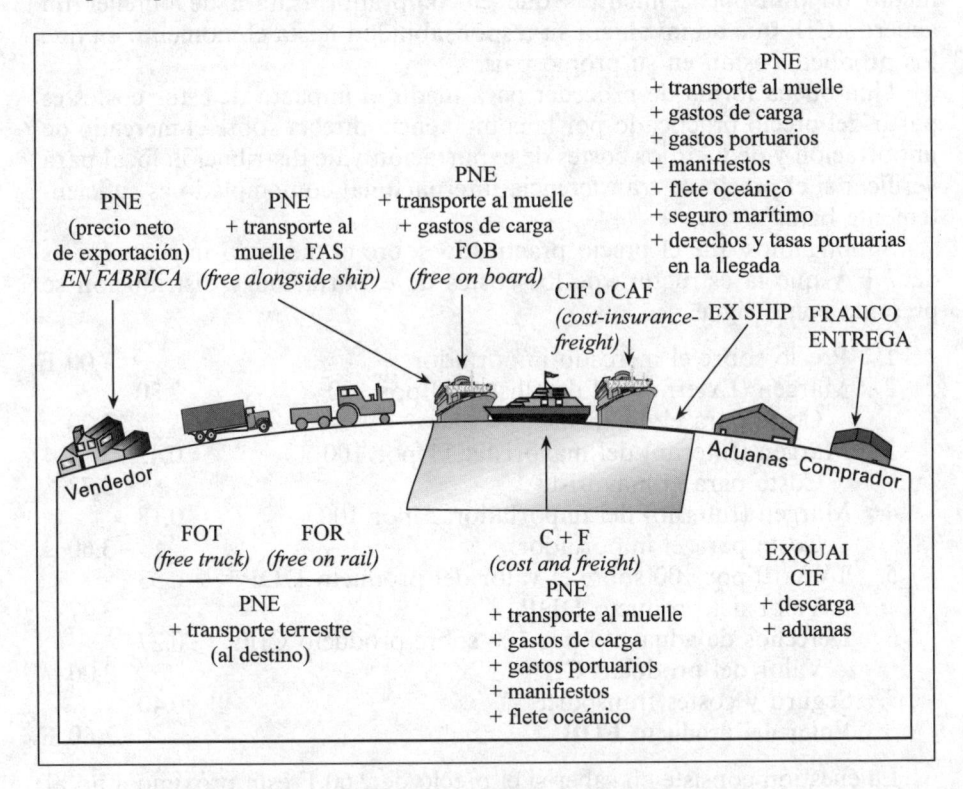

```
                                                    PNE
                                                    + transporte al muelle
                                                    + gastos de carga
                                                    + gastos portuarios
                                      PNE           + manifiestos
      PNE          PNE                + transporte al muelle  + flete oceánico
      (precio neto + transporte al    + gastos de carga       + seguro marítimo
      de exportación) muelle FAS      FOB                     + derechos y tasas portuarias
      EN FABRICA   (free alongside ship) (free on board)         en la llegada
                                                CIF o CAF
                                                (cost-insurance-  EX SHIP   FRANCO
                                                freight)                    ENTREGA

          Vendedor                                    Aduanas Comprador

            FOT      FOR                  C + F                  EXQUAI
         (free truck) (free on rail)   (cost and freight)           CIF
                                          PNE                    + descarga
              PNE                         + transporte al muelle + aduanas
              + transporte terrestre      + gastos de carga
                (al destino)              + gastos portuarios
                                          + manifiestos
                                          + flete oceánico
```

Figura 12.18. Descripción de los costes de la exportación.
Fuente: Sallenave 1980.

— **Ex Works (en fábrica).** El vendedor pone los productos a disposición del comprador en sus instalaciones y el comprador soporta todos los riesgos y gastos a partir de ese punto. Es el acuerdo mas ventajoso para el vendedor.
— **Free on Board (FOB).** La responsabilidad del vendedor termina cuando los productos están cargados a bordo (barco, avión, camión).
— **Free Alongside Ship (FAS).** El vendedor transporta los productos hasta el muelle y soporta todos los gastos hasta ese punto de entrega. El comprador toma la entrega y soporta todos los costes y gastos a partir de allí.
— **Cost, Insurance, Freight (CIF).** El vendedor debe pagar el coste de transferencia y seguro del producto hasta el destino final.

— **Delivery Duty Paid (DDP)**. El vendedor debe entregar los productos al lugar específico del país importador, «entregado derechos satisfechos», es decir, todos los gastos pagados, incluyendo los derechos de aduana.

El vendedor preferirá evidentemente un acuerdo FOB porque suprime su responsabilidad en el momento en que sus productos están sobre un medio de transporte, mientras que el comprador tratará de obtener un acuerdo CIF que no involucra su responsabilidad hasta el momento en que los productos están en su propio país.

Una buena forma de proceder para medir el impacto de estos costes es partir del precio practicado por la competencia directa sobre el mercado de importación y deducir los costes de exportación y de distribución local para verificar si el precio de transferencia internacional contemplado es suficientemente bajo.

Supongamos que el precio practicado sobre el mercado importador es de 7 F y que la estructura de los costes de exportación y distribución se presenta como sigue.

1. Precio sobre el mercado importador   7,00 F
2. Margen (Externo) del detallista: 40 por 100   2,80
   Coste para el detallista   4,20
3. Margen (Interno) del mayorista: 11 por 100   0,42
   Coste para el mayorista   3,78
4. Margen (Interno) del importador: 5 por 100   0,18
   Coste para el importador   3,60
5. TVA 10 por 100 sobre el valor del producto DDP: 0,33
   Valor del producto DDP   3,27
6. Derechos de aduana 9 por 100 sobre producto CIF: 0,27
   Valor del producto CIF   3,00
7. Seguro y costes transporte   0,40
   Valor del producto FOB   **2,60 F**

La cuestión consiste en saber si el precio de 2,60 F está próximo a no al precio practicado sobre el mercado interior o del precio de transferencia contemplado. Si el precio de mercado doméstico es superior a 2,60 F, está claro que la exportación será difícil. Las soluciones a considerar son las siguientes (Terpstra et al. 1991).

— Renunciar a la exportación sin competitividad suficiente.
— Revisar el precio de transferencia a la baja fijándolo a un nivel próximo al umbral.
— Adoptar un circuito de distribución indirecto corto dirigiéndose directamente a los detallistas y cortocircuitando el nivel mayorista. Verificar que los costes de venta directa no son demasiado elevados.
— Concebir un producto simplificado y menos costoso para la exportación.
— Proceder a una inversión directa e implantarse sobre el mercado extranjero de forma que se eviten los costes de exportación.

Anotemos que el precio sobre el mercado extranjero no puede ser inferior al precio doméstico, en caso contrario la empresa exportadora será acusada de *dumping* por los competidores del mercado importador.

CUESTIONES Y PROBLEMAS

1. Una empresa de distribución vende por semana una media de 300 unidades de un producto con un precio de compra de 2,50 F y el precio de venta es de 3 F. Si la empresa consiente una reducción de precio del 10 por 100 durante una semana. ¿Cuántas unidades de este producto deberá vender para salvar su margen bruto normal?
2. La empresa Alpha comercializa un producto en el que la demanda es muy poco elástica al precio. Las ventas se elevan a 30.000 unidades por año. Los datos económicos del producto son los siguientes:

Coste directo unitario:	9,9 F
Coste fijo unitario:	3,3 F
Total:	13,20 F
Precio de venta:	19,80 F
Beneficio neto por unidad:	6,60 F

3. La sociedad Elix comercializa productos de decoración que se diferencian de sus competidores por su mejor diseño. El precio medio del mercado es de 50F, el mercado total es de 1.000.000 unidades y la parte de mercado de Elix de 10 por 100. La elasticidad-precio de estos productos está comprendida entre 1,7 y 2,0. Los datos financieros para Elix son los siguientes:

Coste directo unitario:	20 F
Costes fijos:	2.000.000 F
Tasa de rentabilidad esperada:	10 %
Capital invertido:	10.000.000 F

   El servicio de estudios de mercado dispone además de los resultados de un estudio de imagen de la marca de Elix en relación a su competidor principal, la marca Lumina. Los resultados de importancia de los atributos son, respectivamente: 0,50/0,25/0,25; los resultados obtenidos por las dos marcas son: 10/6/9 para Elix; 8/7/9 para Lumina. Calcular el precio objetivo; calcular el precio proporcional al valor percibido; calcular el precio óptimo. ¿Qué recomendación formula usted?
4. X e Y son dos divisiones de la sociedad Style Nouveau S.A. La división X fabrica un producto, el producto Alpha, cuyos datos económicos son los siguientes:

Coste directo materiales:	6
Mano de obra:	4
Gastos fijos:	2
Total:	12

El mercado de Alpha es un mercado de competencia perfecta, donde el precio practicado es de 16. El producto Alpha es igualmente vendido en la división Y. Las ventas realizadas en el mercado implican un coste de venta de 2 por unidad vendida. Sabiendo que la demanda total para Alpha es suficientemente elevada para que la división X funcione a plena capacidad, ¿A qué precio de transferencia la división X deberá vender Alpha a la división Y?

BIBLIOGRAFIA

Assmus G., Farley J.V. and Lemunn D.R. (1984), How Advertising Affects Sales: Meta Analysis of Econome Results. *Journal of Marketing Research*, Vol.21 February págs. 65-74
Blodé D. (1964). La gestion programmée, Paris, Dunod.
Broadbent S.,(1980) Price and Advertising: Volume and Profits, Admap,Vol. 16, págs. 532-540
Bulletin hebdomadaire de la Kredietbank, (1993) L' impôt des societés dans la CE, núm. 17, 14 mai.
Business Week (1975) Detroit Dilema on Prices, January 20, págs. 82-83.
Business Week (1977), «Flexible Pricing», december 12, págs. 78-88.
Carlson R.L. (1978), «Seemingly Unrelated Regression and the Demand for Automobiles of Different Sizes: A Disaggregate Approach». *The Journal of Business*, Vol. 51, april. págs. 243-262.
Corey E.R. (1976), *Industrial Marketing: Cases and Concepts*, Englewood Cliffs, Prentice Hall, Inc.
Dean J. (1950), Pricing policies for New Products, *Harvard Business Review*, November December, Vol. 28, págs. 28-32.
Dorfman R. and Steiner P.O. (1954), «Optimal Advertising and Optimal Quality», *American Economic Review*, december, págs. 826-833.
Hagerty M.R.,Carman J.M. y Russel G.J.(1988), Estimating Elasticities With PIMS Data: Methodological Issues and Substantive Implications, *Journal of Marketing Rechearch*, Vol.25, February, págs. 1-19.
Hanssens D.M. Parsons L.L.y Schulz R.L.(1990), *Market Response Models: Econometric And Time Series Analysis*, Boston, Kluwer Academic Publishers.
Jacquemin A. (1973), «Optimal Control and advertising Policy», *Metroeconomica*, Vol. 25, mai.
Lambin J.J., Naert P.A. and Bultez A. (1975), «Optimal Marketing Behavior in Oligopoly», *European Economic Review*, Vol. 6, págs. 105-128.
Lambin J.J. (1976) *Advertising competition and Market Conduct in Oligopoly over Time*, Amsterdam, North Holland.
Lambin J.J. (1988) *Synthèse des études récentes sur l'efficacité économique de la publicité*, CESAM Working papier non publié. Louvain-la-Neuve.
Leighton D.S.R. et Al. (1972) *Canadian Problems in Marketing*, Toronto, McGraw-Hill Ryerson Ltd., 3rd Edition.
Leone R.P. y Schultz R. (1981) A Study of Marketing Generalization, *Journal of Marketing*, Vol. 44, págs. 10-15.
Monroe K.B. (1979), *Pricing: Making Profitable Decisions*, New-York, McGraw-Hill Book Company.

Nagle T.T. (1987), *The Strategy and Tactics of Pricing*, Englewood Cliffs, New Jersey, Prentice Hall Inc.

Nerlove M. and Arrow K.J. (1962), «Optimal Advertising Policy under Dymanic Conditions», *Economica*, Vol. 29, págs. 129-142.

Neslin S.A. y Shormaker R.W. (1983). Using a Natural Experiment to Estimate Price Elasticity, *Journal of Marketing*, Vol. 47, págs. 44-47.

Oum T.H. and Gillen D.W. (1981), *Demand for Fareclasses and Pricing in Airline Markets*, Queen's University, School of Business Working Paper, núm. 80-12.

Oxenfeld A.R. (1966), Product Line Pricing, *Harvard Business Review*, Vol.44, July-August, págs. 137-144.

Porter M.E. (1980), *Competing Strategy*, New York, The Free Press.

Ross E.B. (1987), «Fixez vos prix intelligemment», *Harvard-L'Expansion*, núm. 45, Eté, págs. 97-110.

Shapiro B.P. et Jackson B.B. (1979), «Politique de prix: le client d'abord», *Harvard-L'Expansion*, Printemps, págs. 91-90.

Tellis G.J. (1986), Beyon the Many Faces of Price: An Integration of Pricing Strategies, *Journal of Marketing*, Vol.50, October, págs. 146-160.

Tellis G.J. (1988), «The Price Elasticity of Selective Demand: a Meta-Analysis of Econometric Models of Sales», *Journal of Marketing Research*, Vol. 25, november, págs. 331-341.

Terpstra V. Y Sarathy R. (1991), *International Marketing*, Chicago, The Dryden Press, Fifth Edition

Traylor M.B. (1986), Cannibalism in Multibrand Firms, *The Journal of Consumer Marketing*, Vol. 3, núm. 2, Spring, págs. 69-75.

CAPITULO 13

Las decisiones estratégicas de comunicación

Hemos visto en el capítulo primero de este libro que el marketing es a la vez un sistema de pensamiento y un sistema de acción. Las elecciones estratégicas efectuadas por la empresa, para que se traduzcan en hechos, deben estar provistas de programas de acción vigorosos sin los cuales los objetivos de penetración comercial tienen poca probabilidad de ser realizados. Para vender, no es suficiente ofrecer un producto a un precio atractivo a través de un canal de distribución bien estructurado, además, es preciso dar a conocer la oferta, poner de manifiesto sus cualidades distintivas frente al grupo de compradores al que se dirige y estimular la demanda a través de acciones promocionales apropiadas. Para ser eficaz, una estrategia de marketing implica, pues, el desarrollo de un programa de comunicación, en el cual los objetivos son el **«saber hacer» y el «hacer valer»**, apoyándose en diferentes medios de comunicación de los cuales los más importantes son la fuerza de ventas y la publicidad de los medios de comunicación. El objetivo de este capítulo es examinar las principales decisiones estratégicas a las que la empresa se enfrenta en la elaboración de un programa de comunicación. La problemática de conjunto de un programa de comunicación está descrita en la Figura 13.1.

13.1. NATURALEZA Y FUNCION DE LA COMUNICACION DE MARKETING

La reunión de las condiciones materiales del intercambio no es suficiente para asegurar un ajuste entre la oferta y la demanda (ver Capítulo 1). Para que el encuentro entre oferentes y demandantes pueda ejercerse, deben establecerse flujos de comunicación entre las diferentes partes del proceso de intercambio, especialmente a iniciativa de la empresa.

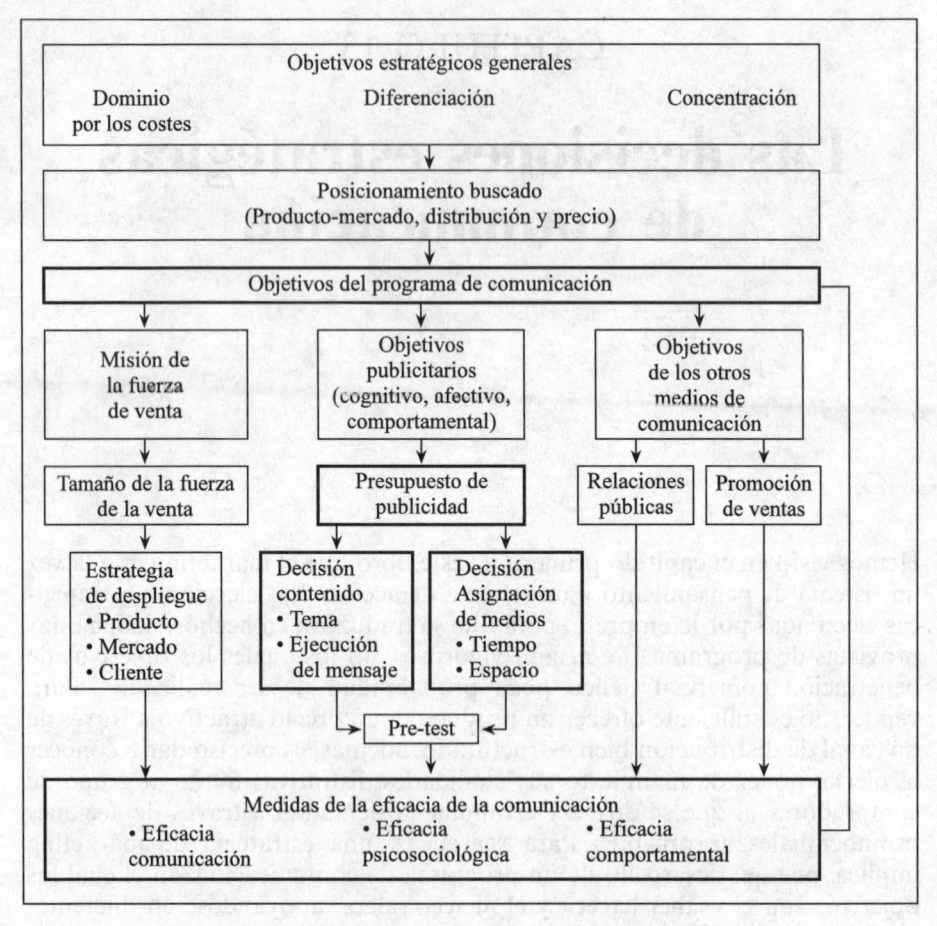

Figura 13.1. Las decisiones estratégicas de comunicación.

13.1.1. Los medios de comunicación marketing

Por comunicación de marketing se entiende el conjunto de **señales emitidas por la empresa** a sus diferentes públicos, es decir, hacia clientes, distribuidores, proveedores, accionistas, poderes públicos y también frente a su propio personal. La publicidad es uno de estos medios de comunicación, junto con la fuerza de ventas, la promoción de ventas, las relaciones exteriores y la publicidad institucional. Cada uno de estos medios tiene sus propias características.

— La **publicidad** es una comunicación de masas, pagada, unilateral, emanada de un anunciador presentado como tal, y concebida para apoyar, directa o indirectamente, las actividades de la empresa.

Las decisiones estratégicas de comunicación 521

— La **fuerza de ventas** es una comunicación «a la medida» personal y bilateral (un diálogo) que aporta informaciones a la empresa y que es más concebida para incitar al cliente a una acción inmediata.
— La **promoción de ventas** comprende el conjunto de estímulos, que de una forma no permanente y a menudo localmente, van a reforzar temporalmente la acción de la publicidad y/o de la fuerza de ventas, y que son puestos en funcionamiento para fomentar la compra de un producto específico.
— Las **relaciones exteriores** tienen por objetivo establecer, a través de un esfuerzo deliberado, planificado y sostenido, un clima psicológico de comprensión y de confianza mutua entre una organización y el público. Se trata pues menos de vender que de obtener un apoyo moral que facilite la continuidad de la actividad.

Además de estos medios de comunicación tradicionales, hace falta añadir los medios de comunicación directa, entre los cuales los salones, ferias y exposiciones, la publicidad postal (*mailing*), el tele-marketing, la venta por catálogo (VPC), la venta en reuniones.

Estos medios de comunicación, muy diferentes son, sin embargo, muy complementarios. El problema no es saber si es preciso hacer publicidad, promoción o no, sino, sobre todo, saber cómo repartir mejor el presupuesto global de comunicación entre estos diferentes medios, teniendo en cuenta las características de los productos y los objetivos de comunicación escogidos.

13.1.2. El proceso de comunicación

Toda comunicación supone un **intercambio de señales** entre un emisor y un receptor, y el recurso a un sistema de codificación y descodificación que permita expresar e interpretar los mensajes. El proceso de comunicación está descrito en la Figura 13.2 en términos de ocho elementos:

— **El emisor**, es decir, el individuo o la organización que origina la comunicación.
— **La codificación**, o el proceso por el cual se transforman las ideas en símbolos, imágenes, formas, sonidos, lenguaje, etc.
— **El mensaje**, el conjunto de símbolos transmitidos por el emisor.
— **Los medios**, o las vías y canales a través de los cuales el mensaje es transportado del emisor al receptor.
— **La descodificación**, o el proceso por el cual el receptor aplica una significación a los símbolos transmitidos por el emisor.
— **El receptor** de la comunicación, es decir, la persona o conjunto de personas a quienes está destinado el mensaje.
— **La respuesta**, o el conjunto de reacciones del receptor después de la exposición al mensaje.
— **El efecto de retroalimentación**, o la parte de la respuesta del receptor que es comunicada al emisor.

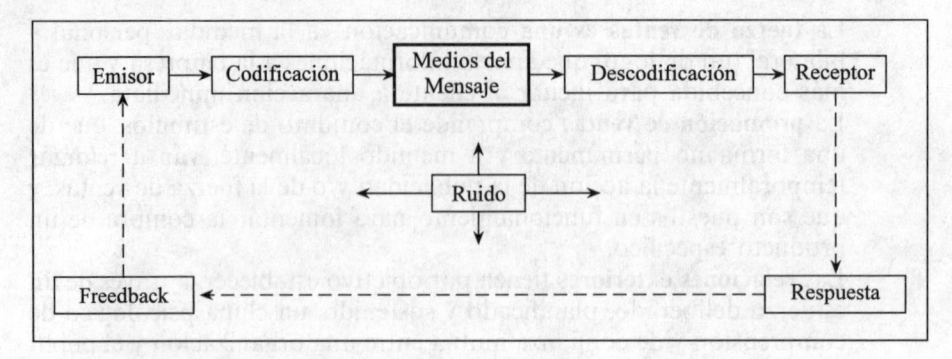

Figura 13.2. El proceso de comunicación. *Fuente: Kotler P. (1988).*

La Figura 13.2 describe los factores clave propios a todo proceso de comunicación y permite identificar así las **condiciones de una comunicación eficaz**. De éstas, señalamos los puntos siguientes:

— **Objetivos de la comunicación**. Los emisores deben determinar con precisión el público objetivo que quieren alcanzar y el tipo de respuesta que desean obtener.
— **Ejecución de mensajes**. Los mensajes deben ser expresados tomando en consideración el campo de experiencia del usuario del producto y la manera en que la audiencia-objetivo tiene tendencia a descodificar los mensajes.
— **Plan de medios**. El emisor debe transmitir los mensajes a través de los medios de comunicación que alcancen efectivamente el objetivo deseado.

Estas dos últimas tareas son en general ejercidas por las agencias de publicidad o por sociedades que se especializan en los modos de selección de medios de comunicación.

— **Eficacia de la comunicación**. El emisor debe evaluar los efectos de retroalimentación de la comunicación de manera que conozca las reacciones del público-objetivo a los mensajes comunicados.

La aplicación del concepto de marketing a la publicidad implica pues el desarrollo de mensajes publicitarios que se aferran al campo de experiencia de los compradores especialmente adoptando un lenguaje que puedan descodificar. Estas condiciones, de una comunicación eficaz, definen las diferentes decisiones que deben ser consideradas en todo programa de comunicación de marketing.

13.1.3. Las estrategias de comunicación personal y masiva

Las dos herramientas más importantes de la comunicación de marketing son la comunicación personal realizada por la fuerza de ventas y la comunicación impersonal asegurada por las diferentes formas de publicidad evoca-

Elementos del proceso de comunicación	Comunicación personal	Comunicación masiva
Emisor	• Conocimiento directo del interlocutor.	• Conocimiento del perfil medio de a quién se dirige.
Mensaje	• Mensaje adaptable. • Numerosos argumentos. • Forma y contenido incontrolable.	• Mensaje uniforme. • Pocos argumentos. • Forma y contenido controlable.
Soporte	• Contactos humanos personalizados. • Pocos contactos por unidad de tiempo.	• Contactos no personalizados. • Numerosos contactos en poco tiempo.
Receptor	• Débil inclinación a un error de código. • Atención fácilmente guardada.	• Gran inclinación a un error de código. • Atención difícilmente guardada.
Efectos	• Respuesta inmediata posible.	• Respuesta inmediata imposible.

Figura 13.3. Comparación entre comunicación personal e impersonal.
Fuente: Adaptado de Darmon, R. Y., Laroche, M. y Petrof, J. V. (1982).

das anteriormente. El problema es saber en qué casos la acción directa del vendedor es más eficaz que la de la publicidad. En la Figura 13.3 se expone una comparación de las características de la fuerza de ventas y de la publicidad, como medios de comunicación.

En base a esta comparación, se pueden retener los elementos de respuesta recogidos a continuación:

— Desde el punto de vista de la comunicación, la fuerza de ventas es mucho más eficaz y más poderosa que la publicidad. No obstante, la ventaja de la publicidad es su coste; cuesta alrededor de cien veces más llegar a una persona por una visita de vendedor que por medio de un anuncio publicitario.
— En cambio, la publicidad representa una ventaja en relación a la fuerza que alcanza a un gran número de personas en poco tiempo gracias a la utilización de los medios de comunicación; de ventas, porque el vendedor no puede visitar más que a un número limitado de clientes en un día.
— Cuando se trata de vender un producto complejo y de difícil utilización a un número limitado de personas, es cierto que un vendedor es mucho más eficaz que una publicidad necesariamente demasiado general y demasiado simple.
— Mientras que el vendedor actúa directamente y puede obtener de su cliente un pedido inmediato, la publicidad actúa a través de la notoriedad y de la imagen favorable que es capaz de crear en los compra-

dores potenciales y en los cuales los frutos no se harán sentir más que a un plazo más o menos largo.

En consecuencia, cada vez que el elemento personal de la comunicación no es esencial, la empresa tiene interés en utilizar la publicidad por razones económicas y de tiempo. Las evoluciones recientes en el campo de la publicidad tienden a conciliar las ventajas de las dos formas de comunicación. Es el objetivo de la publicidad interactiva.

No es extraño observar que las empresas de bienes industriales dediquen un porcentaje más importante de su presupuesto de comunicación a la fuerza de ventas, que las empresas de bienes de consumo.

13.1.4. El coste de las actividades de comunicación

El **coste de las actividades de comunicación** es difícil de evaluar al estar las informaciones disponibles muy fragmentadas. Además, las magnitudes varían ampliamente según los campos de actividad. No obstante, de manera general, está establecido que los gastos de comunicación personal dedicados a la fuerza de ventas son mucho más importantes que los gastos publicitarios; igualmente, son más importantes en los mercados industriales que en los mercados de bienes de consumo. Las cifras siguientes son reveladoras a este respecto.

> En 1986 se gastaron en Francia 30.600 millones de francos (FF) en publicidad y, en 1982, más de 100.000 millones para la fuerza de ventas; en Estados Unidos, los gastos totales de publicidad sobrepasaron, en 1986, 66.000 millones de dólares y, en 1982, 100.000 millones para la fuerza de ventas (Xardel, 1982, pág. 66 y Waterson, 1992).

Los datos de la Figura 13.5 permiten evaluar la importancia relativa de estos gastos publicitarios en la economía y compararlos con la intensidad publicitaria observada en los principales países industrializados.

El coste de un vendedor está en un aumento constante, sobre todo en los mercados industriales; en cambio, el coste de un contacto para la publicidad tiende a disminuir por el hecho de una mejor selectividad de los medios de comunicación.

> Un estudio realizado por la empresa McGraw-Hill Research ha establecido que el coste medio de un contacto realizado por medio de un anuncio bien dirigido en revistas destinadas a clientes industriales era de 17 centavos. Esta cifra se debe comparar al coste medio de la visita de un vendedor técnico-comercial estimada en 252 dólares en 1987, frente a 97 dólares en 1977 (Forsyth, 1987).

Esta evolución de los costes tiene como consecuencia una reevaluación de las funciones respectivas de la publicidad y de la fuerza de ventas; esta reevaluación se ha vuelto necesaria a causa, especialmente, del desarrollo de los nuevos medios de comunicación.

País	Costes (ECU) (× 1.000.000)	En porcentaje del PIB (moneda local)	Gastos por habitante (ECU)
Estados Unidos	65.725,2	1,41	264,2
Europa (EC)	42.458,5	—	143,3
Japón	22.969,3	0,9	186,6
Gran Bretaña	9.841,6	1,29	171,9
Alemania	9.284,1	0,86	149,8
Francia	6.636,7	0,76	118,2
España	6.490,2	1,88	166,9
Italia	4.845,6	0,62	84,2
Países Bajos	1.992,5	0,98	134,2
Suiza	1.743,2	1,08	259,3
Dinamarca	1.514,4	1,57	295,1
Suecia	1.469,7	0,85	173,0
Finlandia	1.055,2	1,01	212,6
Austria	1.045,4	0,91	137,1
Bélgica	847,1	0,61	85,2
Noruega	631,9	0,77	149,5
Grecia	383,4	0,78	38,2
Irlanda	314,8	1,02	89,6
Portugal	308,1	0,75	29,8

Figura 13.4. Comparación internacional de la intensidad publicitaria (Waterson 1992).
Nota: estos datos incluyen los gastos de la agencia y del medio, pero excluyen los costes de producción.

13.1.5. Las nuevas tecnologías de comunicación

Los medios audiovisuales de comunicación están actualmente en plena mutación, bajo el impulso del desarrollo de la telemática, de las redes de televisión por cable, de la televisión con abono, de la comunicación por satélite, de los terminales de videotexto interactivos, etc. Estas nuevas posibilidades van a influir nuestros modos de vida.

> Para Daniel Bell, sociólogo de Harvard, las telecomunicaciones constituyen para la humanidad una revolución similar a la que supuso el advenimiento de la imprenta, de la escritura y del lenguaje (Bell, 1979).

El desarrollo de los nuevos medios de comunicación va a modificar no sólo las funciones respectivas de la fuerza de ventas y de la publicidad, sino también a cambiar los objetivos y el contenido de la comunicación publicitaria. Varias evoluciones significativas son ya previsibles.

— En primer lugar, los nuevos medios de comunicación serán interactivos o al menos parcialmente **interactivos**, es decir, bidireccionales y no en un sentido único como actualmente. El público tendrá la posibilidad de demandar, elegir y devolver la información y no solamente de sufrirla. A la larga, se va hacia una publicidad demandada.
— Además, estos métodos darán acceso, con gran facilidad, a bancos de datos considerables en los ámbitos más variados, sobre los productos disponibles, sus rendimientos comparados, sus precios, etc. La empresa estará, pues, enfrentada a un público mucho mejor informado. Estos hechos contribuirán a reforzar el **carácter informativo** de la publicidad, que deberá concebirse más como una ayuda al comprador que como un instrumento de venta.
— Otra consecuencia del desarrollo de las telecomunicaciones es la evolución desde una difusión de masas hacia una **difusión mucho más selectiva**. La conjunción de las posibilidades ofrecidas por el teléfono, el ordenador y la televisión deberían permitir llegar a públicos-objetivos muy precisos y personalizar los mensajes. Se evolucionará, pues, hacia sistemas de **mensajería electrónica personalizada** que mejorarán sensiblemente la eficacia de comunicación de la publicidad y favorecerán de esta forma el marketing interactivo.

Sistemas de mensajería personalizada están ya en funcionamiento en algunos sectores, como el del automóvil en Bélgica. El acceso al fichero central de la Oficina de Circulación en Carretera permite identificar y alcanzar, a través de un *mailing*, por ejemplo, todos los propietarios de tal marca de coche, que hayan efectuado su compra hace cinco años y por ello susceptibles de reemplazar su vehículo en un futuro próximo.

— La regionalización de la televisión favorece también la **selectividad de la comunicación**. La introducción de cadenas locales va a permitir al comercio y a los anunciantes locales acceder al medio televisión. El plan de medios podría asignar presiones diferentes de región a región y, por esto, adaptarse mejor a la situación de las marcas de una región a otra.
— Finalmente, la tercera consecuencia es el aumento considerable de zonas geográficas cubiertas por una estación de emisión a través de los satélites y de la transmisión por cable, que va a reforzar la **internacionalización** de las marcas y de las campañas publicitarias.

Debido a estos cambios en los modos de comunicación, toda una serie de tareas en otro tiempo ejercidas por los vendedores podrán en lo sucesivo estar aseguradas por medios impersonales de comunicación y a un menor coste. Un *mailing* bien dirigido, el teléfono, un catálogo para consultar en una pantalla de televisión o de ordenador pueden transportar informaciones más numerosas, más precisas y más rápidamente que el discurso del vendedor frente al cliente. Así pues se observa un recurso creciente al diálogo directo entre la empresa y el mercado (Xardel, 1985).

> Se trata, en efecto, de una forma de sedentarización de la venta, el contacto con el cliente no es privilegio de un solo vendedor, sino la acción de toda una organización. El número de vendedores puede no aumentar, pero en cambio el número de personas en la empresa en contacto con el cliente irá en aumento. De ahí la importancia de un clima y de una actitud de venta en el interior mismo de la organización (Xardel, 1982).

Hay que destacar que el desarrollo del telemarketing no implica la eliminación del vendedor, un contacto personalizado será siempre necesario. El telemarketing completa su acción, la prepara y la hace más productiva.

13.2. LA COMUNICACION PERSONAL

La venta personal es el medio de comunicación más eficaz en algunas etapas del proceso de compra, particularmente cuando es necesario desarrollar las preferencias e incitar a la decisión de compra. El papel de los vendedores está actualmente en profunda transformación principalmente por la evolución de la tecnología de la comunicación. Debido a este hecho, el papel de los vendedores en el marketing estratégico tiene tendencia a acrecentarse, siendo las tareas más rutinarias cada vez más asumidas por medios impersonales de comunicación y a un menor coste.

13.2.1. Tareas y misiones ejercidas por los vendedores

Desarrollar una estrategia de comunicación personal implica, en primer lugar, la definición del papel que debe jugar el vendedor en la estrategia de marketing en conjunto. Esto no puede hacerse más que precisando el tipo de relación cliente-proveedor que la empresa quiere desarrollar con su clientela, y ese producto mercado por cada uno de los productos y sus mercados.

Las tareas susceptibles de ser ejercidas por la fuerza de ventas pueden ser reagrupadas en tres tipos de actividades:

— Las **actividades de venta** propiamente dichas, que implican la prospección de los clientes potenciales, el estudio de sus necesidades y la negociación de las proposiciones de venta.
— Las **actividades de servicio** a la clientela, que se traducen en una asistencia en la utilización, un servicio postventa, una ayuda promocional, etc.
— Las **actividades de transmisión de información** hacia la empresa sobre la evolución de las necesidades, las actividades de la competencia, la adaptación de los productos ofrecidos.

El vendedor no es, pues, solamente el brazo comercial de la empresa, sino también un elemento importante de su sistema de información marketing.

En la práctica de los negocios, los términos «vendedor» y «representante» pueden cubrir misiones muy diferentes, que ponen el acento en grados diversos de estos tres grupos de actividades. Inspirándose en la clasificación propuesta por McMurray (1961, pág. 114), se pueden obtener las distinciones siguientes entre tipos de vendedores.

— El **representante-repartidor**, cuya misión es principalmente entregar físicamente el producto.
— El **encargado de la venta** en el lugar de venta, encargado de tomar los pedidos, como en un gran almacén, pero que puede también ejercer un papel de consejero en la venta; es el caso, por ejemplo, en los hipermercados Cora.
— El **representante itinerante** que visita a los distribuidores y detallistas y que está encargado de tomar los pedidos y de velar para evitar las rupturas de los stocks.
— El **promotor-*merchandiser***, que no vende, sino que anima los puntos de venta a través de la realización de los operacionales promocionales.
— El **prospector comercial**, que no toma pedidos, sino que sobre todo tiene por misión informar al usuario potencial; es generalmente la función de los visitadores médicos.
— El **técnico-comercial** que dispone de una formación técnica y que ejerce una función consultora frente al cliente, ayudándole a descubrir la solución a sus problemas. Es la función de los ingenieros comerciales utilizados por la sociedad IBM.
— El **vendedor directo** de productos tangibles, tales como los coches, los aparatos electrodomésticos, las enciclopedias; o de productos intangibles, tales como los seguros de vida, para los cuales la creatividad de la venta y de la estrategia de comunicación juegan un papel importante.
— Los **negociadores, o ingenieros de negocios**, que intervienen en operaciones industriales o comerciales de gran envergadura y que, además de una formación técnica. deben tener condiciones de negociadores.

Las tareas de estos diferentes vendedores más o menos dan lugar a funciones creativas y estratégicas; el problema es saber cómo organizar la relación comercial y qué tareas asignar a los vendedores, al canal de distribución y a la publicidad.

13.2.2. El papel de los vendedores en la estrategia de marketing

De manera general, el verdadero papel del vendedor está, en primer lugar, ligado a la satisfacción de una necesidad de comunicación bidireccional, experimentada por un comprador informado y exigente en la adaptación del producto a sus propias necesidades. Desde el punto de vista de la empresa, la nueva eficacia de los vendedores estará más ligada a la habilidad en recoger y en transmitir la información, de manera que aumente la rapidez de adaptación a los cambios del mercado.

Respecto a esto, es esclarecedora la concepción que tiene una empresa japonesa sobre la función de los vendedores.

> «Los vendedores son irreemplazables ojeadores de informaciones; es necesario formarlos: a) a la escucha del cliente, mucho más que a una charla seductora del tipo "los diez secretos de la venta"; b) a la humildad ante las críticas, mucho más que al orgullo militante del tipo ¡...los productos de la sociedad X son los mejores de todos...!; c) a la solidaridad con los demás vendedores y con su sociedad para acelerar los cruces y los retornos de informaciones, mucho más que la vanidosa soledad del vendedor a comisión que no busca más que mejorar su propio rendimiento.» (Serieyx, 1985.)

Esta evolución en la concepción del papel de los vendedores tiende a aumentar la participación directa del vendedor en el marketing estratégico. Además de estas funciones operacionales, diferentes funciones estratégicas son ejercidas por los vendedores.

— Hacer aceptar los productos nuevos.
— Descubrir nuevos clientes.
— Mantener la fidelidad de los clientes existentes.
— Aportar una asistencia técnica.
— Comunicar las informaciones sobre los productos.
— Agrupar las informaciones.

Esta evolución sugiere que el vendedor puede ser inducido a jugar un papel importante en el ámbito del marketing estratégico, en la medida en que participa en la elaboración de la política de producto a través de la información que aporta sobre las necesidades de los compradores.

13.2.3. Las estrategias de despliegue de la fuerza de ventas

Diferentes estrategias de despliegue de vendedores pueden ser consideradas por la empresa. Una fuerza de ventas puede estar organizada por áreas geográficas, por productos, por clientes o también según un sistema mixto.

La organización por áreas geográficas es la estructura más corriente que tiene la ventaja de la claridad y de la simplicidad. El vendedor es el representante exclusivo de todos los productos de la empresa frente a todos los clientes potenciales y actuales. Esta fórmula, que es también la menos costosa, no conviene más que allí donde los productos son poco numerosos o parecidos y allí donde los clientes tienen el mismo tipo de necesidades.

> Una empresa de pinturas y barnices que tiene por clientes a mayoristas, detallistas y empresas usuarias (pintores de edificios, carroceros de automóviles) no puede manifiestamente utilizar al mismo vendedor para estos grupos de clientes.

La organización por productos es preferible cuando los productos son muy diferentes y requieren competencias técnicas propias. El vendedor está, entonces, más especializado y mejor preparado para responder a las necesidades de los clientes y para oponerse a la competencia. El inconveniente es la multiplicación de costes, ya que varios vendedores de la misma empresa pueden visitar al mismo cliente.

La organización por clientes será adoptada cuando las necesidades de los clientes sean muy diferentes y exijan competencias específicas. Los clientes pueden ser clasificados por sectores de industrias, por tamaño o según el proceso de compra adoptado. Encontramos aquí los diferentes criterios de segmentación presentados en el Capítulo 6. La ventaja de una organización por clientes es la especialización del vendedor, que puede adaptarse muy bien a las necesidades de los clientes. Pero, si éstos están muy dispersos geográficamente, el coste de este tipo de organización es muy elevado.

> La mayoría de los fabricantes de ordenadores reparten su fuerza de ventas por grupos de clientes: administraciones, bancos, empresas industriales, comercios.

Existen otras formas de organización que combinan dos o tres criterios. Los vendedores pueden estar especializados por pares cliente-sector, o por cliente-producto, o también por sector-cliente-producto. Este será el caso de empresas muy grandes con productos y clientes variados.

13.2.4. La venta multinivel

La venta multinivel llamada también marketing de red se define de la forma siguiente:

> «La distribución multinivel es un método de distribución que permite a toda persona que lo desea vender una gama de productos sin otra inversión inicial que su tiempo y su trabajo, aprovisionándose directamente de un fabricante y creando una red de distribuidores a diferentes niveles por un sistema de patrocinamientos sucesivos» (Xardel, 1986)

Durante mucho tiempo asimilada a la **venta piramidal**, la venta multinivel se diferencia por los elementos siguientes:

— Las rentas provienen de las ventas y no de la ampliación de la red.
— El precio final al cliente es el mismo en todos los clientes.

— Los vendedores son independientes declarados.
— Las existencias del vendedor son limitadas.
— Las sociedades de distribución garantizan la calidad de los productos.

Además, los compradores pueden renunciar a su compra en los plazos prescritos por la ley. La venta multinivel permite, utilizando una mano de obra pagada a comisión, cubrir un mercado muy vasto al menor coste y favoreciendo la producción masiva. Esta particularidad le ha dado fuerza en los Estados Unidos. Además, los vendedores que practican este tipo de comercio, deciden a menudo por recomendación, y pueden adaptar su enfoque a sus clientes. Esta interacción sistemática es una mina de información para el productor.

Este tipo de enfoque es particularmente eficaz para conformar las barreras de entrada que pueden erigir los productores controlando los canales de distribución habituales o simplemente para evitar la inercia de los canales clásicos de distribución. El lanzamiento de nuevos productos, sobre todo en el caso de los pequeños fabricantes, se facilita por la baja inversión en comunicación necesaria (Clothier, 1992).

La necesidad de comunicación personalizada de las sociedades modernas, siempre muy impersonales, da a este tipo de venta, asimilada a veces a la venta ambulante, un nuevo aliento. No obstante, no hay que perder de vista los límites de este tipo de enfoque. Así, los productos industriales, los artículos con márgenes reducidos o los productos necesitados de capacidad tecnológica importante no pueden ser distribuidos eficazmente por esta vía.

13.3. EL PROCESO DE LA COMUNICACION PUBLICITARIA

La publicidad es un medio de comunicación que permite a la empresa enviar un mensaje hacia los compradores potenciales con los que no tiene contacto directo. Recurriendo a la publicidad, la empresa pone en marcha una **estrategia de comunicación de aspiración**, cuyo objetivo principal es crear una imagen de marca y un capital de notoriedad en la demanda final y facilitar así la cooperación de los distribuidores. Si la fuerza de ventas es la herramienta privilegiada de una estrategia de presión, la publicidad es el medio por excelencia de una estrategia de aspiración.

13.3.1. Las funciones de la publicidad-medios

La función de la publicidad para el anunciante y su utilidad para el comprador han sido descritas en el Capítulo 4. Recordemos brevemente que:

— Para el **anunciante**, el papel de la publicidad es producir un conocimiento entre los consumidores y suscitar una simpatía ante ellos, con el fin de crear o desarrollar una demanda para su producto.

— Para el **consumidor**, la publicidad le permite conocer las cualidades distintivas reivindicadas por el productor para su producto y realizar economías de tiempo personal para tener acceso a esta información, ya que las obtiene sin que las haya debido recoger por un proceso de prospección.

Desde la llegada del «**reclamo**» las formas de publicidad están considerablemente diversificadas y los objetivos del anunciante pueden ser perseguidos por estilos de comunicación publicitaria variados, utilizando los mismos medios de comunicación.

La publicidad de imagen

Se trata de una comunicación publicitaria que se refiere al producto y cuyo objetivo de comunicación apunta principalmente a la actitud del comprador frente a la marca. Su papel puede ser definido como sigue:

«Los esfuerzos creativos de los anunciantes publicitarios se conciben, no tanto para suscitar una acción inmediata, sino más para construir una actitud favorable, que al final conducirá a la compra.» (Dhalla, 1978.)

Se deduce de esta definición del papel de la publicidad de imagen que su eficacia no puede evaluarse más que desde una perspectiva de largo plazo y que la noción de actitud ocupa una posición central en este tipo de comunicación publicitaria. El objetivo es aquí esencialmente el de una creación de imagen basada en una comunicación de concepto.

La publicidad promocional

Se trata de un mensaje publicitario cuyo contenido de la comunicación se refiere además del producto como objetivo al comportamiento de compra y no tanto a la actitud. El objetivo es iniciar el acto de compra y su eficacia se apreciará directamente en relación a las ventas realizadas. El estilo de comunicación es el más agresivo, pero no por ello incompatible con un objetivo de creación de imagen. Su preocupación principal es, sin embargo, lograr un resultado a corto plazo.

La publicidad interactiva

Un mensaje publicitario personalizado, que comporta una oferta, y cuyo objetivo principal es instaurar un diálogo entre el anunciante y el posible cliente necesitando de su parte una respuesta a partir de la cual la empresa se esfuerza por establecer una relación comercial.

La publicidad interactiva intenta, pues, conciliar las características de los dos estilos precedentes: construir una imagen, pero también suscitar una respuesta comportamental medible que permita apreciar inmediatamente la eficacia de la comunicación. Este estilo de comunicación publicitaria está actualmente en gran expansión y está ligada directamente al desarrollo del marketing interactivo evocado en el Capítulo 11.

La publicidad institucional

En los tres primeros estilos de comunicación, el producto o la marca está en el centro del mensaje publicitario. La publicidad institucional no habla del producto, sino que tiene por objetivo crearse o reforzar una actitud positiva hacia la empresa dirigiéndose a sus diferentes públicos.

Se trata, pues, también de un objetivo de creación de imagen, pero de una imagen de empresa. Describir el perfil de la empresa y reafirmar su personalidad con el objetivo de crear un clima de confianza y de comprensión. El objetivo buscado es **comunicar de otro modo** en un universo publicitario recargado y de luchar contra el desgaste de la publicidad-producto por una comunicación suave, y llamar la atención sobre la propia empresa, sus méritos, sus valores y sus talentos.

Es evidente que la eficacia esperada de ese tipo de comunicación no puede situarse más que a largo plazo y referirse esencialmente a la actitud.

El patrocinio y el mecenazgo

Se trata de dos modalidades particulares de la publicidad institucional. El riesgo de la publicidad institucional es la de cansar al público que puede irritarse y considerar estas campañas como acciones de autosatisfacción. De ahí la emergencia de nuevos modos de comunicación que se basan en la idea de que «...se obtiene mayor resplandor al practicar la virtud que adornándose con ella». (Van Hecke, 1988.)

> Un ejemplo tipo de estas acciones brillantes: American Express, quien, financiando la restauración del Cordero Místico de Van Eyck, ha aumentado considerablemente su prestigio como ninguna otra campaña habría podido hacer.

El objetivo perseguido es aumentar la notoriedad de la empresa y mejorar su imagen asociándola a valores positivos. El acontecimiento respaldado, cuyo desarrollo a menudo imprevisible refuerza la credibilidad del mensaje, debe tener un valor de testimonio y un vínculo con el campo de actividad.

> «Al respaldar una expedición al Himalaya, o una travesía en solitario a través del patrocinio, la empresa revela su adhesión a valores

morales como el espíritu de equipo y el valor. Por una parte, da pruebas de apertura de mente, de su armoniosa integración en la sociedad y, por otra, en términos de comunicación interna, aumenta la adhesión de su personal y desarrolla un clima favorable dentro de la empresa.» (Van Hecke, 1988.)

El patrocinio, es preciso señalarlo, es una operación comercial que implica una relación recíproca de derechos y obligaciones: el apoyo material o financiero del acontecimiento en cuestión y, en contrapartida, una explotación directa y metódica del acontecimiento por el patrocinador. Eso es en lo que el patrocinio se distingue del mecenazgo, donde el carácter desinteresado y generoso debe primar (Chaval, 1986, pág. 68).

Como se observa, los estilos de la publicidad en los medios de comunicación, los objetivos perseguidos y los medios utilizados son muy diferentes. Antes de abordar la publicidad es importante pues tener una visión clara del papel que se quiere dar a la publicidad en el programa de marketing.

13.3.2. Los preámbulos de la publicidad de imagen

Demasiadas empresas tienen todavía tendencia a asimilar publicidad y marketing y a abordar la gestión marketing por la publicidad. En realidad, la publicidad no es más que el complemento, a veces, pero no siempre indispensable, de una gestión más fundamental que es la del marketing estratégico. Para que la publicidad sea eficaz, un cierto número de condiciones previas deben idealmente prevalecer.

— La publicidad es uno de los **componentes de la presión del marketing** y su función es inseparable de los demás factores de venta. En general, la publicidad no puede ser eficaz más que cuando los demás elementos de un programa de marketing están definidos: un producto diferenciado, vendido a un precio atractivo y beneficiado de una tasa de distribución suficiente.

— La publicidad responde a una necesidad de información y será especialmente útil allí donde el comprador está enfrentado a **decisiones de compra complejas** y a productos con lo que está poco familiarizado, en especial los productos de cualidades internas, cuyas características no se descubren por simple inspección.

— Para que una publicidad sea verdaderamente eficaz, es necesario que revele una particularidad específica, una **cualidad distintiva** del producto que le dé una superioridad sobre los productos competitivos y que lo «posicione» en la mente del comprador. Esta cualidad distintiva a comunicar puede ser la «promesa» de la marca, pero también su carácter o su personalidad.

— Cuando la **demanda global es expansible**, es cuando la publicidad tiene el mayor impacto en el mercado, contribuyendo principalmente

a acelerar la difusión del producto; la publicidad juega ahí un papel de catalizador de la demanda. Cuando el producto mercado está en fase de madurez, la publicidad tiene un papel de mantenimiento y afecta esencialmente a las cuotas de mercado.
— El **mercado de referencia** del producto anunciado debe ser suficientemente extenso para absorber los costes de la campaña publicitaria, y la empresa debe tener los **recursos financieros** necesarios para lanzar la acción publicitaria con una intensidad suficiente para atravesar los umbrales de respuesta.

El posicionamiento publicitario es la traducción, en términos de comunicación, del posicionamiento de marketing elegido. En la base de una acción publicitaria eficaz debe, pues, existir un **razonamiento de marketing**, sin el cual la publicidad no contribuirá a la realización del objetivo de posicionamiento elegido.

13.3.3. Los objetivos de la comunicación publicitaria

Para la determinación de los objetivos de la comunicación publicitaria es más cómodo referirse a los tres niveles de respuesta del mercado, que han sido analizados en el Capítulo 5 de esta obra:

— La **respuesta cognitiva**, que pone en juego la notoriedad y el conocimiento de las características del producto; a este nivel, corresponden unos objetivos de información, de familiarización, de recuerdo, etc.
— La **respuesta afectiva**, que concierne a la actitud y al sistema de evaluación y de preferencia; los objetivos serán los de valorización, de seducción, de persuasión, etc.
— La **respuesta comportamental**, que describe el comportamiento de respuesta de los compradores, no sólo en términos de compra y de recompra, sino también en términos de demanda de informaciones, de visita del lugar de compra, de envío de un cupón-respuesta consecuencia de una solicitud del marketing directo, etc.

Es práctica corriente considerar que estos tres niveles de la respuesta del mercado están **jerarquizados**, es decir, que los compradores potenciales pasan sucesivamente por estas tres etapas: cognitiva, afectiva y comportamental (Lavidge y Steiner, 1961). Esta secuencia de reacción, conocida bajo el nombre de modelo de aprendizaje, si no es de aplicación general, como se demostró en el Capítulo 4, resulta al menos válida para definir los objetivos de comunicación prioritarios. Este modelo debe, sin embargo, ser matizado en función del grado de implicación del comprador, como se sugiere en la Figura 4.2 (Vaughn, 1986).

Guardar en la mente esta jerarquía de objetivos es el resultado esperado de la publicidad que debe guiar la determinación del objetivo preciso de la comunicación. Se pueden identificar **cinco resultados o efectos diferentes** que pueden estar cansados, en todo o en parte, por la publicidad. Estos cinco efectos reconstituyen el proceso seguido por el comprador enfrentado a una decisión de compra; representan, pues, otros tantos objetivos posibles para la comunicación.

Promover la demanda primaria

La existencia de la necesidad es una condición previa que va a determinar la eficacia de toda acción de comunicación. Cada producto responde a una necesidad cuya percepción por los compradores potenciales puede ser estimulada por la publicidad, la cual contribuirá así a desarrollar la demanda global del mercado. Tres situaciones distintas pueden presentarse:

— La necesidad está **bien sentida y percibida** por los compradores potenciales; en este caso, una publicidad genérica no se justifica; es el caso de numerosos productos de escasa implicación en alimentación, higiene o artículos de limpieza para los cuales hay un reaprovisionamiento rutinario.
— La necesidad es **sentida pero olvidada o descuidada** y la publicidad genérica puede recordar la existencia; es el caso de productos cuya compra y uso son poco frecuentes, pero que deben estar en el momento en que la necesidad se manifieste. Es el caso de productos farmacéuticos como los analgésicos (Aspirina, Alka-Seltzer, ...).
— La **percepción de la necesidad es escasa o inexistente** en la estructura mental del comprador, lo que es frecuente para nuevas categorías de usuarios potenciales; la publicidad puede promover activamente las ventajas aportadas por el producto; es el caso, por ejemplo, de seguros por fallecimiento, de fórmulas para fondos de pensiones, la sustitución de los neumáticos de los automóviles, etc.

El contenido de la publicidad tratará, pues, del **servicio de base** aportado por el producto y esta comunicación genérica beneficiará, no únicamente a la marca que haga la campaña, sino también a sus competidores. Este tipo de estrategia a menudo es adoptada por el líder del mercado.

Crear o mantener la notoriedad de la marca

Es el primer nivel de la respuesta cognitiva. La notoriedad ha sido definida en el Capítulo 5, como la capacidad de un comprador para identificar una marca de forma suficientemente detallada para proponer, elegir o usar una marca. Se pueden distinguir tres tipos de objetivos publicitarios centrados en la notoriedad:

— Crear o mantener la **«notoriedad-reconocimiento»**; favorecer el reconocimiento de la marca, por ejemplo, en el lugar de compra, e inducir así al comprador a reconocer la existencia de la necesidad.

- Crear o mantener la **«notoriedad recuerdo»**; mantener el recuerdo del nombre de la marca antes de la situación de compra; para obtener una evocación espontánea de la marca cuando se manifieste la necesidad.
- Perseguir simultáneamente los dos objetivos precedentes.

Estos objetivos implican contenidos publicitarios diferentes. El primero se apoyará en elementos visuales, presentación del producto, colores, logotipo, acondicionamiento, etc., mientras que el segundo buscará las posibilidades de repartir el nombre de la marca y asociarla al servicio de base.

Crear y mantener una actitud favorable frente a la marca

El objetivo es crear, mejorar, mantener, modificar la actitud de los compradores frente a la marca. Es pues la respuesta afectiva lo que está en juego aquí. Los componentes de la noción de actitud han sido descritos en el Capítulo 5. Las estrategias de comunicación que se ofrecen al anunciante son, por tanto, las siguientes:

- Convencer al grupo objetivo de que debería ser concedida una mayor **importancia** a la característica para la cual la marca está bien situada; es, por ejemplo, el objetivo de Volvo que destaca en su publicidad el atributo «seguridad».
- Mantener la convicción de los compradores sobre la **superioridad** o sobre el avance tecnológico de la marca.
- Reforzar la percepción de los compradores potenciales del **grado de presencia** en la marca de una característica determinante de selección.
- Reposicionar una marca relacionando la marca a otro conjunto de necesidades o de motivaciones de compra.
- Eliminar una **actitud negativa** frente a la marca asociándola a valores positivos.
- Modificar la percepción de los compradores potenciales del grado de presencia de una característica determinante en las **marcas competidoras**.

Esta última estrategia no puede ser adoptada explícitamente más que en los países en los que está autorizada la publicidad comparativa, lo que no es el caso ni de Bélgica ni de Francia.

Es importante identificar claramente las hipótesis implícitas en una estrategia de comunicación basada en la noción de actitud. Se pueden resumir otras hipótesis como sigue:

- El anunciante debe esforzarse en poner en evidencia las características para las que dispone de la ventaja relativa más marcada.
- No es necesario intentar modificar las percepciones de una marca cuando esta última no posea en grado suficiente la característica considerada.

— Las críticas dirigidas a la publicidad son, en buena parte, sobre la utilización de temas publicitarios superficiales, que los compradores potenciales no pueden asociar a una característica del producto importante para ellos.

En otros términos, esta concepción de una estrategia de comunicación se apoya en la idea de que la comunicación está destinada principalmente a **ayudar al comprador a comprar** y no simplemente a adular al anunciante. Esta visión de las cosas está en la línea de la óptica de marketing.

Estimular la intención de compra

La intención de compra está a medio camino entre la respuesta afectiva y la respuesta comportamental. Pueden presentarse dos tipos situaciones:

— El comprador está escasamente o nada implicado por la compra del producto por el que no hay intención consciente de compra, sino en el mismo instante de la compra misma; es el caso de compras de rutina y para los «pequeños placeres»; en este tipo de situaciones, estimular la intención de compra no es un objetivo publicitario.
— El comprador forma conscientemente una intención de compra en el momento de exposición al mensaje publicitario.

En este segundo caso, la publicidad promocional tiene un papel a jugar utilizando incitantes (reducciones de precios, ofertas especiales...) que precipiten la decisión de compra o que estimulen la recompra.

Es necesario recordar que la intención de compra no se expresará más que allí donde exista un **estado de carencia**, es decir, donde se sienta la necesidad; las dos situaciones, necesidades e intenciones, están estrechamente asociadas. Ahora bien las intenciones de compra al nivel de un individuo consumidor no son frecuentes.

> Un estudio realizado en 1982 sobre las intenciones de compra, reveló que, a lo largo de una semana dada, el 6 por 100 de las personas compraron zapatos para ellos o sus hijos; a lo largo de esa misma semana, 28 personas sobre 1000 compraron pantalones, jeans o shorts; 21 sobre 1000 compraron un vestido; 14 sobre 1000 compraron un pequeño artículo doméstico; 18 sobre 1000 compraron muebles y 3 sobre 1000 compraron un artículo de viaje (maleta) (Bogart, 1986, pág. 267).

En los mercados cuyas cifras de ventas anuales son muy elevadas, como las recogidas en los ejemplos anteriormente indicados, dependen pues para cada semana de las decisiones de compra de un número pequeño de personas. No es por tanto sorprendente constatar que los mensajes publicitarios susciten relativamente pocas intenciones de compra inmediata, ya que, en la mayoría de los casos, la condición previa no se da: a saber, la existencia de un estado de necesidad.

Facilitar la compra de la marca

Este último objetivo de la comunicación publicitaria pone en juego a los **«demás factores»** del esfuerzo de marketing (las 4 P), sin las cuales la compra no tendría lugar: un producto que contiene unas promesas, la disponibilidad del producto en el punto de venta, la práctica de un precio de venta aceptable, y la competencia y disponibilidad de la fuerza de venta. Si estas condiciones no se reúnen, la publicidad puede contribuir a reducir o minimizar los problemas, por ejemplo, defendiendo el precio practicado, o sustituyendo a la distribución por acciones de marketing directo.

13.3.4. Los enfoques creativos en la publicidad de imagen

Diferentes enfoques creativos pueden ser adoptados por los publicistas en la elección del eje de comunicación. El más clásico es conocido en la jerga publicitaria con el nombre de **«copy-estrategia»**, la cual se apoya en cuatro componentes:

— El **«público-objetivo»**: ¿a qué grupo de compradores se dirige?
— La **«promesa»** hecha a este público-objetivo: ¿cuál es la ventaja distintiva propuesta a este público-objetivo?
— El **«argumento»** de la promesa: el enunciado de las características objetivas que producen la ventaja distintiva.
— El **«tono»** de la comunicación, es decir, el estilo o la manera de expresarse en el anuncio.

La «copy-estrategia» sirve de pliego de condiciones para la creación: define lo que debe ser comunicado por la publicidad. La fuerza de este método es el de conducir a los responsables de marketing a elegir un eje de comunicación que será mantenido durante varios años y que va a dotar a la marca de una imagen específica y de un posicionamiento.

Como indica Kapferer (1985, pág. 102), este enfoque creativo es particularmente eficaz para productos con dominante funcional y utilitaria y para los que existen elementos de diferenciación con una contrapartida técnica.

> Así, en los años sesenta, durante el lanzamiento del detergente Ariel, se podía prometer a las amas de casa de familia numerosa (público-objetivo) un lavado único (promesa) gracias a los agentes biológicos contenidos en el polvo (característica objetiva); el tono de la comunicación era decididamente serio para conferir una credibilidad al mensaje (Kapferer, 1985).

Ahora bien, en numerosos campos, donde las marcas se multiplican, llega a ser difícil encontrar promesas específicas que no estén «ocupadas» publicitariamente por una marca competidora y el riesgo es entonces, con el pretexto de diferenciación a todo coste, poner por delante los detalles que pueden ser significativos para el fabricante, pero irrelevantes para los compradores.

La estrategia estrella (star-estrategia)

Es esta evolución la que, en Francia principalmente, ha conducido a los publicitarios a adoptar otro enfoque creativo, denominado por Séguéla (1982) la **«star-estrategia»**, que subraya el «tono» de la comunicación y de la personalidad, el carácter de la marca.

> «Ninguna «copy-estrategia» fielmente respetada habría permitido a TBWA lanzar la estilográfica Pentel en Francia, con su campaña «Póngase en verde», «¡Vamos los verdes!», «En verde y contra todo» (en referencia al color verde de las estilográficas Pentel). En cuanto a punto de promesa: ¿qué promete exactamente Pentel? Nada. En cambio, la publicidad ha sabido esbozar una personalidad de marca seductora y atractiva, motor de la prueba del producto. El descubrimiento de las ventajas del producto se hará una vez se tenga la estilográfica en la mano (Kapferer, 1985, pág. 103).

La «star-estrategia» se apoya en tres componentes para determinar el eje de comunicación: lo físico de la marca (su función), su carácter o su personalidad y el estilo de la expresión. Este tipo de enfoque creativo será particularmente eficaz cuando el producto a sostener no presente ningún elemento de diferenciación importante para el comprador.

Otras concepciones creativas han sido propuestas. Variot (1985), prolongado el enfoque de Séguéla, considera que la identidad de una marca se descompone en seis factores: su físico y su personalidad, pero también las ocasiones de utilización a las cuales se asocia su faceta cultural, su reflejo de comprador (la mirada de los demás) y la imagen de sí misma.

Por ejemplo, la identidad de la marca Porsche en Francia es (ejemplo citado por Kapferer, 1985, pág. 104):

1) Físico: el rendimiento.
2) Personalidad: perfeccionista.
3) Ocasiones: más personales que familiares.
4) Cultural: tecnología alemana.
5) Reflejo de comprador: el automóvil de los ganadores.
6) Imagen de sí mismo: la superación de sí mismo.

Este enfoque publicitario (típicamente francés) es exigente, en el sentido de que demanda una gran coherencia en la expresión, ya que es en definitiva la forma tanto como el fondo lo que contribuye a construir la imagen.

La matriz de Maloney

En Estados Unidos, Maloney (1961) ha desarrollado un modelo de análisis que guarda toda su pertinencia y que permite generar ideas de temas publicitarios. La matriz de análisis presentada en la Figura 13.5 opone por

Fuentes de la satisfacción aportada	Tipos de gratificaciones potenciales			
	Racional	Sensorial	Social	Autosatisfacción
• Resultados ligados al servicio de base del producto	(1)	(2)	(3)	(4)
• Resultados ligados al modo de uso del producto	(5)	(6)	(7)	(8)
• Resultados ligados a los servicios periféricos	(9)	(10)	(11)	(12)

Figura 13.5. Matriz de búsqueda de temas comunicativos.
Fuente: Adaptado de Maloney, C. (1961).

una parte el tipo de gratificaciones buscadas por los compradores en un producto y, por otra, las fuentes de estas gratificaciones unidas a la experiencia del producto. Se pueden identificar así 12 ejes posibles de comunicación publicitaria y el creativo puede proponer un tema para cada uno de estos ejes.

El dilema cantidad o calidad

¿Qué factor es más importante en una campaña publicitaria? ¿La creación del mensaje o la importancia del presupuesto disponible? Una cosa está clara. Sólo después de haber obtenido la atención de los clientes del mensaje publicitario se pueden obtener ventas suplementarias. Gross (1972) ha mostrado el valor económico de la creatividad publicitaria y varios estudios empíricos han confirmado después sus observaciones.

Un argumento interesante en favor de la importancia del ruido publicitario ha sido evocado en Estados Unidos por Nelson (1974) y confirmado recientemente en Gran Bretaña por Davis et al. (1991). Para los productos con calidades internas (*experience goods*), es decir, para los productos en los que los usuarios no pueden descubrir la calidad o la utilidad más que utilizándolos en un largo período (típicamente un champú o un aceite de motor), el solo hecho de hacer de la publicidad en su favor es más importante que el contenido del mensaje. Para este tipo de producto, el anunciante no deberá contentarse con decir que su producto es mejor que el de los competidores; todo el mundo dice eso. Gastando sistemáticamente más en publicidad que sus competidores, hará saber al mercado que la marca esta bien en él y que va a permanecer por un largo período. Los usuarios van a descodificar el mensaje de esta manera y de ahí que la importancia del ruido publicitario sea al menos tan importante como el contenido del mensaje publicitario mismo. Para un interesante estudio de esta cuestión, ver Nelson (1974) y Davis et al. (1991).

13.3.5. Los niveles de eficacia de la comunicación publicitaria

Cuando los objetivos y la comunicación publicitaria han sido claramente definidos y traducidos en mensajes, la medida de la eficacia de la comunicación está ya ampliamente facilitada. El proceso de la comunicación publicitaria está descrito en la Figura 13.6. Se distinguen tres etapas clave, que definen tres niveles distintos de la eficacia publicitaria: la eficacia comunicacional, psicosociológica y comportamental, las cuales corresponden a los tres niveles de respuesta del mercado (cognitivo, afectivo y comportamental) evocados anteriormente.

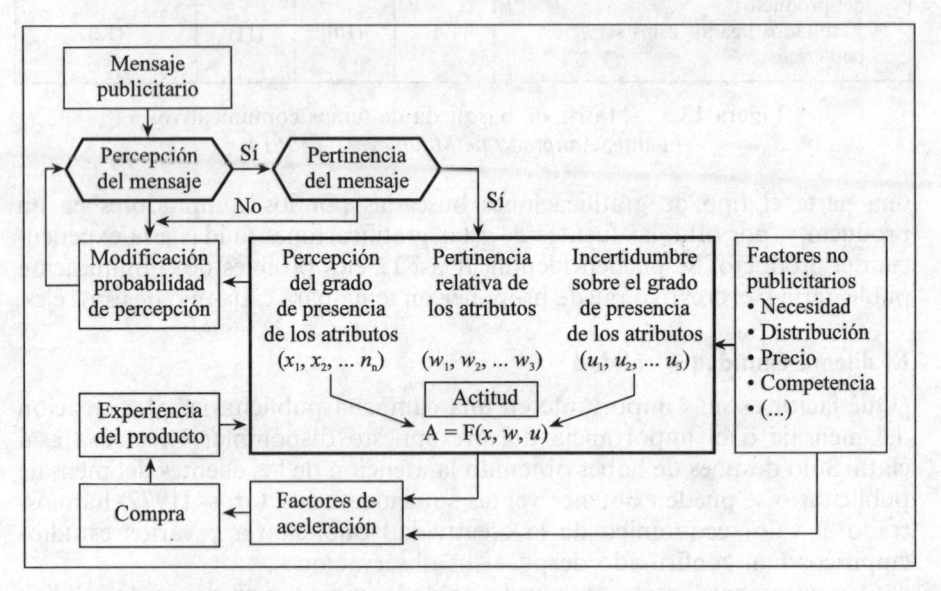

Figura 13.6. El proceso de comunicación publicitaria.
Fuente: Dalrymple, D.J. y Parsons, I.J. (1976).

La eficacia perceptiva

Pone de manifiesto la capacidad de un anuncio para atravesar el muro de indiferencia o de defensa perceptual de los compradores potenciales y de ser visto, leído, entendido y memorizado por el grupo objetivo. Es evidente que la primera cualidad de un anuncio es ser advertido. Si esta condición no se encuentra, nada puede suceder en el terreno de la actitud o del comportamiento, y se comprende mejor la preocupación del publicista —a veces irritante para el observador— de «romper los moldes» y utilizar para este fin el humor, el sueño, la incongruencia, el estrellato. Esta preocupación es tanto más importante como la **proliferación de los mensajes publicitarios** provoca inevitablemente un descenso de la atención del público que rechaza los elementos molestos o indeseables.

> En Estados Unidos, entre 1967 y 1982, el número de mensajes difundidos se ha multiplicado por dos. La mayoría de los expertos prevén que el número total de mensajes publicitarios difundidos cada año se doblará de nuevo en 1977 (Bogart 1986 b, pág. 22).

La consecuencia sobre la eficacia comunicativa es fácil de imaginar.

> En 1965, el 18 por 100 de los telespectadores eran capaces de acordarse de uno de los últimos spots publicitarios que habían visto; en 1981, la cifra había descendido al 7 por 100 (Bogart 1986 b, pág. 24).

Este primer nivel de la «calidad publicitaria» es determinante de la **productividad de la comunicación publicitaria**, y se observan diferencias importantes en la práctica entre campañas publicitarias de igual intensidad. Los indicadores de la eficacia comunicativa utilizados son entonces los tests de reconocimiento, de notoriedad espontánea, de memorización (factor Beta), etc., que han sido descritos en el Capítulo 5 (ver Sección 5.3).

Acentuar exageradamente la eficacia comunicativa tiene el riesgo de desembocar en creaciones publicitarias descontroladas, que pierden de vista el hecho de que la publicidad no es más que el complemento y el soporte de un posicionamiento de marketing. Esto lleva a algunos a decir que la publicidad es demasiado importante para ser dejada en manos de los creativos, que a menudo tienen la tentación de privilegiar el impacto comunicativo de la publicidad, en detrimento del objetivo de marketing.

El mérito de la «copy-estrategia», se ha visto anteriormente, es precisamente vigilar para evitar todo desbordamiento creativo, un riesgo que está más bien circunscrito en la «star-estrategia».

La eficacia al nivel de las actitudes

El segundo nivel de eficacia es el de la eficacia en el plano psicosociológico, que pone de manifiesto la respuesta afectiva y el impacto del mensaje percibido sobre la actitud respecto del producto o de la marca. El hecho de que un mensaje haya sido efectivamente percibido por el grupo de compradores a los que se dirige, no permite deducir eficacia en el cambio de actitud, en el sentido de que un mensaje perfectamente recibido, comprendido y asimilado, puede ser totalmente inoperante por inadaptado, no creíble o simplemente no pertinente. De aquí que el conocimiento de los componentes de la actitud en el grupo objetivo sea importante para definir el eje de la comunicación.

La proposición o la promesa hecha debe tener las siguientes características (Twedt, 1969):

— Debe ser **deseable**, es decir, presentar un atractivo o un interés decisivo para el comprador potencial.
— Debe ser **exclusiva**, lo que implica que ninguna otra marca o empresa pueda ofrecer la misma proposición.
— Por último, debe ser **creíble** por el comprador potencial, un criterio que pone de manifiesto la confianza y la competencia de la fuente de comunicación.

No existe una receta en el ámbito de la creación publicitaria, sino la falta de publicistas que las proponen (ver entre otros Revees, 1970 y Ogilvy 1964). Además de los criterios ya avanzados, podemos también referirnos a las preguntas siguientes que también tienen por objeto la calidad de la ejecución de la publicidad.

— ¿El **posicionamiento** publicitario está en consonancia con el posicionamiento buscado por el producto?
— ¿El **beneficio** aportado al comprador es claramente puesto de manifiesto, simple de comprender y, si es posible, fácil de verificar por el comprador?
— ¿Cuál es la **exclusividad** de la promesa en relación a las propuestas hechas por la competencia?
— ¿Hay **coherencia y continuidad** en la campaña publicitaria, lo que implica un tema declinable en diferentes medios de comunicación y en el tiempo, varios años seguidos?
— ¿El mensaje se apoya en una **buena idea** publicitaria, de la que la gente se acuerda?
— ¿El anuncio consigue **atraer la atención** del lector o del espectador?
— Teniendo en cuenta el producto y a quién va dirigido, ¿hay un **vínculo simple** entre el producto, el beneficio, la idea publicitaria y la ejecución?

En general, es preciso desconfiar de las ideas demasiado originales en publicidad; tienen el riesgo de enmascarar el mensaje que se quiere transmitir, y el público se acuerda de la publicidad y no de la marca. Algunas agencias tienen tendencia a hacer del anuncio el héroe, olvidando que el héroe es el producto.

- **Objetivo publicitario**
  Aumentar el 10 por 100 en 1 año el conocimiento de las cualidades distintivas de los ácidos fosfóricos suministrados por la sociedad Texasgulf a los fabricantes de abonos.

- **Eje publicitario**
  Poner en evidencia la superioridad del producto que contiene menos impurezas y es de color verde. El tema publicitario es pues «limpio y verde».

- **Resultados del estudio de eficacia**

	Antes de campaña (%)	Después de campaña (%)
• Identificación del tema general	3,6	16,3
• Conocimiento de las cualidades distintivas reivindicadas	15,3	35,1
• Convicción de la superioridad del producto sobre los competidores	9,4	24,3

Figura 13.7. Ejemplo de medida del efecto de la publicidad sobre las actitudes. *Fuente: Bryk, C.S. y Davis, R. (1973).*

Si estas condiciones se cumplen la publicidad ha logrado sus objetivos en el plano de la actividad y el grupo objetivo está en un **estado de receptividad positivo** respecto a la marca o al producto. Este estado de receptividad será reforzado por las repetidas exposiciones del mensaje, o al contrario, modificado por los mensajes de los competidores.

Un ejemplo de medida de la eficacia psicosociológica de una publicidad de imagen se presenta en la Figura 13.7. El mismo tipo de resultados puede obtenerse por la publicidad institucional como se observa en el cuadro de la Figura 13.8 ante dos tipos de sociedades: las que hacen publicidad institucional y las que no (de Jaham, 1979).

	Categorías de anunciantes	
Indicadores de actitud	No utilizan la publicidad institucional (%)	Utilizan la publicidad institucional (%)
• Conocimiento de la existencia de la empresa	82	93
• Familiaridad con la empresa y sus actividades	63	77
• Impresión positiva global de la empresa	38	51

Figura 13.8. Ejemplo de medida del efecto de la publicidad institucional sobre las actitudes. *Fuente: de Jaham (1979)*.

La eficacia comportamental

El tercer nivel del proceso es el nivel de la **eficacia comportamental**, es decir, el comportamiento de compra suscitado por la acción publicitaria, que es el objetivo final perseguido. Los indicadores utilizados son entonces las compras de prueba, las ventas o la cuota de mercado, descompuesta en tasa de ocupación, de intensidad, de exclusividad o de fidelidad. El lector se remitirá aquí a la Sección 5.4.3.

El desarrollo de la publicidad interactiva del marketing directo conducen a utilizar cada vez más **medidas intermedias de la respuesta comportamental** adoptando la forma de envíos de cupones-respuesta, demanda de catálogos o folletos, peticiones de hora, etc., que son otras tantas manifestaciones activas de interés suscitadas por la publicidad y que permiten, pues, medir la eficacia. En realidad, estos indicadores son igualmente reveladores de la eficacia comunicativa, dado que es difícil identificar en las respuestas las que están motivadas por el atractivo de la oferta y las que reflejan un verdadero interés por el producto. Sólo la tasa de conversión de las manifestaciones de interés en compras reales permitirá saberlo en definitiva.

Como ya se ha indicado, la publicidad no puede suscitar el comportamiento de compra más que cuando los demás factores (no publicitarios) determinantes del comportamiento de compra se manifiesten como, por ejemplo, la necesidad del producto, la confrontación con el producto en un punto de venta, una reducción del precio de venta, la opinión favorable de usuarios. La actitud favorable creada por la publicidad no constituye pues más que una **predisposición que aumenta la probabilidad de compra** de la marca. Una vez efectuada la compra, es con mucho el grado de satisfacción o de insatisfacción del comprador y la relación calidad-precio los que llegan a ser determinantes y que van a actuar sobre la actitud y sobre la propensión a la fidelidad.

La medida de la contribución de la publicidad al desarrollo de las ventas no puede, por consiguiente, hacerse directamente. Para medir su efecto sobre las ventas, es necesario tener en cuenta el conjunto de estos factores que intervienen y estimar sus pesos relativos, y ello desde una perspectiva dinámica. Este tipo de análisis puede hacerse, por ejemplo, en el marco de un modelo econométrico que desemboca en unas estimaciones cuantitativas de las elasticidades de la demanda para cada uno de los factores recogidos en la función de respuesta (ver Figura 5.15). Otros métodos son utilizables (ver Simon, 1983). Una síntesis interesante de los trabajos realizados de este ámbito es la efectuada por Asmus et al. (1984).

Medir la eficacia de la publicidad es una tarea indispensable, para cualquier nivel de inversión (Colley, 1964 y McNiven, 1980). Ahora bien, es frecuente oír afirmar en los medios publicitarios que es imposible medir verdaderamente la eficacia publicitaria. Como subraya Dayan (1985, pág. 295), las actitudes negativas en este campo dependen a menudo del hecho de que el mundo de la publicidad está frecuentemente dominado por creativos que, más o menos conscientemente, se oponen a ser juzgados por otros que no sean sus iguales. Además existe a menudo una gran confusión en cuanto al nivel de eficacia al cual se refiere. Si es indiscutiblemente difícil (pero no imposible) medir la eficacia de la publicidad sobre las ventas o sobre la cuota de mercado, las medidas de eficacia intermedias son de fácil utilización, y permiten mejorar considerablemente la productividad de las inversiones realizadas por el anunciante (Aaker y Carman, 1982).

Las medidas de la relación publicidad-ventas

Dos grupos de métodos pueden ser utilizados para medir el impacto de la publicidad sobre las ventas o sobre la cuota de mercado: los métodos de análisis econométrico de series cronológicas (Hanssens et al. 1990) y los métodos experimentales. Un estudio realizado por Lambin (1969) aporta una ilustración del enfoque económico aplicado al estudio de la publicidad.

> La marca estudiada es una bebida refrescante que tiene gran notoriedad en el mercado. El objetivo de estudio consistía en valorar la rentabilidad de los gastos publicitarios muy elevados, realizados por esta marca después de muchos años. Los parámetros de la función de demanda han sido estimados por el método econométrico. La ecuación estimada se presenta en la Figura 13.9. Siendo que

la variable estudiada es aquí la publicidad, las otras variables de decisión (precio, frecuencia de visita y formato de las botellas) son fijas en el cuadro de un escenario considerado como el más probable para el período en curso.

La función de demanda de la Figura 13.9 es entonces,

$$Q_1 = 2{,}024 \cdot Q_{t-1}^{0,565} \cdot S_t^{0,190}$$

Dado que $Q_{(t-1)}$ es conocido, obtenemos así la función de respuesta publicidad-venta presentada en la Figura 13.9. Esta función de respuesta puede ser utilizada para evaluar la rentabilidad de la inversión publicitaria e igualmente para determinar el presupuesto de publicidad necesario a la realización de un objetivo de venta.

Las cifras así obtenidas son evidentemente a tomar con prudencia teniendo en cuenta las hipótesis sobre las cuales apoya esta función de respuesta. Constituirán al menos una ayuda útil para la decisión publicitaria.

13.3.6. La planificación de los soportes publicitarios

Después de haber definido el público objetivo, el contenido del mensaje y el tipo de respuesta esperada, el anunciante debe elegir la mejor combinación de soportes publicitarios que le permitan alcanzar el número de exposiciones deseado ante el público objetivo, en los límites impuestos por el presupuesto de publicidad. Diferentes estrategias de utilización de los medios de comunicación pueden contemplarse (Chandon, 1976, págs. 19-23). Las definiciones de los principales términos utilizados en el campo de la planificación publicitaria están expuestas en la Figura 13.10.

Una **primera alternativa** opone los objetivos de cobertura o de máxima repetición.

> Adoptar una **campaña extensiva** con el fin de alcanzar el máximo número de personas, buscando la cobertura máxima o, al contrario, adoptar una **campaña intensiva**, dirigiendo los esfuerzos para alcanzar lo más fuertemente posible a un público objetivo relativamente restringido; se trata entonces de buscar la repetición máxima.

Generalmente, un alto grado de cobertura es necesario para el lanzamiento de un nuevo producto o con ocasión de una actividad promocional de gran envergadura. En cambio, una repetición elevada es necesaria cuando el mensaje es complejo, el producto frecuentemente comprado y la fidelidad a la marca débil. Sin embargo, una repetición demasiado grande es inútil y puede engendrar aburrimiento o irritación. Krugman (1975, pág. 98) estima, por ejemplo, que tres exposiciones percibidas son a menudo suficientes.

A. LA FUNCION MULTIPLE DE DEMANDA DE MARCA

$$q_1 = 0{,}155 \cdot q_{t-1}^{0{,}565} \cdot y_t^{0{,}494} \cdot w_t^{-0{,}260} \cdot x_t^{0{,}134} \cdot p_t^{-0{,}588} \cdot v_t^{0{,}088} \cdot s_t^{0{,}190}$$

donde

q_t: Ventas por habitante.
y: Renta disponible por habitante.
w: Condiciones meteorológicas.
x: Número de formatos de botellas.
p: Precio al detalle del litro.
v: Frecuencia de visita al detallista.
s: Gastos publicitarios por habitante.
t: Tiempo (año).

B. LA FUNCION DE RESPUESTA PUBLICIDAD/VENTAS

[Gráfico: Venta (litros/habitantes) vs Gastos publicitarios ($/hab.)]

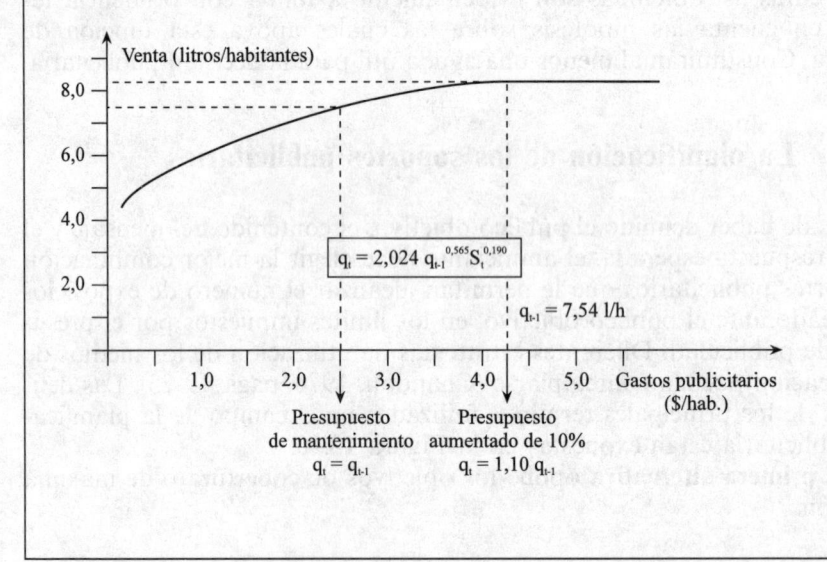

$q_t = 2{,}024 \, q_{t-1}^{0{,}565} S_t^{0{,}190}$

$q_{t-1} = 7{,}54$ l/h

Presupuesto de mantenimiento: $q_t = q_{t-1}$
Presupuesto aumentado de 10%: $q_t = 1{,}10 \, q_{t-1}$

Figura 13.9. Ejemplo de función de demanda econométrica.
Fuente: Lambin, J.J. (1969).

La **segunda elección estratégica** está entre la alternativa continuada o la intermitencia en las acciones publicitarias:

> Buscar la continuidad de los esfuerzos de comunicación en el tiempo con el fin de combatir la pérdida del recuerdo, estimular las compras repetitivas, oponerse a los esfuerzos de los competidores...; o, al contrario, buscar la **intermitencia** para dar un gran golpe, para atacar a las marcas competidoras, para sostener actividades promocionales o de temporada.

El problema en cuestión es el del calendario de inserciones publicitarias. No hay respuesta clara a este dilema. Conviene tener en cuenta la naturaleza del producto, su frecuencia de compra, la estacionalidad de las ventas, las estrategias de la competencia y la distribución del recuerdo en función del tiempo. Este problema es aún más complejo, ya que la duración en la memoria de un mensaje está en función de su calidad comunicativa.

- El **público-objetivo** está constituido por las categorías de personas que la campaña se propone alcanzar.
- La **circulación** (o difusión) es el número de unidades físicas que soportan el mensaje; para una revista, será el número de ejemplares vendidos; para un programa de TV, será el número de receptores conectados al canal en un momento dado.
- Los **contactos** son las ocasiones de ver (ODV) o de entender (ODE) el mensaje, lo que no implica forzosamente que haya sido efectivamente visto, percibido, comprendido y memorizado.
- La **cobertura** es el número de individuos (u hogares) expuestos al menos una vez a lo largo de la campaña.
- La **duplicación** es el número de lectores comunes a dos o más soportes.
- La **cobertura neta** (no duplicada) es el número total de lectores diferentes que están en contacto al menos una vez con uno de los soportes de la combinación.
- La **repetición** o la frecuencia es el número de veces que un individuo estará expuesto por termino medio al mensaje a lo largo de la campaña.
- El **impacto** corresponde al valor cualitativo de un mensaje en un soporte.
- El **número total de contactos útiles,** o «Gross Rating Point» (GRP), es la cobertura multiplicada por la repetición media.
- La **distribución de los contactos** revela el número de personas que han estado expuestas 1, 2, ... *n* veces a un mismo anuncio durante la campaña.

Figura 13.10. Principales términos utilizados en planificación publicitaria.

Finalmente, la **tercera elección estratégica** que se plantea es la que es necesario realizar entre concentración o diversificación de los medios de comunicación.

> Buscar la **diversificación** en varios medios de comunicación para beneficiarse de las complementariedades entre los medios, para obtener una cobertura neta más elevada, un mejor reparto geográfico o, al contrario, buscar la concentración en un medio de comunicación, para dominar el medio de comunicación mejor adaptado al público-objetivo, personalizar la campaña y el producto, beneficiarse de las economías de escala o de las bonificaciones.

Todo depende aquí de la estrategia de segmentación adoptada. Si la empresa practica un marketing indiferenciado, la diversificación será deseable; si, por el contrario, la estrategia adoptada es la de especialista, concentrarse en un medio será probablemente más eficaz.

13.3.7. Los criterios de elección de los medios

La elección de los medios y los soportes está guiada por los criterios cuantitativos que están enumerados a continuación. Entre los **criterios cuantitativos**, tenemos los criterios siguientes:

— El grado de **cobertura** del público-objetivo, es decir, el porcentaje de compradores potenciales susceptibles de ser alcanzados después de uno o varios anuncios.
— La **estabilidad** de la cobertura en el tiempo, por ejemplo, de una semana o de una temporada a otra.
— Las posibilidades de **repetición**, es decir, las posibilidades físicas del medio para permitir la repetición.
— Las posibilidades de **selectividad** sociodemográfica, de consumo o de estilo de vida.
— El **coste unitario** del impacto, de la tarifa tributaria y de la circulación.

Estas informaciones son proporcionadas por los estudios realizados a iniciativa de organismos profesionales, tales como el CESP (*Centre d'Etude des Supports de Publicité*) en Francia y el CIM (*Centre d'Information sur les Médias*) en Bélgica. Intervienen también los organismos que controlan la tirada y la difusión de los soportes.

Los **criterios cualitativos** de selección de los medios deben complementar los criterios cuantitativos. Se tendrá en cuenta especialmente los siguientes criterios:

— La probabilidad de **percepción** del mensaje, la cual es, por ejemplo, muy elevada para el cine y muy baja para las vallas publicitarias.
— La **duración de la vida** del mensaje, es decir, el tiempo durante el cual el mensaje puede ser percibido; la duración real es a veces más larga que la duración teórica (por ejemplo, algunas revistas).
— El **ambiente** de percepción del mensaje, las características del entorno en el que es transmitido el mensaje.
— El **contexto** del medio o del soporte, es decir, el prestigio, la opinión del soporte, la vecindad del soporte, etc.
— Las posibilidades de **expresión** del medio, siendo probablemente el más completo el cine (color, animación, sonido).
— El grado de **saturación** publicitaria, es decir, el volumen publicitario total en el soporte y la presencia o no de la competencia.

La elección final se concretará en un **plan de medios** que describa la distribución del presupuesto total entre los medios; una vez seleccionados los medios, es necesario elegir los soportes lo que, cada vez más, puede hacerse con la ayuda de los modelos informatizados de elección de soportes.

13.4. LA DETERMINACION DEL PRESUPUESTO DE COMUNICACION

En el aspecto conceptual, la determinación del presupuesto de comunicación es un problema que se puede analizar recurriendo al razonamiento marginal de la teoría económica. Se aumentan los gastos de cada medio de comunicación hasta el momento en que todo crecimiento suplementario reduce el beneficio. También, en lo que concierne a la asignación del presupuesto total entre los diferentes medios, se aumenta el nivel de intervención de cada instrumento hasta el nivel en el que se igualan los ingresos marginales respectivos. Los economistas han desarrollado reglas de optimización basadas en la noción de elasticidad (Dorfman y Steiner, 1954), y estas reglas han sido extendidas a las situaciones de oligopolio (Lambin et al., 1975), así como al caso dinámico para tener en cuenta los efectos diferidos de la publicidad (Palda, 1963 y Jacquemin, 1973). La derivación de la regla de optimización del presupuesto de comunicación está descrita en el Anexo de este capítulo.

En el aspecto práctico, al igual que para la determinación del precio de venta, este procedimiento es escasamente operativo a causa de las dificultades de estimación de la funciones de respuesta, ya señaladas en el capítulo anterior. Es por ello necesario recurrir a otros métodos de aplicación más generales y no recurrir al cálculo marginal más que como guía del razonamiento. Los estudios de elasticidad, allí donde existan, guardan su utilidad para la evaluación a posteriori de la eficacia económica de la publicidad y de la fuerza de ventas. Se examinarán en esta sección los diferentes métodos de determinación del presupuesto a los que se puede recurrir y que son ampliamente complementarios.

13.4.1. Las características de las funciones de respuesta

Las curvas de respuesta a la comunicación de marketing tienen unas características importantes que deben ser tomadas en consideración para la elaboración de un presupuesto de comunicación.

— Las funciones de respuesta comunicativa son generalmente de **estructura no lineal** (ver Figura 13.11a). La respuesta de la demanda a la comunicación de marketing no es constante y pasa por unos **umbrales**, umbral de recepción y umbral de saturación, que reflejan el efecto de los fenómenos de inercia, de defensa perceptual o de fatiga.
— La pendiente de una curva de respuesta está determinada por la **calidad de la comunicación**, en el sentido de que para un mismo presupuesto se puede observar (ver Figura 13.11b), curvas de respuesta muy diferentes según el medio utilizado, la pertinencia del mensaje, la personalidad del vendedor, el contenido de la oferta promocional.

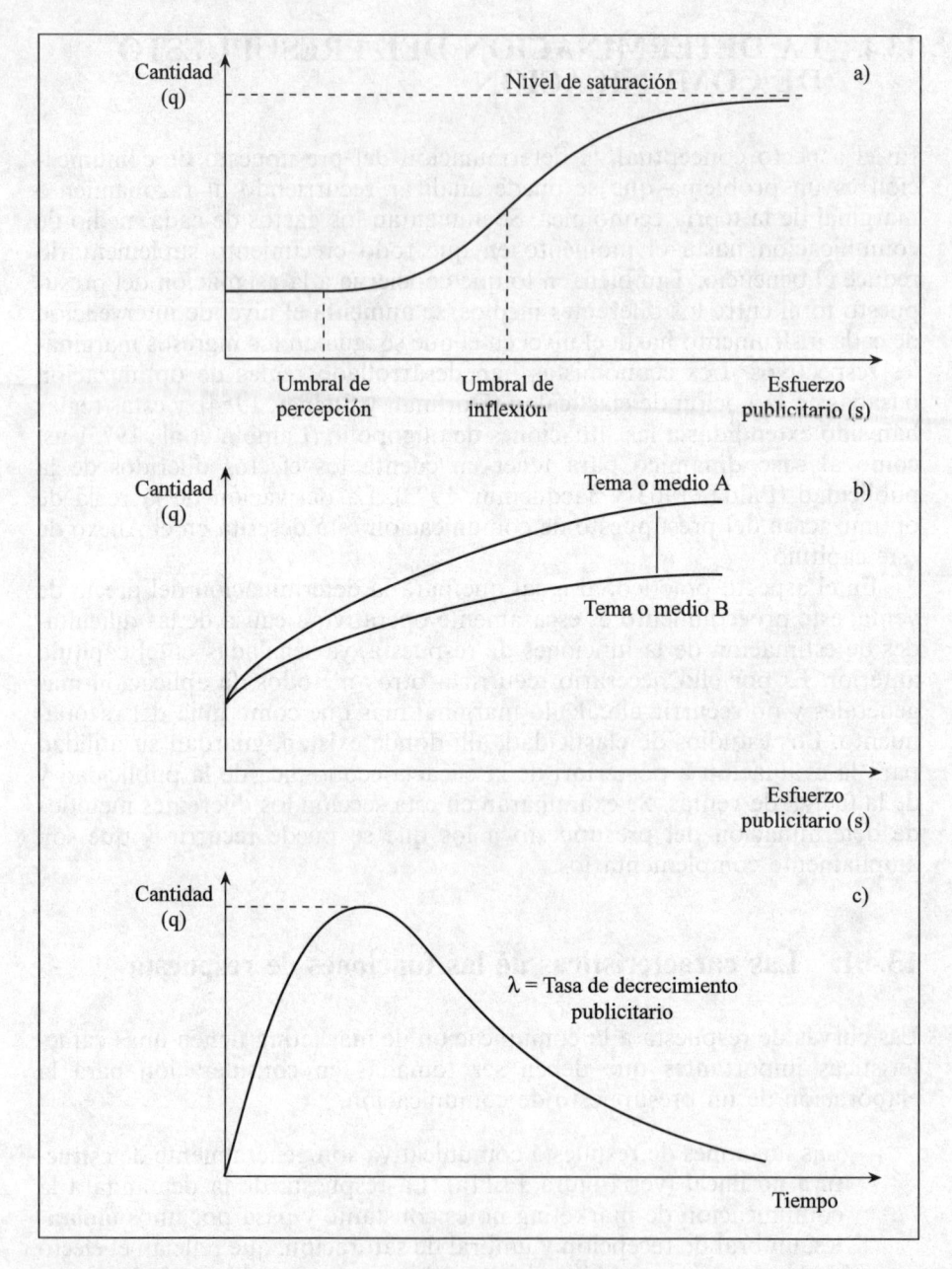

Figura 13.11. Características de las funciones de respuesta del comportamiento.

— Los efectos de una comunicación, y particularmente de la publicidad, son distribuidos en el tiempo y la distribución de estos efectos diferidos varía según los productos, los medios, los temas publicitarios (ver Figura 13.11c). Esta **estructura dinámica** permite comparar la publici-

dad a una inversión que asegura a la marca una demanda persistente a más largo plazo.
— Es necesario también recordar que el efecto de la comunicación no puede manifestarse independientemente de los demás factores de venta, tales como precio, distribución. La relación entre estas variables es pues, **multiplicativa**, lo que quiere decir que su efecto global es diferente del obtenido por la simple suma de los efectos por separado.

La presencia de estas características en las funciones de respuesta comunicativa no hace más que reflejar la complejidad de los comportamientos de los compradores, pero ello complica seriamente el problema de la estimación cuantitativa, tanto para la publicidad como para la fuerza de ventas. Para ampliar en estas cuestiones ver Hanssens et al. (1990).

13.4.2. Los presupuestos internos

Igual que para los precios internos analizados en el capítulo anterior, los presupuestos internos son calculados en base a consideraciones de equilibrio y de rentabilidad sin tener explícitamente en cuenta las reacciones de la demanda. Se pueden distinguir tres tipos de presupuestos internos: el presupuesto residual, el presupuesto técnico y el presupuesto porcentaje de la cifra de ventas.

El presupuesto residual

El presupuesto esta determinado en función de las disponibilidades financieras a corto plazo. El presupuesto de publicidad será fijado una vez todos los otros gastos estén presupuestados. Este método conduce a suprimir el presupuesto desde el momento en que las cosas van mal y a gastar cuando el dinero es abundante. Esta práctica está estimulada por el sistema fiscal, ya que un crecimiento de los gastos publicitarios disminuye el beneficio imponible.

No se trata propiamente de un método, sino más bien de un planteamiento revelador de la ausencia de objetivos publicitarios precisos.

El presupuesto técnico

Este presupuesto se apoya en el análisis del umbral de rentabilidad del gasto publicitario. La cantidad suplementaria que es necesaria vender para cubrir el coste de la inversión publicitaria se obtiene simplemente dividiendo el gasto publicitario (S) por el margen bruto del producto. Sea

$$\text{Volumen de venta requerido} = S/P - C$$

Si se trata de una cifra de negocio, tendremos,

$$\text{Cifra de negocio requerida} = S/(P - C/P)$$

Por ejemplo, si el margen bruto es de 60 F, o del 30 por 100 del precio de venta, el aumento de las ventas necesarias para recuperar un gasto publicitario de 1.500.000 F será,

$$1.500.000 \text{ F}/60 \text{ F} = 25.000 \text{ unidades}$$

y en cifra de ventas

$$1.500.000 \text{ F}/0,30 = 5.000.000 \text{ F}$$

Para determinar el porcentaje de aumento del volumen de venta o de la cifra de ventas necesaria para mantener el beneficio anterior invariable, se utilizará la expresión siguiente,

$$\% \text{ de aumento } QS \text{ de las ventas} = \Delta S/(F + S + \text{Beneficio}) \times 100$$

donde ΔS es la variación del presupuesto previsto.

Comparando el nivel de ventas necesario «con publicidad» con el volumen esperado «sin publicidad», el anunciante puede determinar el aumento requerido de ventas para dejar el beneficio anterior invariable y calcular la elasticidad implícita de la demanda a la publicidad. Con la ayuda de estos datos, el anunciante puede verificar si el presupuesto previsto no implica un aumento poco realista de la cuota de mercado, dada la situación del mercado, la fuerza de la competencia, etc.

La debilidad de este método es ser estrictamente contable. Ahora bien, es evidente que algunos objetivos publicitarios, incluso perfectamente alcanzados, no deben necesariamente traducirse a corto plazo en aumento de las ventas. Este tipo de análisis es útil, sin embargo, porque incita al anunciante a tratar la publicidad como una inversión y no como gastos generales.

El presupuesto porcentaje de la cifra de ventas

Este método utilizado frecuentemente viene a tratar la publicidad como un coste. Se aplica un porcentaje fijo al objetivo de la cifra de ventas. En los mejores casos, este porcentaje es variable y reconsiderado según los productos, los mercados, el vigor de la competencia. El mérito de este método está en relacionar el presupuesto a los recursos disponibles y de ahí su gran simplicidad.

Esta práctica, utilizada sistemáticamente, es muy criticable en el terreno de la lógica, ya que invierte la relación de causalidad entre publicidad y ventas. Fijar el presupuesto de publicidad en función de las **«ventas anticipadas»** es un progreso dado que la publicidad normalmente precede a las ventas. Sin embargo, esta práctica puede conducir a absurdos: disminuir el presupuesto de comunicación cuando se prevé una recesión de las ventas, aumentarlo cuando la cifra de ventas está en expansión con el riesgo de sobrepasar el umbral de saturación.

En la práctica, este método no es utilizado más que a nivel consolidado de la cifra de ventas y de los gastos totales de publicidad por el control de gestión con el fin de vigilar los gastos globales de marketing o de compararse con los competidores.

Los presupuestos internos constituyen en realidad una primera etapa en el proceso de determinación del presupuesto de comunicación, que permite encuadrar el problema en los planes de disponibilidades financieras, de las capacidades de producción y de las implicaciones sobre la rentabilidad de la empresa. Al igual que para la determinación del precio de venta, estos procedimientos deben ser completados por análisis que hagan intervenir las funciones de respuesta del mercado, ya se trate de respuesta comunicativa o de respuesta comportamental.

13.4.3. Los presupuestos con objetivos comunicativos

Este procedimiento, con mucho el más utilizado, pone principalmente el acento en los objetivos comunicativos y en los medios a poner en funcionamiento para alcanzarlos. Dos métodos son adoptados: el método basado en un objetivo de «contacto» definido en términos de cobertura y de repetición, y el método basado en un objetivo de «percepción».

El presupuesto de contacto

Se apoya, de entrada, bien en un objetivo de cobertura y de repetición del que se calcula el presupuesto, o bien en un presupuesto dado para el que se busca la combinación de medios que conduzcan al impacto comunicativo a lo más elevado. Buscando la maximización de las posibilidades de ver (ODV PDV) o de entender (ODE PDE), este procedimiento se aplica, pues, para alcanzar el primer nivel de eficacia publicitaria ligando fácilmente el objetivo al coste.

Se observa que el término «contacto» tiene aquí un sentido muy preciso ya que no se refiere más que a las ocasiones de ver (ODV) o de entender (ODE), lo que no implica percepción. Todo diario no vende a los anunciantes más que ODV: tantos lectores como tengan el diario entre manos (y quizá ni eso), lo que no implica que vean la publicidad del anunciante y menos aún que tomen conocimiento y que lo integran. A título de ilustración consideremos el ejemplo siguiente.

Una sociedad quiere alcanzar a mujeres de 25 a 49 años con unos criterios ocioprofesionales: negocios, cuadros superiores, cuadros medios, pequeños empresarios. El efectivo de ese objetivo es 3.332.000 mujeres francesas, o el 6,7 de las mujeres de más de 15 años. Los soportes elegidos son revistas seleccionadas por su afinidad con el objetivo. El presupuesto es de 650.000 F.

La agencia de publicidad encargada del presupuesto ha establecido los tres planes media presentados en la Figura 13.12. Figuran, el número de inserciones por revista, la cobertura, la repetición, el GRP de cada plan así como el presupuesto. Es normalmente el plan 2 el que se aceptará porque es el de mejor rendimiento con un GRP de 272.

El interés de este método es el buscar la mejor adjudicación posible al presupuesto teniendo en cuenta el grupo objetivo y la composición de la audiencia de cada soporte. Otra ventaja es su simplicidad y claridad. Su debilidad principal viene de la sobreestimación sistemática del número de personas tocadas por un anuncio, la desviación puede ser muy elevada entre el número de personas «expuestas» y el número de personas que realmente han «percibido» el mensaje.

El presupuesto de impacto perceptual

Este método se apoya en objetivos comunicativos de naturaleza psicosociológica, respecto a los cuales se determinan las condiciones de realización en términos de medios (medios de comunicación, cobertura, número y ritmo de inserciones); se evalúa a continuación el coste de estas diferentes acciones cuyo total da el presupuesto necesario. Se busca aquí el impacto sobre uno de los tres componentes (cognitivo, afectivo o comportamental) de la actitud.

Plan de medios	Plan número 1	Plan número 2	Plan número 3
Revista 1	3(1 + 2)	4(1 + 3)	—
Revista 2	2(2)	—	3(1 + 2)
Revista 3	3(1 + 2)	4(1 + 3)	3(1 + 2)
Revista 4	3(1 + 2)	4(1 + 3)	4(1 + 3)
Revista 5	3(1 + 2)	4(1 + 3)	—
Revista 6	3(1 + 2)	4(1 + 3)	4(1 + 3)
Presupuesto (en FF)	660.500	652.120	650.130
Cobertura	67,07 %	66,3 %	65,4 %
Repetición	3,7	4,1	3,7
Gross Rating Point	248,2	271,8	242,0

3(1 + 2) = 1 doble página a 4 colores + 2 páginas a 4 colores.

Figura 13.12. Ejemplo de determinación de un presupuesto publicitario *contact*.
Fuente: Troadec L. y al. (1984, pág. 47).

Este procedimiento es mucho más fundamental y se apoya en una esquematización del proceso de comunicación, que se refiere generalmente al proceso de aprendizaje (Lavidge y Steiner, 1961) y a la hipótesis que resulta de la jerarquía de los efectos publicitarios (Colley, 1964). La dificultad de este procedimiento reside en el hecho de que el publicitario debe ser capaz de reunir el impacto comunicativo con el impacto perceptual.

> ¿Cuántas posibilidades de ver o de exposiciones al mensaje son necesarias en un medio de comunicación para alcanzar el objetivo de «conocimiento de las características del producto», o de «convicción de la superioridad del producto» y esto, por ejemplo, para el 60 por 100 de los compradores potenciales pertenecientes al grupo objetivo?

Volvamos al ejemplo precedente que tenía en cuenta únicamente el número de mujeres pertenecientes al objetivo, y en principio «expuestas» a los soportes. Estos datos deberán ser corregidos por dos factores: por una parte, una estimación de la **probabilidad de lectura**, la cual es generalmente propia de un soporte particular; por otra parte, la **probabilidad de percepción** del anuncio en cuestión. Esta probabilidad de percepción será función notablemente de la calidad del mensaje, de su originalidad, de su pertinencia para el objetivo, etc.

El método de los presupuestos en relación a los objetivos comunicativos constituye una segunda etapa en el proceso de determinación del presupuesto de publicidad. Es, en efecto, una primera forma de tomar explícitamente en cuenta las reacciones del mercado. Basándose en los objetivos intermedios de comunicación, este método presenta la ventaja de poner el acento en los resultados directamente imputables a la publicidad y de permitir al anunciante controlar la eficacia del trabajo de la agencia de publicidad.

Los límites que estos métodos tienen son debidos al hecho de que no existe una relación necesaria entre la realización del objetivo intermedio de comunicación y el objetivo final, que es el de contribuir al desarrollo de las ventas. No se puede, pues, considerar que las medidas de eficacia comunicativa sean sustitutivas de las medidas directas sobre la relación entre publicidad y ventas.

13.4.4. Los presupuestos con objetivos de venta o de cuota de mercado

Determinar el presupuesto de comunicación por referencia a un objetivo de ventas o de cuota de mercado supone el conocimiento de los parámetros de la función de respuesta que une a estas dos variables. Para un cierto número de situaciones del mercado, principalmente cuando la publicidad es la variable de marketing más activa, es posible establecer esta relación y utilizarla para analizar el efecto de los diferentes niveles de gastos sobre la cuota de mercado y sobre el beneficio.

Varios modelos de determinación del presupuesto de publicidad han sido presentados en la literatura (ver Lilien et al., 1992). Entre éstos, los más operativos son el modelo de Vidale y Wolfe (1957) y el modelo ADBUDG de Little (1970). Las formulaciones matemáticas de los dos modelos están presentadas en la Figura 13.13. Estos dos modelos tienen un cierto número de puntos fuertes y de puntos débiles, que se comentan brevemente en el párrafo que sigue.

La determinación del presupuesto óptimo

Las reglas de optimización del presupuesto de publicidad son derivadas en la Figura 13.13. Estas reglas pueden ser utilizadas para verificar si el nivel actual del gasto publicitario está justificado o si es excesivo para compensar el interés de estas reglas, nos referiremos al ejemplo de la Figura 13.9.

La elasticidad publicidad-venta es de 0,190. La marca se vende al precio de 6 F y el margen bruto es de 3,30 F, es decir, el 55 por 100 del precio de venta. El gasto medio en publicidad por 1.000 habitantes se eleva 3.440 F y el nivel de ventas es de 4.060 unidades. El porcentaje de la publicidad sobre la cifra de ventas es pues,

$$a = S/(P)(Q) = 3.440/(6) \times (4.060) = 14{,}4 \text{ por } 100$$

En el óptimo, debería darse,

$$a = (\varepsilon)(P - C/P) = (0{,}190) \times (0{,}55) = 10{,}4 \text{ por } 100$$

Si tenemos en cuenta sólo los efectos publicitarios de corto plazo, parece que el presupuesto de publicidad es demasiado elevado para ser compatible con el objetivo de maximización del beneficio. El presupuesto de publicidad óptimo puede calcularse como sigue,

$$S_{opt} = 0{,}190 \cdot 3{,}30 \cdot \left(\frac{4.060}{3.440^{0{,}190}}\right)^{\frac{1}{1-0{,}190}} = 2.372 \text{ FB}$$

El presupuesto actual sobrepasa el óptimo en un 45 por 100. Al nivel óptimo de gasto publicitario, las ventas serían de 3.783 unidades (o sea −6,8 por 100) y el beneficio sería de 10.112 F por 1.000 habitantes, en lugar de 9.958 F actualmente, es decir, un aumento del 1,6 por 100. La empresa debe pues hacer una elección entre una mejora del beneficio y una pérdida de cuota de mercado.

Una medida de elasticidad no es una medida de precisión absoluta. Si se toma un margen de error de más menos 20 por 100 sobre la estimación de E, el presupuesto de publicidad óptimo está comprendido en el intervalo 1.854 - 2.949 F por 1.000 habitantes. Debe señalarse que el límite superior del intervalo es muy inferior al presupuesto actual.

En situación de competencia monopolística, y allí donde la demanda global no es expansible, la función de una marca puede describirse como sigue:

$$Q = K \cdot S^\varepsilon$$

y la función de beneficio:

$$\pi = (P - C) \cdot Q - S - F$$

El óptimo se espera para:

$$\frac{\delta \pi}{\delta S} = (P - C) \cdot \frac{\delta Q}{\delta S} - 1 = 0$$

Multiplicando ambos miembros de la expresión anterior por S/PQ, se expresa la condición de optimización con relación a la elasticidad.

$$\frac{P - C}{P} \cdot \frac{\delta Q}{\delta S} \cdot \frac{S}{Q} - \frac{S}{P \cdot Q} = 0$$

Después de la transformación, se obtienen las reglas de decisión siguientes:

$$\% \text{ publicidad sobre cifra de negocios} = \frac{S}{PQ} = (\varepsilon_{q,s}) \cdot \frac{P - C}{P}$$

En el óptimo, el presupuesto viene dado por la expresión siguiente:

$$\text{Presupuesto óptimo} = S_{opt} = \left[\varepsilon(P - C) \cdot K \right]^{\frac{1}{1-\varepsilon}}$$

donde

$$K = \overline{Q}/\overline{S}^\varepsilon$$

La condición de segundo grado estipula que $0 < \varepsilon < 1$.

Figura 13.13. Derivación de la regla de optimización del presupuesto de comunicación.

Sólo los efectos a corto plazo de la publicidad han sido tenidos en cuenta en el análisis precedente, mientras que la presencia de efectos retardados se sugiere en la función de demanda de la Figura 13.9. Si la tasa permanencia de la publicidad (Λ) puede ser estimada por el coeficiente de la variable dependiente retardada (0,565) y si se toma una tasa de actualización (r) de 10 por 100 el valor presente de elasticidad-publicidad acumulada se convierte,

$$\varepsilon(LT) = \varepsilon \cdot \frac{1}{1 - \lambda/(1 + r)} = 0,190 \cdot \frac{1}{1 - 0,565/(1 + 0,10)} = 0,391$$

Si la empresa adopta una perspectiva de largo plazo, el presupuesto de publicidad óptimo es de 4.887 F, o sea un nivel superior del 42 por 100 con respecto al nivel actual. Aquí igualmente, es la orientación estratégica de la empresa el factor determinante de la decisión final. Para la derivación de las reglas de optimización dinámica, nos dirigiremos a Lambin y Perters (1977), Capítulo 13).

Las reglas de optimización utilizadas en el ejemplo son adaptadas a una situación de competencia monopolística donde la publicidad de los competidores, así como sus reacciones pueden ser ignoradas sin riesgo para el análisis. Para una extensión de estas reglas en situación de oligopolio, ver Lambin et al. (1975).

El valor normativo de este tipo de análisis económico es evidentemente reducido, no solamente en razón de la incertidumbre que subsiste siempre sobre el valor de los parámetros, e igualmente porque el anunciante tiene otros objetivos que la maximización del beneficio. Igualmente, la calidad publicitaria (imagen y medios) está tomada en valor medio del período considerado, mientras que puede haber diferencias importantes de una campaña a otra. Por todas estas razones, los resultados del análisis económico pueden como mucho servir de guía a la decisión publicitaria y deben ser completados por otros enfoques.

El modelo de Vidale y Wolfe

Este modelo expresa la siguiente relación entre las ventas en volumen o en valor y los gastos de publicidad: el aumento de las cantidades vendidas a lo largo del período dado (ds / dt) es igual al producto:

— Del **rendimiento marginal por unidad monetaria gastada** en publicidad cuando las ventas son iguales a cero (B) y del importe total de la inversión publicitaria prevista para el período considerado (efecto respuesta).
— Corregido en función del **porcentaje del mercado potencial** que queda por convertir al uso del producto (efecto saturación).
— Disminuido por el porcentaje de las ventas del período de que desaparecerá bajo la influencia de un **efecto de depreciación**, de envejecimiento o de olvido (efecto dinámico), en caso de parar toda publicidad.

Este modelo es interesante porque tiene en cuenta las principales características de las funciones de respuesta publicitaria, estando explícitas en la determinación experimental de estos parámetros. A título de ilustración consideremos el ejemplo siguiente.

> Las ventas de la marca X se elevan a 40.000 dólares y el nivel de saturación es de 100.000 dólares; la rendimiento marginal es de 4 y la marca pierde 10 por 100 de sus ventas por período en caso de parar la publicidad. Adoptando un presupuesto de 10.000 dólares, la marca puede esperar aumentar sus ventas en 20.000 dólares.

$$ds/dt = 4(10.000)(100.000 - 40.000/100.000) - 0,10(40.000) = 20.000$$

Se puede evidentemente poner el problema en términos de presupuesto necesario a la realización del objetivo dado. En la expresión tomada en la Figura 13.14, es suficiente resolver para A el presupuesto de publicidad.

El modelo de Vidale y Wolfe presenta un cierto número de **debilidades importantes**.

— El modelo no permite tener en cuenta otras variables explicativas de las ventas, tales como precio, distribución, etc.
— El modelo no integra las acciones de los competidores y no puede ser utilizado más que allí donde la empresa dispone de una autonomía competitiva suficiente.
— El modelo no tiene en cuenta la calidad publicitaria, si no es indirectamente por medio del rendimiento marginal que puede ser estimado por diferentes medios de comunicación y, eventualmente, por diferentes temas publicitarios.
— En algunos mercados, puede ser difícil estimar el nivel absoluto de saturación.

Si la estructura conceptual del modelo de Vidale y Wolfe es interesante, su campo de aplicación, sin embargo, queda reducido.

El modelo ADBUDG de Little

El modelo ADBUDG, desarrollado por Little (1970) es de aplicación en un mercado estable, donde la demanda global no es ampliable y donde la publicidad es una variable de acción determinante de la evolución de las ventas o de las cuotas de mercado. El modelo establece una relación entre la cuota de mercado y la publicidad de la manera siguiente: la cuota de mercado esperada es igual a:

— La **cuota de mercado mínima**, Pdm. (mín.), es decir, la cuota de mercado esperada al final del período considerado en el caso en que el esfuerzo publicitario sea nulo a lo largo de este período (efecto depreciación).
— A esta cuota de mercado mínima se añade una **fracción de la variación máxima** de la cuota de mercado debida a la publicidad; esta variación máxima viene dada por la diferencia entre la cuota de mercado espera-

- **Modelo de Vidale y Wolfe**

$$ds/dt = (\beta) \cdot (A) \cdot (S - s/S) - (1 - \lambda) \cdot (s)$$

donde

ds/dt = incremento de las ventas
β = rendimiento marginal de la publicidad para $s = 0$
A = gastos de publicidad
s = ventas de la marca o firma
S = nivel de saturación de las ventas
λ = tasa de crecimiento de las ventas

- **Modelo ADBUDG de Little**

$$Pdm(t) = Pdm(\min) + [Pdm(\max) - Pdm(\min)] \cdot \frac{Pub^{\gamma}}{\delta + Pub^{\gamma}}$$

donde,

$Pdm(t)$ = cuota de mercado inicial
$Pdm(\min)$ = cuota de mercado mínima esperada con ausencia de publicidad
$Pdm(\max)$ = cuota de mercado máxima esperada cuando el esfuerzo publicitario es muy elevado
Pub = gastos publicitarios efectivos (corregidos por la calidad publicitaria)
γ = coeficiente de sensibilidad de la función de respuesta
δ = constante

Figura 13.14. Comparación de dos modelos de cálculo del presupuesto publicitario. *Fuente: Vidale M.L y Wolfe H.B. (1957) y Little J.D.C. (1970).*

da, si la publicidad está a su nivel máximo, y la cuota de mercado mínima esperada sin publicidad (efecto respuesta).

— La importancia de la respuesta depende de un **coeficiente de intensidad publicitaria** caracterizado por dos parámetros, de los cuales uno (γ) determina la forma de la función de respuesta y el otro (δ) es un factor de atenuación; cuando la intensidad publicitaria llega a ser muy elevada, este coeficiente tiende a la unidad; en el caso contrario, se acerca a cero.

Este modelo es interesante en numerosos aspectos y respeta la mayoría de las características de las funciones de respuesta publicitaria. Además, su estimación viene facilitada por el recurso a un proceso interactivo conversacional sobre microordenador, lo que permite al decisor verificar él mismo el modelo sin tener que recurrir a expertos externos. Los principales puntos fuertes de este modelo se comentan a continuación.

— La determinación de los parámetros del modelo puede hacerse a partir de informaciones subjetivas facilitadas normalmente por el jefe de producto, o en base a datos objetivos, extraídos, por ejemplo, de un estudio econométrico. Los datos de entrada necesarios están descritos en la Figura 13.15.

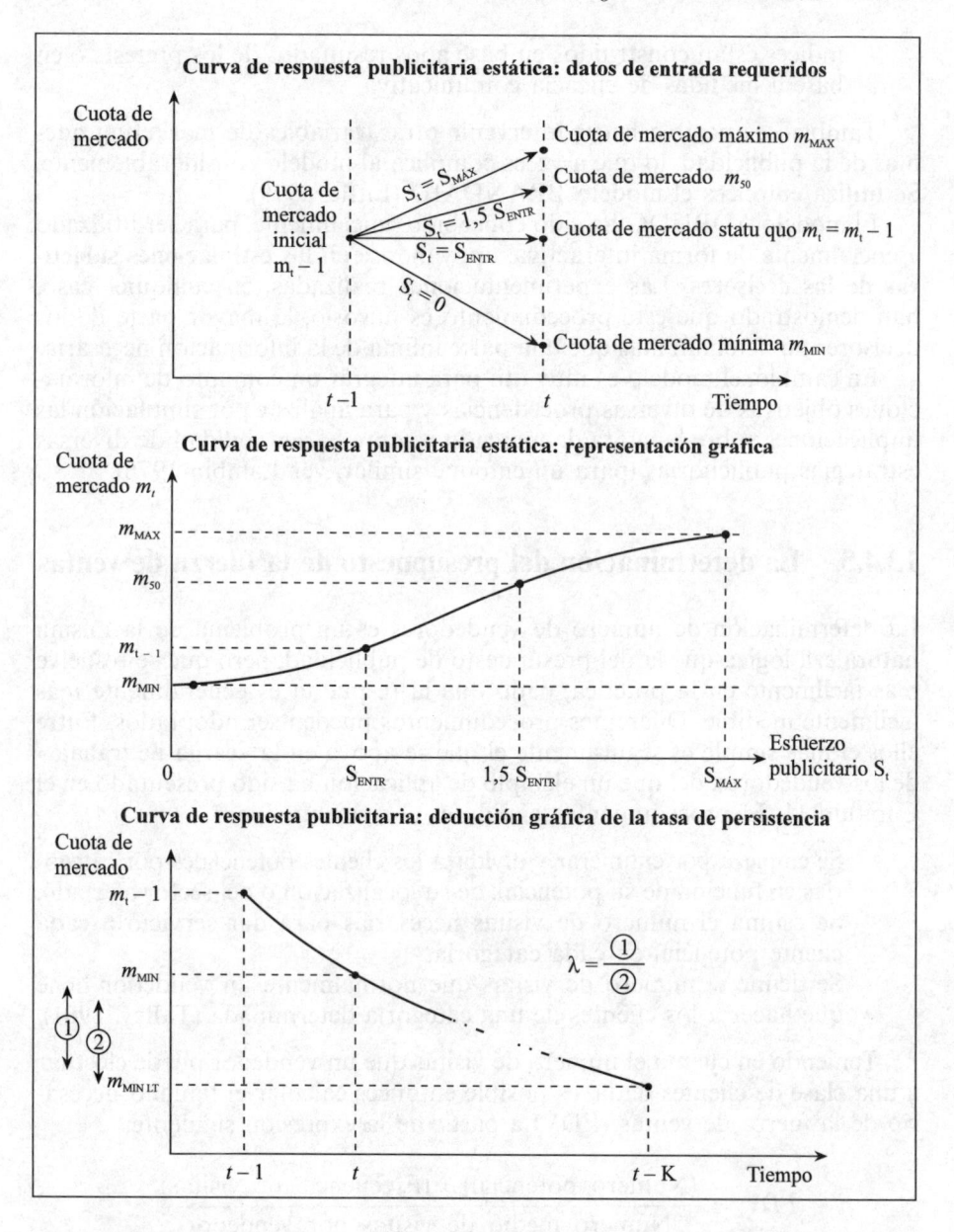

Figura 13.15. Estructura del modelo «ADBUG». *Adaptado de Little J.D.C. (1970)*.

— Como se trata de la cuota de mercado, la interdependencia competitiva se tiene en cuenta en el modelo.
— Los datos de presión publicitaria pueden ser definidos haciendo intervenir las informaciones sobre la calidad publicitaria, tomando la forma de índices, en los que el valor de referencia es la unidad. Estos

índices están construidos en base a los resultados de los pretests o en base a medidas de eficacia comunicativa.

También es posible hacer intervenir otras variables de marketing además de la publicidad, lo que a veces complica al modelo considerablemente. Se utiliza entonces el modelo BRANDAID (Little, 1979).

El modelo ADBUDG ha sido concebido, inicialmente, para ser utilizado esencialmente de forma interactiva, apoyándose en las **estimaciones subjetivas de los decisores**. Las experimentaciones realizadas, en cualquier caso, han demostrado que este procedimiento es ilusorio, la mayor parte de los decisores no detentan más que una parte ínfima de la información necesaria.

En cambio, el modelo es muy útil para integrar un conjunto de informaciones objetivas de diversas procedencias y para analizar por simulación las implicaciones sobre la cuota de mercado y sobre la rentabilidad de diversas estrategias publicitarias (para un enfoque similar, ver Lambin 1976).

13.4.5. La determinación del presupuesto de la fuerza de ventas

La determinación de número de vendedores es un problema de la misma naturaleza lógica que la del presupuesto de publicidad, pero que se resuelve más fácilmente en la práctica, dado que la respuesta es generalmente más fácilmente medible. Diferentes procedimientos pueden ser adoptados. Entre ellos el más simple es seguramente el que se apoya en la **«carga de trabajo»** de los vendedores, del que un ejemplo de aplicación ha sido presentado en el Capítulo 11. El procedimiento seguido es el siguiente:

— Se empieza por enumerar y dividir a los clientes potenciales por categorías en función de su potencial, de su localización o del sector afectado.
— Se estima el número de visitas necesarias para dar servicio a cada cliente potencial en cada categoría.
— Se define el número de visitas que normalmente un vendedor tiene que hacer a los clientes de una categoría determinada (Talley, 1961).

Teniendo en cuenta el número de visitas que un vendedor puede efectuar a una clase de clientes dada, es posible entonces calcular el tamaño necesario de la fuerza de ventas (FDV) a partir de la expresión siguiente:

$$FDV = \frac{\text{(Número potencial)} \cdot \text{(Frecuencia de visitas)}}{\text{Número medio de visitas por vendedor}}$$

Este cálculo es efectuado para cada categoría de clientes. Este método se apoya, pues, en el número de contactos a establecer y se parece al procedimiento seguido en la determinación del presupuesto de impacto comunicativo descrito para la publicidad.

Otros métodos se apoyan en medidas, directas o indirectas, de la respuesta del mercado a un aumento de la frecuencia de los contactos con la fuerza de ventas. El método desarrollado por Semlow (1959) se apoya en unas estimaciones del mercado potencial por territorio de venta, tales como, por ejemplo, los índices de riqueza o de poder y de deseo de compra. Una aplicación con éxito de este método en el ámbito de los seguros es presentado por Lambin (1965).

En los mercados industriales, la medida directa del impacto sobre las ventas de diferentes frecuencias de visita es, a menudo, más fácilmente realizable que en los mercados de bienes de consumo. Un estudio econométrico de este tipo es el de Lambert (1968), que ha permitido mejorar muy sensiblemente el reparto de los esfuerzos de ventas entre los diferentes territorios de venta de un producto destinado a hospitales.

CUESTIONES Y PROBLEMAS

1. Tomando los cinco objetivos de la comunicación publicitaria descritos en este capitulo, buscar en dos medios diferentes un ejemplo de publicidad que ilustre cada uno de estos objetivos.
2. Elija una marca de un producto de consumo que conozca particularmente bien y, utilizando como guía la matriz de Maloney, identifique tres ejes de comunicación a proponer a los creativos publicitarios.
3. Los representantes de una sociedad que comercializa productos de gran consumo visitan únicamente los hipermercados una vez cada quince días y los supermercados una vez al mes. Esta sociedad quiere reorganizar su fuerza de ventas en una región con 230 supermercados y 30 hipermercados. Considerando que la visita a un hipermercado ocupa 1h 30 m de un representante y 1h a un supermercado, ¿cuántos representantes deberá tener en la región? (Un representante trabaja 8 horas al día, 5 días por semana.)
4. Calcular el Gross Rating Point del plan de campaña utilizando las pantallas 1, 2, 3 y 4 descritos anteriormente. Calcular el coste de un punto de GRP sabiendo que el plan contemplado corresponde a un presupuesto de 580.000 FF.
5. El responsable de publicidad de una gran compañía de productos de consumo somete al comité de dirección una proposición de aumento de presupuesto de publicidad de 1.000.000 FF que deberá suscitar un aumento de cifra de ventas de 5.000.000 FF. El director general pide que se formule una recomendación. ¿Cómo procedería para valorar esta proposición? ¿Qué informaciones complementarias buscaría?
6. Un anunciante desea conocer el nivel de gastos publicitarios requerido para conservar la tasa actual de crecimiento de su cifra de ventas que es del 4 por 100. La cifra de ventas actual se eleva a 50.000 FF y se estima que la cifra de ventas máxima (saturación) será de 150.000 FF. El rendimiento marginal por franco gastado en publicidad es de 1,1 y ha sido observado que la marca perdería el 20 por 100 de sus ventas por

período en caso de parada de la publicidad. ¿Cuál es el presupuesto de publicidad necesario para el mantenimiento de la tasa de crecimiento actual? ¿Cuál será la tasa de crecimiento si el presupuesto por período se elevara a 20.000 FF?

7. La sociedad ABC vende aparatos de televisión de alta gama conocidos por su fiabilidad. Estos aparatos se venden a precios un 30 por 100 superiores a los de la competencia. Esta política se ha mostrado poco eficaz y, después de haber analizado el problema, la sociedad ABC decide reemplazar ciertos componentes particularmente costosos por otros más baratos (y según los técnicos de menor rendimiento) y beneficiar a los consumidores de la economía realizada, reduciendo el precio de venta. La dirección de marketing organiza una campaña publicitaria poniendo por delante la reducción de precio, pero no diciendo que esta segunda generación de aparatos es diferente de la primera. ¿Se trata de un comportamiento ético?

BIBLIOGRAFIA

Aaker D.A. and Carman J.M. (1982), «Are You Overadvertising?», *Journal of Advertising Research*, Vol. 22, august-september, págs. 57-70.

Asmus G., Farley J.U. and Lehman D.R. (1984), «How Advertising Affect sales; Meta Analysis of Econometric Results», *Journal of Marketing Research*, Vol. 21 february, págs. 65-74.

Bell D. (1979), «L'avenir: la société de communication», *Harvard-L'Expansion*. Hiver, págs. 9-19.

Bogart L. (1986), *Strategy in Advertising*, Lincolnwood, Ill., NTC Business Book.

Bryk C.S. and Davis (1973), Ads Work: Texasgulf Proves in Positioning Campaigns for Acids, *Industrial Marketing*, Vol. 58, August, págs. 52-62.

Chandon J.L. (1976), *L'état de l'art en matiere de planification publicitaire*, Université de Nice, mars.

Chaval B. (1986), *Publicité institutionnelle et sponsoring*, Louvain-la-Neuve, Institut d'Administration et de Gestion.

Clothier P., (1992), *Multi-Level Marketing, A practical guide to successful network marketing selling*, Second Edition, Kogan Page, London.

Colley R.H. (1961), *Defining Advertising Goals for Measured Advertising Results*, New York, Association of National Advertisers.

Davis E., Kay J.O. and Star J. (1991), Is Advertising Rational?, *Business Strategy Review*, Vol 2.

Dalrymple D.J. and Parsons L.J. (1976), *Marketing Management*: Text and Cases, New York, J. Wiley and Sons.

Darmon R.Y., Laroche M. et Petrov J.V. (1982), *Le marketing. Fondements et Applications*, 2.ª édition, Montréal, McGraw-Hill.

Dayan A. et autres (1985), *Marketing*, Paris, Presses Universitaires de France.

de Jaham M.R. (1979), «Le défi de la publicité institutionnelle», *Revue Française du Marketing*, Cahier 77, págs. 33-41.

Dhalla N.K. (1978), «Assessing the Long Term Value of Advertising», *Harvard Business Review*, january-february, págs. 87-95.

Dofman P. and Steiner P.O. (1954), «Optimal Advertising and Optimal Quality», *American Economic Review*, december, págs. 826-833.
Forsyth D.P. (1987), «Cost of a Business-to-Business Sales Call», McGraw-Hill Research, *Laboratory of Advertising Performance*, LAP Report 8013.9.
Gross I. (1972), The Creative Aspects of Advertising, *Sloan Management Review*, Vol. 14, Autumn, págs. 83-109.
Hanssens D.M., Parsons L.J. and Schultz R.L. (1990), *Market Response Models: Econometric and Time Series Analysis*, Boston, Kluwer Academic.
Jacquemin A. (1973), «Optimal Control and Advertising Policy», *Metroeconomica*, Vol. 25, mai. págs. 200-207.
Kapferer J.N. (1985), «Publicité: une révolution des méthodes de travail», *Revue Française de Gestion*, september-décembre, págs. 102-111.
Kotler P. (1988), *Marketing Management: Analysis, Planning, Implementation and Control*, Englewood Cliffs, New Jersey, Prentice-Hall Inc.
Krugman H.E. (1975), «The Impact of Television Advertising: Learning without Involvement», *Public Opinion Quaterly*, Fall, págs. 349-356.
Lambert Z.V. (1968), *Setting the Size ofthe Sales Force*, University park, Pennsylvania University Press.
Lambin J.J. (1965), *La décision commerciale face a l'incertain*, Paris, Dunod.
Lambin J.J. (1969), Measuring the Profitability of Advertising : An Empirical Study, *Journal of Industrial Economics*, Vol. 17, April, págs. 86-103.
Lambin J.J. (1972), «A Computer On-Line Marketing Mix Model», *Journal of Marketing Research*, may, págs. 119-126.
Lambin J.J., Naert P.A. and Bultez A. (1975), «Optimal Advertising Behavoir in Oligopoly», *European Economic Review*, Vol. 6, págs. 105-128.
Lambin J.J. (1975), «Wath is the Real Impact of Advertising"?» *Harvard Business Review*, may-june, págs. 139-147.
Lambin J.J. (1976), *Advertising, Competition and Marker Conduct in Oligopoly Over Time*, Amsterdam, North Holland Publishing Cy.
Lambin J.J. (1989), «La marque et le comportement de choix de l'acheteur», dans: Kapferer J N. et Thoenig J.C., La marque, Paris, Ediscience internacional.
Lavidge R.J. and Steiner G.A. (1961), «A Model of Predictive Measurement of Advertising Effectiveness», *Journal of Marketing*, Vol. 25, october, págs. 59-62.
Lilien G.L., Kotler P. And Moorthy S. (1992), *Marketing Models*, Prentice-Hall International.
Little J.D C. (1970), «Models and Managers, the Concept of a Decision Calculus», *Management Science*, Vol. 16, april, págs. 466-485.
Little J.D.C. (1979), «Decision Support for Marketing Managers», *Journal of Marketing*, Vol. 43, Summer, págs. 9-26.
McNiven M.A. (1980), «Votre budget de publicité est-il efficace?», *Harvard-L'Erpansion*, Eté, págs. 96-105.
Maloney J.C. (1961), «Marketing decisions and Attitude Research», in: Baker G.L. (ed.), *Effective Marketing Coordination, Chicago*, American Marketing Association.
Nelson D., (1974), Advertising as Information, *Journal of Political Economy*, Vol. 82, July-August, págs. 729-754.
Ogilvy D. (1964), *Les confessions de David Ogilvy*, Paris. Hachette, Collection entreprise, 1964.
Palda K. S. (1963), *The Measurement of Cumulative Advertising Effects*, Englewood Cliffs, New Jersey, Prentice-Hall Inc.

Reeves R. (1970), «Reality in Advertising», in: Klepner O. and Sttel 1. (eds.), *Exploring Advertising*, Englewood Cliffs, Prentice-Hall Inc.
Rossiter J.R. and Percy L. (1987), *Advertising and Promotion Management*, New York, McGraw-Hill Book Company.
Séguéla J. (1982), *Hollywood lave plus blanc*, Paris, Flammarion.
Semlow W.J. (1959) «How Many Salesmen Do You Need?» *Harvard Business Review*, mayjune, págs. 126-132.
Serieyx H. (1985), Mobiliser l' inteligence dans l' entreprise: le management participatif, *Futuribles*, págs. 21-34.
Simon J.L. (1983), «Advertising Sales Effects Can be Measured and Evaluated Very Well», *International Journal of Advertising*, Vol. 2, october-december págs. 331-341.
Talley W.J. (1961) »How to Design Sales Territories?» *Journal of Marketing*, Vol. 25 january, págs. 7-13.
Troadec L. et A. (1984) *Exercices de marketing*, Paris, Les Editions d' Organization.
Twed D.W. (1969), KHow To Plan New Product, Improve Old Ones and Create Better Advertising», *Journal of Marketing*, págs. 53-57.
Van Hecke Th. (1988), «Avis aux mécenes: la brique est porteuse», *La Libre Belgique*, 11 juin.
Variot J.F. (1985) *L'identité de marque*, Paris, Institut de recherches et d'études publicitaires, Journées d études de l'IREP, juin.
Vaughn R. (1986) «How Advertising Works: a Planning Model» *Journal of Advertising Research*, Vol. 20, octobre, págs. 27-33.
Vidale M.L. and Wolfe H.B. (1957), «An Operation Research Study of Sales Response to Advertising» *Operations Research*, june, págs. 370-381.
Waterson M.J. (1988), «European Advertising Statistics», *International Journal of Advertising*, vol. 7 núm. 1, págs. 17-93.
Xardel D. (1982) «Vendeurs: nouveaux roles, nouveaux comportements», *Harvard-L'Elpansion*, Eté, págs. 59-75.
Xardel D. (1985). «Les cinq mutations de la vente» *Revue Française de Gestion*, september-décembre, págs. 112-116.
Xardel D. (1986), *Le marketing direct*, Collection Que sais-je?, Paris, Presses Universitaires de France.

CAPITULO 14

El plan estratégico de marketing

La reflexión estratégica de la empresa debe materializarse en un programa de acción que precise los objetivos y los medios a poner en marcha en el marco de la estrategia de desarrollo elegida. A corto plazo, el éxito de una empresa depende esencialmente del equilibrio financiero entre las diferentes actividades en las que está involucrada. A más largo plazo, su supervivencia y su desarrollo dependen de su capacidad de anticiparse en tiempo útil a la evolución de los mercados y a modificar en consecuencia la estructura y la composición de su cartera de actividades. En el plano práctico, para ser eficaz esta reflexión debe ser sistematizada a fin de **«organizar el futuro»**, de preparar las acciones a emprender y de comunicar claramente sus elecciones a los que se encargarán de aplicarlas. Esta labor, es tanto más compleja cuanto más incierto sea el futuro. La «planificación de lo imprevisible», forma parte también del plan estratégico. Apoyándose en los principios y métodos presentados en este libro, se examinará en este capítulo el procedimiento a seguir para aplicar la gestión del marketing estratégico en el marco de un plan de acción a medio y largo plazo.

14.1. RAZONES DE SER DE UN PLAN ESTRATEGICO DE MARKETING

El plan estratégico de marketing tiene esencialmente por objetivo expresar de una forma clara y sistemática las opciones elegidas por la empresa para asegurar su desarrollo a medio y largo plazo. Tales opciones deberán después traducirse en decisiones y en programas de acción. La gestión del marketing estratégico ha sido descrita, etapa por etapa, en este libro y, por tanto, es esta misma estructura la que seguiremos para elaborar el plan.

14.1.1. Estructura general del plan estratégico de marketing

La gestión del marketing estratégico se articula en torno a **seis preguntas clave**. Las respuestas aportadas a estas preguntas van a constituir los objetivos elegidos por la empresa.

— ¿Cuál es el **mercado de referencia** y cuál es la **misión estratégica** de la empresa en dicho mercado?
— En este mercado de referencia ¿cuál es la diversidad de **productos-mercados** y cuáles son los **posicionamientos** susceptibles de ser adoptados?
— ¿Cuáles son los atractivos intrínsecos de los productos-mercados y cuáles son las **oportunidades y amenazas** de su entorno?
— Para cada producto mercado ¿cuáles son las **bazas** de la empresa, sus **fortalezas y debilidades** y el tipo de ventaja competitiva que posee?
— ¿Qué **estrategia de cobertura y de desarrollo** adoptar, y qué nivel de ambición estratégica seleccionar para los productos mercados que forman parte de la cartera de la empresa?
— ¿Cómo traducir los objetivos estratégicos seleccionados a nivel de cada uno de los medios del **marketing operativo**: producto, distribución, precio y comunicación?

Sobre la base de estas seis preguntas clave, cuyas respuestas se apoyarán sobre **una auditoría (audit) de marketing estratégico**, queda una última etapa que franquear que consiste en fijar en una síntesis el conjunto de objetivos seleccionados, los medios a reunir para conseguirlos, los programas de acción específicos a emprender y, finalmente, la cuenta de resultados previsional por actividad y para el conjunto de la empresa.

Un plan de marketing estratégico es, en definitiva, un plan financiero a medio y largo plazo, pero considerablemente enriquecido con informaciones sobre el origen y el destino de los flujos financieros. Determina, de hecho, toda la actividad económica de la empresa y tiene implicaciones directas sobre las demás funciones, I+D, producción y la gestión financiera (ver Figura 1.2).

— **Investigación y Desarrollo**: Las necesidades del mercado deben traducirse en productos nuevos, mejorados o adaptados.
— **Finanzas**: Las previsiones de actividades o de desarrollo del marketing se someten a las dificultades de la disponibilidad de recursos.
— **Producción**: Los volúmenes de venta dependen de las capacidades de producción disponibles y de los plazos de fabricación.
— **Recursos humanos**: La realización del plan implica la disponibilidad de personal competente y formado.

El marketing estratégico tiene por misión orientar y reorientar continuamente las actividades de la empresa hacia los campos que conlleven un crecimiento y una rentabilidad. Los impulsos dados afectan pues a todas las funciones, y no sólo la función marketing. Su papel es pues mucho más amplio que el de la gestión del marketing tradicional e implica una coordinación interfuncional estrecha.

14.1.2. Importancia de un plan estratégico

Un director de empresa, aunque sea hostil a toda idea de planificación, está obligado a formular previsiones al menos en tres ámbitos:

— Las **inversiones** en capacidad de producción que habrá que consentir para poder responder a la evolución de la demanda o para poder entrar en nuevos productos mercados.
— El **programa de producción** que deberá disponerse en función de las previsiones de pedidos, que a su vez, están en función de la estacionalidad de la demanda, de la actividad promocional, etc.
— La **tesorería** necesaria para hacer frente a los vencimientos y que supone una previsión de gastos e ingresos.

Estos problemas de gestión son ineludibles para toda empresa, y requieren previsiones de venta para poder ser abordados acertadamente. Además de este argumento de necesidad, la planificación presenta otras ventajas en lo que respecta a la gestión.

— El plan expresa el sistema de valores, la filosofía del directivo de la empresa y pone de manifiesto una **visión común** del futuro en el seno del equipo directivo.
— El plan explica la situación de partida y describe los contratiempos y las evoluciones acaecidos en el entorno, lo que hace que las elecciones efectuadas y los resultados alcanzados sean **más inteligibles** para la dirección general.
— El plan es un **instrumento de coordinación** que permite mantener una coherencia entre los objetivos y favorecer un arbitraje en base a criterios objetivos cuando haya conflictos o incompatibilidades.
— El plan **facilita el seguimiento** de las acciones emprendidas y permite una interpretación objetiva de las desviaciones entre objetivos y resultados.
— El plan incrementa la **agilidad en las reacciones** de la empresa frente a cambios imprevistos, en la medida en que ya se haya llevado a cabo una reflexión sobre el alcance de estos cambios para la empresa.
— El plan permite una organización y una **gestión más rigurosas**, basadas en normas, en presupuestos, en un calendario y no en improvisaciones.

Un plan estratégico a menudo se completa con un «**plan anticrisis**», referido a las variables clave susceptibles de poner en peligro a la empresa.

14.1.3. Las objeciones a la planificación formal

A pesar de las ventajas que presentan los mecanismos de planificación, surgen a menudo bastantes objeciones propuestas por los directivos que no ven la utilidad de la misma, o que son francamente contrarios a una gestión de planificación. Las objeciones con las que nos encontramos habitualmente son de tres tipos: la falta de información. la futilidad de la previsión y la rigidez generada por el plan.

La falta de información

En teoría, el analista de mercado debería poder disponer de toda la información pertinente sobre la industria, las tendencias del mercado, las intenciones de los competidores, las cuotas de mercado, las innovaciones tecnológicas emergentes, etc. Es evidente que la realidad es a menudo muy distinta, aunque se hayan realizado importantes progresos en el campo de la información económica. Un examen detenido de situaciones concretas desvela, a menudo, que el exceso de información es un problema, al igual que la falta de un análisis detenido de la información disponible.

> Sorprende, por ejemplo, ver la indignación de algunas empresas respecto a la súbita ascensión de la ecología, cuando se trata de un debate que se remonta, por lo menos, a diez o veinte años. Esta fuerte tendencia no ha sido tomada en serio por numerosas empresas. Sin embargo, la información estaba disponible

La existencia de sistemas de información de marketing, de vigilancia de la competencia y del entorno tecnológico son hoy en día necesidades vitales para una empresa competente y que espere seguir siéndolo. Esto es una operación necesaria y costosa, independientemente de la existencia de un sistema de planificación formal.

La futilidad de la previsión

En un mundo en turbulencia, ¿por qué realizar previsiones y planes que posteriormente serán contradichas por los hechos? Esta actitud denota en realidad una deficiente comprensión del papel de la previsión que se asimila a un ejercicio del tipo «bola de cristal». La previsión no es un fin en sí mismo, sino un escenario, un medio destinado a hacernos reflexionar sobre lo que podría suceder en el entorno, así como sobre las consecuencias para la empresa (ver Capítulo 7). La previsión incrementa nuestra sensibilidad y nuestra vigilancia, y desde ese momento nuestra capacidad de reacción. Este objetivo es alcanzado incluso si el plan no es realizado porque algunas hipótesis básicas del escenario pueden no haberse manifestado.

La rigidez del plan

Un plan engendraría una actitud burocrática, poniendo a la empresa dentro de un corsé, cuando precisamente, el entorno requiere estar «dispuesto a todo». Esta objeción es la más seria, pero pone más bien en tela de juicio una concepción autoritaria y formal de un plan, que el principio mismo de la planificación. Un plan se concibe para incrementar la flexibilidad de las reacciones gracias a una interpretación rápida del alcance de las modificaciones observadas; debe ser, por tanto, revisable a lo largo del período. Sólo el hecho de haber analizado sistemáticamente el entorno y de haber identificado los posibles conflictos constituye ya en sí mismo un factor que favorece la rapidez de adaptación.

En la práctica, la planificación estratégica está muy extendida entre las empresas líderes, como lo ponen de manifiesto las diversas encuestas realizadas tanto en Europa como en Estados Unidos (Haspeslagh, 1982; Hamermesh, 1986; Caeldris y van Dierdonck, 1988). Respecto del análisis de las principales dificultadas halladas en la puesta en marcha de un sistema de planificación de marketing, véase McDonald (1991).

14.2. DESCRIPCION DEL CONTENIDO DE UNA AUDITORIA DE MARKETING ESTRATEGICO

En esta sección se examinará de manera más detallada el contenido de cada una de las diferentes etapas descritas en la Figura 13.1 y las informaciones necesarias para poder formular recomendaciones en cuanto al tipo de estrategia de desarrollo que se debe adoptar.

14.2.1. Definición de la misión estratégica

Se trata, en realidad, de una declaración fundamental en la cual la empresa describe su campo de actividad y su mercado de referencia, expresa su vocación básica y sus principios de dirección en materia de rendimiento económico y no económico, y precisa su sistema de valores. Esta declaración es importante en un doble aspecto:

— **En el plano interno**, porque da al personal de la empresa una comprensión de los objetivos perseguidos y una **unidad de punto de vista** que favorece la creación de una cultura de empresa.
— **En el plano externo**, porque contribuye a la creación de una **identidad corporativa**, explicando el papel económico y social que la empresa intenta ejercer en la sociedad y la manera en que quiere ser percibida por los clientes, los distribuidores, los empleados, los accionistas y el público en general.

La definición de la misión estratégica de la empresa debe comprender, al menos, los cuatro elementos descritos a continuación.

Historia de la empresa

Un breve recordatorio de la historia de la empresa, sus orígenes y sus transformaciones sucesivas a lo largo del tiempo. El conocimiento del pasado es importante para comprender la situación actual y el peso atribuido a algunos objetivos extraeconómicos.

> La sociedad Materne-Confilux festejó su centenario en 1987. Esta sociedad ha acumulado a lo largo del tiempo una experiencia considerable en los ámbitos de la compra y transformación de frutas, y ha logrado mantener una estructura de dirección familiar. Este sólido pasado en el sector de la fruta es un factor importante a tener en consideración en una eventual elaboración de una estrategia de diversificación.

En su búsqueda de una estrategia de desarrollo o de reorientación, una empresa debe ser coherente con sus resultados pasados y con sus cualidades distintivas.

Definición del ámbito de actividad

La definición del ámbito de actividad debe hacerse no en términos tecnológicos, sino en términos de necesidades o funciones genéricas, para evitar el escollo de la óptica de «producción» y el riesgo de miopía que esta conlleva. Como se ha subrayado en el Capítulo 4 de este libro, lo que el comprador busca no es tanto el producto como el conjunto de servicios aportados por el producto (servicio básico y servicios necesarios o añadidos). Por tanto, es con referencia al mercado y a esta noción de «solución buscada» que la empresa deberá asentar su campo de actividad.

Adoptando una definición del mercado de referencia que ponga el acento en la necesidad genérica más que en la tecnología, la empresa favorecerá la adopción de una óptica de marketing en la organización: seguir las necesidades del comprador antes que acogerse a una tecnología.

Objetivos prioritarios y restricciones

El enunciado de los objetivos prioritarios de los directivos y/o propietarios de la empresa constituyen tanto las directivas generales como las restricciones a respetar en el plan estratégico y que deben precisarse para eliminar de entrada proyectos condenados de antemano por la dirección general o por los accionistas.

Estos objetivos son generalmente múltiples, evidentemente de naturaleza económica, pero también de naturaleza no económica. Se tratará, por ejemplo, de la exigencia de un rendimiento mínimo del capital invertido, de un objetivo de crecimiento de la cuota de mercado, del mantenimiento de la estructura familiar de la empresa, del rechazo a entrar en algunos ámbitos de actividad, del mantenimiento de un volumen de empleo, etc.

La descripción de los **recursos disponibles** (capital, capacidad de producción, recursos humanos) forma también parte de las restricciones que deben precisarse a fin de evitar la propuesta de «misiones imposibles». Aquí es también donde se enunciarán los **valores éticos y morales** que una empresa considera que debe respetar dentro de su estrategia de marketing, en sus relaciones con sus interlocutores (clientes, distribuidores, proveedores, competencia).

La Figura 14.1 muestra una lista de factores tomados en cuenta por las empresas en la definición de la misión estratégica.

Clientes	¿Quiénes son los clientes de la empresa?
Productos y/o servicios	¿Cuáles son los productos ofrecidos?
Localización	¿Dónde se sitúa el campo de batalla?
Tecnología	¿Cuál es la tecnología de base?
Objetivos de supervivencia	¿Cuál es el objetivo económico perseguido?
Filosofía	¿Cuáles son las creencias, valores y aspiraciones prioritarias?
Imagen propia	¿Cuáles son las cualidades distintivas y las ventajas competitivas reivindicadas?
Imagen buscada	¿Cuál es la imagen deseada y cuáles son las responsabilidades públicas asumidas?
Responsabilidad social	¿Cuál es la actitud de la empresa frente a su personal?

Figura 14.1. Enunciado de la misión de la empresa. Factores tenidos en cuenta por las empresas. *Fuente: David (1989).*

Las opciones estratégicas básicas

Independientemente de los objetivos generales impuestos por la dirección general, es de utilidad precisar la **ambición estratégica** de la empresa, es decir, la línea de política general que viene a expresar la vocación de la empresa en el mercado de referencia, y el papel que quiere jugar en él. Aquí se pueden encontrar las diferentes **estrategias competitivas** analizadas en el Capítulo 9, y que son básicamente las estrategias del líder, del «challenger» o retador, del seguidor o del especialista. La ambición debe ser evidentemente compatible con los medios disponibles y debe enunciar el posicionamiento general sobre el que se apoya.

La sociedad X quiere estar entre los cinco primeros líderes tecnológicos en la fabricación de recipientes rígidos especiales muy resistentes para productos difíciles de contener (productos aerosoles, bebidas gaseosas, productos químicos, etc.). La cuota de mercado que se debe alcanzar será del 20 al 40 por 100 de cada uno de los mercados locales. Su crecimiento se obtendrá gracias al aumento del número de pequeñas fábricas descentralizadas, equipadas y situadas de forma que aseguren una entrega rápida con costes de transporte poco elevados. (Ejemplo citado por Paris, 1980, pág. 18).

El enunciado de la ambición estratégica debe necesariamente referirse en este aspecto a las **estrategias básicas** descritas en el Capítulo 9 (dominio por los costes, diferenciación o concentración), y al tipo de ventaja competitiva buscada. En este estadío del plan, se trata más bien de una orientación general que será redefinida de forma más precisa por producto mercado.

14.2.2. La auditoría externa: el análisis del atractivo del entorno

Las decisiones de cobertura del mercado de referencia están estrechamente ligadas a la evolución de la demanda global en el interior de cada producto mercado y de una forma general a los «atractivos» que los caracterizan. Se entiende por «atractivos» las tendencias importantes que adoptan la forma de **oportunidades o de amenazas** a las cuales se enfrentan los agentes económicos que operan en esos productos-mercados, y esto independientemente de los puntos fuertes y débiles de la empresa que efectúa el análisis.

Tales oportunidades o amenazas, provocadas por factores que están fuera del control de la empresa, pueden venir de horizontes muy diferentes. Los siguientes campos deben ser cubiertos:

— Las tendencias del mercado.
— Los comportamientos de los compradores.
— El entorno competitivo.
— Las evoluciones del entorno.
— El contexto internacional.

No existe ninguna regla de conducta precisa, si no es la que consiste en sugerir pensar en **el acontecimiento en tiempo útil, es decir, antes de que éste se produzca**. Lo que está en juego aquí es, por tanto, esencialmente el sistema de información de marketing y de vigilancia del entorno. Para cada uno de los campos estudiados, habría que contentarse con presentar un cuestionario que recoja los principales datos que haga falta obtener y analizar. Las informaciones buscadas deberán evidentemente acoplarse en función del tipo de mercado: bienes de consumo duraderos o no duraderos, servicios, productos industriales consumibles o bienes de equipo.

El análisis de las tendencias del mercado

Consiste en identificar las perspectivas de evolución de la demanda global del producto-mercado de referencia para los próximos tres a cinco años. El objetivo es, más que nada, determinar el perfil del ciclo de vida del producto-mercado y llegar a unas previsiones. Para analizar la demanda global, habrá que referirse, sobre todo a los conceptos de la demanda global descritos en el Capítulo 7.

Cuestionario 1: Las tendencias de evolución del mercado global

— ¿Cuál es el tamaño del mercado total, en volumen y en valor?
— ¿Cuáles son las tendencias? ¿Hay crecimiento, estancamiento, declive?
— ¿Cuál es el consumo medio por habitante, hogar, cliente?
— ¿A qué nivel se sitúa la tasa de saturación?
— ¿Cuál es la tasa de equipamiento de los hogares o de las empresas?
— ¿Cuál es la duración media de vida del producto?
— ¿Cuál es la parte de demanda de reemplazamiento en las ventas?
— ¿Existe una estructura estacional en las ventas?
— ¿Cuáles son los productos sustitutivos que dan el mismo servicio?
— ¿Cuáles son las innovaciones recientes aportadas al producto?
— ¿Cuáles son los costes respectivos de los diferentes tipos de distribución?
— ¿Cuál es la estructura de la distribución?
— ¿Cuál ha sido la tendencia de evolución de los precios medios?
— ¿Cuál es el nivel de intensidad publicitaria total?
— ¿Cuáles son los medios publicitarios más utilizados?
/.../

Esta lista no pretende, ciertamente, ser exhaustiva, sino a lo sumo ilustrativa del tipo de información que hay que buscar. Hay que destacar que en el caso de un producto industrial, tales preguntas deben ser no solamente sobre la demanda de los clientes directos, sino también sobre la de los clientes directos.

El análisis del comportamiento de los compradores

El objetivo es describir los comportamientos de adquisición, de utilización y de posesión de los compradores. A este respecto, nos remitiremos a la Figura 5.14 donde se describen los principales elementos de información buscados. En más de una descripción concreta del perfil del comprador, es igualmente útil describir los procesos de compra y los factores susceptibles de influir en él.

Cuestionario 2: El análisis del comportamiento del comprador

— ¿Cuál es, por segmento, el perfil sociodemográfico de los compradores?
— ¿Cuál es la composición del centro de decisión de compra?
— ¿Quiénes son el comprador, el usuario, el decisor, el prescriptor?
— ¿Cuál es el proceso seguido en la decisión de compra?
— ¿Cuáles son los móviles determinantes de la decisión de compra?
— ¿Cuáles son los principales usos del producto por los compradores?
— ¿Cómo evolucionan los hábitos de compra de los compradores?
— ¿Cuáles son las expectativas y las necesidades de los compradores?
— ¿Cuál es la frecuencia o la periodicidad de las compras?
— ¿A qué factores de marketing son más sensibles los compradores: precio, publicidad, servicio, imagen de marca?
— ¿Cuáles son las causas de satisfacción y de insatisfacción?
/.../

Estos datos, en conjunto muy descriptivos, deben complementarse en los mercados de consumo con datos más cualitativos, sobre percepciones, actitudes, intenciones y preferencias así como sobre los componentes de las imágenes de marca que se posean.

El análisis de la distribución

Esta etapa del análisis de situación será importante sobre todo en los mercados de consumo y, en menor medida, en los mercados industriales. Consiste en analizar las evoluciones probables de los diferentes canales de distribución, y en delimitar las motivaciones y las expectativas de los distribuidores respecto de la empresa.

Cuestionario 3: Estructuras y motivaciones de la distribución

— ¿Cuál es la cuota de mercado de cada canal de distribución?
— ¿Cuáles son las tendencias de evolución en cada canal?
— ¿Cuál es la concentración de la distribución?
— ¿La distribución es intensiva, selectiva, exclusiva?
— ¿Cuál es la parte abarcada por la distribución en la publicidad?
— ¿Qué cambios se observan en los surtidos?
— ¿Qué representan las marcas de distribuidores en el sector estudiado?
— ¿Cuáles son los segmentos de clientes cubiertos por canal?
— ¿Cuáles son los costes de distribución por canal?
— ¿Cuál es el nivel del margen de distribución por canal?
— ¿Cuáles son los descuentos y las rebajas practicadas habitualmente?
— ¿Cuál es la importancia de los créditos del proveedor?
— ¿Qué ayudas espera el distribuidor de la empresa?
— ¿Cuáles son las ayudas promocionales concedidas a los detallistas?
— ¿Qué perspectivas ofrece el marketing directo para el distribuidor y para la empresa?
/.../

Como decíamos en el Capítulo 8, el distribuidor, en tanto que cliente, ostenta un poder de negociación respecto a la empresa. El análisis de la distribución permite, sobre todo, evaluar el grado de autonomía o de dependencia de la empresa respecto de los intermediarios en los procesos de comercialización de sus productos y servicios.

El análisis de la estructura competitiva

La estructura competitiva de un sector constituye el marco dentro del cual la empresa va a perseguir sus objetivos de crecimiento y de rentabilidad. Ahora bien, el atractivo intrínseco de un sector depende en gran medida de las fuerzas competitivas que escapan al control de la empresa, pero que ésta deberá evaluar para elaborar su propia estrategia competitiva. Nos referimos aquí al Capítulo 8 de este libro, y en particular a las Secciones 8.3 y 8.4.

Cuestionario 4: El análisis de la estructura competitiva

— ¿Cuál es el número de competidores directos?
— ¿Cuál es la cuota de mercado que poseen los tres o cinco competidores directos más importantes?
— ¿Cuál es el tipo de comportamiento competitivo dominante (independiente, seguidor, retador, líder barométrico)?
— ¿Cuál es la fuerza de la imagen de marca de los competidores actuales?
— ¿Cuál es la fuente de la ventaja competitiva que poseen los competidores más importantes?
— ¿Cuáles son la fuerza y el grado de protección de los elementos de diferenciación de los productos y marcas de los competidores?
— ¿Cuál es el origen de la ventaja en coste de los competidores prioritarios?
— ¿Cuáles son los obstáculos que impiden la entrada de competidores nuevos en el sector?
— ¿Cuál es el valor de esta barrera de entrada para un competidor que dispone de una implantación internacional poderosa?
— ¿Cuáles son los productos sustitutivos y qué amenaza representan estos productos?
— ¿Cuál es el grado de concentración de los proveedores y qué poder de negociación tienen?
— ¿Cuál es el grado de concentración de los clientes y/o distribuidores, y qué poder de negociación tienen gracias a él?
/.../

Las informaciones reunidas en esta etapa deben permitir definir a la empresa el «clima» competitivo, la intensidad de la rivalidad ampliada y el tipo de ventaja competitiva que posee cada uno de los competidores.

El análisis del entorno económico, social y político

Aquí aparecerán los principales indicadores macroeconómicos de naturaleza demográfica, económica, tecnológica, política, jurídica, social, cultural y ecológica que tienen una incidencia en el desarrollo del mercado. Es evidente que todas las preguntas planteadas no son necesariamente pertinentes. El contenido del análisis del entorno deberá, por tanto, adaptarse a cada caso en particular.

Cuestionario 5a: El entorno económico

— ¿Cuál es la tasa de crecimiento esperado del PIB o de la producción industrial?
— ¿Cuál es el aumento previsible de los precios?
— ¿Qué cambio económico podrá afectar negativamente a la evolución del mercado y de la demanda?
— ¿Qué medidas considerar en el caso de que esos cambios se produjesen?
/.../

Cuestionario 5b: El entorno tecnológico

— ¿Qué desarrollo tecnológico podría producirse que tuviera una incidencia sobre los costes de producción?
— ¿Qué medidas adoptar si tal hecho se produjese?
— ¿Qué evolución tecnológica podría afectar a la demanda de nuestros productos?
— ¿Cuáles son los sectores tecnológicos susceptibles de amenazar nuestro campo de actividad?
— ¿Qué medidas permitirían minimizar el impacto de tal cambio?
— ¿Cuáles son los campos en los cuales un descubrimiento tecnológico podría afectar a nuestro mercado?
— ¿En qué plazo podría producirse este descubrimiento tecnológico?
— ¿Qué medidas considerar desde hoy mismo para minimizar el impacto de tal cambio?
/.../

Cuestionario 5c: El entorno sociodemográfico y cultural

— ¿Cuáles son las tendencias demográficas que podrían afectar la demanda de nuestros productos?
— ¿Cuál será el impacto previsible de estas tendencias sobre nuestras ventas?
— ¿Cuáles son los cambios socioculturales susceptibles de tener un impacto sobre la demanda de nuestros productos?
— ¿Qué cambios en las actitudes de los compradores podrían tener un impacto en la demanda global del mercado?
— ¿Cuál sería el impacto previsible de tales cambios?
/.../

Cuestionario 5d: El entorno político

— ¿Qué ley o reglamentación que tenga incidencia sobre nuestras actividades de producción podría adoptarse en un futuro próximo?
— ¿Qué debería hacerse en esta hipótesis?
— ¿Qué ley o reglamentación podría afectar a nuestros mecanismos de venta, de distribución, de comunicación?
— ¿Qué medidas deberían adoptarse en esta hipótesis?
— ¿Qué norma financiera o fiscal es susceptible de tener un impacto sobre la rentabilidad de nuestras actividades?
— ¿Nuestra industria está expuesta a las críticas o a las quejas de asociaciones de defensa de los consumidores?
— ¿Como reaccionar ante esta circunstancia?
/.../

Cuestionario 5e: El entorno internacional

— ¿Dependemos de la importación de materias primas o de componentes?
— En caso afirmativo, ¿cuál es la estabilidad económica y política de los países de origen?
— ¿Qué medida adoptar en caso de ruptura brutal de los aprovisionamientos?
— ¿Cuáles son los cambios que podrían acaecer en el país en donde estamos presentes que tuvieran incidencia en nuestras actividades?
— ¿Qué oportunidades y amenazas ofrece la creación del Mercado Unico Europeo?
— ¿Cómo prepararse para un proceso de globalización de los mercados?
/.../

Cuestionario 5f: El entorno ecológico

— ¿Qué procedimientos utilizados por nuestros proveedores constituyen una amenaza para el entorno?
— ¿Qué medidas deben adoptarse si nuestros proveedores deben modificar sus procesos de fabricación?
— ¿Qué procesos, materias primas, envases utilizamos que constituyan una amenaza para la salud o para el entorno?
— ¿Qué medidas adoptar en caso de cambio necesario?
— ¿Nuestra industria podría convertirse en el objetivo de los movimientos ecológicos?
— En caso afirmativo, ¿cómo hacer frente a esta eventualidad?
/.../

Estas afirmaciones sobre el entorno son útiles para elaborar escenarios de desarrollo del mercado: un escenario básico, pero también uno o varios escenarios de recambio, basados en los factores del entorno más críticos.

Las informaciones necesarias para poner en marcha un sistema de seguimiento y de vigilancia permanente del entorno son numerosas y a menudo muy dispersas. Las organizaciones profesionales por sectores así como las cámaras de comercio locales disponen, en general, de informaciones económicas sectoriales útiles para asentar una previsión. Además, los institutos de estadística nacionales, las organizaciones de comercio exterior, las instituciones financieras internacionales como el Banco de Regulación Internacional (BRI), el Fondo Monetario Internacional (FMI), la Organización Europea para la Cooperación y el Desarrollo (OCDE), las Naciones Unidas (ONU), son las principales fuentes públicas cuyas publicaciones se editan con regularidad. Los centros de investigación universitarios así como las grandes empresas de consultoría internacionales como son Business International, McKensey, The Economist Intelligence Unit, publican también artículos, monográficos por sector, o Newsletters que son muy útiles para seguir las evoluciones del entorno

14.2.3. La auditoría interna: análisis de la competitividad

La auditoría interna, también llamada análisis de las «fuerzas y debilidades» tiene esencialmente por objetivo permitir a la empresa identificar el tipo de ventaja competitiva en la cual basar su estrategia de desarrollo. Tiene como objetivo identificar las **bazas y las cualidades distintivas**, consideradas importantes por los compradores, y que en consecuencia pueden ser valoradas en la estrategia de posicionamiento y de comunicación. Las debilidades son los puntos flacos de la empresa o de la marca que son susceptibles de ser corregidos. Este análisis «puntos fuertes/puntos débiles» no se realiza desde un plano abstracto, sino siempre con referencia al(los) competidor(es) más peligrosos llamados prioritario(s).

A título ilustrativo, las **fortalezas** para una marca de ordenadores portátiles, podrían ser:

— La notoriedad de la marca y su imagen de productos de gran calidad.
— Distribuidores muy competentes y muy activos en el plano comercial.
— Un excelente servicio post-venta que reacciona rápidamente a las demandas de los clientes o de los distribuidores.

Las **debilidades** para la misma marca podrían ser:

— Una calidad de la pantalla que no sea sensiblemente mejor que las de las marcas competidoras, cuando este criterio es decisivo en la elección de una marca.
— Una intensidad publicitaria que es del orden del 5 por 100 de la cifra de ventas, cuando la competencia dedica dos veces más dinero a la publicidad y a la promoción.
— Un precio de venta superior al de los competidores sin que haya diferencias de calidad percibidas por los compradores.

Las «**fortalezas**» van a servir de fundamentos a la estrategia básica escogida y determinan el tipo de **ventaja competitiva** que se posee en relación a los competidores prioritarios.

Asimismo, es importante identificar las «**debilidades**» de una marca o de un producto, dado que determinan la **vulnerabilidad de la empresa** y requieren acciones correctivas. Algunas debilidades pueden ser estructurales y por ejemplo estar ligadas al tamaño de la empresa; y por ello imposibles de corregir. Como ejemplos de «**debilidades estructurales**» tenemos:

— Una posición de líder en el mercado nacional si no se acompaña de una distribución internacional no permite a la empresa defenderse en su mercado interior realizando acciones de represalia en el mercado interior de su competidor prioritario.
— La concentración de una gran parte de su cifra de ventas en un distribuidor poderoso que adquiere con ello una posición de fuerza.
— La falta de medios financieros que no permite a la empresa tener acceso a los medios publicitarios más poderosos.

Es importante distinguir claramente las debilidades susceptibles de ser corregidas y que se convierten en las prioridades, y las debilidades estructurales para las cuales el grado de control que posee la empresa es muy débil. Las debilidades estructurales tienen, por tanto, un alto riesgo y necesitan un grado de vigilancia importante.

El análisis de la competitividad tiene una estructura muy similar a la del análisis del atractivo. La diferencia fundamental radica en que esta se refiere a la empresa y no ya al mercado total y que además las fuerzas y debilidades se evalúan, no ya en un plano absoluto, sino con referencia al/los competidor(es) prioritario(s).

Análisis de la situación de la empresa

El objetivo es describir la posición ocupada por cada uno de los productos o marcas de la empresa en el mercado no solamente en términos de ventas y cuotas de mercado, sino también en referencia a los componentes del esfuerzo de marketing.

Cuestionario 6: El análisis de la cartera de productos

— ¿Cuál ha sido la evolución de las ventas por producto, segmento, canal de distribución, región..., en volumen y en valor?
— ¿Cuál ha sido la evolución de la cuota de mercado, por producto, segmento, canal de distribución, región...?
— ¿Cuáles son las características distintivas de los productos?
— ¿Cuál es la fuerza de la imagen de marca de los productos de la empresa?
— ¿Cuál es la extensión del surtido de productos?

- ¿Cuáles han sido las mejoras aportadas a los productos?
- ¿Cuál es la estructura de la clientela?
- ¿Cuál es la concentración de la cifra de ventas (ley del 20/80)?
- ¿Cuál es el perfil de edad de la cifra de ventas?
- ¿Cómo evolucionan los márgenes en función de la edad de los productos?
- ¿Cuál es el nivel de precios nominales y de precios relativos?
/.../

Este análisis debe repetirse para cada uno de los productos que formen parte de la cartera de la empresa. Igualmente, para cada producto deberá presentarse la cuenta de explotación realizada en el curso de los últimos años, siguiendo una estructura similar a la presentada en la Figura 14.6.

Análisis de los competidores prioritarios

Para cada uno de los productos mercados, debe comenzarse por identificar el o los competidores más peligrosos para la empresa, denominados competidores prioritarios. Para estos competidores prioritarios, seguidamente se deberán analizar de manera comparativa los mismos datos examinados para los productos de la empresa, (ver Figura 14.6). Deberán examinarse otras cuestiones con el fin de evaluar la fuerza del competidor prioritario.

Cuestionario 7: El análisis de los competidores prioritarios

- ¿Cuál es la cuota de mercado relativa que se posee?
- ¿El competidor prioritario se beneficia de una ventaja en coste?
- ¿Cuál es el precio relativo?
- ¿Cuál es el comportamiento del competidor prioritario?
- ¿Cuál es la fuerza de la imagen de marca del competidor?
- ¿Cuáles son los elementos de diferenciación del producto competidor?
- ¿Cuál es la importancia de sus recursos financieros?
- ¿Cuál es su capacidad de represalia en caso de enfrentamiento directo?
- ¿Dónde se sitúan los puntos vulnerables del competidor prioritario?
- ¿Cuáles son las acciones agresivas que podrían adoptar nuestros competidores prioritarios?
- ¿Qué medidas de represalia o de protección podríamos adoptar en caso de ataque frontal?
- ¿Qué cambios podrían modificar sustancialmente la relación de fuerza en lo que respecta a nuestros competidores?
- En esta hipótesis, ¿qué medidas podrían considerarse?
- ¿En qué medida la competencia puede eliminar la ventaja competitiva que poseemos actualmente?
/.../

El conjunto de informaciones recogidas en los Cuestionarios 6 y 7 permitirán proceder a un **análisis de cartera**, utilizando, bien la matriz B.C.G, bien la matriz General Electric, o cualquier otro método de síntesis similar. El lector deberá remitirse al Capítulo 9, y en particular a la Sección 9.1.

El análisis de la penetración en la distribución

Elemento destacado en el proceso de comercialización en numerosos mercados, la distribución controla la entrada en el mercado y detenta por este hecho un poder de negociación importante, pudiendo constituir una amenaza para la empresa. En realidad, el distribuidor es el cliente de la empresa situado al mismo nivel que el consumidor final, por lo que el fabricante debe analizar las necesidades y expectativas de este «cliente intermedio» tal y como lo hace para el cliente final, para llegar a una relación de intercambio mutuamente satisfactoria. en el marco de un programa de *trade marketing* (marketing comercial).

Cuestionario 8: Las relaciones con la distribución

— ¿Cuál es el número de distribuidores o detallistas que sostienen el producto en cada red existente?
— ¿Cuál es la tasa de distribución numérica y de distribución en valor?
— ¿Cuál es la tasa de distribución teórica de la marca teniendo en cuenta su nivel de cuota de mercado?
— ¿Cuál es el reparto de las ventas por tipo de distribuidor?
— ¿Cuál es la tasa de crecimiento de las ventas por tipo de distribuidor?
— ¿Cuál es la calidad de los distribuidores que comercializan el producto?
— ¿Cuáles son los móviles que incitan al distribuidor a tener la referencia de nuestra marca?
— ¿Qué cambios podrían modificar sensiblemente nuestras relaciones con nuestros principales distribuidores?
— ¿Qué medidas adoptar en caso de que un distribuidor importante elimine la referencia de nuestros productos?
— ¿Cuáles son los cambios tecnológicos susceptibles de afectar a la distribución de nuestros productos?
— ¿Qué medidas adoptar si tales cambios se produjeran?
/.../

Los objetivos del fabricante y del distribuidor no están necesariamente en armonía y pueden surgir conflictos en un canal de distribución. Por tanto, es importante organizar sistemáticamente una relación de intercambio y de comunicación entre fabricantes y distribuidores.

Variables marketing	Nuestro producto	Competidor número 1	Competidor número 2	Competidor número 3
Producto				
• Calidad				
• Precio				
• Gama				
• Condicionamiento				
• Evaluación sobre				
atributo 1_____				
Atributo 2_____				
Atributo 3_____				
Distribución				
• Distancia numérica				
• Distancia en valor				
Circuito número 1 _____				
Circuito número 2 _____				
Circuito número 3 _____				
• Lineal				
• Margen				
• Descuentos				
• P.L.V.				
Equipo de venta				
• Número de vendedores				
• Calidad de los vendedores				
• Frecuencia visita				
• Formación				
Publicidad				
• Nivel de presupuesto				
• Plan de medios				
Medio número 1 _____				
Medio número 2 _____				
Medio número 3 _____				
• Eje publicitario				
• Creatividad				
Promoción				
• Nivel del presupuesto				
• Tipo de promoción				
• Precio consumidor				
• Descuento a distribuidor				
• Otras promociones				
Servicios				
• Amplitud				
• Plazo de entrega				
• Servicio postventa				
Investigación y desarrollo				
• Nivel de gastos				
• Número de investigadores				
• Rendimiento en I+D				
Informaciones marketing				
• Calidad del S.I.M.				
• Banco de datos				
• Saber hacer				

Figura 14.2. Análisis comparado de la estrategia de marketing de los competidores.

El análisis de la fuerza y calidad de la comunicación

La publicidad así como la fuerza de ventas son armas competitivas que pueden «establecer la diferencia» entre competidores, particularmente en los mercados en donde las posibilidades de diferenciación objetiva son limitadas.

Cuestionario 9: Evaluación de las acciones de comunicación

— ¿Cuál ha sido la evolución de la intensidad publicitaria?
— ¿Cuál ha sido la evolución de la cuota de inversiones en publicidad?
— ¿Cuál ha sido la estructura del plan de medios?
— ¿Cuáles han sido los temas publicitarios adoptados?
— ¿Cuál es la calidad creativa de la publicidad?
— ¿Cuál es el valor de impacto (Factor β) de la publicidad por medios?
— ¿Cuál es la eficacia comunicativa (memorización, reconocimiento) de la publicidad?
— ¿Cuál ha sido el efecto de la publicidad sobre las ventas, cuotas de mercado, distribución numérica, referenciación...?
— ¿Cuál es el tamaño de la fuerza de venta?
— ¿Cuál es la calidad de la fuerza de venta?
— ¿Cuáles han sido los medios promocionales utilizados?

Este conjunto de informaciones será consignado en un documento de síntesis que servirá de base para el establecimiento del cuadro de mando de la empresa.

14.3. LA ELECCION DE LOS OBJETIVOS Y DEL CAMINO ESTRATEGICO

Los elementos descritos en la sección anterior constituyen de hecho una «auditoría del marketing estratégico». Basándose en las informaciones reunidas, la empresa debe estar en condiciones de elegir una estrategia de desarrollo y de traducir esta estrategia en un programa de acción.

14.3.1. Definición de los objetivos

Los objetivos perseguidos por una empresa son múltiples y se pueden agrupar en dos categorías: los objetivos extraeconómicos y los objetivos de marketing propiamente dichos.

— Los objetivos **extraeconómicos** reflejan las aspiraciones individuales de los directivos o de los propietarios, o bien preocupaciones sociales. Como se ha destacado anteriormente, estos objetivos no económicos deben precisarse en la definición de la misión de la empresa.

— Los **objetivos de marketing** pueden expresarse de tres maneras diferentes: en términos de ventas o cifra de ventas, en términos de beneficio o por referencia a los compradores.

Los objetivos de venta

Se trata de un medida expresada en términos cuantitativos del impacto que la empresa quiere realizar en un producto mercado concreto. No es por tanto una previsión de lo que pudiera pasar en el horizonte de planificación elegido, sino una meta precisa y voluntarista que la empresa quiere alcanzar.

Los objetivos de venta pueden expresarse en cifras de ventas, en unidades físicas o en cuotas de mercado. Algunos ejemplos de objetivos de venta están descritos en la Figura 14.3.

- Alcanzar una cifra de ventas de 15.000.000 de francos hasta el final de 1995, en la región del norte de Francia, en el segmento de distribuidores de pintura destinada al gran público.
- Conseguir una cuota de mercado del 20 por 100 hasta el final de 1995, en la misma región y el mismo segmento.
- Vender 10.000 toneladas de producto por año hasta 1996.

Figura 14.3. Ejemplos de objetivos de venta.

— **En cifras de ventas.** Es el indicador más cómodo y el más simple dado que es seguido por la contabilidad y, por tanto, es conocido en todo momento. A pesar de todo puede inducir a error si no es corregido por la tasa de inflación e igualmente por la evolución de la composición de las ventas, la parte de productos de elevado precio susceptibles de modificación en el curso del tiempo.

— **En unidades físicas.** Es el indicador más representativo de la actividad, por lo menos si las definiciones unitarias no se modifican. En bastantes casos, las comparaciones son complicadas debido a las diferencias de envasado, por ejemplo, el caso de cajas de 12 o de 18 botellas. En este caso deberían expresarse las ventas en una misma unidad de volumen, por ejemplo en litros. En numerosos sectores no existe una definición de las ventas en volumen. Por ejemplo, para los seguros de vida, el número de contratos suscritos no es un buen indicador, pero sí lo son los capitales suscritos.

— **En cuotas de mercado.** Es el indicador más revelador del rendimiento competitivo del producto, y de la eventual existencia de una ventaja competitiva en términos de coste unitario, allí donde se manifiestan los efectos de experiencia. El objetivo puede expresarse en términos relativos, es decir, en relación al líder o en relación al competidor más peligroso.

Los datos de venta son evidentemente esenciales para la elaboración de una cuenta de explotación previsional. Deben ser traducidos en términos financieros.

Los objetivos de beneficio

El marketing, como las demás funciones de la empresa, tiene una responsabilidad financiera. La definición de objetivos financieros fuerza al marketing a evaluar con precisión las implicaciones que puedan tener los objetivos de venta propuestos sobre la rentabilidad de la empresa. Algunos ejemplos de objetivos financieros están enunciados en la Figura 14.4.

- Producir un beneficio neto de explotación antes de impuestos de 12 millones de francos a final de 1989.
- Alcanzar una tasa de rendimiento sobre el capital invertido del 18 por 100 en el curso de los dos próximos años.
- Alcanzar una contribución neta de 12 millones hasta finales del año 1989.

Figura 14.4. Ejemplos de objetivos de beneficio.

La definición de los objetivos financieros implica una estrecha colaboración interfuncional en la empresa. Un objetivo financiero supone un examen detenido de la relación costes/volumen y de las capacidades de producción. Para los productos nuevos, las inversiones en capacidad productiva y las cargas financieras que se derivan de ella deben ser analizadas con detenimiento antes de decidir el lanzamiento. De igual modo los costes de marketing del lanzamiento deben preverse y medir su contribución esperada al desarrollo de las ventas.

Los objetivos sobre consumidores

Los objetivos relativos a los consumidores resultan de las decisiones de posicionamiento que se tomen. Estos objetivos definen el tipo de actitud y de comportamiento que la empresa desea que los compradores adopten respecto de su marca o de sus servicios. Algunos ejemplos de enunciado de objetivos sobre consumidores se muestran en la Figura 14.5.

— Obtener una tasa de notoriedad espontánea del 40 por 100 en el grupo de edad de 15 a 25 años para la marca A, hasta finales del año 1995.
— Incrementar la tasa de fidelidad de compra de la marca A en un 20 por 100 de aquí a finales de 1995 en el grupo de edad de 15 a 25 años.
— Incrementar la rotación en un 30 por 100 y aumentar en un 20 por 100 el número de demandas de pedido de aquí a finales de 1995.

Figura 14.5. Ejemplos de objetivos sobre consumidores.

Los objetivos sobre consumidores son importantes porque aportan orientaciones a los publicitarios para el desarrollo de plataformas de comunicación que sean acordes con el posicionamiento buscado. Permiten también medir el impacto de la publicidad y de la acciones promocionales llevadas a cabo.

Integración de objetivos

Kotler (1991, pág. 77) sugiere comenzar por definir los objetivos en términos financieros y de ellos deducir a continuación los objetivos de marketing necesarios para realizar el objetivo financiero. El razonamiento a seguir es pues el siguiente:

— Especificar el nivel de **resultado neto de explotación** esperado.
— Deducir el nivel de **cifra de ventas** necesario para producir tal resultado.
— Considerando el precio medio de venta, determinar el correspondiente nivel de **ventas en volumen**.
— Teniendo en cuenta el nivel esperado de demanda global, deducir de ello la **cuota de mercado** necesaria.
— Considerando este nivel de la cuota de mercado, determinar los objetivos a alcanzar en términos de **distribución y de comunicación**.

Los objetivos de marketing correspondientes serían, por tanto, en este caso meramente ilustrativos.

— Realizar tal cifra de ventas, la cual representa un aumento de x por 100 en relación al año anterior.
— Lo que implica un volumen de ventas de tantas unidades, lo que a su vez corresponde a una cuota de mercado de y por 100.
— Determinar el nivel de «notoriedad» necesario para alcanzar este resultado, y eventualmente el porcentaje de intenciones positivas de compra.
— Determinar el incremento de la distribución numérica necesaria.
— Recordar el nivel medio del precio a defender.

Es evidente que este método, aparentemente lógico y simple, supone tener un buen conocimiento del nivel de demanda global esperado y de la relación que una cuota de mercado por una parte, notoriedad, distribución y precio por otra, lo que está lejos de ser siempre evidente. De ahí el interés de las distintas medidas de la respuesta de los compradores descritas en el Capítulo 5. Allí donde no se disponga de este tipo de información, se deberán formular hipótesis y verificar la sensibilidad de los resultados en el marco de los diferentes escenarios o planes de marketing alternativos.

Características de buenos objetivos

Idealmente, los objetivos propuestos deben cumplir un cierto número de criterios. Deben ser:

— Claros y concisos, evitando frases largas.
— Presentados por escrito para facilitar la comunicación.
— Definidos en el tiempo y geográficamente.
— Expresados en términos cuantitativos y medibles.
— Coherentes con los objetivos generales de la empresa.
— Suficientemente estimulantes para crear motivación.

— Realizables, lo cual implica la disponibilidad de medios necesarios para ponerlos en práctica.

Además, las responsabilidades deben quedar claramente establecidas así como los plazos de realización de los objetivos.

14.3.2. La elección del camino estratégico

Definir un objetivo es una cosa; saber cómo conseguirlo es otra. Puede alcanzarse un mismo objetivo de múltiples maneras.

> Un incremento de la cifra de ventas de un 10 por 100, por ejemplo, puede conseguirse aumentando el precio medio o desarrollando la demanda global a través de una disminución de los precios, o también aumentando la cuota de mercado sin modificar el precio, pero gracias a acciones publicitarias o promocionales intensivas.

Evidentemente, tales elecciones no son indiferentes y su eficacia dependerá de las características del mercado y de la situación competitiva. Por tanto, es importante precisar las orientaciones generales que hay que seguir, apoyándose en informaciones recogidas en la auditoría de marketing. Para identificar el tipo de estrategias a considerar, hay que remitirse al Capítulo 9 y especialmente a la Figura 9.10.

Si, por ejemplo, el objetivo es aumentar la cifra de ventas en un 10 por 100, en un producto mercado dado, practicando para ello una **estrategia de penetración** sin modificación de la composición de la cartera de productos, la empresa puede considerar uno de los tres caminos estratégicos siguientes:

— Atacar con resolución a los no usuarios del producto a través de acciones promocionales a fin de obtener una compra de prueba.
— Animar a los usuarios irregulares a convertirse en usuarios fieles proponiendo para ello un abono acompañado de una reducción de precio.
— Incrementar la cantidad consumida por ocasión de uso, proponiendo envases más grandes.

Si el objetivo es completar, mejorar o ampliar la gama de productos, los caminos estratégicos que hay que considerar para poner en marcha esta **estrategia de extensión de la gama** podrían ser los siguientes:

— Rellenar los huecos en la gama de productos existente.
— Introducir productos nuevos en los segmentos aún por descubrir, dentro de los sectores de actividades vecinas.
— Multiplicar sistemáticamente el número de marcas para bloquear la entrada al mercado.
— Comprar una sociedad que disponga de una gama de productos complementarios.

— Comprar la licencia de fabricación de un producto complementario que sería vendido con el nombre de la empresa.

Si el objetivo es aumentar la cifra de ventas por medio de una **estrategia de desarrollo a través de los mercados**, sin modificar la composición de la cartera de productos, los caminos estratégicos que hay que considerar podrían ser los siguientes:

— Extender la distribución geográfica creando una red comercial en el mercado holandés, donde el consumo de agua mineral es muy inferior al que se observa en Bélgica y en Francia.
— Incrementar la intensidad de la distribución aumentando el número de colectivos visitados regularmente por el equipo de ventas.
— Aumentar la presencia en el lineal de la gran distribución.

La línea de acción que se siga deberá traducirse seguidamente en acciones específicas, evaluándose los costes y los resultados esperados.

El enunciado de la estrategia seleccionada

Se trata de presentar la opción estratégica seleccionada de entre todas las que han sido consideradas. Es un texto de síntesis cuyo objetivo es precisar «cómo» realizar los objetivos. Este texto va a orientar no sólo los esfuerzos de marketing sino también los de las otras funciones de la empresa, las funciones de producción, I+D y finanzas. Este texto va a servir de referencia para todas las etapas posteriores del proceso de planificación. El enunciado de la estrategia debe contar con los siguientes elementos:

— Identificación de o de los segmento(s) objetivo(s).
— El posicionamiento adoptado respecto del competidor prioritario.
— La gama de productos, los surtidos, las extensiones.
— Los canales de distribución.
— Los precios y las condiciones de venta.
— El equipo de ventas, sus objetivos, su organización.
— La publicidad y las promociones.
— El servicio postventa, las garantías y otros servicios.
— Los estudios de mercado.

Este texto, que no debería pasar de tres o cuatro páginas, será seguidamente sometido a la aprobación de la dirección general.

Criterios de elección de un camino estratégico

En la elección de una estrategia, hay que esforzarse en respetar algunos principios, inspirados en la estrategia militar.

— Factibilidad: evaluar las capacidades requeridas y los obstáculos.
— Fuerza: conseguir una ventaja en fuerza y potencia.
— Concentración: evitar la dispersión de los esfuerzos.

— Sinergia: velar por la coordinación y coherencia de los esfuerzos.
— Flexibilidad: estar dispuesto a reaccionar ante los acontecimientos imprevistos.
— Parsimonia: evitar el desperdicio de recursos escasos.

Durante este fin de siglo particularmente turbulento, la previsión es un ejercicio que exige ante todo adaptabilidad y flexibilidad para poder hacer frente a lo imprevisible

14.3.3. El presupuesto de marketing

La descripción de la estrategia a seguir es una orientación general que debe traducirse en acciones específicas a emprender para cada uno de los componentes del esfuerzo de marketing y en medios que permitan realizar tales acciones. Tales medios comprenden recursos humanos, un programa de acción y un presupuesto.

La realización de un objetivo supone la disponibilidad de **recursos humanos**, competentes y que operen dentro de una **estructura adaptada**. El plan puede prever a este respecto el reclutamiento de competencias no disponibles o un programa eventual de formación y perfeccionamiento de los mandos de la empresa. Puede proponer igualmente una adaptación de la estructura de la empresa, por ejemplo, la adopción de una organización por jefe de producto.

El **programa de acción** comprende una descripción detallada de las acciones que se deben emprender para realizar la estrategia escogida. Se acompañará de un calendario y de una descripción de las responsabilidades y tareas de cada uno en su realización. Este programa de acción se traducirá en un **presupuesto de marketing**, que tras la aprobación de la dirección general, constituirá un compromiso de gasto. El planteamiento conjunto a seguir en la elaboración del presupuesto de marketing se describe en la Figura 14.6.

Negociación del presupuesto de marketing

Pueden adoptarse distintos procedimientos para realizar un plan. Este procedimiento debe ser sencillo, pero debe implicar a toda la empresa y en particular a los que se encarguen de realizar el plan. El procedimiento más utilizado, observado en una encuesta a 141 empresas (Piercy, 1987, pág. 49), se organiza en dos etapas:

— Los responsables de las unidades de actividad, jefes de productos y jefes de marcas, describen las necesidades financieras para realizar los objetivos establecidos; estas informaciones son coordinadas por el director de marketing y presentadas a la dirección general en el comité de dirección.

594 *Marketing estratégico*

	Año−3 (19)	Año-2 (19)	Año-1 (19)	Año en curso (19) (19) Presupuesto estimado	Año+1 (19)	Año+2 (19)
Mercado total • Volumen de ventas • Cifra de ventas						
Ventas de la sociedad • Volumen de ventas • Cuota de mercado • Cifra de ventas netas						
Coste directo						
Contribución bruta • El valor • En % sobre C.V. netas						
Gastos promocionales de ventas • Descuentos promocionales • Descuentos fin de año • Saldos • Varios • Total gastos proporcionales						
Gastos semifijos de venta • Publicidad en medios • P.L.V. • Relaciones públicas • Total gastos semifijos						
Gastos fijos de venta • Departamento de marketing • Fuerza de ventas • Estudio de mercado • Muestreos • Varios • Total gastos fijos de venta						
Total gastos de venta • En volumen • En % sobre C.V. netas						
Contribución neta • En valor • En % sobre C.V. netas						

Segmento: Producto: Zona:

Figura 14.6. Estructura tipo de una cuenta de explotación previsional.

— La dirección general y el comité de dirección revisan el presupuesto, examinan la compatibilidad de los objetivos específicos y de los medios con los objetivos generales y dan cuenta de sus observaciones y recomendaciones.

Así se realiza un proceso de negociación que va a implicar, no sólo a la base, sino también a todos los responsables de las grandes funciones, marketing, finanzas, producción, investigación y desarrollo, personal que de una forma u otra son recabados por el plan estratégico.

Esta es la razón por la cual un plan estratégico debe ser un documento escrito: tiene valor de contrato. Implica para cada uno de los responsables un compromiso de poner en práctica los medios necesarios para realizar el objetivo pretendido. Para ser eficaz el plan de marketing debe:

— Estar lo suficientemente **estandarizado** para permitir una redacción, discusión y aprobación rápidas.
— Prever las **soluciones alternativas** en función de la no realización de hipótesis consideradas y las acciones correctivas necesarias.
— Realizar regularmente, en las fechas previstas, un **reexamen sistemático** y las eventuales correcciones.
— Ser tratado como un **instrumento de gestión**, es decir, estricto en los objetivos fundamentales y las políticas básicas, y flexiblemente adaptable en las previsiones a corto plazo y la planificación de las cantidades (Thuillier, 1987, pág. 25).

El horizonte del plan es normalmente un **horizonte «resbaladizo» a tres años** máximo. Algunas empresas adoptan un horizonte a cinco años lo que, con la turbulencia actual del entorno, es realmente un horizonte muy lejano.

Un plan de marketing estratégico debe revisarse periódicamente para incluir las informaciones más recientes y adaptar los presupuestos. Normalmente, la confrontación entre objetivos y realizaciones se hace mensualmente lo que permite seguir de cerca su aplicación. Trimestralmente puede hacerse una reevaluación general.

Análisis de las desviaciones

En el análisis de los objetivos, sería útil identificar la importancia de la desviación entre el **rendimiento esperado** en una hipótesis de crecimiento «vegetativo» (Thuillier, 1987, pág. 130) y el **rendimiento deseado** en el marco de una hipótesis voluntarista de crecimiento. Las dos hipótesis de crecimiento están representadas en el gráfico de la Figura 14.7.

— El **rendimiento vegetativo** es la expresión de los resultados a los que se llegaría manteniendo una evolución de los productos y mercados sin cambios y sin mayor esfuerzo de mejora de la productividad.
— El **rendimiento deseado** es aquel que resulta de los objetivos prioritarios asignados a la empresa y de los objetivos específicos escogidos.

La desviación entre estos dos niveles de rendimiento puede subdividirse en dos partes: la desviación operativa y la desviación estratégica (ver Figura 14.7).

— La **desviación operativa** refleja el potencial de mejora de lo existente, productos y mercados sin cambiar, que puede ser absorbida por medidas de mejora del rendimiento de conjunto y por una estrategia de penetración, que no implique pues la modificación de la composición de la cartera de productos mercados.

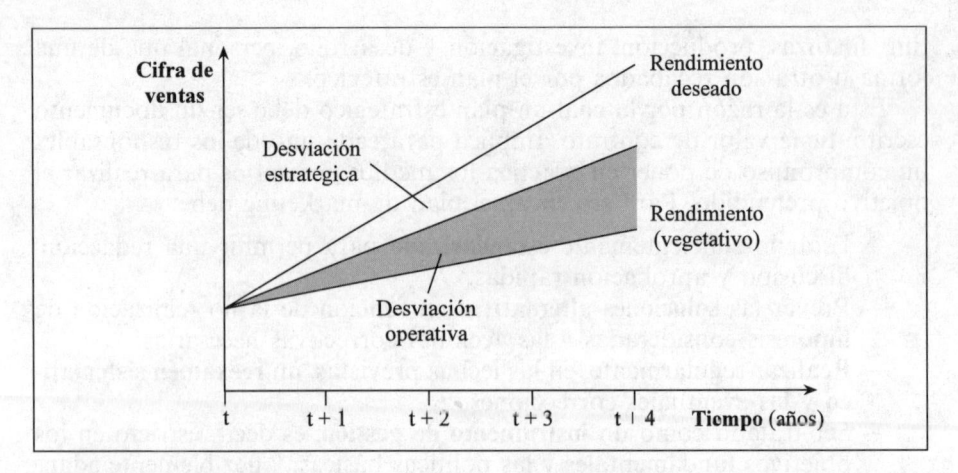

Figura 14.7. Análisis de las desviaciones entre rendimiento esperado y deseado.

— La **desviación estratégica** debe reducirse a base de actividades nuevas, nuevos productos, mercados o canales de distribución nuevos, exportaciones, diversificación, integración, etc.

Deberán definirse las estrategias seguidas para completar estos dos tipos de desviaciones; asimismo deberán precisarse sus aportaciones respectivas a la realización del rendimiento deseado.

14.4. EL ANALISIS DEL RIESGO Y LA PLANIFICACION DE LO IMPREVISTO

La utilidad de la planificación estratégica está continuamente en tela de juicio. No hace mucho tiempo, los servicios de planificación gozaban de un cierto prestigio en las empresas. Hoy en día, los responsables de la planificación estratégica tienen más bien tendencia a minimizar su papel. Las dos crisis petroleras de los años setenta, el crack de la bolsa de 1987, la guerra del Golfo, la revolución en Europa Central y en Rusia, son acontecimientos importantes e imprevistos que han desvelado las debilidades y los límites de una planificación rígida. Con buenas condiciones de estabilidad, la planificación funciona bien; cuando hace frente a incertidumbres mayores, turbulencias, cambios inesperados de mercados, la dirección mira con recelo las previsiones de ingresos y costes formuladas por las unidades de actividad estratégicas.

14.4.1. El test de robustez de un plan estratégico

No porque una estrategia debe formularse en condiciones difíciles e inciertas hay que abandonar la disciplina que supone un ejercicio de planificación estratégica. La planificación es una necesidad para permitir el funcionamiento de la empresa. Para mejorar el rendimiento de la planificación estratégica, resulta pues de utilidad comprobar la robustez del plan propuesto (Gilbreath, 1987)

Al igual que un prototipo sufre un determinado número de tests en el laboratorio antes de ser adoptado, de igual forma, un plan estratégico debe someterse a una serie de preguntas de tests, destinadas a evaluar su robustez. Day (1986, págs. 63-68), propone someter el plan a las siete preguntas siguientes:

— **Oportunidad**: ¿El plan o el proyecto, representan realmente una ventaja competitiva defendible?
— **Validez**: ¿Las hipótesis sobre las que está construido el plan son realistas y cuál es la calidad de la información en la que se apoyan?
— **Factibilidad**: ¿Tenemos los recursos financieros, humanos, el saber hacer (*know how*) y la voluntad de éxito necesarios?
— **Coherencia**: Los elementos del plan, ¿son coherentes entre sí desde el punto de vista interno y en relación con las características del entorno?
— **Vulnerabilidad**: ¿Cuáles son los riesgos y los factores que van a determinar el éxito o el fracaso?
— **Flexibilidad**: ¿En qué medida estamos atrapados por nuestras elecciones? ¿Podemos posponer la elección, reducir nuestros compromisos, reconvertirnos, diversificar, desinvertir...?
— **Rentabilidad**: ¿Cuál es el atractivo financiero real del proyecto? ¿La rentabilidad esperada es compatible con los objetivos prioritarios de la empresa?

Se han recogido en la Figura 14.8. los principales factores que son fuentes de vulnerabilidad y fuentes de estabilidad.

El criterio de **validez de las hipótesis implícitas** es particularmente importante. Todo plan se apoya necesariamente en hipótesis, y es importante explicarlas claramente distinguiendo las hipótesis referidas a: *a*) el entorno económico y social, *b*) el sector en el cual opera la empresa, *c*) la empresa misma, sus recursos, su capacidad de producción, etc.

Factores de vulnerabilidad	Factores de estabilidad
• Fenómenos de moda • Utilización única • Dependencia tecnológica • Red de distribución única • Capitalización elevada, inversión fija • Imagen restrictiva • Apoyo en factores fuera de control	• Valores de base • Utilizaciones múltiples • Tecnologías múltiples • Redes de distribución múltiple • Alquiler, *leasing*, propiedad compartida • Imagen polivalente • Apoyo en necesidades estables

Figura 14.8. Los factores de vulnerabilidad y estabilidad.
Fuente: Gilbreath, R. D. (1987).

Habida cuenta de la rapidez de cambio del entorno, este test de robustez debe aplicarse permanentemente a fin de permitir la revisión del plan. Una buena forma de proceder es hacer aplicar este test a personas ajenas al proyecto. De hecho es frecuente observar un fenómeno de miopía en los autores del plan, que carecen de la distancia deseada para evaluar correctamente la robustez de las hipótesis básicas.

14.4.2. El análisis de la vulnerabilidad

La fragilidad de un plan estratégico depende de dos tipos de criterios: por una parte de la **importancia** del riesgo, el cual es función: *a*) de la sensibilidad de los resultados del plan a una desviación de los valores previstos para los factores clave, y *b*) de la probabilidad de que sobrevenga esta desviación; y por otra parte del **grado de control** ejercido por la empresa sobre los factores clave.

Estos dos criterios se representan en la Figura 14.9, bajo la forma de una matriz en la cual se situarán los factores clave del plan estratégico. A cada cuadrante corresponde un nivel diferente de vulnerabilidad que requiere acciones de vigilancia y de seguimiento diferentes.

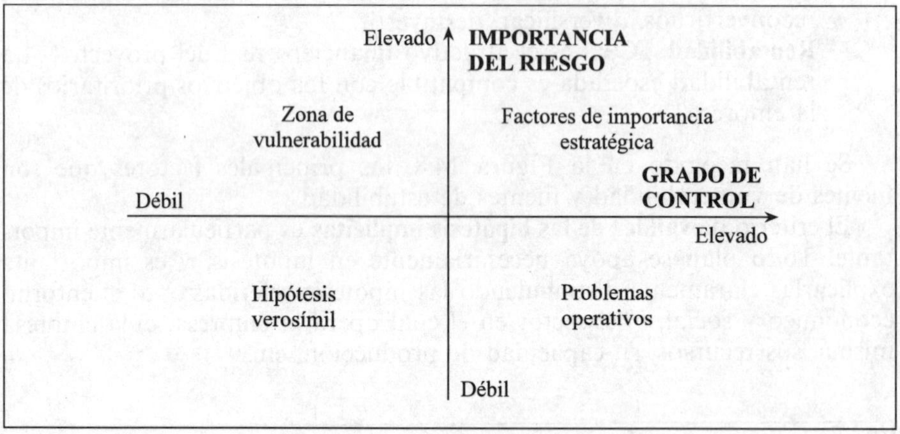

	Elevado ↑ IMPORTANCIA DEL RIESGO	
Débil	Zona de vulnerabilidad	Factores de importancia estratégica
		GRADO DE CONTROL → Elevado
	Hipótesis verosímil	Problemas operativos
	Débil	

Figura 14.9. Análisis de la vulnerabilidad de un plan estratégico.
Fuente: Day, G.S. (1986).

— Allí donde el riesgo y el grado de control son elevados, se situarán los **factores estratégicos dominables** por la empresa, la cual pondrá en marcha un sistema estricto de vigilancia de las acciones que va a emprender.
— Allí donde el riesgo es elevado, pero el grado de control débil o inexistente, se sitúa la **zona de vulnerabilidad**, en donde deberán ponerse en marcha planes anticrisis.

— Cuando el riesgo es poco importante y el grado de control elevado, estamos en la zona de los **problemas operativos** o de intendencia, que no requieren procedimientos de gestión excepcionales.
— Por último, para los factores situados en la zona de riesgo débil y de grado débil de control, deberemos contentarnos con formular hipótesis y retener la más verosímil (Day, 1986, pág. 67).

Por tanto, la zona de vulnerabilidad es la que requiere una atención particular, ya que de aquí es de donde pueden provenir las amenazas más difíciles de anticipar y que, si son repentinas, constituyen una «crisis» para la empresa. Es por estos puntos sensibles por lo que la empresa tendrá interés en desarrollar estrategias alternativas para estar dispuesta a reaccionar.

14.4.3. La planificación de urgencia

A pesar de los mejores esfuerzos de planificación, los problemas o los cambios inesperados harán su aparición en el entorno y provocarán «crisis», o lo que Ansoff (1984) llama **«sorpresas estratégicas»**.

Una crisis se caracteriza por los cuatro elementos que siguen:

— El acontecimiento se presenta de golpe y es inesperado.
— Plantea problemas para los que la empresa no tiene ninguna experiencia anterior.
— La incapacidad de reaccionar rápidamente conduce a pérdidas financieras importantes o a una pérdida de oportunidad.
— La respuesta es urgente y no puede gestionarse rápidamente por las instancias y procedimientos habituales. (Ansoff 1984, pág. 24).

Para un análisis más detallado de los componentes de una crisis, ver Lagadec (1991) en particular el Capítulo 2.

> El asunto «Nestlé mata a niños» está todavía en la mente de muchos; los desastres de Three Miles Island y de Chernobyl, el asunto Tylenol, el desastre de Bhopal y de Unión Carbide, la OPA sobre la Société Générale de Bélgica, la explosión del Boeing 747 de la PanAm, y muchos otros constituyen ejemplos de crisis en el sentido indicado anteriormente.

Destaquemos que, para una empresa, una crisis no debe tener la amplitud de tales desastres para que ello exija una atención inmediata y acciones correctoras. Todo cambio brusco que afecte a su desarrollo requiere la elaboración de un plan de recuperación o de reorientación. (Phelps, 1986). Un sistema de planificación de urgencia tiene como objetivo permitir una reacción rápida en caso de sobrevenir acontecimientos imprevistos cuya incidencia puede ser grave para la empresa.

La aplicación de un sistema de **gestión de lo imprevisto** implica los pasos siguientes:

— Identificar los puntos sensibles y las **zonas de peligro** por medio de un análisis de vulnerabilidad.
— Poner en marcha, con anterioridad, un sistema de vigilancia y de **señales de alarma** basado en la medida de lo posible en indicadores.
— Preparar un plan de reacción o de reorientación listo para ser operativo, que se apoye en una **estrategia alternativa** previamente identificada.
— Adoptar este procedimiento para los **riesgos importantes**.

Para hacer frente a la crisis, la empresa necesita un plan de gestión de la crisis, porque frente al acontecimiento los medios de reacción clásicos no están a la altura o son inadecuados. Carecemos de recursos en materia de peritaje y de comunicación. Según Ansoff (1984), un plan de gestión de crisis debería tener las características siguientes:

— Un sistema de comunicación de urgencia que trascienda las fronteras habituales de la organización, filtre la información y comunique rápidamente con toda la organización.
— Un reparto de las responsabilidades de la dirección general en tres grupos: *a)* un grupo encargado de mantener y controlar el ánimo de los miembros de la organización, *b)* un grupo encargado de la gestión diaria «como si nada hubiese pasado», *c)* un grupo encargado de reaccionar ante acontecimientos sorpresa.
— La constitución de un grupo interfuncional ad hoc (*task force*) encargado de hacer frente al acontecimiento.
— Una preparación y un entrenamiento de este grupo y de la red de comunicación en condiciones normales (fuera de crisis).

Este procedimiento no impedirá que sobrevengan circunstancias absolutamente inesperadas, pero permitirá reducir las consecuencias de los riesgos importantes que son, para muchos, en realidad identificables.

CUESTIONES Y PROBLEMAS

1. ¿Qué diferencia ve usted entre un plan de marketing y una estrategia de marketing?
2. Elija una empresa cuyas actividades y objetivos prioritarios conozca bien. Proponga una definición de la misión de esta empresa.
3. ¿Qué se entiende por la expresión «coherencia estratégica»? Dé tres ejemplos de incoherencia estratégica entre objetivos estratégicos y acciones tomadas a nivel de marketing operativo.
4. Según usted ¿cómo asociar lo más eficazmente posible los diferentes eslabones de una organización en la elaboración de un plan de marketing estratégico? ¿Cuáles son los méritos respectivos de un procedimien-

to «de arriba hacia abajo» (*top-down*) y de un procedimiento «de abajo hacia arriba» (*bottom-up*)?
5. Refiriéndose a la Figura 14.8. dé ejemplos de tres factores de vulnerabilidad y de tres factores de estabilidad que permitan comprobar la robustez de un plan.

Campos de gestión	Evaluación				
	1	2	3	4	5
Marketing					
Cuota de mercado					
Calidad del producto					
Extensión de la distribución					
Tamaño del equipo de ventas					
Calidad de los vendedores					
Nivel de la formación de ventas					
Soporte a la venta					
Precio					
Clientes principales					
Presupuesto de publicidad					
Eficacia de la publicidad					
Banco de datos marketing					
Nivel de stocks					
Rapidez de entrega					
Soporte a la distribución					
Niveles de margen					
Tasa de crecimiento del mercado					
Servicio al cliente					
Precisión de la segmentación					
Nivel de satisfacción de los clientes					
Extensión de la gama de productos					
Producción					
Capacidad de producción					
Localización de las unidades productivas					
Posibilidad de ampliación					
Antigüedad de las instalaciones					
Edad de los equipos					
Estado de los equipos					
Versatilidad de los equipos					
Disponibilidad de mano de obra					
Calidad de la mano de obra					
Disponibilidad de materias primas					
Costes de fabricación					
Control de stocks					
Control de calidad					
Relaciones sindicales					
Gestión financiera					
Rentabilidad					
Dividendos distribuidos					

Anexo: Búsqueda de la ventaja competitiva.

Campos de gestión	Evaluación				
	1	2	3	4	5
Gestión financiera *(cont.)*					
Acceso al crédito					
Capitales disponibles					
Endeudamiento					
Rotación de stocks					
Total de los haberes en curso					
Deuda a largo plazo					
Rendimiento sobre el capital invertido					
Valor de la acción					
Valor contable					
Valor de la cuota de mercado					
Ventas por trabajdor					
Propiedad					
Gestión administrativa					
Competencia de los empleados					
Oficinas					
Procesos administrativos					
Costes de funcionamiento					
Servicio a la clientela					
Rotación del personal					
Competencia administrativa					
Costes de formación					
Equipo de oficina					
Ofimática					
Tratamiento de datos					
Tecnología					
Edad de la tecnología					
Edad del proceso tecnológico					
Capacidad de ingeniería					
Informes de productos					
Informes de procesos					
Bondad de la I+D					
Gestión de la I+D					
Nivel de gasto en I+D					
Realizaciones de I+D					

Anexo: Búsqueda de la ventaja competitiva *(cont.)*.

BIBLIOGRAFIA

Ansoff H. I. (1984), Implanting Strategic Management, *Englewood Cliffs*, New Jersey, Prentice Hall.
Barnoux G. (1990), *L'audit marketing*, Paris, Ediscience International.
Caeldries F. and Van Dierdonck R. (1988), «How Belgian Businesses Make Strategic Planning Work», *Long Range Planning*, Vol. 21, núm. 2.
David F.R. (1989), How Companies Define Their Mission?, *Long Range Planning*, Vol 22, núm. 1, págs. 90-97.

Day G.S. (1986), «Tough Questions for Developing Strategies», *The Journal of Business Strategy*, Vol. 6, núm. 3.
Gilbreath R.D. (1987), «Planning for the Unexpected», *The Journal of Business Strategy*, Vol. 8, núm. 2.
Hamermesch R.G. (1987), Making Planning Strategies, *Harvard Business Review*, Vol 64 July-August págs. 115-120.
Haspeslagh P. (1982), «Portfolio Planning Uses and Limits, *Harvard Business Review*, Vol 60, January-February, págs. 58-72.
Hopkins D.S. (1981), *The Marketing Plan*, New York, The Conference Board Inc., Report núm. 801.
Kotler P. (1991), Marketing Management, *Englewood Cliffs*, New Jersey, Prentice-Hall Inc., 6th edition.
Lagadec P.(1991), *La gestion des crises*, Paris, Ediscience International.
Mc Donald M.H.B. (1991), Ten Barriers to Marketing Planning, *The Journal of Consumer Marketing*, Vol 8, Spring, págs. 45-58
Paris F. (1980), *Missions stratégiques de l'équipe dirigeante*, Paris, Les éditions d'organisation.
Phelps N.L. (1986), «Setting Up a Crisis Recovery Plan», *The Journal of Business Strategy*, Vol. 6, núm. 4.
Stevens R.E. (1982), Strategic Marketing Plan Master Guide, *Englewood Cliffs*, Prentice-Hall Inc.
Taylor J.W. (l986), *Competitive Marketing Strategies*, Radnor, Penn., Chilton Book Company.
Thuillier P. (l987), *De l'étude de marché au plan marketing*, Paris, Les éditions d'organisation.
Weber J.A. (l976), *Growth Opportunity Analysis*, Reston, Virginia, Reston Publishing Cy Inc.
Weitz B.A. and Wensley R., Eds. (1986), *Strategic Marketing: Planning, Implementation and Control*. Boston. Kent Publishing Cy.

Indice

Accesibilidad, 216
Acelerador (concepto de), 246
Actitud, 148, 157, 537, 543
Adaptación, 57, 227
Agente, 421
Alisado exponencial, 274
Alta tecnología, 367
Análisis
   conjunto, 121, 158, 202, 390, 488
   de atractivo, 329, 576
   de competitividad, 329, 582
   de la competencia, 299, 584
   de satisfacción/insatisfacción, 175
   de series cronológicas, 273
   de similitud, 145
   de vulnerabilidad, 596
   del riesgo, 397, 596
   en componentes principales, 154, 220
   funcional, 380
   morfológico, 380
Anuncio publicitario, 538
Aprendizaje, 137, 535
Arbol de decisión, 296
Asociación de consumidores, 46
Aspiración (estrategia de), 437
Atributo, 117, 152
Audiencia, 550
Audit marketing estratégico, 576
Aumento de precios, 497
Autoservicio, 420

Barreras de entrada, 288
Beta (factor), 142
Bien de consumo, 240, 428
   duraderos, 241
   industriales, 244
Bienestar, 54, 81
Brainstorming, 381
Búsqueda de ideas, 380

Cadena voluntaria, 426
Calidad total, 405
   componentes, 407
   de un servicio, 407
   externa, 129
   interna, 129-130
Cambio (tasa de), 171
Camino estratégico, 591
Canal de distribución, 421, 423
Canibalismo, 501
Características de un producto, 118
Cartera de productos, 321
Cartera de proyectos, 403
Cash and carry, 419
Central de compra, 88, 93, 94
Ciclo de vida
   determinantes, 251
   flujos financieros, 260
   límites, 260
   marca, 253
   perfiles, 262
   producto, 252
Clientes industriales, 88
Cobertura, 549, 557
Comercio integrado, 420
Competencia
   ampliada, 287
   imperfecta, 300
   interna, 501
   monopolística, 300
   oligopolio, 294
   pura perfecta, 293
   vertical, 423
Competitividad, 285, 582
Comportamiento postcompra, 169
Composición, 122, 150
   competitiva, 296
   consumidores, 99, 447
Compra, 171

Comprador, 93
  insatisfecho, 174
  organizativo, 89, 480
Comunicación, 14, 521
Concepto
  de almacén, 448
  de producto, 385
  de producto verde, 386
Conducta resolutoria, 102
Conjuntivo, 157, 385
Conjunto
  de consideración, 149
  evocado, 123
Consumidor
  avisado, 448
  impulsivo, 103
  reflexivo, 101
Consumerismo, 47
Contacto, 549, 555
Contrasegmentación, 218
Control publicitario, 541
Cooperativa de detallistas, 426
Copy estrategia, 539
Costes de adquisición, 470
  de distribución, 439
  de exportación, 512
  de información, 123
  de una reducción de precios, 495
  estructura de, 474
Creación publicitaria, 539
Creatividad, 381, 539
Crecimiento
  integrativo, 345
  intensivo, 341
  por diversificación, 347
Criterios de segmentación, 195
Cuota de mercado, 163
  componentes (de), 165
  relativa, 165
  tendencial, 172
  valor, 164
Curvas
  de experiencia, 305
  de penetración, 394

Declive (fase), 259
Descodificación, 521
Demanda
  derivada, 89, 244
  en la empresa, 234

expansible, 236
primaria, 234
Desarrollo
  estrategia de, 340
  internacional, 355
Descomposición, 122, 158
Descremado (o desnatado) precio de, 500
Deseo, 69
Desmarketing, 351
Desmultiplicación de contactos, 416
Despertar, 77
Detallista, 419
Determinancia de un atributo, 152
Determinantes
  de la demanda, 238
  de la sensibilidad de precio, 479
Diferenciación, 194, 286, 301, 338
Disminución de precio, 494
Distribución
  canal, 421
  exclusiva, 432
  flujos, 415
  funciones, 414
  integrada, 420
  intensiva, 430
  internacional, 460
  márgenes, 439
  selectiva, 431
Disyuntivo, 157
Diversificación, 347
División internacional, 512

Ecología, 49, 386, 581
Economías de escala, 308, 416
Eficacia publicitaria, 542
Eje de comunicación, 535
Elasticidad, 167, 182, 482, 484, 487
  crítica, 479
  cruzada, 503
  determinantes, 479
  estudios, 482
  implícita, 495
  reacción, 295
Entorno
  análisis, 576
  internacional, 60
  macromarketing, 31
Equipo (demanda de), 245
Escenarios, 281

Estancamiento industrial, 318
Estandarización, 58, 226
Estrategia
  aspiración, 437
  base (de), 336
  competitiva, 349
  cobertura (de), 192, 428
  crecimiento, 340
  de presión, 437
  defensiva, 342, 350
  desmarketing, 351
  desarrollo, 336
  diversificación, 347
  especialista, 354
  extensión de marca, 343
  integradora, 344
  líder, 349
  ofensiva, 350
  retador, 351
  seguidor, 353
Estrategia estrella, 540
Estructura(s)
  marketing vertical, 418
  verticales coordinadas, 426
Etica marketing, 54
Exito (tasa de), 369
Experiencia (ley de), 306
Expertos (juicios de), 267
Exportación, 460
Exposición, 550, 555
Extensión de la gama, 344

Falacia de la mayoría, 25
Familia, 162
Fidelidad, 170
Filial industrial, 170
Filtrado de ideas, 383
Filtros, 93
Flujos
  de comunicación, 14
  de la distribución, 415
Fragmentación del mercado, 26, 316
Franquicia, 432
Franquiciado, 435
Franquiciador, 434
Fuente(s)
  de ideas, 379
  de información, 125
Fuerza de venta, 527, 564

Funciones
  de demanda, 238
  de distribución, 414
  de respuesta, 167, 551
  de utilidad, 13, 110, 116, 121
Funciones (del centro de compra), 93
Fundamentos ideológicos, 3

Gama de productos, 501, 503, 507
Gestión de proyectos, 403
Gran almacén, 420
Gross Ratings Point, 549, 557
Grupos de creatividad, 381
Guerra de precios, 294, 298

Hábitos de compra, 161
Hedonismo, 137
Hipersegmentación, 218
Hipermercado, 420

Idea de producto nuevo, 379
Imagen de marca, 136
Impacto publicitario, 556
Implicación, 101, 137
Importancia de un atributo, 119, 152, 177
Incertidumbre (corte de), 398
Indice de poder de compra, 271
Industria
  especialización (de), 317
  fragmentada, 317
  volumen (de), 317
Información, 123
  publicitaria, 127
Ingresos permanentes, 103
Innovación (tipología), 363
  componentes (de), 362
Insatisfacción, 174, 177
Integración (estrategias de), 345
Intención de compra, 269, 389, 538
Intercambio, 3, 13
Intermediarios, 418
Inversión directa, 464

Jerarquía
  de la respuesta, 135
  de la segmentación industrial, 214
  de las necesidades, 85
  de los efectos publicitarios, 541
Joint venture, 464
Juegos (teoría de), 296

Lanzamiento, 396, 401
Ley de la experiencia (curva de), 306
Líder (estrategias del), 349
Límites del marketing, 27
Longitud de un circuito, 421

Macrosegmentación, 183
Mapa perceptual explícito, 154, 220
Marca
  de enseña (propia), 452
  del distribuidor, 451
  fidelidad, 170
  imagen, 136
  notoriedad, 139
Margen de distribución, 439
Marketing
  activo, 22
  concentrado, 218
  de alta tecnología, 367
  de guerra, 297
  de relaciones, 460
  diferenciado, 217
  directo, 454
  distribuidor (del), 444
  estratégico, 8
  fundamentos ideológicos, 5
  global, 57, 222, 226, 355, 460, 509
  indiferenciado, 217
  interactivo, 456
  internacional, 57, 222, 355, 460, 509
  manipulación (de), 21
  operativo, 5, 18
  responsable, 53
  salvaje, 21
  sin tienda, 455
  social, 53
  trasnacional, 57, 226
Matriz
  atractivo-competitividad, 322
  crecimiento-cuota de mercado relativa (BGC), 322
  de elasticidad de reacción, 298
  de evaluación, 383
  de segmentación, 189
  evaluación de nuevos proyectos, 405
  multicriterio, 329
  satisfacción-insatisfacción, 177
  ventajas competitivas, 316
Mayorista, 419
Mecenazgo, 533

Medios publicitarios, 531, 546, 550
Memorización publicitaria, 143
Mercado
  de referencia, 185
  potencial, 236
  único, 37
Método de previsión, 266
Microsegmentación, 193
Misión de empresa, 184, 573
Modelización dinámica, 278
Modelo
  de Little, 561
  de Vidale y Wolfe, 560
  explicativo, 276
  matemático, 277
  multiecuaciones, 276
  multiatributos, 106, 114, 150, 200
Modelo de elección
  compensatorio, 150
  no compensatorio, 156
Monopolio, 304
Monopolística (competencia), 300
Movimiento
  consumerista, 47
  ecológico, 49, 386, 581
Multiatributo, 106, 114, 150, 200
Multinacionales, 57, 222, 355, 460, 510

Necesidades verdaderas y falsas, 69
  absolutas y relativas, 71
  de confort, 77
  de estimulación, 78
  de placer, 80
  del centro de compras, 94
  genéricas y derivadas, 73
  tipología de, 83
Negociación (poder de), 290, 291
Notoriedad, 139, 537
Nuevos competidores, 288

Objetivo, 549
Objetivos, 588
  de la estrategia de precios, 472
  de la publicidad, 535
Ocupación (tasa de), 165
Oligopolio, 294
Opinión de expertos, 268
Optica
  marketing, 11, 21, 27

Óptica *(continuación)*
  marketing global, 57, 222, 355, 460, 510
  producto, 18
  venta, 19
Organización de la fuerza de ventas, 529
Orientación mercado, 11

Panel de consumidores, 168, 170
Patrocinio, 533
Percepción del precio, 468
Pesos muertos, 324
Plan
  de lanzamiento, 396
  de soportes publicitarios, 547
  estratégico, 570
Planificación de urgencia, 599
Poder
  de mercado, 287, 301
  de negociación, 290, 291
Posicionamiento, 219, 449
Potencial
  absoluto, 236
  actual, 237
Precio
  de penetración, 500
  descremado (o desnatado), 500
  flexibles, 488
  gama (de), 505, 507
  internos, 474
  máximo aceptable, 485
  objetivo, 475
  óptimo, 301, 319
  prestigio (de), 508
  reclamo, 510
  relacionados, 505
  técnico, 475
  transferencia (de), 508
  umbral, 475
  valor percibido, 485
Prescriptor, 93
Presión (estrategia de), 437
Presupuesto
  de comunicación, 551
  de la fuerza de ventas, 564
  de marketing, 593
  de publicidad, 551
    contacto, 555
    impacto perceptual, 556
    internos, 553

objetivos de ventas, 557
porcentaje de volumen de ventas, 554
Previsión de ventas, 266, 393
Proceso
  de compra, 95
  de comunicación, 521
  gestión de una innovación, 370, 375
  lanzamiento, 401
Producción doméstica, 110
Producto
  alta convivencia, 229
  alta tecnología, 228, 367
  complementarios, 508
  compra corriente (repetitiva), 428
  compra reflexiva, 429
  concepto de, 385
  conjunto de atributos, 115
  de especialidad, 429
  de sustitución, 289
  multiatributos, 106
  no buscados, 430
  nuevo, 363
  solución, 184
  universal, 227
  valor percibido, 485
  verde, 386
Proveedores, 291
Publicidad, 531
  imagen, 532
  informativa, 127
  institucional, 533
  interactiva, 532
  media, 531
  promocional, 532

Racionalidad, 102
Reacciones competitivas, 298
Redundancia, 152
Relaciones en cadena, 270
Relevancia, 152
Rendimiento, 153
Respuesta de los compradores
  afectiva, 148
  cognitiva, 139
  comportamental, 161
  jerarquía (de la), 136
Riesgo, 397, 596
  innovación, 362
  percibido, 100

Riqueza viva, 271
Rivalidad ampliada, 287
Robustez, 596
Rutina, 101, 137

Satisfacción (medida de la), 173
Segmentación, 194
   comportamental, 204, 213
   descriptiva, 195, 213
   industrial, 212
   internacional, 222
   macrosegmentación, 183
   microsegmentación, 194
   por estilos de vida, 205
   por ventajas buscadas, 198, 212
   socioculturales, 205
   sociodemográficas, 195
Segmentos
   supranacionales, 223, 225
   universales, 222, 225
Serie cronológica, 273, 276
Servicio
   de consumo, 242
      añadido, 115
      de base (o básicos), 114
      necesarios, 115
   postventa, 94
Sistema
   de escanner, 169
   de vigilancia, 299

Sistema de distribución, 426
Surtido, 417, 420, 448

Tasa
   de atractivo, 172
   de exclusividad, 166
   de fidelidad, 172
   de intensidad, 166, 395
   de ocupación, 165, 395
Tecnologías, 22, 32, 187
   de la comunicación, 525
Teoría de juegos, 296
Test
   de concepto, 385
   de producto, 387
Tienda, 448, 455
Tono de un mensaje, 539

Utilidad, 13, 110, 116, 121

Valor, 86, 87, 121, 364, 367
   de la información, 129, 399
   percibida, 485
Vendedor, 527
Venta
   multinivel, 530
   sin tienda, 455
Ventaja competitiva, 285, 316
Vulnerabilidad, 598